あ
か
さ
た
な
は
ま
や
ら
わ

編 著 者 紹 介

武部良明（たけべ・よしあき）
元早稲田大学教授（国語学専攻）
大正 9（1920）年，神奈川県生まれ
平成 6（1994）年，没

主著　「必携 手紙実用文辞典」（三省堂）
「現代国語表記辞典」（三省堂）
「実用書式事典」（三省堂）
「常用漢字 用字用例辞典」（教育出版）
「漢字の用法」（角川書店）
「角川最新漢和辞典」（共編　角川書店）

装丁　三省堂デザイン室

必携 類語実用辞典

［増補新版］

武部良明…［編］

三省堂

前書き

文章を書くとき、自由にすらすら書ける人は少ない。時には、適切な語が思い浮かばないためにペンが止まってしまう。そういうときに、適切な語の引ける辞書があれば非常に便利である。この辞典は、そういう目的のために編修したものである。つまり、この辞典では、意味のほうが見出し語になっている。そうして、その意味を表すいろいろの語がすぐ分かるように並べてある。例えば、「おとなしい」を引くと「穏やか　おっとり　…　温和　温厚　…」などの語を知ることができる。
したがって、この辞典を使えば言葉が豊富になり、表現が自由になり、書きたい内容が適切な語で書けるようになる。要するにこの辞典は、理解のための辞典ではなく、表現のための辞典である。ついては、そういう場合にこの辞典がいろいろ役立つことを望むものである。

昭和五十五年　八月

編　者

この辞典は昭和五十五年に刊行した『必携 類語実用辞典』の増補新版である。刊行以来、文章表現に際して適切な語をすばやく探すための簡便な辞書として定評をいただいてきたが、さらに表現の幅を拡げられるように、このたび約一〇〇〇語の増補を行った。ハンディ版の類書の中では最大級の、本見出し約四五〇〇、空見出し約八二〇〇、収録総語数約五万一〇〇〇語の豊富な言葉が、読者の文章作成の手助けとなることを願う。

平成二十二年三月　　三省堂編修所

本書の使い方

一　この辞典の組み立て

1 この辞典の特色　この辞典では、意味の立場から同じような意味の語（類語）を集めた。例えば、「おとなしい」を引くと、「穏やか　おっとり　…　温和　温厚　…」などの語を知ることができる。したがって、手紙や文章を書いていて言葉が思い浮かばないときにこの辞典を引けば、適切な言葉を選び出すことができる。

2 見出し語の選択　この辞典の見出し語は、意味の立場から基本となる語を選んだ。例えば、「え」の部では「絵　柄　餌　鋭意　永遠　映画　栄華　…」などを見出し語とした。ただし、同じような意味の語が幾つかある場合には、適宜そのうちの一つを本見出しとし、他を空見出しとした。その場合、「**【餌】**⇩**えさ**」「**【鋭意】**⇩**ねっしん**」「**【永遠】**⇩**いつまでも**」のように示し、その本見出しが参照できるようにした。

3 見出し語の配列　この辞典の見出し語は、「現代仮名遣い」による五十音順とした。濁音・半濁音は清音の後に、拗音《ようおん》・促音は直音の前に、外来語の長音は母音を重ねて表した位置に、それぞれ配列した。同じ音の場合には、漢語・和語・外来語の順とした。

4 類語の並べ方　見出し語の下に、同じような意味の語（類語）を集めた。その順序は、和語の見出し語は和語から、漢語の見出し語は漢語からを原則とした。例えば、「**うけとる**」の項では「受け入れる　引き取る　手に入れる　…」を先にし、「受領　受納　領収　…」を後にした。「**あんがい**」の項では「意外　心外　存外　…」を先にし、「思いの外　殊の外　思いも寄らない　…」を後にした。ただし、和語と漢語が対応する場合には適宜セットとして並べた。

5 用例の示し方　見出し語も類語も、必要に応じて用例の形で示した。その場合、見出し語「**かんしん【感心】**」を用いた用例は「努力に感心する」のように全体を大きな文字で示し、類語の方は「感銘を受ける」「努力に敬服する」のように小文字で前後関係を加えた。

6 意味の示し方　必要に応じ、見出し語や類語に意味を示した。その場合、見出し語では「【区切り】 まとまり」のように意味を小文字で示し、類語では「千円以下(千円を含む)」のように( )入りの小文字で示した。

7 同訓異字語など 「さがす」の場合に「捜す」「探す」を書き分ける同訓異字語は、❶【捜す】… ❷【探す】… のように区分けし、その使い分けのための指針を加えた。「過程」「課程」のように書き分けの紛らわしい音読熟語(同音類義語)も、同じ扱いにした。

8 意味の区分け 意味の区分けが必要な場合は、一般の辞典と同じように①②で分けた。ただし、それほど大きな区分けでないものは、適宜▽で区切った。

9 関連する事柄 見出し語と関連する事柄を掲げる場合は◆で区切った。例えば、「**あいきょう**【愛嬌・愛敬】」の項に「愛嬌がない」を、「**にんき**【人気】」の項に「人気者 売れっ子 花形 …」をこの形で加えた。また、手紙用語の相手方(尊敬語)、自分側(謙譲語)の言い方や、手紙文章での時候の挨拶、暦に関連した語などは、適宜それぞれのロゴを付して掲げた。

二 例 解

例1 **うけとる**【受け取る】 ⊙見出し語「うけとる」を漢字を用いて書く場合、「受け取る」になることを示す。

例2 **りくつ**【理屈・理窟】 ⊙見出し語「りくつ」に二つの書き方がある場合、現代表記として普通に用いる「理屈」を上にし、本来の形「理窟」を下にする。「探検・探険」のように現代表記として二種類の書き方がある場合、「総て・全て」のように本来の形に二種類ある場合などは、好ましいほう「探検」「総て」を上にする。

例3 **うごかす**【動かす】 対止める ⊙見出し語「動かす」の反対語「止める」を、対付きの小文字で加える。

例4 **さがす** ❶【捜す】… ❷【探す】… ⊙「捜す・探す」のように、文字は異なるが同じ訓のもの(同訓異字語)は、同じ見出し語の下に集め、❶❷で分ける。「過程・課程」のように同じ音で使い方が紛らわしいもの(同音類義語)も同じ扱いにする。

例5 **おう**【追う】… ▽【逐う】… ⊙「追う・逐う」のように、

本来は書き分けていても現代表記で「追う」に統合するものは、[1][2]で区切らず▽で区切る。本来の使い分けに従えば▽以下を[1][2]と考えて書き分けるが、現代表記で書くときは▽【逐う】を【追う・逐う】と同じに考えてよい。ただし、「伺う・窺う」のように現代表記でも統合しないものは、本来の形に従い[1][2]のままとする。

例6 **くずす**【崩す】①山を崩す…　②お金を崩す…　⊙見出し語の意味が大きく分かれる場合に①②で区切る。

例7 **かいて**【買い手】買い主　買方…　▽お得意様　お客様…　⊙類語の例が意味の上からグループに分かれる場合は、適宜▽で区切る。

例8 ◆愛嬌がない　⊙見出し語「**あいきょう**【愛嬌】」の類語を掲げた後に関連語として「愛嬌がない」を掲げる場合には◆で区切る。

例9 [敬語]〘相手方が〙お話しになる　仰せになる…／〘相手方に〙申す　申し上げる…　⊙関連語として尊敬語と謙譲語を示す場合などは、[敬語]を付け、適宜〘相手方が〙などとして敬意の向かう対象を示し、その場合の言い方を掲げる。また、同様に、手紙の文章での時候の挨拶、暦に関連した語は、それぞれ[文章][暦]を付して、列挙した。

例10 行き-届く・渡る　⊙「行き届く」「行き渡る」を並べて掲げるときの簡略な示し方。

例11 **あじわい**【味わい】⇩**おもむき**　⊙見出し語「味わい」の類語を「おもむき」の項に掲げた場合の示し方。中には[1]【耐える】…↓がまん　[2]【堪える】…↓はたらき　のように、↓の下の本見出しを示す語が使い分けに関する指示を兼ねる場合もある。

例12 **くぎり**【区切り】まとまり　⊙「区切り」の意味は「まとまり」ということを示す。この種の小文字は、見出し語の意味・用法の区分、使い分けに関する指示などに用いる。

例13 感銘を受ける　努力に敬服する　⊙類語例の前後に続けた小文字は、その語の用例としての前後部分。ただし、**かんしん**【感心】努力に感心する　のような、見出し語そのものの用例は、同じ大きさの文字で示す。

例14 千円以下（千円を含む）　⊙上の語の意味を示す必要がある場合には、小文字を（　）で囲む。

三　文字遣い

1 基本方針　この辞典の文字遣いは、内閣告示の「常用漢字表」「現代仮名遣い」など、いわゆる現代表記を目安とした。

2 仮名遣い　仮名遣いは、内閣告示「現代仮名遣い」を用いた。外来語の場合は、内閣告示「外来語の表記」を用いた。

3 当て字・熟字訓など　本来の書き方で他に適切な形のないものは、「素敵《すてき》」「団扇《うちわ》」のように当て字・熟字訓を用いた。ただし、「やはり（矢張り）」「うろつく（彷徨く）」のように一般的でなくなったものは、見出し語の【　】の中にのみ掲げ、他の項の類語として示すときには仮名書きとした。「その（其の）」「この（此の）」など、仮名書きの一般化した語もこれに準じた。

4 漢字の書きかえ　内閣告示の「当用漢字表」「当用漢字音訓表」の適用に当たって同音の別の漢字に書き換えることが一般化したものについては、書き換えたほうの形で掲げた。ただし、見出し語の【　】の中には、本来の形も加えた。例えば「理窟」は「理屈」に書き換えられるが、見出し語では【理屈・理窟】の形で並記し、他の項の類語として示すときは「理屈」のほうにした。

5 同訓異字の統合など　内閣告示の「当用漢字表」「当用漢字音訓表」の適用に当たって同訓の別の漢字に統合することが一般化したものについても、本来の書き分けが分かるようにした。例えば、現代表記で「追う」に統合する「逐う」の場合、本来は書き分けていたことを明らかにするため、【追う】の項に▽で区切って【逐う】を入れた。

6 送り仮名の付け方　送り仮名は、内閣告示「送り仮名の付け方」を用いた。その場合に、教科書や新聞の用い方と合わせ、通則1～6の本則と例外、並びに通則7を適用した。「音訓表」外の訓の送り仮名にも、これを準用した。

あ

ああ あのように ああいう‐ように・ふうに ああいった‐ように・ふうに あんなふうに

あ

アーチ ⇩もん(門)

あい【愛】 ①母・師‐の愛 ↓あいじょう ②愛が実る↓こい

あいいろ【藍色】 ⇩あお

あいかわらず【相変わらず】 相も変わらず 変わりもなく やはり 前からの通り 今まで・元・従前‐通り 元・昔‐のまま 依然として 旧態依然として 別条・変化‐もなく

あいがん【哀願】 嘆願 哀訴 愁訴 泣き付く 泣きを入れる

あいぎ【合い着】 ⇩きもの

あいきょう【愛嬌・愛敬】 愛嬌がある 色気‐がある・を振り撒《ま》く 愛くるしい 可愛《かわ》い ◆愛嬌がない

あいこ【愛顧】 恩顧 後援 贔屓《ひいき》 依怙《えこ》贔屓 後ろ盾 肩入れ 肩を持つ 引き立て

あいこ【相子】 引き分け 相打ち 勝負がつかない 互角の勝負 実力が伯仲する ▽優り劣りなし 甲乙なし 似たり寄ったり どんぐりの背比べ 五分五分

あいこう【愛好】 ⇩このむ

あいことば【合い言葉】 ⇩あいず

あいさつ【挨拶】 口上を述べる 社交辞令 お世辞 受け答えが巧い 答礼 返礼 返答 礼砲で迎える ▽お辞儀 会釈《えしゃく》 敬礼

あいしゅう【哀愁】 哀傷 哀切 悲哀 哀れ 寂しさ ペーソス

あいしょう【愛称】 ⇩あだな(渾名)

あいじょう【愛情】 肉親の情愛 母の愛 親愛の情 慈愛 恩愛 情け 慈しみ ▽母性愛 親心 夫婦・兄弟・師弟‐愛 最愛の妻

あいじん【愛人】 妾《めかけ》 情人 情婦 情夫 いろ 内縁の‐妻・夫

あいず【合図】 知らせ 身振り 手振り 目配《めくば》せする 赤の信号 空襲警報 波浪注意報 正午の号砲 合い言葉 ノック サイン シグナル ▽のろしを揚げる 合図の‐火・煙

あいする【愛する】 対憎む ①可愛《かわい》がる 慈しむ 愛《いと》しがる 愛《め》でる 寵愛《ちょうあい》 熱愛 溺愛《できあい》 盲愛 偏愛 愛児 愛犬 ②大切にする 愛車 愛機 愛国心 愛社精神 愛郷心 博愛 汎愛《はんあい》 ③酒を愛する↓このむ ④女を愛する↓こい

あいせつ【哀切】 ⇩あいしゅう

あいそ【哀訴】 ⇩あいがん

あいそう【愛想】 愛想がいい 愛想笑い ▽無愛想な人 愛想《あいそ》を尽かす 愛想が尽きる 冷淡 にべもない すげない けんもほろろ ぶっきらぼう

あいぞう【愛憎】 好悪《こうお》 愛と憎しみ 好き嫌い

あいだ【間】 ①物と物との間 隙間《すきま》

空き間　隔たり　間隙《かんげき》　空隙　中間　前後の距離　左右の間隔　②時間　間《ま》を置く　合い間　絶え間　幕間《まくあい》　暇《ひま》　寸暇を得る　③親子の間↓かんけい

あいだがら【間柄】⇩かんけい

あいつ【彼奴】⇩あのひと

あいつぐ【相次ぐ】事件が続く　度重なる　繰り返す　次いで起こる　相次いで　次々と

あいづち【相槌】⇩こたえる（答える）

あいて【相手】[対]自分　①仕事の相手　相棒　相方　片腕　右腕　組み　パートナー　コンビ　②勝負の相手　敵対者　好敵手　ライバル　対局者　論敵　商売・恋・碁-敵《がたき》

アイデア⇩おもいつき

あいとう【哀悼】⇩おくやみ

あいにく【生憎】折悪《あ》しく　折も悪く　運悪く　具合悪く　都合悪く　折もあろうに　具合・都合-の悪いことに　どうにも都合がつかず　悪いことは重なるもので

あいのり【相乗り】⇩いっしょ

あいびき【逢い引き・媾曳】⇩デート

あいぶ【愛撫】⇩かわいがる

あいふく【合い服】⇩ようふく

あいぼう【相棒】⇩あいて

あいま【合い間】⇩あいだ

あいまい【曖昧】①はっきりしない　明確でない　不確か　漠然《ばくぜん》としている　不明瞭《ふめいりょう》　②いい加減　あやふや　不徹底　不得要領　うやむや

あいみたがい【相身互い】相身互い身　迷惑はお互い様　助け合い　相互扶助

あいよく【愛欲】⇩せいよく

あいらしい【愛らしい】⇩かわいい

あいろ【隘路】難関　障害　困難　差し障り　ネック

あう[1]【会う】一緒　客と・駅で-会う　見《まみ》える　会見　面会　面接試験　対面　接見　[敬語]（相手方が）ご面会・ご面談・ご引見・ご接見-くださる／（相手方に）お目に掛かる　相見《あいまみ》える　ご拝面・ご拝顔・ご拝謁・お目通り-を得る　▽【遇う】思い掛けず　偶然・幸運-に遇う　奇遇　邂逅《かいこう》　偶会　▽【逢う】両方から来て　彼女と逢う　巡り逢う　逢遇《ほうぐう》　出会う　落ち合う　時々見掛ける

[2]【遭う】不幸に　天災・盗難-に遭う　遭遇　遭難

あう【合う】①ぴったり　計算・辻褄《つじつま》・気-が合う　好み・体-に合う　目的・道理-に適《かな》う　合致　的中　一致　適合　適応　即応　意気投合する　合意に達する　②お互いに　話し合う　殴り合う

アウトサイダー　部外者　局外者　未加入者　員外販売　社会のアウトロー

アウトライン⇩りんかく

あえぐ【喘ぐ】喘ぎ喘ぎ言う　息が弾む　息切れがする　息苦しい　息急《せ》く　急き込む　急き切る　動悸《どうき》がする　▽苦しむ　悩む

あえて【敢えて】⇩すすんで

あえる【和える・韲える】⇩まぜる(混ぜる)

あお【青】水色　空色　藍《あい》　藍色　紺《こん》色　ブルー　コバルト　ブルーブラック　浅葱《あさぎ》色　縹《はなだ》色　青色《せいしょく》　碧色《へきしょく》　蒼色《そうしょく》　深青　紺青《こんじょう》　群青《ぐんじょう》　紺碧《こんぺき》　深碧　淡青　淡碧

あおい【青い】あい色・緑　青い-色・紙・松・畳・果物《くだもの》　青信号　青々と茂る　▽【碧い】玉のように　碧い-海・空　紺碧《こんぺき》の空　▽【蒼い】青白い　蒼い-顔・光　青白い　真っ青《さお》　青褪《あおざ》める　顔面蒼白《そうはく》

あおぐ 1【仰ぐ】①空を仰ぐ↓うえをむく　②毒を仰ぐ↓のむ　③師と仰ぐ↓うやまう　④教えを仰ぐ↓もらう
2【扇ぐ】かぜ　団扇《うちわ》で・火を-扇ぐ　風を呼ぶ　扇風機

あおくさい【青臭い】⇩みじゅく

あおざめる【青褪める】⇩あおい

あおじろい【青白い】⇩あおい

あおぞら【青空】⇩そら

あおにさい【青二才】⇩みじゅく

あおのく【仰のく】⇩うえをむく

あおば【青葉】⇩は(葉)

あおむく【仰向く】⇩うえをむく

あおもの【青物】⇩やさい

あおり【煽り】⇩えいきょう

あおる 1【煽る】もりあげる　仲間を唆《そそのか》す　喧嘩を嗾《けしか》ける　焚《た》き付ける　感情を掻《か》き立てる　煽り立てる　人を煽《おだ》てる　気分を盛り上げる　アジる　アジテート　扇動　挑発　教唆
2【呷る】酒を呷る↓のむ

あか【赤】血の色　桜色　桃色　薔薇《ばら》色　鴇《とき》色　朱　朱色　緋《ひ》　緋色　紅《べに・くれない》　レッド　スカーレット　ピンク　赤色　丹紅色　深紅・真紅《しんく》　鮮紅　唐紅《からくれない》　褪紅《たいこう》色　臙脂《えんじ》色

あか【垢】①耳垢　耳糞《みみくそ》　手垢　雲脂《ふけ》(頭の垢)　目脂《めやに》　目糞　脂垢《あぶらあか》　垢染みる　②水垢　水銹《みさび》　水苔《みずごけ》　湯垢　湯の花　茶渋　水渋《みしぶ》

あかあか 1【赤々】赤々と燃える↓あかい　2【明々】明々と輝く↓あかるい

あかい【赤い】血の色　赤い-色・紙　赤信号　赤々と燃える　西の空が赤らむ　▽【紅い】ももいろ　紅い-唇・薔薇《ばら》　桃色　紅《べに》色　▽【朱い】だいだい色　朱い-墨・塗り　橙《だいだい》色　朱《しゅ》色の柱　▽【丹い】白っぽい　丹い磁器　薄赤い　▽【緋い】濃い赤　緋い毛氈《もうせん》　真っ赤《か》　紅《くれない》色　▽【赭い】土の色　赭い山膚　紅殻《べにがら》色　茶色　土色

あかぎれ【皹】⇩できもの

あがく【足掻く】足摺《あしず》りをする　地団太《じだんだ》を踏む　水の中で踠《もが》く　悶《もだ》える　焦《あせ》る　焦《じ》れる　苦闘　苦転　苦悶《くもん》　煩悶《はんもん》

あかご【赤子】⇩あかんぼう

あかし【証】⇩しょうこ

あかじ【赤字】⇩そん

あかす【明かす】⇩うちあける

あかつき【暁】⇩あさ(朝)

あがなう ①【贖う】罪を贖う↓つぐなう ②【購う】書を購う↓かう

あかぬけ【垢抜け】⇩いき(粋)

あがめる【崇める】⇩うやまう

あからさま【明らさま】有りのまま 有り体《てい》に話す 不躾《ぶしつ》け 剝《む》き出し ざっくばらん 端的 直接的 露骨 率直 単刀直入

あからむ ①【赤らむ】赤くなる 西の空が赤らむ↓あかい ②【明らむ】明るくなる 東の空が明らむ↓あかるい

あかり【明かり】明かりが差す ↓ひかり

あかり【灯り】灯《とも》し灯《び》 街の灯《ひ》 灯火 灯明《とうみょう》を上げる ライト フラッシュ ▽電灯 蛍光灯 街灯 常夜灯 ネオン アーク灯 ランプ カンテラ 蠟燭《ろうそく》 提灯《ちょうちん》 行灯《あんどん》 雪洞《ぼんぼり》 灯籠《とうろう》 松明《たいまつ》 篝火《かがりび》 漁火《いさりび》

あがり【上がり】⇩しゅうにゅう

あがる ①【上がる】対下がる 地位・能率‐が上がる 上《のぼ》る 上昇 参上 ▽仕事・雨‐が上がる 終わる 終了 完了 ▽【騰がる】はねあがる 相場・物価‐が騰がる 騰貴 高騰 暴騰 急騰 奔騰 ②【挙がる】見える 証拠・犯人‐が挙がる 挙証 容疑者を検挙する ③【揚がる】ふわふわと上へ 花火・歓声‐が揚がる 浮揚 飛揚 意気‐揚々・軒昂《けんこう》

あかるい【明るい】対暗い ①明々と輝く 耿々・皎々・皓々‐と輝く 東の空が明らむ 白む 白々と明ける 明らか 光冴《さ》やか 薄明(朝) 残照(夕方) ②地理に明るい↓くわしい

あかんぼう【赤ん坊】赤子 赤ちゃん 乳飲み子 嬰児《みどりご》 幼子《おさなご》 産子《うぶご》 ベビー 乳児 嬰児《えいじ》 新生児 幼児

あき【秋】九・十・十一月 秋季運動会 秋期講習会 清秋 涼秋 高秋 爽秋《そうしゅう》 暦 立秋(八月八日ごろ)/秋分(九月二十三日ごろ)

あき【空き】スペース 余地 余分 余白 ▽空位 空席 欠 欠員

あきかぜ【秋風】⇩かぜ(風)

あきす【空き巣】⇩どろぼう

あきたりない【飽き足りない】⇩ふまん

あきち【空き地】原 原っぱ 広っぱ 荒れ野 荒れ地 空地《くうち》 落地 余地 閑地 休閑地 休耕地

あきっぽい【厭きっぽい】⇩あきる

あきない【商い】売り買い 取引 金儲《かねもう》け 売買 商売 商業 営業 商事 通商 貿易 ▽卸 卸商 問屋 仲買《なかがい》 小売《こうり》 小売商 小商い 行商 旅商い 大道商い ▽闇《やみ》取引 闇商い 密売 密貿易

あきま ①【空き間】空き間なく置く↓すきま ②【空間】空間を探す↓かしや

あきや【空家】⇩かしや

あきらか【明らか】 鮮《あざ》やか 有り有り はっきり くっきり 定か 顕《あらわ》 冴《さ》やか まざまざ 明らさま 著しい 目立つ 明瞭《めいりょう》 明白 明晰《めいせき》 鮮明 画然と 判然 顕然 顕著 歴然 歴々 一目瞭然《りょうぜん》 自明の理 釈然としない ◆明らかでない ↓ふたしか

あきらめる【諦める】 思い-切る・限る・捨てる・止《と》まる 見-切る・限る・捨てる・放す 放《ほう》り出す 見切りを付ける 見放しにする 匙《さじ》を投げる 儚《はかな》む 断念 死を観念する 人生を諦観《ていかん》する

あきる【飽きる】 飽きるほど食べる 満ち足りる 満足 満腹 充足感 十分堪能《たんのう》する ▽【厭きる】 いやになる 勉強に厭きる 待ち倦《あぐ》む 倦《う》むことなく 弛《たゆ》む 怠《だ》れる だらける 厭《いや》になる うんざりする 根負け 厭きっぽい性質

あきれる【呆れる】 呆れ-入る・返る・果てる 呆気《あっけ》に取られる ぼんやりする 当てられる 呆然《ぼうぜん》自失 唖然《あぜん》として見る

あきんど【商人】 商い人 物売り 商人《しょうにん》 商売人 販売人 業者 商社 ▽問屋《とんや》 仲買《なかがい》 仲買人 小売《こうり》 小売人 行商 行商人 押し売り セールスマン バイヤー ブローカー ▽大商人 豪商 ▽悪商 奸商《かんしょう》

あく【悪】 対善 悪事 悪徳 不徳 背徳 不正 悪逆無道 不品行 不行跡 非道 非行

あく ①【開く】 対閉まる 戸が開く ↓ひらく ②【空く】 物がない 席が空く 定員が欠ける 空席 欠員 ③【明く】 何も置かない 背の明いた洋服 一字分明く 余地 余白

あくうん【悪運】 ⇩ふしあわせ

あくじ【悪事】 悪に走る 非行少年 醜行 悪行《あくぎょう》 悪徳 非道 悪巧み

あくじき【悪食】 ⇩たべる

あくしつ【悪質】 対良質 悪性 性《たち》が悪い 性悪《しょうわる》

あくしゅ【握手】 ⇩おじぎ

あくしゅう【悪習】 悪風 悪俗 悪弊 弊習 弊風 俗弊 陋習《ろうしゅう》

あくしん【悪心】 悪念 悪意 邪心 邪念 邪思 奸心《かんしん》 奸計 悪気《わるぎ》はない

あくせく【齷齪・偓促】 ⇩せっせと

アクセサリー 装身具 小物 小間物 ▽髪飾り 簪《かんざし》 櫛《くし》 リボン 耳飾り イヤリング 首飾り ネックレス ネクタイ 指輪 ブローチ ペンダント

アクセント ⇩はつおん

あくた【芥】 ⇩ごみ

あくたい【悪態】 ⇩わるくち

あくどい ⇩あくらつ

あくどう【悪童】 ⇩わんぱく

あくにん【悪人】 対善人 ⇩わるもの

あくひつ【悪筆】 対達筆 乱筆 拙筆

走り書き 文章 以上、悪筆の上に急ぎましたこと、幾重にもお詫《わ》び申し上げます／生来の悪筆、何とぞ悪《あ》しからずお願い申し上げます
あくひょう【悪評】 悪名が高い 汚名を着る 醜名 醜聞が広がる スキャンダル ▽徒名《あだな》が立つ 浮き名 艶聞《えんぶん》
あくふう【悪風】 ⇩あくしゅう
あくぶん【悪文】 対名文 拙文 難文 冗文 文脈が-整わず・前後し 文章 以上、悪文の上に急ぎましたので、宜《よろ》しくご判読の程お願い申し上げます／悪文にてお見苦しいかと存じますが、お許しくださるようお願い申し上げます
あくま【悪魔】 魔《ま》が差す 魔物 妖魔《ようま》 魔神 魔鬼 魔王 魔魁《まかい》 魔女 悪霊《あくりょう》 怨霊《おんりょう》 魔性《ましょう》 悪鬼 サタン デーモン
あくまで【飽く迄】 どこまでも どこどこまでも とことんまで やれるところまで 果ての果てまで 頑として 断固 徹頭徹尾 徹底的に 十分に 十二分に
あぐむ【倦む】 ⇩あきる
あくめい【悪名】 ⇩あくひょう
あくらつ【悪辣】 悪質 奸知《かんち》にたける 奸計 悪知恵 あくどい 悪賢い
あくる【明くる・翌る】 ⇩つぎ(次)
あけがた【明け方】 ⇩あさ(朝)
あげく【挙げ句・揚げ句】 ⇩ついに
あけくれ【明け暮れ】 ⇩いつも
あげしお【上げ潮】 ⇩しお(潮)
あけすけ ⇩ざっくばらん
あけっぱなし【開けっ放し】 開け-広げる・放つ・放す・払う 吹き通し 筒抜け オープン 開放 全開
あげつらう【論う】 ⇩ひひょう
あげて【挙げて】 ⇩すべて
あけはなす【開け放す】 ⇩あけっぱなし
あけぼの【曙】 ⇩あさ(朝)
あげもの【揚げ物】 金麩羅《きんぷら》 天麩羅 空揚《からあ》げ 精進揚《しょうじんあ》げ フライ カツレツ トンカツ コロッケ
あける ①【開ける】 対閉める 戸を開ける↓ひらく ②【空ける】 物がない 中味・席・時間-を空ける 隙《す》かす 空室《あきしつ》 空間《あきま》 空家 空き事務室 空車《あきぐるま・くうしゃ》 ③【明ける】 何も置かない 道路を・一字分-明ける ▽明るくなる 夜が明ける 白む 明るむ
あげる ①【上げる】 対下げる 頭・値段-を上げる 給与を引き上げる 高める 持ち上げる 擡《もた》げる 台頭 格上げ ▽仕事を上げる 終わらせる 仕上げる ▽人に物を上げる↓あたえる ②【挙げる】 見えるように 手・例・式・犯人-を挙げる 手を翳《かざ》す 傘を差す 捧《ささ》げる 挙手 列挙 枚挙 挙行 挙式 検挙 ③【揚げる】 ふわふわと上へ 旗・花火・天麩羅《てんぷら》-を揚げる 掲揚 ▽移す 荷物を陸に揚げる 浮揚 揚陸 外地・会場-から引き揚げる 移動 撤退 撤収

あご ①【顎】上下とも 上顎 下顎 あぎと ②【頤・頷】下のみ 頤–が外れる・を出す おとがい

あこがれる【憧れる】思い焦がれる 慕う 夢みる 憧憬《どうけい・しょうけい》の的 渇仰 思慕

あさ【朝】対夕 暁《あかつき》 曙《あけぼの》 東雲《しののめ》 夜明け 明け方 有り明けの月 朝ぼらけ 朝焼け 朝まだき 早朝 払暁 早暁 未明 黎明《れいめい》 天明 爽暁《そうぎょう》 ▽朝っぱらから 午前中 昼前 昼までに

あさ【麻】⇩きじ(生地)

あざ【痣】⇩できもの

あさおき【朝起き】⇩おきる

あざける【嘲る】嘲《あざ》笑う 面前で辱める 蔑《さげす》む 敵を侮る 馬鹿にして笑う せせら笑う 鼻で遇《あしら》う 冷笑 嘲笑《ちょうしょう》 嘲弄《ちょうろう》される 嘲侮

あさせ【浅瀬】⇩うみ(海)

あさって【明後日】明日の明日 明後日《みょうごにち》 明々日 翌々日 明後○日 明々○日

あさで【浅手】⇩けが

あさね【朝寝】⇩おきる

あさはか【浅はか】軽はずみ 浅知恵 浅慮 浅薄 浅見 軽薄 軽佻《けいちょう》浮薄 軽率 粗忽《そこつ》 皮相

あさばん【朝晩】⇩いつも

あさひ【朝日・旭】⇩たいよう(太陽)

あさましい【浅ましい】卑しい 汚い 忌まわしい 卑劣 軽薄 浅薄

あざむく【欺く】⇩だます

あさめし【朝飯】対夕飯 朝の食事 朝ご飯 朝飯《あさはん》 朝餉《あさげ》の膳 朝ご膳《ぜん》 朝食 ブレックファスト ブランチ(朝昼兼食)

あざやか【鮮やか】明らか はっきり 鮮明 明瞭《めいりょう》 明澄

あさる【漁る】⇩さがす(探す)

あざわらう【嘲笑う】⇩あざける

あし ①【足】対手 足の–裏・先 腿《もも》 太腿 脛《すね》・向こう脛(前側) 脛《はぎ》・脹《ふく》ら脛(後側) 足首 踵《かかと・くびす》 爪先《つまさき》 ▽足繁《しげ》く通う ②【脚】下部 机・橋–の脚 支え ▽歩み 脚が速い 速度 速力 動き

あじ【味】①食べ物の味 味わい 味付け 旨味《うまみ》 風味 食味 滋味 美味 佳味 好味 酒の芳味 香味 山海の珍味 ▽甘味 甘口 辛味 辛口 薄味 薄口 酸味 苦味《にがみ》 渋味 ②味のある文章→おもむき

あしあと【足跡】⇩あと(跡)

あしおと【足音】⇩あるく

あじかげん【味加減】⇩あんばい(塩梅)

あしからず【悪しからず】⇩よろしく

あじけない【味気ない】⇩つまらない

あした【明日】⇩あす

あしだ【足駄】⇩げた

あじつけ【味付け】⇩あんばい(塩梅)

あしでまとい【足手纏い】⇩じゃま

アジト ⇩ねじろ

あしどめ【足止め・足留め】禁足 禁令 外出・移動・旅行–禁止

あしどり【足取り】⇩コース
あしなみ【足並み】歩調をそろえる↓きょうどう
あしば【足場】⇩てがかり
あしもと【足下・足元・足許】⇩もと
あしらう ①【配う】ととのえる 庭に松を配う 取り合わせる 適当に置く 配置 配列 案配
②【遇う】もてなす 軽く・鼻で‐遇う 持て成す 待遇 接遇 接待
アジる ⇩あおる(煽る)
あじわい【味わい】⇩おもむき
あじわう【味わう】①珍味を味わう↓たのしむ ②芸術を味わう 鑑賞 玩味《がんみ》 賞翫《しょうがん》 享受 ▽審美眼
あす【明日】明日《あした・あす・みょうにち》 次の日 来る日 明くる日 明朝 明晩 翌◯日 明◯日 明けて◯日
あずかる ①【預かる】まかされる 金・子供・会計‐を預かる 引き受ける 受託 保管
②【与る】たずさわる 政務に与る 係わり合う 関与 参与 参画 関係 関知
あずける【預ける】金・子供・会計‐を預ける 預け入れる 託する 委託 寄託 付託 預金
あずまや【東屋・四阿】⇩こや
あせ【汗】汗水 汗びっしょり 汗みずく ▽脂汗 冷や汗 冷汗 寝汗 盗汗《とうかん・ねあせ》 ▽汗をかく 汗染みる 汗ばむ 発汗 流汗三斗
あぜ【畔】⇩みち
あせも【汗疹・汗疣】⇩できもの
あせる【焦る】苛立《いらだ》つ 気を揉《も》む 心‐焦る・急《せ》く・逸《はや》る 焦《じ》れる 焦慮 焦思 焦心 焦燥
あせる【褪せる】⇩うすらぐ
あぜん【唖然】⇩あきれる
あそこ【彼処】あそこら あの辺 あちらあっち かしこ 向こうの店 ▽例・問題‐のところ 問題点
あそび【遊び】慰み 遊楽 娯楽 清遊 逸遊 遊興 豪遊 大尽遊び ▽遊山《ゆさん》 行楽 山遊び 野遊び 舟遊び 夜遊び ▽遊蕩《ゆうとう》 淫遊《いんゆう》 道楽 女遊び 色遊び 悪遊び
あそびにん【遊び人】通人《つうじん》 粋人 閑人 馴染《なじ》み 常連 ▽食通
あそぶ【遊ぶ】戯れる 犬がじゃれる ざれる 巫山戯《ふざけ》る いちゃつく 浮かれる
あだ ①【仇】仇を討つ↓てき
②【徒】好意が徒になる↓むだ
あたい ①【価】商品に価を付ける↓ねだん
②【値】そのものの持つ値↓ねうち
あたいする【値する】値打ち・価値・品位・品格・資格‐がある
あだうち【仇討ち】敵討ち 仕返し 意趣‐返し・晴らし 復讐《ふくしゅう》 報復手段 返報 腹いせ
あたえる【与える】㊀奪う 授ける 供する 子供に遣《や》る 花輪を贈る 呉れる 宛《あ》てがう 賞を賜《たま》う 給する 人に物を上げる 恵む 施す 献《ささ》げる

献じる　一書を呈する　奉る　貢ぐ　授与　付与　分与　贈与　下賜　下付　支給　給付　交付　敬語〔相手方に〕差し上げる　お贈りいたします　奉る　捧《ささ》げる　贈呈　進呈　進上　拝呈　謹呈　呈上　献上　献呈　奉呈／〔自分側に〕↓うけとる

あたかも　①【宛も】　宛も昼のようだ　↓まるで
②【恰も】　恰も十周年を迎え　↓ちょうど

あたたかい　①【暖かい】感じる温度　暖かい‐日・気候・地方　暖か　ぽかぽか　温暖　温和　陽和　春暖の候　暖衣飽食
②【温かい】全体の温度　温かい‐風呂《ふろ》・料理　温か　温《ぬる》い　生温い風　温《ぬく》もり　▽温かい人情　篤《あつ》い　懇ろ　情け深い　慈愛溢《あふ》れる

あたたまる　①【暖まる・煖まる】感じる温度　室内・空気‐が暖まる　暖かくなる
②【温まる】全体の温度　水・体・心‐が温まる　温かくなる　温《ぬる》む　熱《ほとぼ》る　火照《ほて》る

あたためる　①【暖める・煖める】感じる温度　室内・空気・手足‐を暖める　暖かくする
②【温める】全体の温度　水・体・旧交‐を温める　温かくする　温《ぬく》める　熱する

あだっぽい　⇩いろっぽい

あだな　①【渾名・綽名】　渾名を付ける　あざな　ニックネーム　ペットネーム　愛称　異称　異名《いみょう》
②【徒名】　徒名が立つ　↓あくひょう

あたふた　⇩あわてる

あたま【頭】　頭《かしら》　首《こうべ》　鎌首《かまくび》をもたげる　生首　かぶり　頭《ず》が高い　頭部　頭角を現す　脳天を割る　天頂　首級　▽禿《は》げ頭　禿頭《とくとう》　光頭　白髪《しらが》頭　白頭　ロマンスグレー　毬栗《いがぐり》頭　胡麻塩《ごましお》頭　坊主頭

あたまうち【頭打ち】　行き‐止まり・詰まり　デッドエンド　際限　限界

あたまわり【頭割り】⇩わりあてる

あたら【可惜】⇩おしい

あたらしい【新しい】対古い　真新しい　目新しい　耳新しい　新た　更《さら》新《しん》　ニュー　フレッシュ　最新　清新　斬新《ざんしん》　新進気鋭　新規　新版　現代的　近代的

あたり【辺り】近く　周り　四囲　周辺　付近　近所　近隣　近辺　近傍　界隈《かいわい》　近在　近郊　▽海辺《うみべ》　野辺　川辺　湖畔　河畔　池畔

あたりさわり【当たり障り】⇩さしつかえ

あたりまえ【当たり前】　尤《もっと》もなこと　成程《なるほど》　無理もない　当然　至当　順当　穏当　普通　一般　尋常　自然　妥当　▽人並　世間並

あたる　①【当たる】対外れる　ぴったり　ボール・予報・計画‐が当たる　籤《くじ》・日・一個百円‐に当たる　ぶつかる　触れる　衝突　当籤《とうせん》　一日千円に相

当　当番　成功　▽【該る】あてはまる　拘留に該る罪　該当　▽【方る】ちょうど　この時・難局｜に方って　閉会式に方って　際して
②【充たる】ふりむける　建設費に充たる財源　充当
③【中る】目的物に　的に中る　的中　命中　▽食べ物に中る　食中《しょくあた》り　中毒　食傷

あちこち【彼方此方】あちらこちら　ここかしこ　そちこち　そこここ　ところどころ　飛び飛び　点々　点在　▽どこもかしこも　至る所　各所　各地　随所　諸方　処々方々

あちら【彼方】⇩あそこ

あつい ①【暑い】対寒い　暑い｜夏・部屋　蒸し暑い　暑苦しい　照り付ける太陽　炎天　炎暑　酷暑　極暑
②【熱い】対冷たい　熱い｜湯・ご飯　ホット　ほやほや　灼熱《しゃくねつ》

あつい ①【厚い】対薄い　厚い｜壁・本・生地　厚ぼったい　分厚い　重厚

▽【篤い】まごころ　人情・信仰｜が篤い　懇《ねんご》ろな言葉　懇篤　温厚篤実
②【篤い】病気　病が篤い　重い　病勢が革《あらた》まる　危篤　重体　瀕死《ひんし》

あっか【悪化】激化　深化　弱化　硬化　俗化　悪くなる　拗《こじ》れる　悪くする

あつかい【扱い】計らい　取り｜扱い・計らい　仕方　遣《や》り方　仕打ち　処理　処分　処置　処遇　善処

あつかう【扱う】取り扱う　操る　動かす　計らう　取り｜運ぶ・捌《さば》く・仕切る　処理　処置　処分　措置

あつかましい【厚かましい】図々《ずうずう》しい　太々《ふてぶて》しい　図太い　しぶとい　押し・心臓｜が強い　面の皮が厚い　猛猛《たけだけ》しい　恥知らず　人擦《ず》れ　世間擦れ　厚顔　鉄面皮　破廉恥

あっかん【悪漢】⇩わるもの

あつぎ【厚着】⇩きる（着る）

あつくるしい【暑苦しい】⇩あつい（暑い）

あっけない【呆気ない】物足りない　詰まらない　張り合いない　飽き足りない　簡単　単純

あっこう【悪口】⇩わるくち

あつさ【暑さ】対寒さ　暑気　炎気　暑熱　熱気　盛暑　盛夏　炎熱　炎暑　酷暑　極暑　酷熱　厳暑　炎威衰えず　▽残暑　残熱　余熱　残炎　余炎　▽熱《いき》れ　人熱れ　草熱れ

あっさり ①さっぱりした味　すっきり　清々《すがすが》しい　淡泊　恬淡《てんたん》　②あっさり負けた↓かんたん

あっしゅく【圧縮】圧搾空気　短縮　縮小　縮める　小さくする

あっする【圧する】⇩おさえる（押さえる）

あっせん【斡旋】⇩なかだち

あっち【彼方】⇩あそこ

あっとう【圧倒】⇩しのぐ

あっぱく【圧迫】⇩おさえる（押さえる）

あっぱれ【天晴れ・遖】⇩りっぱ

あつまり【集まり】集《つど》い　寄り合い　会　会合　集会　会同　例会　総会

大会　集団　▽パーティー　園遊会　茶話会　宴会　夜会

あつまる【集まる】 対散る　集《つど》う　一堂に会する　寄り-集まる・合う　落ち合う　立て込む　虫が集《たか》る　集《すだ》く　秋の虫　人が群がる　群れる　学生が固まる　屯《たむろ》する　溜《た》まる　隅・都会-に片寄る　集合　参集　集結　群集　蝟集《いしゅう》　来会　来同　▽類をもって集まる　同類相求める　同声相応じる

あつめる【集める】　寄せる　溜《た》める　寄せ・駆り・呼び・拾い・探し-集める　糾合　召集　招集　非常呼集　募集　収集　採集　網羅

あつらえむき【誂え向き】 ⇩このましい

あつらえる【誂える】 ⇩ちゅうもん

あつりょく【圧力】　重圧が掛かる　強圧　▽外圧　水圧　気圧　電圧　血圧

あつれき【軋轢】 ⇩あらそい

あて【当て】　見当　見込み　見通し　期待　予想

あてがう【宛がう】 ⇩わりあてる

あてこすり【当て擦り】 ⇩ひにく

あてずいりょう【当て推量】 ⇩おしはかる

あてつけ【当て付け】 ⇩ひにく

あてど【当処・当途】 ⇩ゆくさき

あてな【宛て名】　名宛て　宛て所　受取人　名宛て人　受領者　▽封筒の表書き　上《うわ》書き　アドレス

あてはずれ【当て外れ】　期待・予想・見当-外れ　見当違い　思いの外多い　肩透かしを食う

あてはまる【当て嵌まる】　条件に適する　応じる　適《かな》う　好適　適合　適応　適中　適切　適当　相当　該当　相応　妥当　至当

あてはめる【当て嵌める】　援用　充当　適用　準用　発動

あでやか【艶やか】 ⇩いろっぽい

あてる ①【当てる】　ぴったり　板・継ぎ・胸に手-を当てる　日光・風-に当てる

②【充てる】　ふりむける　経費・要員-に充てる　充当　充用

③【中てる】目的物に　的に中てる　毒気に中てられる　命中　中毒症状

④【宛てる】　名あて　父・本人-に宛てる

あと ①【後】 対前　後を-振り返る・頼む　後から行く　後《のち》　後《うしろ》　後方　今後　以後　向後《きょうこう・こうご》注意　ポスト　○○

②【跡】　残った形　足・苦心-の跡　焼跡　跡を継ぐ　足跡《あしあと》　轍《わだち》　形跡　▽痕跡《こんせき》　足跡《そくせき》　跡形《あとかた》もなく　遺跡　【趾】　土台だけ　城の趾　城址《じょうし》　古跡　旧跡　廃墟《はいきょ》　▽【痕】　きずあと　傷・血-の痕　刀痕《とうこん》　血痕

あとあとまで【後々迄】 ⇩いつまでも

あとがき【後書き】 対前書き　後記　跋《ばつ》　奥書　末筆ながら　但し書き　備考　▽添え書き　追って書き　二伸　追伸　副文

あとかた【跡形】 ⇩あと(跡)

あとかたづけ ①【後片付け】　順序　食

事の後片付け　後始末　取り片付け　②【跡片付け】場所　火事場の跡片付け　跡始末　取り片付け

あとがま【後釜】⇩あとつぎ

あどけない【邪気ない】⇩むじゃき

あとじさり【後退り】⇩しりぞく

あとしまつ【後始末・跡始末】⇩あとかたづけ

あとつぎ【跡継ぎ】後釜《あとがま》　後継者　継承者　▽世継ぎ　跡取り　跡目を継ぐ　家督　嗣子　嫡子　嫡男　総領　後嗣　相続人

あととり【跡取り】⇩あとつぎ

あとまわし【後回し】次回し　後手《ごて》に回る　出し遅れ　▽月後れ

あとめ【跡目】⇩あとつぎ

あともどり【後戻り】⇩もどる

あな【穴】底がある　地面の穴　穴を掘る　落とし穴　穴倉　洞穴《ほらあな》　虚《うろ》　岩屋《いわや》　空洞　洞穴《どうけつ》　洞窟《どうくつ》　岩窟　石窟　鍾乳洞《しょうにゅうどう》　▽【孔】つきぬけ　ボタン・針の孔《あな》　毛孔《けあな》　鼻孔《びこう》　耳孔　眼孔　気孔

あなうめ【穴埋め】⇩おぎなう

あながち【強ち】必ずしも良くならない　▽強いて　押して　枉《ま》げてご承諾を　押し切って　無理に

あなた【貴方・貴下・貴男・貴女・貴子】対私　あなた様　そちら　そちら側　そちら様　そなた　御身　貴下　貴殿　貴所　貴兄　貴姉　▽あんた　君　お前　▽その方　そち　汝《なんじ》　貴君　貴様　貴公

あなどる【侮る】対敬う　蔑《さげす》む　蔑《ないがし》ろにする　舐《な》める　馬鹿《ばか》にする　軽んじる　見縊《みくび》る　見下げる　見下す　踏み付ける　軽視　軽蔑《けいべつ》　軽侮　侮辱　侮蔑　蔑視

あに【兄】対姉　兄《にい》さん　兄貴　兄御　兄上　兄君　▽長兄　伯兄　次兄　中兄　仲兄　末兄　季兄　▽実兄　義兄　異母兄　敬語〘相手方の〙お兄様　御兄上様　お兄君様　ご令兄様　ご尊兄様　ご賢兄様　〔名〕様／〘自分側の〙兄　舎兄　愚兄　〔名〕兄

•亡き兄　敬語〘相手方の〙亡きお兄様　亡き御兄上様　亡き〔名〕様／〘自分側の〙亡兄　亡き〔名〕

あね【姉】対兄　姉《ねえ》さん　姉貴　姉御　姉上　姉君　▽長姉　伯姉　次姉　中姉　仲姉　末姉　季姉　▽実姉　義姉　異母姉　敬語〘相手方の〙お姉様　御姉上様　お姉君様　ご令姉様　ご尊姉様　ご賢姉様　〔名〕様／〘自分側の〙姉　愚姉　〔名〕姉

•亡き姉　敬語〘相手方の〙亡きお姉様　亡き御姉上様　亡き〔名〕様／〘自分側の〙亡姉　亡き〔名〕

あの【彼の】かの　あのような　あそこの　かしこの　▽例の　当の　問題の　いつもの　件《くだん》の

あのかた【彼の方】⇩あのひと

あのひと【彼の人】あの方　彼　彼女　先様　先方様　▽奴《やつ》　あいつ

あのよ【彼の世】対この世　死後の世　彼岸　来世　後生《ごしょう》　▽黄泉《よみ・こうせん》

冥土《めいど》 冥界 冥府 幽界 幽冥界 九泉 泉下 ▽生死 幽明境を異にする

アパート ⇩いえ

あばく ①【暴く】 知らせる 秘密・陰謀―を暴く ばらす 素っ破抜く 出し抜く 曝《さら》け出す 暴露 摘出 摘発 ▽指摘 弾劾
②【発く】 あける 墓を発く 開く 開ける 掘り出す

あばずれ【阿婆擦れ】 ⇩ふりょう(不良)

あばた【痘痕】 ⇩できもの

あばらや【荒家】 ⇩いえ

あばれる【暴れる】 暴れ回る 荒れ―回る・狂う 乱暴 狼藉《ろうぜき》 横行 狂乱 酒乱 暴虐の限りを尽くす ▽政界で活躍する

あびせる【浴びせる】 浴びさせる 水を掛ける 吹っ掛ける ぶっ掛ける ▽ぶつける

あびる【浴びる】 受ける 被る 浴する 沐浴《もくよく》 水浴 入浴 ▽日に曝《さら》される 日光浴

あぶく【泡】 ⇩あわ

あぶない【危ない】 危うい 際どい 危険 剣呑《けんのん》 険悪 危殆《きたい》に瀕《ひん》する あわやと思った瞬間 見ていて冷や冷やする ▽危急 切迫 急迫 緊迫 危地 窮地 危難

アブノーマル ⇩いじょう(異常)

あぶら ①【油】 液体 液体の油 油―を燃やす・で揚げる 菜種油 髪油 灯油《とうゆ》 石油 揮発油 軽油 重油 潤滑油 香油 肝油
②【脂】 固体 牛肉・皮膚―の脂 脂身 脂肉 白身 脂肪 脂汗 ▽脂が乗る
③【膏】 粘液状 鼻・蝦蟇《がま》―の膏 国民の膏血《こうけつ》を搾る

あぶる ①【焙る】 水分を除く 海苔《のり》・手―を焙る 焙って乾かす 茶を焙《ほう》じる 卵・豆腐―を煎《い》る
②【炙る】 こがす 魚・肉―を炙る 豆・胡麻―を炒《い》る 油で炒《いた》める

あふれる【溢れる】 溢れ出る 零《こぼ》れる 零れ落ちる 氾濫《はんらん》 ▽漲《みなぎ》る 横溢《おういつ》 充溢

あぶれる 外れる 当たらない 職に有り付けない 獲物がない

あべこべ ⇩さかさ

あほう【阿呆・阿房】 ⇩ばか

あほらしい【阿呆らしい】 ⇩ばからしい

あま【尼】 ⇩そう(僧)

あま【海女】 ⇩りょうし(漁師)

あまい【甘い】 対辛い 甘ったるい 砂糖が強い 甘み 甘さ 甘け 甘煮 甘味《かんみ》料

あまえる【甘える】 甘ったれる 慕う 媚《こ》びる 人慣れる 人懐っこい

あまざらし【雨曝し】 ⇩さらす(曝す)

あます【余す】 余りを出す 後に残す 使い残す 十分・十二分―にある 余剰・余分―を出す

あまた【許多・数多】 ⇩おおい(多い)

あまだれ【雨垂れ】 ⇩しずく

アマチュア ⇩しろうと

あまつさえ【剰え】⇩そのうえ
あまねく【普く】⇩いっぱんに
あまのがわ【天の川】⇩ほし
あまり【余り】①残り 余分 余計 剰余 余剰物資 過剰 残余 残存 残額 残品 残部 過分 超過分 剰員 ②余り多くない ↓それほど
あまりに【余りに】⇩とても
あまる【余る】①余るほどある 有り余る 後に残る 使い残り 残余 余剰・余分が出る ②身に余る光栄 分不相応 過分 法外
あまんじる【甘んじる】現在の生活に安んじる 足れりとする 我慢する 満足する 楽しむ
あみ【網】たも ネット ▽魚網 投網《とあみ》 投げ網 打ち網 四つ手網 地引き網 底引き網 ▽霞網《かすみあみ》 鳥網 ▽金網 鉄条網
あみだ【阿弥陀】⇩ほとけ
あみもの【編み物】⇩しゅげい
あむ【編む】①毛糸で編む 紐を組む 織る 編み・組み・織り―合わせる ▽編み棒 編み機 ②書物を編む ↓へんしゅう

あめ【雨】酷い降り 小雨《こさめ》 小降り 霧雨 糠雨《ぬかあめ》 ▽本降り 長雨《ながあめ》 霖雨《りんう》 梅雨 五月雨《さみだれ》 春雨《はるさめ》 秋雨《あきさめ》 ▽霙《みぞれ》 氷雨《ひさめ》 雪混じり ▽俄《にわ》か雨 通り雨 夕立 村雨《むらさめ》 時雨《しぐれ》 村時雨 驟雨《しゅうう》 ▽大雨 大降り 豪雨 強雨 猛雨 集中豪雨 雨 雷雨 暴風雨 ▽甘雨 好雨 慈雨 雨水 天水 ▽涙雨
あめ【飴】水飴 固飴 削り飴 薬飴 飴ん棒 糖果 キャンデー ドロップ キャラメル
あや ①【文】事件の文 ↓ようす ②【綾】綾に織る ↓もよう
あやうい【危うい】⇩あぶない
あやかる【肖る】⇩まねる
あやしい ①【怪しい】疑問 怪しい―男・物音 奇怪《おか》しい 如何《いかが》わしい 疑わしい 訝《いぶか》しい 胡散《うさん》くさい 胡乱《うろん》な目付き 変な 怪訝《けげん》な 不審な物音 不穏な空気 油断がならぬ ②【奇しい】奇しい―光・鳥 ↓ふしぎ ③【妖しい】まどわす 妖しい―姿・装い ↓いろっぽい
あやしむ【怪しむ】⇩うたがう
あやす ⇩なだめる
あやつる【操る】⇩うごかす
あやぶむ【危ぶむ】⇩しんぱい
あやふや ⇩あいまい
あやまち【過ち】しくじり へま そつのない男 不手際《ふてぎわ》 手抜かり 手違いが生じる 手落ち 片手落ち 落ち度 不行き届き エラー 不始末 粗相《そそう》 過失 小過を見逃す 失敗 失策 失態を演じる 過誤 試行錯誤 大過なく過ごす 罪過
あやまり【誤り】違い 間違い 取り違え 仕損じ 仕損ない 遣《や》り損ない 手違い ミス ミステーク 過誤 錯誤 誤謬《ごびゅう》 誤算 違算 正誤 誤答

あやまる ①【誤る】 方向・適用-を誤る ↓まちがう

②【謝る】 わびる 詫《わ》びる ご免 済まない 陳謝 深謝 万謝 懇謝 鳴謝 謝罪 平身低頭 謝意を表する 文章 心からお詫び申し上げます／誠に申し訳ございません／心苦しく・恐縮至極に-存じます／お許しいただきたいと存じます／ご容赦くださるようお願い申し上げます

あゆみ【歩み】 ⇩はったつ

あゆみよる【歩み寄る】 譲り合う 折り合う 歩み-寄り・合い 折り合い 折がつかない 譲歩 互譲の精神

あゆむ【歩む】 ⇩あるく

あら ⇩けってん

あらあらしい【荒々しい】 ⇩あらい（荒い）

あらい ①【荒い】 さかん 波・気-が荒い 荒っぽい 荒々しい 激しい 手荒い 荒くれた 乱暴 粗暴 強暴 暴戻《ぼうれい》 獰猛《どうもう》 過激

②【粗い】 まばら 粒・縫い方-が粗い 粗っぽい 雑な 大雑把《おおざっぱ》 武骨《ぶこつ》 粗放 粗略 粗雑 粗笨《そほん》

あらいざらい【洗い浚い】 ⇩すべて

あらう【洗う】 濯《すす》ぐ 濯《ゆす》ぐ 清める 洗濯《せんたく》 水洗 洗浄 洗掃 洗除 洗顔 洗面 洗髪 沐髪《もくはつ》 ▽水洗い 振り・叩《たた》き・揉《も》み・抓《つま》み・踏み-洗い ウオッシュ クリーニング

あらかじめ【予め】 予《かね》て 予てより 予々《かねがね》 前より 前々より 以前より 前以《もっ》て

あらかた【粗方】 ⇩ほとんど

あらがね ⇩こうぶつ

あらくれた【荒くれた】 ⇩あらい（荒い）

あらし【嵐・暴風雨】 疾風《はやて》 野分《のわき》 荒れ模様 荒天 時化《しけ》 暴風 台風 ストーム ▽吹き降り 暴風雨 ハリケーン サイクロン ▽旋風《せんぷう・つむじかぜ》 竜巻《たつまき》 トルネード

あらす【荒らす】 ⇩そこなう

あらすじ【粗筋】 小説の筋 大筋 筋書き 粗まし 輪郭 梗概《こうがい》 概要 概略 大要 大略 要約 摘要 要点 アウトライン ダイジェスト

あらそい【争い】 いざこざ ごたごた 諍《いさか》い 揉《も》め事 啀《いが》み合い 角突き合い 内輪揉《も》め トラブル 喧嘩《けんか》 悶着《もんちゃく》 軋轢《あつれき》 葛藤《かっとう》 紛争 紛糾 紛擾《ふんじょう》 闘争 内紛 内争 訌争《こうそう》 内訌 係争 政争 ▽論争 論戦 舌戦 論難 口論

あらそう【争う】 競《きそ》う 力を競《せ》る 競り合う 張り合う 闘う 競争 闘争 抗争 対立 対決 敵対 拮抗《きっこう》

あらそって【争って】 ⇩すすんで

あらた【新た】 ⇩あたらしい

あらたか【灼か】 ⇩ゆうこう（有効）

あらたまる ①【改まる】 よいほうに制度が改まる ↓あらためる

②【革る】 病気 病勢が革る ↓あつい

あらためて【改めて】 新しく 更にもう一度 再び 再度

あらためる【改める】 よいほうに　制度・行い―を改める　改正　改革　革新　刷新　改変　変革　改良　改善　改定　修正　訂正　是正　会を改組する　▽【更める】とりかえる　免許証・契約―を更める　更新　更改　更正　改新　▽【検める】よく見る　中身・乗車券―を検める↓しらべる

あらなみ【荒波】 ⇩なみ(波)

あらまし【粗まし】 ①話のあらまし↓あらすじ　②宿題はあらましできた↓ほとんど

あらもの【荒物】 対小間物　雑貨　家庭用品　器具　器物　什器《じゅうき》　用具

あらゆる【所有】 ある限りの　あるだけの　あらん限りの　ありとあらゆる　一切の　一切合財の　総《す》べての

あられ ⇩せんべい

あられ【霰】 ⇩ゆき(雪)

あられもない ⇩はずかしい

あらわ【露わ】 ⇩むきだし

あらわす ①【表す】内容を　趣旨・祝意―を表す　言い・書き―表す　示す　祝意を表する　表現　表示　表白　真情を吐露する　発表　②【現す】隠していたものを　姿・正体―を現す　見せる　現出　▽【露す】むきだし　陰部・馬脚―を露す　曝《さら》け出す　露出　露呈　③【著す】まとめる　書物を著す　著作　著述　編修　編著　▽【顕す】公にする　名・善行―を顕す　表彰　顕彰　顕揚　表徳　彰徳　建徳

あらわれる ①【現れる】隠れていたものが　太陽・怪獣―が現れる　日が出る　出て来る　現じる　出現　▽【露れる】むきだし　機密・悪事―が露れる　ばれる　漏れる　露見　陰謀が発覚する　②【表れる】内容が　誠意・効果―が表れる　明らかになる

ありあけ【有り明け】 ⇩あさ(朝)

ありあり【有り有り】 ⇩あきらか

ありあわせ【有り合わせ】 間に合わせ　差し当たり　当座　当用

ありか【在り処】 ありどころ　あり場所　所在　立地条件　現場　▽居所《いどころ・きょしょ》　居場所　住所

ありがたい【有り難い】 辱《かたじけな》い　勿体《もったい》ない　心苦しい　申し訳ない　心から謝する　感謝　拝謝　深謝　多謝　万謝　厚謝　懇謝　鳴謝　伏謝　文章 有り難うございました／厚く御礼申し上げます／感謝至極に存じます／感謝この上もございません／お礼の申し上げようもございません

ありがとう【有り難う】 ご苦労様　お世話様　サンキュー

ありがね【有り金】 ⇩かね(金)

ありきたり【在り来り】 有り触れる　月並　別に珍しくもない　何の変哲もない　陳腐　陳套《ちんとう》

ありさま【有様】 ⇩ようす

ありてい【有体・有態】 ⇩ありのまま

ありなし【有り無し】 ⇩うむ(有無)

ありのまま【有りの儘】 そのまま　有るがまま　有体《ありてい》　飾りけがない　如

あ

実《にょじつ》に表す　赤裸々な姿　素顔

アリバイ不在証明↓しょうこ

ありふれた【有り触れた】　珍しくもない　どこにもある　陳腐な　月並　普通　一般

ある 1【在る】場所　中・東−に在る　存する　ございます　存在　実在　実存　現存　既存　在中　内在　潜在　在庫

2【有る】㊀無い　妻・財産・教養−が有る↓もつ

ある【或る】不特定　ある−人・所　とある町

あるいは【或は】①又は　若しくは　それとも　そうでなければ　②若しかすると　若しかしたら　事によると　ひょっとすると　あわよくば　旨《うま》くいくと

あるきまわる【歩き回る】⇩めぐる

あるく【歩く】歩む　ぶらつく　ほっつく　足を運ぶ　歩行　徒歩　徒行　▽足音　靴音《くつおと》　跫音《きょうおん》・《あしおと》　跫響

あるじ【主】主《しぬ》　世帯主　一家の主人　家長　戸主　店主　チーフ　ボス　▽当主　当代　先主　先代　▽若主人　女主人　▽旦那《だんな》　若旦那

アルバイト　サイドワーク　片手間　片手間仕事　小遣い−取り・稼ぎ　賃仕事　内職　副業

あれこれ【彼れ此れ】⇩とやかく

あれの【荒れ野】⇩はら(原)

あれはてる【荒れ果てる】荒れる　寂れる　荒《す》さむ　荒涼　荒廃　荒蕪《こう》　寂寥《せきりょう》　寂寞《せきばく》　蕭条《しょうじょう》　凄涼《せいりょう》　廃滅　殺風景

あれる【荒れる】①海が荒れる　波立つ　時化《しけ》る　②会議が荒れる　混乱　紛糾　紛乱　無秩序　③史跡が荒れる　↓あれはてる

あわ【泡】あぶく　うたかた　水泡《みなわ》　水しぶき　水泡《すいほう》　気泡　泡沫《ほうまつ》　沫　飛沫《ひまつ》　水煙

あわい【淡い】⇩うすい

あわせる 1【合わせる】ぴったり　手・数・時計《とけい》・調子−を合わせる　接ぎ・縫い−合わせる　接合　縫合　融合　合計　合算　▽【協せる】一つに　力・心−を協せる　協力　協同　結束　結集　結合

2【併せる】一緒にする　会社・クラス−を併せる　合併　併合　合体　統合　合流

あわただしい【慌ただしい】忙《せわ》しない　倉卒　目まぐるしい　落ち着かない　倉皇《そうこう》として　の間に　急遽《きゅうきょ》出発する

あわてもの【慌て者】慌てん坊　うろたえ者　おっちょこちょい　せっかち　粗忽《そこつ》者

あわてる【慌てる】うろたえる　まごつく　慌てふためく　うろうろ・まごまご・どぎまぎ・あたふた−する　目を回す　性急に行う　取り乱す　騒ぎ回る　狼狽《ろうばい》する

あわや⇩あぶない

あわよくば⇩あるいは

あわれ【哀れ】⇩かわいそう

あわれむ【哀れむ】 趣を味わう 月・花-を哀れむ 物の哀れ 哀愁 哀傷歌 ▽【憫れむ】かわいそう 貧民を憫れむ 気の毒に思う 老人を労《いたわ》る 慈悲を掛ける 不憫《ふびん》に思う 憐憫《れんびん》の情を持つ ▽【憐れむ】思いやり 生き物を憐れむ 同病相憐れむ 同情

あん【案】 考え アイデア プラン 当局の試案 名案 妙案 新案 新機軸 腹案 成案 代案 対案

あんい【安易】 ①安直 簡易 容易《ようい》 容易《たやす》い ちゃち ぼろい イージー ②気楽 暢気《のんき》 無頓着

あんか【行火】 ⇩だんぼう

あんがい【案外】 意外 心外 存外 意想外 予想外 慮外 意表に出る 案に相違して 思いの外 殊の外 思いも寄らない 番狂わせ

あんかん【安閑】 ⇩のんき

あんき【暗記・諳記】 暗唱 暗識 丸暗記 諳《そら》んじる 空で-覚える・言う

あんきょ【暗渠】 ⇩みぞ

あんごう【暗号】 ⇩しるし(印)

あんこく【暗黒】 ⇩やみ

あんさつ【暗殺】 ⇩ころす

あんざん【暗算】 ⇩かぞえる

あんざん【安産】 ⇩うむ(産む)

あんじ【暗示】 対明示 黙示《もくし》 示唆 暗々裏に示す 妻にそれとなく言う 辞意を仄《ほの》めかす 匂わす ヒント

あんしょう【暗唱・諳誦】 ⇩あんき

あんじる【案じる】 ⇩しんぱい

あんしん【安心】 対心配 心強い 気強い 力強い 大丈夫 気休め 敬語〔相手方が〕ご休心 ご放念 ご放慮 ご安慮 ご省慮 ご解念／〔自分側が〕安心・安慮・楽観-しております

あんぜん【安全】 無事 無難 安泰 安穏《あんのん》 平安 息災 静穏 セーフ オーケー 安らか 穏やか

あんたい【安泰】 ⇩ぶじ

あんちゃく【安着】 ⇩つく(着く)

あんちょく【安直】 ⇩かんたん(簡単)

あんてい【安定】 ⇩おちつき

あんどん【行灯・行燈】 ⇩あかり

あんな ⇩ああ

あんない【案内】 ①町を案内する ↓みちびく ②案内を受ける↓しらせ

あんないにん【案内人】 案内者 指導者 教導者 先導者 水先案内人 客引き 説明者 引率者 統率者 先達《せんだつ》 先駆者 先覚者 ガイド リーダー ナビゲーター パイオニア

あんに【暗に】 ⇩それとなく

あんねい【安寧】 ⇩ちあん

あんのじょう【案の定】 ⇩はたして

あんのん【安穏】 ⇩おだやか

あんばい [1]【塩梅】①塩梅を見る 味加減 味付け 調味 ②病気の塩梅 様子 状態 調子 加減 程度 具合 程合い [2]【案配】適当に案配する 配置 処置 処分 整理 加除 取捨 手配 抜き差し

アンパイヤ ⇩しんぱんいん

アンバランス ⇩ふつりあい

あんぴ【安否】 友の様子　起居　消息　敬語〘相手方の〙ご近況　ご起居　ご別条　ご機嫌　お変わり　お障り／〘自分側の〙近況　起居　消光　別条　変わり　障り　文章 その後お変わりもございませんか、お伺い申し上げます

あんまり ①あんまり大きいので ↓とても　②あんまり熱くない ↓それほど

あんみん【安眠】 ⇩ねる(寝る)

あんらく【安楽】 ⇩きらく

い

い【胃】 ⇩いちょう

い ①【猪】 いのしし ↓ぶた　②【亥】 十二支の第十二　亥年　亥の－刻・方角

いあつてき【威圧的】 ⇩いばる

いあん【慰安】 慰謝　慰め　楽しみ　娯楽　アミューズメント　レジャー

いい【良い・好い・善い・宜い・佳い・吉い】 ⇩よい(良い)

いいあい【言い合い】 諍《いさか》い　言い争い　口争い　言葉争い　口喧嘩《げんか》　口論　舌戦

いいあやまる【言い誤る】 言い損なう　言い損ねる　言い違える　言い間違える　失言　舌禍　口の災い

いいあらそい【言い争い】 ⇩いいあい

いいあらわす【言い表す】 ⇩ひょうげん

いいえ いえ　いや　いやいや　否《ない》　ノー　ノン　ナイン

いいかえす【言い返す】 ⇩くちごたえ

いいかえれば【言い換えれば】 別の言葉で言えば　換言・別言－すれば　つまり　すなわち

いいがかり【言い掛かり】 難癖《なんくせ》を付ける　いちゃもん　因縁《いんねん》を付ける　文句を言う　無理難題を吹っ掛ける

いいかげん【宜い加減】 なおざりにする　おざなり　疎《おろそ》か　忽《ゆるが》せにするな　投げ遣《や》り　遣りっ放し　でたらめ　粗雑　うやむや　ルーズ　雑《ざっ》な仕事　粗末　粗略にする　適当にやる　杜撰《ずさん》な工事　不徹底　無責任

いいかた【言い方】 ⇩はなしかた

いいきかせる【言い聞かせる】 申し・説き－聞かせる　言い・申し－含める　泣き落とす　説得　説伏　折伏《しゃくぶく》　納得・得心－させる

いいきみ【好い気味】 ⇩にくらしい

いいきる【言い切る】 言い放つ　言明　断言　断定　宣言　明言　道破　喝破　確言　極言　力説

いいぐさ【言い草・言い種】 言い分　言い訳　言い－立て・抜け　言い方　文句　口実　弁解　理屈　屁《へ》理屈

いいすぎ【言い過ぎ】 過言　失言　放言　暴言　広言　大言壮語　豪語　気炎を吐く　大風呂敷《おおぶろしき》を広げる

いいだす【言い出す】 ⇩はつげん

いいつける【言い付ける】 ⇩めいれい

いいつたえ【言い伝え】 古老の昔語り

語り伝え　昔話　伝説　伝承　口承　口伝　口碑　▽説話　民話　夜話　神話　寺社縁起《えんぎ》　稗史《はいし》

いいなずけ【許婚】許婚者　婚約者　フィアンセ　恋人

いいのがれ【言い逃れ】⇩いいわけ

いいはる【言い張る】⇩しゅちょう

いいふらす【言い触らす】言い‐広める・散らす・流す　触れる　触れ回る　吹聴《ふいちょう》　喧伝《けんでん》　宣伝　披露

いいぶん【言い分】⇩いいわけ

いいまかす【言い負かす】⇩やりこめる

いいまわし【言い回し】言い方　話し方　言い表し方　言葉遣い　口調　口吻《こうふん》を真似る　表現

いいよる【言い寄る】⇩くどく(口説く)

いいわけ【言い訳】申し訳　言い開き　申し開き　言い立て　言い分を聴く　申し分　言い逃れ　言い抜け　抜け口　逃げ口上　遁辞《とんじ》　口実を設ける　弁解　弁明　釈明　弁疏《べんそ》　抗弁

いいん【委員】議員　役員　理事　評議員　商議員　構成員　メンバー　▽代議士　代議員

いう ①【言う】ことば　お礼・文句‐を言う　話す　語る　述べる　喋《しゃべ》る　駄弁《だべ》る　口を利《き》く　口に出す　口走る　▽吐く　抜かす　ほざく　嘯《うそぶ》く　うそを吐っく　陳述　発言　談話　声明　敬語〔相手方が〕お話しになる　仰せになる　おっしゃる　お聞かせくださる／〔相手方に〕申す　申し上げる　お耳に入れる　お耳を汚す　お聴きいただく　言上《ごんじょう》　具申　具陳　奏聞　奏上　▽【謂う】称する　車とは自動車を謂う　謂うところの　いわゆる　謂わば　称する　名付ける

②【云う】種類　東京という都会　そういうもの　こういった話　…という～は

いうまでもなく【言う迄もなく】⇩むろん

いえ【家】家《うち》を建てる　建物　住まい　住みか　ねぐら　居《きょ》を構える　家《や》‐主・賃　住宅　住居　居宅　家宅捜索　豪壮な邸宅　▽屋敷　母屋《おもや》　離れ　平家《ひらや》　二階家　一軒家　裏の長屋　▽アパート　マンション　集合住宅　共同住宅　▽高殿　豪族の館《やかた》　御殿　金殿玉楼　▽小屋　掘っ立て小屋　あばら家　裏長屋　▽自宅　私宅　私邸　本宅　本邸　公邸　首相官邸　社宅　別宅　別邸　別荘　山房　山荘　敬語〔相手方の〕お宅　貴邸　貴家　尊邸　尊家　芳館／〔自分側の〕家《うち》　弊館　拙宅　拙家　弊屋　弊家　弊宅　陋宅《ろうたく》

いえがら【家柄】⇩ちすじ

いえじ【家路】⇩かえる(帰る)

いえで【家出】夜逃げ　駆け落ち(男女)　行方《ゆくえ》・跡‐を晦《くら》ます　行方不明　どろん　失踪《しっそう》　失跡　蒸発　逃亡　出奔　逐電《ちくでん》　亡命

いえもと【家元】宗家　宗匠　本家　当主　主宰者　統率者

い

いえる【癒える】⇩なおる(治る)
いか【以下】[対]以上　以内　より下　より内　から下　から内　[参考]千円以下(千円を含む)／千円未満(千円を含まない)
いがい【以外】自余　他《た》　外《ほか》に五件ある　この他《た》　この外　その他　その外
いがい【意外】⇩あんがい
いがい【遺骸】⇩したい
いかが【如何】⇩どう
いかがわしい【如何わしい】⇩あやしい(怪しい)
いがく【医学】医術　医は仁術　▽内科　小児科　婦人科　外科　皮膚科　泌尿器科　眼科　耳鼻咽喉《いんこう》科　産科　歯科　▽西洋医学　漢方
いかさま【如何様】⇩いんちき
いかす【生かす】いのち　魚を生かす↓いきる　▽【活かす】活用　廃物・時間を活かす↓やくだてる
いかずち【雷】⇩かみなり
いかだ【筏】⇩ふね(舟)
いかつい【厳つい】⇩がんじょう

いかに【如何に】⇩どう
いかにも【如何にも】⇩とても
いかめしい【厳めしい】重々しい雰囲気　凜々《りり》しい　厳《おご》そか　立派　厳粛　荘厳　威厳　尊厳　▽厳として　厳に　厳然　凜然《りんぜん》　凜乎《りんこ》　凜々
いかもの【如何物】⇩にせもの(贋物)
いかよう【如何様】⇩どう
いかり【怒り】憤りを覚える　腹立ち　向かっ腹が立つ　八つ当たりする　癇癪《かんしゃく》　立腹　怒気を含む　怒髪天を衝く　激怒　憤怒《ふんぬ》　激昂《げきこう》　激憤　憤懣《ふんまん》　慷慨《こうがい》　憤慨　公憤　私憤　悲憤慷慨　義憤　鬱憤《うっぷん》を晴らす
いかる【怒る】⇩おこる(怒る)
いかん【遺憾】⇩ざんねん
いかん【不可ん】⇩だめ
いき【域】⇩はんい
いき【意気】気勢が揚がる　気概　元気　気力　根性《こんじょう》　気性《きしょう》　甲斐性《かいしょう》　意地　意気地《いきじ・いくじ》　気合いが掛かる　心意気　意気込み

いき【遺棄】⇩すてる
いき【息】息吹《いぶき》　吐息　寝息　鼻息　青息吐息　虫の息　息の根を止める　呼吸　気息奄々《えんえん》　深呼吸　▽鼾《いびき》　高鼾　▽欠《あくび》　欠伸《あくび》
いき【粋】[対]野暮　小粋《こいき》　垢《あか》抜けした女　乙《おつ》な味　粋《すい》な計らい　伊達《だて》い　かす　気が利いている　ハイカラ　モダン　スマート　シック　ドレッシーな装い
いぎ【意義】⇩いみ
いぎ【異議】⇩はんたい
いきいき【生き生き・活き活き】きびきびした動作　ぴんぴん　ぴちぴち　瑞瑞《みずみず》しい　生々《なまなま》しい　潑剌《はつらつ》　活発　生動　活気　精彩　迫真の演技　面目躍如　躍動　彷彿《ほうふつ》とさせる
いきうつし【生き写し】⇩にている
いきおい【勢い】①破竹・騎虎《きこ》の勢い　勢力　気勢　気炎を吐く　意気　威勢がいい　威力を発揮する　猛威を振るう　暴威　▽火勢　水勢　筆勢　語勢

▽市勢 県勢 国勢 国威 国力 ②勢いこうなる↓ひとりでに

いきおいこむ【勢い込む】 ⇩ふるいたつ

いきかえる【生き返る】 枯れた松が蘇《よみがえ》る 会社更生法 息を吹き返す 再生の喜び 蘇生《そせい》 再起 復活 回生 起死回生の妙薬

いきき【行き来】 ⇩ゆきき

いきごむ【意気込む】 ⇩がんばる

いきさつ【経緯】 成り行き 成り立ち 筋道を話す プロセス 経過 過程 道程 経緯《けいい》 顛末《てんまつ》 首尾 動向 事情 一部始終 一伍一什《いちごいちじゅう》

いきじ【意気地】 ⇩いじ(意地)

いきじびき【生き字引】 ⇩ものしり

いきすぎ【行き過ぎ】 ⇩ゆきすぎ

いきちがい【行き違い】 ①互いに会えない 入れ・擦れ‐違い 行き違《たが》い ②うまく合わない 食い違い 矛盾 齟齬《そご》

いきどおる【憤る】 ①⇩おこる(怒る) ②⇩なげく

いきな【粋な】 ⇩いき(粋)

いきなり ⇩とつぜん

いきのこる【生き残る】 生き‐延びる・長らえる 死に‐残る・遅れる 生存 残存 存命 延命策 長生 長寿 生還 サバイバル ▽残存者 生存者 生還者

いきまく【息巻く】 ⇩こうふん(興奮)

いきもの【生き物】 生物 動物 生類《しょうるい》を憐れむ 畜生 人畜無害 生体

いきょく【委曲】 ⇩くわしい

いきりたつ【熱り立つ】 ⇩たける(猛る)

いきる【生きる】 いのち 明治・芸術‐に生きる 生きる望み 生存 生息 生活 存命 長生 長命 長寿を祝う ▽【活きる】 有効 才能・教訓‐が活きる↓やくだつ

いきれ【熱れ】 ⇩あつさ

いきわかれ【生き別れ】 ⇩わかれる(別れる)

いきわたる【行き渡る】 ⇩およぶ

いく【行く】 [対]帰る 赴く 出向く 向かう 出掛ける 訪《と》う 訪ねる 訪れる 足跡を印する 出向 急行 直行 南下 北上 東進 西進 ▽登校 登庁 出社 赴任 上京 [敬語]〔相手方が〕いらっしゃる おいで・お出まし・お出掛け・お出向き・お訪ね‐になる／〔自分側が〕参る 上がる 赴く 出向く 足を運ぶ お伺い お訪ね お邪魔 参上 参向 参内(宮中へ)

いぐい【居食い】 ⇩むしょく

いくえにも【幾重にも】 ⇩こころから

いくさ【戦】 ⇩たたかい

いくじなし【意気地無し】 ⇩おくびょう

いくせい【育成】 ⇩やしなう

いくたび【幾度】 ⇩なんど

いくつ【幾つ】 ⇩いくら

いくぶん【幾分】 ⇩すこし

いくら【幾ら】 ①幾らあるか 幾つ どれほど どれぐらい どれだけ いかほど 何ほど 幾ばく いかばかり ②幾ら言っても↓どれほど

いくらか【幾らか】 ⇩すこし

いけ【池】 水溜《たま》り　沼　沢《さわ》　泉水　遣《や》り水　堀　溜め池　釣り堀　沼地　池塘《ちとう》　貯水池　用水池　浄水池　遊水地　ダム

いけがき【生け垣】 ⇩かこい

いけどり【生け捕り】 ⇩とりこ

いけない【不可い】 良くない　いかん　怪《け》しからん　以《もっ》ての外　天地・小便-　無用　不可　不適　不逞《ふてい》の輩

いけにえ【生け贄・犠牲】 身代わりになる　人柱《ひとばしら》を捧げる　人身《ひとみ》御供《ごくう》にされる　犠牲《ぎせい》

いけばな【生け花・活け花】 花を生ける　挿し花　立て花　盛り花　投げ入れ　花生け　生花《せいか》　挿花《そうか》　活花　華道

いける ①【生ける】 いのち　生け-捕り・垣《きが》　▽【活ける】 いきいき　花を活ける↓いけばな　②【埋ける】 うめる　炭火・葱《ねぎ》-を埋ける↓うめる

いけん【意見】 ①意見を持つ　↓かんがえ　②意見する↓いましめる

いげん【威厳】 ⇩いかめしい

いご【以後】 ①対以前　以来　以降　爾後《じご》　爾来　事後　その後　この方《かた》　②以後慎みます↓こんご

いこい【憩い】 ⇩やすみ

いこう【以降】 ⇩いご

いこう【意向・意嚮】 ⇩かんがえ

いこう【憩う】 ⇩やすむ

いこく【異国】 ⇩がいこく

いこじ【依怙地】 ⇩がんこ

いこん【遺恨】 ⇩うらむ(恨む)

いさい【委細】 ⇩くわしい

いさかい【諍い】 ⇩あらそい

いさぎよい【潔い】 りっぱ　潔い最期《さいご》　潔く-引き受ける・諦《あきら》める　気高い　悪びれない　思い切って　高潔　純潔　▽【屑い】 良心　屑《いさぎよ》しとしない　潔白　清廉　廉白　廉清　廉潔

いざこざ ⇩あらそい

いささか【些か】 ⇩すこし

いささかも【聊かも】 ⇩すこしも

いざなう【誘う】 ⇩さそう

いさましい【勇ましい】 雄々しい姿　凛々《りり》しい　勇敢　果敢　果断　勇壮　勇猛　勇健　勇武　壮烈　精悍《せいかん》な目付き　敢然と向かう

いさみはだ【勇み肌】 ⇩おとこだて

いさむ【勇む】 奮う　逸《はや》る　気負う　勇み立つ　張り切る　勇躍

いさめる【諫める】 苦言を呈する　忠言　忠告　意見　諫言《かんげん》　諫正　諫説　アドバイス

いざる【躄る】 ⇩はう

いさん【遺産】 遺財　遺宝　故人の財産　▽相続分　遺留分

いし ①【意志】 意志の強い人↓こころざし　②【意思】 本人の意思↓かんがえ

いし【医師】 ⇩いしゃ

いし【石】 石ころ　小石　砂利《じゃり》　細《さざ》れ石　▽巨石　大石　岩石　石塊　盤石《ばんじゃく》の如し　▽石材　礎石　墓石　石塔　石碑　庭石　置き石　飛び石

いじ【遺児】⇩いぞく

いじ【意地】①意気　意気地　気骨　気節　気概　気力　気勢　気合い　意気込み　心意気　根《こん》　根性《こんじょう》　②我《が》を張る　我意　我執　我欲　強情《ごうじょう》　片意地　横意地　依怙地《いこじ・えこじ》

いじ【維持】保持　保有　保全を図る　保存　国体を護持する　保つ　持ち続ける　持ち堪《こた》える　支える

いしき【意識】⇩かんがえ

いじきたない【意地汚い】⇩いやしい（卑しい）

いしきてき【意識的】⇩こい（故意）

いじける⇩ひがむ

いしずえ【礎】⇩もとい

いじっぱり【意地っ張り】⇩がんこ

いしつぶつ【遺失物】⇩わすれもの

いじめる【虐める】虐《しいた》げる　嫁をいびる　身を苛《さいな》む　踏み・痛め-付ける　虐待　加虐　暴虐の限り

いしゃ【医者】医師　医家　医員　侍医　医生　名医　国手　▽拙医　藪《やぶ》医者　藪医竹庵《ちくあん》　筍《たけのこ》医者　▽内科医　外科医　耳鼻科医　接骨医　助産師　産婆　目医者　歯医者　獣医　▽鍼《はり》師　灸《きゅう》師　按摩《あんま》

いしゅう【異臭】⇩におい（臭い）

いしゅがえし【意趣返し】⇩あだうち

いしょう【衣装・衣裳】⇩きもの

いじょう【以上】対以下　より上　から上　参考 千円以上（千円を含む）／千円超・千円を超える（千円を含まない）

いじょう ①【異状】異状なし↓へん　②【異常】対正常　異常な状態　不常　格外　不健康　変質的　病的　アブノーマル

いしょく【衣食】⇩くらし

いしょく【委嘱・依嘱】⇩まかせる

いじらしい⇩かわいそう

いじる【弄る】ひねくる　弄《もてあそ》ぶ　嬲《なぶ》る　揉《も》む　弄《ろう》する　玩弄《がんろう》物　翻弄《ほんろう》　愛玩《あいがん》

いじわる【意地悪】無愛想　無慈悲　不親切　邪険　薄情　冷酷　つっけんどん　刺々《とげとげ》しい

いす【椅子】①腰掛け　長椅子　安楽椅子　肘《ひじ》掛け　縁台　涼み台　チェア　ソファ　ベンチ　三脚　②課長の椅子↓ちい

いずこ【何処】⇩どこ

いずまい【居住まい】⇩すがた

いずみ【泉】出水《でみず》　湧《わ》き水　清水《しみず》　水泉　噴泉　噴水　清泉　澄泉　玉泉　間欠泉　温泉

いずれ ①【何れ】いずれが白か↓どれ　②【孰れ】いずれ行く↓そのうちに

いせい【異性】対同性　男女・雌雄-の別　他性　セックス　▽女性　男性

いせい【威勢】⇩いきおい

いせいしゃ【為政者】⇩せいじか

いせき【遺跡・遺蹟】旧跡　古跡　遺址《いし》　旧址　古址　遺構　城址　廃墟《はいきょ》　戦跡　古戦場

いせつ【異説】対通説　異論　異見　異存　反対論　少数-論・意見

いぜん【以前】①対以後　以往　前に見た

ことがある　事前　その前　②以前の事件　先般　先日　先《せん》だって　③以前に返る↓むかし

いぜん【依然】⇩あいかわらず

いそ【磯】⇩きし

いそいで【急いで】さっさと　そそくさと　大急ぎで　取り敢《あ》えず　取り急ぎ　早々に　早急に　至急に

いそうろう【居候】居食い　宿借り　親の脛齧《すねかじ》り　座食　食客　門客　寄客　寄食者

いそがしい【忙しい】忙《せわ》しい　駆け・走り-回る　飛び-歩く・回る　きりきり舞い　てんてこ舞い　繁忙　多忙　多事　多用　忙殺される　ビジー　▽農繁期　盛漁期　[敬語]〔相手方が〕お忙しい　ご多忙　ご多用　ご多端　ご繁忙　ご繁多　ご繁用／〔自分側が〕仕事に追われる　何かと雑用に紛れる　雑務に取り紛れる　忙殺される

いそがせる【急がせる】⇩せかす

いそぎ【急ぎ】大急ぎ　至急　早急　火急　▽速達

いそぐ【急ぐ】急《せ》く　心逸《はや》る　焦《あせ》る　駆け込む　駆け・馳《は》せ-付ける　急行　疾行

いぞく【遺族】遺家族　遺児　▽未亡人　後家《ごけ》　寡婦　やもめ　▽遺夫　男やもめ　やもお

いそしむ【勤しむ・励しむ】⇩つとめる（努める）

いぞん【依存】⇩たよる

いぞん【異存】⇩はんたい

いた【板】掲示用の板《ばん》　将棋の盤　厚板　薄板　合板　羽目板　張り板　床板　▽板金《いたがね》　鋼板　鉄板

いたい【遺体】⇩したい

いたい【痛い】頭・傷-が痛む　傷が疼《うず》く　▽ずきずき　ずきんずきん　ちくちく　ちくりちくり　ひりひり　ぴりぴり　きりきり　▽疼痛《とうつう》　激痛　鈍痛　頭痛　歯痛　腰痛　腹痛

いたいたしい【痛々しい】⇩かわいそう

いたく【委託】⇩まかせる

いだく【抱く】子を抱く母　↓かかえる　▽【懐く】疑問を懐く↓もつ

いたけだか【居丈高】⇩いばる

いたす【致す】⇩する（為る）

いたずら【悪戯】戯《たわむ》れ　遊び事　落書き　邪魔　道楽　おもちゃ　▽いたずらっ子　いたずら娘

いたずらに【徒らに】⇩むだ

いただき【頂】[対]麓《ふもと》　峰　頂上　山頂　山頭　山巓《さんてん》　山上　絶頂

いただく【頂く・戴く】⇩もらう

いたって【至って】⇩とても

いたで【痛手】傷　怪我《けが》　負傷　損傷　▽損害　欠損　打撃　ショック

いたまえ【板前】⇩りょうりにん

いたましい【痛ましい】⇩かわいそう

いたみ ①**【痛み】**くるしみ　痛みを感じる　疼《うず》き　苦しみ　激痛　鈍痛　痛痒《つうよう》　苦痛　心痛　辛苦を味わう　②**【傷み】**きず　傷みのある品　損傷　破損　毀損《きそん》　故障

いたみいる【痛み入る】⇩おそれいる

いたむ ①【痛む】 くるしむ　頭・傷ーが痛む ↓いたい
②【傷む】 きずつく　品物・機械ーが傷む　傷つく　壊れる　駄目になる　損傷　破損　毀損《きそん》　故障
③【悼む】 かなしむ　死・友ーを悼む ↓とむらう
いためつける【痛め付ける】⇩いじめる
いためる【炒める・煠める】⇩あぶる（炙る）
いためる ①【痛める】 くるしむ　頭・心ーを痛める ↓くろう
②【傷める】 きずつける　品物・機械ーを傷める ↓こわす
いたり【至り】⇩とても
いたる【至る】 そこまで　事ここ・今ーに至る ↓およぶ　▽【到る】 行き着く　目的地に到る ↓つく
いたるところ【到る所】 どこにでも　どこもかしこも　あちこち　方々　各所　各地　随所
いたわしい【労しい】⇩かわいそう

いたわる【労る】 犒《ねぎら》う　慰める　労を謝す　愛《いと》おしむ　慰労　慰謝料
いたん【異端】 邪教　邪宗　邪法　邪道　左道　非正統　反体制　▽異端者　アウトロー
いち【位置】 地点　場所　在り場所　居場所　所　度合い　程度
いち【市】⇩いちば
いちいち【一々】⇩ひとつひとつ
いちおう【一応・一往】 一通り　通り一遍　一先《ま》ず　取り敢《あ》えず　▽大体　概略　大略
いちがいに【一概に】⇩いっぱんに
いちがつ【一月】 睦月《むつき》　上春　孟春《もうしゅん》　▽極寒の候　厳寒の砌《みぎり》　厳冬の折柄　文章 初春とはいえ例年にない寒さが続いております／寒気殊の外厳しいこのごろ　暦 元日（一日）／鏡開き（十一日）／成人の日（第二月曜日）／小寒（六日ごろ）／大寒（二十日ごろ）／
いちげんこじ【一言居士】 論客　論士　議論好き　出しゃばり　うるさ型

いちじ【一時】⇩しばらく（暫く）
いちじてき【一時的】⇩りんじ
いちじに【一時に】⇩いちどに
いちじるしい【著しい】⇩あきらか
いちずに【一途に】⇩もっぱら
いちぞく【一族】⇩しんるい
いちぞん【一存】⇩ひとりぎめ
いちだんと【一段と】⇩いっそう（一層）
いちどう【一同】⇩みな
いちどきに【一時に】⇩いちどに
いちどに【一度に】 一時《いちじ》に　一時《いちどき》に出る　一遍に　一挙に　一気に飲む　一斉に立つ　同時に起こった　一緒に　一息《ひといき》に飲む　一思いに
いちにちじゅう【一日中】 終日　尽日　ひねもす　日がな一日　朝に夕に　▽日夜　昼夜　日夕　朝夕《ちょうせき・あさゆう》　朝晩　二六時中　四六時中
いちば【市場】 市《いち》が立つ　市場《しじょう》　糶《せ》り市　マーケット　バザー　▽朝市　魚《うお》市場　魚河岸　青物市場　青果市場　馬市

いちはやく【逸早く】⇩すぐ
いちばん【一番】①一等になる　一位　首位　首席　第一になる　第一番　第一人者　日本一　世界一　ナンバーワン　トップ　エース　②一番大きい↓もっとも
いちばんのり【一番乗り】⇩さきがけ
いちぶしじゅう【一部始終】⇩いきさつ
いちぶぶん【一部分】㊎大部分　一部　一端を述べる　一半　一面　一斑《いっぱん》を知る　一方面　反面　側面　片面　片側　外面　▽端切れ　端々
いちまつ【一抹】⇩わずか
いちみ【一味】⇩なかま
いちめん【一面】⇩いちぶぶん
いちめんに【一面に】一帯に　辺り一面・一杯　点々と　あちこちに　所嫌わず・構わず　累々たる死体
いちもくさん【一目散】⇩いっさんに
いちもんなし【一文無し】⇩まずしい
いちやく【一躍】一挙に遣る　一気に　一足飛びに　一飛びに　飛躍的に

いちゃつく⇩さわぐ
いちゅう【意中】⇩こころ
いちょう【胃腸】消化器　▽食道　胃　胃袋　胃の腑《ふ》　噴門(入口)　幽門(出口)　▽腸　小腸　十二指腸　盲腸　大腸　直腸　肛門《こうもん》
いちよう【一様】㊎多様　一律　単一　画一《かくいつ》　均一　均等　均質　単調　平板　整然　同様　同然　千編一律　無差別　同じにする　等しく
いちらんひょう【一覧表】⇩ひょう(表)
いちりゅう【一流】⇩さいこう(最高)
いつ【何時】いつごろ　何時《なんどき》　いつのころ　いずれの時　どのような時　いかなる時
いつか【何時か】①以前に　いつぞや　先ごろ　先《せん》だって　曩《さき》に　過日　先日　先般　過般　②いつか出来る↓そのうちに　③いつか来てしまった↓いつのまにか
いっかつ【一括】⇩とりまとめる
いっかつ【一喝】⇩しかる

いっきうち【一騎打ち】⇩くみうち
いっきに【一気に】⇩いちどに
いっきょに【一挙に】⇩いちやく
いっきょりょうとく【一挙両得】⇩りえき
いつくしみ【慈しみ】⇩おもいやり
いっけん【一見】一覧　一瞥《いちべつ》も与えない　瞥見　一目・ちょっと見る　垣間《かいま》見る
いっこう【一行】⇩つれ
いっこう【一向】⇩すこしも
いっこく【一刻】①一刻の猶予↓すこし　②一刻な老人↓がんこ
いつごろ【何時頃】⇩いつ
いっさい【一切】⇩すべて
いつざい【逸材】⇩さいのう
いっさんに【一散に】一目散に　驀《まっしぐら》に　振り向きもせず　後をも見ず
いつしか【何時しか】⇩いつのまにか
いっしゅ【一種】同類　変種　異種　類《たぐい》　変わり種
いっしゅん【一瞬】瞬間　瞬時　瞬刻

咄嗟《とっさ》　刹那《せつな》　間髪を入れず　間一髪の差

いっしょ【一緒】 共に働く　共々に　諸共《もろとも》に　同伴　同行　合同　相伴《しょうばん》　▽同乗　相乗り　敬語〔相手方が〕ご一緒にて　ご同道　ご同伴　ご同遊　お揃《そろ》いにて／〔相手方と〕お供させて・ご一緒させて・行を共にさせて－いただく／〔自分側が〕打ち連れる　打ち揃う　相連れる　共々に　相共に　同伴にて　同道にて

いっしょう【一生】 生涯　一生涯　終生　終身雇用　存命中　畢生《ひっせい》の大事業　一代　一世

いっしょうけんめい【一生懸命】 ⇩ねっしん

いっしん【一新】 一変　改新　革新　変革　新しくする　改める　がらりと変える　▽明治維新

いっしんに【一心に】 ⇩ねっしん

いっする【逸する】 ⇩にがす

いっせいに【一斉に】 ⇩いちどに

いっせきにちょう【一石二鳥】 ⇩りえき

いっそ ⇩かえって

いっそう【一層】 一段と　ひたすら　一際《ひときわ》　ひとしお　ずっと　もっと　更に　尚更　殊更　折角　人一倍

いっそう【一掃】 ⇩とりのける

いつぞや【何時ぞや】 ⇩いつか

いったい【一体】 ⇩そもそも

いったいに【一体に】 ⇩だいたい

いったいに【一帯に】 ⇩いちめんに

いったん【一旦】 ⇩ひとたび

いっち【一致】 合致　合一　符合　暗合　合体　意気投合　合する　同じ・一緒－になる　合意

いっちょうら【一張羅】 ⇩はれぎ

いってい【一定】 ①不変　一様　いつも－同じ・変わらぬ　規則的　例外なし　②標準　所定　決められた

いってつ【一徹】 ⇩がんこ

いつでも【何時でも】 好きな・好みの－時に　時を構わず　折に触れて　適時　随時

いっとう【一等】 ①一等になる↓いちばん　②一等大きい↓もっとも

いつのまにか【何時の間にか】 いつか　いつしか　いつとなく　いつともなく　いつとは知らずに　知らず知らず　我知らず　知らぬ間に

いっぱい【一杯】 満々　充実　充満　満員　大入り　山盛り　なみなみ　たっぷり　ぎっしり

いっぱん【一般】 ⇩ぜんぱん

いっぱんに【一般に】 総体に　全体に　全般に　一概に　総じて　万遍なく　押し並《な》べて　普《あまね》く　軒並みに　一渡り目を通す

いっぴん【逸品】 ⇩しなもの

いっぺん【一変】 ⇩いっしん

いっぺんに【一遍に】 ⇩いちどに

いっぽう【一方】 ①棒の一方　他方　片方　片一方　強盗の片割れ　片端　②一方では　翻って　反面こうもなる　その反面　他面

いっぽんだち【一本立ち】 ⇩どくりつ

いつまでも【何時迄も】 永《とこし》えに 末永く 行く末永く 後々《あとあと》まで 幾久しく 相も変わらず 永久 永遠 恒久平和 悠久 悠遠 無窮に伝わる 久遠《くおん》 不滅 不朽の名作 鶴《つる》は千年、亀《かめ》は万年

いつも【何時も】 いつもいつも 常に 常々 絶えず 日ごろから 夜昼 朝夕《あさゆう》 明け暮れ 朝晩 しょっちゅう 止めどもなく ひっきりなしに のべつ のべつ幕無しに 毎度 毎回 通常 普段 始終 日夜 朝夕《ちょうせき》 平素 平常 平生 常時 年中 年がら年中 二六時中 四六時中

いつわ【逸話】 秘話 余話 余聞 実話 奇談 珍談 奇聞 珍聞 悲話 哀話 美談 エピソード ロマンス

いつわる【偽る】 病気と偽る↓うそ ▽
【詐る】 だます 申告を詐る でっち
上げ 捏造《ねつぞう》

イデオロギー ⇩しゅぎ

いでたち【出で立ち】 ⇩みなり

いてつく【凍て付く】 ⇩こおる（凍る）

いてん【移転】 ⇩ひっこす

いと【意図】 意向 着意 意志 目的 計画 企画 構想 思惑 企て 考え

いと【糸】 生糸《きいと》 絹糸《きぬいと》 木綿糸 毛糸 横糸 縦糸 撚《よ》り糸 練《ね》り糸 染め糸 組み糸 縫い糸 綴《と》じ糸 織り糸 釣り糸 弦《つる・げん》（楽器の糸） 凧 糸《たこいと》 蚕糸《さんし》 絹糸《けんし》 綿糸

いど【井戸】 掘り井戸 掘り抜き井戸 噴き井戸 井泉 油井 ▽井桁《いげた》

いとう【厭う】 ⇩きらう

いどう【移動】 ⇩うつる（移る）

いとおしい【愛おしい】 ⇩かわいい

いとおしむ【愛おしむ】 ⇩いたわる

いとぐち【糸口・緒】 ⇩きっかけ

いとけない【稚い・幼い】 ⇩おさない

いとこ 長幼・性別によって書き分ける 従兄 従姉 従弟 従妹 ▽いとこ同士 従兄弟 従姉妹 従兄妹 従姉弟

いどころ【居所】 ⇩じゅうしょ

いとしい【愛しい】 ⇩かわいい

いとなむ【営む】 携わる 取り運ぶ・捌《さば》く 切り回す 経営 運営 営業 自営 直営

いとま【暇】 ⇩ひま

いとまごい【暇乞い】 ⇩わかれる（別れる）

いどむ【挑む】 仕掛ける 唆《そそのか》す 焚《た》き付ける 嗾《けしか》ける 挑戦 挑発 使嗾《そうし》された犯行

いとわしい【厭わしい】 嫌らしい 汚らわしい 忌まわしい 煩わしい 疎ましい 不快 不愉快

いない【以内】 ⇩いか

いなおる【居直る】 改まる 居座る 踏ん反り返る ▽居直り強盗

いなか【田舎】 対都会 ①片田舎 鄙《ひな》 村里 辺地 僻地《へきち》 僻村 在所 在郷 郷村 田園 村落 地方 在《ざい》 ローカル ②田舎に帰る↓ふるさと

いなかことば【田舎言葉】 ⇩ほうげん

(方言)

いなかもの【田舎者】 田舎人　里人　野人《やじん》　田夫　村夫　▽お上りさん

いなずま【稲妻・電】 ⇩かみなり

いなせ【鯔背】 ⇩おとこだて

いななく【嘶く】 ⇩なく(鳴く)

いなむ【否む】 ⇩うちけす

いにしえ【古】 ⇩むかし

いにん【委任】 ⇩まかせる

いぬ ①**【犬】** 動物　小犬　飼い犬　野良犬　狛《こま》犬　猛犬　番犬　猟犬　野犬　狂犬　▽山犬　狼《おおかみ》
②**【戌】** 十二支の第十一　戌年　戌の刻・方角

いね【稲】 水稲《すいとう》　陸稲《りくとう》　穀稲　陸稲《おかぼ》　▽早稲《わせ》　中稲《なかて》　晩稲《おくて》

いねむり【居眠り】 ⇩かりね

いのこる【居残る】 残る　超過勤務　夜なべ　▽留《とど》まる　残存兵力　残留

いのしし【猪】 ⇩ぶた

いのち【命】 息の根　息の緒　生《せい》　生《しょう》あるもの　生命　人命　一命を取り止める　露命をつなぐ　命脈を保つ　寿命　天命　天寿を全うする　命数が尽きる　▽老い先　老後　余生　余命　余年　残生　残命　残年

いのちがけ【命懸け】 命の限り　根限り　死に物狂い　大童《おおわらわ》　捨て身　犠牲的　一心不乱　不眠不休　懸命　決死の覚悟　背水の陣　必死になって

いのちしらず【命知らず】 ⇩むぼう

いのり【祈り】 お祈り　願掛け　念仏　焼香　黙禱《もくとう》　祈禱《きとう》　祈念　加持　呪《まじな》い　▽招魂　鎮魂

いのる【祈る】 念じる　呪《のろ》う　呪《まじな》う　拝む　敬語 〔相手方に〕ご成功をお祈り申し上げます　ご念じ申し上げます

いはい【位牌】 ⇩はか

いばる【威張る】 気が驕《おご》る　態度が高ぶる　思い上がる　鼻に掛ける　威丈高《いたけだか》な振る舞い　高飛車《たかびしゃ》に出る　嵩高《かさだか》になる　虚勢を張る　増長する　不遜《ふそん》な態度　尊大　高慢　傲慢《ごうまん》　傲岸　横柄　高圧的　威圧的

いはん【違反】 ⇩そむく

いびき【鼾】 ⇩いき(息)

いびつ【歪】 ⇩ゆがむ

いひょう【意表】 ⇩とうとつ

いびる ⇩いじめる

いひん【遺品】 ⇩かたみ(形見)

いぶかしい【訝しい】 ⇩あやしい(怪しい)

いぶかる【訝る】 ⇩うたがう

いぶき【息吹】 ⇩いき(息)

いふく【衣服】 ⇩きもの

いぶす【燻す】 煙らす　燻《くす》ぶらせる　煙を出す　燻蒸《くんじょう》　薫製　▽煤色《すすいろ》を付ける　黒くする　燻し銀

いぶる【燻る】 ⇩けむる

いへん【異変】 ⇩できごと

いぼ【疣】 ⇩できもの

いほう【違法】 ⇩そむく

いま【今】 対昔　只今《ただいま》　今時《いまどき》　この頃《ごろ》　このところ　この度《たび》　今頃《いまごろ》　今日日《きょうび》　今日《こんにち》　目下　刻下　時下　現に　現在　現今　現時　現下

目今　当今　方今　昨今　当節　当世

いまいましい【忌々しい】 ⇩はらだたしい

いまから【今から】 ⇩こんご

いまさら【今更】 今改めて　今新しく　今になって　▽今となっては　こうなったからには　この期《ご》に及んで

いましがた【今し方】 ⇩さっき

いましめる【戒める・誡める】 諫《いさ》める　諭《さと》す　咎《とが》める　叱《しか》る　小言を言う　意見する　注意　忠告　警告　忠言　諫言《かんげん》　説法　説教　叱責《しっせき》　説諭　訓戒　訓告　訓諭　苦言を呈する　警世の言　談義

いまだ【未だ】 ⇩まだ

いまに【今に】 ⇩そのうちに

いまにも【今にも】 ⇩すぐ

いまのよ【今の世】 ⇩このよ

いままで【今迄】 予《かね》て　予々《かねがね》　これまで　前から　以前から　従前から　従来　旧来　在来　年来　夜来の雨　先般来のこと　古来の風習　有史以来

いまわ【今際】 ⇩しにぎわ

いまわしい【忌まわしい】 ⇩はらだたしい

いみ【意味】 ①語の意味　意義　趣旨　内容　語義　語意　文意　大意　論旨　含蓄のある文章　広義　狭義　真意　真義　本義　訳《わけ》　旨《むね》　含み　謂《い》われ　意味合い　②意味のある本 ↓ねうち

いみん【移民】 移住民　移住者　居留民　余所《よそ》者　流れ者　流民　▽落人《おちゅうど》　難民　避難民　棄民

いむ【忌む】 ⇩きらう

イメージ ⇩いんしょう

いも【芋】 丸いイモ　里芋　じゃが芋　ジャガタラ芋　馬鈴薯　▽【薯・藷】長いイモ　薩摩芋《さつまいも》　甘藷《かんしょ》　唐薯　八里半　十三里

いもうと【妹】 対弟　妹御　妹君　▽末妹　叔妹　季妹　実妹　義妹　異母妹　敬語〘相手方の〙妹様　妹御様　妹君様　ご令妹様　ご叔妹様　ご賢妹様　〔名〕様／〘自分側の〙妹　小妹　叔妹　愚妹　〔名〕

●亡き妹　敬語〘相手方の〙亡き妹様　亡き〔名〕様／〘自分側の〙亡妹　亡き〔名〕

いもん【慰問】 ⇩みまう

いや【嫌・厭】 ⇩きらい

いやいや【嫌々・厭々】 嫌々ながら　渋りながら　渋々　気が進まぬながら　心ならずも　仕方なしに　不承不承　不本意ながら

いやがらせ【嫌がらせ・厭がらせ】 ⇩ひにく

いやがる【嫌がる・厭がる】 ⇩きらう

いやき【嫌気・厭気】 ⇩きらい

いやく【違約】 約束を破る　破約　背約　約束違反　裏切り　寝返り

いやけ【嫌気・厭気】 ⇩きらい

いやしい ①【卑しい】下品　品性の卑しい人　浅ましい　端《はした》ない　さもしい　下司《げす》張った　意地汚い　下品　下卑劣　卑屈　卑俗　野卑　浅劣

劣　陋劣《ろうれつ》

②【賤しい】身分　家柄の賤しい人　しがない　下賤《げせん》　卑賤　微賤

いやしくも【苟も】仮にも　たとえ槍が降っても　苟且《かりそめ》にもしてはいけない

いやしむ【卑しむ】⇩かろんじる

いやしんぼう【卑しん坊】⇩けちんぼう

いやす【癒やす】⇩なおす(治す)

いやに【嫌に・厭に】⇩ひどく

いやみ【嫌味・厭味】⇩ひにく

いやらしい【嫌らしい】⇩にくらしい

いゆう【畏友】⇩ともだち

いよいよ【愈々】①いよいよ夏休みだ↓ついに　②いよいよ盛んになる↓ますます

いよう【異様】⇩へん

いよう【威容】⇩すがた

いよく【意欲】⇩こんじょう(根性)

いよくてき【意欲的】⇩せっきょくてき

いらい【以来】⇩いご

いらい【依頼】⇩たのむ(頼む)

いらいら【苛々】⇩いらだつ

いらだつ【苛立つ】苛々《いらいら》する　焦《じ》れる　やきもきする　落ち着かない　焦燥《しょうそう》　焦慮

いらっしゃる ⇩いく・くる(来る)・いる(居る)・である

いりえ【入り江】⇩うみ(海)

いりぐち【入り口】⇩でいりぐち

いりくむ【入り組む】⇩もつれる

いりひ【入り日】⇩たいよう(太陽)

いりみだれる【入り乱れる】⇩もつれる

いりょう【医療】⇩ちりょう

いりよう【入り用】⇩ひつよう

いる【入る】⇩はいる

いる【居る】居合わせる　来合わせる　敬語〔相手方が〕いらっしゃる　おいでになる　おられる　いられる／〔自分側が〕おります

いる【鋳る】蕩《とろ》かす　鋳込む　鋳出す　鋳造　冶鋳《やちゅう》　鋳冶　溶鋳　鋳金　鋳鉄

いる【射る】⇩うつ(撃つ)

いる【要る】⇩ひつよう

いる ①【煎る】水分を除く　卵・豆腐—を煎る　②【炒る】こがす　豆・胡麻《ごま》—を炒る↓あぶる

いるい【衣類】⇩きもの

いれい【異例】⇩れいがい

いれかえる【入れ替える】⇩かえる(替える)

いれかわる【入れ替わる】⇩かわる(替わる)

いれずみ【入れ墨】彫り物　文身　刺青　刺文　点青　タトゥー

いれば【入れ歯】⇩は(歯)

いれもの【入れ物】器《うつわ》　缶《かん》　箱　櫃《ひつ》　鉢《はち》　壺《つぼ》　容器　器物　什器《じゅうき》

いれる【入れる】対出す　中に・力を—入れる　箱に蔵《しま》う　込める　腰に刀を差す　髪に花を挿す　突っ・投げ・押し・差し・注《つ》ぎ・注《そそ》ぎ—込む　挿入　封入　注入　装塡《そうてん》　▽【納れる】おさめる　納入　納涼　▽利息・涼—を納れる　【容れる】うけいれる　百人・要求—を容

れる　収容　容認

いろ【色】　色合い　彩り　色目　配色　色模様　極彩色　色付き　カラー　色彩　色調を整える　色相　色沢　光彩　▽原色　間色　単色　寒色　暖色　五色《ごしき》　七色《なないろ》

いろいろ【色々】　さまざま　とりどり　くさぐさ　数々　諸々《もろもろ》　あれこれ　かれこれ　何くれと　何やかやと　種々　各種　各様　多種多様　各般　諸般　百般　万般　▽区々　まちまち　好き好き　千々《ちぢ》に乱れる

いろう【慰労】⇩なぐさめる

いろう【遺漏】⇩みおとす

いろおとこ【色男】⇩びなん

いろおんな【色女】⇩びじん

いろけ【色気】⇩いろっぽい

いろごと【色事】⇩じょうじ

いろごのみ【色好み】⇩こうしょく

いろざと【色里】⇩いろまち

いろつき【色付き】⇩いろ

いろっぽい【色っぽい】　艶《なま》めかしい　悩ましい　艶《あで》やか　色気がある　色欲を唆《そそ》る　あだっぽい　艶《つや》っぽい　妖《あや》しい姿　コケティッシュ　セクシー　エロチック　肉感的　官能的　性的魅力　妖艶《ようえん》　濃艶　凄艶《せいえん》　嬌艶《きょうえん》　媚態《びたい》を示す　蠱惑《こわく》　嬌態

いろどり【彩り・色どり】⇩いろ

いろは　⇩しょほ

いろまち【色街】　色里　花街《はなまち》　郭《くるわ》　花柳の街　花柳界　花街《かがい》　遊里　遊郭　遊女街　女郎屋

いろめ【色目】⇩へつらう

いろり【囲炉裏】⇩だんぼう

いろん【異論】⇩はんたい

いわ【岩】　巌《いわお》　岩根《いわね》　大石　岩石　岩盤　盤石《ばんじゃく》の如し　大岩　巨岩　堅岩　奇岩怪石　岩礁(海中の岩)

いわい【祝い】　おめでた　おめでとう　喜び事　寿《ことぶき》　賀《が》　祝《しゅく》　祝賀　祝　福　慶賀　謹賀　奉祝　慶祝　祝儀《しゅうぎ》　祝言《しゅうげん》　▽内祝い　前祝い

■新年の祝い■　年賀／賀正／賀春／賀新／迎春／寿春／頌春《しょうしゅん》／頌禧《しょうき》／新禧《しんき》／御慶／謹賀新年／恭賀新年／謹賀新春／恭賀新春／新春祝賀／新春御慶／新春大慶／迎春慶祝

いわいごと【祝い事】　喜び事　喜び物　祝い　おめでた　吉事　好事《こうじ》　嘉儀《かぎ》　嘉慶　吉慶

いわう【祝う】　祝する　賀する　祝詞を奉る　社長の祝辞　祝言《しゅうげん》を述べる

敬語〔相手方を〕　おめでとうございます　賀しお祝い・お喜び-申し上げます　慶賀至極に存じます　大賀・大慶・大悦・慶祝・祝賀・祝着《しゅうちゃく》の至りに存じます　謹んでご祝詞を申し上げます

いわば【言わば】　言ってみれば　例えて言えば　要するに

いわゆる【所謂】　言うところの　世間で言う　俗に言う　普通に言う　よく言う

いわれ【謂われ】　故《ゆえ》　所以《ゆえん》　訳《わけ》　意味合い　言い伝え　理由　原因　由

来 来由 因由 事由 沿革 来歴 故事 由緒《ゆいしょ》 因縁 故事 縁起

いわんや【況や】⇩まして

いん【印】⇩はん

いんうつ【陰鬱】⇩ふさぐ(鬱ぐ)

いんが【因果】⇩むくい

いんき【陰気】㊟陽気 暗い 陰気臭い 陰に籠《こ》もる ▽薄暗い 晴れ晴れしない 湿気が多い

いんきょ【隠居】①隣の隠居 ↓としより ②郷里に隠居する 隠退 老退 隠棲《いんせい》 隠遁《いんとん》 帰隠 退隠 退去 退く 帰る

いんぎん【慇懃】⇩ていねい

いんけん【陰険】⇩ずるい

いんご【隠語】⇩ぞくご

いんごう【因業】⇩がんこ

いんさつ【印刷】プリント ▽活版 凸版《とっぱん》 凹版《おうはん》 平版 石版 木版 銅版 謄写板 孔版 ガリ版 ▽文選《ぶんせん》 植字 組み版 製版 ▽刷り物 抜き刷り 別刷り 試し刷り 縮刷

いんじゃ【隠者】⇩よすてびと

いんしゅう【因習・因襲】⇩しきたり

いんしょう【印象】①第一印象 見た目 イメージ インプレッション ②印象に残る ↓かんげき

いんずう【員数】⇩にんず

いんせい【隠棲】⇩いんきょ

いんせき【姻戚】⇩しんるい

いんたい ①【引退】社長を引退する ↓やめる ②【隠退】郷里に隠退する ↓いんきょ

いんちき いかさま ごまかし まやかし 食わせ物 偽《にせ》物 粗悪品 ▽不正 詐欺

いんとん【隠遁】⇩いんきょ

いんにん【隠忍】⇩がまん

いんねん【因縁】①因縁がある ↓えん ②因縁を付ける ↓いいがかり

いんぶ【陰部】陰所 局部 局所 前陰 性器 生殖器 隠し所 前の物 臍《へそ》の下 臍下《へそした》三寸 ▽男陰 陰茎 男茎 陽茎 男根 陽物 逸物《いちもつ》 悴《せがれ》 珍宝 魔羅《まら》 へのこ 棹《さお》 松茸《まつたけ》 ▽女陰 陰門 陰戸 膣《ちつ》 ほと 割れ目 穴《あな》 蛤《はまぐり》 赤貝

いんぼう【陰謀】策謀 策略 謀略に掛かる 計略 機略 謀計 奸計《かんけい》 企《たくら》み 悪企《わるだく》み

いんりょうすい【飲料水】⇩みず

いんれき【陰暦】⇩こよみ

う

う ①【兎】動物 ↓うさぎ ②【卯】十二支の第四 卯年 卯の刻・方角

ういういしい【初々しい】⇩そぼく

ういじん【初陣】⇩はじめて

うえ【上】㊟下 上《かみ》 真上 左上 右上 上側 上手《かみて・うわて》 上部 上方 上段 天上 最上

うえき【植木】⇩き(木)

うえきや【植木屋】植木職 庭師 庭造

り　園丁　造園師

うえじに【飢え死に】 ⇩しぬ

うえる【飢える・餓える】 飢《かつ》える　饑《ひも》じい　腹が-空く・減る　腹を-空かす・減らす　ハングリー　空腹　飢餓　飢饉《ききん》　▽餓死　枯死　飢餓死　飢え死に

うえる【植える】 植え付ける　植え込む　挿し木　接ぎ木　移植　植樹　果樹の植栽　扶植　栽植　植林事業　栽培　育成　▽田植え　植え付け　仕付け　挿秧《そうおう》

うえをむく【上を向く】 対下を向く　仰向《あおむ》く　仰のく　仰向けになる　上向《うわむ》く　空を仰ぐ　仰反《のけぞ》る　仰様《のけざま》になる　見上げる　仰視　仰望

うお【魚】 ⇩さかな（魚）

うかい【迂回】 ⇩まわりみち

うかうか ⇩うっかり

うかがう ①【伺う】 先生に伺う↓たずねる　▽ご機嫌を伺う↓おとずれる　②【窺う】 のぞいて見る　様子を窺う　探る　覗《のぞ》く　覗き・盗み・ちらと-見る　垣間《かいま》見る　内偵《ないてい》　偵察　探察　探索　窺視《きし》

うかつ【迂闊】 ⇩うっかり

うがつ【穿つ】 ⇩ほる（掘る）

うかぶ【浮かぶ】 ⇩うく

うかべる【浮かべる】 対沈める　浮かす　浮かせる　浮かばせる　浮き上がらせる　浮上　進水式

うかれる【浮かれる】 浮き立つ　浮き浮きする　浮《う》わつく　浮《う》わずる　興《きょう》に乗る　調子づく　騒ぎ回る

うき【雨期・雨季】 対乾期・乾季　梅雨期　梅雨《つゆ・ばいう》　梅雨時《つゆどき・ばいうじ》　入梅　豊水期　▽五月雨《さみだれ》　麦雨　霖雨《りんう》　梅雨《つゆ》入り　梅雨明け　空梅雨

うきうき【浮き浮き】 ⇩うかれる

うきくさ【浮き草】 ⇩くさ

うきしずみ【浮き沈み】 ⇩うつりかわり

うきめ【憂き目】 ⇩ふしあわせ

うきよ【浮き世】 ⇩このよ

うきよばなれ【浮き世離れ】 俗離れ　世間離れ　脱俗　脱世間　超俗　超越　超絶　超脱　飄逸《ひょういつ》

うく【浮く】 対沈む　浮かぶ　浮き上がる　浮かび-上がる・出る　漂う　浮遊　浮漂　浮泳　漂流　フロート

うぐいす【鶯】 春告げ鳥　報春鳥　春鳥　黄鳥　▽初鶯《はつうぐいす》　鶯の初音《はつね》　▽老鶯《ろうおう》　晩鶯　残鶯

うけあう【請け合う】 仕事を請ける　引き受ける　品質を保証する　証明　太鼓判を押す　首を賭《か》ける　▽請け負う　元請《もとうけ》　下請　請負

うけいれる【受け入れる】 対断る　仕事を引き受ける　要求を聴き-入れる・届ける　承る　オーケーする　よし合点《がってん》だ　了承　了引　承知　承引　承諾　受諾　許諾　容諾　聴納　聴容　了解　快諾　一応内諾する　敬語〘自分側を〙ご承諾いただく　ご承引を賜る　ご快諾くださる　ご容諾にあずかる　ご内諾を得る／〘相手方を〙ご用命を承る　承知・拝承・謹承・拝諾・謹諾・拝

受・謹受-いたしました　畏《かしこ》まりました　正に承りました　お言葉に添いたいと存じます

うけおう【請け負う】⇩うけあう

うけこたえ【受け答え】⇩こたえ

うけたまわる【承る】①お話を承る　↓きく　②ご用命を承る↓うけいれる

うけつぐ【受け継ぐ】引き-継ぐ・受ける　跡・家業-を承《う》ける　遺志を継ぐ　所長の跡・父の名-を襲う　継続　継承　踏襲　相続人　後継者

うけつけ【受付】窓口　帳場　接待係　応接係　案内係　フロント　カウンター　インフォメーションセンター

うけつける【受け付ける】対申し込む　受け入れる　取り受ける　取り合う　取り次ぐ　受理　受納　受容　接受

うけとめる【受け止める】⇩りかい

うけとり【受取】受取-証・書　受領-証・書　領収-証・書　入金-証・書　受納-証・書　レシート

うけとる【受け取る】受け入れる　引き取る　手に入れる　貰《もら》う　頂く　寄越《よこ》す　呉《く》れる　下さる　受領　受納　領収　収受　接受　落手　落掌　入手　敬語〔自分側から〕お受け取り・お納め・ご受納・ご査収・ご笑納・ご笑留-いただく／〔相手方から〕頂く　頂戴《ちょうだい》する　賜る　下さる　拝受・拝承・拝領-いたします　ご恵贈にあずかる　ご恵投を賜る　ご恵与に接する

うけみ【受身】受け太刀《だち》になる　向こう・あなた-任せ　受動的な姿勢　消極的　無抵抗主義　守勢に回る　パッシブ

うけもち【受け持ち】係《かか》り　役《やく》　手分け　担当　担任　掃除当番　当直勤務　分担　分掌　職分を明らかにする　職掌　▽配役　キャスト

うける　①【受ける】うけとる　命令・試験・保護・影響-を受ける　貰《もら》う　頂く　収める　負う　被る　拝命　受験　受難　▽【享ける】めぐまれる　生・恵み-を享ける　享受　私権の享有　▽【承ける】跡・家業-を承ける　↓うけつぐ　②【請ける】仕事を請ける　↓うけあう

うごかす【動かす】対止める　操る　腕・筆-を揮《ふる》う　御《ぎょ》する　牛耳る　運転　操作　操縦　作動　運用　▽移す　ずらす　位置を変える　持っていく　移動　移転

うごき【動き】⇩なりゆき

うごく【動く】対止まる　働く　始動　起動　発動　遊星の運動　行動　活動　気韻生動　能動　連動　微動　激動　▽移動　機動部隊　浮動　流動

うごめく【蠢く】うようよ・むくむく・もぐもぐ・うじゃうじゃ-動く　蠢動《しゅんどう》　蠕動《ぜんどう》

うさぎ【兎】兎《う》の毛　白兎《しろうさぎ》・《はくと》　野兎《のうさぎ》・《やと》　月精

うさばらし【憂さ晴らし】⇩なぐさみ

うし　①【牛】動物　小牛・犢《こうし》　犢牛

雌牛《めうし》 牝牛《ひんぎゅう》 雄牛《おうし》 牡牛《とくぎゅう》《ぼぎゅう》 種牛《たねうし・しゅぎゅう》
②【丑】十二支の第二 丑年 丑の-刻・方角

うじ【氏】 姓 姓氏 名字 苗字《みょうじ》 血統 素性《すじょう》 家系 家柄《いえがら》

うしお【潮】 ⇩しお(潮)

うじがみ【氏神】 ⇩かみ(神)

うしなう【失う】 ない 無くす 財布を落とす 見えなくなる 連れを見失う 紛れ込む 紛失 遺失 資料が散逸する 逸失 亡失 喪失 消失 滅失 焼失 家屋流失 ▽【亡う】子を亡う ↓なくす

うじゃうじゃ ⇩うごめく

うしろ【後ろ】 対前 後《あと》-に付ける・から五番目 後《しり》 陰《かげ》に隠れる 裏の山 裏手に回る 後部 後方 後面 背後関係 背部 背面から攻撃する

うしろぐらい【後ろ暗い】 ⇩やましい

うしろだて【後ろ盾】 ⇩ひいき

うしろむき【後ろ向き】 ⇩しょうきょくてき

うしろめたい【後ろめたい】 ⇩やましい

うず【渦】 渦巻き 巴《ともえ》 とぐろを巻く 螺旋《らせん》 渦流《かりゅう》 水巴《すいは》 渦旋

うすあかり【薄明かり】 仄《ほの》明かり 薄暗い明かり 微光 幽光 薄明 微明 ▽月明かり 星明かり 雪明かり 窓明かり

うすい【薄い】 対厚い 生地・本-が薄い うっすら 薄手 ぺらぺら ▽情が薄い 薄情 冷淡 不人情 不親切 無情 無慈悲 ▽【淡い】対濃い 色・液-が淡い 淡《あわ》い 希薄 淡泊 菲薄《ひはく》 疎薄

うすうす【薄々】 ⇩すこし

うずうず【疼々】 ⇩もどかしい

うすぎ【薄着】 ⇩きる(着る)

うずく【疼く】 ⇩いたい(痛い)

うずくまる【蹲る】 ⇩かがむ

うすぐらい【薄暗い】 ⇩うすあかり

うすずみいろ【薄墨色】 ⇩はいいろ

うずたかい【堆い】 ⇩もりあがる

うすべり【薄縁】 ⇩しきもの

うずまく【渦巻く】 渦を巻く 輪になる 混乱 紛糾

うずまる【埋まる】 ⇩うまる

うずめる【埋める】 ⇩うめる

うずもれる【埋もれる】 ⇩うまる

うすらぐ【薄らぐ】 薄れる 薄くなる 褪《あ》せる 褪《さ》める 剝《は》げる 落ちる 退色 変色

うせる【失せる】 ⇩なくなる(無くなる)

うそ【嘘】 対本当 偽りの証言 病気と偽る 空言《そらごと》 作り言 拵《こしら》え事 捏《でっ》ち上げ 全部出鱈目《でたらめ》 嘘八百を並べる 二枚舌を使う 事実無根 虚偽の証言 虚言 虚構 空言《くうげん》 偽言 妄語 妄説 作為 ▽仮病《けびょう》 作病 詐病

うそつき【嘘吐き】 法螺《ほら》吹き 不正直者 食わせ者 虚言者 妄語者 食言家

うそぶく【嘯く】 ⇩いう(言う)

うた ①【歌】西洋式 唱歌 童謡 応援

歌 校歌 社歌 市歌 国歌 軍歌 歌謡 流行歌 声歌 ▽和歌 短歌 長歌 三十一文字《みそひともじ》 狂歌 俳句 連句 川柳 詩歌《しいか》 新体詩 自由詩 ▽詩 漢詩 絶句 ▽名歌 秀歌 名吟 秀吟 名句 秀句 佳句 逸句 敬語〔相手方の〕ご高吟 ご高詠 玉詠 芳詠 芳吟／〔自分側の〕拙吟 拙歌 拙詠

②【唄】日本式 三味線《しゃみせん》の唄 長唄 小唄 端唄 地唄 舟唄 馬子唄 追分《おいわけ》 子守唄 童唄《わらべうた》 数え唄 鼻唄 音頭《おんど》 里謡 俗謡 俗曲 民謡

うたいて【歌い手】 歌歌い 歌姫《うたひめ》 歌手 流行歌手 オペラ歌手 プリマドンナ シンガー ▽女性 ソプラノ メゾソプラノ アルト ▽男性 テノール バリトン バス

うたいもの【謡い物】 能楽の謡《うたい》 謡曲 浄瑠璃《じょうるり》 義太夫《ぎだゆう》 清元 長唄《ながうた》 常磐津《ときわづ》 浪花節《なにわぶし》 浪曲 ▽詩吟 朗詠 朗吟

うたう ①【歌う】 うた 歌を歌う 歌唱《か》 独唱 低唱 高唱 放歌 斉唱 重唱 輪唱 合唱 コーラス ▽吟じる 詠じる 口遊《くちずさ》む 吟唱 吟詠 吟歌 詠歌 朗唱 朗吟 独吟 高吟 低吟 微吟

②【謳う】強調 条文に謳う 述べる 褒める 賞する 宣伝 謳歌

うたがい【疑い】 疑《うたぐ》り 疑問 不審に思《おも》う 疑念 疑惑 疑義 疑点

うたがう【疑う】 対信じる 疑《うたぐ》る 怪しむ 訝《いぶか》る 訝しがる 勘繰る 危ぶむ 危ながる 懐疑 猜疑《さいぎ》心 遅疑逡巡 狐疑《こぎ》 邪推 嫌疑を掛ける 疑心暗鬼 半信半疑

うたがわしい【疑わしい】 ⇩あやしい（怪しい）

うたげ【宴】 ⇩えんかい

うたたね【転寝】 ⇩かりね

うたよみ【歌詠み】 ⇩しじん

うち ①【内】 対外 内の人 一日の内に 内一割だけ 内側 内輪で祝う 内部 内面 内辺 圏内 域内 範囲内 ▽構内 境内《けいだい》 社内 所内 署内 校内 学内 部内 管内 党内 城内 城中 陣中 車内 船内 艦内 機内 ▽村内 町内 区内 市内 市中 県内 都内 都下 道内 国内 領内

②【中】なか 手・頭・心ーの中 学生の中から↓なか

③【裡】まっただなか 好評・平和ーの裡に終わる↓さいちゅう

④【家】①家に帰る 我が家《や》 家庭 マイホーム ②家を建てる↓いえ

うちあける【打ち明ける】 実情を明かす 本心を漏らす 内容を仄《ほの》めかす ぶちまける のろける 悩みを告白する 意見を開陳する 披露 披歴 真情を吐露する 腹・腹中ーを割る 胸襟・肝胆ーを開く 腹心を布《し》く

うちあわせる【打ち合わせる】 ⇩そうだん

うちうち【内々】⇩ひみつ

うちおとす【撃ち落とす】⇩おとす

うちがわ【内側】⇩うち(内)

うちき【内気】 気弱　控え目　恥ずかしがり　遠慮っぽい　小心翼々　消極的　内向的　シャイ

うちきん【内金】⇩しはらい

うちけす【打ち消す】 否《いな》む　取り消す　言い消す　否定　否認

うちじに【討ち死に】⇩しぬ

うちたおす【打ち倒す】⇩くつがえす

うちたてる【打ち立てる】⇩たてる(立てる)

うちとける【打ち解ける】⇩したしい

うちぬく【打ち抜く】 掘り抜く　貫く　穴を開ける　穿《せん》孔《こう》機　開削　貫通

うちべんけい【内弁慶】⇩しょうきょくてき

うちまく【内幕】 裏　裏の裏　楽屋裏　裏面　内面　内実　内情　真相

うちみ【打ち身】⇩けが

うちみず【打ち水】⇩まく(撒く)

うちゅう【宇宙】 宇内《うだい》　八紘《はっこう》一宇　世界　万有　森羅万象　スペース

うちょうてん【有頂天】⇩とくい

うちわ【内輪】 ①内輪で祝う↓うち　②内輪にする↓ひみつ　③内輪に見て　少な目　控え目　多くても　多く見ても　最大限

うちわ【団扇】 扇《おうぎ》　舞扇　末広がり　扇《せん》子《す》　涼扇　毛扇　招涼　軍扇　扇面　▽扇風機　送風機

うちわけ【内訳】 小分け　小書き　明細　詳細　細目　内分　内容

うつ ①【打つ】 たたく　釘《くぎ》・頭ーを打つ　ぶつ　頭を叩《たた》く　はたく　撲《は》る　殴る　ぶん殴る　殴り付ける　撲り飛ばす　小突く　拳骨を食らわす　パンチ　殴打　打撲　打擲《ちょうちゃく》　強打　猛打　乱打　▽【拍つ】リズム　手・拍子ーを拍つ　手を拍《たた》く　拍手　手拍子　▽【搏つ】脈・羽ーを搏つ　羽ばたく　②【撃つ・射つ】武器　大砲・的ーを撃つ　狙撃《そげき》兵　矢を射る　ぶっ放す　射撃　発射　乱射　試射　発砲　小銃のつるべ撃ち　シュート　③【討つ・伐つ】ほろぼす　仇《あだ》・賊ーを討つ　平らげる　退治《たいじ》する　退治る　征伐　討伐　征討の軍　討賊　出征兵士　出陣　追討　▽源氏の旗挙げ　挙兵　一斉蜂起《ほうき》

うっかり うかうか　つい忘れた　ついつい　覚えず　思わず叫ぶ　ぼんやり　我知らず　知らず知らず　いつの間にか　▽迂闊《うかつ》にも　不覚にも後れを取る　不用意のうちに　不注意　無意識　無頓着《むとんちゃく》　無関心

うづき【卯月】⇩しがつ

うつくしい【美しい】⇩きれい

うつし【写し】 コピー　複写　模写　写本　謄本　影印本　影写本　▽書類の控え　手控え　副　副本　副書

うつす ①【移す】 場所　事務所・居ーを移す　引っ越す　宿替え　移転　転居　転宅　転宿　国外へ移住する　移籍　転籍　移管　移植　▽【遷す】よ

いほうへ　神社・都ーを遷す　遷宮　遷都

②【写す】そのとおり　書類・絵ーを写す　模する　書を写す　写し取る　擦《なぞ》る　透き写す　複写　転写　現像　模写　臨写　臨模　筆写　書写　写字　清書　浄書　▽写真を写す↓とる

③【映す】形を　幻灯を・壁にー映す　投映　反映　映写　投影

うっそう【鬱蒼】⇩しげる

うったえる【訴える】たよる　裁判所に訴える　申し出る　願い出る　▽告訴　起訴　提訴　出訴　申訴　告発　訴訟　訴願　公訴　訴追　直訴　密告　密訴　自首　自訴　訴願　誣告　ぶこく罪　▽上訴　上告　控訴　抗告棄却　▽暴力・世論ーに訴える↓たよる　▽【愬える】告げる　苦痛を・良識にー愬える　告げる　不定愁訴　哀訴　哀願　嘆願　面訴

うっちゃらかす　うっちゃる　放《ほう》る　投げ捨てる　かなぐり捨てる　放っておく　ほったらかす　捨てておく　構わない　そっちのけ　放置　放任

うつつ【現つ】⇩げんじつ

うってつけ【打って付け】⇩ふさわしい

うっとうしい【鬱陶しい】晴れ晴れしない　どんより　じめじめ　蒸し蒸し　重苦しい　陰鬱《いんうつ》　憂鬱　陰気　鬱結　鬱塞《うっそく》　沈鬱

うっとり【恍惚】ぼんやり　ぽかん　ぼうっと　恍惚《こうこつ》　恍然　恍焉《こうえん》　茫然《ぼうぜん》　茫然自失　陶然　陶酔する　陶酔境　エクスタシー

うつぶせ【俯せ】⇩したをむく

うっぷん【鬱憤】⇩いかり

うつぼつ【鬱勃】⇩さかん

うつむく【俯く】⇩したをむく

うつらうつら⇩ぼんやり

うつりかわり【移り変わり】浮き沈み　経過　過程　推移　変遷　変化　変動　変転　変移　転変　有為《うい》転変　流転《るてん》　浮沈を繰り返す　消長　栄枯盛衰は世の常

うつりぎ【移り気】⇩うわき

うつる　①【移る】場所　事務所が・隣にー移る　動かす　人手に渡る　引っ越す　乗りー換える・移る　転々とする　移動　移行　移転　転居　転宅　転地　移住　転職　転任　転校

②【写る】そのとおり　下の絵が・写真にー写る　透いて見える

③【映る】形が　目・鏡ーに映る　見える　映じる　反映

④【感染る】病気　風邪《かぜ》・思想ーが感染る　罹《かか》る　染まる　かぶれる　感染　伝染

うつろ　①【虚ろ】虚ろな目↓ぼんやり　②【空ろ】中は空ろだ↓から

うつわ【器】⇩いれもの

うで【腕】①腕《かいな》　小手《こて》　二の腕　肱《ひじ》　を折る　上肢　▽利き腕　細腕　痩《や》せ腕　②腕が上がる↓うでまえ

うできき【腕利き】⇩ゆうのう

うでくらべ【腕比べ】⇩しあい

うでずく【腕尽く】⇩らんぼう

うでだめし【腕試し】⇩こころみる

うでまえ【腕前】 腕が上がる 手並み 手際《てぎわ》よく行う 巧拙 技能 技量 技芸 技術 手腕 敏腕 怪腕 辣腕《らつわん》 才腕がある 能力 才能

うとい【疎い】①対親しい 親しくない 疎々しい 水臭い 疎隔 久闊《きゅうかつ》 疎闊 疎遠 ②よく知らない 明るくない 暗い 不知 不案内

うとうと ⇩ぼんやり

うとんじる【疎んじる】⇩かろんじる

うながす【促す】⇩さいそく

うなされる【魘される】悪夢に魘《おそ》われる 寝惚《ねぼ》ける 寝呆《ねとぼ》ける 夢みる 夢驚 夢魔

うなずく【肯く】 首を縦に振る 首肯 点頭 肯定 黙諾 合点 得心 納得 承知

うなだれる【項垂れる】⇩したをむく

うなる【唸る・呻る】⇩さけぶ

うぬぼれる【自惚れる・己惚れる】 天狗《てんぐ》になる 手前味噌《みそ》を並べる 思い上がる 手前褒め 我褒め 自負 自任 慢心 慢気 自慢 自尊 自画自賛

うねる【畝る】⇩まがる

うば【乳母】 婆《ばあ》や 阿母《おも》 乳人《めのと》 御乳人《おちびと》 親代わり 乳母《にゅうぼ》

うばう【奪う】 対与える 子供を攫《さら》う 財布を掠《かす》める 掠め取る ふんだくる 引ったくる 奪い取る 横取りする 持ち物を取り上げる 巻き上げる 吸い上げる せしめる 金品の略奪 財産の奪略 奪取 強奪《ごうだつ》 暴奪 横奪 横領 剝奪《はくだつ》 没収 押収 ▽取り返す 取り戻す 奪還 奪回 回収

うぶ【初】⇩そぼく

うぶげ【産毛】⇩け

うま ①【馬】 動物 駒《こま》 馬匹 小馬 若駒 雌馬 牝馬《ひんば》 雄馬 牡馬《ぼば》 種馬《たねうま・しゅば》 ▽良馬 上馬 名馬 駿馬《しゅんめ》 逸馬 逸足 駿足 駿逸 良駿 ▽愛馬 軍馬 乗馬 乗騎 騎馬隊 騎兵 ▽鈍馬 凡馬 駄馬 駑馬《どば》にむちうつ ▽驢馬《ろば》 騾馬《らば》 縞馬《しまうま》 ②【午】 十二支の第七 午年 午の-刻・方角

うまい ①【巧い】 絵・話・作り方-が巧い↓じょうず ②【旨い】 けっこう 旨い具合に・旨く-いく↓つごう ③【美味い】魚がうまい↓おいしい

うまかた【馬方】 馬子《まご》 馬追い 馬引き 口取り 馬夫 馬士 馬丁 別当 馬車の御者 ▽競馬の騎手 馬手 騎者 騎士 乗り手

うまみ【旨み】 面白味 儲《もう》け 利益 有利 ご利益《りやく》 役得

うまや【厩】⇩こや

うまる【埋まる】 埋《うず》まる 埋《う》もれる 埋《うず》もれる 没する 隠れる 覆われる 埋没 埋伏 隠没

うまれ【生まれ】⇩ちすじ

うまれかわる【生まれ変わる】⇩さいせ

い

うまれつき【生まれ付き】 人となり 素質 持ち前の才能を発揮する 地《じ》で行く 先天的 生来 生得《しょうとく》の不精 生まれながらにして ▽本性 本領 天性 天骨 天資 天稟《てんぴん》 天賦 天分 性分《しょうぶん》 素地がある 資質 資性 性質 ▽美質 英質 英資 英稟《えいひん》 特稟《とくひん》 敬語《相手方の》美質 英質 英資／《自分側の》野生 俗骨 鈍根

うまれながら【生まれながら】 ⇩うまれつき

うまれる ①【生まれる】 世に出る 天才・新記録・疑惑ーが生まれる 下町に生まれる 世に出る 生じる 誕生 生誕 降誕祭 出生《しゅっしょう・しゅっせい》 卵が孵《かえ》る 孵化《ふか》場 孵卵器 禍根が胚胎《はいたい》する ②【産まれる】 母体から 子・雛《ひな》ーが産まれる 産まれー出る・落ちる 出産 ▽同母 同腹 腹違い 別腹 異腹 異母兄弟 本妻腹 先妻腹 後妻腹 ▽妾出《しょうしゅつ》 庶出 庶生

うみ【海】 対陸 わだつみ 海原《うなばら》 青海原 灘《なだ》 大海 大洋 巨海 巨洋 蒼海《そうかい》 碧海《へきかい》 冥海《めいかい》 ▽瀬戸《せと》 海峡 入り海 入り江 内海 湾 近海 近洋 ▽浅瀬 遠浅 沖 沖合い 外洋 外海 遠海 遠洋 絶海の孤島 深海 北洋 南海 ▽太平洋 大西洋 印度洋 南氷洋

うみ【膿】 ⇩できもの

うみべ【海辺】 ⇩きし

うむ【有無】 存否 在否 有り無し 有る無し 有るか無いか

うむ ①【産む】 母体から 子・卵ーを産む 男児を挙げる 子を生《な》す 身二つになる 産み落とす 産み付ける 出産 分娩《ぶんべん》 産卵 ▽安産 平産 難産 早産 流産 死産 ②【生む】 世に出す 天才・新記録ーを生む 出す 育てる

うむ【膿む】 爛《ただ》れる 膿《うみ》ーを持つ・が出る 膿《のう》をー持つ・醸《かも》す 化膿《かのう》

うむ【倦む】 ⇩あきる

うめ【梅】 仙姿 君子香 梅林 ▽寒梅 早梅 冬至梅 早咲き ▽残梅 老梅 古梅

うめあわせる【埋め合わせる】 ⇩おぎなう

うめく【呻く】 ⇩くるしむ

うめる【埋める】 ①花で埋《うず》める 一杯にする 炭火・葱《ねぎ》ーを埋《い》ける 埋め立てる 埋蔵 埋没 埋伏 埋匿 埋葬 ②欠員を埋める↓おぎなう

うやうやしい【恭しい】 恭謹 恭謙 慇懃《いんぎん》 丁重 鞠躬如《きっきゅうじょ》

うやまう【敬う】 対侮る 崇《あが》める 師と仰ぐ 神・平和ーを尊《とうと》ぶ 尊《たっと》ぶ 神を畏《おそ》れる 見上げる 敬する 敬意を表する 慕う 尊敬 崇拝 崇敬 景仰 尊崇 畏敬《いけい》 敬慕 私淑する 先生 心服 心酔 傾倒 賛仰《さんぎょう・さんこう》

うやむや【有耶無耶】 ⇩あいまい

うようよ ⇩うごめく

う

うよく【右翼】 対左翼 ①右　右手　右側　右方　右方向　ライト ②保守　右主義　国粋主義　反動派　右派　右傾派　極右派　右党　右傾党　極右党　ファッショ

うら【裏】 対表　後ろに回る　陰の声　物陰に隠れる　裏側　内側　中側　下側　バック　裏面　盾の反面　背部　内部　▽裏手　城の搦《から》め手　裏門　後門

うらがえす【裏返す】 折り返す　裏にする　反対にする　反面を出す

うらぎる【裏切る】 敵側に寝返る　寝返りを打つ　出し抜く　背信行為　変心　変節　▽敵に款を通じる　通款　内通　内応　通謀

うらづける【裏付ける】 ⇩しょうめい

うらない【占い】 易《えき》　易断　八卦《はっけ》　占卜《せんぼく》　筮卜《ぜいぼく》　予言　▽星占い　夢占い　辻《つじ》占い

うらないしゃ【占い者】 ⇩えきしゃ

うらなう【占う】 卜《ぼく》する　相する　吉凶を見る　易《えき》　看相　打卦《だけい》　八卦《はっけ》　占卜　予言

うらぶれる ⇩おちぶれる

うらみち【裏道】 ⇩みち

うらむ ①【恨む】不満足　人・政府-を恨む　嫉《ねた》む　嫉《そね》む　恨みに思う　反感を持つ　遺恨　怨恨《えんこん》　痛恨　嫉視《しっし》　▽【怨む】忘れない　無情を怨む　怨思《えんし》　怨望　私怨　怨嗟《えんさ》
②【憾む】失敗を憾む↓ざんねん

うらめしい【恨めしい・怨めしい】 ⇩くやしい

うらもん【裏門】 ⇩もん(門)

うらやましい【羨ましい】 ⇩うらやむ

うらやむ【羨む】 羨ましく思う　羨ましがる　妬《や》く　妬《そね》む　羨望《せんぼう》の的　欽羨《きんせん》

うららか【麗らか】 麗ら　長閑《のどか》　晴れやか　晴れ晴れ　からりと　爽《さわ》やか　清々《すがすが》しい　晴朗　清涼　清和　爽朗《そうろう》　爽涼　明朗　好晴

うりだす【売り出す】 売り-捌《さば》く・込む・回る・広める　商う　発売-元・日　販売政策　拡売に努める　▽出版　発刊　発行　発兌《はつだ》　版行

うりち【売り地】 ⇩しきち

うりて【売り手】 対買い手　売り主　売り方《うりかた》　売り側　卸し手　卸し主

うりぬし【売り主】 ⇩うりて

うりもの【売り物】 売品　商品　売貨　商貨　代物《しろもの》　▽温泉が売り物の宿　目玉商品

うる【売る】 対買う　商う　譲る　渡す　扱う　取り扱う　手放す　払い下げる　売り-払う・上げる・渡す・飛ばす　売却　分売　分譲　即売　競売　直売　専売　密売　競《せ》り売り　卸売　切り売り　小売　掛け売り　前売り
敬語〔相手方が〕お売り・お手放し・お売り渡し・ご売却・ご譲渡-になる／〔自分側が〕お売り・お渡し・お扱い・お取り扱い-いたします

うる【得る】 ⇩できる

うるおう【潤う】 喉《のど》・土-が潤う↓ぬれる　▽【霑う】文化・恩沢-に霑う↓め

ぐまれる

うるおす【潤す】 土・草木―を潤す ↓ぬらす ▽【霑す】生活・民―を霑す ↓めぐむ

うるさい【五月蝿い】 ①騒々しい 騒がしい 喧《やかま》しい 囂《かまびす》しい 姦《かしま》しい けたたましい声 満場騒然 囂然《ごうぜん》 喧騒《けんそう》 非難囂々 喧々《けんけん》囂々 ②うるさい手続き ↓めんどくさい

うるむ【潤む】 ⇩ぬれる

うるわしい【麗しい】 ⇩きれい

うれい ①【憂い】再発・後顧―の憂い ↓しんぱい ②【愁い】かなしみ 愁い―を帯びる・に沈む 思い 物思い 憂愁 郷愁 旅愁 愁傷の極み

うれえる【憂える】 ⇩しんぱい

うれしい【嬉しい】 対悲しい 喜ばしい 欣喜 喜色満面 喜悦の涙 愉悦 歓喜 欣快《きんかい》に堪えない 欣幸

うれっこ【売れっ子】 ⇩にんき

うれる【熟れる】 ⇩みのる

うろおぼえ【空覚え】 ⇩きおく

うろたえる【狼狽える】 ⇩あわてる

うろつく【彷徨く】 ⇩さまよう

うわがき【上書き】 ⇩あてな

うわき【浮気】 移り気 気紛れ 浮かれ心 無節操 多情 好色 淫蕩《いんとう》 淫逸 道楽

うわぎ【上着】 対下着 上っ張り 羽織 法被《はっぴ》 上衣 アウター チョッキ ジャケツ ジャケット ジャンパー セーター カーディガン ボレロ

うわごと【囈言】 ⇩ねごと

うわさ【噂】 取り沙汰《ざた》される 評判 下馬評が高い 世評 風評 巷説《こうせつ》 風説 風聞 流説《るせつ》 外聞が悪い 醜聞 流言に惑わされる 飛語 デマ ゴシップ スキャンダル

うわぜい【上背】 ⇩せい(背)

うわつく【浮つく】 ⇩うかれる

うわつら【上面】 ⇩おもて(表)

うわて【上手】 ⇩まさる

うわべ【上辺】 見掛け 見場《みば》 表向き 外見 外面 外観 外形 表面

うわやく【上役】 対下役 長《ちょう》 上司 上職 上官 上長 本属長 指揮―官・者 ボス お偉方 敬語〔相手方の〕ご上司 貴社長様 貴課長様／〔自分側の〕上司 社長 課長

うん【運】 運命 運勢 天命に甘んじる 宿命 命運 天運 命数が尽きる 数奇な生涯 回り合わせ 巡り合わせ 仕合わせが悪い 年回り 星回りを見る 紛《まぐ》れ当たり 機会 チャンス ▽家運 社運 国運 武運 ◆悪い運 ↓ふしあわせ

うんえい【運営】 ⇩いとなむ

うんが【運河】 ⇩ほり(堀)

うんざり ⇩あきる

うんすい【雲水】 ⇩そう(僧)

うんそう【運送】 ⇩はこぶ

うんだめし【運試し】 ⇩こころみる

うんちく【蘊蓄】 ⇩ちしき

うんでい【雲泥】 天地雲壌の差 天と地

月と鼈《すっぽん》 段違い
うんてん【運転】⇩うごかす
うんてんしゅ【運転手】 運転者 運転士 操縦手 操縦者 操縦士 機関手 操舵《そうだ》手 操舵士 ドライバー パイロット
うんどう【運動】 ①遊星の運動 ↓うごく ②選挙の運動 ↓せわ ③運動の選手 ↓スポーツ
うんどうば【運動場】 運動場《うんどうじょう》 競技場 体操場 球場 野球場 グラウンド トラック フィールド ピッチ コート
うんぬん【云々】 以下略 しかじか こうこう かくかく そうこう どうこう 等々《などなど・とうとう》
うんぱん【運搬】⇩はこぶ
うんめい【運命】⇩うん
うんゆ【運輸】⇩はこぶ
うんよう【運用】⇩やくだてる
うんよく【運良く】⇩しあわせ(幸せ)
うんわるく【運悪く】⇩ふしあわせ

■え■

え【絵】 画《が》 図画 絵画 丹青《たんせい》の妙を得る 彩墨 略画 下絵 点描画 粗描 スケッチ 素描 デッサン 小説の挿し絵 雑誌の口絵 イラスト カット ▽墨絵 水墨画 水彩画 淡彩画 色彩画 日本画 浮世絵《うきよえ》 版画 錦絵《にしきえ》 洋画 油絵 ▽美人画 静物画 山水画 自画像 ▽春画 危な絵 ▽塗り絵 影絵 壁画
え【柄】 土瓶の手 刀の柄《つか》 握り 取っ手 長柄 摘《つま》み 引き手 棒 把手《はしゅ》 竜頭《りゅうず》 ハンドル
え【餌】⇩えさ
えい【鋭意】⇩ねっしん
えいえい【営々】⇩せっせと
えいえん【永遠】⇩いつまでも
えいが【映画】 活動写真 銀幕 シネマ キネマ ムービー トーキー シネマスコープ シネラマ ▽スクリーン 映写幕 画面一杯に
えいが【栄華】 栄耀《えいよう・ええよう》 栄光 繁栄 盛栄 隆盛 全盛 栄え 驕《おご》り
えいがかん【映画館】⇩げきじょう(劇場)
えいかん【栄冠】⇩ほまれ
えいきゅう【永久】⇩いつまでも
えいきょう【影響】 反響 反応を起こす 時代を反映する 反動が現れる 全土に波及する 波紋が広がる 余波を受ける 響きがある 煽《あお》りを食う
えいぎょう【営業】⇩あきない
えいけつ【永訣】⇩しべつ
えいさい【英才】⇩さいのう
えいじる【映じる】⇩うつる(映る)
えいじる【詠じる】⇩よむ(詠む)
えいしん【栄進】⇩しゅっせ
えいせい【衛生】 保健 摂生 摂養 健康維持 病気予防 ▽養生 保養
えいぞく【永続】⇩つづく
えいたつ【栄達】⇩しゅっせ
えいだん【英断】⇩さばき

えいてん【栄転】⇩しゅっせ
えいべつ【永別】⇩しべつ
えいみん【永眠】⇩しぬ
えいゆう【英雄】豪傑 英傑 俊傑 強豪 傑物 群雄割拠 女傑 偉物《えらぶつ》 切れ者 出来者 ヒーロー
えいよ【栄誉】⇩ほまれ
えいよう【栄養】養分 滋養 栄養分 栄養素 滋養分 カロリー
えいり【鋭利】⇩するどい
えいれい【英霊】⇩たましい
えがお【笑顔】笑い顔 所得顔《ところえがお》 打ち解け顔 破顔 笑顔《しょうがん》 解顔 笑面 喜色満面
えかき【絵描き】絵師 画家 画匠 画人 墨客 彩客 画手 画工 画伯 画聖 画仙 巨匠
えがく【描く・画く】絵に・絵を-描《か》く 描き出す 彩る 象《かたど》る 写す 描写 写生 写実 素描 描模 模写 臨写 臨模 制作
えがたい【得難い】得にくい 入手し-難い・にくい 貴重 希覯《きこう》本
えがらっぽい ⇩しぶい
えき【易】⇩うらない
えき【液】⇩えきたい
えき【駅】停車場《ていしゃじょう・ていしゃば》 停留所 停留場 ステーション バスストップ ▽発駅 始発駅 途中駅 通過駅 終駅 終着駅
エキサイト ⇩げきする
えきしゃ【易者】卜者《ぼくしゃ》 筮人《ぜいじん》 筮者 相人 相者 売卜者《ばいぼくしゃ》 観相家 八卦見《はっけみ》 占い者 占い師
エキス ⇩すい
エキスパート ⇩くろうと
えきする【益する】⇩やくだつ
えきたい【液体】液 液汁 溶液 水溶液 液状 汁《しる》 水物
えぐい ⇩しぶい
えくぼ【笑窪・靨】⇩わらい
えぐる【抉る】⇩ほる（掘る）
えげつない ⇩ずるい
えこう【回向】⇩とむらう
えこじ【依怙地】⇩がんこ
えこひいき【依怙贔屓】⇩ひいき
えさ【餌】餌《え》 生餌《なまえ》 播《す》り・撒《ま》き・生き-餌 餌食《えじき》 餌料《じりょう》 ▽秣《まぐさ》 飼い葉 飼料 飼草 糧秣《りょうまつ》
えしゃく【会釈】⇩あいさつ
えだ【枝】小枝 梢《こずえ》 樹枝 枝条 岐枝《しき》 上枝 下枝 千枝 千朶《せんだ》 万朶 ▽枯れ枝 柴《しば》 粗朶《そだ》
えたい【得体】⇩じったい（実体）
えっけん【越権】⇩でしゃばる
エッセー ⇩ずいひつ
えつらく【悦楽】⇩たのしみ
えて【得手】⇩とくい
えてかって【得手勝手】⇩わがまま
えてして ⇩だいたい
えとく【会得】⇩さとる（悟る）
エピソード ⇩いつわ
えみ【笑み】⇩わらい
えもの ①【獲物】獲物を取る 収獲 収獲物 漁獲高 漁獲物 海幸《うみさち》 山幸 ▽取得品 分捕り品 戦利品

②【得物】得物を振り上げる↓ぶき

エラー ⇩あやまち

えらい【偉い】 優れた 偉大 立派 優秀 傑出 有徳 ▽高位 高官

えらぶ【選ぶ・択ぶ】 選《よ》る 択《すぐ》る 選り‐抜く・取る・出す・択る 選び‐抜く・取る・出す 引き抜く 見繕う 見計らう 選択 選定 選別 選考 選抜 選出 選挙 予選 互選 取捨 採択 ▽抜擢《ばってき》 登用 ▽精選 厳選 特選品

えり【襟・衿】 襟先 襟付け 襟刳《えりぐ》り 表襟 裏襟 半襟 折り襟 詰め襟 カラー 開襟《かいきん》シャツ

えりくび【襟首】 ⇩くび

えりごのみ【選り好み】 ⇩このみ

えりまき【襟巻き】 首巻き 肩掛け マフラー スカーフ ネッカチーフ ストール ショール

える ①【得る】自分のものにする 勝利・資格・許可‐を得る 手に入れる 名声を博する 贏《か》ち‐取る・得る 入手 取得 獲得 ②【獲る】つかまえる 猟で兎《うさぎ》・戦利品‐を獲る 取る せしめる

えん【円】 ⇩まる(円)

えん【縁】 縁《えにし・ゆかり》 繋《つな》がり 絆《きずな》 因《ちな》み 誼《よしみ》 コネ 縁故 所縁 因縁《いんねん》 奇縁 好縁 良縁 合い縁 悪縁 宿縁 腐れ縁 縁起 縁由 由緒《ゆいしょ》

えんかい【宴会】 月見の宴 酒宴 供宴を催す 祝宴の席 盛宴 宴席 会食 夜会服 園遊会 茶話会 忘年会 新年会 歓迎会 送別会 祝賀会 酒盛り 宴《うたげ》 パーティー

えんかく【沿革】 ⇩れきし

えんかつ【円滑】 ⇩えんまん

えんがわ【縁側】 ⇩ろうか

えんき【延期】 延引 会期延長 日延べ 繰り延べ 雨天順延 順送り 先送り

えんぎ【縁起】 ①⇩えん(縁) ②⇩きざし

えんぎ【演技】 ⇩みぶり

えんきょく【婉曲】 ⇩それとなく

えんきり【縁切り】 対縁組み 離縁 離別 絶縁 断交 ▽結婚解消 離婚 不縁 破鏡 夫婦別れ

えんぐみ【縁組み】 対縁切り 縁結び 嫁入り 嫁取り 婿取り 養子・養女‐縁組み 妻《めあ》わせる 娶《めと》る 結婚 婚姻 祝言《しゅうげん》を挙げる 新婚 早婚 晩婚 初婚 初縁 再婚 再縁 再嫁 ▽結婚式 婚礼 婚儀 銀婚式(二十五周年) 金婚式(五十周年)

えんぐん【援軍】 ⇩すけだち

えんけい【遠景】 ⇩けしき(景色)

えんげい【演芸】 ⇩わざ(技)

えんげき【演劇】 ⇩しばい

えんこ【縁故】 ⇩えん(縁)

えんざい【冤罪】 ⇩ぬれぎぬ

えんじゃ【縁者】 ⇩しんるい

えんしゅう【演習】 ⇩れんしゅう

えんじゅく【円熟】 ⇩じょうたつ

えんしょ【炎暑】 ⇩なつ

えんじょ【援助】 ⇩たすける

えんじる【演じる】 やる 芝居を打つ 出演 上演 公演 地方巡業
えんぜつ【演説】 弁論 熱弁 雄弁 能弁 講演 講話 講説 訓辞 スピーチ
エンゼル ⇩てんし(天使)
えんそう【演奏】 ⇩ひく(弾く)
えんそく【遠足】 遠出《とおで》 野遊び 踏破 踏青 徒歩旅行 行楽 ピクニック ハイキング ▽遠乗り ドライブ
えんだい【縁台】 ⇩いす
えんちょう【延長】 ⇩のばす(延ばす)
えんちょく【鉛直】 ⇩すいちょく
えんつづき【縁続き】 ⇩しんるい
えんてん【炎天】 ⇩そら
えんぴつ【鉛筆】 硬筆 木筆 ▽黒鉛筆 赤鉛筆 色鉛筆
えんまん【円満】 ①円満な人物 円熟した人柄 温厚 温良 温順 温雅 福々しい頬 角《かど》がない 穏やかな人 ②円満に行く 円滑 順調 スムーズに行く 滑らか 支障なく進む

えんむすび【縁結び】 ⇩えんぐみ
えんりょ【遠慮】 憚《はばか》る はにかむ 差し控える 内々・内輪にする
えんりょない【遠慮無い】 ⇩したしい
えんりょぶかい【遠慮深い】 ⇩けんそん

お

お【尾】 おっぽ しっぽを振る テール ▽竜頭蛇尾 驥尾《きび》(駿馬の尾)
お【御】 お話 お菓子 ご調査 御《おん》礼 み姿 おみ足
お【緒】 ⇩ひも
おい【甥】 対姪《めい》 甥御 敬語〔相手方の〕甥御様 甥御様の〔名〕様／〔自分側の〕甥 甥の〔名〕
おい【老い】 年寄り 老年 初老 早老 中老 老齢 老境 老衰 ▽老体 老身 老軀《ろうく》
■長寿の祝い■ 賀／賀寿／還暦(六十一歳)／華甲／古希(七十歳)／喜寿(七十七歳)／米寿(八十八歳)／卒寿(九十歳)／白寿(九十九歳)

おいうち【追い撃ち】 ⇩せめる(攻める)
おいおい【追々】 順を追って 順に 順順に 段々 順次 逐次 漸次 次第に
おいかける【追い掛ける】 ⇩おう
おいかぜ【追い風】 ⇩かぜ(風)
おいこす【追い越す】 ⇩こす(越す)
おいさき【老い先】 ⇩いのち
おいしい【美味しい】 対不味《まず》い 料理がうまい 味が良い 美味 佳味 甘味 好味 芳味 山海の珍味 風味豊か 豊味
おいそれと 言われてすぐ 右から左へ 軽く 腰軽く 手軽に 簡単に 安直に
おいだす【追い出す】 ⇩おいはらう
おいたち【生い立ち】 育ちがいい 成長 生育 発育 ▽生まれ お里が知れる 素性《すじょう》 前身 前歴 履歴 生育歴
おいたてる【追い立てる】 ⇩おいはらう
おいつく【追い付く】 及ぶ 追い及ぶ・

お

込む・詰める　追及　追迫　企及しがたい点

おいつめる【追い詰める】 追い込む　追い伏せる　責任を追及する　追迫

おいで【お出で】 ⇩くる(来る)

おいぬく【追い抜く】 ⇩ぬく(抜く)

おいはぎ【追い剝ぎ】 ⇩どろぼう

おいはらう【追い払う】 追っ払う　退《の》ける　払い退ける　追い-出す・立てる・返す・散らす　押し-出す・返す・散らす　突き-出す・返す・飛ばす　放《ほう》り・掃き・弾《はじ》き・叩《たた》き・締め-出す　吹き飛ばす　追放　放逐　追逐　駆逐　排逐　駆除　排除

おいぼれ【老い耄れ】 ⇩としより

おいめ【負い目】 ⇩ふたん

おいらく【老いらく】 ⇩としより

おいる【老いる】 ⇩としとる

おう【王】 天子　帝王　君主　元首　皇帝　天皇陛下　キング　エンペラー　君《きみ》　大君《おおきみ》

おう【追う】 あとを　犯人・理想-を追う　追い-掛ける・回す　追っ掛ける　付け回す　追行　尾行　追跡　追及　追送　追尾　▽【逐う】 順番　順・条-を逐う　逐条審議　雨天順延

おう【負う】 ①荷を負う　担う　担《かつ》ぐ　引っ担ぐ　背負う　おぶう　おんぶする　しょい込む　②傷を負う↓こうむる

おういつ【横溢】 ⇩こぼれる

おうえん【応援】 声援　激励　支援　後援　加勢　賛助　押し・引き-立て　力付け　力添え　助太刀

おうかん【往還】 ⇩ゆきき

おうぎ【奥義】 ⇩おくぎ

おうぎ【扇】 ⇩うちわ(団扇)

おうきゅう【応急】 臨時　即席　即座　臨機の処置　間に合わせ　仮《かり》

おうごん【黄金】 ⇩きん(金)

おうじょう【往生】 ①⇩しぬ　②⇩こまる

おうじる【応じる】 ⇩こたえる(応える)

おうせい【旺盛】 ⇩さかん

おうせつ【応接】 ⇩もてなし

おうせつま【応接間】 ⇩ざしき

おうたい【応対】 ⇩もてなし

おうだん【横断】 ⇩よこぎる

おうちゃく【横着】 不精　怠慢　怠惰　ルーズ　物臭《ものぐさ》　面倒がる　図々《ずうずう》しい　図太い　厚かましい

おうと【嘔吐】 ⇩はく(吐く)

おうとう【応答】 ⇩こたえ

おうとつ【凹凸】 ⇩でこぼこ

おうのう【懊悩】 ⇩なやみ

おうふく【往復】 ⇩ゆきき

おうへい【横柄】 ⇩いばる

おうぼ【応募】 応召　出願　立候補　求職　願書提出　申し-出る・込む　募集に応じる　アプライ

おうぼう【横暴】 専横　乱暴　非法　不法　無法　理不尽　非道　横道　邪道　外道《げどう》　▽僭越《せんえつ》　出しゃばり　我が儘《まま》

おうよう【鷹揚】 ⇩ゆったり

おうよう【応用】 使用　利用　運用　活

用 採用 準用 適用 転用 流用 援用 乱用

おうらい【往来】①⇩ゆきき ②⇩みち

おうりょう【横領】⇩うばう

おえる【終える】⇩おわる

おおあめ【大雨】⇩あめ(雨)

おおい【覆い】幌《ほろ》 包み 上包み 上覆い 上張り 敷《しき》布《ふ》 カバー 荷台のシート ベッドのシーツ 被覆 掩《えん》蓋《がい》 掩《えん》蔽《ぺい》 遮《しゃ》蔽《へい》

おおい【多い】[対]少ない 夥《おびただ》しい 許多《あまた》 大口《おおぐち》の取引 少なからぬ 少なくない 数々の 幾多の 数知れぬ 一方《ひとかた》ならぬ しこたま うんと たんと たんまり ふんだん わんさ 仰山《ぎょうさん》 沢山 盛り沢山 一杯ある 多量 大量 多分にある 多数 多々 多額 重量過多 莫大《ばくだい》 多大 無数 感慨無量 業務多端 絶大な支援

おおいそぎ【大急ぎ】⇩いそぎ

おおいに【大いに】⇩かなり

おおう【覆う】手で顔を覆う ↓つつむ ▽【被う】白布で被う↓かぶせる ▽【掩う】目・耳-を掩う↓ふさぐ ▽【蔽う】見せない 真相を蔽う↓さまたげる

おおおとこ【大男】[対]小男 大人《おおびと》の国 ジャイアント 大漢 巨人 巨漢 巨体 巨軀《きょく》 大軀 大兵《たいひょう》 大柄 大《おお》がらな男 大形

おおがかり【大掛かり】大仕掛け 大々的 大規模 雄大な計画 雄壮 壮大

おおかた【大方】⇩だいぶぶん

おおがた[1]**【大型】**[対]小型 タイプ 大型の-自動車・台風 大判のシャツ 大きめ Lサイズ LL キング・クイーン-サイズ [2]【大形】[対]小形 かたち 大形の-模様・箱 大柄

おおきい【大きい】[対]小さい 大きな でかい 厳《いか》つい 大型 大柄 大《おお》騒ぎ 大《だい》規模 巨大 膨大 長大 広大 雄大 壮大 最大 豪壮な邸宅

おおぎょう【大仰】⇩おおげさ

おおぐい【大食い】大食らい 大酒飲み 大食 健啖《けんたん》 ▽大食漢 健啖家 酒豪

おおぐち【大口】①大口の注文↓おおい ②大口を利く↓おおげさ

おおげさ【大袈裟】大風呂敷《おおぶろしき》を広げる 大口を利く 法螺《ほら》を吹く 仰々しい 物々しい 大仰《おおぎょう》 尾鰭《おひれ》を付ける 誇大 過大評価 誇張 豪語 豪言 大言壮語 針小棒大に言う ▽実力を買い被《かぶ》る

オーケストラ⇩おんがく

おおごえ【大声】⇩こえ(声)

おおごしょ【大御所】⇩たいか

おおごと【大事】⇩できごと

おおざっぱ【大雑把】⇩おおまか

おおさわぎ【大騒ぎ】騒ぎ ごった返し てんやわんや やっさもっさ どさくさ どたばた じたばた 馬鹿《ばか》・お祭り・空-騒ぎ 人騒がせ 大混乱

一大事　大事件　物議を醸す　騒動　動乱　騒乱　騒擾《そうじょう》　▽立ち回り　活劇　狼藉《ろうぜき》　乱暴

おおしい【雄々しい】　対女々しい　⇩いさましい

おおすじ【大筋】⇩だいたい

おおせ【仰せ】①仰せになる↓いう　②仰せを承る↓めいれい

おおぜい【大勢】　対小勢　大人数　数々　多勢《たぜい》　多衆　多人数

おおせつける【仰せ付ける】⇩めいれい

おおぞら【大空】⇩そら

おおだてもの【大立て者】⇩おおもの

おおづかみ【大摑み】⇩おおまか

おおっぴら【大っぴら】　表向き　晴れて　天下晴れて　オープン　公然　公々然　露骨に言う

おおづめ【大詰め】⇩おわり

おおどおり【大通り】⇩みち

オートバイ⇩じてんしゃ

おおはば【大幅】⇩かなり

おおぶろしき【大風呂敷】⇩おおげさ

オープン⇩かいほう(開放)

おおまか【大まか】　大雑把《おおざっぱ》　大摑《づか》み　粗雑　粗放　雑駁《ざっぱく》　杜撰《ずさん》

おおみず【大水】　出水騒ぎ　洪水警報　氾濫《はんらん》　田畑が冠水する　水害　水災　水禍　水難を被る

おおみそか【大晦日】⇩ねんまつ

おおむかし【大昔】⇩むかし

おおむね【概ね】⇩だいたい

おおもの【大物】　対小物　大立て者　御大《おんたい》　偉物《えらぶつ》　お偉方《えらがた》　中心・重要ー人物　巨頭　首領　党の領袖《りょうしゅう》　重鎮　傑物　大人物　人物　実力者　高官　要人　名士　著名人　ボス

おおや【大家】⇩もちぬし

おおやけ【公】　対私　表向き　表沙汰《ざた》　晴れの舞台　公式　公共事業　公然

おおよう【大様】⇩ゆったり

おおよそ【大凡】⇩およそ

おおよろこび【大喜び】⇩よろこぶ

おおらか⇩ゆったり

おおわらい【大笑い】⇩わらい

おおわらわ【大童】⇩いのちがけ

おか【丘・岡】⇩やま

おかあさん【お母さん】⇩はは

おかき【お欠き】⇩せんべい

おかげ【お蔭】　恵み　賜物《たまもの》　恩恵　恩顧　恩沢　恩威　高恩　懇情　加護を受ける　庇護《ひご》　高庇

おかしい　①【可笑しい】　わらう　落語が可笑しい　面白い顔をする　滑稽《こっけい》　道化《どうけ》　剽軽《ひょうきん》　笑止の至り　諧謔《かいぎゃく》　お道化《どけ》　コミカル　②【奇怪しい】　様子が奇怪しい↓へん

おかしみ【可笑しみ】⇩ユーモア

おかす　①【侵す】　入り込む　国境・権利ーを侵す　蝕《むしば》む　食い込む　侵入　侵略　侵害　侵犯　侵攻作戦　侵食　②【犯す】　悪いこと　法・罪ーを犯す　犯罪　犯禁　干犯　犯法　違反　反則　▽婦女を犯す　手込め　暴行　姦淫《かんいん》　強姦《ごうかん》　和姦　③【冒す】　むりに　尊厳・危険ーを冒す　害する　損なう　損ねる　冒険　冒

瀆《ぼうとく》

おかず ⇩しょくじ

おかね【お金】 ⇩かね(金)

おかぼれ【岡惚れ】 ⇩こい(恋)

おかみ ①【内儀】店屋の内儀↓つま ②【女将】料理屋の女将↓おやかた

おがむ【拝む】 伏し拝む 神前に額《ぬか》ずく 拝する 拝伏 参拝 参詣《さんけい》 拝礼 合掌 礼拝《らいはい》(仏教) 礼拝《れいはい》(キリスト教) 再拝 三拝九拝 巡拝 遥拝

おかやき【岡焼き】 ⇩にくむ

おがわ【小川】 ⇩かわ(川)

おかん【悪寒】 寒けがする 震えが止まらない ぞくぞくする 熱がある

おき【沖】 ⇩うみ(海)

おきあがる【起き上がる】 ⇩おきる

おきて【掟】 ⇩きそく

おぎなう【補う】 足す 足しにする 埋める 埋め合わせる 穴埋め 補充 説明を補足する 燃料を補給する 加える 補全 充塡《じゅうてん》 赤字を補塡する 塡補 補正 補欠 補遺 追加 追補 増補 付加 添加 カバー

おきにいり【お気に入り】 好き 願ってもない 好みに合う 心に適《かな》う 会心の作 ▽可愛《かわい》がる 愛好 愛顧 寵愛《ちょうあい》 溺愛《できあい》 贔屓《ひいき》

おきもの【置物】 ⇩かざり

おきゃく【お客】 ⇩きゃく

おきる【起きる】 ①目を覚ます 目覚める 起き上がる 跳ね・飛び-起きる 立ち上がる 起床 離床 床上げ ▽早起き 朝起き ▽朝寝 朝寝坊 ②事件が起きる↓はじまる

おきわすれる【置き忘れる】 ⇩わすれる

おく【奥】 奥底 奥部 奥のほう 果て 深奥《しんおう》 山奥 奥地

おく ①【置く】 すえる 机の上に・機械を-置く 設置 配置 設備 常置 常設 ②【擱く】 手から下に 筆・ペン-を擱く 擱筆《かくひつ》 降ろす ③【措く】 そのまま 暫《しばら》く・さて-措く そのままにしておく

おくがい【屋外】 ⇩そと

おくぎ【奥義】 奥義《おうぎ》を極める 蘊奥《うんのう》 蘊蓄を傾ける 深奥 秘伝 口伝 奥伝 極意 秘術 要訣《ようけつ》 秘訣 要諦《ようてい》 至妙 神髄

おくさま【奥様】 ⇩つま

おくする【臆する】 ⇩おそれる(恐れる)

おくそく【憶測・臆測】 ⇩おしはかる

おくそこ【奥底】 ⇩おく(奥)

おくち【奥地】 辺地 僻地《へきち》 僻陬《へきすう》の地 僻村 辺境 ▽蛮地 未開地

おくない【屋内】 室内 房内 戸内 家内 インドア

おくにことば【お国言葉】 ⇩ほうげん(方言)

おくのて【奥の手】 切り札 決め手 最後の手段 最上・有力-手段

おくびょう【臆病】 小胆 小心 卑屈 卑怯《ひきょう》 怯懦《きょうだ》 弱虫 腰抜け 意気地《いくじ》無し 腑抜《ふぬ》け

おくめん【臆面】 臆病顔 気後れ 臆し顔 怯《ひる》み顔 臆した様子

おくやみ【お悔やみ】 哀悼の言葉 哀痛 哀傷歌 ▽悔やみ状 弔詞(書面) 弔辞(口頭) 香典 焼香 供花《けく》(仏教) 供花《きょうか》・献花(キリスト教) ▽ご愁傷様

おくゆかしい【奥床しい】 ⇩ゆかしい

おくりとどける【送り届ける】 ⇩とどける

おくりな【諡】 ⇩なまえ

おくりもの【贈り物】 貢《みつ》ぎ物 お遣い物 お届け物 引出物 プレゼント ギフト 進物《しんもつ》 贈品 恵物 進上物《しんじょうもの》 贈答品 中元 歳暮《せいぼ》 ▽粗品《そしな》 寸志 ▽餞別《せんべつ》 餞《はなむけ》 ▽香典 賽銭《さいせん》 寄付 寄進 ▽付届け 袖《そで》の下 賄賂《わいろ》 贈賄 収賄

おくる **①【送る】** ①さしむける 荷物・金‐を送る 届ける 送り‐込む・付ける・届ける 手紙を出す 差し‐出す・立てる 送付 送達 送致 発送 託送 郵送 輸送 陸送 海送 空輸 回送 転送 返送 ▽送金 仕送り 〔敬語〕〔相手方が〕お送り・お届け・ご送付・ご発送・お差し出し‐くださる／〔相手方に〕お送り・お届け・拝送・謹送・ご送付‐いたします ②卒業生を送る ↓みおくる **②【贈る】** 花輪を贈る ↓あたえる

おくればせ【後れ馳せ】 ⇩おくれる(後れる)

おくれる **①【遅れる】** まにあわない 会合に・完成が‐遅れる 申し・乗り・逃げ‐遅れる 遅刻 遅延 延引 延滞 遅滞 渋滞 **②【後れる】** あとになる 時計が・流行に‐後れる 後《あと》になる 遅くなる 立ち・出‐後れ 後れ後れ 後れ馳《ば》せながら 遅蒔《おそま》きながら

おくれをとる【後れを取る】 ⇩まける

おけ【桶】 手桶 水桶 溜《た》め桶 盥《たらい》 バケツ 水槽 ▽風呂《ふろ》桶 湯舟

おこがましい【烏滸がましい】 ⇩でしゃばる

おこす **①【起こす】** ①めざめ 寝た子・体‐を起こす 目覚ませる 覚醒《かくせい》 ②事件・会社‐を起こす ↓はじめる **②【興す】** 国・産業‐を興す 盛んにする 振興を図る 振起 興起 興隆 ▽取り‐返す・戻す 再興 復興

おごそか【厳か】 厳《いか》めしい 物々しい 重々しい 重苦しい空気 立派 荘厳《そうごん》 荘重《そうちょう》 厳粛 粛然 粛々 森厳 端厳 重厚

おこたる【怠る】 ⇩なまける

おこない【行い】 振る舞い 立ち居 仕業《しわざ》 身持ち 仕打ち 行為 行動 所為 行状 行跡 所行 品行 操行 素行 身状 正気の沙汰《さた》ではない ◆悪い行い↓あくじ

おこなう【行う】 為《な》す 致す する 仕事を遣《や》る 営む 振る舞う 携わる 演じる 執り行う 取り扱う 仕事を遣《や》っ付ける 実行 実践 躬行《きゅうこう》 履行 遂行 施行 挙行 執行 決行 断行 強行 続行

おこり【起こり】 ⇩はじまり

おごり【奢り】 ⇩ぜいたく

おこる ①【起こる】 嬉《うれ》しい気持ち・事件-が起こる ↓はじまる

②【興る】 さかん　産業・国-が興る　新興　勃興《ぼっこう》　興隆　振興　宣揚　発揚　▽中興の祖　再興

おこる【怒る】 怒《いか》る　憤る　膨《ふく》れる　むくれる　むかつく　息巻く　腹を立てる　腹立つ　色を成す　怒髪天を衝っく　烈火のごとく怒る　八つ当たり　立腹　憤慨　憤怒《ふんぬ》の形相　激怒　激憤　憤激　憤然　敬語〔相手方が〕お憤り・お腹立ち・ご立腹・ご不興《ふきょう》-の趣／〔自分側が〕憤りを-感じる・抑えられない

おごる ①【奢る】 ①口が奢る ↓ぜいたく　②同僚に夕食を奢る ↓ごちそう

②【驕る】 気が驕る ↓いばる

おさえつける【押さえ付ける・抑え付ける】 ⇩おさえる

おさえる ①【押さえる】 一部を　指で・証拠を-押さえる　押す　押さえ付ける　▽【圧える】 動かさない　石・力-で圧える　圧《お》す　圧《あっ》する　制する　鎮圧　制圧　弾圧　抑圧　圧迫　圧搾　圧縮　濃縮

②【抑える】 上から　物価・要求-を抑える　抑え付ける　抑制

おさと【お里】 ⇩おいたち

おさない【幼い】 小さい　稚《いとけな》い　頑是ない　幼少　幼稚　幼弱　弱小　未熟　▽幼年時代　子供心

おさなご【幼子】 ⇩あかんぼう

おさなごころ【幼心】 ⇩こころ

おさななじみ【幼馴染み】 ⇩ともだち

おざなり【御座形】 ⇩いいかげん

おさまる ①【治まる】 世・国内-が治まる ↓へいわ

②【修まる】 向上　学が修まる ↓べんきょう　▽身持ちが修まる ↓しゅぎょう

おさまる ①【納まる】 向こうへ　箱・国庫-に納まる　納められる　入る　落ち着く　納付　納入

②【収まる】 外から中へ　博物館に収まる　収められる　収納　収蔵　収録　収載　所収の品

おさめる ①【治める】 とりしまる　国を治める　統べる　統べ治める　統治　統理　統轄《とうかつ》　統御　治政に当たる　平定　鎮定

②【修める】 向上　学を修める ↓べんきょう　▽身を修める ↓しゅぎょう

おさめる ①【納める】 向こうへ　税金を・蔵に-納める　払い・送り-込む　納入　納付　献納　奉納　完納　全納　前納　分納　物納　予納　返納　追納　供出

②【収める】 外から中へ　目録に・利益を-収める　取り入れる　勝ち-取る・得る　収納　受納　収蔵　収穫

おさらい ⇩けいこ

おじ ①【伯父】 父母の兄　対伯母　伯父さん　伯父上　伯父君　伯父御　敬語〔相手方の〕ご伯父様　〔姓〕ご伯父様　〔地名〕のご伯父様／〔自分側の〕伯父　〔姓〕伯父　〔地名〕の伯父

②【叔父】父母の弟　対叔母　叔父さん　叔父上　叔父君　叔父御　敬語〘相手方の〙ご叔父様　〔姓〕ご叔父様　〔地名〕のご叔父様／〘自分側の〙叔父　〔姓〕叔父　〔地名〕の叔父

おしい【惜しい】①時間が惜しい　掛け替えがない　もったいない　失い・壊しーたくない　無駄に使いたくない　②惜しいことに　口惜しい　残り惜しい　心残り　惜しむらくは　惜しんでも余りある　可惜《あたら》有能な人を残念　無念　遺憾　未練が残る

おじいさん ①【お祖父さん】⇩そふ　②【お爺さん】⇩としより

おしうり【押し売り】⇩あきんど

おしえ【教え】教訓　訓戒　訓辞　庭訓《ていきん》　家訓　校訓　遺訓　遺教　遺風

おしえご【教え子】⇩でし

おしえる【教える】対習う・学ぶ　教鞭《きょうべん》を執る　教壇に立つ　導く　仕付ける　仕込む　教え込む　撓《た》める　撓め直す　コーチ　教育　教化　教授　授業　教示　化育　訓育　剣道を指南する　示教　指導　教導　善導　補導　啓発　啓蒙《けいもう》　敬語〘自分側に〙お教えいただく　お導き・お示しーくださる　ご教導賜わる　ご教示を煩わせる　ご高示に接する　ご指導を仰ぐ

おじぎ【お辞儀】挨拶《あいさつ》　会釈《えしゃく》　目配《めくば》せ　目礼　黙礼　答礼　敬礼　最敬礼　平伏《ひれふ》す　頭を地に付ける　平身低頭　叩頭《こうとう》　挙手の礼　握手

おしげ【惜し気】⇩ものおしみ

おじけ【怖じ気】⇩すくむ

おしこむ【押し込む】⇩いれる

おじさん ①【伯父さん・叔父さん】⇩おじ　②【小父さん】⇩おとな

おしせまる【押し迫る】押し詰まる　差し迫る　追い詰められる　切羽詰まる　土壇場《どたんば》に来る　期日が切迫する　急迫した事態　逼迫《ひっぱく》

おしちや【お七夜】⇩たんじょうび

おしつける【押し付ける】⇩しいる（強いる）

おしとおす【押し通す】押す　強いる　押し切る　無理ー押し・強い　強行　強制　断行

おしなべて【押し並べて】⇩いっぱんに

おしはかる【推し量る・推し測る】汲《く》み取る　見定める　見抜く　心中を量る　当て推量　当てずっぽう　察する　推量　推測　推察　類推　推理　推論　推定　憶測　臆断《おくだん》　忖度《そんたく》　敬語〘相手方が〙お察し・ご高察・ご賢察・ご明察・ご推察・ご推量・ご推測ーになる／〘自分側が〙お察し・拝察・愚察ーする

おしむ【惜しむ】ざんねん　別れ・死ーを惜しむ　惜別の情　哀惜の思い　痛惜　▽【吝しむ】金銭・努力ーを吝しむ　出し吝しむ　物吝しみする　しみったれる　けち　出し・使いーたくない

おしゃく【お酌】⇩げいしゃ

おしゃべり【お喋り】対無口　口軽《くちがる》な

女 無駄口 ぺらぺら べちゃべちゃ ぺちゃぺちゃ ぺちゃくちゃ くちゃくちゃ がやがや わいわい 多弁 多言《たげん》 贅言《ぜいげん》 饒舌《じょうぜつ》 長舌 長広舌 駄弁を弄する 雑談

おしゃれ【お洒落】 お粧《めか》し 派手な粧《よそお》い 身繕い 身仕舞い 化粧 粉飾 メーキャップ

おしょう【和尚】⇩そう(僧)

おじょうさん【お嬢さん】⇩むすめ

おしょく【汚職】 瀆職《とくしょく》 背任 収賄 ▽汚吏 邪吏 奸吏 貪吏《どんり》 貪官

おしよせる【押し寄せる】 押し・詰め・寄せ-掛ける 打ち・詰め・攻め-寄せる 雪崩《なだれ》込む 殺到

おしろい【白粉】⇩けしょうひん

おしんこ【お新香】⇩つけもの

おす【雄】 対雌 鼠《ねずみ》・蚊-の雄 雄《お》 雄性《ゆうせい》 ▽【牡】 対牝 鶏・牛-の牡 牡《お》 牡《お》ん鳥 牡馬《ぼば》

おす ①【押す】 ベル・荷車-を押す 後押し ▽【圧す】 石・機械-で圧す ↓おさえる ▽【捺す】 しるし 判・模様-を捺す 捺印《なついん》 押印 調印 捺染《なっせん》 押し染め ②【推す】 ①すすめる 会長に・卒業生-を-推す 薦める 挙げる 推薦 推挙 ②考える この点から推すと 推量 推測 推察 予想 予測 憶測 揣摩《しま》憶測

おすい【汚水】 対浄水 汚れ水 濁り水 溜《た》まり水 泥水《どろみず》・泥水《でいすい》 濁水 下水

おずおず【怖ず怖ず】⇩こわごわ

おせじ【お世辞】 世辞 追従《ついしょう》 阿諛《あゆ》 迎合 甘言 外交辞令 諂《へつら》い 諂い言 おべっか おべんちゃら

おせっかい【お節介】 要らぬ・余計な-お世話 口出し 差し出口 干渉

おせわさま【お世話様】⇩ありがとう

おそい【遅い】 対速い 仕事・テンポ-が遅い 鈍《の》ろい 徐《おもむ》ろ のろのろ そろそろ そろり ゆっくり のんびり 愚図愚図する スロー 遅々 悠長 緩慢 遅鈍 ▽【晩い】 対早い 時間・夜-が晩い 夜が更ける 秋が深ける ▽手後れ 後れ馳《ば》せながら

おそう【襲う】 ①襲いかかる 飛び-付く・掛かる 討ち入り 襲撃 強襲 急襲 奇襲 夜襲 逆襲 ▽不意・抜き-打ち 騙《だま》し討ち 闇《やみ》討ち 夜討ち ②跡を襲う ↓つぐ

おそかれはやかれ【遅かれ早かれ】⇩そのうちに

おそくなる【遅くなる】⇩おくれる(後れる)

おそらく【恐らく】⇩たぶん

おそるおそる【恐る恐る】⇩こわごわ

おそれ ①【恐れ・怖れ】 力に 敵に恐れを持つ 物怖《ものお》じ 怖《お》じ気 気後れ 恐怖 畏怖《いふ》 脅威を受ける ②【虞れ】 出水の虞れがある ↓しんぱい

おそれいる【恐れ入る】 恐れ慎む 痛み入る 辱《かたじけな》い 畏《かしこ》まる 恐縮 恐懼《きょうく》感激 恐惶《きょうこう》謹言

おそれおおくも【畏れ多くも】 畏《かしこ》く

も　忝《かたじけな》くも　畏れ多いことに　申すも畏《かしこ》いことながら

おそれる ①【恐れる・怖れる】力に　怯《おび》える　怖じる　物怖じする　怖じ気づく　怖《こわ》がる　怯《ひる》む　動じる　臆《おく》する　戦《おのの》く　震え上がる　気後れする　気押《おけ》される　悪びれる色もなく　びくつく　びくびく　おどおど　おろおろ　たじたじ　恐怖　畏怖《いふ》　戦々恐々　▽【惧れる】失敗を惧れる　↓しんぱい　②【畏れる】神を畏れる↓うやまう

おそろしい【恐ろしい】⇩こわい(怖い)

おそろしく【恐ろしく】⇩とても

おそわる【教わる】⇩まなぶ

おたがいに【お互いに】⇩たがいに

おたずねもの【お尋ね者】⇩はんにん

おだてる【煽てる】煽《あお》る　学生を唆《そそのか》す　喧嘩を嗾《けしか》ける　囃《はや》し・煽り・駆り-立てる　焚《た》き付ける　持ち上げる　嬉《うれ》しがらせる　アジる　扇動　教唆　使嗾《しそう》

おためごかし【お為ごかし】⇩おせじ

おだやか【穏やか】①穏やかな山里　和《なご》やか　長閑《のどか》　安らか　静か　温和　温暖　安穏《あんのん》　平穏　平静　穏便　穏健　②穏やかな人柄↓おとなしい

おちあう【落ち合う】⇩まちあわせる

おちいる【陥る】落ち込む　穴に嵌《は》まる　計略に掛かる　▽城が落ちる　抜かれる　乗っ取られる　攻略される　陥落　落城

おちおち【落ち落ち】⇩のんびり

おちつき【落ち着き】座りが悪い　安定　▽物に動じない　冷静　沈着　自若　泰然　平静　悠然　悠々　従容《しょうよう》として　平気

おちつく【落ち着く】おさまる　静まる　元へ戻る　落着　帰着　決着が付く　経済が安定する

おちど【落ち度】⇩あやまち

おちば【落ち葉】⇩は(葉)

おちぶれる【落ちぶれる】うらぶれる　成り下がる　落ち目になる　左前になる　尾羽打ち枯らす　凋落《ちょうらく》　零落　没落　倫落《りんらく》　落魄《らくはく》の身　斜陽　不振　ジリ貧

おちめ【落ち目】⇩おちぶれる

おちる【落ちる】落っこちる　落下　墜落　陥《おちい》る　堕《だ》する　摩《ず》り・転げ-落ちる　がた落ち　堕落　陥落　転落　失墜　暴落

おっかない ⇩こわい(怖い)

おつき【お付き】⇩とも(供)

おっくう【億劫】⇩めんどくさい

おつげ【お告げ】告げ　託宣　神宣　神託　宣託　神語　神勅

おっしゃる【仰る】⇩いう(言う)

おっちょこちょい ⇩かるはずみ

おっつかっつ ⇩ちょうど(丁度)

おっつけ【追っ付け】⇩そのうちに

おって【追って】⇩なお(尚)

おってがき【追って書き】⇩あとがき

おっと【夫】対妻　良人　夫君　郎君　亭主　主《あるじ》　連れ合い　宿六　ハズ　ハズバンド　▽先夫　前夫　▽後添

い 後夫 今の夫 現夫 敬語〔相手方の〕ご主人様 ご良人様 ご夫君様 ご郎君様 〔姓〕様／〔自分側の〕夫 主人 宅 宿 〔名〕〔姓〕

●亡き夫 敬語〔相手方の〕故ご主人様 亡きご主人様 亡き〔姓〕様／〔自分側の〕亡夫 亡き主人 亡き夫 亡き-〔名〕・〔姓〕

おっとり ⇩おとなしい

おつゆ ⇩しる(汁)

おてあらい【お手洗い】 ⇩べんじょ

おでき【お出来】 ⇩できもの

おてつだい【お手伝い】 ⇩しようにん

おてんば【お転婆】 おきゃんな女の子 やんちゃ すれっからし あばずれ 蓮《はす》っ葉 フラッパー ▽女だてら 男勝り 女傑

おと【音】 音《おん》が高い 笛の音《ね》 音色 音響効果 音韻

おとうさん【お父さん】 ⇩ちち(父)

おとうと【弟】 対妹 弟御 弟君 ▽末弟 叔弟 季弟 実弟 義弟 異母弟 敬語〔相手方の〕弟様 弟御様 弟君様 ご令弟様 ご叔弟様 ご賢弟様 〔名〕様／〔自分側の〕弟 小弟 舎弟 叔弟 愚弟〔名〕

●亡き弟 敬語〔相手方の〕亡き弟様 亡き〔名〕様／〔自分側の〕亡弟 亡き〔名〕

おどおど ⇩こわごわ

おどかす【脅かす】 ⇩おどす

おとぎばなし【お伽噺】 ⇩はなし(話)

おどけ【お道化】 ふざけ 剽軽《ひょうきん》な男 軽口《かるくち》を叩く 洒落《しゃれ》を言う 冗談 諧謔《かいぎゃく》 ジョーク

おどける ⇩さわぐ

おとこ【男】 対女 男《おのこ》 益荒男《ますらお》 殿方 殿御 紳士 旦那《だんな》 男性 男子 男児 ▽快漢 壮漢 健児 丈夫《じょうふ》 大丈夫 偉丈夫 快男子 偉男子 多血漢 熱血漢 猛者《もさ》 野郎

おとこだて【男伊達】 勇み肌 気負い肌 心意気 向こう意気 男気 いなせな兄ちゃん 義侠《ぎきょう》 義侠心 勇侠 仁侠 侠気 ▽侠者 侠男 侠士 侠客 侠骨

おとこのこ【男の子】 ⇩こども

おとこぶり【男振り】 ⇩すがた

おとこまえ【男前】 ⇩びなん

おとこらしい【男らしい】 勇ましい 雄々しい 頼もしい 男性的

おとさた【音沙汰】 ⇩たより(便り)

おとしあな【落とし穴】 ⇩わな

おとしもの【落とし物】 ⇩わすれもの

おとす【落とす】 ①落っことす 陥《おとしい》れる 取り・突き・叩《たた》き・振り・蹴《け》・撃ち-落とす 撃墜 ②対拾う 財布を落とす↓うしなう

おどす【脅す・威す】 脅《おど》かす 脅《おびや》かす 凄《すご》む 脅《おど》し付ける こけ脅し 嫌《いや》がらせ 脅迫 脅嚇《きょうかく》 威嚇 威圧 威迫 恫喝《どうかつ》 恐喝《きょうかつ》

おとずれる【訪れる】 知人・史跡-を訪れる 訪《たず》ねる 訪《と》う ご機嫌を伺う 訪問 往訪 歴訪 巡拝 巡礼 参堂 参上 伺候 拝趨《はいすう》 訪日 訪米 訪英 ▽来訪 入来 来日 来朝

来米　来英　敬語 《相手方が》↓いく・くる／《自分側が》↓いく・くる

おととい【一昨日】 前の前の日　前々日　大前日　一昨日《いっさくじつ》の出来事　去々日　一昨◯日《さきおととい・いっさくじつ》　▽前の前の前の日　一昨々日　一昨々◯日

おととし【一昨年】 前の前の年　前々年の初秋　一昨年《いっさくねん》　去々年　一昨◯年の事件　▽前の前の前の年　前々々年　一昨々年《さきおととし・いっさくさくねん》　一昨々◯年

おとな【大人】 対子供　一人前　成人　成年に達する　▽小父《おじ》さん　おっさん　男盛り　成丁　壮丁　壮者　健児　▽小母《おば》さん　年増《としま》の芸者　女盛り　姥桜《うばざくら》

おとなしい【大人しい】 穏やかな人柄　素直《すなお》　おっとり　おおらか　物静か　物柔らか　温和　温良　温厚　温順　温恭　温柔　温雅　穏健　柔順　円満　篤実　中庸

おとなびる【大人びる】 大人っぽい　ませる　早熟　早成　老成　夙成《しゅくせい》

おとめ【乙女】 お嬢さん　娘さん　小娘　小女《こおんな》　少女　▽お姫様　乙姫　▽生娘　処女　バージン

おとも【お供】 ⇩とも(供)

おとり【囮】 罠《わな》　騙《だま》し　誘い　誘い寄せ　媒鳥　媒魚　囮鳥《かちょう》　囮魚

おどり【踊り】 舞《まい》　振《ふり》　仕舞　手踊り　盆踊り　豊年踊り　獅子《しし》舞　ダンス　バレー　舞踏　舞踊　所作《しょさ》　日舞　洋舞　剣舞

おどりあがる【躍り上がる】 ⇩はねる(跳ねる)

おどりこ【踊り子】 舞子　舞姫　舞踊手　ダンサー　舞妓《ぶぎ》　妓女

おとる【劣る】 対優れる　落ちる　下がる　下になる　後れる　立ち後れる　負ける　悪い　良くない　及ばない　届かない　引け・後れ-を取る　人後に落ちる　下位　劣位　劣悪　劣等　拙劣　遜色《そんしょく》がある

おどる ①【踊る】 リズム　踊りを踊る　舞う　ダンス　②【躍る】 はねる　馬・胸-が躍る　小躍り　踊躍　欣喜雀躍《きんきじゃくやく》　欣躍

おとろえる【衰える】 対栄える　鈍る　体力が弱る　廃《すた》れる　家運が傾く　寂れる　変わり果てる　駄目になる　衰退　衰微　衰敗　衰弱　衰弊　衰滅　家が没落する　零落　凋落《ちょうらく》　退化　退歩　消耗　老朽　意気消沈　憔悴《しょうすい》　老衰　衰勢　退勢　衰運

おどろかす【驚かす】 脅《おど》す　びっくりさせる　ぎょっ・はっ・ぎくり・どきり・どきん-とさせる　衝撃・衝動-を与える

おどろく【驚く】 魂消《たまげ》る　驚き入る　びっくりする　ぎょっ・はっ・ぎくり・どきり・どきん-とする　愕然《がくぜん》とする　駭然《がいぜん》　一驚を喫する　驚嘆　驚愕　驚動　喫驚　びっくり仰天する　一世を震駭させる　震撼《しんかん》

おなか【お腹】 ⇩はら(腹)

おなご【女子】 ⇩おんな

おなじ【同じ】 ①同じ形↓ひとしい　②

同じにする ↓いちよう ③右に同じ ↓どうよう

おなら ⇩へ

おに【鬼】 赤鬼 青鬼 デビル 悪鬼 邪鬼 餓鬼 吸血鬼 鬼畜 修羅《しゅら》 阿《あ》修羅 羅刹《らせつ》 夜叉《やしゃ》 ▽鬼女 般若《はんにゃ》

おにび【鬼火】 ⇩ばけもの

おね【尾根】 山の端《は》 峰筋 山稜《さんりょう》 稜線 分水線 分水嶺《れい》

おの【斧】 ⇩はもの

おのおの【各・各々】 ⇩それぞれ

おのこ【男】 ⇩おとこ

おのずから【自ら】 ⇩ひとりでに

おのずと【自と】 ⇩ひとりでに

おののく【戦く】 震える 怯《おび》える 身震いする 震え上がる がたがた おどおど びくびく 戦々恐々 戦慄《せんりつ》を覚える 慄然《りつぜん》とする

おのぼりさん【お上りさん】 ⇩いなかもの

おのれ【己】 ⇩じぶん(自分)

おば ①**【伯母】** 父母の姉 対伯父 伯母さん 伯母上 伯母君 伯母御 敬語〔相手方の〕ご伯母様〔姓〕ご伯母様〔地名〕のご伯母様／〔自分側の〕伯母〔姓〕伯母〔地名〕の伯母 ②**【叔母】** 父母の妹 対叔父 叔母さん 叔母上 叔母君 叔母御 敬語〔相手方の〕ご叔母様〔姓〕ご叔母様〔地名〕のご叔母様／〔自分側の〕叔母〔姓〕叔母〔地名〕の叔母

おばあさん ①**【お祖母さん】** ⇩そぼ ②**【お婆さん】** ⇩としより

おばけ【お化け】 ⇩ばけもの

おはこ【十八番】 ⇩とくい

おばさん ①**【伯母さん・叔母さん】** ⇩おば ②**【小母さん】** ⇩おとな

おび【帯】 腰帯 腹帯 兵児《へこ》帯 名古屋帯 剣の革帯 バンド ベルト ▽襷《たすき》 襷掛け

おびえる【怯える】 ⇩おののく

おびきだす【誘き出す】 ⇩つれだす

おびただしい【夥しい】 ⇩たくさん

おひとよし【お人好し】 世間知らず 人が好《よ》い 好人物 善良人 善人 馬鹿《ばか》正直 愚直

おひや【お冷や】 ⇩みず

おびやかす【脅かす】 ⇩おどす

おひらき【お開き】 ⇩おわり

おびる【帯びる】 持つ 任務・赤み-を帯びる 受ける 持つ 赤・黄-ばむ 黒ずむ 苦み走る ▽**【佩びる】** 着ける 刀・勲章-を佩びる 刀を腰に差す 佩《は》く 付ける 身に着ける 帯する 佩帯《はいたい》 佩用 帯剣 佩剣

おぶさる【負さる】 ⇩たよる

おぶつ【汚物】 ⇩よごれ

おべっか ⇩へつらう

オペラ ⇩しばい

おぼえ【覚え】 ①覚えがある ↓きおく ②覚えが厚い ↓しんよう

おぼえがき【覚え書き】 調べ書き 心覚え 手記 舌代 声明 コミュニケ 白書 教書 調書

おぼえる【覚える】 対忘れる　諳《そら》んじる　覚え込む　見・聞き・習い-覚える　暗記　暗識　記憶　銘記　牢記《ろうき》

おぼしめす【思し召す】 ⇩おもう

おぼつかない【覚束ない】 ⇩しんぱい

おぼれる【溺れる】 ①水に溺れる　沈む　深みに嵌《は》まる　沈没　沈溺《ちんでき》　溺没《できぼつ》　▽水死　溺死　②趣味に溺れる　耽《ふけ》る　取り憑っかれる　熱中　夢中になる　惑溺　耽溺《たんでき》

おぼろげ【朧ろげ】 ⇩かすか(幽か)

おまいり【お参り】 詣《もう》でる　参る　物参り　物詣で　参詣《さんけい》　参拝　巡拝　巡礼　還拝　▽寺参り　お百度参り　宮参り　墓参り　墓参　展墓

おまえ【お前】 ⇩あなた

おまけ【お負け】 添え物　付けたり　足し前　プレミアム　景品　付録　余分　員数外　贅物《ぜいぶつ》　蛇足《だそく》を加える　▽役得　余得

おまけに【お負けに】 ⇩そのうえ

おまちかね【お待ち兼ね】 ⇩まちかねる

おまもり【お守り】 お札《ふだ》　守り札　護符　呪符《じゅふ》　霊符　護身符

おまわりさん【お巡りさん】 ⇩けいかん(警官)

おみき【お神酒】 ⇩さけ

おみそれ【お見逸れ】 見落とし　見間違い　失礼　失敬　無礼　欠礼

おめい【汚名】 悪名　悪評　醜聞　醜名　不名誉　不評判　名折れになる　スキャンダル

おめおめ ⇩すすんで

おめかし【お粧し】 ⇩おしゃれ

おめでた【お目出度】 祝い事　喜び事　吉事　好事　嘉儀《かぎ》

おめでとう【お目出とう】 ⇩いわい

おめにかかる【お目に掛かる】 ⇩あう(会う)

おも【面】 ⇩かお

おも【主】 主な　目ぼしい　重立った　主要　重要　主に　特に　▽重点　力点　主眼　ポイント

おもい【重い】 対軽い　①重たい　重量がある・掛かる　過重　②病が重い↓あつい

おもい【思い】 考え　思惑　物思い　気持ち　心　所懐　所思　所信　胸裏　心情　▽万感交々到る　百感

おもいあがる【思い上がる】 ⇩うぬぼれる

おもいおこす【思い起こす】 ⇩おもいだす

おもいおもい【思い思い】 ⇩それぞれ

おもいがけない【思い掛けない】 思いも寄らない　思いの外　図らずもゆくりなくも　時ならぬ豪雨　偶然　不測の災い　不慮の出来事

おもいきる【思い切る】 ⇩あきらめる

おもいこがれる【思い焦がれる】 ⇩あこがれる

おもいこむ【思い込む】 ①深く思い込む　思い-詰める・過ごす・余る・直す・返す　②あると思い込む↓しんじる

おもいだす【思い出す】 思い起こす　記憶を-呼び起こす・蘇《よみがえ》らせる　想起

喚起　回想　追想　追憶　追懐

おもいちがい【思い違い】⇩ごかい

おもいつき【思い付き】アイデア　発意　着意　考案　創案　創意工夫　着想　発想　着眼　妙案　名案　奇想天外　妙策　妙計　妙略　妙趣向

おもいつく【思い付く】考え付く　気付く　気が付く　思い-出す・浮かべる・当たる・合わせる

おもいで【思い出】追憶に耽る　追懐　追想　追思　追慕　回想録　回顧　懐旧　メモリー

おもいとどまる【思い止まる】⇩あきらめる

おもいのこし【思い残し】心残り　思い切れない　後ろ髪を引かれる　未練が残る　未練がましい

おもいのほか【思いの外】⇩あんがい

おもいもよらない【思いも寄らない】⇩あんがい

おもいやり【思い遣り】慈しみ　哀れみ　労《いたわ》り　情け深い　親心　温かみ　仁　同情　慈愛あふれる　憐情《れんじょう》　憐憫《れんびん》の情

おもう【思う】考える　問題だと思う　思考　思惟《しい》　▽【想う】再現　昔を想う　想起　回想　空想　▽【念う】忘れない　神を念《おも》う　勝利を念じる　▽【憶う】いつも　恋人を憶う　思恋　思慕　相思の間柄　▽【懐う】自然に　将来を懐う　懐旧の情　懐古　懐疑
敬語〔相手方が〕思《おぼ》し召す　お思いになる　ご高察　ご賢察／〔自分側が〕存じます　存じ上げる　お察し・拝察・推察-いたします

おもうぞんぶん【思う存分】⇩できるだけ

おもうまま【思うまま】⇩じゆう(自由)

おもえば【思えば】思うに　考えてみれば　考えるに　案じるに

おもおもしい【重々しい】⇩おごそか

おもかげ【面影】⇩ようす

おもくるしい【重苦しい】①胸苦しい　重圧を感じる毎日　抑え付けられる　②重苦しい空気↓おごそか

おもさ【重さ】重み　目方　ウエート　重量　体重　荷重

おもしろい【面白い】①対詰まらない　楽しい　興味深い　心が引かれる　②面白い顔↓おかしい　愉快　痛快

おもしろがる【面白がる】⇩たのしむ

おもしろみ【面白み】⇩おもむき

おもたい【重たい】⇩おもい(重い)

おもだった【重立った】⇩おも(主)

おもちゃ【玩具】弄《もてあそ》び物　遊び道具　玩具《がんぐ》　手慰み　手遊《てすさ》び　トイ　玩弄《がんろう》物

おもて ①【表】対裏　前　表側　外側　大手《おおて》　前面　正面　外面　外観　外部　▽戸外　屋外　外　場外　▽上側　上辺《うわべ》　上面《うわつら》　机の面　表面　地表　地面　海上　海面
②【面】細面《ほそおもて》の人↓かお

おもてがき【表書き】⇩あてな

おもてざた【表沙汰】①表沙汰になる↓しれる　②表沙汰にする↓さばき

おもてむき【表向き】⇩みかけ

おもな【主な】⇩おも(主)

おもに【重荷】①重荷を負う ↓にもつ ②重荷に感じる↓ふたん

おもに【主に】⇩おも(主)

おもねる【阿る】⇩へつらう

おもはゆい【面映い】⇩はずかしい

おもむき【趣】味のある文章　味わい　持ち味　佇《たたず》まい　物の哀れ　面白み　ムード　風趣　風致　風韻　気韻　興趣　情趣　情緒　余情　趣向　風情《ふぜい》　妙味　雅致　雅趣　佳趣　高趣　詩趣　詩興　俳味　禅味　野趣

おもむく【赴く】⇩いく

おもむろ【徐ろ】⇩おそい

おももち【面持ち】⇩かおつき

おもや【母屋・母家】⇩いえ

おもわく【思惑】⇩かんがえ

おもわず【思わず】⇩うっかり

おもわせぶり【思わせ振り】⇩かおつき

おもんじる【重んじる】対軽んじる　敬う　人命・名誉‐を貴《たっと》ぶ　貴《とうと》ぶ　大切にする　尊重　尊崇　重視　重要視

おもんぱかる【慮る】⇩かんがえる

おや【親】対子　父母《ちちはは》　二親《ふたおや》　親君　親御　両親　父母《ふぼ》　双親　養親　養父母　敬語〔相手方の〕ご父母様　ご両親様　ご両人様　お二方様　ご両所様　ご双親様／〔自分側の〕父母　両親　双親　老父母　老人達《たち》

●亡き両親　敬語〔相手方の〕故ご両親様　亡きご父母様　亡きご両親様　ご先父母様／〔自分側の〕亡父母　亡き父母　亡両親　亡き両親　先父母

おやおもい【親思い】⇩ちゅうこう

おやかた【親方】対子分　親分　親玉　頭《かしら》　旗頭　ボス　マスター　顔役　ヘッド　キャプテン　番長　首領　首長　頭目　大工の棟梁《とうりょう》　長老　巨頭　領袖《りょうしゅう》　▽仲間の姐御《あねご》　料理屋の女将《おかみ》　マダム　ママ

おやこ【親子】父子　母子家庭　妻子ある身　親兄弟

おやごころ【親心】⇩おもいやり

おやつ【お八つ】⇩かんしょく(間食)

おやゆび【親指】⇩ゆび

およぐ【泳ぐ】水浴び　海水浴　水泳　遊泳　水練　競泳　遠泳　▽平泳ぎ　背泳ぎ　背泳《はいえい》　ブレスト　バック　ストローク　クロール　バタフライ

およそ【凡そ】大凡《おおよそ》　大方　概《おおむ》ね　ざっと　かれこれ　軈《やが》て二年になる　略々《ほぼ》　約　大約　大体　五つばかり　…程《ほど》　…位《ぐらい》　…程度　…内外　…前後　内輪に見て　概算　概計

およばない【及ばない】⇩おとる

および【及び】並びに　それから　又　且つ　…と～　…や～　…とか～

およびごし【及び腰】⇩あいまい

およぶ【及ぶ】届く　事ここ・今‐に至る　達する　追い付く　行き‐届く・渡る　波及　漸及　普及

おり【折】⇩とき

おり【檻】⇩かこい

おりあい【折り合い】⇩なかなおり

お

おりあう【折り合う】 ⇩ゆずりあう
おりあしく【折悪しく】 ⇩あいにく
おりいって【折入って】 心から 取り分け 就中《なかんずく》 別して 何としても 特に 特別に 是非 是非とも
おりおり【折々】 ⇩ときどき
おりかえし【折り返し】 ⇩すぐ
おりから【折柄】 ⇩たまたま
おりづめ【折り詰め】 ⇩べんとう
おりふし【折節】 ⇩ときどき
おりもの【織物】 反物 生地 切れ 布 呉服 ▽絹・綿・毛-織物 綿布 木綿《もめん》 紬《つむぎ》 絣《かすり》 絹 絹布 人絹 羽二重 銘仙 繻子《しゅす》 更紗《さらさ》 錦《にしき》 お召し シルク ウール サージ カシミヤ メリヤス ネル ラシャ レース
おりよく【折良く】 ⇩たまたま
おりる ①【降りる】他の場所へ 電車を・霜が-降りる 飛び降りる 乗り捨てる 降り立つ 下車 下船 下馬 降霜 ②【下りる】下へ 坂を・幕が-下りる 下る 下がる 飛行機が下降する 急降下 滑降
おる ①【折る】まげる 紙・枝-を折る 手折る 広告を折り込む 折り-返す・畳む 二つ折り ②【織る】組み合わせる 布を織る 趣旨を織り込む 織り-成す・出す 紡織
おれ【俺】 ⇩わたし
おれあう【折れ合う】 ⇩ゆずりあう
おれい【御礼】 礼 謝礼 返礼 報酬 報礼 厚礼 ▽お礼金 謝礼金 礼金 謝金 礼物 謝物 敬語（自分側からの） 薄謝 薄志 寸志
おれる【折れる】 ⇩まがる
おろおろ ⇩おそれる（恐れる）
おろか【愚か】 対賢い 浅はか 世間知らず 非常識 無分別 不才 不肖 不敏 不明 愚鈍 愚昧《ぐまい》 愚拙 暗愚 不拙 暗拙 鈍才 痴鈍 無知 無学 文盲《もんもう》 蒙昧《もうまい》
おろし【卸】 ⇩あきない
おろす ①【降ろす】他の場所へ 電車から・ロープで-降ろす 陸に揚げる ②【下ろす】下へ 枝・貯金-を下ろす 枝を-切る・切り落とす 値段を下げる ③【卸す】①品物 小売りに・積み荷を-卸す 納める 卸売 ②料理 魚を三枚に・大根を-卸す
おろそか【疎か】 ⇩いいかげん
おわい【汚穢】 ⇩よごれ
おわり【終わり】 対始め 終《しま》い お終い 殿《しんがり》 結び 上がり けり 果て 挙句・成れ-の果て とどの詰まり どん詰まり 幕切れ お開き 大詰め ラスト 終末 終尾 終結 終局 末尾 結末 完尾 大尾 全尾 最後 最終 究極 一段落 大団円 千秋楽 ▽末《まつ》 末期 末年 末葉
おわる【終わる】 対始まる 終える 止《や》む 済む 果てる 仕事・店-を仕舞う 結ぶ 済ませる 打ち-切る・上げる 切り上げる お開きにする 終止符

を打つ　仕事・会期を終了する　終止　終結　終息　完了　完結　満期　任期満了

おん【音】⇩おと

おん【御】⇩お(御)

おん【恩】　先生のお蔭《かげ》で　恩義　恩顧　恩恵　恩沢　恩典　恩徳　恩寵《おんちょう》　眷顧《けんこ》　高恩　芳恩　大恩　師恩　主恩　皇恩

おんがえし【恩返し】　恩に報いる　義理立て　報恩　謝恩会　酬恩　報謝

おんがく【音楽】　楽《がく》　曲《きょく》　囃《はやし》　楽曲　歌舞音曲　伴奏　奏楽　▽器楽　弦楽　管楽　管弦楽　吹奏楽　邦楽　洋楽　軽音楽　ジャズ　ミュージック　オーケストラ　▽楽隊　楽団　バンド　▽コンサート　コンセール　コンツェルト　音楽会　演奏会

おんぎ【恩義・恩誼】⇩おん(恩)

おんけい【恩恵】⇩おかげ

おんじょう【恩情】⇩なさけ

おんしらず【恩知らず】　恩盗人《ぬすびと》　忘恩の徒　犬畜生《いぬちくしょう》　人非人

おんしん【音信】⇩たより(便り)

おんせい【音声】⇩はつおん

おんせん【温泉】　冷泉　浴泉　鉱泉　間欠泉　沸泉　出で湯　秘湯　走り湯　山の湯　湯元

おんだん【温暖】⇩あたたかい(暖かい)

おんちゅう【御中】⇩さま

おんてん【恩典】⇩おん(恩)

おんど【温度】　寒暖　熱度　常温　平温　高温　低温　▽日中の暑さ　空気の熱さ　気温　水温　体温

おんな【女】　対男　女子《おなご》　手弱女《たおやめ》　ガールハント　ウーマン　レディー　女人《にょにん》　女子《じょし》　女性　婦女　妙齢の婦人　淑女　貴婦人　▽女流棋士　閨秀《けいしゅう》作家　女史　女傑　刀自《とじ》　才女　貞女　妖婦《ようふ》

おんなずき【女好き】⇩こうしょく

おんなのこ【女の子】⇩こども

おんならしい【女らしい】　淑《しと》やか　嫋《たお》やか　女性的

おんびん【穏便】⇩おだやか

おんわ【温和】⇩おだやか

か

が【我】　我を張る　意地　自我　我執が強い　我意を通す　我欲

が【賀】⇩おい(老い)

かあさん【母さん】⇩はは

カーテン⇩まく(幕)

カーブ⇩まがる

かい【会】⇩あつまり

かい【甲斐】⇩ききめ

がい【害】　対利　害毒を流す　害悪　弊害を伴う　危害を加える　損害　厄害　惨害　大害　▽災害　風害　水害　冷害　干害　虫害

がいあく【害悪】⇩がい

かいい【怪異】⇩ふしぎ

かいがい【海外】⇩がいこく

かいがいしい【甲斐甲斐しい】⇩けなげ

かいかく【改革】⇩あらためる

かいかつ【快活・快濶】陽気な少女 活発 活気に満ちる 溌剌《はつらつ》 朗らか 明るい きびきびしている
かいかぶる【買い被る】⇩おおげさ
かいがん【海岸】⇩きし
がいかん【外観】⇩みかけ
かいき【回忌】⇩とむらう
かいぎ【会議】会談 会合 談合 合議 評議 審議 協議 衆議 商議 評定 密議 謀議 鳩首《きゅうしゅ》凝議 審議 会に諮る ▽打合会《うちあわせかい》 協議会 審議会 商議会 評議会 重役会 教授会 院議 省議 閣議 ▽学士院 芸術院 アカデミー
かいぎゃく【諧謔】⇩ユーモア
かいきゅう【階級】⇩とうきゅう
かいきゅう【懐旧】懐旧の念 ↓なつかしむ
かいきょう【海峡】海門 水門 水道 水路 狭水路 瀬戸《せと》
かいきょう【懐郷】⇩ホームシック
かいぎょう【開業】対廃業 営業開始 開店 開設 始業 創始 創革 創業 開校 開庁 開山 開帳 店開き オープン
がいきょう【概況】大勢が決する 大略を述べる 大要 概略 概観 概容 大体 ▽全容 全貌《ぜんぼう》 全体
かいけい【会計】経理 出納《すいとう》 収支 ▽家計 生計
がいけい【外形】⇩かたち
かいけつ【解決】決着が付く 落着 終結 始末 ▽整理 処理
かいけん【会見】⇩あう(会う)
がいけん【外見】⇩みかけ
かいこ【回顧】⇩かえりみる(顧みる)
かいこ【解雇】⇩くびきる
かいこ【懐古】⇩なつかしむ
かいご【介護】⇩かんご
かいこう【邂逅】⇩めぐりあい
かいごう【会合】⇩あつまり
がいこう【外交】⇩つきあい
がいこく【外国】異国 異邦人 異郷 他国 他邦 海外 国外 外地 外《と》つ国 異国《ことくに》 ▽隣国 隣邦
がいこくご【外国語】⇩ことば(言葉)
がいこくじん【外国人】⇩がいじん
かいこん【開墾】⇩ひらく
かいこん【悔恨】⇩ざんねん
かいさい【快哉】⇩こころよい
かいさい【開催】⇩もよおす
かいざん【改竄】変造 変改 書き‐変える・加える 改める
かいざん【開山】⇩かいぎょう
かいし【開始】⇩はじめる
がいして【概して】⇩だいたい
かいしゃ【会社】企業 営利会社 株式会社 合資会社 合名会社 商事会社 商社 貿易会社 公社 公団 ▽本社 本店 支社 支店 分店 営業所 出張所
かいしゃく【解釈】解説 解義 解明 説明 釈義 講釈 ▽詳説 精説 詳解 精解 詳論 内容詳述 細説 ▽略説 略解 ▽語釈 字解 訓解
がいしゅつ【外出】⇩でかける

がいしゅつぎ【外出着】⇩はれぎ

かいしょう【解消】⇩とりけす

かいしょう【甲斐性】⇩げんき

かいじょう【会場】会所　式場　議場　貸席《かしせき》　催し物

かいじょう【海上】水上　洋上　外洋　海面　水面　波上　波頭　潮路《しおじ》　▽水中　海中

かいしょく【解職】⇩くびきる

かいしん【改心】改悟　改悛《かいしゅん》の情　後悔　心を改める　悔い改める

がいじん【外人】対邦人　外国人　異人　異邦人　異国人　フォリナー　エトランジェ　▽西洋人　欧米人　紅毛人　東洋人　南蛮《なんばん》人　▽土人　土民　土着民　原住民　蕃人《ばんじん》　蕃族

かいする【介する】⇩なかだち

かいする【会する】⇩あつまる

かいする【解する】⇩わかる

がいする【害する】⇩そこなう

かいせい【回生】⇩いきかえる

かいせい【改正】⇩あらためる

かいせつ【開設】⇩せつりつ

かいせつ【解説】⇩せつめい

かいぜん【改善】⇩あらためる

がいぜんせい【蓋然性】⇩かくりつ

かいそ【改組】改革　組織・機構-改革　組織・編制-替え　組み替え　発展的解消　新規蒔《ま》き直し

かいそ【開祖】⇩せんぞ

かいそう【回想】⇩かえりみる(顧みる)

かいそう【会葬】⇩そうしき

かいそう【階層】⇩とうきゅう

かいぞう【改造】改修　修理　修繕　改良　改善　改築　修築　再建

かいたい【懐胎】⇩にんしん

かいたく【開拓】⇩ひらく

かいたくしゃ【開拓者】⇩さきがけ

かいだん【会談】⇩かいぎ

かいだん【怪談】⇩はなし(話)

かいだん【階段】段　段々　踏み段　石段　きざはし　階梯《かいてい》　ステップ　船のタラップ

かいだんし【快男子】⇩おとこ

がいち【外地】⇩がいこく

かいちく【改築】⇩かいぞう

かいちゅうもの【懐中物】⇩もちもの

かいちょう【快調】⇩じゅんちょう

かいちょう【開帳】⇩かいぎょう

かいて【買い手】対売り手　買い主　買方《かいかた》　買い側　購入者　購求者　買得者　バイヤー　▽お得意様　お客様　顧客　贔屓《ひいき》

かいてき【快適】⇩こころよい

かいてん【開店】⇩かいぎょう

ガイド⇩みちびく

かいとう ①【解答】問題の解答　答え　アンサー
②【回答】照会の回答↓こたえる

がいとう【該当】⇩あたる(当たる)

がいとう【外套】オーバー　コート　マント　ケープ　▽合羽《かっぱ》　雨合羽　雨外套　蓑《みの》　レインコート　ダスターコート

がいとう【街灯】⇩あかり

かいどき【買い時】⇩チャンス

かいなん【海難】⇩すいなん

かいにん【懐妊】⇩にんしん

かいぬし【買い主】⇩かいて

かいぬし【飼い主】⇩もちぬし

かいはつ【開発】⇩ひらく

かいひ【回避】⇩さける(避ける)

かいふく ①【回復・恢復】元へ 国力が回復する 復興 再興 復旧 克復 復元 復古 復活 挽回《ばんかい》 旧に復する 昔の姿が甦《よみがえ》る 取り-返す・戻す

②【快復】病気が快復する↓なおる

かいぶつ【怪物】⇩ばけもの

がいぶん【外聞】⇩うわさ

かいほう【介抱】⇩かんご

かいほう ①【解放】奴隷を解放する↓ゆるす

②【開放】門戸・校庭-を開放する 開け放つ 開け広げる 開けっぴろげ 出入自由 オープン

かいまみる【垣間見る】⇩うかがう(窺う)

かいみょう【戒名】⇩なまえ

かいむ【皆無】⇩ない(無い)

かいもく【皆目】⇩すこしも

かいもの【買い物】⇩かう(買う)

かいやく【解約】破約 違約 背約 解消 約束破棄 破談 取り消し キャンセル

がいゆう【外遊】⇩りょこう

がいよう【概要】⇩だいたい

かいらい【傀儡】⇩にんぎょう

かいらく【快楽】逸楽 悦楽 享楽 歓楽 楽しみ

がいりゃく【概略】⇩だいたい

かいりゅう【海流】潮流 暖流 寒流 湾流 潮《しお》 海・湖-の流れ 渦潮《うずしお》 ▽黒潮 親潮

かいりょう【改良】⇩あらためる

かいろ【海路】⇩ふなたび

がいろん【概論】対各論 総論 通論 汎論《はんろん》 概説 総説 ▽序論 緒論 序説 プロローグ

かいわ【会話】⇩はなしあい

かいわい【界隈】⇩あたり

かう【支う】⇩ささえる

かう【買う】対売る 求める 買い求める 書を購《あがな》う 仕入れる 引き取る 買い-付ける・出す・取る・込む・入れる・上げる・受ける・調える 買い物をする 手に入れる 購買 購入 購求 入手 ▽買い-切る・占める 買い戻す ▽入札 落札 敬語〔相手方が〕お求めになる お買い-上げ・求め・取り ご購求 ご購入／〔自分側が〕買い-入れる・受ける・込む・求める

かう【飼う】養う 飼育係 家畜の飼養 畜養 ▽養鶏 養豚 養蚕 養殖 養魚 養鱒《ようそん》 養鰻《ようまん》

カウンセラー ⇩そうだん

かえす ①【返す】対借りる 図書・借金-を返す 突っ返す 戻す 払い戻す 借金を済《な》す 済ませる 返却 返還 返済 返金 返上 返納 返付 返戻 還付 償還 弁済 還償 皆済 完済

②【帰す】子供を・家へ－帰す 戻す 行かせる 帰宅 帰国
③【反す】茶碗《ちゃわん》・花瓶－を反す ↓くつがえす
④【孵す】たまごを 雛《ひな》を孵す 孵卵《ふらん》器

かえすがえす【返す返す】⇩とても

かえだま【替え玉】⇩かわり

かえって【却って】寧《むし》ろ 更に いっそ いっそのこと 逆に 反対に あべこべに 打って変わって

かえり【帰り】対行き 帰り・戻り－道 帰り－しな・掛け 帰路 復路 帰途 帰航

かえりみち【帰り道・帰り途】⇩かえり

かえりみる ①【省みる】よく考える 自らを・心に－省みる 振り返る 反省 自省 内省 日に三省する 熟省 猛省
②【顧みる】振り返る 後ろ・昔－を顧みる 振り－向く・返る 見向く 回顧 回想 追想 懐旧 追懐 追憶に耽る 顧慮

かえる ①【帰る】対行く 家に・列車で－帰る 戻る 立ち戻る 家路《いえじ》に就く 帰還 生還 帰宅 帰邸 帰館 帰着 帰国 帰朝 帰京 里帰り
②【返る】元へ 金が・正気に－返る 戻る 帰する
③【反る】茶碗・花瓶－が反る ↓くつがえる
④【孵る】たまごが 雛《ひな》が孵る 孵化《ふか》

かえる ①【変える】状態 形・予定－を変える 改める 方向を転じる 変更 改変 変革 改革 変換 転換 更改
②【換える】ひきかえる 物を金に換える 取り・切り・乗り・書き・言い－換える 交換 転換
③【替える】別の物事に 商売・水－を替える 入れ・差し・振り・付け・詰め・組み・着－替える 交替
④【代える】他のもので 書面をもって挨拶《あいさつ》に代える 代用 代替

かお【顔】面《つら・おもて・おもん・め》 真顔 素顔 地顔 横顔 横面 フェース 顔面 満面 ▽頬《ほお》 ほっぺた 頬桁《ほおげた》 笑《え》窪《くぼ》 額 おでこ ▽細面《ほそおもて》 丸顔
敬語〔相手方の〕ご尊顔 ご芳顔 ご尊容 ご温顔 ご慈顔 ご温容

かおいろ【顔色】顔色《がんしょく》 面容 血色が悪い 血相を変える ▽赤ら顔 赤面の至り 赧面《たんめん》 赧顔 ▽顔色を伺う ↓きげん

かおかたち【顔形】顔立ち 見目 目鼻－立ち・付き 器量 容貌《ようぼう》 風貌 容色 容姿 風姿 面相 面貌 眉《び》宇《う》に浮かべる 眉目 フェース マスク ▽丸顔 瓜実《うりざね》顔 細面 ▽美貌 眉目《びもく》秀麗 器量良し

かおだち【顔立ち】⇩かおかたち

かおつき【顔付き】面《お》持ち 目付き 眼《まな》差《ざ》し 面《つら》構《がま》え 思わせ振り 素面《しらふ》で言う 表情 面容 顔容 容相 相好《そうごう》を崩す 形相《ぎょうそう》を変える

人相　剣幕　▽泣き顔　泣き面に蜂　笑い顔　笑《え》顔《がお》

かおぶれ【顔触れ】連れ　仲間　メンバー　スタッフ　参加者　同行者　同伴者

かおまけ【顔負け】⇩はずかしい

かおみしり【顔見知り】⇩しりあい

かおやく【顔役】⇩おやかた

かおり ①【香り】花の香り↓におい ②【薫り】風の薫り↓かんしょく

がか【画家】⇩えかき

がかい【瓦解】⇩くずれる

かかえる【抱える】抱《だ》く　子を抱《だ》く母　抱き抱える　抱き-締める・合う　引っ抱える　相擁して泣く　抱擁　抱腹絶倒

かかく【価格】⇩ねだん

かがく ①【科学】サイエンス　自然・人文-科学　科学する心　科学的考察 ②【化学】ケミストリー　物理と化学　化学-作用・反応・薬品・工業

かがくてき【科学的】学問的　学術的　理論的　論理的　体系的　系統的　客観的　サイエンティフィック

かかげる【掲げる】①示す　差し示す　張り出す　掲示　掲挙　掲載　公表　▽上掲のように　前掲 ②高く揚げる　国旗を掲揚する

かかと【踵】⇩あし(足)

かがみ ①【鏡】光を利用　ガラスの鏡　姿見　鏡台　三面鏡　凸面鏡　凹面鏡　反射鏡　バックミラー ②【鑑】武士・孝子-の鑑↓てほん

かがむ【屈む】屈まる　腰を屈める　屈《くっ》する　踞《しゃが》む　跪《ひざまず》く　蹲《うずくま》る　屈曲　屈身　平伏　屈折　曲折　枉屈《おうくつ》　蹲踞《そんきょ》　鞠躬如《きっきゅうじょ》として(腰を屈める)

かがやかしい【輝かしい】煌《きらび》やか　光が眩《まぶ》しい　煌々《きらきら》しい　眩《まばゆ》い　明々《あかあか》　きらきら　ぴかぴか　てかてか　燦爛《さんらん》　桜花爛漫　絢爛《けんらん》　繚乱《りょうらん》　光彩陸離　爛々　燦々　燦然　煌々《こうこう》　照々　炯々《けいけい》　赫々《かっかく》

かがやく【輝く】⇩ひかる

かかり ①【係】仕事の分担　進行・受付・調査-係　係員　係官　役　分担者　担当者　受け持ち　▽当番　週番 ②【掛】その仕事だけ　出札・発送・浄書-掛 ③【掛かり】掛かりが大きい↓ひよう

かかりあい【係り合い】⇩かんけい

かかる ①【掛かる】一般的　迷惑が・仕事に・医者に・三万円-掛かる　引っ掛かる　経費　費用 ②【懸かる】ぶらさがる　月が中天・責任が双肩・成績が気-に懸かる　下がる　懸垂 ③【架かる】またがる　電線・橋-が架かる　架線　架橋 ④【係る】係り合う↓かんけい ⑤【罹る】不幸　病気・災難-に罹る　患う　罹病《りびょう》　罹疾　発病　罹災　罹厄　罹難

かかわらず【拘らず】⇩それでも

かか‌わる【係わる・関わる】⇩かんけい
かかん【果敢】⇩いさましい
かき【垣】⇩かこい
かぎ ①【鍵】 錠《じょう》 閂《かんぬき》 掛け金 錠前 キー ロック ▽合い鍵を作る ②【鉤】くぎ 鉤に掛ける 曲がり釘《くぎ》 外套《がいとう》掛け
かきあげる【書き上げる】⇩かく(書く)
かきあやまり【書き誤り】 書き‐違い・損ない・損じ・漏らし・残し 誤記 誤字 誤写 書損
かきおき【書き置き】 置き文《ぶみ》 置き手紙 遺書 遺簡 遺文 遺言《ゆいごん》 遺言状 ▽書き納め 絶筆
かきかえる【書き換える】⇩かきなおす
かきかた【書き方】 手習い 習字 書道 書 ▽運筆 書法 筆法 ▽書式 書例 文例 雛形《ひながた》 ▽縦書き 横書き 左横書き
かきこむ【書き込む】 書き‐入れる・添える・足す・加える 記入 記載 加筆 補筆 追記 補記 付記 追書 添書 追録 ▽注する 注記 頭注 脚注 割り注
かきだし【書き出し】 書き‐始め・起こし 文頭 前文
かきだす【書き出す】⇩かきとめる
かきつけ【書き付け】⇩しょるい
かきつける【書き付ける】⇩かきとめる
かきて【書き手】 作者 作家 筆者 著者 編者 記者 論者 選者 著作‐者・家 著述‐者・家 物書き ライター ▽訳者 翻訳‐者・家
かきとめる【書き留める】 書き‐付ける・出す・取る・記す・抜く 控える 肝に銘じる 記入 記録 記載事項 収録 採録 ▽記帳 帳付け
かきとる【書き取る】⇩かきとめる
かきなおす【書き直す】 書き‐改める・換える 書き写す 写し替える 清書 浄書 清写 浄写 清書き
かきぬき【書き抜き】 抜き‐書き・写し 抜粋 摘要 抄記 抄録 摘記 摘録 摘載 撮要 要録
かきね【垣根】⇩かこい
かきまぜる【掻き混ぜる】⇩まぜる(混ぜる)
かきまわす【掻き回す】⇩まぜる(混ぜる)
かきゅう【下級】 対 上級 下 下位 下段 低位 低段 下層 下流
かきゅう【火急】⇩せまる
かきょう【家郷】⇩ふるさと
かぎょう ①【家業】 家業を継ぐ ↓しょくぎょう ②【稼業】⇩しごと
かぎり【限り】 極み 極まり 天地の果て 限界 限度 際限 辺際 際涯 ▽北限 南限
かぎりない【限りない】 果てしない 窮まりない 際限がない 無限 無窮 無辺 感慨無量 無数 莫大《ばくだい》 無際限 無尽蔵
かぎる【限る】 区切る 仕切る 分かつ 分ける 画する 区画 ▽制限 限定 極限

かきん【瑕瑾】⇩きず(疵)
かく【各】⇩それぞれ
かく【角】⇩かくど
かく【核】⇩しん(芯)
かく【欠く】⇩ふそく
かく ①【書く】 対読む　記《しる》す　思い出を綴《つづ》る　手紙を認《したた》める　手帳に控える　記《き》する　書する　筆を執る　書き-出す・流す・上げる・散らす・捨てる　起筆　一筆　書記　執筆　筆写　起草　起稿　起案　特筆　大書　▽脱稿　擱筆《かくひつ》　筆を擱《お》く　▽潤筆料　染筆　揮筆　揮毫《きごう》を求める
かく ②【描く】絵を描く↓えがく
かく【掻く】引っ掻く　掻き捩《むし》る　掻き・捩り-取る　掻過《そうか》　掻爬《そうは》　掻了　▽擽《くすぐ》る
かく【斯く】⇩こう(斯う)
かぐ【家具】調度　什器《じゅうき》　家什　什具　什物　家財　ファニチャー
かぐ【嗅ぐ】嗅ぎ-出す・付ける・分ける　くんくん　ふんふん　鼻で見分ける　▽臭覚《しゅうかく》　嗅覚《きゅうかく》
がく【学】⇩がくもん
がく【額】①絵画を入れる額↓わく　②合計の額↓ねだん
かくい【各位】⇩さま
がくい【学位】⇩かたがき
かくいつ【画一】⇩いちよう
かくう【架空】空想　想像　夢想　でたらめ　嘘《そう》▽仮構　仮設　フィクション　作り話　空言《そらごと》　絵空事
かくかくの【斯く斯くの】⇩この
かくげん【格言】⇩ことわざ
かくご【覚悟】①覚悟はいいか　心構え　心組み　心得　②覚悟を決める↓けっしん
かくさ【格差】⇩さ
かくさく【画策】⇩くわだてる
かくさげ【格下げ】⇩さげる(下げる)
かくじ【各自】⇩それぞれ
かくしきばる【格式張る】⇩けいしきばる
かくしごと【隠し事】⇩ひみつ
かくじつ【確実】⇩たしか(確か)
かくじつせい【確実性】⇩かくりつ
がくしゃ【学者】学徒　学究の徒　科学者　研究者　碩学《せきがく》　宿学　有識者　大家　権威　博士　▽儒者　儒家　儒士　大儒　漢学者
かくしゃく【矍鑠】⇩げんき
がくしゅう【学習】⇩まなぶ
かくしょ【各所】⇩いたるところ
かくしん【核心】⇩まんなか
かくしん【確信】⇩しんじる
かくじん【各人】⇩それぞれ
かくしんは【革新派】⇩さよく
かくす【隠す】秘める　秘する　跡を晦《くら》ます　取り・包み-隠す　揉《も》み消す　隠匿　蔵匿　退蔵　包蔵　伏蔵　掩蔵《えんぞう》　蔵埋　事実を隠蔽《いんぺい》する　▽【匿す】匿《かくま》う
がくせい【学生】学徒　生徒　児童　学童　園児　▽書生　門生　窮措大　▽大学生　高校生　中学生　小学生　女学生　新入生　在学生　在校生

がくせつ【学説】説　論　理論　学理　所説　通説　定説　新説　正論　論説　▽俗説　異説　空理　机上の空論　机上論　曲論　邪説　異論　暴論　愚論　敬語〔相手方の〕ご高説　ご高論　ご卓説　ご卓論／〔自分側の〕愚説　愚論　管見　自説　自論

かくだい【拡大】⇩ひろげる

かくだん【格段】⇩けたちがい

かくちょう【拡張】⇩ひろげる

かくづけ【格付け】⇩じゅんじょ

かくど【角度】角　内角　外角　錯角　頂角　仰角　俯角《ふかく》　伏角　▽鋭角　直角　鈍角

かくとう【格闘・挌闘】⇩くみうち

かくとく【獲得】⇩える（得る）

かくにん【確認】⇩みとめる

かくばる【角張る】⇩とがる

かくべつ【格別】⇩とくべつ

かくほ【確保】⇩たもつ

かくまう【匿う】⇩かくす

かくめい【革命】変革　改変　改革　革新　一新　維新　▽倒閣　反逆　大逆　謀反《むほん》

がくもん【学問】学　学術　学芸　学業　学事　学究　学識　学徳　▽耳学問　雑学

かくやく【確約】⇩やくする

がくゆう【学友】⇩ともだち

かぐら【神楽】⇩しばい

かくり【隔離】⇩はなす（離す）

かくりつ【確率】〔公算が大きい〕確実性　蓋然《がいぜん》性　可能性　確からしさ　歩止まり

かくりょう【閣僚】⇩だいじん

かくれる【隠れる】中に潜む　籠《こも》る　失《う》せる　逃げ-込む・隠れる　落ち失《う》せる　潜る　潜伏　潜在　伏在　伏匿　隠没　逃亡　逐電《ちくでん》

かぐわしい⇩こうばしい

かくん【家訓】⇩しきたり

かけ【賭け】賭け事　賭博《とばく》　博奕《ばくち》　博戯　丁半　一六勝負

かげ①【影】かたち　影が映る　月の影（形）　影法師　人影　月影　星影　火影　陰影　暗影　投影　シルエット
②【陰】うらがわ　陰に隠れる　山の陰　日陰で休む　木陰《こかげ》　物陰　山陰　▽樹陰　緑陰　茂陰　翠陰《すいいん》
③【蔭】先生のお蔭で↓おん

がけ【崖】岨《そば》　絶壁　断崖《だんがい》　懸崖　石壁　岩壁　▽逆落とし

かけあい【掛け合い】駆け引き　抗議　交渉　折衝　団交　談合　談判　対決　強談　強《こわ》談判

かけあし【駆け足】⇩はしる

かけい【佳景】⇩けしき（景色）

かけい【家計】⇩くらし

かけい【家系】⇩ちすじ

かけおち【駆け落ち】⇩いえで

かげき【過激】⇩はげしい

かげき【歌劇】⇩しばい

かげきは【過激派】⇩さよく

かげぐち【陰口】⇩わるくち

かけごえ【掛け声】呼び声　鬨《とき》の声　勝ち鬨　喚声　吶喊《とっかん》　凱歌《がいか》

か

かけごと【賭け事】⇩ばくち
かけじく【掛軸】⇩かざり
かけだし【駆け出し】⇩みじゅく
かけつける【駆け付ける】⇩いそぐ
かげながら【陰ながら】⇩ひいき
かけはし【懸け橋】⇩はし(橋)
かけはなれる【懸け離れる】⇩ちがう
かけひき【駆け引き】⇩かけあい
かけまわる【駆け回る】⇩いそがしい
かげむしゃ【影武者】影の人　腰押し　黒幕　策士　策略家　傀儡師《かいらいし》
かけら【欠片】切れ　片《へん》　切れ端　片端　細《こま》切れ　端くれ　破片　断片　欠片《けっぺん》　砕片　残片　一片　片鱗《へんりん》
かける ①【掛ける】一般的　壁に・迷惑を・三万円–掛ける　引っ掛ける　経費　▽掛け算　二に三を掛ける　乗じる
②【懸ける】ぶらさげる　気に・賞金を–懸ける　下げる　懸案　懸賞
③【架ける】またがる　電線・橋–を架ける　橋を渡す　架設　架線　架橋
④【賭ける】金品を賭ける　賭けをする　張る　賭《と》する
⑤【課ける】割り当てる　税金・義務–を課ける　課する　課税
かける【欠ける】欠如　欠漏　欠去　不足　▽欠員
かける ①【駆ける・駈ける】子供・馬–が駆ける↓はしる
②【翔ける】大空を翔ける↓とぶ
かげる【陰る・翳る】⇩くもる
かげろう【陽炎】かげろいが立つ　糸遊《いとゆう・ゆうし》　晴糸《せいし》　野馬《やば》
かげん【加減】⇩ぐあい
かこ【過去】⇩むかし
かご【加護】⇩まもる
かご【訛語】⇩ことば(言葉)
かご【籠】笊《ざる》　竹籠　蛇籠　手籠　買い物籠　屑《くず》籠　屑入れ　花籠　花筐《はながたみ》　▽虫籠　鳥籠
かこい【囲い】柵《さく》　垣　垣根　塀　檻《おり》　囲障　重囲　牆壁《しょうへき》　▽土塀　石塀　板塀　坂塀　生け垣　竹垣　石垣　玉垣　姫垣　ブロック塀
かごう【化合】化学変化を起こす　▽酸化　塩化　炭化　硫化　中和　漂白　腐食　還元
がごう【雅号】⇩なまえ
かこく【苛酷】⇩きびしい
かこつ【託つ・喞つ】⇩ぼやく
かこつける【託ける】⇩こじつける
かこむ【囲む】囲う　鉄条網を巡らす　盗人を搦《から》める　盆地を巡る山々　取り–巻く・囲む　包囲　囲繞《いにょう》
かごん【過言】⇩いいすぎ
かさ ①【傘】さしがさ　雨傘　唐傘　番傘　蛇の目傘　蝙蝠《こうもり》傘　日傘　パラソル
②【笠】かぶりがさ　編み笠　菅《すげ》笠　電灯の笠
かさ【嵩】大きさ　量　分量　容積　体積　容量
かさい【火災】⇩かじ(火事)
かさい【家裁】⇩さいばんしょ

かざい【家財】⇩かぐ(家具)
かざす【翳す】⇩あげる(挙げる)
がさつ ⇩なおざり
かさなる【重なる】 積み・折り-重なる 重積 重畳《ちょうじょう》 累積 積層 ▽重複 重出 ダブる
かさねがさね【重ね重ね】 ①重ね重ね宜《よろ》しく 重ねて 呉々《くれぐれ》も 何とぞ 幾重にも 重々《じゅうじゅう》 ②重ね重ねのご親切 ↓たびたび
かさねて【重ねて】⇩ふたたび
かさねる【重ねる】 積み・折り-重ねる 上に-置く・積む・着る ▽【累ねる】 失敗を累ねる ↓くりかえす
かさばる【嵩張る】⇩かさむ
かさむ【嵩む】 嵩張る 嵩高になる 場所を塞《ふさ》ぐ 邪魔になる
かざり【飾り】 飾り付け 装い 装飾 潤色 デコレーション ▽松飾り 注連《しめ》飾り 注連縄 門松 ▽床飾り 置物 掛け物 掛軸《かけじく》 幅《ふく》
かざりけがない【飾り気がない】 ⇩じみ

かざりつける【飾り付ける】⇩よそおう
かざる【飾る】 装う 形作る 飾り-付ける・立てる 着飾る 洒落《しゃれ》る 装飾 粉飾を施す 修飾 文飾 潤色 盛飾 デコレーション
かさん【家産】⇩ざいさん
かし【下賜】⇩あたえる
かし【菓子】 点心 茶菓子 茶請け 生菓子 干菓子 餅《もち》菓子 和菓子 洋菓子 洋生《ようなま》菓子 駄菓子 ケーキ 羊羹《ようかん》 ▽銘菓
かし【瑕疵】⇩きず(疵)
かし【河岸】⇩きし
かし【貸し】⇩かしかり
かじ【火事】 火災 火難 猛火 烈火 発火 出火 火の手が上がる ▽延焼 全焼 丸焼け 半焼 類焼 貰《もら》い火 近火お見舞い 大火 猛火に包まれる 業火《ごうか》 小火《ぼや》 失火 怪火 不審火 ▽山火事 船火事
かじ【家事】 家務 家政 雑用 雑務 雑事 主婦の仕事 水仕事 炊事 洗濯 裁縫 ▽家庭・家事-経済

かじかむ【悴む】⇩こごえる
かしかり【貸し借り】 貸借 融通 ▽貸し 貸し-付け・出し 賃貸し 又貸し 貸出 貸与 ▽借り 借り入れ 賃借り 又借り 借入 借用 拝借 前借 借金 借銭 借財 負債
かしぐ【傾ぐ】⇩かたむく
かしぐ【炊ぐ】⇩たく(炊く)
かしこい ①【賢い】 対愚か 賢い子 数に聡《さと》い 利口 怜悧《れいり》 利発 才発 賢明 英明 聡明《そうめい》 英敏 明敏 明哲 明晰《めいせき》 明達 明賢 慧眼《けいがん》 具眼の士 博学多識 博識 該博 博覧強記 知的 主知的 理知的 ▽秀才 英才 奇才 鬼才 天才 至賢
②【畏い】 申すも畏い ↓おそれおおくも
かしこまりました【畏まりました】⇩うけいれる

かしこまる【畏まる】⇩つつしむ
かしつ【過失】⇩あやまち
かじつ【過日】⇩このあいだ
かじつ【果実】⇩み(実)
かして【貸し手】㊉借り手 貸し主 貸し方 貸し元 金貸し 高利貸し 貸出人 債権者 金融業
かしましい【姦しい】⇩うるさい
かしや【貸家】空家《あきや》を探す ▽貸間 空間《あきま》 間貸し アパート 下宿屋 ▽社宅 官舎 公舎 官邸 公邸
かしゃく【仮借】⇩しんしゃく
かしゅ【歌手】⇩うたいて
がじゅ【賀寿】⇩おい(老い)
かしょう【火傷】⇩けが
かじょう【箇条】⇩こうもく
かしら【頭】親分 親方 旗頭《はたがしら》 頭 株《あたまかぶ》 ボス キャプテン トップ 頭目 頭主 盟主 領袖《りょうしゅう》 大将 首魁《しゅかい》 巨魁 巨頭 主席 首班 首領 ▽酋長《しゅうちょう》
かじりつく【噛り付く】⇩ねっしん

かじる【噛る】⇩たべる
かしん【家臣】⇩けらい
かじん【佳人】⇩びじん
かじん【歌人】⇩しじん
かす ①【滓】不用物 滓が溜《た》まる 澱《おり》 残渣《ざんさ》 残滓《ざんし》 沈澱《ちんでん》物 屑《くず》 ②【糟】さけ 酒の糟 ③【粕】しぼりのこり 豆粕 油粕 搾り粕
かす【貸す】㊉借りる 貸し付ける・出す 用立てる 役立てる 貸出 貸与 貸付 敬語(相手方に)ご用立て お役立て ご融通
かず【数】数《すう》 数値 数量 員数 ナンバー ▽指数 定数 変数 概数 近似値
ガス ①気体 都市ガス プロパンガス ソリン 炭酸ガス 排気ガス 毒ガス ②ガスが掛かる↓きり
かすか ①【微か】微々 微弱 隠微 軽微 ②【幽か】㊉定か 仄《ほの》か 淡い ほんのり うっすら ほのぼの 朧《おぼろ》げ 朦朧《もうろう》

かすみ【霞】⇩きり
かすむ【霞む】⇩くもる
かすめる【掠める】⇩うばう
かすりきず【擦り傷】⇩けが
かする ①【課する】税を課する↓かける ②【科する】罪に 刑を科する 科刑 科料
かする【嫁する】⇩とつぐ
かする ①【擦る】転んで腕を擦る↓こする ②【掠る】風が頬《ほお》を掠る↓さわる
がする【賀する】⇩いわう
かせ【枷】首枷 手枷 足枷 枷子《しか》 枷鎖《かさ》 桎梏《しっこく》 ▽絆《きずな・ほだし》 拘束
かぜ【風】そよ風 微風 軟風 追い風 追い手 順風 向かい風 逆風 ▽春風 東風 和風 恵風 陽風 ▽夏風 南風 炎風 烈風 ▽秋風 西風 涼風 木枯らし 野分《のわき》の朝

▽冬風 空っ風 北風 寒風 朔風《さくふう》 陰風 ▽朝風 夕風 夜風 松風 潮風

かぜ【風邪】 風邪《ふうじゃ》 流感 感冒 鼻風邪 流行《はや》り風邪 インフルエンザ ▽呼吸器病 肺病 肺炎 百日咳《ぜき》 喘息《ぜんそく》 敬語〔相手方が〕お風邪を召す お風邪ぎみ／〔自分側が〕風邪を引く 風邪ぎみ 風邪け

かせい【加勢】 ⇩すけだち

かせい【家政】 ⇩くらし

かせぎ【稼ぎ】 ⇩しゅうにゅう

かせぐ【稼ぐ】 働く 精出す 儲《もう》ける 取得 獲得 ▽共稼ぎ 出稼ぎ 荒稼ぎ

かせつ【架設】 ⇩かける(架ける)

がぜん【俄然】 ⇩とつぜん

かそう【火葬】 ⇩そうしき

かそう【仮想】 ⇩そうぞう(想像)

かそう【仮装】 ⇩みなり

かぞえる【数える】 算する 時間・数量−を計る 数え−上げる・立てる 計算 計数 勘定 通算 通計 概算 精算 暗算 目算 胸算 目の子算 ▽四則 足す 加える 寄せる 引く 減らす 減じる 掛ける 乗じる 割る 除する 余りが出る

かぞく【家族】 一家 家内 家門 家人 妻子を養う 眷族《けんぞく》 係累が多い ファミリー 身内 敬語〔相手方の〕ご一同様 ご一統様 皆々様 ご一家 皆様 ご家族の皆様 ご家内皆々様／〔自分側の〕一同 一統 皆々 私ども 小生方 拙家 弊宅

かた【方】 ⇩ひと(人)

かた【肩】 撫《な》で肩 怒《いか》り肩 ▽両肩 双肩に担う

かた ①【型】 タイプ 自動車の型 大型の車 航空機の型式《かたしき》 原型 典型 定型 規格 標準 様式

②【形】 フォーム 波形 山形 大形の模様 形状 形態 形象

かたい ①【固い】 全体が強い 固い−革・決心 強《こわ》い 強《つよ》い 強固 確固

②【堅い】 中が詰まっている 堅い−材木・志 脆《もろ》くない 堅固 堅牢《けんろう》 強堅

③【硬い】 対やわらかい 硬い−土・表情 軟らかくない 硬質 手足が硬直する 硬貨

かたい【難い】 ⇩できない

かだい【過大】 ⇩おおげさ

かたいじ【片意地】 ⇩いじ(意地)

かたいれ【肩入れ】 ⇩ひいき

がたおち【がた落ち】 ⇩おちる

かたおもい【片思い】 ⇩こい(恋)

かたがき【肩書き】 身分 役職 補職 爵位 位階 勲等 ▽学士号 修士号 博士号 学位

かたがた【旁々】 ⇩ついでに

かたき【敵・仇】 ⇩てき

かたぎ【気質】 ⇩こんじょう(根性)

かたぎ【堅気】 ⇩まじめ

かたきうち【敵討ち】 ⇩しかえし

かたくな【頑】 ⇩がんこ

かたくるしい【堅苦しい】 しかつめら

しい　気詰まり　四角張る　窮屈な家庭　四角四面　厳格

かたこと【片言】⇩ことば(言葉)

かたじけない【辱い】⇩ありがたい

かたじけなくも【忝くも】⇩おそれおおくも

かたち【形】作り　格好　体裁　外形　輪郭　形態を整える　形式　形状　形質　▽奇形　異形　変形

かたちづくる【形作る・形造る】作り上げる　拵《こしら》える　象《かたど》る　構成　形成　組成　成立　完成

かたづく【片付く】⇩ととのう(整う)

がたつく⇩ゆるむ

かたづける【片付ける】取り片付ける　整理　整頓《せいとん》　処理　処置　収拾　始末　解決

かたつむり【蝸牛】でんでんむし　まいまいつぶり　蝸牛《かぎゅう》　陵螺《りょうら》

かたて【片手】⇩て

かたておち【片手落ち】⇩あやまち

かたてま【片手間】⇩アルバイト

かたどる【象る】⇩かたちづくる

かたな【刀】剣《つるぎ・けん》　抜き身を突き付ける　三尺の脇差《わきざ》し　太刀《たち》　長刀　刀剣　秋水　氷刃　霜刃　日本刀　軍刀　▽短刀　合い口　匕首《ひしゅ・あいくち》　懐剣　九寸五分　▽利刀　鋭刀　名刀　快刀　快剣　▽鈍刀　鈍《なま》くら　竹光《たけみつ》　木刀　竹刀《しない》

かたはし【片端】⇩いっぽう

かたほう【片方】⇩いっぽう

かたまり ［1］【塊】分解可能　土・欲－の塊　固形　固体　凝塊　［2］【固まり】あつまり　学生・民家－の固まり　集まり　集団　▽ぶどう・ふじ－の房

かたまる【固まる】①[対]解ける　セメントが固まる　凝結　凝固　凝集　凝縮　②学生が固まる↓あつまる

かたみ【形見】思い出の品　遺愛の品　遺品　遺物　記念　記念品

かたみ【肩身】①肩身が広い↓ほこらしい　②肩身が狭い↓れっとうかん

かたむき【傾き】①傾斜　勾配《こうばい》が急　②傾向　趨勢《すうせい》　動向　風潮

かたむく【傾く】①傾《かし》ぐ　倒《の》める　仰《の》け反《ぞ》る　偏る　斜めになる　傾斜　②衰える　廃れる

かため【片目】眇《すがめ》　独眼　隻眼　扁眼　扁《へん》目　扁盲　眇目《びょうもく》　半盲

かためる【固める】[対]解かす　固くする　踏み・突き－固める　地固め　凝固　硬直

かたよる ［1］【偏る】かたむく　針・思想－が偏る　偏《へん》する　傾く　偏向　偏傾　偏頗《へんぱ》な考え　［2］【片寄る】隅・都会－に片寄る↓あつまる

かたる ［1］【語る】体験を語る↓はなす　［2］【騙る】人を騙る↓だます

カタログ【型録】⇩みほん

かたわら【傍ら・側ら】⇩そば

かたわれ【片割れ】⇩いっぽう

かたをならべる【肩を並べる】⇩ひとしい

かたん【加担・荷担】⇩すけだち
かだん【花壇】⇩にわ
かち【価値】⇩ねうち
かち【勝ち】対負け　勝利　優勝　大勝　圧勝　快勝　完勝　全勝　辛勝　戦勝　▽連勝　連戦連勝　百戦百勝　勝ち-通し・続け
かちあう【搗ち合う】⇩であう
かちき【勝ち気】⇩こんじょう(根性)
かちく【家畜】⇩けもの
かちどき【勝ち鬨】⇩かけごえ
かちまけ【勝ち負け】勝負　勝敗　優劣　雌雄を決する　けんか両成敗《せいばい》
かちょうふうげつ【花鳥風月】⇩ふうりゅう
かつ ①【勝つ】対負ける　敵・試合-に勝つ　勝ちを取る　負かす　敵を破る　打ち勝つ　勝ち-取る・抜く・進む
②【克つ】うちかつ　欲望・己《おのれ》-に克つ　打ち克つ　抑える　抑圧　克服
かつ【且つ】⇩そのうえ
がっか【学科】教科　講座　▽国語　算数　理科　社会　図工　美術　音楽　家庭　技術　体育　外国語
かつがつ ⇩やっと
がっかり がっくり来る　気落ちする　気抜け　力落とし　力抜け　張り合い抜け　負けて悄《しお》れる　悄気《しょげ》る　気が腐る　滅入《めい》る　沈む　挫《くじ》ける　落胆　失意　失望　絶望　悲観　喪意　意気-阻喪・消沈　茫然《ぼうぜん》自失
かっき【活気】⇩げんき
がっき【楽器】管弦　糸竹　鳴り物　▽管楽器　弦楽器　打楽器
かっきてき【画期的・劃期的】未曾有《みぞう》　空前　希代の英雄　絶世の美人　不世出　空前絶後　曾《かつ》てない
かっきり ⇩ちょうど(丁度)
かつぐ【担ぐ】担《にな》う　負う　背負う　しょう　引っ担ぐ　かごを舁《か》く
かっけつ【喀血】⇩はく(吐く)
かっこ【確固】⇩しっかり
かっこう【格好・恰好】⇩かたち
かっこう【郭公】⇩ほととぎす
がっこう【学校】学園　学院　学舎　学窓　学び舎《や》　学びの庭　教えの庭　スクール　学問所　寺子屋　塾　私塾　教室　▽大学　短期大学　専門学校　高等学校　中学校　小学校　女学校　▽本校　分校
かっさい【喝采】⇩ほめる
がっしり ⇩しっかり
がったい【合体】⇩あわせる(併せる)
がっち【合致】⇩いっち
がっちり ⇩しっかり
かって【勝手】①⇩だいどころ　②⇩わがまま
かつて ①【嘗て】肯定　嘗て見たことがある　今・これ-までに　前々　昔　昔々　予々《かねがね》　予て　一度は　以前
②【曾て】否定　曾て見たこともない　ついぞ　一度も　未《いま》だ曾て
がってん【合点】⇩うけいれる
かつどう【活動】活躍　奔走　策動　暗躍　東奔西走
かっぱ【河童】河太郎　河郎　水虎《すいこ》

水童　河伯
かっぱ【合羽】⇩がいとう(外套)
かっぱつ【活発・活溌】⇩いきいき
かっぱらい【掻っ払い】⇩どろぼう
かっぷく【割腹】⇩じさつ
がっぺい【合併】⇩あわせる(併せる)
かっぽう【割烹】⇩りょうり
かつやく【活躍】⇩かつどう
かつよう【活用】運用　適用　充用　活《い》かす　活かして使う　役立てる　用立てる　有効に使う
かつりょく【活力】精力絶倫　活動力　生命力　生活力　元気　バイタリティー　エネルギー　スタミナ
かて【糧】⇩たべもの
かてい【仮定】⇩そうぞう(想像)
かてい【家庭】家内安全　所帯を持つ　世帯数　家ちゅう　ホーム
かてい ①【過程】生産の過程　生産段階　順序　進行経過　道程　プロセス
②【課程】小学校の課程　履修段階　コース
かててくわえて【かてて加えて】⇩そのうえ
がてら⇩ついでに
がてん【合点】⇩りかい
かど【過度】⇩ゆきすぎ
かど【角】尖《とが》り　尖角《せんかく》　稜角《りょうかく》　圭角《けいかく》　隅角《ぐうかく》
かとう【下等】㊧上等　下級　低級　下層階級　低層　下位　低位　低度　劣等　下劣《げれつ》な考え
かどで【門出】⇩しゅっぱつ
かどばる【角張る】角立つ　角が‐張る・立つ　言い方に刺《とげ》がある　刺々しい　険悪な表情
かどわかす【拐す】⇩つれだす
かな【仮名】⇩もじ
かない【家内】①家内を連れる↓つま　②家内安全↓かてい
かなう ①【適う】目的・道理‐に適う↓あう
②【叶う】思うとおり　望みが・心に‐叶う　思い通り　気に入る　会心の作
③【敵う】相手　強くて敵わない　匹敵　比肩　敵対
かなえる【叶える】思いどおりにする　可能にさせる　要望に応《こた》える　応じる　実現　具現
かなしい【悲しい】㊧うれしい　物悲しい　嘆かわしい　涙・悲しみ‐に暮れる　哀れ　悲痛の極み　悲嘆　悲哀　哀切の限り　愁嘆　痛嘆　愁傷　感傷にふける　傷心を抱く　沈痛の思い　沈鬱《ちんうつ》　▽悲劇　惨劇　悲惨事　不幸
敬語【相手方が】お悲しみ　お嘆き　お力落とし　ご傷心　ご悲嘆　ご愁傷の極み　ご愁嘆
かなた【彼方】⇩むこう(向こう)
かなづち【金槌】⇩つち(槌)
かなでる【奏でる】⇩ひく(弾く)
かなめ【要】図星《ずぼし》　壺《つぼ》　ポイント　主眼　眼目　要所　要衝　局所　局部　急所　要部　肝心のところ　肝要　正鵠《せいこく》を射る　肯綮《こうけい》に当たる

かなもの【金物】 金具　金属　鋳物　銅の地金《じがね》　合金　鉄　真鍮《しんちゅう》　ブロンズ　▽ブリキ　トタン

かならず【必ず】 きっと　間違いなく　疑いもなく　相違なく　確かに　誓って　是非とも　どうしても　負けるのは必定《ひつじょう》　必至　必然の結果　不可避

かならずしも【必ずしも】 必ず・いつも・常に・決まって・きっと－そうとは▽というわけではない　とは限らない　ないこともある

かなり【可成り】 余程　中々良い　大いに　大幅に　桁《けた》－外れ・違い　段違い　大分《だいぶ・だいぶん》　随分　相当大きい　存外　案外

がなる【我鳴る】 ⇩さけぶ

かなわない【敵わない】 ⇩まける

かにゅう【加入】 ⇩くわわる

かね【金】 お金《かね》　銭《ぜに》　御足《おあし》　有り金　現金　金銭　貨幣　通貨　正貨　金子《きんす》　金円　黄白《こうはく》　鳥目《ちょうもく》　▽硬貨　金貨　銀貨　銅貨　紙幣　札《さつ》　軍票　大判　小判　▽遊金　大金　千金　小金《こがね》を溜める　▽悪銭　浄財

かね ①【鐘】つく　釣り鐘　突き鐘　梵鐘《ぼんしょう》の銘　寺鐘　▽入相《いりあい》の鐘　晩鐘　明けの鐘　暁鐘　②【鉦】たたく　叩《たた》き鉦　銅鑼《どら》　鉦鼓《しょうこ》

かねあい【兼ね合い】 ⇩つりあい

かねかし【金貸し】 銭貸し　銭屋《ぜにや》　金商人　高利貸し　金融業　銀行　金庫　公庫　▽質屋　質店　七つ屋　一六銀行

かねがね【予々】 ⇩あらかじめ

かねぐり【金繰り】 金回りがいい　遣《や》り繰り算段　資金繰り　資金調達　金融　融通

かねづかい【金遣い】 金払い　金離れ　散財　費消

かねつきどう【鐘撞き堂】 ⇩てら

かねづまり【金詰まり】 ⇩ふきょう（不況）

かねて【予て】 ⇩あらかじめ

かねばなれ【金離れ】 ⇩かねづかい

かねまわり【金回り】 ⇩かねぐり

かねもうけ【金儲け】 ⇩あきない

かねもち【金持ち】 対貧乏人　物持ち　富豪　長者　大尽　分限者　有福者　素封家　金満家　資産家　財産家　ブルジョア　百万長者　億万長者　▽成り金　成り上がり

かねる【兼ねる】 ①職を兼ねる　掛け持ち　兼担　兼任　兼務　兼掌　兼帯　兼職　兼業　兼轄　兼摂　②致し兼ねる↓できない

かの【彼の】 ⇩あの

かのう【可能】 ⇩できる

かのじょ【彼女】 対彼　①あの人　あの方　あの女　あの女の人　あの女の方　あれ　②私の彼女↓こいびと

カバー ①カバーを掛ける↓おおい　②カバーする↓おぎなう

かばいろ【樺色】 ⇩きいろ

かばう【庇う】 ⇩まもる

かばね【尸・屍】⇩したい
かばん【鞄】手提げ　ハンドバッグ　バッグ　ケース　ボストンバッグ　スーツケース　トランク　▽革のランドセル　リュックサック　ナップザック　背嚢《はいのう》　背負い袋
かひ【可否】⇩よしあし(良し悪し)
かび【華美】⇩はなやか
かび【黴】青黴　白黴　赤黴　星黴　麹黴《こうじかび》　麹花　水黴　黴菌《ばいきん》
かひつ【加筆】⇩なおす(直す)
かびん【花瓶】花器　花樽《かそん》　花斛《かと》　花生け　花立て　花壺《はなつぼ》
かびん【過敏】⇩びんかん
かふ【下付・下附】⇩こうふ(交付)
かふ【寡婦】⇩ひとりもの
かぶ【株】⇩ね(根)
かふう【家風】⇩しきたり
かぶき【歌舞伎】⇩しばい
かぶせる【被せる】白布で　被う　隠す　被い隠す　上に置く　載せる　被覆　掩蔽《えんぺい》　隠蔽　障蔽

かぶる ①【冠る】頭に　帽子を冠る　冠を載せる　冠する
②【被る】全体に　毛布を被る　引っ被る
かぶれる ①【気触れる】侵される　漆にかぶれる　爛《ただ》れる
②【感染れる】思想にかぶれる↓うつる
かぶん【過分】過度　過当　過多　分不相応　分に過ぎた
かべ【壁】隔て　羽目板を張る　土壁　隔壁　内壁　障壁　防壁　城壁　鉄壁　▽白壁《しらかべ》　白亜　素壁　素亜　▽荒壁　荒塗り　中塗り　上塗り
かへい【貨幣】⇩かね(金)
かほう【果報】⇩しあわせ(幸せ)
かぼそい【か細い】⇩ほそい
かま ①【窯】やく　炭を焼く窯　焼き窯　窯業《ようぎょう》　▽竈《かまど》　七輪　コンロ　へっつい
②【釜】にる　飯を炊く釜　鍋《なべ》釜　茶釜　電気釜　蒸籠《せいろう》　天火
③【缶・罐】湯　暖房用の罐　ボイラー　汽缶

かまう【構う】世話を焼く　執り持つ　助力　尽力　奔走　お節介をする
かまえ【構え】造り　組み立て　構造　規模　結構　▽門構え　店構え
かまえて【構えて】⇩けっして
かまえる【構える】⇩そなえる(備える)
がまぐち【蟇口】⇩さいふ
かまわない【構わない】①構わないでおく↓うっちゃらかす　②しても構わない　してもーよい・宜《よろ》しい　していい　差し支えない
がまん【我慢】痩せ我慢　辛抱　忍耐　忍苦　堪忍　隠忍自重　堅忍　耐乏　耐える　忍ぶ　飢えを凌《しの》ぐ　怺《こら》える
かみ【上】対しも　上手　上方　▽川上　水上《みなかみ》　風上《かざかみ》　上座
かみ【神】神様　神々　神仏　天地神明　神祇《じんぎ》　神霊の加護　鬼神　天神　武神　女神《めがみ》　男神《おがみ》　▽氏神様　産土《うぶすな》神　鎮守様　▽疫病神　死に神

荒神　▽福の神　七福神

【七福神】恵比寿《えびす》／大黒／毘沙門《びしゃもん》／弁財天《べんざいてん》／福禄寿《ふくろくじゅ》／寿老人《じゅろうじん》／布袋《ほてい》

かみ【紙】ペーパー　和紙　日本紙　半紙　奉書　藁《わら》半紙　ざら紙　洋紙　西洋紙　西洋半紙　▽厚紙　板紙　板目紙　ボール紙　段ボール　馬糞《ばふん》紙　▽薄紙　ハトロン紙　インディアペーパー

かみ【髪】髪の毛　毛筋　黒髪　毛髪　頭髪　▽白髪《しらが・はくはつ》　銀髪　金髪　半白　▽縮れ毛・髪　癖髪《くせがみ》　縮毛　縮髪　ウエーブ　パーマ　▽鬢《びん》　髷《まげ》　丸髷　丁髷《ちょんまげ》　髪形《かみがた》　島田　高島田　桃割れ　洋髪　お下げ

かみ【加味】⇩くわえる(加える)

かみいれ【紙入れ】⇩さいふ

かみがた【上方】㊊江戸　京大阪《きょうおおさか》　京畿《けいき》　畿内《きない》　近畿　関西

かみくだく【噛み砕く】⇩かむ(噛む)

かみざ【上座】⇩させき

かみそり【剃刀】⇩はもの

かみて【上手】⇩かみ(上)

かみなり【雷】雷《いかずち》　雷公　雷神　天雷　迅雷　雷鳴　万雷　青天の霹靂《へきれき》　▽稲妻　稲光　電光が閃く　電火　雷光　雷火　紫電　紫閃　▽落雷　雷撃

かみゆい【髪結い】⇩びよう

かみわける【噛み分ける】⇩わかる(分かる)

かむ ①【噛む】切り砕く　歯で噛む　噛み砕く　よく噛み締める　咀嚼《そしゃく》　反芻《はんすう》
②【咬む】傷つける　犬が人を咬む　咬み付く

かめ【甕】入れ物　水甕　酒甕　油甕　瓶子《へいし》　釣瓶《つるべ》　▽壺《つぼ》　鉢《はち》　骨壺　痰壺《たんつぼ》　実験用の坩堝《るつぼ》

かめい【仮名】⇩なまえ

がめつい ⇩よくふか

カメラ 写真機　撮影機　▽フィルム　種板　原板　乾板　ネガ

かもしだす【醸し出す】作り出す　織り出す・成す　殺気が漂う　醸成

かもしれない ⇩たぶん

かもつ【貨物】⇩にもつ

かもん【家紋】⇩もん(紋)

かやく【火薬】爆薬　硝薬　炎硝　爆発薬　爆裂薬　ダイナマイト

かゆい【痒い】むず痒い　痛痒い　むずむず　痛痒《つうよう》　隔靴搔痒《そうよう》の感がある　鈍痒《どんよう》を感じる

かよいちょう【通い帳】⇩ちょうぼ

かよう【通う】行ったり来たり　通学　通勤　▽登校　登庁　出勤　出社　▽下校　退庁　退社　帰宅

かよう【斯様】⇩こう(斯う)

かよわい【か弱い】ひ弱い　弱々しい　華奢《きゃしゃ》　軟弱　柔弱　虚弱　病弱　弱体　▽蒲柳《ほりゅう》の質　腺病《せんびょう》質

から【空】空っぽ　がらんどうの部屋　中は空《うつ》ろになっている　空虚　空疎　中空　虚無　無《む》　空《くう》

から【殻】貝殻　抜け殻　藻抜《もぬ》けの殻　磯貝《いそがい》　甲殻《こうかく》　卵殻　介殻　外殻

▽豆の莢《さや》 ▽亀の甲羅《こうら》

がら【柄】⇩もよう

からい【辛い】対甘い 辛味 ▽塩辛い 塩気が強い しょっぱい

からかう【揶揄う】嬲《なぶ》る 弄《もてあそ》ぶ 冷やかす 揶揄《やゆ》 嘲弄《ちょうろう》 愚弄 玩弄《がんろう》 戯弄

からかみ【唐紙】⇩たてぐ

がらくた⇩ごみ

からくり【絡繰り】⇩しくみ

からげる【絡げる】⇩くくる(括る)

からだ【体】身《み》 身柄 生身 肌身離さず 胴《どう》 肉体 身体 人体 母体 体躯《たいく》 肢体 五体満足 図体《ずうたい》 巨体 ▽総身《そうみ》 全身 満身 渾身《こんしん》の力 一身

からだつき【体付き】⇩たいかく

からっぽ【空っぽ】⇩から(空)

からて【空手】⇩すで

からとう【辛党】対甘党 ⇩さけのみ

からまる【絡まる】⇩からむ

からまわり【空回り】⇩まわる(回る)

からむ【絡む】絡まる 纏《まつ》わる 糸が縺《もつ》れる こんがらかる 巻き・絡み・纏《まと》い-付く 纏絡《てんらく》 結絡 交絡 纏綿と続く 紛糾

からめて【搦め手】⇩うら

からめる【搦める】⇩かこむ

がらん【伽藍】⇩てら

かり【仮】間に合わせ 仮初《かりそ》めの宿 暫《しば》らくの間 臨時の建物 一時 当座 姑息《こそく》的 仮設 仮定

かり【狩り・猟】⇩りょう(猟)

かり【借り】⇩かしかり

がり【我利】⇩わがまま

かりいれ【刈り入れ】⇩とりいれ

かりいれ【借り入れ】⇩かしかり

かりずまい【仮住まい】借家住まい 宿住まい 仮宿《かりやど》 寓居《ぐうきょ》 寓宅 寓舎 仮寓 寄寓 仮宅

かりそめ ①【仮初め】仮初めの宿 ↓かり ②【苟且】苟且にも ↓もし

かりて【借り手】対貸し手 借り主 借り方 金借り 借入人 借用人 債務者 負債者 負債主

かりに【仮に】⇩もし

かりにも【仮にも】⇩いやしくも

かりね【仮寝】居眠り まどろみ 一眠り うたた寝 うとうとする 昼寝 仮眠 仮睡 午睡 微睡 一睡

かりゅう【花柳】⇩いろまち

がりゅう【我流】⇩わがまま

かりゅうど【狩人】⇩りょうし(猟師)

かりょう【科料】⇩けいばつ

がりょう【雅量】⇩どりょう

かりる【借りる】対貸す 借り-入れる・出す・受ける・切る 借入 借用 租借 借金 借銭 借財 借債 負債 債務 ▽前借り 前借《ぜんしゃく》 ▽借り倒す 踏み倒す 敬語〔相手方から〕お借りいたす 拝借 お貸しいただく ご用立て 恩借の金子

かる ①【刈る】植物 稲を刈る 刈り-取る・入れる 切り出す 刈入《かいにゅう》 刈除 芟除《さんじょ》

かる②【狩る】猪《いのしし》を狩る↓りょう
かる【駆る】走らせる　急がせる　飛ばす　馳《は》せる　駆り・追い‐立てる　駆使　馳駆《ちく》　疾駆
かるい【軽い】対重い　軽々　軽《かろ》やか　軽自動車　軽量　軽快
かるがるしい【軽々しい】⇩かるはずみ
かるくち【軽口】⇩しゃれ
かるはずみ【軽弾み】軽々しい　おっちょこちょい　そそっかしい　浅はか　軽率　軽躁《けいそう》　軽挙　軽薄　軽佻《けいちょう》浮薄　妄動　粗忽《そこつ》　不謹慎　無思慮　暴虎馮河《ぼうこひょうが》
かるわざ【軽業】⇩わざ(業)
かれ【彼】対彼女　①あの人　あの方　あの男　あの男の人　あの男の方　あれ　あいつ　▽同人　同氏　同君　②私の彼↓こいびと
かれい【加齢】⇩としとる
かれい【華麗】⇩はなやか
かれき【枯れ木】⇩き(木)
がれき【瓦礫】⇩ごみ

かれこれ【彼此れ】⇩およそ
かれは【枯れ葉】⇩は(葉)
かれら【彼等】あの人達《たち》　あの方達　あれら　あいつら　やつら　彼輩《ひはい》　渠輩《きょはい》
かれる①【枯れる】植物が　木が枯れる　末《うら》・霜・冬‐枯れる　草木のすがれる秋　干涸《ひから》びる　花が萎《しお》れる　萎《しな》びる　凋《しぼ》む　草が萎《な》える　枯凋《こちょう》　枯死
②【涸れる】水が　田が涸れる　干る　干上がる　乾く　水が無くなる　尽き果てる　枯渇《こかつ》　渇水
③【嗄れる】声が　声が嗄れる　掠《かす》れる　嗄《しわが》れる　しゃがれる
かれん【可憐】⇩かわいい
カレンダー⇩こよみ
かろうじて【辛うじて】⇩やっと
かろやか【軽やか】身軽　スマート　スポーティー　軽快　快活　活動的
カロリー⇩えいよう
かろんじる【軽んじる】対重んじる　見下げる　見下す　見縊《くび》る　蔑《ないがし》ろにする　侮《あなど》る　卑しむ　疎んじる　馬鹿《ばか》にする　軽蔑《けいべつ》　軽視　蔑視　度外視　無視

かわ【川・河】流れ　川筋　水脈　水流　河川　河流　流水　▽川上《かわかみ》　上流　谷川　渓流　せせらぎ　小川《おがわ》　細流　支流　支川　清流　濁流　急流　激流　奔流　▽大川《おおかわ》　大河　本流　本川　川下《かわしも》　下流　河口　▽淀《よど》み　瀞《とろ》　淵《ふち》　瀬　早瀬　浅瀬
かわ①【皮】表面の部分　虎《とら》・果物《くだもの》‐の皮　毛皮　上皮　薄皮　皮膜　表皮　樹皮　木皮
②【革】なめしがわ　革の靴　揉《な》めし革　皮革《ひかく》　柔革
かわ【側】並び　列　両側　片側　▽面　表側　裏側
かわいい【可愛い】可愛い子(主観的)　可愛らしい花(客観的)　愛くるしい　悄《しお》らしい　いじらしい　愛らしい　愛《いと》しい我が子　愛おしい　チャーミング　可憐《かれん》

かわいがる【可愛がる】 慈しむ 愛《いと》しがる 労《いたわ》る 愛《め》でる 好む 好く 引き・取り-立てる 愛撫《あいぶ》 末娘を溺愛《できあい》する 寵愛《ちょうあい》 最愛の妻 盲愛 ご愛顧を被る ▽博愛の精神 汎愛《はんあい》

かわいそう【可哀そう】 労《いたわ》しい 痛ましい 痛々しい いじらしい遺児 惨め 気の毒 哀れ 可憐《かれん》な少女 不憫《ふびん》に思う 無残

かわいらしい【可愛らしい】 ⇩かわいい

かわかす【乾かす】 ⇩ほす

かわかみ【川上】 ⇩かわ(川)

かわぎし【川岸】 ⇩きし

かわきり【皮切り】 ⇩はじまり

かわく ①【乾く】 空気・干し物-が乾く 池が乾《ひ》る 乾上がる 野菜が干涸《ひから》びる 板が燥《はしゃ》ぐ 乾燥剤 ②【渇く】 口が 喉《のど》が渇く 渇《かつ》を覚える 飢渇

かわざんよう【皮算用】 ⇩きたい(期待)

かわしも【川下】 ⇩かわ(川)

かわす ①【交わす】 挨拶《あいさつ》を交わす 取り-交わす・換える 遣《や》り取り チェンジ 交換 ②【躱す】 身を躱す ↓さける

かわぞこ【川底】 ⇩そこ(底)

かわばた【川端】 ⇩きし

かわや【厠】 ⇩べんじょ

かわら【河原・川原】 ⇩はら(原)

かわり【代わり】 掛け替えがない 間に合わせ 代替 ▽親代わり 代人 代理 社長の名代《みょうだい》 ▽替え玉 身代わり 偽《にせ》 偽者 スタンドイン

かわりばえ【代わり映え】 変化 変動 異変 別条のない毎日 急変 激変

かわりはてる【変わり果てる】 ⇩おとろえる

かわりめ【変わり目】 分かれ目 継ぎ目 境 米の端境期 転換期 変革期 画期的な事件

かわりもの【変わり者】 変わり種 風変わり 拗《ひね》くれ者 旋毛《つむじ》曲がり 変人 奇人 偏物 奇物 偏屈者

かわる ①【変わる】 状態 色・位置-が変わる 改まる 変じる 変化 変動 一変 一転 一新 急変 急転 激変 豹変《ひょうへん》 逆転 好転 ②【換わる】 ひきかえる 物が金に換わる 交換 転換 ③【替わる】 別の物事に 商売・年度-が替わる 入れ替わる 交替 ④【代わる】 他のもので 父・米-に代わる 代理 代行 代替 代用

かわるがわる【代わる代わる】 交々《こもごも》 代わり番こ 入れ代わり立ち代わり 取っ替え-擦《す》っ替え・引っ替え 交互 相互 輪番で勤める 交替

かん【棺】 ⇩ひつぎ

かん【管】 ⇩つつ

かん【勘】 予感がする 霊感が働く 直感を働かせる 第六感 インスピレーション ぴんと来る

かん ①【観】 別人の観がある↓みかけ ②【感】 隔世の感がある↓かんじ

カン【缶】 ⇩いれもの

がん【願】 ⇩ねがい

かんあん【勘案】⇩かんがえる
かんい【簡易】⇩かんたん(簡単)
かんいっぱつ【間一髪】 危機一髪 もう・ほんの-少しで 危ない・すんでの-ところ 際どいところ ぎりぎり
かんおけ【棺桶】⇩ひつぎ
かんか【感化】⇩みちびく
かんが【閑雅】⇩しとやか
かんがい【干害】⇩ひでり(旱)
かんがい【感慨】⇩かんげき(感激)
がんかい【眼界】⇩しかい(視界)
かんがえ【考え】 本人の意思 意向 意識 意中 意見を持つ 意図 見解 所懐 所存 見識 所見 所思 了見 定見 思索 思案 思考 思想 思惑《おもわく》 敬語〔相手方の〕 お説 ご高見 ご所見 ご所念 ご所存 ご所思 ご存志 ご存意 ご意向 ご意見 ご感想 ご高察 貴意 尊意 尊慮 思《おぼ》し召し／〔自分側の〕 所存 愚見 愚考 卑見 所懐
かんがえあわせる【考え合わせる】⇩みくらべる
かんがえごと【考え事】⇩かんがえる
かんがえこむ【考え込む】⇩ふさぐ(鬱ぐ)
かんがえちがい【考え違い】⇩ごかい
かんがえつく【考え付く】⇩おもいつく
かんがえなおす【考え直す】 思い直す 改めて考える 再考を促す 再思の要 熟慮断行 熟考 勘考 推考
かんがえる【考える】 念じる 慮る 将来を計る 考えを巡らす 思い巡らす 考え出す 考え事をする 勘案 思考 思慮 思案 配慮 考慮 思索 考察 思惟《しい》 思料 沈思 黙想 黙考 瞑想《めいそう》 観照
かんかく【感覚】⇩かんじ
かんかく【間隔】⇩あいだ
かんがみる【鑑みる】⇩みくらべる
かんき【乾期・乾季】 対雨期・雨季 乾燥期 渇水期 天気・日照り-続き
かんきゃく【観客】⇩かんしゅう(観衆)
かんきょう【環境】⇩まわり(周り)
がんきょう【頑強】⇩がんじょう
かんきわまる【感極まる】⇩かんげき(感激)
かんきん【監禁】⇩とらわれる(囚れる)
がんきん【元金】⇩もとで
かんく【艱苦】⇩くるしみ
かんぐる【勘繰る】⇩うたがう
かんけい【関係】 関連 連関 相関 係り合い 繋《つな》がり ▽係《かか》わる 政務に与《あず》かる 係《かか》る 関する 係《かか》り合う 深入りする 因《ちな》む 行き掛かり上やめられない ▽親子の間 間柄 続き柄 続き合い 仲 ▽伝手《つて》を求める 手蔓《てづる》 コネで就職する
かんげい【歓迎】⇩むかえる
かんげき【間隙】⇩すきま
かんげき【感激】 感動 感銘 感心 感嘆 感奮 感慨無量 感極まる 印象に残る 感じ入る ぐっと来る
かんけつ【完結】⇩おわる
かんけつ【簡潔】⇩かんたん(簡単)
かんけん【管見】⇩しけん(私見)

かんげん【甘言】⇩おせじ

かんげん【換言】⇩いいかえれば

かんげん【諫言】⇩いましめる

かんご【看護】介抱　救護　看病　介護　世話　介添え　付き添う　看取《みと》る

がんこ【頑固】頑迷　強情《ごうじょう》　偏屈　一徹　一刻な老人　固陋《ころう》　因業《いんごう》おやじ　剛健　剛直　硬骨の士　不屈　直情径行　気骨がある　意地っ張り　片意地　依怙地《いこじ・えこじ》　横紙破り　昔気質《かたぎ》　頑《かたく》なな態度

かんこう【刊行】⇩はっこう(発行)

かんこう【敢行】⇩じっこう

かんこう【観光】⇩けんぶつ

かんこう【慣行】⇩しきたり

かんこく【勧告】⇩すすめる(勧める)

かんごく【監獄】⇩ろう(牢)

がんさく【贋作】⇩にせもの(贋物)

かんざし【簪】⇩アクセサリー

かんさつ【観察】⇩みる(見る)

かんし【監視】⇩みはる(見張る)

かんじ【感じ】隔世の感がある　気分　気持ち　心持ち　気味が悪い　底気味　感覚　感触　神経　感受性が強い　感性　実感　▽味覚　触覚

かんじいる【感じ入る】⇩かんげき(感激)

がんじつ【元日】⇩しょうがつ

かんしゃ【感謝】⇩ありがたい

かんじゃ【間者】⇩スパイ

かんじゃ【患者】⇩びょうにん

かんしゅう【慣習】⇩しゅうかん

かんしゅう【観衆】観客　観覧客　見物人　見物客　野次馬

かんしょう【干渉】⇩くちだし

かんしょう ①【鑑賞】美術を鑑賞する　玩味《がんみ》　審美　享受　②【観賞】菊花を観賞する　↓たのしむ

かんじょう【感情】対理性　気分　喜怒哀楽　情操　心持ち　気持ち

かんじょう【勘定】⇩かぞえる

がんじょう【頑丈】厳《いか》つい　丈夫《じょうぶ》　堅固　堅牢《けんろう》　頑強　強靱《きょうじん》　強堅

かんじょうだかい【勘定高い】⇩よくふか

かんしょうてき【感傷的】⇩なみだもろい

かんしょく【間食】間食い　無駄《むだ》食い　▽お八つ　お三時　お十時　お茶の時間　夜食　▽ティータイム　コーヒーブレーク

かんしょく【感触】感覚　触感　触覚　▽風合《ふうあ》い　手触り　肌触り　舌触り　手応《てごた》え　歯応え　風の薫り

かんじる【感じる】感付く　気付く　敵に覚《さと》られる　感じ取る　刺激を受ける　感受　感応　神経が鋭い

かんしん【寒心】⇩しんぱい

かんしん【感心】①努力に感心する　感服　感銘を受ける　努力に敬服する　感嘆　②感心な子　立派　殊勝　健気《けなげ》　神妙

かんしん【関心】⇩きょうみ

かんじん【肝心・肝腎】⇩たいせつ

かんすい【完遂】⇩なしとげる
かんせい【完成】⇩できあがる
かんせい【閑静】⇩しずか
かんせつ【間接】対直接 婉曲《えんきょく》に断る 暗々裏に運ぶ 遠回し 遠回り
がんぜない【頑是ない】⇩むじゃき
かんせん【感染】⇩うつる(感染る)
かんぜん【完全】対不完全 完璧《かんぺき》 満点 健全 十全 万全 完全無欠 パーフェクト 非の打ち所がない 至れり尽くせり ▽徹底的 徹頭徹尾 最後まで 完膚なきまでに
がんぜん【眼前】⇩まのあたり
かんせんしょう【感染症】⇩びょうき
かんそ【簡素】⇩かんたん(簡単)
がんそ【元祖】⇩そうししゃ
かんそう【乾燥】⇩かわく(乾く)
かんそう【感想】所感 所見 所存 感懐 ▽読後感 事後感
かんそう【歓送】⇩みおくる
かんたい【歓待・款待】⇩もてなす
かんたい【艦隊】⇩ぐんかん

かんだい【寛大】⇩ゆるい
かんたん【肝胆】⇩こころ
かんたん【感嘆・感歎】⇩かんげき(感激)
かんたん【簡単】対複雑 簡略 簡約 簡明 簡潔 簡素 単純 手短《てみじか》に言うと シンプル ▽安直に片付ける 容易 簡易 手軽《てがる》 あっさり負けた
かんだん【閑談】⇩ざつだん
がんたん【元旦】⇩しょうがつ
かんちがい【勘違い】⇩ごかい
かんちゅう【寒中】対暑中 厳寒 厳冬 酷寒 極寒 寒気 寒威 寒冷 酷冷 寒風 北風 寒雨 冷雨 積雪 豪雪 暦 小寒(一月六日ごろ)/大寒(一月二十日ごろ)/立春(二月四日ごろ)
かんちょう【干潮】⇩しお(潮)
かんちょう【官庁】⇩やくしょ
かんちょう【間諜】⇩スパイ
かんつう【姦通】⇩みっつう
かんつう【貫通】⇩つらぬく
かんづく【感付く】⇩かんじる
かんてい【鑑定】⇩しなさだめ

かんてつ【貫徹】⇩つらぬく
かんてん【干天】⇩ひでり(旱)
かんてん【寒天】⇩そら
かんてん【観点】見地 見方《みかた》 考え方 立場 ビューポイント
かんとう【関頭】⇩わかれめ
かんどう【間道】⇩みち
かんどう【感動】⇩かんげき(感激)
かんとく【監督】⇩とりしまる
がんとして【頑として】⇩あくまで
かんなづき【神無月】⇩じゅうがつ
かんなん【艱難】⇩くるしみ
かんにん【堪忍】⇩がまん
かんぬし【神主】神官 神職 社司 社掌 祠掌《ししょう》 祠官 典主 禰宜《ねぎ》 ▽巫女《ふじょ》 神子 巫祝 巫子《みこ》
かんねん【観念】①表象 抽象概念 意識・思考―内容 イメージ ②死を観念する→あきらめる
かんのうてき【官能的】⇩いろっぽい
かんのん【観音】⇩ほとけ
かんばしい【芳しい】⇩こうばしい

かんばつ【旱魃】⇩ひでり(旱)
がんばる【頑張る】気張る　踏ん張る　最後まで粘る　張り切る　勢い込む　意気込む　心を引き締める　殺気立つ　発奮　奮起　緊張　一念発起《ほっき》
かんばん【看板】立て看板　表看板　ポスター　プラカード
かんび【完備】⇩そなえる(備える)
かんびょう【看病】⇩かんご
かんぶ【幹部】首脳部　中枢部　幕僚　上級職員　管理職　エグゼクティブ　▽取締役　理事　役員
かんぷく【感服】⇩かんしん(感心)
かんぶつ【乾物】⇩ひもの
かんぺき【完璧】⇩かんぜん
かんべつ【鑑別】⇩くべつ
かんべん【簡便】⇩べんり
かんべん【勘弁】⇩ゆるす
がんぼう【願望】⇩のぞみ
かんぼつ【陥没】⇩しずむ
かんまん【干満】⇩しお(潮)
かんまん【緩慢】⇩ゆるやか

かんみ【甘味】⇩あじ
がんみ【玩味・翫味】⇩あじわう
かんめい【感銘】⇩かんしん(感心)
がんもく【眼目】⇩かなめ
かんもん【喚問】⇩たずねる(尋ねる)
かんゆう【勧誘】⇩さそう
かんよう【肝要】⇩たいせつ
かんよう【寛容】⇩ゆるい
かんよう【慣用】常用　愛用　常套《じょうとう》手段　お定まり　決まり文句　通用　恒例　慣例に従う
かんよう【涵養】⇩やしなう
がんらい【元来】⇩もともと
かんらく【陥落】⇩おちる
かんらく【歓楽】⇩たのしみ
かんらん【観覧】⇩みる(見る)
かんり【官吏】⇩やくにん
かんり【管理】⇩とりしまる
かんりゃく【簡略】⇩かんたん(簡単)
かんりょう【官僚】⇩やくにん
かんりょう【完了】⇩おわる
かんれい【慣例】⇩しきたり

かんれき【還暦】⇩おい(老い)
かんれん【関連・関聯】⇩かんけい
かんわ【閑話】⇩ざつだん
かんわ【緩和】⇩ゆるめる
かんわきゅうだい【閑話休題】⇩さて

き

き【木】草や木　草木　生木《なまき》　枯れ木　朽ち木　▽木で造る　材木　用材　木材　銘木　白木《しらき》　丸木　丸太　▽【樹】生えているまま　緑の樹　木立《こだち》　宿り木　立ち木　並木　庭木　植木　樹木　木々　若木　常磐木《ときわぎ》　大木　古木　老木　▽灌木《かんぼく》　低木　喬木《きょうぼく》　高木　濶《かつ》葉《よう》樹　広葉樹　針葉樹　常緑樹　落葉樹　果樹　▽ご神木　霊木　珍木
き【生】⇩ほんもの
き【気】⇩きもち
き【黄】⇩きいろ
ぎ【義】⇩どうとく

ぎ【技】⇩わざ(技)

きあい【気合い】⇩げんき

きい【奇異】⇩へん

キー ①ピアノのキー　鍵《けん》　鍵盤　▽電鍵　開閉器　スイッチ　②ドアのキー↓かぎ

きいっぽん【生一本】⇩じゅんすい

きいろ【黄色】 黄色い　木の葉が黄ばむ　▽黄《き》に変わる　樺《かば》色　卵色　山吹《やまぶき》色　飴《あめ》色　海老《えび》茶　イエロー　オレンジ　ベージュ色　黄色《おうしょく》人種　黄色《おうしょく》火薬　黄白《おうはく》色　卵黄《らんおう》色　▽黄金《こがね》色　金色　ゴールド

きいろい【黄色い】⇩きいろ

きいん【起因】⇩げんいん

ぎいん【議員】⇩いいん

きうけ【気受け】⇩にんき

きうん【機運】⇩チャンス

きえ【帰依】⇩しんこう(信仰)

きえる【消える】 無くなる　失《う》せる　消え失せる　消し飛ぶ　立ち消え　消失　消滅　消散　消尽　雲散霧消

きえん【気炎・気焔】⇩いきおい

ぎえんきん【義捐金】⇩きふ

きおう【気負う】⇩ふるいたつ

きおく【記憶】 暗記　暗識　銘記　覚えがある　物覚えが良い　心覚えのメモ　空覚え　うろ覚え　馬鹿の一つ覚え　▽見覚え　聞き覚え

きおくれ【気後れ】 怖気《おじけ》を感じる　物怖じする　臆《おく》する　悪びれる　怯《ひる》む　おどおどする

きおち【気落ち】⇩がっかり

きおん【気温】⇩きこう(気候)

きかい【奇怪】⇩ふしぎ

きかい ①**【機械】** 複雑　工作・医療‐機械　器械　○○機　装置　機関　マシン　オートメーション　からくり　②**【器械】** 単純　測定・実験‐器械　器械体操　器具　○○器

きかい【機会】⇩チャンス

きがい【気概】⇩げんき

ぎかい【議会】 議院　国会　帝国議会　▽衆議院　衆院　参議院　参院　衆参両院　▽上院　下院　上下両院　▽都議会　道議会　府議会　府会　県議会　県会　市・町・村‐議会

きかえる【着替える】⇩きる(着る)

きがかり【気掛かり】⇩しんぱい

きがきく【気が利く】 気・才・才知‐が回る　機転が利く　如才がない　才覚・才知‐がある　要領がいい　臨機応変　当意即妙

きかく【企画・企劃】⇩くわだて

きかく【規格】⇩かた(型)

きかざる【着飾る】⇩よそおう

きがね【気兼ね】⇩きにかける

きがまえ【気構え】⇩こころがけ

きがる【気軽】 対気重　気楽　気さく　物事にこだわらない　勿体《もったい》振らない　打ち解け易《やす》い　楽な気持ち　フランク　率直

きかん【奇観】⇩けしき(景色)

きかん【帰還】⇩かえる(帰る)

きかん【期間】 期日　日数《にっすう》　年月《ねんげつ》　年限　年期　年間　月間　半期　四

半期 日数《ひかず》 年月《としつき》 ▽前期 後期 上期 下期 初期 中期 末期 今期 前期 来期 ▽有期 無期 任期 会期 刑期

きかん【機関】 ①蒸気機関 電機 電動機 発動機 モーター エンジン ディーゼル タービン ジェット ②審議機関 機構 中枢 自治体 本部 本局 本店

きかん【旗艦】 ⇩ぐんかん

きかんき【聞かん気】 ⇩こんじょう(根性)

きかんぼう【聞かん坊】 ⇩わからずや

きき【危機】 危局が訪れる 危難 危地に陥る 窮地 危殆《きたい》に瀕する 危急存亡の秋 虎口《ここう》を脱する ピンチ

ききあわせる【聞き合わせる】 ⇩といあわせる

ききいれる【聴き入れる】 ⇩うけいれる

ききかえす【聞き返す】 問い返す 聞き・問い-直す 聞き・問い-糺す 反問 押し問答

ききかじる【聞き齧る】 ⇩しる(知る)

ききぐるしい【聞き苦しい】 ⇩みみざわり(耳障り)

ききつける【聞き付ける】 ⇩しる(知る)

ききめ【効き目】 甲斐《かい》がある 薬の験《しるし》が現れる 詮《せん》ないこと 効《こう》を奏する 効果 効能 効用 効験 効力 実効 即効 特効 偉効 殊効 霊験灼《あらたか》 ▽有効 奏効 発効 ▽法律が失効する 時効になる 無効

ききゃく【棄却】 ⇩しりぞける

ききゅう【帰休】 ⇩しつぎょう

ききょ【起居】 ⇩くらし

ききょう【帰郷】 ⇩さとがえり

きぎょう【企業】 ⇩じぎょう

きぎょう【起業】 ⇩せつりつ

ぎきょう【義侠】 ⇩おとこだて

ききわける【聞き分ける】 ⇩したがう

ききん【飢饉】 ⇩ふさく

きく ①【聞く】耳で 聞こえる 聞き-流す・漏らす・落とす ▽【訊く】道を訊く↓たずねる

②【聴く】注意して 聴き-取る・込む 聴取 謹聴 傾聴 聴講 ▽要求を聴く↓ゆるす 〔敬語〕〔相手方が〕ご高聞・ご令聞-に達する ご清聴を汚す ご聴納を賜る 聞こし召す お耳-に達する・を汚す お聞き及び・お聞き取り-になる/〔自分側が〕伺う お話を承る 拝聴 拝聞 敬承 敬聴 拝承 耳にする 聞き及ぶ

きく ①【効く】好結果 薬・宣伝-が効く 有効 奏効 発効 効果てきめん 効能が現れる 霊験灼《あらたか》 ②【利く】役立つ 左手・応用-が利く 凡人の能《よ》くするところではない できる 役立てる 利用 活用 応用

きぐ【器具】 ⇩どうぐ

きぐ【危惧】 ⇩しんぱい

きぐう【奇遇】 ⇩めぐりあい

きくばり【気配り】 ⇩こころがけ

きぐらい【気位】 気品がある 品性 品位を保つ 人品卑しからぬ 誇りが高い 自尊心 ▽上品 下品

きぐろう【気苦労】⇩しんぱい

きけい【奇景】⇩けしき(景色)

ぎげい【技芸】⇩わざ(技)

きげき【喜劇】笑劇　滑稽《こっけい》劇　諧謔《かいぎゃく》劇　茶番劇　狂言　道化《どうけ》　コメディー　ファルス

きけつ【帰結】⇩けつろん

ぎけつ【議決】⇩きめる

きけん【危険】⇩あぶない

きげん【起源・起原】⇩はじまり

きげん【期限】⇩きじつ

きげん【機嫌】気分を損ねる　気色《きしょく》が優れない　気色《けしき》を損じる　感触　感情　気持ち　顔色　鼻息を窺う　風向きが悪い　お天気

きげんをとる【機嫌を取る】⇩へつらう

きこう【気候】気象　天候　時候　天気　陽気　寒暑　寒暖　気温

きこう【紀行】紀行文　旅行記　旅日記　道中記

きこう【起工】⇩はじめる

きこう【寄稿】投稿　寄書　投書欄　執筆　送稿　稿を送る　書き送る

きこう【機構】⇩しくみ

きごう【記号】⇩しるし(印)

ぎこう【技巧】⇩くふう

きこえ【聞こえ】評判がいい　外聞が悪い　外見　名声が高い　耳当たり　耳触り　▽有名　著名

きこえる【聞こえる】⇩きく(聞く)

きこく【帰国】⇩かえる(帰る)

ぎこちない⇩へた

きこつ【気骨】⇩こんじょう(根性)

きこり【樵】木引《こびき》き　山男　杣《そま》人　山がつ　樵子《しょうし》　樵夫　樵人

きざ【気障】⇩きどる

きさい【記載】⇩のせる(載せる)

きさく【気さく】⇩きがる

ぎさく【偽作】⇩にせもの(偽物)

きざし【兆し】台風の前触れ　先触れ　芽生え　おめでたの徴《しるし》　病気の兆候　地震の前兆　文化の萌芽《ほうが》　▽吉兆　瑞兆《ずいちょう》が現れる　瑞祥　幸先《さいさき》がよい　縁起がいい　▽凶兆　悪兆

きざす【兆す】⇩はじまる

きざむ【刻む】⇩ほる(彫る)

きさらぎ【如月】⇩にがつ

きし【岸】磯《いそ》　浜　浦　汀《みぎわ》　渚《なぎさ》　波打ち際　海辺《うみべ》　浜辺　岸辺　磯辺　水辺　水際　海際　砂浜　荒磯《ありそ》　海沿い　ビーチ　シーサイド　海岸　沿岸　海浜　▽川岸　川端　河岸《かし》　川畔　▽湖岸　湖畔

きじ【記事】新聞記事　記録　報道　報告　ニュース　レポート

きじ【生地】切れ　布　切れ地　布地　服地　用布　反物　▽木綿《もめん》　綿布　さらし　麻　絹　絹布　羽二重　縮緬《ちりめん》　銘仙　縮み　繻子《しゅす》　さらさ　つむぎ　かすり　錦《にしき》　▽メリヤス　サージ　ラシャ　ビロード　ネル　フラノ　ズック　▽人絹　スフ　ナイロン　ビニロン　テトロン　フリース

ぎし【技師】技手《ぎて》　技員　技官　技術‐官・吏・員　職人　工人　工匠

ぎしき【儀式】⇩しき(式)
ぎしきばる【儀式張る】⇩けいしきばる
きしつ【気質】⇩せいしつ
きじつ【期日】期限　期間　時期　時限　立法　刻限　日限を切る　年限　日取り　締め切り
きしむ【軋む】⇩ひびく
きしゃ【汽車】⇩てつどう
きしゃ【記者】新聞記者　執筆者　文筆家　評論家　書き手　ライター　ジャーナリスト
きしゃ【喜捨】⇩きふ
きしゅ【騎手】⇩うまかた
きじゅ【喜寿】⇩おい(老い)
きしゅく【寄宿】⇩とまる(泊まる)
きじゅつ【奇術】⇩まほう
ぎじゅつ【技術】技《ぎ》を磨く　技巧　技芸　技法　工法　技量　手筋《てすじ》　柔道の技《わざ》　テクニック
きじゅん【基準・規準】⇩めやす
きしょう【気性】⇩せいしつ
きしょう【希少】⇩すくない

きしょう【記章・徽章】帽章　襟章　腕章　肩章　バッジ　マーク
きしょう【起床】⇩おきる
きじょう【気丈】⇩しっかり
きしる【軋る】⇩ひびく
きしん【寄進】⇩きふ
きじん【奇人】⇩かわりもの
キスベーゼ　口付け　口吸い　口合わせ　接吻《せっぷん》　口接
きず①【傷・創】手に傷を負う↓けが　②【疵・瑕】欠陥　品物の疵　あらを探す　欠陥　不備　瑕瑾《かきん》を咎める　工事の瑕疵《かし》　難点　欠点
きずい【気随】⇩わがまま
きすう【帰趨】⇩けつろん
きずく【築く】造る　築き・造り上げる　築造　建造　建設　建築　造築　造営　営築　工築　修築工事　増築　▽築堤　築城　築港
きずぐち【傷口】⇩けが
きずつく【傷つく】手に傷を受ける　怪我《けが》する　痛む　負傷　▽損なう　壊れる　損傷　損壊　破壊

きずつける【傷つける】⇩そこなう
きずな【絆】⇩えん(縁)
きずもの【傷物】出来損ない　損傷品　瑕疵《しか》品　ルーズ物　▽いかもの　食わせ物　下手物《げて》
きする【帰する】⇩もどる
きする【記する】⇩かく(書く)
きする【期する】⇩こころざす
ぎする【擬する】⇩たとえる
ぎする【議する】⇩そうだん
きせい【気勢】⇩いきおい
きせい【帰省】⇩さとがえり
ぎせい【犠牲】献身　奉仕　殉死　殉職　殉難　殉国　人柱《ひとばしら》　人身《ひとみ》御供《ごくう》　いけにえ　捨て石になる
ぎせいてき【犠牲的】⇩いのちがけ
きせつ【季節】時節　時候　時期　陽気がよくなる　四季折々　春秋　季を選ぶ　春暖の候　シーズン
きぜつ【気絶】失神して倒れる　喪神　茫然自失　虚脱状態　放心　悶絶《もんぜつ》　▽

卒倒　昏倒《こんとう》　倒れる

きぜわしい【気忙しい】　せわしない　落ち着かない　慌ただしい　そわそわ　せかせか　せっかちな人

きせん【汽船】　⇩ふね(船)

きせん【機先】　⇩せんて

きそ【基礎】　⇩もとい

きそ【起訴】　⇩うったえる

きそう【起草】　⇩かく(書く)

きそう【競う】　⇩あらそう

きぞう【寄贈】　⇩きふ

ぎぞう【偽造】　⇩にせもの(偽物)

きそく【規則】　規律　規約　法　取扱規程　規矩《きく》準縄　条規　例規　細則　細規　内規　付則　決まり　定め　掟《おきて》　決め　取り決め　ルール　プリンシプル　▽会則　学則　校則　校規　綱紀　官規　軍規

きぞく【帰属】　⇩しょぞく

きぞく【貴族】　華族　皇族　貴人　貴紳　貴顕　豪族　▽公爵　侯爵　伯爵　子爵　男爵

きそん【毀損】　⇩こわす

きた【北】　対南　真北　北側　北部　北方　玄武　朔北《さくほく》　子《ね》の方角　▽山北　山陰

きたい【気体】　気　空気　水蒸気　熱気　温気　涼気　寒気　湿気　ガス

きたい【期待】　予期した通り　所期の目的　嘱望　要望に応える　待望　待期　心待ちにする　見通しが明るい　待ち望む　▽皮算用　目算

きたいはずれ【期待外れ】　見込み違い　目算・計算・勘定-違い　目算外れ　待ち惚《ほう》け　違算がある　誤算

きたえる【鍛える】　金属・体-を練る　選手を扱《しご》く　焼きを入れる　鍛え上げる　鍛練　鍛冶《たんや》　練冶《れんや》　陶冶

きたかぜ【北風】　⇩かぜ(風)

きたく【寄託】　⇩たのむ(頼む)

きたく【帰宅】　⇩かえる(帰る)

きたす【来す】　破局を招く　危機に陥る　非常事態になる　襲われる　結果する

きだて【気立て】　⇩せいしつ

きたない【汚い】　対きれい　汚らしい　むさい　むさ苦しい　汚《けが》らわしい　薄汚い　汚《よご》れた　ごみごみ　不潔　不浄　汚濁　汚穢《おわい》　尾籠《びろう》

きたる【来る】　①管弦楽団来る　↓くる　②対去る　来る十日　来《らい》　この　今週の　今月の

きたんない【忌憚ない】　遠慮ない意見　率直　単刀直入に言うと　明けすけ　憚《はばか》らない　憚りない　ざっくばらん　歯に衣《きぬ》着せず言う

きち【基地】　本拠　根拠地　拠点　本城　居城　牙城《がじょう》　本陣　本営　根城《ねじろ》　ベースキャンプ

きち【機知・機智】　⇩きてん

きち【吉】　⇩しあわせ(幸せ)

きちにち【吉日】　⇩ひがら

きちゃく【帰着】　⇩けつろん

きちゅう【忌中】　⇩も

きちょう【貴重】　⇩とうとい(貴い)

きちょうめん【几帳面】　⇩まじめ

きちんと　⇩ちゃんと

きつい 酷《ひど》い 手痛い 損害 手酷い 凄《すさま》じい 物凄《すご》い
きづかい【気遣い】⇩こころがけ
きづかう【気遣う】⇩しんぱい
きっかけ【切っ掛け】糸口 手掛かり 足掛かり 弾み 鍵《かぎ》 発端 端緒 発展の契機となる 動機 転機 誘因 動因 要因 導火線
きっきん【喫緊】⇩せまる
きづく【気付く】⇩しる(知る)
きっこう【拮抗】⇩あらそう
きっすい【生粋】⇩はえぬき
きっする【喫する】⇩こうむる
きっちり ⇩ちょうど(丁度)
キッチン ⇩だいどころ
きって【切手】郵便切手 郵券 封入 郵税 印紙 スタンプ ▽商品切手 商品券 チケット
きっての【切っての】⇩もっとも(最も)
きっと【屹度】⇩かならず
きっぱり はっきり 断じて 断然 断固として 断然 決然として 単刀直入に言う 辛辣《しんらつ》な批評
きっぷ【切符】乗車券 乗船券 航空券 入場券 券 チケット 鑑札 ▽回数券 定期券 パス
きっぽう【吉報】⇩しらせ
きづまり【気詰まり】⇩かたくるしい
きつもん【詰問】⇩たずねる(尋ねる)
きづよい【気強い】⇩あんしん
きてい ①【規定】第一条の規定 ↓じょうぶん ▽法律で規定する ↓きめる ②【規程】取扱規程 ↓きそく
ぎてい【義弟】⇩おとうと
きてん【機転・気転】機知 頓知《とんち》 頓才 才知 才覚 当意即妙 臨機応変 気働き 目先が利く 目端 ウイット
きと【企図】⇩くわだてる
きど【木戸】⇩もん(門)
きとう【祈禱】⇩いのり
きどう【起動】⇩うごく
きどう【軌道】⇩コース
きとく【危篤】⇩あつい(篤い)
きとく【奇特】殊勝な心掛け 神妙 感心 健気《けなげ》な子
きどる【気取る】衒《てら》う 澄ます 澄まし込む 勿体《もったい》振る 見栄《えみ》を張る 体裁を飾る 気障《きざ》な男 気障っぽい 虚飾 虚栄
きなが【気長】対 気短 ⇩のんびり
きなくさい【きな臭い】⇩くさい
きなん【危難】⇩わざわい
きにいる【気に入る】対 気に食わない 意を得る 意・心｜に適《かな》う 好きになる 会心の作 適意 敬語 〔相手方が〕お気に召す お目に留まる お心に適う／〔自分側が〕気に｜合う・入る
きにかける【気に懸ける】気にする こだわる 念頭を離れない 気兼ね 注意 配意 配慮 拘泥 固執 頓着《とんちゃく・とんじゃく》
きにする【気にする】⇩きにかける
きにち【忌日】⇩めいにち
きにゅう【記入】⇩かきこむ
きぬ【絹】⇩おりもの

きぬけ【気抜け】⇩がっかり
きねん【希念】⇩ねがう
きねん【記念】思い出　形見の品　遺品　遺物　メモリー　スーベニール
きねんひ【記念碑】⇩せきひ
きねんび【記念日】祝日　祭日　祝祭日　縁日　旗日《はたび》　▽誕生日　生誕祭　生誕○年記念
きのう【機能】⇩はたらき
きのう【昨日】前の日　過ぐる日　昨日《さくじつ》　前日　昨夜　昨晩　昨夕　昨夜《ゆうべ》の雨　昨○日　前○日　過ぐる○日
ぎのう【技能】⇩うでまえ
きのどく【気の毒】⇩かわいそう
きのみ【木の実】⇩み(実)
きのり【気乗り】⇩せっきょくてき
きば【牙】⇩は(歯)
きはく【気魄】⇩げんき
きばつ【奇抜】⇩めずらしい
きばむ【黄ばむ】⇩きいろ
きばや【気早】⇩きみじか
きばらし【気晴らし】⇩なぐさみ

きばる【気張る】⇩がんばる
きはん【規範】⇩てほん
きばん【基盤】⇩もとい
きひ【忌避】⇩さける(避ける)
きびきび⇩すばやい
きびしい【厳しい】対緩い　手厳しい　惨《むご》い　酷《ひど》い　厳重　厳格　峻厳《げんしゅん》　峻烈　苛烈《かれつ》　苛虐　苛酷　仮借しない　情け容赦もない　秋霜烈日
きひん【気品】⇩ひとがら
きびん【機敏】⇩すばやい
きふ【寄付・寄附】神仏へ寄進する　寄贈　献上　奉納　献納　喜捨　出捐《しゅつえん》　義捐　棄捐　施しを受ける　▽献金　義金　義捐金
きふう【気風】⇩せいしつ
きふく【起伏】⇩でこぼこ
きぶつ【器物】⇩どうぐ
ギフト⇩おくりもの
きぶん【気分】⇩きもち
きべん【詭弁】⇩りくつ

きぼ【規模】⇩しくみ
きぼう【希望】⇩のぞむ(望む)
きぼね【気骨】⇩くろう
きほん【基本】⇩もとい
きまえがいい【気前がいい】⇩むよく
きまぐれ【気紛れ】⇩うわき
きまじめ【生真面目】⇩まじめ
きまずい【気まずい】具合・調子・折り合い‐が悪い　落ち着かない　不愉快な思いをする
きまま【気儘】⇩わがまま
きまり【決まり】①決まりを守る↓きそく　②決まりを付ける↓けつろん
きまりがわるい【決まりが悪い】⇩はずかしい
きまりもんく【決まり文句】決まり口上　お定まり　口癖になっている　愛用語　常套《じょうとう》‐語・句
きまる【決まる】規則で決まる　定まる　運命が決する　決定　確定　決着が付く　▽【極まる】月一回と極まる　取り極め　申し合わせ　相談　協定

約束　約定《やくじょう》　契約
ぎまん【欺瞞】⇩ごまかす
きみ【気味】⇩ようす
きみ【君】⇩あなた
きみがわるい【気味が悪い】⇩こわい（怖い）
きみじか【気短】 対気長　気早　せっかち　怒りっぽい　短気を起こす　性急に事を運ぶ　短慮を戒める　血気にはやる
きみつ【機密】⇩ひみつ
きみょう【奇妙】⇩へん
ぎむ【義務】⇩つとめ（務め）
きむずかしい【気難しい】　機嫌が悪い　扱いにくい　不機嫌　不興を買う
きむすめ【生娘】　おぼこ　乙女《おとめ》　バージン　処女　未通女　純潔
きめこまかい【肌理細かい】⇩ちみつ
きめこむ【決め込む】⇩ひとりぎめ
きめつける【極め付ける】⇩やりこめる
きめて【決め手・極め手】⇩おくのて
きめる【決める】　さだめる　規則を決める　定める　決する　見定める　思い定める　決定　制定　確定　設定　既定　予定　未定　暫定　改定　公定　法定　法律で規定する　国定　▽決を採る　議決　採決　可決　表決　否決　▽死刑に処する　判決　宣告　▽【極める】　約束　月一回と極める　取り極める　申し合わせる　相談　協定　約束　約定《やくじょう》　契約
きも【肝】　内臓　鶏・鰻《うなぎ》の肝　肝臓　臓物《ぞうもつ》　▽【胆】　気持ち　胆が大きい・を冷やす　肝魂《きもだま》　度胸　胆気　胆力　▽太っ腹　胆っ玉が大きい
きもいり【肝煎り】⇩せわ
きもだま【肝魂】⇩きも
きもち【気持ち】　気が変わる　心　思い　心持ち　心根　心地《ここち》　具合《ぐあい》　感じ　気分　気色が悪い　感情　心中　心境　心理　精神　胸中　内心　意気　意気込み　▽居心地　寝心地　座り・乗り心地　敬語〔相手方の〕ご芳志　ご芳情　ご深情／〔自分側の〕心地　意のあるところ　微意
きもちよい【気持ちよい】⇩こころよい
きもの【着物】　衣類　衣服　衣装　和服　▽街着《まちぎ》　普段着　訪問着　喪服　▽寝巻き　どてら　▽夏物　冬物　合い着　着替え
ぎもん【疑問】⇩うたがい
きゃく【客】　お客　お客様　ゲスト　▽来客　客人　賓客　来賓　訪問者　先客がある　主賓　貴賓　国賓待遇　弔客　▽観客　乗客　旅客　行客　浴客　▽購買者　顧客　買い手　お得意　お得意様　常連　固定客
きやく【規約】⇩きそく
ぎゃく【逆】⇩さかさ
ぎゃくさつ【虐殺】⇩ころす
きゃくしつ【客室】⇩ざしき
ぎゃくじょう【逆上】⇩のぼせる
ぎゃくたい【虐待】⇩いじめる
きゃくひき【客引き】⇩あんないにん
きゃくま【客間】⇩ざしき
ぎゃくもどり【逆戻り】⇩もどる
きゃしゃ【華奢】⇩よわい（弱い）

きやすい【気安い】⇩のんき
きやすめ【気休め】⇩あんしん
きゃっか【却下】⇩しりぞける
ぎゃっきょう【逆境】⇩ふしあわせ
ギャップ　隔たり　隙間《すきま》　溝　割れ目
懸隔が甚だしい　間隔　距離
ギャング⇩どろぼう
キャンセル⇩かいやく
キャンパス⇩しきち
きゅう【級】⇩くみ(組)
きゆう【杞憂】⇩しんぱい
きゅうえん【救援】⇩すくう(救う)
きゅうか【旧家】⇩めいもん
きゅうか【休暇】⇩やすみ
きゅうきゅう【救急】⇩すくう(救う)
きゅうきょう【窮境】⇩ふしあわせ
きゅうぎょう【休業】⇩やすみ
きゅうきょく【究極・窮極】⇩おわり
きゅうきん【給金】⇩きゅうりょう(給料)
きゅうくつ【窮屈】①窮屈な場所　↓せまい　②窮屈な家庭↓かたくるしい

きゅうけい【休憩】⇩やすみ
きゅうご【救護】⇩すくう(救う)
きゅうじ【給仕】⇩しようにん
きゅうしき【旧式】㊥新式　旧型の機械　旧形式　中古《ちゅうこ・ちゅうぶる》　▽古めかしい　古くさい　時代物　博物館行き
きゅうじつ【休日】⇩やすみ
きゅうしゃ【厩舎】⇩こや
きゅうしょ【急所】①急所を打つ　▽致命傷　②急所を押さえる　重点　要点　主眼点　要《かなめ》　壺《つぼ》　ポイント
きゅうじょ【救助】⇩すくう(救う)
きゅうじょう【宮城】⇩こうきょ
ぎゅうじる【牛耳る】⇩つかさどる(司る)
きゅうしんは【急進派】⇩さよく
きゅうすい【給水】⇩はいすい(配水)
きゅうする【窮する】⇩こまる
きゅうする【給する】⇩あたえる
きゅうせき【旧跡・旧蹟】⇩めいしょ
きゅうせん【休戦】⇩なかなおり
きゅうそく【休息】⇩やすみ

きゅうだい【及第】⇩ごうかく
きゅうち【旧知】⇩しりあい
きゅうち【窮地】⇩あぶない
きゅうちゅう【宮中】雲上　雲の上　雲居
きゅうなん【救難】⇩すくう(救う)
きゅうに【急に】⇩とつぜん
ぎゅうにゅう【牛乳】⇩ちち(乳)
きゅうはく【急迫】⇩せまる
きゅうへん【急変】⇩かわる(変わる)
きゅうぼう【窮乏】⇩まずしい
きゅうめい　1【究明】明らかにする　公害の原因を究明する↓けんきゅう　2【糾明・糺明】犯罪　容疑者を糾明する↓といつめる
きゅうめい【救命】⇩すくう(救う)
きゅうゆう【旧友】⇩ともだち
きゅうよう【急用】⇩ようじ(用事)
きゅうよう【休養】⇩せいよう(静養)
きゅうりょう【丘陵】⇩やま
きゅうりょう【給料】俸給《ほうきゅう》　給与　賃金　給金　手当《てあて》　▽時間給　時

き

給　日給　日当　週給　月給　月俸　年俸　歳費　禄《ろく》　扶持《ふち》　サラリー　ペイが悪い　▽賞与　期末・年末-手当　ボーナス　▽有給　無給　薄給

きゅうれき【旧暦】⇩こよみ

きょ【居】⇩いえ

きよ【寄与】⇩やくだつ

きよい【清い】　清らか　清々《すがすが》しい　清潔　清澄　清楚《せいそ》　楚々《そそ》たる少女　清浄　清純　清冽《せいれつ》　清廉　潔白　廉白　純心無垢《むく》

きょう【凶】⇩わざわい

きょう【経】　お経　経文　経典　経巻　聖典　仏典　▽聖書　バイブル

きょう【今日】　この日　本日　今日《こんにち》　今朝《けさ》　今朝《こんちょう》　今暁　今夜　今晩　今夕　今宵《こよい》　今○日　当○日

きよう【器用】⇩じょうず

ぎょう【行】　①行に励む　↓しゅぎょう　②最初の行↓れつ

ぎょう【業】⇩じぎょう

きょうい【脅威】⇩おそれ(恐れ)

きょういく【教育】　文教　教学　訓育　薫陶を受ける　授業　知育偏重　徳育　体育　▽教化　教示　教導　善導　指導　感化　啓発　啓蒙《けいもう》　導き　コーチ　エデュケーション

きょういん【教員】⇩せんせい

きょうおう【供応・饗応】⇩ごちそう

きょうか【教化】⇩きょういく

きょうか【強化】⇩ぞうしん

きょうかい【協会】⇩だんたい

きょうかい【境界】⇩さかい

きょうかい【教会】　礼拝《れいはい》堂　祈禱《きとう》所　集会所　斎場　チャーチ

ぎょうかい【業界】⇩しゃかい

きょうかしょ【教科書】　指導書　学校の本　手本　テキスト　▽読本　副読本　リーダー

きょうかん【共感】⇩どうい

きょうかん【教官】⇩せんせい

きょうき【侠気】⇩おとこだて

きょうぎ【協議】⇩そうだん

きょうぎ【競技】⇩スポーツ

ぎょうぎ【行儀】⇩れいぎ

きょうきゅう【供給】　対需要　支給　補給　配給　供出　供与　▽給水　給油　▽供米

ぎょうぎょうしい【仰々しい】⇩おおげさ

きょうきん【胸襟】⇩こころ

きょうぐう【境遇】⇩みのうえ

きょうくん【教訓】⇩おしえ

きょうこ【強固】⇩しっかり

きょうこう【強行】⇩じっこう

ぎょうこう【僥倖】⇩しあわせ(幸せ)

きょうさ【教唆】⇩そそのかす

きょうさく【凶作】⇩ふさく

きょうざめ【興醒め】⇩つまらない

ぎょうさん【仰山】⇩たくさん

きょうし【教師】⇩せんせい

きょうじ【矜持】⇩じそんしん

ぎょうじ【行事】⇩もよおしもの

ぎょうじ【行司】⇩しんぱんいん

きょうしゃ【驕奢】⇩ぜいたく

ぎょうじゃ【行者】⇩そう(僧)

きょうじゅ【教授】①経済学を教授する↓おしえる ②大学の教授↓せんせい
きょうしゅう【郷愁】望郷・懐郷－の念 ノスタルジア ホームシック ▽思慕 憧《あこが》れ
きょうしゅく【恐縮】⇩おそれいる
ぎょうしょう【行商】⇩あきんど
きょうじる【興じる】⇩たのしむ
きょうする【供する】⇩やくだてる
きょうせい【強制】⇩しいる(強いる)
きょうせい【矯正】⇩ただす(正す)
ぎょうせき【業績】⇩せいせき
きょうそ【教祖】開祖 開山 宗祖 始祖 祖師
きょうそう ①【競争】あらそい 競技 勝負 勝敗 角逐 争奪 試合 手合わせ 腕比べ マッチ
②【競走】かけっこ 駆け比べ 徒競走 継走 駅伝競走 ランニング マラソン リレー
ぎょうそう【形相】⇩かおつき
きょうだい【兄弟】姉妹 兄妹 姉弟 同胞 同腹 骨肉 伯叔 ▽乳兄弟 異母兄弟 種違い 異腹兄弟 腹違い 義兄弟
きょうちゅう【胸中】⇩こころ
きょうつう【共通】共有 通有 普遍 一般 一緒
きょうてい【協定】⇩きめる
きょうてん【経典】⇩きょう(経)
きょうど【郷土】⇩ふるさと
きょうどう ①【共同】名詞 共同で行う 共同事業 提携 互恵条約 相互扶助 タイアップ 助け合い 手伝い
②【協同】動詞 協同して行う 足並みを揃《そろ》える 協同組合 連盟 連合 協力 協心 協和 人の和
きょうにのる【興に乗る】⇩うかれる
きょうはく【脅迫】⇩おどす
きょうふ【恐怖】⇩おそれ(恐れ)
きょうみ【興味】関心 好奇心 求知心 ▽感興をそそる 興趣を添える 興感 妙味 面白味
ぎょうむ【業務】⇩しごと
きょうめい【共鳴】⇩さんせい
きょうもん【経文】⇩きょう(経)
きょうよう【強要】⇩しいる(強いる)
きょうり【郷里】⇩ふるさと
きょうりょく【協力】⇩きょうどう(協同)
きょうりょく【強力】⇩つよい
ぎょうれつ【行列】列を作る 隊列 隊伍《たいご》を整える ▽旗行列 提灯《ちょうちん》・稚児《ちご》行列 葬列 デモ隊
きょうれん【教練】⇩れんしゅう
きょか【許可】⇩ゆるす
きょかん【巨漢】⇩おおおとこ
ぎょぎょう【漁業】水産業 魚介業 遠洋・近海－漁業 ▽釣り 網《あみ》魚取り 摑《つか》み取り 貝拾い 潮干狩
きょく【曲】⇩おんがく
きょくげい【曲芸】⇩わざ(業)
きょくげん【極限】⇩はて(涯)
ぎょくこう【玉稿】⇩げんこう

きょくしょ【局所】⇩かなめ
ぎょくしょう【玉章】⇩てがみ
きょくせつ【曲折】⇩まがる
ぎょくそう【玉草】⇩げんこう
きょくち【極致】⇩さいこう(最高)
きょくてん【極点】⇩さいこう(最高)
きょくとう【極東】⇩とうよう(東洋)
きょくめん【局面】⇩なりゆき
きょこう【挙行】⇩おこなう
きょこう【虚構】⇩うそ
ぎょしゃ【御者・馭者】⇩うまかた
きょしょう【巨匠】⇩たいか
ぎょする【御する・馭する】⇩うごかす
きょせい【虚勢】⇩みえ
きょぜつ【拒絶】⇩ことわる
きょだく【許諾】⇩うけいれる
きょっかい【曲解】⇩ごかい
きょとう【巨頭】⇩おやかた
きょどう【挙動】⇩どうさ
きょねん【去年】 対来年　前の年　昨年　前年　旧年　去歳　客年　客歳　こぞ　昨○年　▽旧臘《きゅうろう》(去年の十二月)　旧冬　昨冬

きょひ【拒否】⇩ことわる
ぎょみん【漁民】⇩りょうし(漁師)
きよめる【清める】 どぶを浚《さら》う　汚れを祓《はら》う　祓い清める　浄化装置　港湾の浚渫《しゅんせつ》　車内の清掃　洗浄　払拭《ふっしょく》　▽洗心　潔斎　修祓《しゅうばつ》　精進　物忌み
きょよう【許容】⇩ゆるす
きよらか【清らか】⇩きよい
きょり【距離】 里程　キロ程　道程　行程　航程　遠・長-距離　近・短-距離　道のり　隔たり　懸隔
きらい【嫌い】 対好き　大嫌い　毛嫌い　食わず嫌い　好かない　好まない　いや　嫌気《いやき・いやけ》が差す　真っ平御免　嫌悪《けんお》の情　▽人見知りをする
きらう【嫌う】 対好む　厭《いと》う　忌む　忌み嫌う　疎む　疎んじる　嫌《いや》がる　▽忌避　嫌厭《けんえん》　嫌忌　嫌悪《けんお》の情　▽厭世的　厭戦思想　厭軍
きらく【気楽】 安楽　安閑として　安逸を貪る　寛《くつろ》ぐ　のんきに構える　無頓着《むとんちゃく》　後は野となれ山となれ

きらびやか【煌やか】⇩かがやかしい
きらめく ①【煌く】星が煌く　閃《ひらめ》く　きらつく　②【燦く】シャンデリアが燦く　きらきら・ぎらぎら・照々・煌々《こうこう》・燦々《さんさん》・燦然《さんぜん》―と輝く
きり【霧】 朝霧　夕霧　夜霧　狭霧《さぎり》　煙霧《えんむ》　濃霧　密霧　妖霧《ようむ》　▽靄《もや》　朝靄　夕靄　▽霞《かすみ》　朝霞　夕霞　春霞　▽ガスが掛かる　スモッグ
ぎり【義理】 義理合い　恩義　道義　仁義　徳義　正義　義を重んじる
きりあげる【切り上げる】⇩おわる
きりかえる【切り替える】 繰り・組み・引き-替える　チェンジ　変換　転換　代換　代替
きりきず【切り傷】⇩けが
きりきりまい【きりきり舞い】⇩いそがしい
きりだす【切り出す】⇩はじめる

ぎりだて【義理立て】⇩おんがえし

きりつ【規律】⇩きそく

きりつめる【切り詰める】⇩せつやく

きりぬく【切り抜く】 切り‐取る・出す・集める　スクラップ

きりぬける【切り抜ける】⇩せいこう（成功）

きりふき【霧噴き】 噴霧器　▽水撒《ま》き　如雨露《じょうろ》　火吹き竹

きりふだ【切り札】 奥の手　決め手　最後の‐手段・武器　最上・有力‐手段

きりもり【切り盛り】⇩やりくり

きりょう【器量】 ①⇩はたらき　②⇩かおかたち

ぎりょう【技量・技倆】⇩うでまえ

きりょく【気力】⇩げんき

きる【切る】 はなす　糸・縁‐を切る　断ち切る　切り裂く　鋸で挽《ひ》く　切断　断裁機　▽【伐る】 たおす　立木を伐る　切り倒す　樵《きこ》る　伐採　伐木　▽【斬る】 ころす　刀で斬る　切り‐込む・付ける・落とす　首を刎《は》ねる　ぶった切る　叩《たた》き切る

きる【着る】 対脱ぐ　着ける　着する　体する　纏《まと》う　羽織る　着‐飾る・こなす・替える　着用　着衣　▽厚着　薄着　敬語〔相手方が〕着物を召す　お召しになる　ご着用／〔自分側が〕身に着ける　身に纏う　着用する

きれ【切れ】⇩きじ（生地）

きれい【綺麗】 対汚い　美しい　美々しい　華やか　艶《あで》やか　麗《うるわ》しい　美麗　華麗な装い　華美　優美な曲線　プリティー　ビューティフル

きれつ【亀裂】⇩さけめ

きれはし【切れ端】⇩かけら

きれめ【切れ目】⇩さけめ

きれもの【切れ者】⇩やりて

きれる【切れる】 千切れる　裂ける　紙が破れる　破ける　綻《ほころ》びる　張り裂ける　鉤《かぎ》裂き　破裂　破損

きろ【岐路】⇩わかれみち（分かれ道）

きろく【記録】 記述　記入　口述を筆録する　記載　採録　▽記事　報道　報告　実録　手記　レポート　ルポルタージュ　ドキュメント　ニュース　▽伝記　自伝　自叙伝　評伝　略伝　▽戦記　軍記　合戦記

ぎろん【議論】⇩とうろん

きわ【際】⇩そば

きわだつ【際立つ】⇩めだつ

きわどい【際どい】⇩あぶない

きわまりない【窮まりない】⇩かぎりない

きわまる ①【極まる】 不都合極まる↓とても　②【窮まる】 どこまでも　窮まるところがない　終わる　窮極　終局　▽【谷まる】 ゆきづまる　進退谷まる　切羽《せっぱ》詰まる　二進《にっち》も三進《さっち》も行かない　困り果てる

きわみ【極み】⇩はて（涯）

きわめて【極めて】⇩とても

きわめる ①【極める】 山頂を極める　山頂に到《いた》る　及ぶ　着く　達する　到達　到着　▽栄華を極める　限り

を尽くす　極に達する
②【窮める】　どこまでも　誠を窮める
口を窮めて言う　どこまでも進む
③【究める】　学を究める　↓けんきゅう

きをつかう【気を遣う】⇩こころがけ
きをつける【気を付ける】　注意・用心・深い　敬語《相手方が》ご注意になる　ご留意　ご自重　ご自愛　ご専念　お心添え／《自分側が》注意いたします　気を付けるよう心掛ける
きん【金】　黄金《おうごん》　黄金《こがね》　ゴールド　純金　金無垢《きんむく》　二十四金　金塊　砂金　▽金色《きんいろ・こんじき》　黄金《こがね》色
きん【菌】　黴菌《ばいきん》　細菌　菌類　バクテリア　▽病菌　病原菌　病原体　ウイルス
ぎん【銀】　白銀　燻《いぶ》し銀　白銀《しろがね》　シルバー　純銀の杯　銀無垢《ぎんむく》　銀塊　▽銀色　白一色の世界
きんいろ【金色】⇩きん(金)
ぎんいろ【銀色】⇩ぎん

ぎんが【銀河】⇩ほし
きんかい【欣快】⇩こころよい
きんがく【金額】⇩ねだん
きんがん【近眼】　近視の眼鏡　近視眼　近目《ちかめ》　目が近い　▽遠視　老眼　遠目《とおめ》　目が遠い　▽乱視　斜視　藪睨《やぶにら》み
きんきょう【近況】⇩ようす
きんきん【近々】⇩そのうちに
きんけい【近景】⇩けしき(景色)
きんけん【勤倹】⇩せつやく
きんげん【金言】⇩ことわざ
きんげん【謹厳】⇩まじめ
きんこう【近郊】⇩まちはずれ
きんこう【均衡】⇩つりあい
ぎんこう【銀行】　市中銀行　中央銀行　信託銀行　金庫　信用金庫　公庫　金融公庫　金融機関
きんさ【僅差】⇩さ
きんし【禁止】　禁　禁制　禁圧　制止　禁断　厳禁　天地無用　法度《はっと》　差し止め・押さえ

きんしゃ【禽舎】⇩こや
きんじょ【近所】⇩あたり
きんしょう【僅少】⇩わずか
きんじる【禁じる】　対許す　止める　制する　止《や》めさせる　通行を差し止める　禁止　禁断の木の実　制止　厳禁　▽禁煙　禁酒　禁漁　禁猟　禁輪　禁足　禁外出　足止め　口止め
ぎんじる【吟じる】⇩うたう(歌う)
きんしん【近親】⇩しんるい
きんしん【謹慎】⇩つつしむ
きんせい【均斉】⇩つりあい
きんちゃく【巾着】⇩さいふ
きんちょう【緊張】⇩がんばる
きんちょう【謹聴】⇩きく(聴く)
きんとう【均等】⇩ひとしい
きんにく【筋肉】　肉　手の筋《すじ》　腱《けん》　▽贅肉《ぜいにく》　無駄肉
きんぱく【緊迫】⇩せまる
きんばん【銀盤】⇩こおり
きんぴ【金肥】⇩こやし
きんべん【勤勉】⇩まじめ

きんぺん【近辺】⇩そば
きんまく【銀幕】⇩えいが(映画)
きんまんか【金満家】⇩かねもち
ぎんみ【吟味】　詮議《せんぎ》　穿鑿《せんさく》　点検
検査　検討　責任を追及する　調べ
取り調べを受ける
きんむ【勤務】任務　職務　職分　本
務　本分　責務　社務　労務　出仕
宮仕え　▽当直　日直　宿直　出張
▽残業　夜業　夜なべ　超過勤務
きんよう【緊要】⇩たいせつ
きんらい【近来】⇩ちかごろ
きんり【金利】⇩りそく
きんり【禁裏】⇩こうきょ
きんろう【勤労】⇩しごと

く

ぐ【愚】⇩ばか
ぐあい【具合・工合】程合い　有様　塩
梅《あんばい》　加減　万事調子がいい　程度
様子　状態　状況　事情　▽腹具合
出来具合　火・湯・匙《さじ》加減
くい【杙・杭】棒杙　杙《くいぜ》　坑道の坑木
▽境杭　境界標
くい【悔い】⇩ざんねん
くいあげ【食い上げ】⇩けっしょく
くいき【区域】⇩ちいき
くいこむ【食い込む】⇩おかす(侵す)
くいちがい【食い違い】⇩むじゅん
くいとめる【食い止める】⇩ふせぐ
くいもの【食い物】⇩たべもの
くいる【悔いる】⇩くやむ
くう【空】⇩なにもない
くう【食う・喰う】⇩たべる
ぐうい【寓意】⇩たとえ(例え)
くうかん【空間】⇩すきま
くうき【空気】①空気を吸う　大気　外
気　熱気　冷気　②和やかな空気に
なる　雰囲気　気分　環境
くうきょ【空虚】⇩むなしい(空しい)
ぐうする【遇する】⇩もてなす
くうぜん【空前】⇩かっきてき
ぐうぜん【偶然】⇩おもいがけない
くうそう【空想】⇩おもう
くうちゅう【空中】⇩そら
くうはく【空白】⇩なにもない
くうひ【空費】⇩むだづかい
くうふく【空腹】対満腹　⇩うえる(飢える)
くうろ【空路】⇩コース
くうろん【空論】⇩がくせつ
ぐうわ【寓話】⇩たとえ
くかく【区画・区劃】⇩ちいき
くがく【苦学】⇩まなぶ
くがつ【九月】長月《ながつき》　初秋　新秋　早
秋　▽秋涼の候　清涼の砌《みぎり》　新涼
の折柄　文章 豪雨も漸《ようや》く治まり、
俄《にわ》かに秋色を帯びてまいりまし
た／朝夕は漸く凌《しの》ぎやすさを覚え
るこのごろ　暦 敬老の日(第三月曜
日)／秋分の日(二十三日ごろ)／二百十
日(一日ごろ)／二百二十日(十日ごろ)／
白露(七日ごろ)／重陽の節句・菊の節
句(九日)
くき【茎】軸《じく》　幹《から》　茎幹　花柄《かへい》　花

梗《かこう》 緑茎 長茎 軟茎 ▽根茎 地下茎 ▽朝顔の蔓《つる》 ▽藁《わら》 麦藁 芋幹《いもがら》 芋茎《ずいき》

くぎ【釘】 五寸釘 折れ釘 合い釘 金釘 竹釘 螺子《ねじ》 螺子釘 鋲《びょう》 鋲釘 鎹《かすがい》 蝶番《ちょうつがい》

くぎづけ【釘付け】⇩つける(付ける)

くきょう【苦境・苦況】⇩ふしあわせ

くぎり ①【区切り】 まとまり 土地・仕事ーの区切り 仕切り けじめ 歯切れがいい 区分 土地の区画 境界 ②【句切り】 ことば 文・語句ーの句切り 句読《くとう》 段落 段節

くぎる ①【区切る】 場所 会場・土地ーを区切る 仕切る 画する 分ける 区分け 区分 区画 ②【句切る】 ことば 文・段落ーを句切る 切る 分ける ▽分かち書き 分別書法

くく【区々】⇩いろいろ

くくる ①【括る】 一緒 柱に・薪をー括る 引っ括る 縛る 結ぶ 結わえる 束《たば》ねる 束《かつ》ねる 絡《から》げる 纏《まと》める 書類を綴《つづ》る 一括しておく 括束 括縛 ②【縊る】 絞める 首を縊る 縊《くび》る 絞める 縊死《いし》 絞首刑

くぐる【潜る】⇩とおる

くけい【矩形】⇩しかくけい

くげん【苦言】⇩いましめる

ぐけん【愚見】⇩しけん(私見)

くさ【草】 若草 青草 千草 蔓《つる》草 庭草 夏草 秋草 枯れ草 干し草 牧草 雑草 薬草 毒草 草本 ▽浮き草 水草 海藻 藻《も》

くさい【臭い】 生臭い魚 焦げ臭い きな臭い 青臭い 泥臭い 黴《かび》臭い 鼻を衝《つ》く

くさぐさ【種々】⇩いろいろ

くさす【腐す】⇩けなす

くさとり【草取り】 草刈り 草挘《むし》り 除草 刈除《かいじょ》 ▽柴《しば》取り 柴刈り

くさはら【草原】⇩はら(原)

くさみ【臭み】⇩におい(臭い)

くさむら【草叢】⇩しげみ

くさり【鎖】 輪《わ》繋《つな》ぎ チェーン 鎖条 鉄鎖 連鎖反応を起こす

くさる【腐る】 ①食べ物が腐る 朽《く》ちる 腐食 饐《す》える 腐敗 腐爛《ふらん》 発酵 ②気が腐る↓がっかり

くさわけ【草分け】⇩はじまり

くじ【籤】 宝籤 富籤 お神籤《みくじ》 福引き 籤ー引き・取り・抜き 抽選 ▽当たり籤 外れ籤 ▽当選 落選

くじく【挫く】 拉《ひし》ぐ 踏み躙《にじ》る 挫折《ざせつ》 蹂躙《じゅうりん》

くしけずる【梳る】⇩すく(梳く)

くじける【挫ける】⇩がっかり

くじびき【籤引き】⇩くじ

くじゅう【苦渋】⇩くるしみ

くじょ【駆除】⇩おいはらう

くじょう【苦情】 不満 不平 不服 文句 小言《こごと》 クレーム

くじる【抉る】⇩ほる(掘る)

くしん【苦心】⇩くろう

くず【屑】 襤褸《ぼろ》 反古《ほご》 がらくた 魚

の粗《あら》　スクラップ　欠片　破片　不用物　滓《かす》　▽紙屑　大鋸《おが》屑　鉋《かんな》屑　木端《こっぱ》　木切れ　金屑　鉄屑

ぐずぐず【愚図愚図】　①愚図愚図する ↓おそい　②愚図愚図言う ↓ふまん

くすぐる【擽る】　⇩かく(掻く)

くずす【崩す】　①山を崩す　岩を砕く　壊す　乱す　破壊　②お金を崩す　細かくする　替える　両替

くすねる　⇩ぬすむ

くすぶる【燻る】　⇩けむる

くずもの【屑物】　⇩はいひん

くすり【薬】　対毒　薬品　薬剤　薬種　薬物　薬石　医薬品　良薬　妙薬　霊薬　秘薬　仙薬　特効薬　頓服《とんぷく》　▽売薬　持薬　漢方薬　生薬《しょうやく・きぐすり》　本草《ほんぞう》　▽飲み薬　内服薬　塗り薬　外用薬　粉薬　散薬　丸薬　丸剤　錠剤　水薬　煎《せん》じ薬　乳剤　練り薬　膏薬《こうやく》　▽胃散　毒消し　解毒剤　熱冷まし　解熱剤　通じ薬　下剤　緩下剤　虫下し　駆虫剤　痛み止め　鎮痛剤　覚醒《かくせい》剤　麻薬　麻酔剤　眠り薬　睡眠剤　強壮剤　強心剤　抗生剤　▽防虫剤　殺虫剤

くすりや【薬屋】　薬店　薬舗　薬剤店　薬種屋　生薬屋　売薬店

ぐずる【愚図る】　憤《むずか》る　拗《す》ねる　愚図愚図言う　駄々を捏《こ》ねる　不平不満　不服

くずれる【崩れる】　落ちる　崩れ落ちる　土手が切れる　砕ける　崩壊　決壊　崩落　体制が瓦解する

くせ【癖】　一癖《ひとくせ》ある　性癖《せいへき》　習癖がある　常習　悪習　悪癖　奇癖　偏癖　▽口癖《くちぐせ》　筆癖　▽手癖が悪い　盗み癖　盗癖

くせもの【曲者】　⇩わるもの

くせん【苦戦】　⇩たたかう(戦う)

くそ【糞】　⇩だいべん

くだ【管】　⇩つつ

ぐたいてき【具体的】　対抽象的　具象的　具現的　有形的

くだく【砕く】　打ち・踏み・噛《か》み・擂《す》り‐砕く　粉にする　粉々にする　割る　粉砕　破砕　撃砕　爆砕

ください【下さい】　⇩せよ

くださる【下さる】　①本を下さる ↓もらう　②書いてくださる ↓くれる

くたばる【斃る】　⇩つかれる

くたびれる【草臥れる】　⇩つかれる

くだもの【果物】　⇩み(実)

くだものや【果物屋】　⇩やおや

くだらない【下らない】　詰まらない　馬鹿《ばか》馬鹿しい　俗っぽい　無意味　無価値　低俗　下品

くだりざか【下り坂】　⇩さか

くだる【下る】　対上る　川を・命令が‐下る　下向　降下　▽下校　退庁　退社　下阪《げはん》(大阪へ)　退京　西下　南下　▽【降る】下界へ降る　降下　▽負ける　敵に降る　屈する　服する　降参　降服　投降　帰順　帰服　帰降　服従　屈従　屈服　落城

くだんの【件の】　⇩とうの

くち【口】　口腔《こうこう》衛生　口室　▽大口

鰐《わに》・壺《つぼ》ー口　おちょぼ口

ぐち【愚痴】⇩ふまん

くちうるさい【口うるさい】⇩くちやかましい

くちおしい【口惜しい】⇩くやしい

くちがね【口金】⇩せん(栓)

くちきき【口利き】⇩せわ

くちぎたない【口汚い】⇩げひん

くちく【駆逐】⇩おいはらう

くちごたえ【口答え】言い返す　逆《さか》ねじを食らわす　口喧嘩《げんか》　口争い　言い合い　言い争い　口論　▽盾突く　食って掛かる

くちさき【口先】舌先三寸　口元　口頭で答える　口角泡を飛ばす　舌端火を噴く　舌頭　舌鋒《ぜっぽう》

くちじょうず【口上手】対口下手　話し上手　言葉上手　口達者　言葉達者　手八丁口八丁　口から先に生まれたような男　巧言令色

くちずさむ【口遊む】⇩うたう(歌う)

くちぞえ【口添え】⇩とりなし

くちだし【口出し】お節介　出しゃばり　口　差し出口　干渉　関与　関係　容喙《ようかい》　介入　喙《くちばし》を入れる　立ち入る　割り込む　拘《かか》わる

くちつき【口付き】⇩ことばづかい

くちづけ【口付け】口吸い　ベーゼ　キス　接吻《せっぷん》　▽頬《ほお》擦り　頬寄せ

くちづたえ【口伝え】口移し　口伝《くちづ》て　口授《くじゅ》　一子相伝　口伝《くでん》　秘伝　▽語り伝え　言い伝え　口碑

くちづて【口伝て】⇩くちづたえ

くちどめ【口止め】⇩きんじる

くちばし ①【嘴】鳥類　鳥の嘴　鳥嘴　利嘴　曲嘴　鉤嘴《こうし》　嘴《ちょうし》 ②【喙】物言い　喙を入れる ↓くちだし

くちばしる【口走る】⇩いう(言う)

くちはばったい【口幅ったい】⇩でしゃばる

くちびる【唇】口唇《こうしん》　吻唇《ふんしん》　紅唇　朱唇　丹唇　花唇　花吻　リップ

くちぶり【口振り】⇩ことばづかい

くちべた【口下手】対口上手　話し下手　言葉下手　口不調法　訥弁《とつべん》

くちまね【口真似】⇩まね

くちやかましい【口喧しい】口うるさい　喧しい　うるさい　気難しい　咎《とが》め立て

くちょう【口調】⇩はなしかた

くちる【朽ちる】⇩くさる

ぐちる【愚痴る】⇩ぼやく

くつ ①【靴】革靴　短靴　長靴　革の編上げ靴　運動靴　ソックス　シューズ　ブーツ　▽上《うわ》靴　上履き　下履き　泥靴　土足厳禁 ②【沓】はきもの　冠と沓　沓脱ぎ石

くつう【苦痛】⇩くるしみ

くつがえす【覆す】茶碗・花瓶ーを反《かえ》す　引っ繰り返す　でんぐり返す　転倒　転覆　▽打ち倒す　滅ぼす　打倒

くつがえる【覆る】茶碗・花瓶ーが反《かえ》る　引っ繰り返る　でんぐり返る　もんどり打つ　横倒しになる　転がる　転倒　転覆　傾覆　倒覆　覆墜

くっきょく【屈曲】⇩まがる
くっし【屈指】⇩ゆうめい
くっする【屈する】①腰を屈する ↓まげる　②敵に屈する↓くだる
くつずれ【靴擦れ】⇩けが
くっせつ【屈折】⇩まがる
くったく【屈託】⇩しんぱい
くっつく【食っ付く】⇩つく(付く)
くっつける【食っ付ける】⇩つける(付ける)
くっぷく【屈服・屈伏】⇩くだる
くつろぐ【寛ぐ】安らぐ　楽にする　伸び伸びする　ゆっくりする　体を休める　気楽　安楽
くでん【口伝】⇩くちづたえ
くどい【諄い】⇩しつこい
くどく【功徳】ご利益《りやく》　恩徳　恩恵　加護　庇護《ひご》　福利　霊験灼《あらた》か　験《げん》がある　徳　恵み　お蔭《かげ》
くどく【口説く】言い寄る　説き伏せる　説得　説伏　折伏《しゃくぶく》　口説き落とす
ぐとく【愚禿】⇩そう(僧)

くなん【苦難】⇩くるしみ
くに ①【国】国を治める　国家　国土　天下　連邦　合衆国　帝国　王国　民主国　法治国　大国　強国　強大国　小国　弱小国　▽列国　諸国　諸邦　万国　万邦　各国　②【郷】郷に帰る↓ふるさと
くねる【拗る】⇩まがる
くのう【苦悩】⇩くるしみ
くばる【配る】実費で分かつ　分けるばら撒《ま》く　割り当てる　分け与える　配達　配給　分配　頒布　ビラを配布する　特配　加配　増配　減配　▽配本　配水　給水　給油
くび【首】あたま　首を横に振る↓あたま　▽【頸】細い部分　頸の飾り　襟首　首筋　領首《りょうしゅ》　頸領《けいりょう》
くびきる ①【首切る・馘る】首を切る　職・任-を解く　課長を免じる　懲戒免職　免官　罷免権　罷職　解雇　解職　解任　馘首《かくしゅ》　整理　人員整理　②【首切る・首斬る】首を刎《は》ねる　打ち首　斬首《ざんしゅ》　断首　断頭台　刎首《ふんしゅ》
くびったけ【首っ丈】⇩すく(好く)
刎《ふん》頸《けい》の交わりを結ぶ
くびる【縊る】⇩くくる(縊る)
くびれる【括れる】中が-細くなる・小さくなる　中括れ　瓢簞《ひょうたん》型
くふう【工夫】工面　無理算段　才覚　手腕　案出　発案　考案　立案　勘案　思案　技巧を弄する　技術　趣向　手法　手段　一機軸　▽アイデア　新案　新工夫　新機軸を出す
くべつ【区別】区分　種別　差別　鑑別　識別　弁別　判別　二つに・種類を-分ける　区分け　見分け　見境なく
くべる【焼べる】⇩たく(焚く)
くぼむ ①【凹む】中が凹む↓へこむ　②【窪む】おちこむ　土地が窪む　窪まる　落ち・減《め》り-込む　陥没　陥落
くまなく【隈なく】残りなく　残る隈もなく　隠れなく　隅々《すみずみ》まで　隅から隅まで　至らぬ隈もなく
くみ ①【組】班　隊　級　学級　クラ

スチーム　グループ　パーティー
②【組み】対《つい》　揃《そろ》い　ペア(二人)　トリオ(三人)　カルテット(四人)

くみあい【組合】⇩だんたい

くみあう【組み合う】搦《から》む　食い・絡み・咬《か》み–合う　入り–組む・乱れる

くみあわせる【組み合わせる】取り合わせる　抱き合わせる　紫に黄を配する　▽組む　組み立てる　五両編成の電車　編隊　構成　組成　混成

くみうち【組み打ち】摑《つか》み・殴り・切り・打ち・組み–合い　取っ組み合い　左四つに組む　右四つ　▽喧嘩《けんか》　格闘　乱闘　白兵戦　ちゃんばら　▽果たし合い　決闘　一騎打ち

くみする【与する】⇩みかた(味方)

くみたて【組み立て】⇩しくみ

くみたてる【組み立てる】⇩つくる(作る)

くみとる【汲み取る】⇩おしはかる

くむ ①【汲む】すくいとる　水を汲む　注《そそ》ぐ　汲み・掬《すく》い–取る　掬い上げる　掬《むす》ぶ　抄《すく》う
②【酌む】中に入れる　酒を酌む　注《つ》ぐ　差す　手酌　▽事情を酌む　斟酌《しんしゃく》

くむ【組む】⇩くみあわせる

くめん【工面】⇩くふう

くも【雲】白雲　黒雲　雨雲　雪雲　浮き雲　千切れ雲　鰯《いわし》雲　棚雲　入道雲　夕立雲　叢《むら》雲　薄雲　積雲　層雲　乱雲　巻雲　巻積雲　片雲　淡雲　密雲　雲海　雲影　▽怪雲　妖《よう》雲　▽瑞《ずい》雲　祥雲　慶雲　紫雲

くもつ【供物】⇩そなえもの

くものうえ【雲の上】⇩きゅうちゅう

くもゆき【雲行き】①雲行きが怪しい↓てんき　②不穏な雲行きになる↓なりゆき

くもり【曇り】陰り　薄日　朝曇り　薄曇り　花曇り　本曇り　高曇り　雨曇り　棚曇り　曇天

くもる【曇る】対晴れる　陰る　霞《かす》む　▽薄曇る　薄霞む

くもん【苦悶】⇩くるしむ

くやしい【悔しい】口惜しい　残り惜しい　恨めしい　心残り　残念　無念の涙　遺憾　遺恨　未練　心外　慮外　不本意ながら　▽負け惜しみが強い　癪《しゃく》に障る　▽歯軋《はぎし》りする　地団太《じだんだ》を踏む

くやみじょう【悔やみ状】⇩おくやみ

くやむ【悔やむ】①失敗を悔やむ　前非を悔いる　悔しがる　歯軋《はぎし》りする　②死を悔やむ↓とむらう

くゆる【燻る】⇩けむる

くよう【供養】⇩とむらう

くら ①【蔵】日本式　物置　納屋《なや》　穴蔵　金蔵　宝蔵　土蔵《どぞう》　▽【庫】置き場　製品の庫　車庫　端艇の艇庫　書庫
②【倉】蓄え場　穀物・貨物–の倉　米倉　穀倉　倉庫　宝庫

くらい【位】級　等　格　等級　階級　官位　位階　官等　地位　品位　身分　勲等

くらい【暗い】 対明るい ①薄暗い 仄《ほの》暗い 真っ暗 ダーク 暗黒の世 冥暗《めいあん》 晦冥《かいめい》 幽冥 ②地理に暗い ↓うとい

くらいする【位する】 位置する 位置を占める 存する 在る 存在

クライマックス 最高潮に達する 絶頂 頂点 頂上 極点

くらう【食らう・喰らう】 ⇩たべる

グラウンド ⇩うんどうば

くらがり【暗がり】 ⇩やみ

くらし【暮らし】 身の回り 生活 消光 起居を共にする 起臥《きが》 日常 衣食 寝食 ▽動静 安否 様子 ▽自適 自活 自炊 ▽家計 活計 生計

クラシック ⇩ふるい

くらす【暮らす】 明かす 明かし暮らす 敬語〘相手方が〙お過ごし お凌《しの》ぎ ご起居 ご消光 ご消日 ご消暑 ご消寒 ご安否 ご機嫌／〘自分側が〙暮らしております 過ごす 消光 消日 消閑 消暇 消暑 消寒

グラフ ⇩ひょう(表)

くらべる [1]【比べる・較べる】 違いを見る 金額・差ーを比べる 比する 比較 対比 対照 [2]【競べる】 あらそう 力・腕ーを競べる 競争 勝負 ▽優劣 巧拙 賢愚 長短 高低

くらます【晦ます】 ⇩かくす

くらむ【眩む】 目が回る めまい 眩惑《げんわく》 眩瞑《げんめい》 眩暈《げんうん》

くらやみ【暗闇】 ⇩やみ

くりあわせる【繰り合わせる】 差し繰る 遣《や》り繰りする 都合を付ける 都合する 工夫 操作 融通

くりかえし【繰り返し】 ⇩ふたたび

くりかえす【繰り返す】 蒸し返す ぶり返す 失敗を重ねる 度重なる 再び起こる 反復 ▽仕直す 遣《や》り・立て・蒔《ま》きー直す

くりごと【繰り言】 ⇩ふまん

くりのべる【繰り延べる】 ⇩のばす(延ばす)

くりや【厨】 ⇩だいどころ

くりょ【苦慮】 ⇩くろう

くる【来る】 友を訪れる 楽団来《きた》る 車が参る 遠来 外来 渡来 飛来 来船 来来 来会 来場 来臨 来訪 来店 来社 敬語〘相手方が〙いらっしゃる おいで・お見えーになる お越しいただく お寄りくださる お立ち寄り お出掛け お運び お訪ね ご足労を煩わせる ご来訪くださる ご来車いただく ご来遊を被る ご来臨を賜る ご光来を仰ぐ ご光臨にあずかる ご尊来に接する ご来駕《らいが》の栄を得る／〘自分側が〙参る 参上する 参内する(宮中へ)

くる【繰る】 巻く 手繰る 掻《か》い繰る 繰り寄せる 巻き・手繰りー込む 数珠を爪《つま》繰る

くるう【狂う】 気がー狂う・違う・狂《ふ》れる 血迷う クレージー 発狂 狂乱 乱心 異常 ▽調子外れ 不調和 変調 乱調 栄養失調 破綻《はたん》を

来す　何の変哲もない
グループ　パーティー　サークル　クラブ　仲間　班　会　講　▽球団　劇団　楽団　バンド　一座　プロダクション
くるしい【苦しい】　対楽しい　辛《つら》い　切ない　悲しい　息苦しい　胸苦しい　胸・喉《のど》が痞《つか》える　▽暑苦しい　寝苦しい
くるしみ【苦しみ】　対楽しみ　苦《く》　責め苦　胸の痛み　苦痛　心痛　辛苦　辛労　辛酸を嘗める　苦渋　苦労　苦悩　苦難　労苦　困苦　艱苦《かんく》　艱難　痛痒《つうよう》を感じない　塗炭の苦しみ
くるしむ【苦しむ】　対楽しむ　重傷で呻《うめ》く　喘《あえ》ぐ　呻吟《しんぎん》　苦悶《くもん》　苦悩　辛苦　憂苦　愁苦　四苦八苦する　千辛万苦　七転八倒の苦しみ
くるま【車】　輪《わ》が外れる　車輪　車両　車体　▽車で出掛ける↓じどうしゃ　▽【俥】車夫の俥　人力車
くるむ【包む】　⇩つつむ

ぐるり【周り】　⇩まわり(周り)
くるわ【郭・廓】　⇩いろまち
くれ【暮れ】　①日の暮れ↓ゆうがた　②年の暮れ↓ねんまつ
クレーム　⇩くじょう
くれがた【暮れ方】　⇩ゆうがた
くれぐれも【呉々も】　⇩どうか
くれない【紅】　⇩あか(赤)
くれる【呉れる】　①本を呉れる　↓もらう　②書いてくれる　くださる　いただく　賜る　被る　お褒めにあずかる　接する　辱《かたじけな》くする
くれる【暮れる】　①日が暮れる　日が没する　掻《か》き・行き‐暮れる　夜になる　更ける　②年が暮れる　逝く　過ぎる　押し詰まる　終わる　尽きる
ぐれる　不良化　悪化　堕落　脱線　逸脱　離反
くろ【黒】　対白　墨色《すみいろ》　墨染め　黒色　玄色　暗色　漆黒　蒼黒《そうこく》　純黒　ブラック　ダーク
くろい【黒い】　対白い　真っ黒　黒々　▽薄黒い　浅黒い　青黒い　赤黒い　どす黒い　黒っぽい
くろう【苦労】　苦心　苦慮　辛苦　辛労　労苦　難儀　辛酸を嘗める　刻苦　粒々辛苦　鏤刻《るこく》　彫心鏤骨《るこつ》　肺肝を砕く　骨折り　腐心　頭・心‐を痛める　気骨が折れる　敬語〔相手方の〕ご苦労の程　ご苦慮の至り　ご大儀なこと
くろうと【玄人】　対素人　プロ　エキスパート　専門家　熟練者　職業人　▽有段者　名取り
くろずむ【黒ずむ】　⇩よごれる
グロッキー　⇩つかれる
くわえる【加える】　足す　添える　数を寄せる　合わせる　付する　付け・差し‐加える　付け・継ぎ‐足す　追加　追補　付加　添加　添付　増加　加重　加味　合計　倍加　補足　補充　増補　加補
くわえる　①【咥える】口に　煙草《たばこ》を咥える　口に含む

②【銜える】中に入れる　手拭《てぬぐ》いを銜える　食い締《しば》る

くわけ【区分け】⇩くぎる(区切る)

くわしい【詳しい・委しい】こまかい　解説が詳しい　詳《つまび》らか　具《つぶ》さに述べる　事細か　細かい説明　詳細　精細　微細にわたって　明細　委細　委曲　細密　精密　綿密　詳密　緻密《ちみつ》　巧緻　▽【精しい】よく知る　地理に精しい　明るい　精通　精熟　通暁　熟達　暁達　暁通

くわしく【詳しく】事細かに　具《つぶ》さに　詳《つまび》らかに　細々と　仔細《しさい》に　詳細に　委細　精細　詳密

くわだて【企て】目論見《もくろみ》　計らい　謀《はかりごと》　お膳《ぜん》立て　企《たく》らみ　案を立てる　プラン　スケジュール　プログラム　計画　企画　企図　構想　設計　画策　立案　▽一計を案じる　奇計　密計　妙計　▽壮図　壮挙　雄図　雄略　大計　▽悪企《だく》み　悪計　奸計《かんけい》　奸策　野望　非望

くわだてる【企てる】合理化を図る　計らう　取り計らう　目論《もくろ》む　案を立てる　企《たく》む　対策を講じる　策する　巧《たく》む　誑《たばか》る　仕掛ける　仕組む　計画　企画　企図　意図　設計　画策　立案

くわわる【加わる】入る　列する　交じる　仲間入り　加入　参加　参列　列席　参与　参画　加担　入会　加盟　入党　参戦　敬語〔自分側に〕ご参加の栄を得る　ご加入　ご列席／〔相手方に〕参加させていただく　加入　仲間入り　末席を汚す

ぐん【群】⇩むれ

くんかい【訓戒・訓誡】⇩いましめる

ぐんかん【軍艦】艦　艇　兵船　軍船　艦艇　艦隊　艟艨《どうもう》　▽戦艦　旗艦　巡洋艦　駆逐艦　魚雷艇　潜水艦　航空母艦　空母　母艦

くんし【君子】⇩せいじん

くんじ【訓示】⇩ちゅうい

くんじ【訓辞】⇩こうぎ(講義)

くんしゅ【君主】⇩げんしゅ(元首)

ぐんしゅう ①【群衆】名詞　群れ　群がり　集まり　人山《ひとやま》　人集《ひとだか》り　群《ぐん》　烏合《うごう》の集《しゅう》　一団　▽大衆　会衆　衆人
②【群集】動詞　群集する　大衆↓あつまる

ぐんじん【軍人】対文民　武人　戦士　軍隊　将兵　将卒　士卒　▽将　士官　将校　勇将　名将　神将　将帥　大将　元帥　▽下士官　兵　兵士　兵卒　兵隊　新兵　古兵　精兵　精鋭　鋭兵　弱卒　弱兵　廃兵　▽武士《ぶし》・士《もののふ》　武者　荒武者　侍　軍兵《ぐんぴょう》　雑兵《ぞうひょう》　兵《つわもの》　古兵《ふるつわもの》

ぐんぜい【軍勢】⇩ぐんたい

ぐんたい【軍隊】軍　軍部　軍勢　軍旅　軍団　兵馬　大軍　三軍　千軍万馬　▽隊　部隊　兵団　師団　連隊　大隊　中隊　小隊　分隊　前衛　前鋒《ぜんぽう》　後衛　後詰め　殿《しんがり》　▽友軍　官軍　援軍　援兵　孤軍　連合軍

進駐軍　▽敵軍　賊軍　反軍　▽討っ手　追っ手　寄せ手　新手
くんとう【薫陶】⇩しつけ
ぐんび【軍備】軍事　武備　兵備　戦備　防備　国防　海防　防空　陸軍　海軍　空軍　▽軍拡　軍縮
くんりん【君臨】⇩しはい
くんれん【訓練】⇩れんしゅう

け

け【毛】髪の毛　頭髪　白髪《しらが》・《はくはつ》　胸毛《むなげ》　体毛　毛むくじゃら　多毛　剛毛　硬毛　軟毛　産毛《うぶげ》　毛筋
けい【径】⇩さしわたし
けい【計】⇩ごうけい
けい【刑】⇩けいばつ
けい【罫】⇩せん(線)
げい【芸】⇩わざ(技)
けいい【経緯】⇩いきさつ
けいえい【経営】⇩いとなむ
けいえん【敬遠】⇩さける(避ける)
けいか【経過】①経過を明らかにする↓いきさつ　②年月が経過する↓すぎる
けいが【慶賀】⇩めでたい
けいかい【軽快】快活　活動的　軽《かろ》やか　軽々　スポーティー
けいかい【警戒】⇩ちゅうい
けいかく【計画】⇩くわだて
けいかん【景観】⇩けしき(景色)
けいかん【警官】警察官　巡査　警吏　警察吏　警部　警視　保安官　お巡りさん　お巡り　ポリスマン　▽刑事　岡《おか》っ引き
けいき【計器】度量衡　メーター　○○計　▽秤《はかり》　台秤　天秤《てんびん》　衡器　計量器　▽升《ます》　斗斛《とこく》　量器　計量ースプーン・カップ
けいき【契機】⇩きっかけ
けいき【景気】景況　商況　市況　経済動向　▽好景気　上景気　好況　盛況　活況　ブーム
けいく【警句】⇩ことわざ
けいぐ【敬具】手紙の最後に書くことば　敬具(一般的)　敬白・謹具(丁重)　草々・不一(略式)　かしこ(女性用)　▽さようなら　さよなら　ではまた　ご機嫌よう　では、これで失礼いたします
けいけん【敬虔】⇩ていねい
けいけん【経験】体験　体得　体認　見聞　前例　先例　思い出　▽苦労を嘗《な》める　辛酸
けいこ【稽古】練習　勉強　訓練　鍛練　習練　修業　レッスン　トレーニング　▽温習　復習　おさらい　▽下稽古　寒稽古
けいご【警護】⇩まもる
けいこう【傾向】⇩なりゆき
げいごう【迎合】⇩へつらう
けいこうとう【蛍光灯】⇩あかり
けいこく【警告】⇩ちゅうい
けいさい【掲載】⇩のせる(載せる)
けいざい【経済】理財　財務　財政　金融　▽インフレ　デフレ
けいざいてき【経済的】実用的　徳用品

節約 倹約 節用 節倹 安上がり

けいさつ【警察】 警察署 交番 駐在所 ▽国家・行政・水上・地方・皇宮‐警察

けいさつかん【警察官】 ⇩けいかん（警官）

けいさん【計算】 ⇩かぞえる

けいじ【掲示】 表示 標榜《ひょうぼう》 ▽高札《こうさつ》 禁札 制札 立て札 張り札 張り紙 高札《たかふだ》

けいしき【形式】 ⇩かたち

けいしきてき【形式的】 対実質的 事務的 姑息《こそく》的 義理一遍 お座成り

けいしきばる【形式張る】 格式・儀式・四角‐張る しゃちこばる 勿体《もったい》振る 体裁・体面‐を飾る 鹿爪《しかつめ》らしい言《い》い方

けいしゃ【傾斜】 ⇩かたむき

げいしゃ【芸者】 芸妓《げいぎ》 娼妓《しょうぎ》 歌妓 妓女 芸子《げいこ》 左褄《ひだりづま》 お酌 ▽男芸者 太鼓持ち 幇間《ほうかん》

げいじゅつ【芸術】 美術 技芸 学芸 遊芸 遊興 アート ▽民芸 民俗‐芸術・芸能

けいしょう【軽傷】 ⇩けが

けいしょう【敬称】 ⇩さま

けいしょう【継承】 ⇩うけつぐ

けいず【系図】 ⇩ちすじ

けいせい【形勢】 ⇩なりゆき

けいせき【形跡】 ⇩あと（跡）

けいぞく【継続】 ⇩つづける

けいそつ【軽率】 ⇩かるはずみ

けいたい【形態】 ⇩かたち

けいたい【携帯】 ⇩たずさえる

けいだい【境内】 ⇩しきち

けいてい【径庭】 ⇩さ

けいとう【系統】 系列 系譜 系図 繋《つな》がり 血筋 筋

げいとう【芸当】 ⇩わざ（業）

げいにん【芸人】 芸能人 演技者 俳優 女優 男優 名優 声優 踊り子 舞子 舞姫 道化《どうけ》 ピエロ ボードビリアン スター

げいのう【芸能】 ⇩わざ（技）

けいはく【軽薄】 ⇩かるはずみ

けいばつ【刑罰】 刑 罰 刑務 罪刑 罪科 処分 処罰 処刑 制裁 成敗《せいばい》 仕置き ▽重刑 極刑 厳刑 厳罰 体刑 体罰 笞《むち》打ち 死罪 磔《はりつけ》 絞首刑 曝《さら》し首 火焙《ひあぶ》り 釜茹《かまゆ》で ▽罰金 科料 禁錮《きんこ》 懲役 死刑 ▽囚人 死刑囚

けいひ【経費】 ⇩ひよう

けいび【警備】 ⇩まもる

けいひん【景品】 景物 付録 添え物 お負け プレミアム

けいふ【系譜】 ⇩ちすじ

けいふく【敬服】 ⇩かんしん（感心）

けいぶつ【景物】 ①⇩けしき（景色） ②⇩そえもの

けいべつ【軽蔑】 ⇩あなどる

けいべん【軽便】 ⇩べんり

けいぼ【敬慕】 ⇩したう

けいほう【警報】 ⇩あいず

けいぼう【閨房】 ⇩しんしつ

けいみょう【軽妙】 軽快 気の利いた 垢抜《あかぬ》けした ウイットに富む ス

マートな

けいもう【啓蒙】 知能を啓発する　開発　文明開化　蒙・知識‐を啓《ひら》く

けいやく【契約】 ⇩やくする

けいりゃく【計略】 ⇩はかりごと

けいるい【係累】 ⇩かぞく

けいれき【経歴】 ⇩りれき

けいれつ【系列】 ⇩けいとう

けいろ【経路】 ⇩コース

ゲーム プレー　遊び　勝ち負け　試合　勝負　勝負事

けおとす【蹴落とす】 ⇩のける(退ける)

けが【怪我】 傷《きず》　傷口　手傷　深手　浅手　痛手　生傷　切り傷　擦《す》り傷　擦《かす》り傷　靴擦れ　打ち身　打撲傷　挫《くじ》き　霜焼り　火傷《やけど》　負傷　重傷　軽傷　凍傷　火傷　擦過傷　捻挫《ねんざ》　脱臼《だっきゅう》　骨折

げかい【下界】 ⇩このよ

けがす【汚す】 ⇩よごす

けがにん【怪我人】 ⇩びょうにん

けがらわしい【汚らわしい】 嫌らしい　厭《いと》わしい　醜い　不浄　不潔

けがれる【汚れる】 ⇩よごれる

げき【劇】 ⇩しばい

げきこう【激昂】 ⇩げきする

げきじょう【劇場】 演劇場　興行場　芝居小屋　○○座　シアター　テアトル　▽映画館　寄席《よせ》　小屋

げきじょう【激情】 ⇩こうふん(興奮)

げきする【激する】 高ぶる　力む　勢い込む　エキサイト　激昂《げきこう》　激情　興奮　感奮　熱狂

げきせん【激戦】 ⇩たたかい

けぎらい【毛嫌い】 ⇩きらい

げきれい【激励】 ⇩はげます

けげん【怪訝】 不審　不可解　不思議　不可思議　奇妙　奇怪　奇々怪々　奇異　怪異　妙なこと　変な　様子が　奇怪《おか》しい　怪しい

けさ【今朝】 ⇩きょう(今日)

けしかける【嗾ける】 ⇩おだてる

けしからん【怪しからん】 ⇩いけない

けしき ①【景色】 風景　風色　光景　風光　景趣　景観　景物　風致　風物　風情《ふぜい》　展望　眺望　見晴らし　眺め　佇《たたず》まい　▽近景　遠景　点景　前景　夜景　▽絶景　絶勝　佳景　秀景　好景　奇勝　奇観　奇景　異観　幽勝　幽景　②【気色】 ①空の気色↓ようす　②気色を損じる↓きげん

けじめ ⇩くぎり(区切り)

げしゅく【下宿】 貸し間　間借り　アパート　ドミトリー　宿舎　寄宿舎　寮　▽間貸し　下宿屋　素人《しろうと》下宿

げじゅん【下旬】 ⇩げつまつ

けしょう【化粧】 ⇩おしゃれ

けしょうひん【化粧品】 化粧道具入れ　▽白粉《おしろい》　クリーム　紅《べに》　口紅　頰紅《ほお》　薄紅　眉墨《まゆずみ》　香水　香料

けす【消す】 ①取り消す　消し去る　無くす　除く　消去　消却　消除　削除　抹殺《まっさつ》　②消し止める　揉《も》み・吹き‐消す　消防　消火　鎮火

けずる【削る】 殺《そ》ぐ　殺ぎ取る　剃《そ》る

剃り落とす　はつる　へずる　削除　削減

げせわ【下世話】⇩ことわざ

けそう【懸想】⇩こい(恋)

げた【下駄】駒《こま》下駄　木履　ぽっくり　庭下駄　足駄　高下駄　▽草履　スリッパ　地下足袋《じかたび》　草鞋《わらじ》

けだかい【気高い】⇩じょうひん

けたたましい ⇩うるさい

けたちがい【桁違い】桁外れ　大違い　段違い　並外れ　度外れ　格別　特別　格段　特段

けち【吝】吝臭い　吝《しわ》い　しみったれ　汚い　みみっちい　世知辛い　倹《つま》しい　物惜しみ　一文惜しみ　出し惜しみ　吝《やぶさ》かではない　吝嗇《りんしょく》　吝欲　鄙吝《ひりん》　吝惜　吝愛

けちくさい【吝臭い】⇩けち

けちんぼう【吝ん坊】しみったれ　吝《しわ》ん坊　卑しん坊　握り屋　物惜しみ　吝嗇《りんしょく》漢　守銭奴　守銭虜

けつ【決】⇩きめる

けつい【決意】⇩けっしん

けつえき【血液】⇩ち(血)

けつえん【血縁】⇩にくしん

けっか【結果】対原因　果　結末　結実　顛末《てんまつ》　成果　戦果　効果　帰趨《きすう》　帰結　首尾　成敗《せいはい》は時の運　落ち　果て　納まり　終わり　実り　出来

けっかん【欠陥】⇩きず(疵)

けっき【血気】⇩げんき

げっきゅう【月給】⇩きゅうりょう(給料)

けっきょく【結局】①結局失敗した↓ついに　②結局こうなる↓つまり

げっけい【月経】月水　経水　月の物　下り物　汚れ　障り　メンス

けっこう【決行】⇩じっこう

けっこう【結構】①結構な品　上々　極上　絶好　秀逸　素晴らしい　素敵　見事　何よりの頂き物　②文字の結構↓しくみ

けっこん【結婚】⇩えんぐみ

けっこんしき【結婚式】⇩えんぐみ

けっさく【傑作】⇩りきさく

けっさん【決算】対予算　総決算　総勘定　総計　決済　借入金の清算　締め　締め高　勘定高

けっして【決して】万々《ばんばん》　万に一も　全然　絶えて　断じて　構えて　どうしても　どんなことがあっても　少しも　更々　ゆめゆめ　絶対　絶対に　金輪際《こんりんざい》交際しない

けっしゅつ【傑出】⇩すぐれる

けつじょ【欠如】⇩かける(欠ける)

けっしょう【決勝】⇩スポーツ

けっしょく【欠食】絶食　断食《だんじき》　食断ち　飯の食い上げ

けっしん【決心】決断　決意　覚悟　思い切る・定める　見切る　踏ん切りを付ける　心を決める

けっする【決する】⇩きめる

けっせき【欠席】対出席　不参　不参加　不出頭　欠勤　遠慮させていただく　休み　アブセント

けつぞく【血族】⇩にくしん

けっそん【欠損】⇩そん
けつだん【決断】⇩けっしん
けっちゃく【決着・結着】⇩かいけつ
けってい【決定】⇩きめる
けってん【欠点】対美点　弱点　短所　難点　欠陥　瑕瑾《かきん》　不備　遜色《そんしょく》　がない　あらを探す　弱み　弱い－所・点　傷　ウイークポイント
けっとう【血統】⇩ちすじ
けっとう【決闘】⇩くみうち
けっぱく【潔白】⇩きよい
げっぷ【月賦】⇩しはらい
けつぼう【欠乏】⇩なくなる(無くなる)
けつまずく【蹶躓く】⇩つまずく
げつまつ【月末】対月初　月尾　末日　月末《つきずえ》　月終《つきじま》い　晦日《みそか》　つごもり　▽下旬　下《しも》の十日
けつれつ【決裂】不調に終わる　不一致　物別れ　縁談が壊れる
けつろん【結論】帰結　帰着　帰趨《きすう》　帰着点　終結　解決　決着を付ける　結末　断定　断案　決まりを付ける

げどう【外道】⇩じゃどう
けとばす【蹴飛ばす】⇩ける
けなげ【健気】甲斐甲斐《かいがい》しい　涙ぐましい　いじらしい　殊勝　神妙　奇特　立派　感心
けなす【貶す】腐す　謗《そし》る　扱《こ》き下ろす　難じる　誹謗《ひぼう》　誹毀《ひき》　讒謗《ざんぼう》　讒言
けねん【懸念】⇩しんぱい
けはい【気配】⇩ようす
けばけばしい【毳々しい】⇩はで
けびょう【仮病】⇩うそ
げびる【下卑る】⇩げひん
げひん【下品】対上品　低級　卑俗　野卑　粗野　下劣　卑劣　低劣　低俗　俗悪　下等　下司《げす》　下卑《げび》る　卑しい　口汚い
けみする【閲する】⇩しらべる
けむり【煙】煤煙《ばいえん》　噴煙　煙霧　煙幕　雲煙　黒煙　白煙　炊煙　▽砂煙《すなけむり》　土煙　水煙
けむる【煙る】燻《くすぶ》る　いぶる　燻《くゆ》る　煙立つ

けもの【獣】獣《けだもの》　四つ足　アニマル　獣類　畜類　動物　畜生《ちくしょう》　野獣　猛獣　巨獣　珍獣　怪獣　▽家畜　種畜　牛馬
けらい【家来】対主君　臣　家臣　従者　従僕　郎党　臣下　群臣　功臣　老臣　忠臣　重臣　股肱《ここう》と頼む　腹心の部下　近臣　寵臣《ちょうしん》
げらく【下落】⇩さがる
げり【下痢】対便秘　下泄《げせつ》　瀉痢《しゃり》　泄痢《せつり》　腹下し　腹下り　▽疫痢　赤痢　コレラ　チフス　腸チフス　パラチフス　▽腹痛　中毒　食傷　食中《しょくあた》り　食い－中り・合わせ
ける【蹴る】蹴－上げる・飛ばす　突き飛ばす　足蹴《あしげ》にする　撃蹴《げきしゅう》　乱蹴　怒蹴
げれつ【下劣】⇩げひん
けれども⇩しかし
けろり　けろっと　のほほんと　平気　平然　無頓着《むとんちゃく》

けわしい【険しい】 対なだらか 険阻 険峻《けんしゅん》 険絶 峻険 峭峻《しょうしゅん》

けん【件】 ⇩ことがら

けん【券】 ⇩きっぷ

げんあん【原案】 ⇩したがき

けんい【権威】 ①権威がある 威信 貫禄《かんろく》 威儀 威厳 威光 権勢を誇る 威勢 威力 ②権威に拘《かか》わる 体面 面子《メンツ》 沽券《こけん》に拘わる ③その道の権威↓たいか

げんいん【原因】 対結果 因 素因 由因 真因 起因 誘因 成因 作因 原由 理由 事由 由縁 因縁《いんねん》 所為《せい》 為《ため》 過労が因《もと》で死ぬ 事故は過失に因る ▽近因 遠因 死因 訴因 勝因 敗因

げんうん【眩暈】 ⇩くらむ

げんえい【幻影】 ⇩まぼろし

けんえつ【検閲】 ⇩しらべる

けんお【嫌悪】 ⇩きらう

けんか【喧嘩】 ⇩くみうち

けんかい【見解】 ⇩かんがえ

げんかい【限界】 ⇩かぎり

けんかく【懸隔】 ⇩きょり

けんがく【見学】 ⇩けんぶつ

げんかく【厳格】 ⇩きびしい

げんかん【玄関】 ⇩でいりぐち

けんぎ【嫌疑】 ⇩うたがう

げんき【元気】 ①元気がある 気力 精力 活力 意気 生気に満ちる 壮気 血気に逸る 活気 英気 神気 覇気 気迫 気概 甲斐性《かいしょう》 気合い ②元気に過ごす 体が達者だ 健康 健全 壮健 強健 無病息災 丈夫 矍鑠《かくしゃく》 健やか しゃんしゃん ぴんぴん 敬語〔相手方が〕お元気 ご機嫌麗しく お健やかなお姿 ご健勝にてお過ごし ご健泰の趣 ご壮健の由 ご清健の段 ご勇健にて／〔自分側が〕↓ぶじ

げんきづける【元気付ける】 ⇩はげます

けんきゅう【研究】 攻究 論究 論考 討究 探究 真理を追究する 究明 究理 研鑽《けんさん》に励む 専攻 専修 調査 実験 学を究める

けんきょ【謙虚】 ⇩けんそん

けんげん【権限】 ⇩けんり

けんご【堅固】 ⇩かたい(堅い)

げんご【言語】 ⇩ことば(言葉)

けんこう【軒昂】 ⇩ふるいたつ

けんこう【健康】 ⇩げんき

げんこう【原稿】 稿 文稿 詩稿 稿本 草案 草稿 文案 下書き ▽未定稿 遺稿 遺草 遺詠 敬語〔相手方の〕貴稿 貴草 玉稿 玉草／〔自分側の〕拙稿 拙草

げんこつ【拳骨】 鉄拳《てっけん》 巨拳 徒手空拳 げんこ 拳《こぶし》 握り拳

けんさ【検査】 ⇩しらべる

げんざい【現在】 ⇩いま

けんさく【検索】 ⇩さがす(探す)

けんさん【研鑽】 ⇩けんきゅう

けんじ【堅持】 ⇩たもつ

けんじ【健児】 ⇩おとこ

けんしき【見識】 ⇩かんがえ

けんじつ【堅実】 ⇩しっかり

げんじつ【現実】 対理想 実際 実情 実在 有りのまま 夢か現《うつつ》か

げんしゅ【元首】君主 君公 王 大王 帝 大帝 皇帝 帝王 国王 法王 天皇 天子 主上 統治者 王様 キング 女王 クイーン エンペラー 大君 帝《みかど》 ▽明君 賢君 ▽暗君 暴君 ▽幼君 幼主

げんしゅ【厳守】⇩まもる

けんしゅう【研修】⇩しゅぎょう(修業)

げんじゅう【厳重】⇩きびしい

げんしゅく【厳粛】⇩おごそか

けんじょう【謙譲】⇩けんそん

げんしょう【現象】⇩できごと

げんしょう【減少】⇩へる(減る)

けんじる【献じる】⇩あたえる

げんじる【減じる】⇩へらす

けんしん【献身】⇩ぎせい

けんすい【懸垂】⇩さがる

げんせ【現世】⇩このよ

けんせい【牽制】⇩せいぎょ

けんせつ【建設】⇩こうじ(工事)

けんぜん【健全】⇩げんき

けんそ【険阻・嶮岨】⇩けわしい

げんそ【元素】気体 液体 固体 金属 非金属 軽金属 重金属

げんそう【幻想】⇩そうぞう(想像)

げんぞう【現像】⇩うつす(写す)

けんぞく【眷族】⇩しんるい

けんそん【謙遜】対不遜 謙譲 敬譲 謙虚 恭謙 恐縮 恭順 恐懼《きょうく》 卑下 下手《したて》に出る 謙《へりくだ》る 譲る 遠慮深い

けんたい【倦怠】⇩だるい

げんだい【現代】当代 当今 当節 今日 今の世 世の中

けんたん【健啖】⇩おおぐい

けんち【見地】⇩かんてん(観点)

げんち【言質】⇩しょうこ

げんち【現地】⇩じもと

けんちく【建築】⇩たてる(建てる)

けんちょ【顕著】⇩あきらか

げんど【限度】⇩ていど

けんとう【見当】⇩みとおし

けんとう【検討】⇩ぎんみ

けんどう【剣道】⇩ぶどう

けんとうちがい【見当違い】⇩すじちがい

げんに【現に】⇩いま

けんのう【献納】⇩きふ

けんのん【剣呑】⇩あぶない

げんば【現場】⇩しごとば

げんぴん【現品】⇩しなもの

けんぶつ【見物】見る 観光 遊覧 遊山《ゆさん》 行楽 見学 参観 観覧 観戦 観劇 観桜 ▽拝観 拝見

げんぶつ【現物】⇩ほんもの

けんぶつにん【見物人】見物客 観客 観衆 聴衆 お客 大向こう

けんぶん【見聞】視聴 耳目 経験 体験 知識 見聞き

けんぶん【検分】⇩しらべる

けんぽう【憲法】⇩ほうりつ

けんまく【剣幕】⇩かおつき

げんめい【言明】⇩いいきる

けんやく【倹約】⇩せつやく

けんり【権利】 権　権限を持つ　権能　権力　権勢を振るう　実権　特権　利権　権益を守る　特典　▽人権無視　民権　職権を乱用する　主権　政権

げんり【原理】 原則　根本原則　公理　定理　道理　真理　プリンシプル

げんりゅう【源流】 ⇩みなもと

げんりょう【原料】 ⇩ざいりょう

けんろう【堅牢】 ⇩がんじょう

げんろん【言論】 ⇩となえる(唱える)

こ

こ【粉】 ⇩こな

こ【子】 対親　人・男-の子 ↓こども　▽

【仔】 動物　猫・馬-の仔　仔犬　仔猫　仔牛　仔馬

ご【碁】 囲碁　本碁　黒白　碁の対局　▽五目　五目並べ　連珠　▽碁打ち　棋士　碁客　国手　棋聖

ご【御】 ⇩お(御)

こい【故意】 意識的　意図的　わざと　わざわざ　殊更　特に

こい【恋】 恋路　初恋　ラブ　愛が実る　女を愛する　恋愛　恋慕　愛慕　愛恋　恋情　恋着　思慕の念　追慕　懸想《けそう》　相愛の仲　▽片思い　片恋　岡惚《おかぼ》れ　横《よこ》恋慕　片恋慕

こい【来い】 来《きた》れ　参れ　敬語〔相手方に〕いらっしゃい　おいでください　お越し・お運び・お寄り-いただきたく　ご足労を煩わせたく　ご来訪・ご来車・ご来遊・ご来臨-を賜りたく　ご光来・ご光臨・ご尊来-を仰ぎたく　ご来駕《らいが》の栄を得たく

こい【濃い】 対薄い　濃厚　濃密　濃度　▽濃紅　濃紺　濃緑　濃霧

ごい【語彙】 ⇩ことば(言葉)

こいし【小石】 ⇩いし(石)

こいしい【恋しい】 ⇩なつかしい

こいする【恋する】 ⇩すく(好く)

こいつ ⇩このひと

こいなか【恋仲】 ⇩こいびと

こいねがう【希う・冀う】 ⇩ねがう

こいびと【恋人】 あの人　思い人　意中の人　私の彼女　私の彼　小指　恋仲　相思相愛の仲　▽いいなずけ　▽愛人

こう【功】 ⇩てがら

こう【効】 ⇩ききめ

こう【項】 ⇩こうもく

こう【香】 薫《た》き物　沈香《じんこう》もたかず　名香　反魂《はんごん》香　十種香　線香　抹香　まっこう臭い　香華《こうげ》料(香と花)　▽香道　香合わせ　▽香水　香料

こう ①【請う】 許しを　認可・休暇-を請う ↓もとめる　②【乞う】 案内・教え-を乞う ↓たのむ

こう【斯う】 このように　こんなふうに　こういう-ように・ふうに　こういった-ように・ふうに　かくなる上は　かように

こうあつてき【高圧的】 ⇩いばる

こうあん【考案】 ⇩くふう

こうい【行為】 ⇩おこない

こうい ①【好意】 好意を寄せる ↓こう

かん
ごうい②【厚意】厚意に感謝する↓なさけ
ごうい【合意】⇩どうい
こういん【工員】⇩ろうどうしゃ
こういん【光陰】⇩としつき
ごういん【強引】⇩むりに
ごうう【豪雨】⇩あめ(雨)
こううん【幸運・好運】⇩しあわせ(幸せ)
こうえつ【校閲】⇩つきあわせる
こうえん【公園】遊園 園地 園庭 芳園 名園 緑地 ▽遊園地 楽園
こうえん【後援】応援 加勢 助勢 助力 援助 賛助 支持 後ろ盾 サポート パトロン
こうえん【講演】⇩こうぎ(講義)
こうおつ【甲乙】⇩ゆうれつ
こうか【効果】⇩ききめ
こうが【高雅】⇩じょうひん
ごうか【豪華】⇩りっぱ
こうかい【公開】⇩はっぴょう
こうかい【航海】⇩ふなたび
こうかい【後悔】⇩ざんねん
こうがい【郊外】⇩まちはずれ
こうがい【梗概】⇩あらすじ
ごうかく【合格】図落第 及第 当選 入選 パス ▽進級 昇格 昇等
こうかつ【狡猾】⇩ずるい
こうかん【交換】⇩とりかえる
こうかん【交歓】⇩たのしむ
こうかん【好感】好意を寄せる 親愛感 親近感 友好的 友誼《ゆうぎ》的
ごうかん【強姦】⇩おかす(犯す)
こうがん【厚顔】⇩あつかましい
こうき【好機】⇩チャンス
こうき【高貴】⇩とうとい(貴い)
こうぎ【交誼】⇩つきあい
こうぎ【抗議】⇩かけあい
こうぎ【講義】講座 講習 講演 講話 演説 お話 原書を講じる ▽訓辞 講釈 説教 説法 法談 法話
ごうぎ【合議】⇩そうだん
こうきしん【好奇心】⇩きょうみ
こうきゅう【攻究】⇩けんきゅう
こうきゅう【高級】⇩じょうとう
こうきょ【皇居】御所 内裏《だいり》 禁裏 禁中 帝居 皇宮 王宮 皇城 宮城 王城 宮殿 宮廷 宮中 雲居《くもい》 九重《ここのえ》 宮《みや》 ▽離宮 行宮《あんぐう》
こうきょう【好況】対不況 ⇩けいき(景気)
こうぎょう①【工業】製造 手工業 近代工業 軽工業 重工業 化学工業 石油化学
②【鉱業・礦業】鉱山 鉱山業 金属鉱業 石炭鉱業
こうぎょう【興行】⇩もよおす
こうぐう【好遇】⇩もてなす
こうけい【口径】⇩さしわたし
こうけい【光景】⇩ようす
ごうけい【合計】計 小計 累計 累算 総計 通計 集計 総額 全額 総数 全数 総和 加算 合算 積算 通算 高《たか》 総高 締め高 都合《つごう》 締めて 皆で 総《すべ》て 延べ
こうけいしゃ【後継者】⇩あとつぎ
こうげき【攻撃】⇩せめる(攻める)

ごうけつ【豪傑】⇩えいゆう
こうけん【貢献】⇩やくだつ
こうけん【後見】⇩せわ
こうげん【公言】⇩せんげん
こうこ【江湖】⇩しゃかい
こうご【口語】⇩ぶんたい
こうご【交互】⇩たがいに
こうこう【孝行】⇩ちゅうこう
こうごうしい【神々しい】神さびる　気高い　神聖　神秘　崇高　高雅
こうこく ①【広告】宣伝　化粧品・求人広告　広報活動　宣伝　喧伝《けんでん》　披露《ひろう》　アド　PR　▽ビラ　ちらし　コマーシャル　CM
②【公告】官庁　特許権の公告　公示　告示
こうこく【抗告】⇩うったえる
こうこつ【恍惚】①⇩うっとり　②⇩ぼける(惚ける)
こうさ【交差・交叉】⇩まじわる
こうさ【考査】⇩しけん(試験)
こうざ【講座】⇩こうぎ(講義)

こうさい【交際】⇩つきあい
こうさく【工作】⇩つくる(作る)
こうさく【耕作】⇩たがやす
こうさつ【考察】⇩かんがえる
こうさてん【交差点・交叉点】十字路　十字街　四つ角　四つ辻《つじ》　辻《つじ》説法　▽二叉《ふたまた》　三叉《みつまた》　分かれ道　岐路
こうさん【降参】⇩くだる
こうざん【鉱山】山　金山《かなやま・きんざん》　金鉱　金窟《きんくつ》　銀山　銀鉱　銀窟　銅山　銅鉱　銅窟　鉄山　鉄鉱　鉄窟　炭山　炭田　炭鉱　▽油田　油井
こうじ【小路】⇩よこみち
こうじ【工事】普請《ふしん》　建設　建造　営造　造営　作業　工務　敷設　土木　土建　土工　地均《じなら》し　土運び
こうじ【公示】⇩こうこく(公告)
こうしき【公式】対非公式　正規　公認　合法　公的　免許　届け済み　表向き
こうしせい【高姿勢】高圧的に出る　威圧的　横柄な態度　傲慢《ごうまん》　高飛車に出る　居丈高《いたけだか》になる

こうじつ【口実】⇩いいわけ
こうして【斯うして】かくて　かくして　このようにして　こういうようにして・ふうにして　こういったようにして・ふうにして
こうしゃ【公社】⇩かいしゃ
こうしゃく【講釈】⇩せつめい
こうしゅう【公衆】⇩たいしゅう
こうしゅう【講習】⇩こうぎ(講義)
こうじゅつ ①【口述】口述して書かせる↓はなす
②【公述】公聴会で公述する↓はつげん
こうしょう【口承】⇩つたえる
こうしょう【交渉】⇩かけあい
こうしょう【高尚】⇩じょうひん
こうじょう【工場】⇩こうば
こうじょう【口上】⇩ことば(辞)
こうじょう【向上】⇩はったつ
こうじょう【厚情】⇩なさけ
ごうじょう【強情】⇩がんこ

こうしょく【好色】多情 多淫《たいん》 漁色《ぎょしょく》 貪色《どんしょく》 淫逸 淫乱 浮気 ▽女好き 色好み 色狂い 色気違い エッチ 色情狂

こうじる【高じる】⇩たかまる

こうじる【講じる】①原書を講じる↓こうぎ ②策を講じる↓くわだてる

こうじる【困じる】⇩こまる

こうしん【行進】⇩すすむ

こうしん【後進】⇩こうはい

こうじんぶつ【好人物】⇩ぜんにん

こうしんりょう【香辛料】⇩やくみ

こうすい【香水】⇩けしょうひん

こうずい【洪水】⇩おおみず

こうずか【好事家】⇩ものずき

こうする【抗する】⇩てむかう

こうせい【公正】⇩こうへい

こうせい【校正】⇩つきあわせる

こうせい【後生】⇩こうはい

こうせい【後世】⇩みらい

こうせい【構成】⇩しくみ

ごうせい【豪勢】⇩ぜいたく

こうせき【功績】⇩てがら

こうせき【鉱石】⇩こうぶつ

こうぜん【公然】⇩おおっぴら

こうそ【控訴】⇩うったえる

こうそう【構想】⇩くわだて

こうぞう【構造】⇩しくみ

こうそく【拘束】⇩せいげん

こうたい ①【交代】受け継ぐ 議長が交代する 更迭 迭代 代換 代替 役替わり 店の代替わり
②【交替】時間的分担 昼夜で交替する 順番 輪番 交番 交互 替わり番 代わる代わる 交々《こもごも》

こうたい【後退】⇩しりぞく

こうたく【光沢】⇩つや(艶)

こうだんし【好男子】⇩びなん

こうちょう【好調】⇩じゅんちょう

こうつう【交通】運輸 通運 通行 往来 行き来 ▽陸運 海運 水運 航運 海事 航海 渡船 空運

こうつごう【好都合】⇩つごう

こうてい【公廷】⇩さいばんしょ

こうてい【肯定】⇩みとめる

こうてい【皇帝】⇩げんしゅ(元首)

こうでい【拘泥】⇩こだわる

こうてき【好適】⇩ふさわしい

こうてつ【更迭】⇩こうたい(交代)

こうでん【香典・香奠】⇩おくやみ

こうどう【行動】⇩おこない

ごうとう【強盗】⇩どろぼう

ごうどう【合同】合体 合併 併合 結合 統合 統一 合一 一体化 一本化 合わせる 一緒にする

こうない【構内】⇩しきち

こうにゅう【購入】⇩かう(買う)

こうにん【公認】⇩みとめる

こうのう【効能・功能】⇩ききめ

こうのもの【香の物】お香々 新香 漬物↓つけもの

こうば【工場】工場《こうじょう》 工廠《こうしょう》 作業所 作業場 製作所 製造所

こうはい【後輩】対先輩 後進 後学のために話す 後生恐るべし 後任 新参

こうばい【勾配】⇩かたむき

こうばしい【香ばしい】 芳しい　かぐわしい　香りが良い　馥郁《ふくいく》たる香り
こうばん【交番】 ⇩けいさつ
こうび【交尾】 ⇩セックス
こうひょう【公表】 ⇩はっぴょう
こうひょう【好評】 図不評　評判になる　世評が高い　名声が揚がる　人気が湧く　聞こえ・受け―がよい
こうふ【公布】 ⇩しく(布く)
こうふ【交付】 下付願　下賜　下給　渡す　手渡す　引き渡す　与える　賜る　授ける　衣服を給する
こうふく【幸福】 ⇩しあわせ(幸せ)
こうぶつ【鉱物】 鉱石　金鉱　銀鉱　銅鉱　鉄鉱石　あらがね
こうふん【口吻】 ⇩はなしかた
こうふん【興奮・昂奮】 激情を抑える　激昂　感奮　感奮興起　熱狂　激する　熱高揚する　神経が昂《たか》ぶる　息巻く　いきり立つ　エキサイト
こうへい【公平】 図不公平　公正　中正　公明　不偏　不党　無私　平等

こうほう【広報・弘報】 ⇩こうこく(広告)
こうぼう【工房】 ⇩しごとば
こうぼう【攻防】 ⇩たたかい
ごうほう【豪放】 ⇩だいたん
こうぼく【公僕】 ⇩やくにん
こうまん【高慢】 ⇩いばる
ごうまん【傲慢】 ⇩いばる
こうみょう【功名】 ⇩てがら
こうみょう【巧妙】 ⇩じょうず
こうむいん【公務員】 ⇩やくにん
こうむる【被る】 不幸を　損害・非難―を被る　受ける　負う　降り掛かる　惨敗を喫する　罹災《りさい》　被災　遭難　受難　▽【蒙る】受身　恩情・知遇―を蒙る　受ける　される
こうめい【高名】 ⇩ゆうめい
ごうも【毫も】 ⇩すこしも
こうもく【項目】 項　条　事項　条項　条目　箇条　費目　▽細目　内訳　小分け　くだり
こうやく【膏薬】 ⇩くすり
こうゆう【交遊】 ⇩つきあい

ごうゆう【豪遊】 ⇩あそび
こうよう【効用】 ⇩ききめ
こうよう【紅葉・黄葉】 ⇩は(葉)
こうよう【高揚】 ⇩こうふん(興奮)
こうらく【行楽】 遊楽　遊覧　遊山《ゆさん》　遠足　山歩き　ハイキング　ピクニック　レクリエーション
こうり【小売】 ⇩あきない
こうりつ【効率】 ⇩のうりつ
こうりてき【功利的】 ⇩わがまま
ごうりてき【合理的】 図非合理的　論理的　妥当　適当　順当　適切　道理に適《かな》った　尤《もっと》もな
こうりゅう【拘留】 ⇩とらえる(捕らえる)
ごうりゅう【合流】 ⇩あわせる(併せる)
こうりょ【考慮】 ⇩かんがえる
こうりょく【効力】 ⇩ききめ
こうれい【恒例】 ⇩しきたり
こうろ【航路】 水路　海路　空路　針路　船路《ふなじ》　海路《うみじ》　潮路　波路　航海　船旅

こうろん【口論】⇩いいあい

こうわ【講和・媾和】⇩なかなおり

こうわ【講話】⇩こうぎ(講義)

こえ【声】 声音《こわね》 声色 人声 ボイス ▽音声 音吐朗々 発声 肉声 大声《おおごえ》 小声《こごえ》 話し声 呼び声 叫び声 子供の泣き声 笑い声 歌声 地声 どら声 だみ声 嗄《しゃが》れ声 金切り声 猫撫《な》で声 作り声 鼻声 産声《うぶごえ》 小声《しょうせい》 微声 低声 大声《たいせい》 高声 大音声《だいおんじょう》 笑声 奇声 嬌声《きょうせい》 美声 蛮声 濁声 嘆声 デモの喚声 叫声

こえ【肥】⇩こやし

ごえい【護衛】 警護 警衛 警備体制 ▽警備員 ガードマン

こえる ①【越える】 向こうへ 峠・海―を越える 飛び・乗り・踏み―越える 過ぎる 川・海―を渡る 山越え 越境 ②【超える】 基準を 限界・能力―を超える 一万円を超える(一万円を含まない) 一万円以上(一万円を含む) 凌《しの》ぐ 超過 超越 卓越 超然

こえる【肥える】 ①土地が肥える 豊か 肥沃《ひよく》 豊沃 豊饒《ほうじょう》 肥饒 沃饒 ▽沃地 沃土 沃野 肥沃地 ②体が肥える↓ふとる

コース 道筋 道順 道行き 足取り 一路南下 路次 順路 経路 軌道 軌跡 ▽陸路 海路 航路 航跡 空路 ▽赤道 黄道(太陽) ▽弾道

こおり【氷】 薄氷《うすごおり》 厚氷 アイス 銀盤の女王 氷塊 寒氷 流氷 浮氷 薄氷《はくひょう》を踏む

こおる ①【凍る】 凍り付く 凍《こご》る 凍える 凍《い》てる 凍て付く 凍結 ②【氷る】 水が氷る 氷が張る 氷結 結氷 凍氷 凝氷

こが【古雅】⇩じょうひん

ごかい【誤解】 思い・考え・取り―違い 勘違い 錯覚 誤謬《ごびゅう》を正す 謬見 ▽半解 曲解 無理解

ごかく【互角】⇩あいこ(相子)

ごがく【語学】⇩ことば(言葉)

こかげ【木陰】⇩かげ(陰)

こがす【焦がす】⇩やく(焼く)

こがた ①【小型】 対大型 小型の―自動車・台風 小判 袖珍《しゅうちん》本 ポケット型 ハンディー ②【小形】 対大形 小形の―模様・箱 小柄

こがたな【小刀】⇩はもの

ごがつ【五月】 皐月《さつき》 晩春 暮春 老春 ▽新緑の候 薫風の砌《みぎり》 惜春の折柄 [文章] 青葉を渡る風も懐かしい季節となりました／若葉の緑も清々《すがすが》しいこのごろ [暦] メーデー(一日)／憲法記念日(三日)／みどりの日(四日)／子供の日・端午の節句・菖蒲《しょうぶ》の節句(五日)／母の日(第二日曜日)／八十八夜(二日ごろ)／立夏(六日ごろ)／小満(二十一日ごろ)

こがらし【木枯らし・凩】⇩かぜ(風)

ごかん【語感】⇩ニュアンス

こき【古希】⇩おい(老い)

こきおろす【扱き下ろす】⇩けなす

こきざみ【小刻み】⇩すくない

こきつかう【扱き使う】 虐《しいた》げる 無理強い 酷使 虐使 虐待

こきゅう【呼吸】⇩いき(息)

こきょう【故郷】⇩ふるさと

こく【酷】⇩むごい

こぐ【漕ぐ】 舟を−進める・動かす 漕行《そうこう》 漕進 漕船 漕艇 操船

ごく【語句】⇩ことば(言葉)

ごく【極く】⇩とても

ごくい【極意】⇩おくぎ

こくう【虚空】⇩そら

こくご【国語】⇩ことば(言葉)

ごくさいしき【極彩色】⇩いろ

こくさいてき【国際的】⇩せかいてき

こくし【酷使】⇩こきつかう

こくじ【告示】⇩こうこく(公告)

こくしゅ【国手】①⇩いしゃ ②⇩ご(碁)

こくしょ【酷暑】⇩しょちゅう

ごくじょう【極上】⇩さいこう(最高)

こくすいしゅぎ【国粋主義】⇩うよく

こくそ【告訴】⇩うったえる

こぐち【小口】⇩すくない

こくない【国内】⇩にほん

こくはく【告白】⇩うちあける

こくびゃく【黒白】⇩ぜひ

こくふく【克服】⇩のりこえる

こくべつしき【告別式】⇩そうしき

こくぼう【国防】⇩まもる

こくみん【国民】 国人《こくじん・くにびと》 人民 公民権 庶民の生活 民衆 平民 万民 兆民 億民 良民 善民 蒼生《そうせい》 蒼氓《そうぼう》 一億の民《たみ》 国民《くにたみ》 民草

こくもつ【穀物】 穀 穀類 禾穀《かこく》 穀菽《こくしゅく》 米穀 米麦 雑穀 ▽五穀 五種 米 麦 粟《あわ》 稗《ひえ》 豆

ごくらく【極楽】 対地獄 ⇩てんごく

ごくろうさま【ご苦労様】⇩ありがとう

こけ【苔】 こけら 苔衣 苔の衣 地衣《ちい》 石衣 蘚苔《せんたい》 緑蘚 緑苔 翠苔《すいたい》 蒼苔《そうたい》 碧苔《へきたい》

ごけ【後家】⇩ひとりもの

こげる【焦げる】 焼け焦げる 黒くなる 黒焦げの魚 ▽お焦げ 焦げ飯 ▽焦げ土 焦土と化する 焼土を入れる

ここ【個々】⇩それぞれ

ここ【此処】 ここら この辺 こちら こっち こちら側 敬語《自分側》当地 当県下 当市 当方 弊地 弊郷

ごご【午後】 対午前 下午 正午過ぎ 昼過ぎ 昼下がり 昼から アフタヌーン PM

ここう【呼号】⇩さけぶ

こごえる【凍える】 凍え−付く・死ぬ 手が悴《かじか》む かじける 冷凍 寒凍 ▽霜焼け 皹《ひび》 皸《あかぎれ》 凍傷 凍死

ここく【故国】⇩ぼこく

ごこく【五穀】⇩こくもつ

ここち【心地】⇩きもち

ここちよい【心地よい】⇩こころよい

こごと【小言】①子供に小言を言う↓しかる ②待遇が悪いので小言を言う↓ふまん

こころ【心】 思い 気持ち 胸の内 真

心《まごころ》　心底《しんそこ》　物心　子供心　幼心　ハート　スピリット　精神　内心　心理　心情　心神　心中　意中　胸中　胸襟を開く　心底《しんてい》　心奥《しんおう》　心意　方寸に納める　肝胆相照らす

こころあたり【心当たり】⇩みとおし

こころえ【心得】覚悟　用意　心掛け　嗜《たしな》み

こころえる【心得る】弁《わきま》える　悟る　呑《の》み込む　会得《えとく》　得心の上で　納得《なっとく》　合点《がてん》が行かない

こころおきなく【心置きなく】気遣いなく　遠慮なく　心・気─が置けない　腹を割って話す　フランクに

こころがかり【心掛かり】⇩しんぱい

こころがけ【心掛け】心得　心構え　心配り　心遣い　心組み　気構え　気配り　気遣い　気組み　気を遣う　態度　用意　留意　用心　配慮　覚悟の程　▽武・礼儀─を尚《とうと》ぶ　大切にする

こころがまえ【心構え】⇩こころがけ

こころから【心から】厚く　深く　切に　切に切に　呉々《くれぐれ》も　幾重にも　衷心より

こころくばり【心配り】⇩こころがけ

こころぐみ【心組み】⇩こころがけ

こころぐるしい【心苦しい】済まない　申し訳ない　有り難い　感謝・感激─に堪えない

こころざし【志】意　意志の強い人　意向　抱負　大志　闘志　野心　大望　雄志　青雲の志　▽初志　初心　素志　宿志　遺志を継ぐ　▽寸志　微志　相手の芳志

こころざす【志す】心掛ける　期する　志願　志望　志向　意図

こころづかい【心遣い】⇩こころがけ

こころづけ【心付け】チップ　茶代　酒手《さかて》　祝儀《しゅうぎ》　お駄賃《だちん》　謝礼　薄謝　寸志

こころづよい【心強い】⇩あんしん

こころならずも【心ならずも】残念ながら　不本意ながら　本意ではないが已《や》むを得ず　仕方なく

こころね【心根】⇩きもち

こころのこり【心残り】⇩ざんねん

こころぼそい【心細い】⇩しんぱい

こころまち【心待ち】⇩きたい(期待)

こころみる【試みる】試す　確かめる　瀬踏み　毒見　私案にすぎない　試練　試験　実験　テスト　力試し　腕試し　運試し

こころもち【心持ち】⇩きもち

こころもとない【心許無い】⇩しんぱい

こころやすい【心安い】⇩したしい

こころよい【快い】心地よい　気持ちよい　具合がよい　爽《さわ》やか　晴れやか　晴れ晴れ　さっぱり　すっきり　清々する　快　愉快　欣快《きんかい》　爽快《そうかい》　痛快　快適　快哉《かいさい》を叫ぶ

ごさい【後妻】⇩つま

こざかしい【小賢しい】⇩ずるい

こさめ【小雨】⇩あめ(雨)

こし【腰】小腰　腰付き　ヒップ　腰部　腰肢《ようし》　▽柳腰《やなぎごし》　細腰《ほそごし》　弱腰

柳腰《りゅうよう》 細腰《さいよう》 繊腰

こじ【固辞】⇩ことわる

こじ【孤児】⇩みなしご

こしかけ【腰掛け】⇩いす

こしかける【腰掛ける】 座る 腰を掛ける 席に－着く・座る 着席 着座

こじき【乞食】 門付け 物貰《もら》い 物乞《ご》い お薦《こも》 浮浪者 ルンペン

ごしき【五色】⇩いろ

こしつ【固執】⇩とらわれる（囚れる）

ごじつ【後日】⇩そのうちに

こじつける 病に託《かこ》つける 事寄せる 理由づける 口実にする 屁《へ》理屈 牽強《けんきょう》付会 強牽 詭弁《きべん》

ゴシップ⇩うわさ

こしぬけ【腰抜け】⇩よわむし

こしまき【腰巻き】⇩パンツ

こしゃく【小癪】⇩にくらしい

こしゅ【戸主】⇩しゅじん

こしゅう【固執】⇩とらわれる（囚れる）

ごしょ【御所】⇩こうきょ

こしょう【故障】 事故 支障 障害 阻害 妨げ 差し障り 差し支え ▽停電 断水

こしらえごと【拵え事】⇩うそ

こしらえる【拵える】⇩つくる（作る）

こじらせる【拗らせる】⇩あっか

こじれる【拗れる】⇩あっか

こじん【故人】⇩なきひと

ごじん【吾人】⇩われわれ

こじんてき【個人的】 私的 内々《ないない》 私《わたくし》 内輪 内々《うちうち》 プライベート

こす ①【越す】 向こうへ 道・峠－を越す 飛び・追い・通り・乗り－越す 過ぎる 川を渡る ▽東京へ越す↓ひっこす ▽お越しいただく↓くる ②【超す】 基準を 三十五度を超す暑さ 超過 超越 超然として

こす ①【濾す】 かすを取り去る コーヒーを濾す 濾過《ろか》装置 濾水 ②【漉す】 細かくする 味噌《みそ》・餡《あん》－を漉す 漉過《ろっか》 裏漉し 絹漉し

こすい【狡い】⇩ずるい

ごすい【午睡】⇩かりね

こずえ【梢】⇩えだ

コスト ①コストが掛かる↓ひよう ②コストが高い↓ねだん

こする【擦る】 擦《かす》る 擦《なす》る 摩《さす》る 表面を磨《す》る 腕を摩《ま》する 棒を扱《しご》く 摩擦 摩触 ▽摩耗 摩滅

こせい【個性】⇩とくちょう（特徴）

こせき【戸籍】⇩せき（籍）

こせき【古跡・古蹟】⇩いせき

こせこせ せかせか せっかち こせつく 気早《きばや》 短気 性急 短兵急

ごぜん【午前】 対午後 上午 正午前 昼前 モーニング AM

こぞう【小僧】⇩てんいん

こぞって【挙って】⇩みな

こぞる【挙る】 出揃《そろ》う 引っ包《くる》める 皆 一斉に 大挙 総動員 総出動

ごそんじ【ご存じ】⇩しっている

こたい【固体】 固塊 凝塊 結晶体 塊《かたまり》 ▽土塊 鋼塊 銀塊 金塊

こたえ【答え】 対問い 受け答え 応答 返事 返答 答弁 回答 名答 確

答　即答　直答　▽口答　筆答

こたえる ①【答える】返事　出題・照会ーに答える　返事　返答　応答　回答　答弁　相槌《あいづち》を打つ　②【応える】受け止める　期待・恩顧ーに応える　応じる　報いる　▽歯・手ーに応える　感じる　歯応え　手応え

こだかい【小高い】⇩たかい(高い)

ごたごた ①⇩あらそい　②⇩こんらん

こだし【小出し】⇩すくない

こだち【木立】⇩き(木)

こたつ【炬燵】⇩だんぼう

ごたつく ⇩こむ

こだま【木霊・谺】山彦　響き　山精　山響　谷響　共鳴　反響

こだわる【拘わる】旧習に泥《なず》む　先入観に捉《とら》われる　気にーする・掛ける　拘泥　固執　執着

ごちそう【ご馳走】①ご馳走を食べる　美食　馳走　慈味　佳肴《かこう》　佳饌《かせん》　山海の珍味　酒の肴《さかな》　酒肴《しゅこう》　②お客にご馳走する　飲ます　食わす　夕食を奢《おご》る　供応　接待　お持て成しに　敬語（相手方から）ご馳走になる　ご歓待・ご佳宴ーを賜る／（相手方に）粗宴を催す　粗飯を差し上げる　粗酒を傾ける　何のお持て成しも致し兼ねますが

こちゅうのてん【壺中の天】⇩べってんち

こちょう【誇張】⇩おおげさ

こちら【此方】⇩ここ(此処)

こちらがわ【此方側】⇩ここ(此処)

こぢんまり【小ぢんまり】⇩ちいさい

こつ 呼吸　秘訣《ひけつ》　秘法　秘伝　秘要　奥義　極意　要領

こっか【国家】⇩くに(国)

こづかい【小使】⇩しようにん

こづかいせん【小遣い銭】煙草《たばこ》銭　身銭《みぜに》を切る　自腹《じばら》　臍《へそ》繰り　ポケットマネー

こつがら【骨柄】⇩ひとがら

こっき【克己】⇩じせい(自制)

こっきょう【国境】⇩さかい

こっけい【滑稽】⇩おかしい(可笑しい)

こつこつ ⇩せっせと

こっし【骨子】中心　重点　要点　主眼　基調　要領　ポイント

こっせつ【骨折】⇩けが

こつぜん【忽然】⇩とつぜん

こっそり ⇩ひそかに(密かに)

ごったがえす【ごった返す】⇩こむ

こっち ⇩ここ(此処)

こづつみ【小包】⇩にもつ

こっとう【骨董】⇩たからもの

こつにく【骨肉】⇩にくしん

コップ カップ　グラス　湯飲み　水飲み　吸い飲み

ごて【後手】対先手　⇩あとまわし

こてい【固定】安定　定着　定置　作り付け　▽安置　鎮座

ごてん【御殿】⇩いえ

こと【糊塗】⇩ごまかす

こと【琴・箏】弦琴　琴瑟《きんしつ》相和す　琴箏《きんそう》　鳴琴　玉琴　弦桐《げんとう》　糸桐《しとう》　▽立て琴　木琴　ピアノ　提琴　バ

イオリン　ギター　マンドリン

こと【事】⇩ことがら

ことがら【事柄】事　物事　件　事情　事態　事実　事項　事物　次第　一事　一端　一件　万事　万端　万般　諸般　▽大事　大故　▽小事　小故　細事　末事　末節　枝葉

ごとき【如き】⇩にている

ことごとく【悉く・尽く】⇩すべて

ことごとに【事毎に】その度《たび》に　その都度　事ある-毎に・度に　その時はいつも　何事に付けても

ことさら【殊更・故ら】⇩わざと

ことし【今年】この年の秋　今の年　今年《こんねん》　本年　当年　今歳　当歳　▽今期　今シーズン

ごとし【如し】⇩ようだ

ことづけ【託け】⇩たのみ

ことづける【託ける】⇩たのむ(頼む)

ことづて【言伝て】言付け　人伝て　口伝え　聞き伝え　取り次ぎ　メッセージ　伝言を頼む　伝令　託言　▽口伝《くでん》　口授　敬語《相手方の》お伝え　ご伝言　ご伝達　ご伝声　ご致声　ご伝韻　ご吹聴《ふいちょう》　ご披露《ひろう》

ことなる【異なる】違う　異質　異種　別種　千差万別　異例

ことに【殊に】⇩とくに

ことによると【事によると】⇩あるいは

ことのほか【殊の外】①⇩あんがい　②⇩とくに

ことば ①**【言葉】**手紙の文句　語　語句　言詞　言辞　用語　語群　語種　語　彙《ごい》　ボキャブラリー　▽話し言葉　口語　書き言葉　文語　子供言葉　片言《かたこと》　▽言語　人語を解する　国語　標準語　共通語　方言　訛語《かご》　土語を解する　外国語　外語　原語　語学
②**【辞】**一続き　開会の辞　弁　口上　口舌　仰せ　仰せ言　台詞《せりふ》

ことばづかい【言葉遣い】言葉付き　物言い　言い振り　言い様　言い草　口付き　口振り　話し振り　語調　口吻《こうふん》　口調　語気　▽言い回し　措辞　用辞　語法　社交辞令

ことぶき【寿】⇩いわい

こども【子供】対大人　人の子　子宝　子種　男の子　坊や　女の子　小娘　稚児《ちご》　童　▽幼年　少年　少女　小人　小児　子女　児童　年少者　少国民　未成年　▽愛《いと》し子　愛児　寵児《ちょうじ》　神童　敬語《相手方の》お子様　ご愛児様／《自分側の》子供　児輩　豚児
•亡き子供　敬語《相手方の》亡きお子様　亡きご愛児様／《自分側の》亡児　亡き子供

こどもごころ【子供心】⇩こころ

こどもづれ【子供連れ】⇩つれ

ことよせる【事寄せる】⇩こじつける

ことわざ【諺】金言　格言　諺語《げんご》　諺言　俚諺《りげん》を引く　俗諺　世諺　鄙諺《ひげん》　野諺　下世話《げせわ》　▽箴言《しんげん》　警句　名句　教訓　▽評語　スローガン　モットー　キャッチフレーズ

ことわる【断る】対受け入れる　拒む

退ける 刎《は》ね付ける 突っ撥《ぱ》ねる 辞退 職を辞する 受け流す 謝絶 固辞 拒否 拒絶 一蹴《いっしゅう》に付する 不承知 [敬語]〔相手方が〕ご辞退になる ご承諾いただけない お聴き入れの叶《かな》いません節は／〔相手方に〕拝辞・お断り・辞退・遠慮ーさせていただく ご期待・お志・ご希望・ご要望ーに添い兼ねます ご免を被らせていただければ幸いと存じます

こな【粉】 粉《こ》 抹《まっ》 散《さん》 粉末 細末 微粒子 パウダー ▽小麦粉 うどん粉 メリケン粉 粉石鹸《こなせっけん》 粉薬 散薬 天花粉

こなごな【粉々】 切れ切れ 千切れ千切れ 粉微塵《こなみじん》 木端《こっぱ》 微塵 ばらばら めちゃーめちゃ・くちゃ

こなす【熟す】 ⇩しょうか(消化)

こなまいき【小生意気】 ⇩なまいき

コネ 縁故 縁 関係 繋《つな》がり 手蔓《てづる》 誼《よしみ》 付き合い

こねる【捏ねる】 ⇩ねる(練る)

この【此】 このような かような かくかくの かかる かくのごとき 該《がい》事件 当《とう》問題 本《ほん》裁判 ▽斯界《しかい》の権威 斯業 斯道

このあいだ【この間】 先頃《さきごろ》 先だって 何日《いつ》ぞや この前 先日 過日 往日 先般 過般 以前 ▽先夕 先夜

このうえ【この上】 ⇩そのうえ

このうえない【この上ない】 ⇩さいこう(最高)

このかた【この方】 ⇩このひと

このごろ【この頃】 ⇩ちかごろ

このたび【この度】 ⇩こんど

このつぎ【この次】 ⇩つぎ(次)

このひと【この人】 この方 このお方 このお方様 この男 この女 この子 こいつ こやつ 此処

このへん【この辺】 ⇩ここ(此処)

このほか【この外】 ⇩いがい(以外)

このほど【この程】 ⇩こんど

このましい【好ましい】 好もしい 望ましい ほほえましい 耳寄りな話 手頃《てごろ》 頃合い 打って付け 誂《あつら》え向き 好個 好適 最適 絶好

このみ【好み】 好き好き 下手の横好き 選《え》り好み 趣味 趣向 嗜好《しこう》 好尚 愛好 ▽好き嫌い 好悪《こうお》

このむ【好む】 [対]嫌う 好く 好き好む 酒を嗜《たしな》む 愛《め》でる 愛する 心を寄せる 愛好 愛嗜《あいし》 嗜好に合う 嗜欲 ▽酒好き 左利き 女好き 好色 遊び好き 学問好き 好学の士 世話好き ▽好異 好奇心

このよ【この世】 [対]あの世 今の世 人の世 浮き世 現代 現世 今代 今世 今生《こんじょう》 当代 当世 人世 世間《せけん》 俗界 娑婆《しゃば》 下界 天地

こばむ【拒む】 ⇩ことわる

ごはん【ご飯】 ①ご飯を炊く↓こめ ②ご飯だよ↓しょくじ

コピー ⇩うつし

ごびゅう【誤謬】 ⇩あやまり

こびる【媚びる】 ⇩へつらう

こぶ【瘤】⇩できもの

ごぶごぶ【五分五分】⇩はんはん

ごぶさた【ご無沙汰】ご無音に打ち過ぎ　ご疎遠に相過ごし　絶えてご無沙汰し　とかくご無沙汰申し上げ

こぶし【拳】⇩げんこつ

こぶつ【古物】⇩ふるもの

こぶね【小舟】⇩ふね(舟)

こぶん【子分】対親方　⇩てした

こべつ【個別】⇩それぞれ

こぼす【零す】①水を零す　汗・血ーを滴《た》らす　漏らす　溢《あ》れさせる　滴下　落涙　覆水盆に返らず　②友達に零す　↓ぼやく

こぼれる【零れる】汗・血ーが滴《た》れる　滴《した》たる　溢《あ》れる　零れ落ちる　落ち零れる　横溢《おういつ》　滴下　点滴

こま【駒】⇩うま(馬)

こまかい【細かい】①細かい粒　細やか　細々　細末　細小　微細　微小　零細　些細《ささい》　繊細　繊微　微塵《みじん》　②細かい説明　↓くわしい

ごまかす【誤魔化す】欺く　偽る　まやかす　騙《だま》す　その場を取り繕う　欺瞞《ぎまん》　瞞着　失敗を糊塗《こと》する

こまぎれ【細切れ】⇩かけら

こましゃくれる⇩ませる

こまづかい【小間使】⇩しようにん

こまやか ①【細やか】細やかな粒　↓こまかい　②【濃やか】濃やかな愛情　↓ねんごろ

こまる【困る】苦しむ　悩む　煩う　出来なくて弱る　処置に困《こう》じる　窮する　手古摺《てこず》る　困りー入る・切る・果てる・抜く　待ち厭《あぐ》む　困却　困窮　閉口　当惑　往生　困絶　敬語〔相手方が〕お困りの趣　ご苦境・ご困惑ーの由／〔自分側が〕困り入って・困り抜いて・困却してーおります　困窮　困惑　難渋　閉口　誠に手詰まりにて　手元不如意にて　思案に暮れる

ごみ【芥】芥《あくた》　がらくた　木端《こっぱ》　藻屑《もくず》　がら　あら　瓦礫《がれき》と化す　塵芥《じんかい》　芥屑《かいせつ》　埃屑《あいせつ》

こみあう【込み合う】⇩こむ

こみいる【込み入る】⇩むずかしい

こみち【小道】⇩みち

こむ【込む・混む】対空く　込み合う　立て・取りー込む　ごった返す　ごたつく　犇《ひし》めく　混雑　混乱　雑踏　▽人込み　ぎゅうぎゅう詰め　鮨《すし》詰め　押し合い　圧《へ》し合い　どさくさ　ごたごた

こむぎこ【小麦粉】⇩こな

こめ【米】ご飯を炊く　しゃり　飯米　米粒　小米　▽白米　精米　精白米　搗《つ》き米　半搗き米　玄米　糯米《もちごめ》　粳《うるち》　外米　新米　早場米　古米

こめる【込める】⇩いれる(入れる)

ごめん【御免】⇩あやまる(謝る)

こもかぶり【薦被り】⇩たる

こもごも【交々】⇩かわるがわる

こもる【籠る】⇩かくれる

こもん【顧問】相談相手　相談役　忠告者　御意見番　アドバイザー　コン

サルタント

こや【小屋】 納屋《なや》 物置 東屋《あずまや》 四阿《しあ・あずまや》・亭《ちん》 小舎 小屋 ▽馬小屋 厩《うまや》 厩舎《きゅうしゃ》 牛小屋 牧舎 豚小屋 豚舎 鳥小屋 禽舎《きんしゃ》

こやし【肥やし】 肥《こ》え 下肥《しもごえ》 基肥 追い肥 積み肥 肥料を施す 堆肥《たいひ》 ▽金肥 化学・人造–肥料 硫安

こやま【小山】 ⇩やま

こゆう【固有】 ⇩どくとく

こよみ【暦】 日読み 日暦 日捲《めく》り カレンダー 暦《きれ》 暦本 ▽旧暦 太陰暦 陰暦 古暦 ▽新暦 太陽暦 陽暦 グレゴリー暦 ▽本暦 官暦 略本暦 略暦 ▽花暦《はなごよみ》 花便り

こらえる【怺える・堪える】 ⇩がまん

ごらく【娯楽】 ⇩たのしみ

こらしめる【懲らしめる】 懲らす 懲りさせる 罰する 死刑に処する 罪する 誅《ちゅう》する 油を搾る 懲戒 呵責《かしゃく》 折檻《せっかん》 成敗《せいばい》 膺懲《ようちょう》

こらす【懲らす】 ⇩こらしめる

ごらん【ご覧】 ⇩みる(見る)

こり【凝り】 ⇩しこり

こりこう【小利口】 ⇩ずるい

こりごり【懲り懲り】 ⇩こりる

ごりやく【ご利益】 ⇩くどく(功徳)

こりる【懲りる】 懲り懲りする 悔いる 悔やむ 心を改める

こる【凝る】 ①仕事に凝る 更ける 熱を入れる 血道を上げる 熱中 夢中 ②肩が凝る↓つかれる

これから ⇩こんご

これくらい【これ位】 このくらい この程度 これほど かほど これだけ こればかり これしか

これまで【これ迄】 ⇩いままで

ころ【頃】 ⇩とき

ころあい【頃合い】 ⇩チャンス

ころがす【転がす】 ⇩よこたえる

ころがる【転がる】 転げる 転ぶ 転《まろ》ぶ 引っ繰り返る 覆る 転倒 転覆 横転 横倒し

ころげる【転げる】 ⇩ころがる

ころす【殺す】 倒す 屠《ほふ》る 害する 弑《しい》する 打ち・撲り・押し・踏み・絞め・嚙《か》み・刺し・突き・切り・射《い》・撃ち・焼き・焙《あぶ》り・呪《のろ》い–殺す 打ち–止める・果たす 仕留める 人殺し 辻《つじ》切り 轢《ひ》き逃げ 殺人 殺傷 殺害 殺戮《さつりく》 惨殺 虐殺 毒殺 暗殺 撲殺 殴殺 圧殺 絞殺 縊殺《いさつ》 扼殺《やくさつ》 刺殺 斬殺《ざんさつ》 射殺 焼殺 屠殺《とさつ》

ごろつき ⇩ふりょう(不良)

ころぶ【転ぶ】 ⇩ころがる

こわい【怖い・恐い】 恐ろしい おっかない 気味が悪い 薄気味悪い 不気味 妖気《ようき》が漂う 空恐ろしい 身の毛が弥立《よだ》つ 身の毛立つ 総毛立つ びくびく おどおど おろおろ おっかなびっくり 戦々恐々

こわい【強い】 ⇩かたい(固い)

こわがる【怖がる】 ⇩おそれる(恐れる)

こわごわ【怖々】 おずおず おどおど 恐る恐る 臆《おく》する 動じることなく

こわす【壊す】 形を 建物・橋ーを壊す 品物・機械ーを傷める 潰《つぶ》す 崩す 取り・打ち・叩《たた》きー壊す 破壊 損壊 大破 爆破 爆砕 ▽【毀す】だめにする 機械・胃ーを毀す 傷める 駄目にする 損じる 機械を損なう 損ねる 破損 損傷 毀損《きそん》 摩損

こわれる【壊れる】 形が 家・堤防ーが壊れる 潰《つぶ》れる 崩れる 駄目になる 破壊 損壊 倒壊 全壊 半壊 大破 中破 崩壊 欠壊 瓦解《がかい》 ▽【毀れる】だめになる 機械・茶碗《ちゃわん》ーが毀れる 傷む 駄目になる 破損 損傷 毀損《きそん》 摩損 故障 分解

こんい【懇意】 ⇩したしい

こんいん【婚姻】 ⇩えんぐみ

こんがらかる ⇩からむ

こんき【根気】 根 精根 精気 気骨 気力 精力

こんきゅう【困窮】 ⇩こまる

こんきょ【根拠】 ⇩よりどころ

ごんげ【権化】 ⇩ほとけ

こんげつ【今月】 本月 当月 この月 今の月 ▽今期 今シーズン 今春 今夏 今秋 今冬

こんげん【根源・根原】 ⇩もとい

こんご【今後】 自今 事後 以後 慎みます 向後 前途 将来 これから これからー先・後 今から このー先・上 先々 先行き 行く行く 行く末 老い先

こんざつ【混雑】 ⇩こむ

こんしゅう【今週】 本週 当週 この週 今の週

こんじょう【今生】 ⇩このよ

こんじょう【根性】 本性《ほんしょう》 気性 気質《きしつ》 気骨 気根 精根 気魄《きはく》 意欲 意気地 性根《しょうね》 心根 負けじ魂 負けず嫌い 負けん気 聞かん気 勝ち気 土性骨 職人気質《かたぎ》

こんせつ【懇切】 ⇩ていねい

こんだて【献立】 ⇩もくろく

こんたん【魂胆】 ⇩つもり

こんだん【懇談】 ⇩はなしあい

こんど【今度】 今回 今般 今次 這般《しゃはん》の事情 この度《たび》 この程

こんとく【懇篤】 ⇩しんせつ

こんな ⇩こう(斯う)

こんなん【困難】 ⇩できない

こんにち【今日】 ⇩ちかごろ

こんばん【今晩】 ⇩きょう(今日)

こんぽん【根本】 ⇩もとい

こんまけ【根負け】 ⇩あきる

こんもり ⇩しげる

こんらん【混乱】 紛糾 紛乱 錯綜《さくそう》 錯乱 混雑 錯雑 雑然 無秩序 無軌道 混沌《こんとん》 混迷 入り組む 込み入る どさくさ ごたごた

こんりんざい【金輪際】 ⇩けっして

こんれい【婚礼】 ⇩えんぐみ

こんわく【困惑】 ⇩こまる

さ

さ【差】 違い 開き 隔たり 差し引き プラスマイナス 差異 差等 相違

差別　公差　偏差　差額　誤差　学校
格差（段階付け）　気温較差（対比）　落差
懸隔　▽大差　径庭　天地・氷炭・雲
泥・霄壌《しょうじょう》の差　▽小差　僅差《きんさ》
五十歩百歩
ざ【座】⇩ざせき
サークル⇩グループ
サービス⇩ほうし（奉仕）
さい【際】⇩とき
さい【才】⇩さいのう
さい【賽】⇩さいころ
さい【差異】⇩さ
ざいあく【罪悪】⇩つみ
さいか【災禍】⇩わざわい
ざいか【財貨】⇩ざいさん
さいかい【際会】⇩であう
さいがい【災害】惨害　天災　▽震災
火災　火事　水難　水害　風害　風
水害　冷害　干害　病虫害　煙害
塩害　公害
ざいかい【財界】⇩しゃかい
さいかく【才覚】⇩くふう

さいかん【才幹】⇩さいのう
さいき【再起】⇩たちなおる
さいきん【最近】⇩ちかごろ
ざいきん【在勤】⇩ざいしょく
さいく【細工】手工　手芸　細技　手技
▽紙細工　竹細工　木工　金工
さいくん【細君・妻君】⇩つま
ざいけ【在家】⇩ぞくじん
さいけつ【採決】⇩きめる
さいけつ【裁決】⇩さばき
さいげつ【歳月】⇩としつき
さいげん【再現】⇩さいせい
さいげん【際限】⇩かぎり
さいご①【最後】最後に行う↓おわり
②【最期】最期を遂げる↓しにぎわ
さいこう【再興】⇩かいふく（回復）
さいこう【最高】対最低　最上　最良
最善　至高　至上　無上　無比　極
上《ごくじょう》　美の極致《きょくち》　極点に達する　頂
点　屈指　有数　随一　絶好　一流
絶世　日本一　世界一　ベスト　指
折り　粒選《つぶよ》り　粒揃《つぶぞろ》い　選り抜
き　何よりの頂き物　この上ない
さいこうさい【最高裁】⇩さいばんしょ
さいこうちょう【最高潮】⇩クライマッ
クス
さいころ【賽子】ダイス　賽《さい》　六赤
骰子《とうし》　賽子《さいし》　象子　博子《ばくし》
さいこん【再婚】⇩えんぐみ
さいさい【再々】⇩たびたび
ざいさん【財産】財　産を成す　資産
資財　財力　財貨　身代《しんだい》　身上《しんしょう》
富《とみ》　巨富　巨財　浄財　▽私財　私
産　家財　家産　私有財産
ざいさんか【財産家】⇩かねもち
さいじつ【祭日】⇩きねんび
さいしゅう【採集】⇩あつめる
さいしゅう【最終】⇩おわり
さいしょ【最初】⇩はじめ（初め）
さいしょう【宰相】⇩だいじん
さいじょう【最上】⇩さいこう（最高）
ざいしょく【在職】在勤　在任　在官
在役　在隊　奉職中　▽在位　在世
治世　在位中

さいせい【再生】 再現　再起　再発　再燃　復活　▽再び生まれる　生まれ変わる　生き返る

さいせいき【最盛期】 ⇩さかり

さいぜん【最前】 ⇩さっき

さいぜん【最善】 至善　最高　最上　最良　全力　ベスト　出来る限り

さいそく【催促】 督促　催告　催迫　促す　急がす　急《せ》かす　せっつく

さいだい【最大】 ⇩おおきい

ざいたく【在宅】 在宿　在邸　在家　▽在京　在郷　在野

さいたん【最短】 ⇩ちかい(近い)

さいだん【裁断】 ①⇩たつ(裁つ)　②⇩さばく(裁く)

さいちゅう【最中】 真っ最中　最中《さなか》　只中《ただなか》　真っ只中　酣《たけなわ》　盛り　宴半ばにして　途中

さいなむ【苛む・嘖む】 ⇩いじめる

さいなん【災難】 ⇩わざわい

ざいにん【在任】 ⇩ざいしょく

ざいにん【罪人】 犯人　犯罪人　犯罪者　在監者　入獄者　入牢《にゅうろう》者　科人《とがにん》　罪人《つみびと》

さいのう【才能】 才　能　才力　能力　才気　才知　才幹　才覚　才略　才識　器量　天分　▽文才　筆才　商才　弁才　口才　学才　多才　▽英才　秀才　逸才　俊才　鬼才　不世出の才　敬語〘自分側の〙浅才　薄才　非《ひ》才《さい》　不才　微才　小才　短才

さいはい【采配】 ⇩しき(指揮)

さいばい【栽培】 対自生　培植　培養　育成　種芸　培う　作付け　接ぎ木　▽畑作　米作　稲作　麦作　▽裏作　間作　二毛作　二期作　輪作

さいはん【再版】 ⇩はっこう(発行)

さいばん【裁判】 ⇩さばき

さいばんしょ【裁判所】 法廷　公廷　公判廷　裁きの庭　白州《しらす》　▽最高裁判所　最高裁　高等裁判所　高裁　地方裁判所　地裁　家庭裁判所　家裁　簡易裁判所　簡裁　▽軍法会議　軍事裁判所

さいふ【財布】 腰の巾着《きんちゃく》　金嚢《きんのう》　金入れ　銭入れ　紙入れ　蟇口《がまぐち》

さいほう【裁縫】 ⇩ぬいもの

さいまつ【歳末】 ⇩ねんまつ

さいみつ【細密】 ⇩ちみつ

さいもく【細目】 ⇩うちわけ

ざいもく【材木】 ⇩き(木)

さいよう【採用】 ⇩とる(採る)

ざいらい【在来】 ⇩いままで

さいりょう【最良】 ⇩さいこう(最高)

ざいりょう【材料】 材　原料　原材　素材　資材　資源　物資　原材料　ケーキの素《もと》　▽木材　鉄材　器材　教材　▽塗料　染料

ざいりょく【財力】 金力　金銭力　資本力　物力　▽金ずくで　金銭ずくで　金に物を言わせて

さいわい【幸い】 ⇩しあわせ(幸せ)

さいわいする【幸いする】 ⇩めぐまれる

サイン ①盗塁のサインを出す　↓あいず　②サインする↓しょめい

さえぎる【遮る】 ⇩さまたげる

さえずる【囀る】⇩なく〈鳴く〉

さえる【冴える】冴え-渡る・返る・切る　はっきりする　クリア　澄明　清明　天気晴朗　明澄

さお【竿】⇩ぼう

さか【坂】坂道　爪先《つまさき》上がり　上り坂　下り坂　峠　傾斜　勾配《こうばい》　坂路《はんろ》　急坂　峻坂《しゅんぱん》　険坂　▽九十九折《つづらおり》　S字カーブ

さかい【境】仕切り　継ぎ目　縫い目　変わり目　境界　境域　分界　臨界　▽国境《くにざかい・こっきょう》　国界　辺境　辺界　辺域　境域　邦域　封域

さかえる【栄える】対衰える　繁栄　繁盛　隆盛　敬語〔相手方が〕ご繁栄の趣　ご清栄　ご隆栄

さかさ【逆さ・倒さ】逆様　逆しま　真っ逆様　上下《うえした》になる　裏腹　裏返し　あべこべ　逆　反対　倒逆　倒置　転倒　上下《じょうげ》反対になる

さがす ①【捜す】失ったものを　犯人・家の中-を捜す　捜し-回る・求める　捜査　捜索　捜求

②【探す】欲しいものを　空家・職-を探す　求める　探し-求める・回る　漁《あさ》る　探る　探査　探索　学理を探究する　平和を探求する　探訪　物色　模索　検索　索敵

さかずき【杯・盃】杯《はい》　酒杯　酒盞《しゅさん》　杯盞　玉舟　玉杯　玉觴《ぎょくしょう》　大杯　猪口《ちょこ・ちょく》　グラス　コップ　▽賞杯　優勝杯　カップ

さかだい【酒代】⇩さかて

さかだち【逆立ち】倒立　倒置　▽宙返り　でんぐり返し

さかて【酒手】①酒代《さかだい・さかしろ》　飲み代《だい》　飲み代《しろ》　飲み料　酒銭　②酒手をはずむ↓こころづけ

さかな ①【魚】魚《うお》　魚類　魚族　鱗魚《りんぎょ》　鱗類　▽川魚《かわざかな》　河魚　淡水魚　▽小魚《こざかな・しょうぎょ》　細鱗　雑魚《ざこ》　▽大魚　巨魚　巨鱗　呑舟《どんしゅう》の魚　▽生魚《なまざかな・せいぎょ》　鮮魚

②【肴】酒の肴↓ごちそう

さかなや【魚屋】魚売り　魚商人《さかなあきんど》　魚商　魚店　魚戸　鮮戸

さかのぼる【遡る・溯る】遡行《そこう》　遡上　遡水　遡流　▽遡源　遡及

さかもり【酒盛り】⇩えんかい

さかや【酒屋】酒売り屋　酒問屋　酒店《しゅてん》　酒舗　酒家　酒戸　酒肆《しゅし》

さからう【逆らう】⇩てむかう

さかり【盛り】真っ盛り　旬《しゅん》の野菜　酣《たけなわ》　クライマックスに達する　盛時　盛況時　全盛期　隆盛期　最盛期　絶頂期　最高潮　▽花盛り　出盛り

さかりば【盛り場】繁華街　殷賑《いんしん》街　中心街　歓楽街　大通り

さがる【下がる】対上がる　①紐《ひも》が下がる　垂れる　ぶら下がる　吊っり・垂れ-下がる　懸垂　下垂　②値が下がる　落ちる　下落　低落　低下　下降　漸落　急落　暴落　崩落　惨落　瓦落《がら》　がた落ち

さかん【盛ん】勢い　産業が盛ん　隆盛　隆昌《りゅうしょう》　盛栄　繁栄　盛大　全盛

最盛　盛況を呈する　繁盛《はんじょう》　活発
壮観　▽【旺ん】気力　士気が旺《さか》ん
旺盛　意気軒昂《けんこう》　澎湃《ほうはい》　鬱勃《うつぼつ》

さき①【先】順序　①先のほう　末　末端　先端　突端　②先のこと↓こんご
②【前】そのまえ　三日前の雨↓まえ
③【曩】以前　曩に述べたとおり↓さっき

さぎ【詐欺】⇩だます

さきおくり【先送り】⇩のばす(延ばす)

さきおととい【一昨々日】⇩おととい

さきおととし【一昨々年】⇩おととし

さきがけ【先駆け】先立ち　先回り　抜け駆け　露払い　一番乗り　先駆　先陣　先鋒《せんぽう》　前鋒　前衛　前駆　先行　先導　教導　先鞭《せんべん》を付ける　率先して行う　▽先駆者　先覚者　先達《だつ》　開拓者　草分け　パイオニア

さきごろ【先頃】⇩このあいだ

さきざき【先々】⇩こんご

さきばしる【先走る】⇩すすむ

さきばらい【先払い】⇩しはらい

さきぶれ【先触れ】⇩きざし

さきほど【先程】⇩さっき

さきまわり【先回り】⇩さきがけ

さきみだれる【咲き乱れる】咲き揃《そろ》う・誇る・零《こぼ》れる　満開　桜花爛漫《らんまん》

さきゆき【先行き】⇩こんご

さぎょう【作業】⇩しごと

さきんじる【先んじる】⇩すすむ

さく【策】⇩はかりごと

さく【柵】⇩かこい

さく【咲く】開く　綻《ほころ》びる　咲き出す・匂《にお》う　開花　▽五分咲き　七分咲き　狂い咲き　返り咲き

さく①【裂く】無理に　絹・仲を裂く　引き裂く　劈《つんざ》く　ずたずたにする　鉤裂《かぎざ》き　横裂き
②【割く】取り分ける　鶏を割く　切り分ける　料理　解剖　▽紙面を割く　割り当てる　割愛　割譲　分割

さくい【作為】虚構　架空　事実無根　フィクション　作り事　拵《こしら》え事　捏《でっ》ち上げ　空言《そらごと》

さくげん【削減】⇩へらす

さくざつ【錯雑】⇩こんらん

さくし【策士】⇩やりて

さくじつ【朔日】⇩つきはじめ

さくしゃ【作者】⇩かきて

さくじょ【削除】⇩けずる

さくせん【作戦・策戦】戦略　戦術　戦法　兵略　兵術　兵法　兵学　軍略　軍法　軍学

さくそう【錯綜】⇩こんらん

さくねん【昨年】⇩きょねん

さくばん【昨晩】⇩きのう(昨日)

さくひん【作品】作　作物《さくぶつ》　創作　制作　▽大作　傑作　名作　労作　力作　佳作　▽駄作　拙作　劣作　偽作　▽新作　近作　習作　旧作　原作　処女作

さくぶん【作文】綴《つづ》り方　作詩　劇作　創作　▽著　著作　著述　編著　編集　編纂《へんさん》

さくもつ【作物】 農作 農作物 農産物 ▽豊作 豊年 凶作 凶年 不作

さくや【昨夜】 ⇩きのう(昨日)

さくら【桜】 桜木 花桜 木の花 桜花 桜樹 ▽若桜 姥《うば》桜 彼岸桜 山桜 八重桜 葉桜

さくらん【錯乱】 ⇩こんらん

さくりゃく【策略】 ⇩はかりごと

さぐる【探る】 箱の中を漁《あさ》る 窺《うかが》う 調べる 探りを入れる 探り-回る・求める 探索 探査 探測 探察 探訪 打診 模索 内偵 探偵 探検 海上を哨戒《しょうかい》する 敵状を偵察《ていさつ》する

さけ【酒】 旨酒《うまざけ》 お神酒《みき》 般若湯《はんにゃとう》 百薬の長 清酒 竹葉 竹露 花露 美禄《びろく》 美酒 佳酒 銘酒 醇酒 芳醇《ほうじゅん》 佳醸 ▽白酒 甘酒 どぶろく 濁り酒 濁酒 屠蘇《とそ》 ▽果実酒 葡萄《ぶどう》酒 焼酎《しょうちゅう》 ウイスキー ブランデー ワイン ビール

さげすむ【蔑む】 ⇩あなどる

さけのみ【酒飲み】 酒好き 飲み助 飲み手 飲ん兵衛《べえ》 飲んだくれ 左利き 左党《さとう》 酔っ払い 酔いどれ 酒気違い 酒狂い 辛党 上戸《じょうご》 高戸 酒客 酒家 酒徒 飲酒家 愛酒家 酒仙 酒豪 酒乱 酒狂 酔客 猩々《しょうじょう》

さけぶ【叫ぶ】 大声で呼ぶ 喚《わめ》く 怒鳴る 我鳴《がな》る 虎が・壇上で-吼《ほ》える 唸《うな》る 声を張り上げる 甲走る 悲鳴を上げる 泣き叫ぶ 呼号 怒号 叫号 喧号《けんごう》 叫喚 大呼 絶叫 咆哮《ほうこう》

さけめ【裂け目】 割れ目 切れ目 離れ目 干割れ 罅《ひび》 亀裂《きれつ》が生じる

さける【裂ける】 ⇩きれる

さける【避ける】 危険を避《よ》ける 免れる 身を躱《かわ》す 脱する 回避 退避 逃避 忌避 敬遠

さげる ①【下げる】 対上げる 値段を下げる 引き下げる 値下げ 値引き 格下げ ▽軒に下げる 紐で吊《つ》る 天上から吊《つ》るす 紐を垂らす ぶら・吊り・垂れ-下げる 垂下 懸垂 ②【提げる】 上部を持つ 鞄《かばん》を・手に-提げる 提《ひっさ》げる 携帯 携持 提持

ざこ【雑魚】 ⇩さかな(魚)

ささい【些細】 ⇩こまかい

ささえる【支える】 支《か》う 突っ支う 担う 受ける 頂く 保つ 持ち堪《こた》える 支持 維持 保持

ささげる ①【捧げる】 杯を捧げる↓あげる ②【献げる】 神に献げる↓あたえる

さざなみ【漣・小波】 ⇩なみ(波)

ささやか【細やか】 ⇩ちいさい

ささやく【囁く】 呟《つぶや》く 口遊《くちずさ》む 私語《ささめ》く ひそひそ話す 耳打ちする ウィスパー 小語 低語 私語

さじ【匙】 大匙 小匙 茶匙 スプーン 計量スプーン 食匙《しょくし》 薬匙 木匙 陶匙 銀匙 蓮華《れんげ》 散り蓮華 杓子《しゃくし》 柄杓《ひしゃく》 茶杓 湯杓

さしあげる【差し上げる】 ⇩あたえる

さしあたり【差し当たり】 差し詰め 差し向き 一先《ま》ず 取り敢《あ》えず 姑《しばら》く措く 当座 当面 当分 当用 日記 当下 目下 眼前

さしおさえる【差し押さえる】 取り押さえる 押さえる 赤札を張る 強制-執行・処分

さしかえる【差し替える】 ⇩かえる（替える）

さしかかる【差し掛かる】 ⇩とおりすぎる

さじかげん【匙加減】 ⇩しんしゃく

ざしき【座敷】 客間 客室 客座敷 応接間 応接室 客房 客殿 サロン ロビー ▽離れ座敷 蔵座敷

さしこむ【差し込む】 ⇩いれる

さしころす【刺し殺す】 ⇩ころす

さしさわり【差し障り】 ⇩さしつかえ

さししめす【指し示す】 ⇩しめす（示す）

さしず【指図】 ⇩めいれい

さしずめ【差し詰め】 ⇩さしあたり

さしせまる【差し迫る】 ⇩せまる

さしだす【差し出す】 ⇩おくる（送る）

さしつかえ【差し支え】 差し障り 当たり障り 障りがない 障りがある 妨げ 結婚・事務-に支《つか》える 障害 支障 故障 邪魔 妨害 阻害 万障 お繰り合わせのうえ 敬語《相手方の》お障り お変わり ご支障 ご別条 ご異状

さしでがましい【差し出がましい】 ⇩でしゃばる

さしでぐち【差し出口】 ⇩くちだし

さしはさむ ①【挿む】 本に挿む ↓はさむ ②【差し挟む】 前後から差し挟む ↓つまむ

さしひかえる【差し控える】 ⇩えんりょ

さしひき【差し引き】 ⇩さ

さしまねく【差し招く】 ⇩まねく

さしむかい【差し向かい】 ⇩むかいあい

さしむき【差し向き】 ⇩さしあたり

さしむける【差し向ける】 ⇩はけん（派遣）

さしもどし【差し戻し】 ⇩やりなおし

さしょう【些少】 ⇩わずか

さしわたし【差し渡し】 渡し 渡り 径 口径 直径 半径 長径 短径 中径 外径 内径

さじをなげる【匙を投げる】 ⇩あきらめる

さす【砂州】 ⇩す（州）

さす ①【差す】 腰に刀を差す ↓いれる ▽【注す】 液体を 油・目薬-を注す 注《つ》ぐ 瓶に水を注《そそ》ぐ 注入 導入 ▽【翳す】 高く 傘を翳す ↓あげる ②【刺す】 突く 人を・串《くし》に-刺す 突き刺す 刺し違える 刺激 ▽【螫す】 虫が 蜂《はち》が螫す 食う ③【挿す】 間に入れる 髪に挿す ↓いれる ④【指す】 方向 北東・場所-を指す 指し示す 指《ゆび》さす 指摘 指示 指名 ⑤【射す】 光・色 日・赤み-が射す 照る 映える

さすが【流石】 ①流石に先生だけのこ

とはある　いかにも　確かに　考えていたとおり　②流石の先生も困った　そうはいうものの

さずかる【授かる】⇩もらう

さずける【授ける】⇩あたえる

サスペンス⇩しんぱい

さすらう【流浪う】⇩さまよう

さする【摩る】⇩こする

ざせき【座席】座　席　場席　椅子《いす》　升《ます》　座り・腰掛け‐場所　会席　客席　議席　席上　席次　空席　▽上席　首座　上座《じょうざ・かみざ》　▽末席　末座　下座《げざ・しもざ》　▽特別席　特等席　一等席　二等席　三等席　並席

ざせつ【挫折】⇩つまずく

させる　①使役　読ませる　借り・調査‐させる　就かしめる　調査せしめる　敬語〔相手方が〕させられる　おさせになる　②命令　↓めいじる

させん【左遷】左降　転出　追放　降等　降給　格下げ　引き下げ

さぞ【嘸】さぞや　さぞさぞ　さぞかし　定めて　定めし　きっと

さそう【誘う】誘《いざな》う　促す　連れ出す　呼び‐掛ける・止める　話し掛ける　勧誘　誘致　誘引　誘導　▽客引き　宿引き　敬語〔自分側を〕お誘いを賜る　ご勧誘にあずかる　ご招誘くださる　ご恩誘に接する　ご誘引を被る　ご懇誘を辱《かたじけな》くする

さた【沙汰】①正気の沙汰ではない　↓おこない　②地獄の沙汰も金次第　↓しょり

さだまる【定まる】⇩きまる

さだめ【定め】⇩きそく

さだめし【定めし】⇩さぞ

さだめて【定めて】⇩さぞ

さだめる【定める】⇩きめる

サタン⇩あくま

ざだん【座談】⇩はなしあい

さち【幸】①幸多かれと祈る　↓しあわせ　②海の幸↓さんぶつ

さつ【札】⇩かね(金)

ざつ【雑】⇩いいかげん

さつえい【撮影】⇩とる(撮る)

ざつおん【雑音】⇩ざわめき

さっか【作家】作者　筆者　著者　編者　文士　文人　文学者　文筆家　文芸家　小説家　創作者　物書き　ライター　▽文豪　文傑　文雄　文壇の雄

ざっか【雑貨】⇩あらもの

さっかく【錯覚】⇩ごかい

さっかしょう【擦過傷】⇩けが

さっき【先刻】先程　この程　今し方　曩《さき》に述べたとおり　最前　先刻《せんこく》

さつき【五月・皐月】⇩ごがつ

さっきだつ【殺気立つ】殺気が‐満ちる・張《みなぎ》る・現れる　緊張　緊迫

さっきゅう【遡及】⇩さかのぼる

さっきゅうに【早急に】⇩いそいで

さっきん【殺菌】⇩しょうどく

ざっくばらん　あけすけ　ずけずけ　ずばずば　フランク　率直　無遠慮　▽高飛車に出る　頭ごなしに言う

さっこん【昨今】⇩ちかごろ

さっさと ⇩いそいで
さっし【冊子】⇩ほん
ざっし【雑誌】定期刊行物　誌　週刊誌　月刊誌　週報　画報　機関誌　業界誌　学会誌　紀要　彙報《いほう》　ウィークリー　マガジン
ざつじ【雑事】⇩ようじ(用事)
さっしん【刷新】⇩あらためる
さっする【察する】⇩おしはかる
ざつぜん【雑然】乱雑になる　無秩序　不統一　ごたごた　ごちゃごちゃ　▽雑多　雑駁《ざっぱく》　取り止めがない
さっそう【颯爽】元気がよい　きびきび　ぴちぴち　きりっと　きりりと　ぴしっと　かっこいい　スマート　ダンディー
さっそく【早速】⇩すぐ
ざった【雑多】⇩ざつぜん
ざつだん【雑談】俗談　閑談　閑話　歓談　世間話　四方山《よもやま》話　茶飲み話　お喋《しゃべ》り
ざっと ⇩およそ
ざっとう【雑踏・雑沓】⇩ひとごみ
ざつねん【雑念】他念　余念がない　妄想に耽る　妄念　妄慮
さっぱり ①事情がさっぱり分からない↓すこしも ②さっぱりした味↓あっさり ③終わってさっぱりする↓こころよい
さっぷうけい【殺風景】⇩つまらない
さつまいも【薩摩芋】⇩いも
ざつむ【雑務】⇩ようじ(用事)
ざつよう【雑用】⇩ようじ(用事)
さて【扨・偖】話題転換　ところで　そもそも　閑話休題　それはさておき
さてつ【蹉跌】⇩つまずく
さと【里】①山から里へ出る↓むら ②里に帰る↓ふるさと
さとい ①**【聡い】**数に聡い↓かしこい ②**【敏い】**利に敏い↓すばやい
さとう【砂糖】糖　糖分　蔗糖《しゃとう・しょとう》　粗目《ざらめ》　黒砂糖　赤砂糖　白下《しろした》　白砂糖　精糖　角砂糖　▽ビート糖　グラニュー糖　甜菜《てんさい》糖　葡萄《ぶどう》糖　麦芽糖　澱粉《でんぷん》糖　乳糖　▽氷砂糖　水晶糖
さどう【茶道】⇩ちゃ
さとがえり【里帰り】帰郷　帰村　帰省　帰参　▽帰国　帰朝　帰還兵　▽出戻り
さとごころ【里心】⇩ホームシック
さとす【諭す】⇩いましめる
さとる ①**【悟る】**わかる　重要性を悟る　会得《えとく》　悟入　悟了　悟得　開悟　大悟　頓悟《とんご》　達観 ②**【覚る】**敵に覚られる↓かんじる
さなか【最中】⇩さいちゅう
さながら【宛ら】⇩まるで
サバイバル 生き延びる↓いきのこる
さばき【裁き】表沙汰《おもてざた》にする　審判　判定　裁決　裁断　審理　裁判　公判廷　判決　▽明断　明裁　明快　英断　勇断　果断　▽勅裁　聖断
さばく ①**【裁く】**善悪正邪　事件を裁く　裁断　裁定　裁量　審判　判決文　▽原審　再審　結審　上告審　抗告審

さ

さび ②【捌く】仕事を捌く↓しょり

さび【錆】金錆《かなさび》 鉄錆 赤錆 銅錆 緑青《ろくしょう》 銹錆《しゅうせい》 鉄衣 鉄花

さびしい【寂しい・淋しい】侘《わび》しい 寂《さ》みしい 物静か 物悲しい 心細い ひっそり 静寂《せいじゃく》 閑寂 幽寂 寂然《せきぜん》 寂々 寂寞《せきばく》 寂寥《せきりょう》 蕭条《しょうじょう》 蕭々《しょうしょう》

さびる【錆びる】錆つく 錆が出る 錆を吹く 赤錆びる 曇る

さびれる【寂れる】⇩おとろえる

ざぶとん【座布団】⇩ふとん

さべつ【差別】⇩くべつ

さほう【作法】⇩れいぎ

サポート ⇩たすける

さほど【左程】⇩それほど

サボる ⇩なまける

さま【様】①敬称 殿 氏 君 嬢 兄 雅兄 大兄 学兄 賢兄 老兄 先生 御前 刀自《とじ》 さん ちゃん ちゃま ▽閣下 殿下 宮 卿 公 陛下 ▽各位 皆様 諸君 諸兄 諸士 諸姉 御一同様 御一統様 ▽御中 ②並ぶ様を見る↓ようす

ざま【態】⇩みかけ

さまざま【様々】⇩いろいろ

さます【冷ます】⇩ひやす

さます ①【覚ます】眠りを 目を覚ます ↓さめる ②【醒ます】元へもどす 酔いを醒ます 酔い醒め 覚醒《かくせい》剤 世人を警醒する

さまたげ【妨げ】⇩さしつかえ

さまたげる【妨げる】阻《はば》む 遮《さえぎ》る 塞《せ》く 塞き止める 行く手を塞《ふさ》ぐ 真相を蔽《おお》う 妨害 侵入を防遏《ぼうあつ》する 阻害 阻止 遮断 障害 邪魔

さまつ【瑣末】⇩わずか

さまで【然まで】⇩それほど

さまよう【彷徨う】流浪《さすら》う 流れ歩く 宿無し 流浪《るろう》 漂泊 漂浪 放浪 彷徨《ほうこう》 漂流 浮遊 ▽うろつく ぶらつく ぶらぶらする 散歩 徘徊《はいかい》 低徊《ていかい》

さみだれ【五月雨】⇩あめ(雨)

さむい【寒い】対暑い 肌寒い 薄ら寒い 寒々とする 寒冷の候 極寒 酷寒 ▽寒空に震える 秋の夜寒《よさむ》 寒天《かんてん》 寒夜 寒宵《かんしょう》

さむけ【寒け】⇩おかん

さむさ【寒さ】対暑さ 厳寒の候 厳冬 酷寒 極寒 烈寒 寒気 寒威 寒天 寒冷 寒風 北風 寒雨 冷雨 積雪 豪雪 吹雪《ふぶき》 ▽余寒 残寒 春寒 季冬 晩冬

さむらい ①【侍】武家時代の侍↓ぶし ②【士】大した士↓やりて

さめる【冷める】⇩ひえる

さめる ①【覚める】眠りから 目が覚める 目を覚ます 目覚め 寝覚めが悪い 起床 ②【醒める】元へもどる 酔いが醒める 正気に-なる・戻る 覚醒《かくせい》剤 醒悟 知覚 ③【褪める】⇩うすらぐ

さもしい ⇩いやしい(卑しい)

さや ①【鞘】かぶせもの 刀の鞘 刀室

刀鞘《とうしょう》 剣鞘 ②【莢】 ふくろ 豆の莢 殻《から》 蒴《さく》 莢皮《きょうひ》 豆莢

さやか【冴やか】 ⇩あきらか

ざゆう【座右】 ⇩そば

さよう【作用】 ⇩はたらき

さよう【左様】 ⇩そう(然う)

さようなら ⇩さよなら

さよく【左翼】 対右翼 ①左 左手 左側 左方 左方向 レフト ②急進主義 共産主義 急進派 革新派 過激派 左派 左傾派 極左派 左党 左傾党 極左党 ラジカル コミュニズム ソーシャリズム

さよなら さようなら ご機嫌ようではまた 失敬 あばよ さらば いざさらば グッドバイ バイバイ アデュー ▽暇乞《いとまご》い 辞去 告別

さら【皿】 大皿 中皿 小皿 手塩皿 菓子皿 灰皿 盤《ばん》 平盤 大盤 陶盤 玉盤 杯盤

さらいねん【再来年】 来年の来年 明後年 明々年 翌々年 明後○年 明々○年

さらう ①【攫う】 子供を攫う ↓うばう ②【浚う・渫う】 どぶを浚う ↓きよめる ③【温習う】 お琴を温習う ↓べんきょう

さらけだす【曝け出す】 ⇩あばく(暴く)

さらさら【更々】 ⇩けっして

さらされる【曝される】 ⇩あびる

さらす ①【曝す】 当てる 日・危険－に曝す 雨曝し 吹き曝し 暴露 露出 ②【晒す】 白くする 布を・薬品で－晒す 水晒し 漂白

さらに【更に】 ①更に悪くなる ↓もっと ②更に本屋に寄った ↓そのうえ

サラリー ⇩きゅうりょう(給料)

さりげない 何気ない 何とも思わない それとなく さあらぬ様子 重視しない

さる ①【猿】 動物 えて公 ましら 猿猴《えんこう》 沐猴《もっこう》 狙猴《そこう》 ▽山猿《やまざる》 野猿《やえん》 ▽類人猿 狒々《ひひ》 猩々《しょうじょう》 モンキー チンパンジー ゴリラ ②【申】 十二支の第九 申年 申の－刻・方角

さる【去る】 ①会場を去る 退《の》く 退《しりぞ》く 離れる 遠のく 立ち・離れ・飛び・逃げ－去る 立ち退く 引き揚げる 退去 退散 ▽辞する 辞去 ②対来《きた》る 去る十日 過ぐる

ざる【笊】 ⇩かご(籠)

さるまた【猿又】 ⇩パンツ

される(受身) ⇩られる

さわ【沢】 ⇩みずうみ

さわがしい【騒がしい】 ⇩うるさい

さわぎ【騒ぎ】 ⇩おおさわぎ

さわぐ【騒ぐ】 燥《はしゃ》ぐ ふざける おどける じゃれる 戯《ざ》れる いちゃつく 戯《たわむ》れる 暴れる 立ち騒ぐ 騒ぎ立てる ▽さざめく ざわつく ざわめく 響《どよ》めく

ざわつく ⇩さわぐ

ざわめき さざめき 響《どよ》めき ざわつ

き　騒音　雑音
さわやか【爽やか】⇩こころよい
さわり【障り】⇩さしつかえ
さわる ①【触る】ふれる　手で触る　触れる　接する　当たる　風が頬を掠《かす》る　擦《す》れる　接触　摩触　軽触　微触
②【障る】邪魔　身に障る　差し障る・支える　支障　障害　邪魔
さんか【参加】⇩くわわる
さんか【傘下】翼下　配下　勢力下　支配下　系列会社
さんかい【参会】⇩しゅっせき
さんがい【惨害】⇩さいがい
さんかく【参画】⇩くわわる
ざんがく【残額】⇩あまり
さんかくけい【三角形】三角　三辺形　三角形
▽正三角形　二等辺三角形　不等辺三角形
さんがつ【三月】弥生《やよい》　初春　早春
▽軽暖の候　春暖の砌《みぎり》　春色の折柄
文章 寒さも緩み、一雨ごとに春めいてまいりました／日増しに暖かさを加えるこのごろ　暦 桃の節句・雛《ひな》祭り（三日）／啓蟄《けいちつ》（六日ごろ）／春分の日・彼岸の中日（二十一日ごろ）
さんかん【参観】⇩けんぶつ
ざんぎゃく【残虐】⇩むごい
さんぎょう【産業】興業　殖産　生産　実業　企業　▽農業　林業　鉱業　水産業　商業　工業
ざんぎょう【残業】⇩きんむ
ざんきん【残金】残額　剰余額・金　残《ざん》高《だか》　差し引き　残り　余り
ざんげ【懺悔】⇩ざんねん
さんけい【参詣】⇩おまいり
さんこう【参考】参照　参看　照考　照合　参酌
ざんこく【残酷】⇩むごい
さんざい【散財】⇩むだづかい
さんさく【散策】⇩さんぽ
さんざん【散々】⇩はげしい
さんじ【賛辞・讃辞】賞賛・激賞の辞　賞詞　褒め言葉　お褒めをいただく
ざんじ【暫時】⇩しばらく（暫く）
さんしゅつ【産出】⇩とれる
さんじょ【賛助】⇩こうえん（後援）
ざんしょ【残暑】⇩あつさ
さんしょう【参照】⇩さんこう
さんじる【散じる】①集まり散じる↓わかれる　②財を散じる↓つかう
ざんしん【斬新】⇩めあたらしい
さんすう【算数】⇩すうがく
さんする【産する】⇩とれる
さんする【算する】⇩かぞえる
さんせい【賛成】対反対　賛同　同意　合意　協賛　賛助　翼賛　支持　共鳴　▽雷同　付和　付和雷同　敬語（相手方に）ご賛同いただく　ご賛成くださる　（自分側に）ご異存のない節は／心からご賛同・ご賛成いたします　何の異存もございません
さんぞく【山賊】⇩ぞく（賊）
ざんそん【残存】⇩のこる
さんたん【賛嘆】⇩ほめる

さんたん【惨憺】⇩みじめ

さんだん【算段】⇩くふう

さんち【産地】生産地 主産地 原産地 本場《ほんば》 出所《でどころ》 取れ所

さんどう【賛同】⇩さんせい

ざんにん【残忍】⇩むごい

ざんねん【残念】無念 遺憾 後悔 懺悔《ざんげ》 悔恨 遺恨 未練 不本意 悔いを残す 心残り 悔しい 口惜しい 歯軋《はぎし》りする 臍《ほぞ》を嚙《か》む 失敗を憾《うら》む 敬語〔相手方が〕お心残り お力落とし／〔自分側が〕遺憾に存じます 遺憾至極 心残り 返す返すも口惜しく存じます 遺憾ながら

さんば【産婆】⇩いしゃ

さんぱい【参拝】⇩おまいり

さんばし【桟橋】⇩みなと

さんぱつ【散髪】⇩びよう

さんび【賛美】⇩ほめる

さんぶつ【産物】物産 所産 生産物 名産 特産 海の幸 ▽農産 林産 水産 海産

サンプル⇩みほん

さんぽ【散歩】散策 遊歩 漫歩 逍遥《しょうよう》 漫《そぞ》ろ歩き ぶらぶら歩き ぶらつき 銀ぶら

さんれつ【参列】⇩のぞむ(臨む)

し

し【詩】⇩うた(歌)

し【師】⇩せんせい

じ【字】⇩もじ

じ【辞】⇩ことば(辞)

じ【璽】⇩はん

しあい【試合】取り組み 手合わせ 相撲の立ち合い 腕比べ 勝負 勝敗 競技 競争 碁・将棋‐の対局 プレー ゲーム タイトルマッチ レース リーグ戦 トーナメント コンテスト ▽決勝 準決勝

じあい【慈愛】⇩あいじょう

じあい【自愛】養生 加養 自重 自制 用心 敬語〔相手方の〕ご自愛 ご自重 ご養生 ご加養 ご摂養 ご留意 ご注意 ご用心 文章 ご自愛・ご自愛専一‐の程お祈り申し上げます／お体をお大切になさるよう／御身お大切に

しあがる【仕上がる】⇩できあがる

しあげ【仕上げ】仕上がり 出来上がり 完成 詰めを急ぐ 最後・最終‐段階 大願成就 画竜点睛《てんせい》を欠く

しあげる【仕上げる】作り上げる 成し‐遂げる・終える 仕遂げる 出来上がらせる 仕果《おお》せる 苦心して生み・打ち・捻《ひね》り・作り‐出す 形・産・原因‐を成す 完成 成就 落成式 竣工《しゅんこう》 竣成

しあわせ ①【幸せ】対不幸せ 幸い 幸《さち》多かれ 運良く ハッピー ラッキー 幸福 幸運 慶福 祥福 景福 至幸 至福 至慶 多幸 幸甚《こうじん》 万福 有卦《うけ》に入る ▽天祐《てんゆう》 天禄《てんろく》 冥利《みょうり》 冥加 吉《きち》 大吉 果報 ▽僥幸《ぎょうこう》 奇福 勿怪《もっけ》の幸

い　敬語〘相手方の〙お幸せ　ご多幸
ご多祥　ご幸福　ご幸運　ご幸栄
ご清福　ご清康　ご清祥　ご慶福
ご栄慶　ご幸慶　ご祥福　ご隆祥
ご康祥　ご安祥　ご安康
②【仕合わせ】　仕合わせが悪い　↓う
ん
しあん ①【私案】　私案にすぎない　↓こ
ころみる
②【試案】　当局の試案　↓あん
しあん【思案】　⇩かんがえる
しい【恣意】　⇩にんい
しいか【詩歌】　⇩うた(歌)
じいさん ①【爺さん】　対婆《ばあ》さん　隣の
爺さん　↓としより
②【祖父さん】　対祖母《ばあ》さん　うちの祖
父さん　↓そふ
しいたげる【虐げる】　いじめる
しいて【強いて】　⇩むりに
しいる ①【強いる】　無理に　無理強いす
る　押し付ける　迫る　律する　強
制　強要　脅迫による寄付　詐欺又は強
迫
②【誣いる】　事実を誣いる　↓まげる
しいれ【仕入れ】　買い入れ　買い込み
買い出し　仕込み　材料を入手する
しいれる【仕入れる】　⇩かう(買う)
しうち【仕打ち】　酷い扱いを受ける　取り
扱い　遇《あしら》い　計らい　仕方　遣《や》り
方　待遇　処遇
じえい【自営】　⇩どくりつ
しえん【支援】　⇩たすける
しお【潮・汐】　潮《うしお》　満ち干　満ち引き
潮流　潮汐《ちょうせき》　海潮　干満　満干
▽満ち潮　上げ潮　差し潮　朝潮
満潮《まんちょう》　▽引き潮　下げ潮　夕潮
干潮《かんちょう》　大潮《おおしお》
しお【塩】　波の花　白物《しろもの》　食塩　神液
海霜　岩塩　▽煎《い》り塩　焼き塩　胡
麻《ごま》塩
しおからい【塩辛い】　⇩からい
しおき【仕置き】　⇩ばつ(罰)
しおしお【悄々】　⇩しょんぼり
しおどき【潮時】　⇩チャンス
しおらしい【悄らしい】　⇩かわいい
しおり【栞】　①本のしおり　②旅のしお
り　↓てびき　③山のしおり　↓みちし
るべ
しおれる ①【萎れる】　花が萎れる　↓か
れる
②【悄れる】　負けて悄れる　↓がっかり
しか【市価】　⇩そうば
じが【自我】　⇩じぶん(自分)
しかい【司会】　⇩しき(指揮)
しかい【視界】　眼界　視野が開ける　視
程　展望が利く　満目の桜　一目《ひとめ》で見
る　▽死角に隠れる　見通しが利かない
しがい【市外】　⇩まちはずれ
しがい【市街】　⇩まち(街)
しがい【死骸・屍骸】　⇩したい
しかえし【仕返し】　遣《や》り返し　仇《あだ》・敵《かたき》
討ち　意趣返し・晴らし　腹癒《い》
せ　復讐《ふくしゅう》　報復　返報
しかく【死角】　⇩しかい(視界)
しかく【資格】　格　身分　地位　能力
技能　鑑札　許可証　免許証　免状

ライセンス ▽学士 修士 博士

じかく【自覚】 反省 内省 自省 自責 引責 ▽自覚症状 自意識

しかくい【四角い】 四角な 四角の 角な 角の ▽細長い 長細い 縦長の 横長の

しかくけい【四角形】 四角 四辺形 方形 ▽正方形 真四角《ましかく》 長方形 矩形《くけい》 長四角《ながしかく》 菱形《ひしがた・りょうけい》 台形 梯形《ていけい》

しかくばる【四角張る】 ⇩けいしきばる

しかけ【仕掛け】 ①機械の仕掛け ↓しくみ ②仕掛けに掛かる↓わな

しかし【併し】 ところが だが しかるに しかるところ しかれども されど しかしながら けれども けれど だけれども だけれど だけど それにしても その代わり ▽ …が …ものの …たところ

しかじか【爾々】 ⇩うんぬん

しかた【仕方】 仕様 致し方 致し様 遣《ゃ》り方 遣り様 手立て 術《すべ》 メソッド 法 方法 手段 手法 技法 方略 方策 処置 措置 ▽言い方 言い様 書き方 書き様

しかたがない【仕方がない】 仕様・致し方・致し様-がない 是非がない 余儀ない せん方もない 已《ゃ》むを得ない 拠《よんどころ》ない よくよくのこと ▽仕方なく 已むなく 已むを得ず 拠なく 心ならずも 不本意ながら 残念ながら

しがち【仕勝ち】 成り勝ち 仕・成り-易い 傾き・傾向・気配-がある とかく…する

しがつ【四月】 卯月《うづき》 仲春 陽春 ▽春暖の候 春陽の砌《みぎり》 春和の折柄 〔文章〕湿《しめ》やかな春雨に心も落ち着く昨今でございます／花の便りに心の浮き立つ今日このごろ 〔暦〕四月馬鹿《ばか》(一日)／花祭(八日)／復活祭・イースター(春分後の最初の満月の次の日曜日)／昭和の日(二十九日)／清明(五日ごろ)／穀雨(二十日ごろ)

じかつ【自活】 ⇩どくりつ

しかつめらしい【鹿爪らしい】 ⇩けいしきばる

じかに【直に】 直々《じきじき》 風をまともに受ける ぶっつけ ダイレクト 直《じか》談判 直接 密接 緊密

しかばね【屍】 ⇩したい

しがみつく【獅嚙み付く】 ⇩すがりつく

しかめる【顰める】 ⇩ゆがめる

しかも【然も】 ⇩そのうえ

しかる【叱る】 怒鳴る 小言を言う 叱り-飛ばす・付ける 怒鳴り・どやし-付ける とっちめる 咎《とが》める 見・聞き-咎める 剣突《けんつく》・大目玉-を食わせる 叱責《しっせき》 叱咤《しった》 叱呵《しっか》 大喝《たいかつ》 一喝 譴責《けんせき》 面責 面折 良心の呵責《かしゃく》

しかるに【然るに】 ⇩しかし

しかん【弛緩】 ⇩ゆるむ

しがん【志願】 ⇩のぞむ(望む)

じかん【時間】 ⇩とき

じかんわり【時間割】 ⇩スケジュール

しき【式】儀式 式典 祝典 儀典 典儀 儀礼 盛儀 盛典 華儀 華典 世紀の大典 セレモニー お祝い ▽朝礼 夕礼 行事 ▽祝賀式 落成式 除幕式 婚礼 結婚式 葬式 告別式 埋葬式

しき【四季】⇩きせつ

しき【指揮】指示 統率 統帥 統御 指令 掌握 コントロール コンダクト 采配《さいはい》を振る 指図《さしず》 司会 運営

じき【自棄】⇩すてばち

じき ①【時期】とき 入試の時期 時節 時分 時宜 場合 頃合《ころあい》い 砌《みぎり》 折《おり》 旬《しゅん》の野菜

②【時機】時機を窺《うかが》う ↓チャンス

じき【磁器】⇩やきもの

じぎ【時宜】⇩じき(時期)

しきい【敷居】対鴨居《かもい》 敷き 閾《しきみ》 戸閾《とじきみ・こいき》 地幅《じふく》 閫閾《こんいき》

じきじき【直々】⇩じかに

しきしゃ【識者】⇩ものしり

しきしゃ【指揮者】統率者 統師者 指令官 司会者 リーダー コーチ コンダクター コントローラー

しきじょう【色情】⇩せいよく

しきたり【仕来り】習わし 例《ためし・れい》 書類の雛形 風習 先例 前例に倣う 慣例 従来の慣行に従う 慣習 習慣 恒例 常規 定石 定式 定法 定因 習 旧套《きゅうとう》を墨守する ▽家法 家訓 家憲 家規 家風 家例

しきち【敷地】地所 地面 土地 建築用地 寺院・神社の境内《けいだい》 大学の構内 キャンパス ▽売り地 貸し地 借り地 借地

しきてん【式典】⇩しき(式)

じきに【直に】⇩まもなく

じきひつ【直筆】⇩じひつ

しきふ【敷布】⇩おおい(覆い)

しきふく【式服】⇩みなり

しきべつ【識別】⇩くべつ

しきもの【敷物】下敷き 上敷きを敷く 畳 畳表 茵《しとね》・褥 薄縁《うすべり》 茣蓙《ござ》 筵《むしろ》 薦《こも》 敷き藁《わら》 絨毯《じゅうたん》

しきゅう【至急】⇩いそいで

しきょ【死去】⇩しぬ

しきょう【示教】⇩みちびく

じきょう【自供】⇩はくじょう(白状)

じぎょう【事業】業 企業 営業 実業 商売 業務 仕事 ビジネス ▽大事業 大業 偉業

しきよく【色欲・色慾】⇩わいせつ

じきょく【時局】⇩なりゆき

しきり【仕切り】⇩さかい

しきりに【頻りに】⇩たびたび

しきる【仕切る】⇩くぎる(区切る)

しきん【至近】⇩ちかい(近い)

しきん【資金】⇩もとで

しく ①【敷く】茣蓙《ござ》を敷く 組み敷く 敷き詰める 布団を延べる 展布 陳布

②【布く】行き渡らせる 法律を布く 触れる 知らせる 広める 公布 宣布 布告 布達 布令 憲法発布

しぐさ【仕草】⇩みぶり

ジグザグ ぎざぎざ 凸凹《でこぼこ》 ごつごつ ぐにゃぐにゃ 曲がり曲がり Z形 S字形
じくじ【忸怩】⇩やましい
しくじる⇩しっぱい
じぐち【地口】⇩しゃれ
しくはっく【四苦八苦】⇩くるしむ
しくみ【仕組み】 組み立て 骨組み 組み合わせ 仕掛け 内部のからくり 全体の造り 構造 装置 メカニズム ▽構成 機構 文字の結構 組織 体制 規模 制度 構図 方式 スケール システム
しくむ【仕組む】⇩くわだてる
しぐれ【時雨】⇩あめ(雨)
しけ【時化】 対凪《なぎ》 ⇩あらし
しけい【死刑】⇩けいばつ
しげき【刺激・刺戟】⇩さす(刺す)
しげく【繁く】⇩たびたび
しげしげ ①しげしげ見る↓じっと ②しげしげ通う↓たびたび
しげみ【茂み】 草叢《くさむら》 藪《やぶ》 竹藪 群生 群叢《ぐんそう》 叢生 族生
しける【時化る】⇩あれる
しげる【茂る・繁る】 生い茂る 繁茂 密生 叢生《そうせい》 族生 ▽こんもり 鬱蒼《うっそう》と茂る 鬱々蒼々
しけん【私見】 私案 私説 卑見 愚見 愚案 愚考 愚慮 管見を述べれば 一存で決める
しけん【試験】 考査 考試 考課 評価 検査 調査 クイズ テスト エグザミネーション ▽入学試験 入試 学力‐試験・検査 模擬試験 模試 予備試験 中間・期末・学年‐試験 追試験 追試
しげん【資源】⇩さいりょう
じけん【事件】⇩できごと
しご【死後】 対生前 死亡後 父の没後 亡後 死んだ後 亡き後
しご【私語】⇩ささやく
じこ【自己】⇩じぶん(自分)
じこ【事故】⇩こしょう
じご【爾後】⇩そのご
しこう【至高】⇩さいこう(最高)
しこう【施行】⇩じっこう
しこう【思考】⇩かんがえる
しこう【嗜好】⇩このみ
じこう【事項】⇩ことがら
じこう【時候】⇩きせつ
しごく【扱く】 ①棒を扱く↓こする ②選手を扱く↓きたえる
しごく【至極】⇩とても
じこく【時刻】 刻 時点 刻限 時限 時分 ▽定刻に発車する 定時
じごく【地獄】 対極楽・天国 奈落《ならく》 冥府《めいふ》 冥底《めいてい》 無間・焦熱・紅蓮《ぐれん》・阿鼻《あび》・叫喚‐地獄 生き地獄
しこたま⇩たくさん
しごと【仕事】 勤め 営み 作業 勤労 労働 労役 労務 事務 実務 業務 庶務 役務 本務 職務 勤務 職 職業 百姓稼業 雑用 雑務 ビジネス ▽力仕事 荒仕事 筋肉・肉体‐労働 ▽儲《もう》け仕事 儲け口
しごとば【仕事場】 現場 作業場 工房

し

工事場　持ち場　職場　売り場　部署　事務所　▽詰所　出先
しこむ【仕込む】①踊りを仕込む↓おしえる　②材料を仕込む　仕組む　仕掛ける　入れる　詰める　整える　装置　爆薬を装塡《そうてん》する
しこり【凝り】①肩に凝りが出来る　凝《こ》り　固まり　瘤《こぶ》　凝結　凝集　②後に凝りを残す↓わだかまり
じこりゅう【自己流】⇩わがまま
じこん【自今】⇩こんご
しさ【示唆】⇩あんじ
しさい【司祭】⇩しんぷ
しさい【仔細】⇩くわしく
しざい【私財】⇩ざいさん
しざい【資財】⇩ざいさん
じざい【自在】⇩じゆう(自由)
しさく【思索】⇩かんがえる
しさつ【視察】⇩みまわる
じさつ【自殺】図他殺　自決　自害　自死　自刃《じじん》　生害《しょうがい》　▽切腹　割腹　腹切り　縊死《いし》　首‐縊《くく》り・吊《つ》り　投身　入水《じゅすい》　身投げ　▽心中　情死
しさん【資産】⇩ざいさん
しし【志士】⇩ゆうし(勇士)
しし【孜々】⇩せっせと
しし【獅子】獅子王　獣王　百獣の王　ライオン　▽虎　豹《ひょう》
しじ【指示】⇩めいれい
しじ【支持】⇩こうえん(後援)
じし【自死】⇩じさつ
じし【侍史】わきづけ　▽目上に　侍史　執事　台下　尊下　▽同輩に　机下　机右　座右　座下　案下　▽女性用　御前　御前に　みもとに　みまえに
ししつ【資質】⇩うまれつき
じじつ【事実】実際　本当　真相　実相　真実　真理　事態　事情　実情　実状　況　内情　内実　実態　実況　現実　現状　実地　史実
ししゃ【使者】⇩つかいのもの
ししゃ【死者】⇩なきひと
ししゅ【死守】⇩まもる
じしゅ【自首】⇩はくじょう(白状)
ししゅう【刺繍】⇩しゅげい
しじゅう【始終】⇩いつも
じしゅう【自習・自修】⇩まなぶ
じしゅく【自粛】自制　自律　自重　克己　自己批判　遠慮　注意　セルフコントロール　怒りを抑える
ししゅつ【支出】図収入　支弁　出金　歳出　支払い　払い出し　出銭《でぜに》
ししゅんき【思春期】青春‐期・時代　成熟期　春情期を迎える　春機発動期　春・性‐の目覚め
じしょ【地所】⇩しきち
じしょ【辞書】⇩じびき
じじょ【次女】⇩むすめ
ししょう【支障】⇩さしつかえ
ししょう【師匠】⇩せんせい
しじょう【市場】市《いち》　市場《いちば》　マーケット　▽青果市場　青物市場《いちば》　魚市場　魚河岸《うおがし》　馬市《うまいち》　朝市
しじょう【至上】⇩さいこう(最高)
しじょう【至情】⇩まごころ
じじょう【事情】①事情を知る↓よう

す ②事情がある 理由 意味 経緯《けいい・いきさつ》 訳《わけ》
じしょく【辞職】⇩やめる(辞める)
ししん【私心】⇩わがまま
ししん【指針】⇩ほうしん(方針)
しじん【詩人】歌人 俳人 詩家 詩客 吟客 詩伯 詩仙 歌詠み
じしん【自信】自負 自任 自尊の心 自己過信に陥る
じしん【自身】⇩じぶん(自分)
じしん【地震】激震 烈震 強震 中震 弱震 軽震 微震 ▽地響き 地鳴り 地動 地裂 余震
じすい【自炊】⇩くらし
しずか【静か】対賑やか 静やか 蕭《しめ》やか 静けさ しんと ひっそり 水を打ったよう 静寂 静粛 閑静 閑寂 寂寞《せきばく》 寂寥《せきりょう》 森閑 寂然《せきぜん》 寂々《じゃくじゃく》 蕭然《しょうぜん》 蕭々
しずく【滴・雫】滴《したた》り 雨垂れの音 水玉 水滴 雨滴 細滴 点滴 零滴 ▽雨後の余滴 残滴 残瀝《ざんれき》 余瀝

しずけさ【静けさ】⇩しずか
システム ⇩しくみ
しずまる ①**【静まる】**静か 波・気ーが静まる 静かになる 落ち着く 和む ▽寝静まる ②**【鎮まる】**おさえられる 痛み・反乱ーが鎮まる 治まる 鎮静 鎮痛 鎮定 平定
しずむ【沈む】対浮く 潜る 泥が澱《よど》む 水中に没する 沈没 沈下 陥没 沈行 沈入 沈潜 沈澱《ちんでん》 ▽自沈 爆沈 轟沈《ごうちん》 覆没 難破
しずめる【沈める】対浮かべる 沈没 沈行 撃沈 爆沈 雷沈
しずめる ①**【静める】**静か 気・鳴りーを静める 静かにする 落ち着ける ②**【鎮める】**おさえる 痛み・反乱ーを鎮める 和らげる 鎮痛 鎮定 平定 鎮撫《ちんぶ》
しする【資する】⇩やくだてる
じする【辞する】①⇩ことわる ②⇩さる(去る)

しせい【市井】⇩しゃかい
しせい【姿勢】⇩すがた
じせい ①**【時世】**有り難いご時世 ↓じだい ②**【時勢】**時勢に後れる ↓なりゆき
じせい【自制】克己 自律 自則 節制 節度 セルフコントロール
しせつ【使節】⇩つかいのもの
しせつ【施設】⇩せつび
じせつ【時節】⇩きせつ
じせつがら【時節柄】時分柄 時候柄 時節下 …の折柄 …の砌《みぎり》
しぜん【自然】対人工 天然《てんねん》 造化の神 天工 万象 万物 森羅《しんら》万象 ▽自然界 外界 ▽天真爛漫《らんまん》 純粋
じぜん【慈善】⇩ほうし(奉仕)
しぜんに【自然に】⇩ひとりでに
しそう【思想】⇩かんがえ
じぞう【地蔵】⇩ほとけ
しそく【子息】⇩むすこ
じぞく【持続】⇩つづく

しそこなう【仕損なう】⇩しっぱい
しそん【子孫】対祖先 ⇩ちすじ
しそんじる【仕損じる】⇩しっぱい
じそんしん【自尊心】自負心が強い 矜恃《きょうじ・きんじ》 誇り 気位が高い プライド
した【下】対上 木・法の下《もと》 下《しも》 真下 左下 右下 下側 下手《しもて》 下部 下方 下段
した【舌】べろ 舌の根 舌先 巻き舌 舌根
じだ【耳朶】⇩みみ
したい【死体・屍体】対生体 遺体 死骸 亡骸《ぼうがい・なきがら》 遺骸 死屍《しし》 屍《しかばね》 尸《かばね》 骸《むくろ》 ▽木乃伊《ミイラ》
しだい【次第】⇩じゅんじょ
じたい【事態・事体】⇩ようす
じだい【時代】有り難いご時世 時節 年代 世代 世紀 代《よ》 時世《ときよ》 エポック エージ
しだいに【次第に】⇩だんだん
したう【慕う】思う 偲《しの》ぶ 師と仰ぐ 思慕 想慕 敬慕 仰慕 仰望 追慕 追懐 懐慕
したがう【従う】後ろに従う 子供が・方針に−蹤く 課長・指揮−に 強国に靡《なび》く 聞き分ける 服する 服従 譲歩 追随 随伴 随行 ▽【遵う】法律・規則−に遵う→まもる
したがえる【従える】⇩つれる
したがき【下書き】擲《なぐ》り書き 鉛筆書き 草稿 稿本 ▽草案 素案を示す 原案 文案
したがって【従って】⇩だから
したぎ【下着】対上着 肌着《はだぎ》 襦袢《じゅばん》 シャツ アンダーシャツ シュミーズ スリップ ペチコート インナー ▽腹巻き 腹当て 腹帯
したく【支度】⇩ようい(用意)
じたく【自宅】宅 私宅 私邸 自邸 我が家 家《ちょう》 ▽拙宅 小宅 弊宅
したごころ【下心】⇩つもり
したごしらえ【下拵え】⇩ようい(用意)
したさき【舌先】⇩くちさき
したじ【下地】⇩もとい
しだし【仕出し】⇩まかない
したしい【親しい】対疎い 酒に親しむ 親《ちか》しい 睦《むつ》まじい 懇ろ 心安い 仲がよい 隔てがない 遠慮ない 打ち解けた 相和する 親密 親近 懇意 別懇 昵懇《じっこん》 敬語〔相手方と〕お親しい間柄 お親《ちか》しい仲 ご相識 ご別懇 ご懇意 ご知音《ちいん》 ご親交 ご旧知 ご旧識 ご旧故／〔自分側と〕心安い 馴染《なじ》みの 親近の 辱知
したしく【親しく】⇩みずから
したしみ【親しみ】⇩よしみ
したしむ【親しむ】⇩したしい
したしらべ【下調べ】⇩べんきょう
したたか【強か】⇩ひどく
したためる【認める】⇩かく(書く)
したたり【滴り】⇩しずく
したたる【滴る】⇩こぼれる
したて【下手】⇩けんそん
したてもの【仕立物】⇩ぬいもの
じたばた⇩おおさわぎ

したみ【下見】 ①商品の下見　内覧　内見　一覧　下検分　下調べ　②英語の下見↓べんきょう

したやく【下役】 対上役　下っ端　部下　配下　下僚　敬語〔相手方の〕〔姓〕様　〔姓〕氏　〔姓〕嬢／〔自分側の〕〔姓〕

じだらく【自堕落】 ⇩わがまま

したりがお【為たり顔】 ⇩まんぞく

しだれる【枝垂れる】 ⇩したをむく

したわしい【慕わしい】 ⇩なつかしい

したをむく【下を向く】 対上を向く　項垂《うなだ》れる　俯《うつむ》く　俯きになる　差し俯く　枝垂《しだ》れる　俯首《ふしゅ》　俯項　垂首　低頭　▽俯《うつぶ》す　俯せになる　腹這《はらば》いになる　俯伏《ふふく》する

じだん【示談】 ⇩そうだん

じだんだ【地団太・地団駄】 ⇩くやしい

しち【質】 ⇩たんぽ

しちがつ【七月】 文月《ふみづき・ふづき》　盛夏　仲夏　▽猛暑の候　炎暑の砌《みぎり》　酷暑の折柄　文章 久しぶりによいお湿りに恵まれ一息ついております／連日厳しい暑さに蒸されるこのごろ　暦 七夕《たなばた》(七日)／中元(十五日)／海の日(第三月曜日)／小暑(七日ごろ)／大暑(二十三日ごろ)／土用(小暑後十三日めから立秋まで十八日間)

しちぐさ【質草・質種】 ⇩たんぽ

しちや【質屋】 ⇩かねかし

じちょう【自重】 ⇩じしゅく

しつ【質】 ⇩せいしつ

しつ【室】 ⇩へや

しつい【失意】 対得意　⇩がっかり

しつう【私通】 ⇩みっつう

しっか【膝下】 ⇩そば

じっか【実家】 ⇩ふるさと

しっかく【失格】 ⇩らくだい

しっかり がっしり　がっちり　しかと　確か　手堅い　根強い　揺るぎない　大丈夫　確固　確然　堅固　強固　堅牢《けんろう》　着実　確実　▽はきはきした子　気確か　気丈夫　気丈　堅実　堅忍不抜　不撓《ふとう》不屈

じっかん【十干】 甲《きのえ》　乙《きのと》　丙《ひのえ》　丁《ひのと》　戊《つちのえ》　己《つちのと》　庚《かのえ》　辛《かのと》　壬《みずのえ》　癸《みずのと》↓じゅうにし

しっきゃく【失脚】 ⇩しっぱい

しつぎょう【失業】 対就業　失職　離職　解職　解任　免職　免官　罷免　失脚　浪人　職にあぶれる　職を失う　▽休職　帰休　一時帰休　待命休暇

じっきょう【実況】 ⇩ようす

シック ⇩いき(粋)

しっけ【湿気】 ⇩しめり

しつけ【躾け】 仕込みがいい　調教　薫陶　訓練　習練　陶冶《とうや》　涵養《かんよう》　矯正《きょうせい》　▽行儀　作法　礼儀

しっけい【失敬】 ①⇩しつれい　②⇩さようなら　③⇩ぬすむ

しつげん【失言】 ⇩いいすぎ

じっけん【実験】 ⇩けんきゅう

じつげん【実現】 ⇩できあがる

しつこい【執拗い】 ①諄《くど》い　あくどい　しぶとい　執念深い　粘り強い　煩わしい　片意地を張る　執拗《しつよう》に粘る　執意　頑固　偏執的　②油濃い　濃

厚な味　厚味
じっこう【実行】 実施　施行　執行　履行　実践　励行　躬行《きゅうこう》　遂行　挙行　完遂　行う　する　▽決行　敢行　断行　強行
じっこん【昵懇】 ⇩したしい
じっさい【実際】 ⇩じじつ
じつざい【実在】 ⇩ほんとう
じっさいじょう【実際上】 ⇩じつは
じっさいもんだい【実際問題】 ⇩じつは
しっさく【失策・失錯】 ⇩しっぱい
じっし【実施】 ⇩じっこう
しつじつ【質実】 ⇩つましい
じっしつ【実質】 ⇩なかみ
じっしゅう【実習】 ⇩べんきょう
じっしょう【実証】 ⇩しょうめい
しっしょく【失職】 ⇩しつぎょう
しっしん【失神・失心】 ⇩きぜつ
しっする【失する】 ⇩なくす(無くす)
しっせき【叱責】 ⇩しかる
じっせき【実績】 ⇩せいせき
じっせん【実践】 ⇩じっこう
しっそ【質素】 ⇩つましい
しっそう【失踪】 ⇩いえで
しった【叱咤】 ⇩しかる
しったい【失態・失体】 ⇩しっぱい
じったい ①【実体】 もの　電算機の実体　実物　本体　自体　正体　得体《えたい》が知れない　馬脚を現す　名を捨てて実を取る　本質　実質　内容
②【実態】 使用の実態↓ようす
しったかぶり【知ったか振り】 ⇩なまかじり
じっちょく【実直】 ⇩しょうじき
しっている【知っている】 存知　承知　熟知　知悉《ちしつ》　知了　通暁　精通
敬語 (相手方が) ご存じ　ご存知　ご承知　ご熟知　ご高承　お含みおき／(自分側が) 存じております　存知しております　拝承　熟知　識知　承る　存じ上げる
しっと【嫉妬】 ⇩にくむ
じっと ①【凝と】 じっと-している・待つ・耐える　我慢　忍耐
②【熟と】 じっと-考える・見詰める　しげしげと見る　じろじろ　熟考　熟慮　熟視
じつに【実に】 ⇩ほんとに
しつねん【失念】 ⇩わすれる
じつは【実は】 実・実際・本当-のところ　実を-言うと・言えば　本当は　本当のことを-言うと・言えば　有体《ありてい》に-言うと・言えば　実際上
しっぱい【失敗】 対成功　失策　失態を演じる　不首尾　大失　蹉跌《さてつ》　失脚　失墜　不手際　躓《つまず》く　しくじる　仕損なう　仕損じる　遣《や》り-損なう・損じる　言い逸《そび》れる　どじを踏む　試験に滑る　しまった　エラー　ミス　敬語 (自分側の) 手落ち　手違い　手抜かり　仕損じ　過ち　とんだ不調法　失態　失策　錯誤
しっぴつ【執筆】 ⇩かく(書く)
じつぶつ【実物】 ⇩ほんもの
しっぽ【尻尾】 ⇩お(尾)
しつぼう【失望】 ⇩がっかり

しつぼく【質朴】 ⇩つましい
しつもん【質問】 ⇩たずねる(尋ねる)
しつよう【執拗】 ⇩しつこい
しつらえる【設える】 ⇩もうける(設ける)
しつれい【失礼】 無礼　失敬　不敬　不恭　非礼　欠礼　略儀　不作法　不行儀　無遠慮　不謹慎　不躾《ぶしつ》け　礼儀知らず　傍若無人　▽尊大　傲慢《ごうまん》　高慢　驕慢《きょうまん》　横柄　不遜《ふそん》
じつれい【実例】 ⇩れい(例)
しつれん【失恋】 片思い　片恋　片燃え　片恋慕　横恋慕　岡惚《おかぼ》れ　▽振られる　吻《は》ね付けられる　断られる　肘《ひじ》鉄を食う　袖《そで》にされる
じつわ【実話】 実談　実録　実記　実伝　実聞　手記　ドキュメント
して【仕手】 ⇩しゅやく
しでかす【仕出かす】 ⇩とげる
してき【指摘】 ⇩さす(指す)
してん【支店】 ⇩みせ
じてん【辞典・字典・事典】 ⇩じびき
じてんしゃ【自転車】 二輪車　双輪　銀輪　▽自動自転車　原付き　単車　スクーター　オートバイ　▽三輪車　オート三輪車　側車　サイドカー
しとう【至当】 ⇩てきとう
しどう【指導】 ⇩みちびく
じどう【自動】 ⇩ひとりでに
しどうしゃ【指導者】 ⇩リーダー
じどうしゃ【自動車】 車で行く　四輪車　カー　モーターカー　ジープ　▽トラック　ダンプカー　貨物自動車　乗合　▽バス　乗合バス　遊覧バス　特殊自動車　自動車　▽トラクター
じとく【自瀆】 ⇩なぐさみ
しとげる【仕遂げる】 ⇩とげる
しとね【茵・褥】 ⇩しきもの
しとめる【仕留める】 ⇩りょう(猟)
しとやか【淑やか】 物柔らか　ジェントル　従順　温雅　温従　優雅　典雅　閑雅　静寂　貞淑
しな【品】 ⇩しなもの
しな【科】 ⇩みぶり
しなう【撓う】 ⇩まがる
しなおす【仕直す】 ⇩くりかえす
しながき【品書き】 ⇩もくろく
しなさだめ【品定め】 見立て　値踏み　値積もり　格付け　点取り　評価　鑑定　品評　批評　採点　評点
しなだれる【撓垂れる】 ⇩もたれる
しなびる【萎びる】 ⇩かれる(枯れる)
しなもの【品物】 品　品々　代物《しろもの》　物品　商品　現品　現物　物件　貨物　▽上物《じょうもの》　良品　佳品　名品　妙品　絶品　逸品　極品　尤物《ゆうぶつ》　極上品　珍品　珍物　奇品　奇物　▽粗品《そしな》・《そひん》　安物《やすもの》　粗物　劣等品　下等品　如何《いか》物　下手《げて》物　食わせ物
しなやか【嫋やか】 なよなよ　なよやか　嫋《たお》やか　柔らか　柔軟　柔婉《じゅうえん》　嫋娜《じょうだ》　婀娜《あだ》な年増
じならし【地均し】 ⇩こうじ(工事)
しなん【至難】 ⇩できない
しなん【指南】 ⇩みちびく
じなん【次男】 ⇩むすこ

しにぎわ【死に際】 死に目に会えない 今際《いまわ》 今際の際《きわ》 この世の限り 見納め 最期 末期《まつご》の水 死期 臨終 臨死 終焉《しゅうえん》 断末魔

しにめ【死に目】 ⇩しにぎわ

しにものぐるい【死に物狂い】 ⇩どりょく

しにょう【屎尿】 ⇩しょうべん

しにん【死人】 死者 亡者 亡人 故人 逝者《せいしゃ》 英霊 英魂 雄魂 黄泉・不帰-の客 亡き人 亡き〔名〕

じにん【辞任】 ⇩やめる(辞める)

しぬ【死ぬ】 終わる 父遂に逝《ゆ》く 凶弾に斃《たお》れる 病を得て没する 崩じる 卒する 死 死亡 死没 死去 逝去 卒去 去世 瞑目《めいもく》 失命 永逝 長逝 往生《おうじょう》際 辞世の句 昇天 成仏 寂滅 入寂 黄泉・不帰-の客となる 亡き数に入る 死出の・帰らぬ-旅に出る ▽流産 死産 若死に 早死に 早逝 夭折《ようせつ》 夭逝 ▽急死 頓死《とんし》 卒死 即死 ▽変死 横死 非業《ひごう》の死 ▽病死 病没 餓死 飢え死に 弊死 溺死《できし》 轢死《れきし》 ▽討ち死に 戦死 戦没 陣没 玉砕 戦病死 戦傷死 敬語 〔相手方が〕お亡くなりになる ご他界 ご永眠 ご落命 ご往生／〔自分側が〕亡くなる 亡くす 息を引き取る 事切れる 目を閉じる 死去いたしました 他界 去世 永眠 落命 絶命 物故

じぬし【地主】 ⇩もちぬし

しのぐ【凌ぐ】 ①他を凌ぐ 超える まさる 凌駕《りょうが》 圧倒 超絶 ②飢えを凌ぐ↓がまん

しのこす【仕残す】 ⇩のこす

しののめ【東雲】 ⇩あさ(朝)

しのびあい【忍び逢い】 ⇩デート

しのぶ【忍ぶ】 ⇩がまん

しのぶ【偲ぶ】 思い-遣《や》る・巡らす 恋する 懐かしむ 思慕 愛慕 恋慕 懐旧 慕情を誘う

しはい【支配】 差配 管理 管掌 制御 経営 統治 統括 采配《さいはい》を振る 業界に君臨する 取り締まる 内政を統べる 統べ括《くく》る

しばい【芝居】 劇 演劇 ドラマ プレー ショー ▽悲劇 喜劇 悲喜劇 活劇 剣劇 ▽歌劇 オペラ ミュージカル 黙劇 パントマイム ▽神楽《かぐら》 田楽《でんがく》 猿楽 能 狂言 歌舞伎《かぶき》 旧劇 新劇 新国劇 新派

しばいごや【芝居小屋】 ⇩げきじょう(劇場)

じはく【自白】 ⇩はくじょう(白状)

しばし【暫し】 ⇩しばらく(暫く)

しばしば【屢々】 ⇩たびたび

じばら【自腹】 ⇩しはらい

しはらい【支払い】 払い 払い-出し・渡し・込み 支出 支弁 勘定 ▽自腹 じばらを切る 自弁 私費 自己負担 割り勘 ▽先払い 前-払い・渡し 内金 手付け 後払い ▽月払い 日払い 年払い 月賦 日賦 年賦

しばらく ①【暫く】 わずかの間　暫く休憩する　暫《しば》し　少し　一時《いっとき・ひととき・いちじ》　片時《かたとき・へんじ》　一頻《ひとしき》り　束《つか》の間　の恋　ちょっとの間　ちょっと　暫時　少時　寸時　少刻　寸刻
②【姑く】 姑く措《お》く↓さしあたり
しばる【縛る】 ⇩くくる(括る)
しはん【師範】 ⇩せんせい
じばん【地盤】 ①地盤が固い　基盤　土台　足場《あしば》　②選挙戦の地盤　根拠地区　勢力範囲
しひ【私費】 ⇩しはらい
じひ【慈悲】 ⇩なさけ
じびき【字引】 辞書　辞典　国語・英和・対訳–辞典　ディクショナリー　▽字書　字彙《じい》　字解　漢字・草書・異体字–字典　▽事典　百科・理科・学習–事典　エンサイクロペディア
じひつ【自筆】 対代筆　自書　肉筆　直筆　手筆　親筆　親書　直書　真跡　正筆《しょうひつ》
じひびき【地響き】 ⇩じしん(地震)
じびょう【持病】 ⇩びょうき
しびれる【痺れる】 麻痺《まひ》　麻酔　酔麻　痿《い》痺《ひ》　冷痺
じふ【自負】 ⇩うぬぼれる
しぶい【渋い】 えぐい　えごい　えがらっぽい　▽渋味《しぶみ》　渋い味
しぶき【飛沫】 ⇩なみ(波)
しぶしぶ【渋々】 ⇩いやいや
じふしん【自負心】 ⇩じそんしん
しぶとい ⇩しつこい
しぶみ【渋味】 ⇩あじ
しぶる【渋る】 ⇩ためらう
じぶん【自分】 対相手　自己　自身　自我　己《おのれ》　我《われ》　私《わたし・わたくし》　自らを省みる
じぶん【時分】 ⇩とき
じぶんかって【自分勝手】 ⇩わがまま
しべつ【死別】 永別　永訣《えいけつ》　永離　哀別　死に別れ　永《なが》・遂《つい》・今生《こんじょう》・永遠–の別れ
じへん【事変】 事件　動乱　騒乱　擾乱《じょうらん》　兵乱　戦乱　反乱　大事　一大事　変事　異変
じべん【自弁】 ⇩しはらい
しぼ【思慕】 ⇩したう
しほう【四方】 ⇩まわり(周り)
しぼう【志望】 ⇩のぞむ(望む)
しぼむ【凋む】 ⇩かれる(枯れる)
しぼる ①【絞る】 ひねる　手拭《てぬぐ》い・知恵・音量–を絞る　絞り染め　締め上げる
②【搾る】 無理に　牛乳・油・学生–を搾る　搾乳　搾油
しほん【資本】 ⇩もとで
しほんか【資本家】 対労働者　資本主　出資者　経営者　ブルジョア
しま【島】 離れ島　沖の島　島嶼《とうしょ》　海島　孤島　絶島　遠島　無人島　▽島々《しまじま》　諸島　群島　列島
しま【縞】 ⇩もよう
しまい【終い】 ⇩おわり
しまう ①【蔵う】 箱に蔵う↓いれる
②【仕舞う】 仕事・店–を仕舞う ↓おわる

③【了う】戻らない 読んで・指を切って‐了う 完了
しまつ【始末】後始末 後片付け 尻拭《しりぬぐ》い 捌《さば》き 処理 処置
しまった ⇩しっぱい
しまながし【島流し】流刑 流罪《るざい》 流謫《るたく》 遠流《おんる》 配流 遠島 ▽追い立て 追放 放逐 パージ
しまり【締まり】⇩はり(張り)
じまん【自慢】⇩ほこる
しみ【染み】汚れ むら ぶち まだら 汚点 斑点《はんてん》 斑紋 汚斑
しみ【紙魚】⇩むし(虫)
じみ【地味】㊜派手 質素 素朴《そぼく》 質朴 純朴 朴素 目立たない 飾り気がない
しみこむ【染み込む】⇩しみる(染みる)
しみじみ【沁々】⇩つくづく
しみず【清水】⇩いずみ
しみつく【染み付く】⇩そまる
しみったれ【吝れ】⇩けち
しみる ①【染みる】よごれる 色が・紙に‐染みる 墨が滲《にじ》む 染み‐込む・通る・渡る・付く
②【滲みる】広がる 水が・土に‐滲みる 浸透 浸入 浸潤
③【沁みる】痛い 薬が・目に‐沁みる 沁み‐込む・通る
しみん【市民】⇩じゅうみん
じむ【事務】⇩しごと
じむいん【事務員】事務官 書記 吏員 書生 担当者 係《かかり》 クラーク セクレタリー
しむける【仕向ける】⇩みちびく
じむしょ【事務所】⇩しごとば
しめい【氏名】⇩なまえ
しめい【指名】⇩さす(指す)
しめきる ①【締め切る】おわる 申し込みを締め切る 区切る 限る 門限 日限
②【閉め切る】戸を閉め切る ↓しめる
しめくくる【締め括る】⇩まとめる
じめじめ ⇩しめり
しめす【示す】見せる 指し示す 指摘 指示 提示 教示 内示 明示 表示 示威 誇示 敬語〔自分側に〕お示しいただく ご教示を賜る ご指摘くださる ご提示にあずかる／〔自分側が〕お示し・ご提示‐いたします
しめす【湿す】⇩ぬらす
しめた【占めた】⇩とくい
しめだす【締め出す】⇩なかまはずれ
しめっぽい【湿っぽい】⇩しめり
しめなわ【注連縄】⇩かざり
しめやか【蕭やか】⇩しずか
しめり【湿り】㊜乾き 潤い 湿《しと》り 水気《みずけ》・《すいき》を含む 湿っぽい しっとり 濡れる じめじめする 湿気《しっき》・《しっけ》 水分 湿潤
しめる【湿る】⇩ぬれる
しめる ①【閉める】㊜開ける 窓・門‐を閉める 閉じる 閉ざす 戸を閉《た》てる 閉め切る 目を瞑《つぶ》る 口を噤《つぐ》む 封じる 閉鎖 封鎖 閉塞《へいそく》 密閉

②【締める】[対]緩める　まきつける　帯・財政-を締める　引き締める　緊縮
▽【緊める】張り切る　心を緊める　緊張
③【絞める】くくる　首を絞める　絞首刑
④【搾める】しぼる　油を搾める　搾油
しめる【占める】陣取る　領する　独占　占領　占拠　専占　専有
しめる(使役)⇩させる
しめん【四面】⇩まわり(周り)
じめん【地面】地　地上　地表　地皮　陸上　地面《じづら》　地べた　土地
しも【下】[対]上《かみ》　下手　下方　▽風下　川下　下流　下座
しも【霜】霜柱　厳霜　粛霜　▽朝霜　晩霜　▽初霜　遅霜　晩霜
しもつき【霜月】⇩じゅういちがつ
しもて【下手】⇩しも(下)
じもと【地元】膝元《ひざもと》　当地　現地　産地　原産地

しもやけ【霜焼け】⇩できもの
しもん【諮問】⇩たずねる(尋ねる)
しや【視野】⇩しかい(視界)
しゃいん【社員】⇩しょくいん
しゃかい【社会】実社会　共同生活体　市井の徒　娑婆《しゃば》に出る　世間　世俗　江湖に訴える　コミュニティ　ソサエティ　▽文壇　論壇　歌壇　俳壇　楽壇　学界　業界　財界　官界　政界　法曹《ほうそう》界　ジャーナリズム
じゃがいも⇩いも
しゃがむ【踞む】⇩かがむ
しゃくう【杓う】⇩すくう(抄う)
しゃくざい【借財】⇩かりる
しゃくし【杓子】⇩さじ
しゃくち【借地】⇩しきち
じゃぐち【蛇口】⇩せん(栓)
じゃくてん【弱点】⇩けってん
じゃくはい【弱輩】⇩わかて
しゃくほう【釈放】⇩ゆるす
しゃくめい【釈明】⇩いいわけ
しゃくりょう【酌量】⇩しんしゃく

しゃくる【杓る】⇩すくう(抄う)
じゃけん【邪険】⇩いじわる
しゃこう【社交】⇩つきあい
しゃざい【謝罪】⇩あやまる(謝る)
しゃし【奢侈】⇩ぜいたく
しゃしょう【車掌】⇩じょういん
しゃしん【写真】照像　照映　写影　スナップ　▽陰画　ネガ　陽画　ポジ　青写真　▽近影　遺影　[敬語]《相手方の》ご尊影　御影
しゃしんき【写真機】⇩カメラ
じゃすい【邪推】⇩うたがう
しゃする【謝する】⇩ありがたい
しゃせい【写生】⇩えがく
しゃぜつ【謝絶】⇩ことわる
しゃだん【遮断】⇩たつ(断つ)
シャツ⇩したぎ
じゃっかん【若干】⇩すこし
しゃっきん【借金】⇩かりる
じゃどう【邪道】[対]正道　外道《げどう》　邪路　左道　非道　横道　無道　悪道　不倫の恋　異端　理不尽な要求　道外れ

アウトロー
しゃにむに【遮二無二】⇩むりに
しゃば【娑婆】⇩このよ
しゃはん【這般】⇩こんど
しゃぶる ⇩なめる（舐める）
しゃべる【喋る】⇩いう（言う）
じゃま【邪魔】妨害 障害 阻害 支障 障りがある 勉強の妨げになる 差し障り・支え 足手・手足纏《まと》い
しゃめん【斜面】⇩ななめ
しゃもん【沙門】⇩そう（僧）
しゃよう【斜陽】⇩おちぶれる
しゃれ【洒落】地口《じぐち》 軽口 駄洒落 ウイット ジョーク 冗談 諢《おど》け 諧謔《かいぎゃく》 戯言 道化《どうけ》 機転
しゃれい【謝礼】⇩おれい
しゃれる【洒落る】⇩かざる
じゃれる【戯れる】⇩さわぐ
ジャンル ⇩しゅるい
しゅ【朱】⇩あか（赤）
しゅう【衆】⇩ひとびと
じゅう【銃】鉄砲 小銃 火銃 銃器 種が島 小筒《こづつ》 ガン 拳銃《けんじゅう》 短銃 ピストル ▽連発銃 機関銃 ▽空気銃 猟銃 鳥銃 ▽水鉄砲 豆鉄砲
じゆう【自由】対不自由 自由 自在 自由自在 随意 放逸 放恣《ほうし》 奔放 縦横に腕を振るう 縦横無尽 恣《ほしいまま》 思うまま フリー ▽フリーダム リバティー
じゆう【事由】⇩りゆう
しゅうあく【醜悪】⇩みにくい（醜い）
しゅうい【周囲】⇩まわり（周り）
じゅういちがつ【十一月】霜月《しもつき》 晩秋 暮秋 ▽向寒の候 霜寒の砌《みぎり》 季秋の折柄 文章 落ち葉の散り敷くころと相成りました／朝夕は一際《ひときわ》冷え込む今日このごろ 暦 文化の日（三日）／七五三（十五日）／勤労感謝の日（二十三日）／酉《とり》の市（十一月中の酉の日）／立冬（八日ごろ）／小雪（二十二日ごろ）
しゅういつ【秀逸】⇩すぐれる
しゅうえき【収益】⇩りえき
しゅうえん【終焉】⇩しにぎわ
じゅうおう【縦横】①木材を縦横に渡す 経緯 縦横《たてよこ》 ②縦横に腕を振るう↓じゆう
しゅうかい【集会】⇩あつまり
しゅうかく【収獲】⇩えもの（獲物）
しゅうかく【収穫】⇩とりいれ
じゅうがつ【十月】神無月《かんなづき》 仲秋 清秋 ▽秋冷の候 秋色の砌《みぎり》 味覚の折柄 文章 街路樹も日ごと黄ばむ昨今でございます／日増しに秋も深まるこのごろ 暦 体育の日（第二月曜日）／十五夜（旧暦八月十五日）／寒露（八日ごろ）／霜降（二十四日ごろ）
しゅうかん【習慣】慣行 社会慣習 慣例 鳥の習性 常習 仕来り 習わし 慣れ 慣れっこ 病み付き
しゅうき【臭気】⇩におい（臭い）
しゅうぎ【祝儀】①祝儀に招く↓いわい ②祝儀を出す↓こころづけ
じゅうき【什器】⇩どうぐ

じゅうきょ【住居】⇩いえ
しゅうきょう【宗教】教　宗門　法門　教門　教理　宗旨　▽邪教　邪宗　邪法　妖教《ようきょう》　外道《げどう》　▽異教の徒　異宗　他教　他宗　▽仏教　仏法　密教　大乗　小乗　▽神道《しんとう》　随神《かんながら》の道　▽基督《キリスト》教　旧教　カトリック　新教　プロテスタント　イスラム教　回教　回々《フイフイ》教
しゅうぎょう【修業】⇩そつぎょう
しゅうきん【集金】⇩とりたてる
しゅうげん【祝言】①祝言を挙げる↓えんぐみ　②祝言を述べる↓いわう
しゅうごう【集合】⇩あつまる
しゅうさい【秀才】⇩かしこい（賢い）
しゅうし【収支】⇩かいけい
しゅうじ【習字】⇩かきかた
じゅうし【重視】⇩おもんじる
しゅうじつ【終日】⇩いちにちじゅう
じゅうしゃ【従者】⇩けらい
しゅうしゅう【収拾】⇩しょり
しゅうしゅう【収集・蒐集】⇩あつめる
しゅうじゅく【習熟】⇩じょうたつ
じゅうしょ【住所】住地　在地　現住所　現住地　居所《きょしょ・いどころ》　居住地　本籍　▽下宿先　止宿先　出先　旅先　泊地　▽…方《かた》　…内　気付《きつけ》
じゅうしょう【重傷】⇩けが
しゅうしょく【就職】奉職　入社　任官　拝命　就任　着任　勤務　服務　奉公　敬語〔相手方が〕職を得られる　ご入社に相成る　ご就職になる　ご奉職される／〔自分側が〕職を得る　入社相叶《かな》う　奉職　就職
しゅうしょく【修飾】飾り　粉飾　装飾　盛飾　化粧　色付け　装い　▽修辞　文飾　潤色　脚色　▽強調　誇張
じゅうしょく【住職】⇩そう（僧）
じゅうじろ【十字路】⇩こうさてん
しゅうしん【終身】⇩いっしょう
しゅうしん【執心】⇩とらわれる（囚れる）
しゅうじん【囚人】囚徒　獄囚　罪人　服役者・囚　獄窓の人　囚《とら》われ人
しゅうせい【修正】⇩なおす（直す）
しゅうせい【終生】⇩いっしょう
しゅうせん【周旋】⇩なかだち
しゅうぜん【修繕】⇩つくろう
しゅうぞく【習俗】⇩ふうぞく
じゅうぞく【従属】対独立　帰属　服属　隷属　隷従　服従
しゅうたい【醜態】醜状　醜行　醜悪　見っともない　恥ずかしい　見苦しい　不様《ぶざま》な格好
じゅうたい【重体・重態】⇩あつい（篤い）
じゅうたい【渋滞】⇩とどこおる
じゅうだい【重大】⇩たいへん
じゅうたく【住宅】⇩いえ
じゅうたくち【住宅地】居住地　宅地　団地　屋敷町　しもたや町
しゅうだん【集団】⇩だんたい
しゅうち【周知】⇩しれる
しゅうちゃく【執着】⇩とらわれる（囚れる）
しゅうちゅう【集中】同志を糾合する　集

合 中央集権 集める 寄せる 寄せ集める 一箇所に置く

しゅうちん【袖珍】⇩こがた(小型)

じゅうちん【重鎮】⇩たいか

しゅうてん【終点】 終着-点・駅 終駅 目的点 ターミナル

じゅうてん【重点】⇩おも(主)

しゅうと【舅】⇩ちち(父)

じゅうどう【柔道】⇩ぶどう

しゅうとく ①【習得】 知識を習得する ↓まなぶ ②【修得】 単位を修得する ↓そつぎょう

しゅうとめ【姑】⇩はは

じゅうなん【柔軟】⇩やわらかい(柔らかい)

じゅうにがつ【十二月】 師走《しわす》 初冬 極月 ▽寒冷の候 霜寒の砌《みぎり》 寒気の折柄 文章 木枯らしにも一段と寒さを感じる昨今となりました／寒さ一入《ひとしお》身に沁《し》みるこのごろ 暦 天皇誕生日(二十三日)／クリスマスイブ(二十四日)／大晦日《おおみそか》(三十一日)／大雪《たいせつ》(八日ごろ)／冬至《とうじ》(二十二日ごろ)

じゅうにし【十二支】 子《ね》 丑《うし》 寅《とら》 卯《う》 辰《たつ》 巳《み》 午《うま》 未《ひつじ》 申《さる》 酉《とり》 戌《いぬ》 亥《い》 ↓じっかん

しゅうにゅう【収入】 対支出 所得 実収 得分《とくぶん》 入金 歳入 年収 月収 日収 入り 上がり 実入り 稼《かせ》ぎ 儲《もう》け 取り分 インカム ▽増収 減収 未収

じゅうにん【住人】⇩じゅうみん

じゅうにん【重任】⇩たいやく

しゅうねんぶかい【執念深い】⇩しつこい

じゅうびょう【重病】⇩びょうき

しゅうぶん【醜聞】⇩うわさ

じゅうぶん【十分・充分】 対不十分 十分に 存分 充足 満足 十二分 堪能《たんのう》 たっぷり みっちり よく煮る 篤と 優に 重々 心から

じゅうみん【住民】 住人 居住民 都民 道民 府民 県民 市民 町民 村民 現地人 土民 村人《むらびと》 土地っ子 ▽現住民

しゅうや【終夜】⇩よどおし

じゅうやく【重役】 ①専務 常務 取締役 理事 支配人 会社の役員 元締め マネージャー ②⇩たいやく

しゅうゆう【周遊】⇩りょこう

しゅうよう【修養】⇩しゅぎょう(修業)

じゅうよう【重要】⇩たいせつ

じゅうらい【従来】⇩いままで

しゅうり【修理】⇩つくろう

しゅうりょう ①【終了】 仕事・会期-を終了する ↓おわる ②【修了】 全課程を修了する ↓そつぎょう

しゅうれい【秀麗】⇩じょうひん

しゅえい【守衛】⇩ばんにん

しゅえん【酒宴】⇩えんかい

しゅがん【主眼】⇩おも(主)

しゅき【手記】⇩おぼえがき

しゅぎ【主義】 主張 信念 信条を貫く 持説を曲げない 持論 立場を守る

」モットー　イデオロギー
しゅぎょう ①【修業】勉強　花嫁修業　研修　研鑽《けんさん》　修学　勉学　修養　切磋琢磨《たくま》　錬磨
②【修行】鍛練　仏道修行　行《ぎょう》に励む　難行《なんぎょう》　苦行　荒行《あらぎょう》　試練　身を修める　身持ちが修まる
じゅぎょう【授業】⇩おしえる
しゅぎょく【珠玉】⇩たま(玉)
じゅく【塾】⇩がっこう
しゅくえん【祝宴】⇩えんかい
しゅくじ【祝辞】⇩いわう
しゅくじつ【祝日】⇩きねんび
しゅくしゃ【宿舎】⇩げしゅく
しゅくしゅく【粛々】⇩おごそか
しゅくじょ【淑女】⇩おんな
じゅくすい【熟睡】⇩ねむる
しゅくする【祝する】⇩いわう
じゅくする【熟する】⇩みのる
しゅくだい【宿題】⇩べんきょう
じゅくたつ【熟達】⇩じょうたつ
じゅくち【熟知】⇩しっている
しゅくてん【祝典】⇩しき(式)
しゅくはく【宿泊】⇩とまる(泊まる)
しゅくめい【宿命】⇩うん
じゅくれん【熟練】⇩じょうず
しゅげい【手芸】手技　手工　手業《てわざ》　手細工　▽縫い取り　刺繍《ししゅう》　縁取りライニング　レース　編み物
しゅご【守護】⇩まもる
しゅこう【首肯】⇩みとめる
しゅこう【趣向】⇩くふう
しゅさい ①【主催】展覧会を主催する　↓もよおす
②【主宰】雑誌を主宰する　↓とりしまる
しゅし【趣旨・主旨】⇩わけ
しゅじゅ【種々】⇩いろいろ
しゅじゅつ【手術】執刀　解剖　外科手術　整形手術　▽止血　血止め　輸血　▽接骨　骨接ぎ
しゅしょう【首相】⇩だいじん
しゅしょう【殊勝】⇩かんしん(感心)
しゅじん【主人】①一家の主人　家長　家主　戸主　戸籍の筆頭者　所帯主　主《あるじ・しゅ》　②店の主人　旦那《だんな》　店主　社長　雇用者　雇い主　親方　大工の棟梁《とうりょう》　マスター　ボス
しゅじんこう【主人公】⇩しゅやく
しゅせき【首席】⇩いちばん
しゅせんど【守銭奴】⇩けちんぼう
しゅだい【主題】⇩テーマ
じゅたい【受胎】⇩にんしん
じゅだく【受諾】⇩うけいれる
しゅだん【手段】方法　方便　方策　方術　術策　方略　処方　仕方　段取り　手立て　遣《や》り方　道《みち》　術《すべ》
しゅちょう【主張】主義　強調　力説する点　言い-張る・切る・立てる・放つ
しゅつえん【出演】⇩えんじる
しゅっけ【出家】⇩そう(僧)
しゅつげん【出現】⇩あらわれる(現れる)
しゅっこう【出港】⇩しゅっぱつ
しゅっさん【出産】⇩うむ(産む)
しゅっし【出資】⇩とうし(投資)

しゅっしょ【出所】⇩でどころ
しゅっしょく【出色】⇩すぐれる
しゅっせ【出世】立身　立身出世　栄達　利達　顕達　顕栄　▽栄進　昇進　累進　昇格　栄転
しゅっせい【出征】⇩うつ(討つ)
しゅっせき【出席】対欠席　列席　臨席　来席　列座　同席　参会　参列　出頭　顔出し
しゅったい【出来】①⇩はじまる　②⇩できあがる
しゅったつ【出立】⇩しゅっぱつ
しゅっぱつ【出発】発　発向　発進　出動　発程　発足《ほっそく》　東京を・八時に-発《た》つ　出立《しゅったつ》　発する　旅立つ　巣立つ　スタート　▽旅立ち　晴れの門出　鹿島《かしま》立ち　飛び立つ　▽発車　出港　出帆　発航　解纜《かいらん》　抜錨《ばつびょう》　船出《ふなで》　▽始発　初発　終発　先発　後発
しゅっぱん【出版】⇩はっこう(発行)
しゅっぱん【出帆】⇩しゅっぱつ

しゅと【首都】⇩みやこ
しゅどうけん【主導権】指導権を握る　リー
先導権　イニシアティブを取る
ダーシップ
しゅとく【取得】⇩てにいれる
しゅび【守備】⇩まもる
しゅび【首尾】①起結　本末　②首尾よく↓つごう
しゅふ【主婦】⇩つま
しゅふ【首府】⇩みやこ
しゅほう【手法】⇩ほうほう
しゅみ【趣味】趣向　嗜好《しこう》　道楽　暇潰《つぶ》し　好み　ホビー
じゅみょう【寿命】⇩いのち
しゅやく【主役】立役《たてやく》　立役者　仕手　主演者　主人公　真打《しんうち》　スター　ヒーロー　ヒロイン
しゅよう【主要】⇩おも(主)
じゅよう【需要】対供給　需給　求め　誂《あつら》え　▽内需　外需　民需　軍需　特需　敬語〘相手方の〙ご高需　貴需　貴注　お求め　お誂え

しゅらば【修羅場】⇩せんじょう
じゅり【受理】⇩うけつける
しゅりゅう【主流】⇩まんなか
しゅりょう【狩猟】⇩りょう(猟)
じゅりょう【受領】⇩うけとる
じゅりん【樹林】⇩もり(森)
しゅるい【種類】種　類《るい》　種目　種属　分類　部門　種別　細別　細目　品目　同類　品種　類《たぐい》　ジャンル　カテゴリー　▽業種　人種
しゅわん【手腕】⇩うでまえ
しゅん【旬】⇩さかり
じゅん【順】⇩じゅんじょ
じゅんい【順位】⇩じゅんじょ
じゅんおくり【順送り】⇩つぎつぎに
じゅんかい【巡回】⇩みまわる
しゅんかん【瞬間】瞬時にして変化する　一寸　一瞬　一瞬間　刹那《せつな》　一刹那　寸陰　寸時　片時　咄嗟《とっさ》には　一呼吸　瞬く間　束《つか》の間　たまゆら
じゅんきょ【準拠】⇩じゅんじる(準じる)

じゅんぐり【順繰り】 ⇩つぎつぎに
じゅんけつ【純潔】 ⇩じゅんすい
しゅんこう【竣工】 ⇩できあがる
じゅんさ【巡査】 ⇩けいかん(警官)
じゅんし【巡視】 ⇩みまわる
じゅんし【殉死】 公務死　職務死　任務死　職に殉じる
じゅんしゅ【順守・遵守】 ⇩まもる
しゅんじゅん【逡巡】 ⇩ためらう
じゅんじゅんに【順々に】 ⇩つぎつぎに
じゅんじょ【順序】 順に進める　番が回る　順番　順位　次第　段階　オーダー　格付け　▽席順　席次　序列　序次　座次　座位　着席順　▽年順《としじゅん》　年齢順　長幼の序　卒業年次
じゅんじょう【純情】 ⇩そぼく
じゅんじる【準じる】 則《のっと》る　前例に準拠　憑拠《ひょうきょ》　即する　応じる　準用　準擬《なぞら》える
じゅんじる【殉じる】 ⇩じゅんし(殉死)
じゅんしん【純心】 ⇩そぼく
じゅんすい【純粋】 図不純　純　純一　純良　純正　純心　至純　純潔　純然　無垢《むく》　生粋《きっすい》　生一本
じゅんちょう【順調】 万事好調　快調　堅調　調子がよい　滑らか　スムーズに行く
じゅんに【順に】 ⇩つぎつぎに
じゅんのう【順応】 適応　適合　従順　馴致《じゅんち》　要求に応じる　従う
じゅんばん【順番】 ⇩じゅんじょ
じゅんび【準備】 ⇩ようい(用意)
じゅんぼく【純朴】 ⇩そぼく
じゅんれい【巡礼・順礼】 ⇩おまいり
じゅんろ【順路】 ⇩コース
しょ【書】 ①⇩ほん　②⇩かきかた
じょ【序】 ⇩まえがき
しょう【賞】 図罰　褒美　賞品　賞状　恩賞　褒賞　表彰　賞与　特賞　厚賞　優賞　グランプリ
しょう【証】 ⇩しょうめい
しょう【背負う】 ⇩かつぐ
しよう【使用】 ⇩つかう
しよう【私用】 ⇩ようじ(用事)
じょう【情】 感情　情意　至情　衷情　熱情　情操　思い　心
じょう【錠】 ⇩かぎ(鍵)
しょうあく【掌握】 ⇩つかむ(摑む)
じょういん【乗員】 乗務員　搭乗員　乗組員　クルー　▽車掌　乗客掛　パーサー　キャビンアテンダント
しょうおう【照応】 ⇩たいおう
じょうえん【上演】 ⇩えんじる
しょうか【消化】 吸収　栄養を摂取する　知識を習得する　学習　獲得　取得　技術を物にする　熟《こな》す
しょうか【消火】 ⇩けす
しょうかい【紹介】 ⇩なかだち
しょうかい【照会】 ⇩といあわせる
しょうがい【生涯】 ⇩いっしょう
しょうがい【障害・障碍】 ⇩さしつかえ
しょうかく【昇格】 ⇩しゅっせ
じょうかく【城郭】 ⇩しろ(城)
しょうがつ【正月】 新春　初春　開春　▽新陽の候　迎春の砌《みぎり》　年始の折柄　文章 気持ちのよいお正月を迎え

ました／希望に溢《あふ》れる新年を迎え
[暦] 元日(一日)／元旦《がんたん》(一日の朝)／初日の出(一日)／三が日(一日~三日)／初夢(二日の夜)／初荷・書初め(二日)／松の内(一日~七日)

しょうき【正気】⇩ほんき

じょうき【上気】⇩のぼせる

じょうき【蒸気】⇩ゆげ

しょうきゃく【焼却】⇩やきすてる

じょうきゅう【上級】 対下級 上 上位 上段 高位 高段 上層 上流の社会

しょうぎょう【商業】⇩あきない

じょうきょう【状況・情況】⇩ようす

しょうきょくてき【消極的】 対積極的 受動的になる 守勢的 防御的 内向的性格 不活発 内弁慶 内気 受身 後ろ向きの姿勢 手控える 万事控え目にする 引っ込み思案

じょうくう【上空】⇩そら

しょうけい【捷径】⇩ちかみち

しょうげき【衝撃】⇩ショック

じょうけん【条件】 要件 前提 大前提 制約 制限 箇条 ▽好条件 三拍子揃《そろ》う 悪条件 ハンデ ハンディキャップ

しょうこ【証拠】 根拠 準拠 立脚 証左 証憑《しょうひょう》 徴証 例証 引証 傍証 反証 心証 書証 文証 確証 実証 適証 明証 顕証 証《あかし》を立てる ▽言質《げんち》 口実 ▽不在証明 アリバイ

しょうご【正午】⇩ひる(昼)

じょうご【上戸】 対下戸《げこ》 ⇩さけのみ

しょうごう【照合】⇩つきあわせる

じょうこう【条項】⇩じょうぶん

じょうこく【上告】⇩うったえる

しょうさい【詳細】⇩くわしい

じょうざい【浄財】⇩かね(金)

しょうさん【賞賛・称賛】⇩ほめる

しょうし【笑止】⇩ばからしい

しょうじ【障子】⇩たてぐ

じょうし【上司】⇩うわやく

じょうじ【情事】 情交 情痴 艶事《つやごと》 女色 恋愛事件 色事《いろごと》 色沙汰《いろざた》

しょうじき【正直】 対不正直 実直 誠直 誠実 忠実 清直 清白 真っ正直 誠《まこと》の言葉 律儀な人

じょうしき【常識】 良識 社会通念 一般知識 コモンセンス

しょうしゃ【勝者】 対敗者 勝利者 戦勝者 覇者 王者 覇王 旗頭《はたがしら》

しょうしゃ【瀟洒】⇩じょうひん

じょうじゅ【成就】⇩できあがる

しょうしゅう ①【召集】国会を召集する 呼び集める 令状を出す 召集令状 ②【招集】県議会・総会–を招集する ↓まねく

じょうじゅん【上旬】⇩つきはじめ

しょうしょ【証書】⇩しょるい

しょうじょ【少女】⇩こども

しょうしょう【少々】⇩すこし

じょうじょう【上々・上乗】⇩けっこう(結構)

しょうじる【生じる】⇩はじまる

じょうじる【乗じる】 ①機に乗じる ↓

りょう ②二に三を乗じる↓かける

しょうしん【昇進】⇩しゅっせ

じょうじん【常人】⇩ぼんじん

じょうず【上手】 [対]下手　芸が達者な人　絵に堪能《たんのう》な人　熟練　器用　巧妙　巧緻《こうち》　絶妙　玄妙　至妙　精妙　精巧　入神　老巧　老練　老熟　絵・話し方が巧《うま》い　巧み　如才ない

しょうする【賞する】⇩ほめる

しょうする【称する】⇩なづける

しょうする【証する】⇩しょうめい

じょうせい【情勢】⇩なりゆき

じょうせき【定石】⇩しきたり

しょうせつ【小説】物語　作り話　創作　文学作品　伝奇小説　写実小説　ストーリー　フィクション　ノベル　ロマン　▽童話　寓話《ぐうわ》　お伽噺《とぎばなし》

じょうぜつ【饒舌・冗舌】⇩おしゃべり

しょうせつか【小説家】⇩さっか

しょうぜん【悄然】⇩しょんぼり

じょうそ【上訴】⇩うったえる

しょうぞう【肖像】⇩すがた

しょうそく【消息】⇩たより（便り）

しょうたい【正体】⇩ほんしょう

しょうたい【招待】⇩まねく

じょうたい【状態】⇩ようす

しょうだく【承諾】⇩うけいれる

じょうたつ【上達】習熟　円熟　熟達　練達　熟練　向上　前進　進歩　発展　腕が上がる

じょうだん【冗談】饒舌《じょうぜつ》　余談　駄弁　冗言　冗語　閑語　贅語《ぜいご》　贅弁　漫語　漫言　ジョーク

しょうち【招致】⇩まねく

しょうち【承知】⇩うけいれる

じょうちょ【情緒】⇩おもむき

じょうてい【上程】⇩ていあん

しょうてん【商店】⇩みせ

じょうと【譲渡】⇩ゆずる

じょうど【浄土】⇩てんごく

しょうどう【衝動】⇩ショック

じょうとう【上等】 [対]下等　上級　高級　上層　高層　上位　高位　高度　優等　飛び切りの品

しょうどく【消毒】殺菌剤　滅菌　解毒《げどく》し　解薬　毒消し　▽虫干し　夏干し　土用干し　曝涼《ばくりょう》　曝書

しょうとつ【衝突】⇩つきあたる

しょうにん【商人】⇩あきんど

しょうにん【承認】⇩みとめる

しようにん【使用人】雇い人　奉公人　雇い　抱え　用人　用員　用務員　給仕　小使い　小間使い　▽家従　召し使い　お手伝いさん　下男　下女　下僕《げぼく》　家僕　家婢　忠僕

しょうね【性根】⇩こんじょう（根性）

じょうねつ【情熱】激情　熱情　真情　熱血　熱意　至情　パッション

しょうねん【少年】⇩こども

しょうはい【勝敗】⇩かちまけ

しょうばい【商売】⇩あきない

しょうばん【相伴】⇩いっしょ

しょうひ【消費】⇩ついやす

しょうび【焦眉】⇩せまる

しょうひん【商品】製品　売品　品物　納品　委託品　売貨　売り物　▽掘

り出し物　際物　水物　▽残り物　残品　返品　▽雑貨　荒物

じょうひん【上品】　対下品　優雅　優美　都雅　典雅な服装　古雅　高尚　高貴　高雅　秀麗　端麗　流麗　典麗　瀟洒《しょうしゃ》　楚々《そそ》　清楚《せいそ》　端正　洗練された　気高い　雅《みや》びやか　雅びた　エレガント　ノーブル

しょうふ【娼婦】　娼妓《しょうぎ》　売女《ばいじょ・ばいた》　売春婦　売笑婦　醜業婦　賤業《せんぎょう》婦　淫売《いんばい》婦　公娼　私娼　街娼　夜の女　街の女　闇《やみ》の女　夜鷹《よたか》　パンパン　▽遊女　大夫《たゆう》　花魁《おいらん》　傾城《けいせい》　傾国　女郎

しょうぶ【勝負】　⇩かちまけ

じょうふ【情婦】　⇩あいじん

じょうぶ【丈夫】　⇩げんき

しょうふく【承服】　⇩どうい

しょうぶごと【勝負事】　⇩ゲーム

しょうふだ【正札】　⇩ねだん

じょうぶつ【成仏】　⇩しぬ

しょうぶん【性分】　⇩うまれつき

じょうぶん【条文】　第一条の規定　条規　条項　箇条　項目　条目　細目　法文　成文　原文　文面　例文　文言

しょうへい【招聘】　⇩まねく

しょうべん【小便】　対大便　小水　小用　小遣　尿　放尿　おしっこ　▽便　排泄《はいせつ》物　糞尿《ふんにょう》　屎尿《しにょう》　大小便　汚穢《おわい》　下肥《しもごえ》

じょうほ【譲歩】　⇩したがう

しょうぼう【消防】　⇩けす

じょうほう【情報】　⇩しらせ

しょうみ【正味】　⇩なかみ

じょうむいん【乗務員】　⇩じょういん

しょうめい【証明】　証《しょう》　実証　立証　挙証　考証　論証　実地検証　確証がある　傍証を固める　…であることを証する　裏付ける　証《あか》しを立てる　証拠立てる　▽偽証　詐証　虚証

しょうめん【正面】　対背面　前面　前部　前方　表《おもて》　真向き　真面《まとも》　真向かい　真っ向から反対する

しょうもう【消耗】　⇩すりへる

じょうもの【上物】　⇩しなもの

しょうもん【証文】　⇩しょるい

じょうやとい【常雇い】　⇩しょくいん

しょうゆ【醤油】　下地《したじ》　溜《たま》り　紫　生醤油　諸味《もろみ》　割下《わりした》　たれ　汁　つゆ　出し　煮出し　ソース

じょうよ【剰余】　⇩あまり

しょうよう【逍遥】　⇩さんぽ

しょうよう【慫慂】　⇩すすめる(勧める)

しょうらい【将来】　⇩みらい

しょうりしゃ【勝利者】　⇩しょうしゃ(勝者)

しょうりゃく【省略】　⇩はぶく

じょうりゅう【上流】　①対下層　上流の社会　↓じょうきゅう　②対下流　川の上流　↓かわ

しょうれい【奨励】　⇩すすめる(奨める)

じょうれい【条例】　⇩ほうりつ

じょうれん【常連・定連】　⇩なかま

しょうろく【抄録】　⇩ばっすい

ショー　⇩しばい

ジョーク　⇩じょうだん

しょか【書家】能書　能筆　能書家　能筆家　書客　墨客　書師　書工
じょがい【除外】⇩とりのける
しょがく【初学】⇩しょほ
しょかん【書簡・書翰】⇩てがみ
しょき【初期】⇩はじめ(初め)
しょき【書記】⇩じむいん
しょきゅう【初級】⇩しょほ
じょきょ【除去】⇩とりのける
しょく【私欲・私慾】⇩わがまま
しょくあたり【食中り】⇩げり
しょくいん【職員】社員　所員　公務員　事務員　クラーク　▽常勤　常雇い　非常勤　嘱託
しょぐう【処遇】⇩たいぐう
しょくぎょう【職業】職を探す　業とする　本職　本業　生業《せいぎょう》　家業を継ぐ　正業　定業　定職　現職　官職　公職　業務　仕事　生業《なりわい》　ビジネス　▽要職　顕職　栄職　▽閑職
しょくじ【食事】食　飲食　三食　喫食　喫飯　御膳《ごぜん》　召上がり物　飯《めし》　御飯《ごはん》　飲み食い　腹拵《ごしら》え　▽美食　粗食　米食　肉食　菜食　草食　粉食　混食　雑食　▽主食　副食　おかず　お菜　▽自炊　給食　配食
しょくしょう【食傷】⇩げり
しょくする【嘱する】⇩にんじる
しょくたく【食卓】⇩テーブル
しょくたく【嘱託】⇩しょくいん
じょくち【辱知】⇩しりあい
しょくどう【食堂】料理店　飲食店　喫茶店　料理屋　料亭　茶屋　掛け茶屋　屋台　スタンド　カフェテリア　▽コーヒーショップ　レストラン　蕎麦《そば》屋　鮨《すし》屋　天麩羅《てんぷら》屋　鰻《うなぎ》屋　洋食屋　中華料理店
しょくにん【職人】工人　作人　工匠　▽大工《だいく》　左官　建具屋　経師《きょうじ》屋　植木屋　庭師　園丁　鳶《とび》　鳶職　石屋　石工《いしく》　鍛冶《かじ》屋　鍛工
しょくば【職場】⇩しごとば
しょくぶつ【植物】対動物　草木《そうもく》　本草《ほんぞう》　草木《くさき》　顕花植物　隠花植物　▽立ち木　植木　庭木　鉢植え　盆栽　雑木《ぞうき》　雑草《ざっそう》
しょくむ【職務】⇩しごと
しょくもつ【食物】⇩たべもの
しょくりょう【食糧】⇩たべもの
しょくりょうひん【食料品】⇩たべもの
しょげる【悄気る】⇩がっかり
しょけん【所見】⇩かんがえ
じょげん【助言】⇩ちゅうい
じょげん【序言】⇩まえがき
しょさ【所作】⇩どうさ
しょさい【書斎】書室　書院　書房　書堂　書窓　勉強室　書見室
しょざいない【所在無い】⇩たいくつ
じょさいない【如才無い】気が利く　手抜かり・手落ち・そつ‐がない　機転が利く　愛想のよい店員
しょし【初志】初念　初一念を貫く　初心に返る　素志　宿望　宿志　宿願を果たす　念願　本願　本懐を遂げる
しょし【書肆】⇩ほんや
じょし【女子】⇩おんな

じょしゅ【助手】アシスタント　助《す》けっ人《と》　ナビゲーター　右腕　片腕
しょじゅん【初旬】⇩つきはじめ
しょじょ【処女】⇩きむすめ
しょじょう【書状】⇩てがみ
じょじょに【徐々に】⇩すこしずつ
しょしん【初心】①初心を忘れない↓しょし　②初心の者　初学　初級↓初歩　未熟　幼稚　不慣れ
しょしん【書信】⇩てがみ
しょする【処する】①難局に処する↓しょり　②死刑に処する↓きめる
しょせい【処世】⇩よわたり
じょせい【女性】⇩おんな
じょせい【助勢】⇩たすける
しょせき【書籍】⇩ほん
しょせん【所詮】⇩つまり
しょぞく【所属】従属　配属　直属　専属　帰属　隷属
しょぞん【所存】考え　意見　↓つもり
しょたい【所帯】⇩かてい(家庭)
しょたいぬし【所帯主】⇩しゅじん

しょち【処置】⇩しょり
しょちゅう【暑中】対寒中　盛夏の候　盛暑　酷暑　極暑　猛暑　炎暑　炎熱
暦　小暑(七月七日ごろ)／大暑(七月二十三日ごろ)／土用(立秋の前十八日間)／立秋(八月八日ごろ)
ショック　衝動　衝撃　打撃　動揺　センセーション
しょっこう【職工】⇩ろうどうしゃ
しょっちゅう⇩いつも
しょてん【書店】⇩ほんや
しょどう【書道】⇩かきかた
しょとく【所得】⇩しゅうにゅう
じょのくち【序の口】⇩はじめ(初め)
しょばつ【処罰】⇩けいばつ
しょはん【諸般】⇩いろいろ
しょぶん【処分】①適当に処分する↓しょり　②不良学生を処分する↓けいばつ
じょぶん【序文】⇩まえがき
しょほ【初歩】初学　初等　初期　初心者　入門　初級　階梯《かいてい》　いろはＡＢＣ　手始め　手解《ほど》き　手引き　▽糸口　振り出しに戻る　滑り出し　序の口　端緒

しょみん【庶民】⇩たいしゅう
しょめい【署名】自筆記名　自署　親署　サイン　名書き　書き判　大名の花押《かおう》　▽連署　連名　連記　列記
じょめい【助命】⇩すくう(救う)
じょめい【除名】⇩なかまはずれ
しょめん【書面】⇩てがみ
しょもう【所望】⇩のぞむ(望む)
しょもつ【書物】⇩ほん
じょや【除夜】⇩としこし
しょゆう【所有】⇩もつ(持つ)
しょよう【所用】⇩ようじ(用事)
しょり【処理】処分　処断　処置　処決　処裁　措置　対処　善処　善後策　収拾　手当て　計らい　取り裁き　取り沙汰《ざた》　地獄の沙汰　取り扱い　扱い　▽品物・仕事｜を捌《さば》く　取り扱う　扱う　賄う　難局に処する
じょりょく【助力】⇩すけだち

しょるい【書類】 文書《ぶんしょ》 書状 書面 公文 公文書 私文 私文書 証書 証文《しょうもん》 文書《もんじょ》 調書 書き付け ▽添書 副書 別紙 ▽願書 下付願 辞令 誓約書 令状 布達 召喚状 辞表 ▽位記 賞状 感状

じょれつ【序列】⇩じゅんじょ

じょろう【女郎】⇩しょうふ

じょろうや【女郎屋】⇩いろまち

しょんぼり しおしお しょぼしょぼ 悄然《しょうぜん》 寂然 元気なく 悄《しお》れる 悄垂れる 寂しげ 心細げ

じらい【爾来】⇩そのご

しらが【白髪】⇩かみ(髪)

しらける【白ける】⇩つまらない

しらじら【白々】⇩あかるい

しらじらしい【白々しい】⇩ふしんせつ

しらす【白州】⇩さいばんしょ

しらずしらず【知らず知らず】⇩いつのまにか

しらせ【知らせ】 便り 訪れ お告げ 感謝の標《しるし》 達し お触《ふ》れ 前触れ 案内 通知 通信 通告 通達 布達 報告 報知 情報 諜報《ちょうほう》 通牒 内報 内通 ▽公報 特報 確報 詳報 速報 急報 急告 飛報 予報 予告 ▽吉報 朗報 快報 慶報 吉左右《きっそう》 ▽凶報 凶音 悲報 訃報《ふほう》 訃音《ふいん》 訃信

しらせる【知らせる・報せる】 告げる 通じる 報じる 伝える 触れる 言い伝える 言い触らす 吹聴《ふいちょう》 報告 通告 通達 通報 ▽公示 告示 公告 放送 宣伝 敬語〘自分側に〙ご一報にあずかる ご一報を-お漏らし お便り ご沙汰《さた》／〘相手方に〙ご報告・ご案内・ご連絡-申し上げる

しらない【知らない】 知らぬ 存ぜぬ 敬語〘相手方が〙ご存じない ご存知ない／〘自分側が〙存じません 存知いたしません 何分にも不案内にて不詳のことも多く

しらばくれる【白ばくれる】⇩とぼける

しらふ【素面】⇩かおつき

しらべ【調べ】⇩ぎんみ

しらべる【調べる】 確かめる 計る 閲《けみ》する 中身・乗車券-を検《あらた》める 調査 審理 穿鑿《せんさく》 検査 踏査 審査 審判 点検 検閲 検分 検討 吟味 毒見 検察 臨検 検視 ▽校閲 校正 校定 ▽検針 検札 敬語〘相手方が〙お取り調べになる ご調査・ご吟味・ご点検・ご検査-になる

しらみつぶしに【虱潰しに】⇩ひとつひとつ

しらむ【白む】⇩あかるい

しり ①【尻】 最下部 尻-の骨・に敷く 末 末端 最後 ②【臀】 ふくらみ 臀-を下ろす・が重い けつ ヒップ 臀部《でんぶ》 肛門《こうもん》 ③【後】 後-に付く・から三番め ↓うしろ

しりあい【知り合い】 知るべ 頼り 近付き 見知り 顔見知り 見知り越し 古・昔-馴染《なじ》み 隣人 知人 知

友　知己　友人　親友　相知の間柄
相識　知縁　知音《ちいん》　辱知　旧知
旧識　故旧　敬語〔自分側と〕お近付き
いただく　ご別懇を賜る　ご懇意　ご
交際　ご辱知　ご知音《ちいん》

じりき【自力】⇩どくりょく

しりごみ【尻込み】⇩ためらう

しりぞく【退く】対進む　傍に退《ど》く　身・
役所を退《ひ》く　引く　家に引っ込む　潮
が引く・干る　退《さ》る　立ち去る　後
退《あとじさ》りする　後戻りする　引き下
がる・取る　離れる　逃げる　退却
退去　後退　悪魔が退散する　逃走
遁走《とんそう》　撤退　退軍　退陣

しりぞける【退ける】後ろへ　敵を退け
る　下がらせる　帰らせる　遠ざけ
る　▽【斥ける】おしのける　競争者・
要求を斥ける　押し退《の》ける　跳ね
返す　断る　却下　棄却　疎外　排
斥　排撃　排他　排外

じりつ【自立】⇩どくりつ

じりつ【自律】⇩じせい（自制）

しりぬぐい【尻拭い】⇩しまつ

じりひん【ジリ貧】⇩おちぶれる

しりょ【思慮】⇩かんがえる

しりょう ①【資料】判断の　計画の資料
材料　データ
②【史料】歴史の　江戸時代の史料　文
書　遺品　遺物
③【試料】実験の　鉱石の試料　テス
トピース

しりょう【飼料】⇩えさ

しる【汁】液を搾る　液体　液汁《えきじゅう》▽
スープ　味噌《みそ》汁　おつゆ　吸い物
肝吸い　雑煮《ぞうに》　汁粉

しる【知る】気付く　聞き知る・付け
る・嚙《かじ》る　見知る　思い知る　心得
る　悟る　分かる　存知　識知　知
得　直感　感得　知覚　体得　認識
確認　▽博覧　博聞　博識　多識

しるし ①【印】記号　印を書く　目印
旗印　心覚え　焼き印　符号　符丁
記号　暗号　表号　標識　象徴　シ
ンボル　マーク
②【標】目じるし　感謝の標↓しらせ
③【徴】まえぶれ　おめでたの徴↓き
ざし
④【験】薬の験が現れる↓ききめ

しるす【記す】⇩かく（書く）

しるべ ①【知るべ】知るべを頼る↓し
りあい
②【導べ・標】地図を導べに行く↓た
より

しれい【指令】⇩めいれい

しれいかん【司令官】司令　総統　総督
総帥　総監　将軍（陸軍）　提督（海軍）
参謀　幕僚

じれったい【焦れったい】⇩もどかしい

しれる【知れる】知れ・行き渡る　広ま
る　表沙汰《おもてざた》になる　周知　公知の
事実　世間に流布《るふ》する

じれる【焦れる】⇩あせる（焦る）

しれん【試練・試煉】⇩しゅぎょう（修行）

ジレンマ⇩むじゅん

しろ【白】対黒　雪色《ゆきいろ》　白妙《しろたえ》　白色《はくしょく》
純白　雪白　鮮白　素白　皎白

《こうはく》蒼白《そうはく》 銀白 ホワイト
しろ【城】 本丸 出丸 居城 城郭 城
塁 城塞《じょうさい》 堅城 金城湯池・鉄壁
要害 キャッスル シャトー
しろい【白い】 対黒い 真っ白 白々
▽薄白い 浅白い 仄《ほの》白い 青白い
生白い 白っぽい
しろうと【素人】 対玄人 初心者 新
入生 未熟者 未経験者 非専門家
アマチュア
しろくろ【白黒】 ⇩ぜひ
じろじろ ⇩じっと（熟と）
しろもの【代物】 ⇩しなもの
しわ【皺】 波 横皺 縦皺 たるみ し
ぼ まだら 縮緬《ちりめん》皺 皺襞《しゅうへき》 波
紋 皺文 散皺
しわい【吝い】 ⇩けち
しわがれる【嗄れる】 ⇩かれる（嗄れる）
しわざ【仕業】 ⇩おこない
しわす【師走】 ⇩じゅうにがつ
しわぶき【咳き】 ⇩せき（咳）
しわよせ【皺寄せ】 ⇩まきぞえ

しん【臣】 ⇩けらい
しん【芯】 髄《ずい》 核《かく》 核心 中核 中心
中軸 中枢 枢軸 機軸 中堅
じん【陣】 ⇩じんち
しんあん【新案】 ⇩くふう
じんい【人為】 ⇩じんこう（人工）
しんいり【新入り】 ⇩しんじん（新人）
しんいん【真因】 ⇩げんいん
しんうち【真打】 ⇩しゅやく
じんえい【陣営】 ⇩じんち
しんか【臣下】 ⇩けらい
しんがい【心外】 ⇩あんがい
じんかい【塵芥】 ⇩ごみ
しんがり【殿】 ⇩おわり
しんかん【震撼】 ⇩ふるえ
しんき【新奇】 ⇩めあたらしい
しんぎ【審議】 ⇩そうだん
しんきくさい【辛気臭い】 ⇩もどかしい
しんきじく【新機軸】 ⇩くふう
しんきゅう【進級】 ⇩ごうかく
しんきょう【心境】 ⇩きもち
しんぎん【呻吟】 ⇩くるしむ

しんぐ【寝具】 ⇩ふとん
しんけい【神経】 ⇩かんじ
しんげつ【新月】 ⇩つき
しんけん【真剣】 ⇩まじめ
しんげん【箴言】 ⇩ことわざ
しんこう【信仰】 信心 崇心《すうしん》 篤信
信教 敬神 道心 帰依《きえ》 神を信じ
る ▽迷信 邪信 盲信
しんこう【進行】 ⇩すすむ
しんこう【親交】 ⇩なかがよい
しんごう【信号】 ⇩あいず
じんこう【人口】 民口 口数 人員 員
数 人数 人別 人頭税 頭数《あたまかず》
じんこう【人工】 対自然 人為 人造
人作 模造 複製 ▽偽造 贋造《がんぞう》
変造 捏造《ねつぞう》
しんこく【深刻・深酷】 ⇩たいへん
しんさ【審査】 ⇩しらべる
しんさつ【診察】 ⇩みる（診る）
しんさん【辛酸】 ⇩くるしみ
しんざん【新参】 ⇩しんじん（新人）
しんざん【深山】 ⇩やま

しんし【真摯】⇩まじめ
しんし【紳士】⇩おとこ
じんじ【人事】人選 任免 ▽任命 任用規程 叙任 嘱任 補職 起用 挙用 登用 抜擢《ばってき》 ▽免官 免職 解任 解職 解雇 馘首《かくしゅ》 罷免 首切り 降職 左遷 追放
しんしき【新式】対旧式 新型 最新式 最新型 時代の先端を行く ニューモダン アラモード
しんしつ【寝室】寝所 臥室《がしつ》 臥房 閨室《けいしつ》 閨房 寝間《ねま》 閨《ねや》 寝部屋 ベッドルーム ▽床《とこ》 寝床 寝布団 寝台 ベッド
しんじつ【真実】⇩じじつ
しんじゃ【信者】信徒 教徒 宗徒 門徒 信心者 信仰者 善男善女
じんじゃ【神社】神宮 鎮守 神祠《しんし》 社祠 祠堂 神殿 神廟《しんびょう》 廟宇 廟社 霊廟 宮《みや》 社《やしろ》 山の祠《ほこら》 ▽本社 総社《そうじゃ》 末社
しんしゃく【斟酌】参酌 情状酌量 容赦 仮借なく責める 了察 手心を加える 手加減 匙《さじ》加減 事情を酌《く》む 酌み-とる・分ける 思い遣《や》る 大目に見る 見逃す
じんしゅ【人種】⇩みんぞく(民族)
しんじゅう【心中】⇩じさつ
しんしゅつ【進出】⇩はじめる
しんしゅん【新春】⇩しんねん
しんしょう【身上】⇩ざいさん
しんじょう【心情】⇩おもい(思い)
しんじょう【真情】⇩まごころ
じんじょう【尋常】⇩ふつう
しんしょく【寝食】⇩くらし
しんじる【信じる】対疑う ①信じて疑わない あると思い込む 信用 信頼 信任 信憑《しんぴょう》 確信 過信 ②神を信じる→しんこう
しんじん【新人】対旧人 新参 新米 新進気鋭の士 新星 新入り 新顔 駆け出し 青二才 フレッシュマン ニューフェース ルーキー ホープ
しんじん【信心】⇩しんこう(信仰)

しんすい【心酔】⇩ねっしん
しんすい【進水】⇩うかべる
しんずい【神髄・真髄】⇩すい
しんせい【申請】⇩もうしでる
じんせい【人生】世事 俗事 処世 渡世 人生行路 世渡り
しんせき【真跡】⇩じひつ
しんせき【親戚】⇩しんるい
しんせつ【親切】対不親切 懇切 懇篤 懇到 丁寧 慇懃《いんぎん》 優渥《ゆうあく》 懇ろ 手厚い 敬語『相手方の』ご親切な ご懇切な ご懇情溢《あふ》れる ご芳情を賜る ご愛顧を被る ご厚情にあずかる ご配慮を仰ぐ ご厚志に接する ご芳志 ご高配 ご深情 ご同情 お情け お引き立て お心配り お心遣い お気遣い お心添え お心尽くし お見捨てなく
しんせん【新鮮】生鮮食料品 清新 新味 斬新《ざんしん》な考え フレッシュ 新しい 生きがいい 生き生き
しんぜん【親善】⇩よしみ

しんそう【真相】⇩じじつ
しんぞう【心臓】心《しん》 心の臓 循環器 心房 心室 心耳 鼓動 ▽血管 動脈 静脈
しんぞく【親族】⇩しんるい
しんそこ【心底・真底】⇩こころ
しんだい【身代】⇩ざいさん
しんだい【寝台】⇩しんしつ
しんたん【薪炭】⇩ねんりょう
じんち【陣地】陣 陣屋 陣所 本陣 本営 ▽戦陣 陣営 軍陣 屯営《とんえい》 宿営 営所 砦《とりで》 要塞《ようさい》 塁 堡塁《ほうるい》 砲台
しんちく【新築】⇩たてる(建てる)
しんちゅう【心中】⇩こころ
しんちょく【進捗】⇩すすむ
しんつう【心痛】⇩しんぱい
しんてい【心底】⇩こころ
しんてん【進展】⇩はったつ
しんてん【親展】封筒の表に書くことば 親展・直披《じきひ》・親披(本人自ら開封) 至急・急用(急ぎ) 重要(大切) 平信・不急(急がない) 拝答・奉答・貴酬(返信) 求返信・待貴答・待貴報(返信が欲しい) 公用・公信・商用(職務担当者へ) 使状・使信・幸便(使い) 持参(当人)
しんと【信徒】⇩しんじゃ
しんとう【浸透】①⇩しみる(滲みる) ②⇩ふきゅう(普及)
じんどう【人道】⇩どうとく
じんどる【陣取る】⇩しめる(占める)
しんにゅう【侵入】⇩おかす(侵す)
しんねん【新年】対旧年 正月 新春 新歳 年始 年首 年頭 初春《しょしゅん・はつはる》・ニューイヤー 改年 改暦 年の初め
しんぱい【心配】対安心 不安 懸念 憂慮 危惧《きぐ》 杞憂《きゆう》に過ぎない 心労 気苦労 心痛 屈託がない 寒心に堪えない 深憂 大憂 大患 出水の虞れがある 失敗を恐れる 憂える 心許《もと》ない 心・気-掛かり 後顧の憂いがない 気になる 気が気でない 気遣う 気遣わしい 案じる 危ぶむ 思い煩う 雨を侘《わ》びる 心細い 到底覚束《おぼつか》ない 胸騒ぎ サスペンス 敬語〔相手方が〕ご心配 ご心労 ご心痛 ご憂慮 ご懸念 ご案じ お心掛かり／〔自分側が〕心配・心痛・憂慮・懸念-しております 案じて・気を揉《も》んで・気に病んで・頭を痛めて-おります 気掛かり・心掛かり-に存じます
しんばつ【神罰】⇩ばつ(罰)
しんぱん【審判】⇩さばき
しんぱんいん【審判員】相撲の行司《ぎょうじ》 野球の球審・塁審 主審 線審 アンパイヤ レフェリー
しんぴ【神秘】霊妙 神妙 絶妙 玄妙 霊異 怪異 奇怪 不思議 不可思議 ミステリー
じんぴん【人品】⇩ひとがら
しんぷ【神父】牧師 司祭 神の使徒 布教師 宣教師 ファーザー
じんぶつ【人物】⇩ひとがら
しんぶん【新聞】新報 時報 日刊紙

機関紙 機関新聞 業界紙 ニュースペーパー ジャーナル ▽号外 番外 特報

じんべえ【甚兵衛】⇩はおり

しんぽ【進歩】対退歩 ⇩はったつ

しんぼう【心棒】⇩ぼう

しんぼう【辛抱】⇩がまん

じんぼう【人望】⇩にんき

しんぼく【親睦】⇩よしみ

シンボル ⇩しるし(印)

しんまい【新米】①新米が出回る ↓こめ ②新米の社員 ↓しんじん

しんみ【新味】⇩しんせん

しんみつ【親密】⇩したしい

しんみょう【神妙】⇩きとく(奇特)

しんみり しみじみ つくづく よくよく ▽蕭《しめ》やか 蕭然《しょうぜん》 蕭条 深々 ほろりとする

じんみん【人民】⇩たいしゅう

しんもつ【進物】⇩おくりもの

じんもん【尋問】⇩といつめる

しんゆう【親友】⇩ともだち

しんよう【信用】信頼 信任 信託 信憑《しんぴょう》性がある 覚えが厚い 信じて疑わない

しんらい【信頼】⇩しんよう

しんらつ【辛辣】⇩きっぱり

しんり【真理】⇩りろん

しんり【心理】⇩きもち

しんり【審理】⇩しらべる

しんりょく【新緑】⇩は(葉)

じんりょく【尽力】⇩どりょく

しんりん【森林】⇩もり(森)

しんるい【親類】親族 親戚《しんせき》 一家眷族《けんぞく》 縁者 一族 縁続き 身寄り 寄る辺 身内 縁《ゆかり》の者 ▽母方 里方 姻戚 姻族 縁戚 ▽近親 近戚 肉親 血縁 骨肉の争い ▽本家 分家

しんれい【心霊】⇩たましい

しんれき【新暦】⇩こよみ

しんろ【進路】⇩ほうしん(方針)

しんろう【心労】⇩しんぱい

しんろう【辛労】⇩くるしみ

す

す【州・洲】中州 沖州 干潟《ひがた》 砂州 州崎《すさき》 沙角《しゃかく》 砂嘴《さし》 三角州 デルタ ▽瀬 陸棚 大陸棚 暗礁 珊瑚礁《さんごしょう》 環礁

す【巣】塒《ねぐら》に帰る 動物の棲処《すみか》 古巣 巣穴 巣窟《そうくつ》 巣窠《そうか》 ▽蟻《あり》の巣 蟻塚 蟻丘《ぎきゅう》 蟻封 蟻壌 ▽蜂《はち》の巣 蜂房《ほうぼう》 蜂巣 ▽蜘蛛《くも》の巣 蜘網《ちもう》 蜘巣

す【酢】生酢《きず》 酢酸 苦酒 ▽梅酢 木酢 米酢 麦酢 蓼酢《たでず》 柚酢《ゆず》 橙酢《だいだいず》 芥酢《からしず》 二杯酢 三杯酢

ず【図】図面に描く 図式で示す 絵図 見取り図 平面図 展開図 鳥瞰図《ちょうかんず》 本図 略図 縮図

すあし【素足】⇩はだし

ずあん【図案】⇩もよう

すい【粋】①粋を集める 生一本《きいっぽん》 純粋無垢《むく》 エキス エレメント 精華

を集める　精一　神髄　精髄　純一　純粋　純正部品　純良　清純　至純
②粋な計らい↓いき
ずい【髄】⇩しん(芯)
すいあげる【吸い上げる】⇩うばう
すいい【推移】⇩うつりかわり
ずいい【随意】⇩じゆう(自由)
ずいいち【随一】⇩さいこう(最高)
すいえい【水泳】⇩およぐ
すいがい【水害】⇩おおみず
すいきょう【酔狂・粋狂】⇩ものずき
すいげん【水源】⇩みなもと
すいこう【推敲】⇩なおす(直す)
すいこう【遂行】⇩おこなう
ずいこう【随行】⇩したがう
すいこむ【吸い込む】⇩すう(吸う)
すいさつ【推察】⇩おしはかる
すいさんぎょう【水産業】⇩ぎょぎょう
すいし【水死】⇩おぼれる
すいじ【炊事】⇩りょうり
ずいじ【随時】⇩いつでも
すいじゃく【衰弱】⇩よわる

すいじゅん【水準】⇩レベル
すいしょう【推奨】⇩すすめる(薦める)
すいじん【粋人】⇩あそびにん
すいせん【推薦】⇩すすめる(薦める)
ずいそう【随想】⇩ずいひつ
すいそく【推測】⇩おしはかる
すいたい【衰退・衰頽】⇩よわる
すいちょく【垂直】 対水平　鉛直　直立　立ち・起き上がり　棒立ち　縦　真っ直《す》ぐ立つ　▽立て穴　立て坑
すいつく【吸い付く】⇩つく(付く)
スイッチ　釦《ボタン》を押す　点滅器　開閉器　閉塞《へいそく》器　▽転轍《てんてつ》器　ポイント
すいてい【推定】⇩おしはかる
すいてき【水滴】⇩しずく
すいとう【出納】⇩かいけい
すいとる【吸い取る】⇩とりいれる(取り入れる)
すいなん【水難】①水難を被る↓おおみず　②水難事故　海難　船難　沈没　沈船　座礁　座州　衝突　船火事　▽浸水　流失

ずいはん【随伴】⇩したがう
ずいひつ【随筆】随録　漫筆　漫録　雑記　雑録　随想録　随感　偶感　エッセー　筆の遊《すさ》び
すいふ【水夫】⇩ふなのり
ずいぶん【随分】⇩かなり
すいへい【水平】 対垂直　水準器　平準　平坦《へいたん》　平ら　横に置く　寝たまま
すいもの【吸い物】⇩しる(汁)
すいりょう【推量】⇩おしはかる
すう【数】⇩かず
すう【吸う】 粥を啜《すす》る　吸い込む・入る・取る・出す　吸入　吸収　吸引　吸取
すうがく【数学】算数　算術　算法　算道　洋算　和算　算盤《そろばん》　▽加減乗除　数式　代数　幾何　三角　解析　微分　積分
すうじく【枢軸】⇩しん(芯)
ずうずうしい【図々しい】⇩あつかましい
すうせい【趨勢】⇩なりゆき

スーツ ⇩ようふく

すうはい【崇拝】 ⇩うやまう

スープ ⇩しる(汁)

すうりょう【数量】 ⇩りょう(量)

すえ【末】 ⇩さき(先)

すえおく【据え置く】 置き・打ち-据える 据え・置き-付ける そのままにする 置き去り 置いてけぼり 放置 放任 現状維持 ▽遣《や》りっ放し 握り潰《つぶ》し 未決

すえながく【末永く】 ⇩いつまでも

すえる【据える】 据え・取り-付ける 置く 銃・門-を構える 設ける 備える 設置 設備 常備 常設 配置 配備 布置

すえる【饐える】 ⇩くさる

スカート ⇩はかま

すがお【素顔】 ⇩かお

すかす【賺す】 ⇩なだめる

すがすがしい【清々しい】 ⇩うららか

すがた【姿】 身構え 居住まいを正す 男振り 形 スタイル ポーズ 姿勢 姿態 風姿 風采《ふうさい》 形相《ぎょうそう》 様子 格好 雄姿 英姿 玉姿 威容 威風 ▽肖像 影像 絵姿《えすがた》

すがりつく【縋り付く】 縋《すが》る 摑《つか》まる 取り・寄り・追い-縋る 抱き・取り・獅嚙《しが》み・へばり・嚙《かじ》り-付く 寄り・飛び・踊り-掛かる 飛び付く

すがる【縋る】 ⇩たよる

すき【隙】 ⇩すきま

すき【鋤・犂】 ⇩のうぐ

すき【好き】 対嫌い 大好き 惚《ほ》れ惚れ 首っ丈《けた》 愛好 愛恋

すきかって【好き勝手】 ⇩わがまま

すききらい【好き嫌い】 ⇩このみ

すきずき【好き好き】 ⇩いろいろ

すきとおる【透き通る】 透ける 透く 透る 透明 澄明 清澄

すきま【隙間】 空《あ》き間 隙 空き 空間 空隙《くうげき》 間隙

スキャンダル ⇩うわさ

すぎる【過ぎる】 ①場所を過ぎる ↓とおる ②時間が過ぎる 月日が経《た》つ 去る 年月が経過する ③度が過ぎる 度を-過ごす・超す 過度 過当競争 胃酸過多 超過 余計働いた 法外な要求 度外れの大声

すく ①【透く】 向こうが透いて見える ↓すきとおる ②【隙く】 間・枝-が隙く 空《あ》く 空き・空き間-が出来る 空隙《くうげき》 間隙 ③【空く】 対込む 車内が空く がら空き ▽腹が空く 減る 饑《ひも》じい 空腹 ハングリー ▽手が空く ↓ひま

すく ①【梳く】 毛を 髪を梳く 梳《と》く 梳《と》かす 梳《けず》る 梳《くしけず》る 結う 調髪 整髪 理髪 結髪 ②【漉く・抄く】 紙を 紙を漉く 漉き-込む・返す 生漉《きず》き 紙漉き 抄紙《しょうし》

すく【好く】 対嫌う ①酒を好く ↓このむ ②彼女を好く 恋する 惚《ほ》れる 見染める 惚れ込む 首っ丈《けた》 夢中になる 熱愛 溺愛《できあい》 盲愛

すぐ【直ぐ】 直《す》ぐに 直ちに 速やかに 直《す》ぐ様 折り返し そのまま いきなり 急に 忽《たちま》ち 遽《にわ》かに 予断を許さない 立ちどころに 見る間に 瞬く間に 見る見る 急いで 逸早《いちはや》く 今にも もう直ぐ 取り敢《あ》えず 早速《さっそく》 早々に 遅滞なく 一日・一刻・一時ーも早く 即席 即刻 即座に 即時 即日 至急 早急 言下に 途端に 咄嗟《とっさ》 突然 突如 間一髪 効果覿面《てきめん》

すくう ①【抄う】 道具で 柄杓《ひしゃく》・匙《さじ》ーで抄う 杓《しゃく》う 杓る 桶で汲《く》む ②【掬う】 両手で 手・笊《ざる》ーで掬う 掬《むす》ぶ 掬水《きくすい》

すくう【救う】 危険から 命を・危地からー救う 助ける 救い・助けー出す 救助 救援 救護 救命 助命 救難 救急 救国 ▽【済う】 良い状態へ 民・世ーを済う 救済 済世 救世 救恤《きゅうじゅつ》 済度 救世《ぐせ》観音

すくう【巣食う】 ⇩すむ(棲む)

すぐさま【直ぐ様】 ⇩すぐ

すくない【少ない】 対多い 乏しい 僅《わず》か 少し 些《いささ》か 微《かす》か 細《ささ》やか 小刻み 小出し 少々 多少 軽少 微少 些少《さしょう》 僅少《きんしょう》 寡少 些細《ささい》 瑣末《さまつ》 軽微 零細 一抹《いちまつ》 少数 少量 少額 低額 希少 小口の取引 小《こ》人数 少人数 多勢に無勢《ぶぜい》 敬語 謙譲 少々 多少 心ばかりの 細《ささ》やかな 詰まらぬ 形ばかりの ほんの僅か

すくなからぬ【少なからぬ】 ⇩おおい(多い)

すくなくとも【少なくとも】 少なくもせめて せめては ぎりぎり 控え目にー見ても・言っても 最小限

すぐに【直に】 ⇩すぐ

すくむ【竦む】 怯《ひる》む 怖《お》じ気る 縮かむ 気後れする 縮み上がる 竦み上がる 立ち竦む おどおどする

辟易《へきえき》する 意気阻喪する

スクリーン ⇩えいが(映画)

すぐる【過ぐる】 ⇩さる(去る)

すぐる【択る】 ⇩えらぶ

すぐれる【優れる・勝れる】 対劣る 優《まさ》る 秀でる 絵画に長じる 抜きんでる 並外れる 立ち優る 図抜ける ずば抜ける 重立つ 粒選《よ》りの上等品 粒揃《ぞろ》い 選《よ》り抜きの選手 卓越した手腕 卓抜 卓絶 卓出 卓逸 秀抜 秀逸 傑出 出色の出来栄え 出群 抜群 冠絶 精力絶倫 絶世の美人 非凡 破天荒 比肩する者がいない 頭角を現す 一頭地を抜く 一廉《ひとかど》の人物

スケジュール 時間割 時間表 日取り 工事の日割り 日程 日課 予定 計画 ▽道程 旅程 航程 ▽課程 カリキュラム

ずけずけ ⇩ざっくばらん

すけだち【助け太刀】 力添え 手助け 手伝い 後押し 扶助 幇助《ほうじょ》 内助 補佐 加担 加勢 助勢 助長 助力 応援 後援 左袒《さたん》 ▽援兵

援軍　増援部隊

すげない【素気ない】⇩ふしんせつ

すける【透ける】⇩すきとおる

すごい【凄い】⇩はげしい

すごうで【凄腕】 腕利き　遣《や》り手　敏腕を振るう　辣腕《らつわん》　怪腕を示す

すこし【少し】 対沢山　幾らか　幾分　稍々《やや》　些《いさ》さか　少ない　ちょっと　ちょっぴり　一つ話してみよう　一言《ひとこと》言う　薄々知っていた　ほんのお標ばかり　僅《わず》か　幾許《いくばく》の　若干《そこばく》の　一刻の猶予　少々　多少　多少とも　若干《じゃっかん》　僅少《きんしょう》　部分的　残り少なけなしの金

すこしずつ【少しずつ】 ちょっと・幾らか・僅《わず》か‐ずつ　ゆっくり　徐々に　次第に　次第次第に　小刻みに

すこしも【少しも】 聊《いさ》かも　夢にも思わなかった　努々《ゆめゆめ》疑ってはならぬ　露も　露程も　全く　更に　絶えて　何も　ちっとも　さっぱり　てんで　丸きり　丸で分かっていない　とんと　根っから存在しない　元から　初めから　最初から　全然　決して　皆目　毛頭　一向　一向に　毫《ごう》も　毫末も　微塵《じんみ》も

すごす【過ごす】 ①日を過ごす　夜を更かす　暮らす　年月を経る　無事消光して　消日　②度を過ごす↓すぎる

すごすご ⇩しょんぼり

すこぶる【頗る】⇩とても

すごむ【凄む】⇩おどす

すこやか【健やか】⇩げんき

すさまじい【凄まじい】⇩はげしい

すさむ【荒む】⇩あれはてる

ずさん【杜撰】⇩いいかげん

すじ【筋】 ①筋を引く↓せん　②手の筋↓きんにく　③小説の筋　本筋　筋書き　筋立て　物語　ストーリー　プロット　梗概《こうがい》

すじあい【筋合い】⇩りくつ

すじかい【筋交い】⇩ななめ

すじがき【筋書き】⇩すじ

すじちがい【筋違い】 ①ここに来るのは筋違いだ　場違い　見当・方面‐違い　見当外れ　②筋違いの話　道理に外れた　無理　難題

すしづめ【鮨詰め】⇩こむ

すじみち【筋道】 ①筋道が通る↓りろん　②筋道を話す↓いきさつ

すじむかい【筋向かい】⇩むかい

すじょう【素性・素姓】⇩ちすじ

すす【煤】 焦げが出来る　油煙　煤煙《ばいえん》　煤気　煙珠　墨煤

すず【鈴】⇩りん

すすぐ ①【濯ぐ】 洗濯物を濯ぐ↓あらう　②【漱ぐ】口を　口を漱ぐ　清める　含嗽《うがい・がんそう》　③【雪ぐ】不名誉を　恥・汚名‐を雪ぐ　晴らす　雪辱戦　雪汚　雪恥　雪冤《せつえん》

すずしい【涼しい】 対暖かい　冷ややか　冷涼の候　清涼飲料　爽涼《そうりょう》　寒涼　微涼　新涼　早涼　秋涼

すすはらい【煤払い】⇩そうじ

すずみ【涼み】 納涼　迎涼　逐涼　追涼　▽夕涼み　川涼み　舟涼み

すすむ【進む】 対退く　運ぶ　捗《はか》どる　進み出る　先んじる　先走る　前進　進行　進展　進捗《しんちょく》　突進　猛進　猪突《ちょとつ》　邁進《まいしん》　勇往邁進　驀進《ばくしん》　躍進　急進　漸進　疾進　鋭進　進出　▽行進　行軍　進軍

すすめる ①【進める】前へ　車・交渉－を進める　推し進める　前進　進行　②【勧める】仕向ける　入会・転地－を勧める　善を促す　勧誘　勧告　慫慂《しょうよう》　勧業　勧善　▽【奨める】励ます　発明を奨める　励ます　勧奨　報奨　奨励　③【薦める】推す　候補者・良書－を薦める　推す　挙げる　推薦　推挙　推奨　推輓《すいばん》

すする【啜る】 ⇩すう(吸う)

すすんで【進んで】 敢《あ》えて　争って　勇んで　おめおめと帰れるか　怯《お》めず　臆《おく》せず　我先に　前向きに

すそ【裾】 裳裾《もすそ》　下裾《したすそ》　下裳《したも》　下裙《かくん》　衣裾《いきょ》　ペプラム

スター ホープ　花形　売れっ子　流行《はやり》っ子　人気者　人気俳優　人気歌手　寵児《ちょうじ》　流行児　アイドル

スタート ⇩しゅっぱつ

スタイル ⇩すがた

すだく【集く】 ⇩なく(鳴く)

すだつ【巣立つ】 ⇩しゅっぱつ

スタッフ ⇩メンバー

スタミナ 精力　気力　活力　元気　気概のない男　持久力　持続力　耐久力　粘り　粘り強さ

すだれ【簾】 ⇩まく(幕)

すたれる【廃れる】 衰える　傾く　駄目になる　荒廃　衰廃　遺跡が壊廃する　退廃　廃退　廃墜　廃滅　廃絶　▽廃墟《はいきょ》　廃屋　荒城の月

スタンダード ⇩レベル

ずつう【頭痛】 ⇩いたい(痛い)

すっかり ⇩すべて

すっきり ⇩こころよい

ずっしり ずしり　どっしり　どっかり　どっかと

ずっと ①ずっと良い↓わりに　②ここにずっといた　引き続き　初めから　その間じゅう　いつも　終始

すっぱい【酸っぱい】 酸《す》い　酢味《すみ》　酸っぱ味　酸味《さんみ》　▽甘酸っぱい　辛酸っぱい

すっぱだか【素っ裸】 ⇩はだか

すっぱぬく【素っ破抜く】 ⇩ばくろ

すっぽかす ⇩にげる

すで【素手】 空手《からて》・空手《くうしゅ》　空身　徒手　素手《そしゅ》　空拳《くうけん》　無手　手ぶらで帰る　▽裸一貫　無一物

すていし【捨て石】 ⇩ぎせい

すてき【素敵】 ⇩けっこう(結構)

すてぜりふ【捨て台詞】 ⇩ひとりごと

すてておく【捨てておく】 ⇩うっちゃらかす

すでに【既に】 対いまだ　前に　夙《つと》に　早くに　曩《さき》に　とっくに　疾《と》うに　疾うの昔に　予々《かねがね》　予《かね》て　以前に

先刻　かつて　ついぞ見たことがない
すてね【捨て値】⇩やすうり
すてばち【捨て鉢】　自棄《やけ・じき》　自棄糞《やけくそ》　破れかぶれ　自棄っぱち　自棄のやんぱち　不貞《ふて》腐れ　自暴自棄《じぼうじき》になる　孤憤の情　絶望的
すてみ【捨て身】⇩いのちがけ
すてる【捨てる】　見放す　命・名誉‐を捨てる　見放す　見限る　見捨てる　見殺しにする　断念　▽【棄てる】役立てない　子・権利‐を棄てる　打ち・振り・投げ‐棄てる　打っちゃる　無にする　放棄　棄却　放擲《ほうてき》　遺棄　契約を破棄する　条約を廃棄する
スト　ストライキ　サボタージュ　サボ　罷業　罷工　休業　怠業　職場放棄　一斉休業　同盟罷業
すどおり【素通り】⇩とおりすぎる
すな【砂】　浜の真砂《まさご》　砂子　砂石《しゃせき》　細砂　細石　白砂青松　銀砂　熱砂
すなお【素直】⇩おとなしい
すなわち【即ち】⇩つまり

ずぬける【図抜ける】⇩すぐれる
すね【脛】⇩あし(足)
すねかじり【脛齧り】⇩いそうろう
すねる【拗ねる】⇩ひがむ
スパイ　回し者　忍び　忍びの者　犬　間者　間諜《かんちょう》　諜者　探偵《たんてい》　密偵　斥候　隠密《おんみつ》　第五列　第五部隊　▽内通者　密通者
すばしこい【素敏い】⇩すばやい
ずばずば⇩ざっくばらん
すはだ【素肌】⇩はだ
ずばぬける【ずば抜ける】⇩すぐれる
すばやい【素早い】　敏《はし》こい　素敏《すばしこ》い　身軽　手早い　手敏《てさと》い　利に敏《さと》い　きびきび　機敏に動く　敏捷《びんしょう》　敏活　敏速に処理する　鋭敏　軽捷
すばらしい【素晴らしい】⇩けっこう(結構)
すばらしく【素晴らしく】⇩とても
スピーチ⇩えんぜつ
スピード⇩はやさ
スピリット⇩こころ

ずぶとい【図太い】⇩だいたん
すべ【術】⇩しかた
すべからく【須く】⇩ぜひ
すべくくる【統べ括る】⇩とりしまる
すべて【総て・全て】　皆終わった　皆々　皆《みん》な　挙げて　何もかも　何でも読む　何なりと　残らず　残りなく　残るところなく　洗い浚《ざら》い　悉《ことごと》く　すっかり　そっくり受け取る　普《あまね》く　根刮《こそ》ぎ　全く　丸々　総じて　万《よろず》　全　総　全部書き上げた　全体　一切　一切合財　悉皆《しっかい》調査　万事　万端　万般　総体　諸事　諸般　関東一円　道具一式　全幅の信頼
すべりこむ【滑り込む】⇩まにあう
すべる【滑る】　なめらかに　雪の上を・順調に‐滑る　動く　進む　滑走　滑降　▽【辷る】ずり動く　雪で・雪が‐辷る　摩《ず》る　雪崩《なだ》れる　▽試験に辷る↓しっぱい
すべる【統べる】⇩おさめる(治める)
スポーツ　運動の選手　競技　体操　体

育　国技　ボディービル　ゲーム　マスゲーム　▽リーグ戦　トーナメント　▽予選　準決勝　決勝
ずぼし【図星】⇩かなめ
すぼめる【窄める】⇩ほそめる
ずぼら⇩なまけもの
ズボン　パンツ　スラックス　パンタロン　ジーンズ　キュロット　半ズボン　長ズボン　もんぺ　股引《ももひき》　▽替えズボン
スポンサー　パトロン　後援者　出資者　金主　広告主　後ろ盾　贔屓《ひいき》
スマート⇩いき(粋)
すまい【住まい】⇩すみか(住処)
スマイル⇩わらい
すまう【住まう】⇩すむ(住む)
すませる【済ませる】⇩おわる
すまない【済まない】⇩あやまる(謝る)
すみ【炭】⇩ねんりょう
すみ【隅・角】隅々　四隅　片隅　端っこ　部屋の一隅　会場の一角　コーナー
すみえ【墨絵】⇩え(絵)

すみか　①【住処】人の住処　住まい　住家　住宅　邸宅　家宅　住居　居宅　居所　宿所　▽侘《わ》び住まい　閑居　幽居　謫居《たっきょ》　籠居《ろうきょ》　▽仮住まい　借家住まい　寓居《ぐうきょ》　仮寓
②【棲処】動物の棲処↓す
すみずみ【隅々】⇩すみ(隅)
すみぞめ【墨染め】⇩くろ
すみやか【速やか】⇩はやい(速い)
すみやかに【速やかに】⇩すぐ
すむ　①【住む】人が　村人が住む　住まう　住み-付く・込む・慣れる　居着く　住する　居住　在住　安住　定住　永住
②【棲む・栖む】ねぐらに　虎《とら》が棲む　巣食う　棲息《せいそく》　▽小鳥の巣籠《すごも》り　冬籠り　冬眠
すむ　対濁る　①【澄む】水・空-が澄む　澄み-切る・渡る　清澄　清明　明澄　透明
②【清む】仮名が清む　清んで読む　清音化

すむ【済む】終わる　果てる　果たす　落着　決着　解決　終結　成就《じょうじゅ》
スムーズ⇩えんまん
ずめん【図面】⇩ず
すもう【相撲・角力】角技　角力《かくりょく》　角道　国技　▽草相撲　腕相撲　独り相撲　▽レスリング
すもうとり【相撲取り】⇩りきし
すやき【素焼き】⇩やきもの
ずらかる⇩にげる
ずらす⇩うごかす
すらり⇩やせる(痩せる)
すり【掏摸】⇩どろぼう
すりかえる【擦り替える】⇩とりかえる
すりきず【擦り傷】⇩けが
すりへる【擦り減る】擦り-剝《む》ける・切れる　潰《つぶ》れる　削《そ》げる　剝《む》ける　剝《は》げる　剝がれる　消耗　摩耗　摩損　摩滅
すりもの【刷り物】印刷にする　印刷物　▽活版刷り　手刷り　色刷り　墨刷り　青刷り　下刷り　本刷り　▽校

正刷り　ゲラ　ゲラ刷り

する【為る】 遣《や》る　為《な》す　行う－世話・お節介－を焼く　敬語〔相手方が〕なさる　執り行う　ご実行　ご執行　ご決行　ご履行／〔自分側が〕致す　相営む

する ①【刷る】印刷　名刺を・活字で－刷る　刷り込む　印刷　▽増し・追い－刷り　増刷

②【擦る】傷つける　転んで・マッチを－擦る　擦り－剝《む》く・合わせる　▽【磨る】鑢《やすり》で・表面を－磨る↓こする

③【摺る】こする　墨・版画－を摺る

④【擂る】こまかに　味噌《みそ》・餌《え》－を擂る　挽《ひ》く　塊を砕く

⑤【掏る】財布を掏る↓ぬすむ

ずるい【狡い・猾い】 狡《こす》い　狡賢い　悪賢い　小賢《こざか》しい　小生意気な奴　抜け目ない　図太い　えげつない　食えない　腹黒い　悪知恵　性悪《しょうわる》　小利口　狡猾《こうかつ》　狡悪　狡獪《こうかい》　老獪　陰険　悪辣《あくらつ》　陋劣《ろうれつ》　卑劣　悪質

ずるける【狡ける】 ⇩なまける

すると そうすると　そうなると　その時　その後　それから　暫《しば》らくすると　間もなく

するどい【鋭い】 対鈍い　先の尖《とが》った　鋭利な刃物　先鋭　厲利《れいり》　犀利《さいり》　シャープ

ズレ ⇩ちがい

すれちがい【擦れ違い】 ①擦れ違いの人　行き違い　行き摺《ず》りの女　出会い　道で出会った人　②話が擦れ違いになる　行き違い　食い違い　ちぐはぐ　合わない

すれっからし【擦れっ枯らし】 ⇩ふりょう（不良）

すれる【擦れる】 ⇩さわる（触る）

ずれる【摩れる】 動く　逸《そ》れる　外《はず》れる　合わなくなる

スロー ⇩おそい（遅い）

すわり【座り】 ⇩おちつき

すわる【座る・坐る】 席に座る　座り込む　座す　腰掛ける　着座　着席　端座　正座　危座　対座　円座　団座　輪座　▽胡坐《あぐら》をかく　踞《しゃが》む　踞み込む　蹲《うずくま》る　蹲《つくば》う

すんし【寸志】 微志　微意　微衷　寸意　ほんの志《こころざし》　気持ちだけ

すんじ【寸時】 ⇩しゅんかん

ずんずん ⇩どんどん

すんぜん【寸前】 ⇩ちょくぜん

すんぽう【寸法】 ⇩ながさ

せ

せ【背】 対腹　背中　背筋　後ろ　背部　背面　背後

せ【瀬】 ⇩かわ（川）

せい【姓】 ⇩なまえ

せい【性】 ①性は温厚篤実　↓せいしつ　②セックス　異性を意識する　雌雄《しゆう》　男女　雄雌《おすめす》　ジェンダー

せい【精】 ⇩たましい

せい【所為】 ⇩げんいん

せい【背】 丈《たけ》　高さ　背丈　身の丈

上背《うわぜい》がある　背格好　身長　体長
▽座高　座丈《ざたけ》
ぜい【税】⇩ぜいきん
せいあつ【制圧】⇩おさえる(押さえる)
せいい【誠意】⇩まごころ
せいいっぱい【精一杯】⇩できるだけ
せいか【成果】⇩せいせき
せいか【盛夏】⇩しょちゅう
せいかい【政界】⇩せいじか
せいかく【正確】的確な表現　明確　確
実　精緻《せいち》　正しい　確か
せいかく【性格】⇩せいしつ
せいかつ【生活】⇩くらし
せいかつく【生活苦】⇩まずしい
せいき【生気・精気】⇩げんき
せいき【性器】⇩いんぶ
せいぎ【正義】⇩ただしい
せいきゅう【性急】⇩せっかち
せいきゅう【請求】⇩もとめる
せいぎょ【制御・制馭・制禦】制圧　抑圧
抑制　敵を牽制《けんせい》する　掣肘《せいちゅう》を加え
る　支配　拘束　管理　統制　制約
阻止　抑える　止める　コントロー
ル
せいきょう【盛況】⇩さかん
せいきん【精勤】皆勤　精励　勤勉　勤
苦　刻苦　勉励　努力　粉骨砕身
ぜいきん【税金】税　租税　公租　公課
課税　賦税　賦租　徴税　納税　▽
悪税　重税　苛斂《かれん》誅求《ちゅうきゅう》
せいけい【生計】⇩くらし
せいげん【制限】①使用を制限する　制
約　束縛　拘束　局限　掣肘《せいちゅう》を加
える　抑制　制御　管制　規制　統制
縛る　自由を奪う　②制限を超える
限度　限界　範囲　程度　予算の枠《わく》
せいご【正誤】⇩あやまり
せいこう【生硬】⇩やぼ
せいこう【性交】⇩セックス
せいこう【成功】対失敗　目的を達成する
成就《じょうじゅ》　完遂　貫徹　小成　大成
大器晩成　果たす　成し遂げる　難関
を切り抜ける
せいこう【精巧】⇩ちみつ
せいこん ①【精根】精根のある人↓こ
んじょう
②【精魂】精魂を傾ける↓たましい
せいさい【制裁】⇩けいばつ
せいさい【精細】⇩くわしい
せいさく【政策】⇩せいじ
せいさく ①【製作】器具を製作する↓
つくる
②【制作】美術品を制作する　創作
習作　作り出す・上げる
せいさん【生産】対消費　産出　作り出
す　▽増産　量産　マスプロ　減産
粗製乱造　▽年産　月産　日産
せいさん【成算】⇩みこみ
せいし【制止】⇩とめる(止める)
せいじ【政治】施政　行政　治政　憲政
国政　内政　内治　政務　政道　政
権　枢機　政《まつりごと》　▽政策　政治・施
政方針　政綱　政略　国是　ポリ
シー　▽民政　軍政　帝政　王政
院政　▽仁政　善政　徳政　良政
美政　▽悪政　暴政　虐政　失政

欠政　弊政　秕政《ひせい》

せいじか【政治家】①為政者　政客　代議士　政治屋　▽政界の大長老　官界

②策士　術士　策略家　策謀家　術策家　画策家　陰謀家　権謀家

せいしき【正式】⇩ほんしき

せいしつ【性質】性《せい》は温良　性《しょう》に合わない　質《たち》　性格　性情　気性　性分　気質《きしつ》　気風　根性　素質　資質　天性　天稟《てんぴん》に恵まれる　個性　気立て　心根　職人気質《かたぎ》　キャラクター　▽属性　特性　特質　本質

せいじつ【誠実】⇩まじめ

せいじゃ【正邪】⇩ぜひ

せいじゃ【聖者】⇩せいじん

せいじゃく【静寂】⇩しずか

せいしゅん【青春】⇩わかい（若い）

せいしょ【清書】⇩かきなおす

せいじょう【清浄】⇩きよい

せいしょく【生殖】⇩セックス

せいしん【清新】⇩しんせん

せいしん【精神】⇩こころ

せいじん【聖人】聖者　聖賢　聖哲　大聖　先聖　先哲　哲人　賢哲　賢者　賢人　君子　聖《ひじり》

せいすい【盛衰】⇩うつりかわり

せいずい【精髄】⇩すい

せいする【製する】⇩つくる（作る）

せいする【制する】⇩おさえる（押さえる）

せいぜい【精々】①精々半分ぐらい　高々　多くて　やっと　漸《ようや》く　いいところ　②精々努力する↓できるだけ

せいせいする【清々する】⇩こころよい

せいせき【成績】成果　効果　首尾よく　結果　業績　学績　実績　出来上がり　出来具合　出来栄え　実り

せいせん【生鮮】⇩しんせん

せいぜん【生前】団死後　生存中　存命中　在世中　存世中

せいぜん【整然】⇩ちゃんと

せいそ【清楚】⇩じょうひん

せいそう【政争】⇩あらそい

せいそう【清掃】⇩そうじ

せいそう　①【盛装】盛装の貴婦人↓はれぎ

②【正装】対略装　正装の軍人　正服　正規の服装　礼装　フォーマル

せいそう【星霜】⇩としつき

せいぞう【製造】⇩つくる（造る）

せいぞろい【勢揃い】⇩そろう

せいぞん【生存】⇩いきる

せいだい【盛大】壮大な眺め　豪勢な生活　立派　大掛かり　盛ん

せいだく【清濁】⇩ぜひ

ぜいたく【贅沢】贅《ぜい》を尽くす　豪華版　豪勢　豪奢《ごうしゃ》な生活　豪侈《ごうし》　奢侈　驕奢《きょうしゃ》　驕侈　栄耀《えいよう・えよう》　栄華《えいが》　ゴージャス　奢《おご》りを極める　口が奢る

せいだす【精出す】⇩どりょく

せいち【生地】⇩ふるさと

せいち【精緻】⇩ちみつ

せいちょう　①【成長】動物・経済ーの成長↓そだつ

②【生長】植物の生長↓のびる

せいつう【精通】⇩しっている
せいてい【制定】⇩きめる
せいと【生徒】⇩がくせい
せいど【制度】定年制 組織 体制 仕組み システム ▽官制 職制 税制 学制 兵制 新制 旧制
せいとう ①【正当】正当な処置 至当 当然の行為 当たり前 正しい 道理に適《かな》った
②【正統】正統な政府 正系 正脈 直系 源氏の嫡流 血筋正しい 血筋を引いた
せいとう【政党】⇩とうは
せいどう【制動】⇩ブレーキ
せいとん【整頓】⇩ととのえる(整える)
せいねん ①【青年】農村の青年↓わかもの
②【成年】成年に達する↓おとな
せいのう【性能】⇩はたらき
せいはい【成敗】⇩けっか
せいばい【成敗】⇩けいばつ
せいはつ【整髪】⇩びよう

せいばつ【征伐】⇩うつ(討つ)
せいひん【清貧】⇩まずしい
せいひん【製品】⇩しょうひん
せいふ【政府】官府 国府 官庁衙 内閣 お上《かみ》 ▽朝廷 官廷 宮中
せいふく【征服】制圧 征覇 鎮圧 平定 鎮定 克服 圧服 鎮撫《ちんぶ》 宣撫 駆逐 掃討 調伏《ちょうぶく》
せいふく【制服】⇩ようふく
せいぶつ【生物】⇩いきもの
せいぶん【成分】要素 組成 成り立ち エレメント ファクター
せいべつ【生別】⇩わかれる(別れる)
せいぼ【歳暮】⇩おくりもの
せいほん【製本】装丁 合本 綴《と》じ 綴じ合わせ ▽和綴じ 洋綴じ 仮綴じ 袋綴じ
せいまい【精米】⇩こめ
せいみつ【精密】⇩ちみつ
せいめい【生命】⇩いのち
せいめい【姓名】⇩なまえ
せいめい【声明】⇩せんげん

せいやく【制約】⇩せいげん
せいやく【誓約】⇩やくする
せいやくしょ【誓約書】誓約文 誓書 誓文 誓紙 誓い文《ぶみ》
せいゆう【声優】⇩げいにん
せいよう【静養】養生 保養 加養 摂養 休養 保健 療養 闘病 湯治 ▽避暑 避寒
せいよう【西洋】対東洋 泰西の名画 西欧 欧州 欧米 ヨーロッパ
せいようじん【西洋人】⇩がいじん
せいよく【性欲・性慾】肉欲を感じる 色欲 淫欲《いんよく》に溺れる 愛欲 情欲 欲情 色情を催す 痴情 セックス
せいらい【生来】⇩うまれつき
せいり【整理】①⇩ととのえる(整える) ②⇩くびきる
せいりつ【成立】⇩できあがる
せいりょう【清涼】⇩すずしい
せいりょく【精力】⇩かつりょく
せいりょく【勢力】⇩いきおい
せいれい【政令】⇩ほうりつ

せ

せいろう【晴朗】 ⇩さえる
セーター ⇩うわぎ
せおう【背負う】 ⇩かつぐ
せかい【世界】 宇内《うだい》　天下　満天下　天地　四海　諸国　諸邦　万国　万邦　ワールド　▽別天地　別世界　仙境　桃源郷　壺中《こちゅう》の天　壺天
せかいいち【世界一】 ⇩いちばん
せかいてき【世界的】 国際的な学者　ユニバーサル　インターナショナル　▽世界一流　天下一流
せかす【急かす】 急《せ》き立てる　急がせる　催促　督促　責《せ》っ付く
せがむ ⇩たのむ(頼む)
せがれ【伜】 ⇩むすこ
せき【席】 ⇩ざせき
せき【籍】 戸籍　家籍　原籍　本籍　国籍　▽学籍　党籍　軍籍　▽入籍　分籍　移籍　除籍　日本に帰化する
せき【咳】 咳払い　咳《しわぶ》き　嚔《くしゃみ》　咳嗽《がいそう》　咳声　咳喘《がいぜん》　謦咳《けいがい》に接する
せき【堰】 ⇩つつみ(堤)

せきがく【碩学】 ⇩たいか
せきこむ【咳き込む】 ⇩むせる
せきじ【席次】 ⇩じゅんじょ
せきしょ【関所】 ⇩ばんにん
せきぜん【寂然】 ⇩さびしい
せきたてる【急き立てる】 ⇩せかす
せきたん【石炭】 黒ダイヤ　原炭　黒炭　褐炭　泥炭　塊炭　粉炭　無煙炭　瀝青《れきせい》炭　▽骸炭《がいたん》　コークス
せきとう【石塔】 ⇩せきひ
せきとめる【塞き止める】 ⇩ふさぐ(塞ぐ)
せきとり【関取】 ⇩りきし
せきにん【責任】 責務　任　大任　重任　重責　職務　職責　義務　使命　負担　務めを果たす　責《せ》めを負う　負い目　▽文責在筆者　債務を負う
せきにんしゃ【責任者】 担当者　担任者　専従者　当事者　当局　管轄庁　その筋　▽発起人　発頭人　差出人
せきねん【積年】 ⇩ながねん
せきひ【石碑】 碑を建てる　石塔　記念碑　戦勝記念塔　墓碑を建てる　墓標　墓石《ぼせき・はかいし》　句碑　歌碑　苔碑《たいひ》　荒碑　断碑　立て石　▽碑文　墓碑銘
せきひん【赤貧】 ⇩まずしい
せきむ【責務】 ⇩せきにん
せきめん【赤面】 ⇩はずかしい
せきゆ【石油】 油《あぶら》　オイル　原油　重油　軽油　灯油　ガソリン　ガス　揮発油　潤滑油
せきらら【赤裸々】 ⇩ありのまま
せきり【赤痢】 ⇩げり
せきりょう【寂寥】 ⇩さびしい
せく【堰く】 ⇩ふさぐ(塞ぐ)
セクシー ⇩いろっぽい
セクション 部門　部分　区画　区分　区分け　持ち場　▽課　部
せけん【世間】 ⇩よのなか
せけんてい【世間体】 ⇩みかけ
せけんなみ【世間並】 ⇩ふつう
せけんばなし【世間話】 ⇩ざつだん
せこ【世故】 ⇩ちえ
せじ【世事】 ⇩じんせい

せじ【世辞】⇩おせじ

せしめる 奪う 盗む 攫《さら》う 取り上げる 奪い取る 横取り 奪取 略取 略奪 剝奪《はくだつ》

ぜせい【是正】⇩ただす(正す)

せせこましい【狭細しい】⇩せまい

せせらぎ ⇩かわ(川)

せそう【世相】⇩ようす

せぞく【世俗】⇩よのなか

せだい【世代】⇩ねんだい

せちがらい【世知辛い・世智辛い】⇩けち

せつ【節】①近くへお越しの節は↓とき ②節を守る↓みさお

せつ【説】⇩がくせつ

せっかい【石灰】生石灰 石膏《せっこう》 貝殻灰 牡蠣《かき》灰 石灰《いしばい》 亜灰

せっかく【折角】①折角来たのに↓わざわざ ②折角努力する↓いっそう

せっかち【性急】せかせか せわしない 慌ただしい 気短《きみじか》 気早 短気 性急 短兵急な話

せっかん【折檻】⇩こらしめる

せっきょう【説教】⇩いましめる

ぜっきょう【絶叫】⇩さけぶ

せっきょくてき【積極的】対消極的 能動的 意欲的 進取的 行動的な人 攻勢的 攻撃的 前向きに処理する 気乗りがする 乗り気

せっきん【接近】⇩ちかづく

せっく【節句・節供】節日 佳節 五節句 ▽人日《じんじつ》(一月七日) 七種《ななくさ》 ▽上巳《じょうし》(三月三日) 雛《ひな》祭り 桃の節句 重三 桃花節 ▽端午《たんご》(五月五日) 菖蒲《しょうぶ》の節句 重五 ▽七夕《たなばた》(七月七日) 星祭り 銀河祭り 重七 乞巧奠《きっこうでん》 ▽重陽《ちょうよう》(九月九日) 菊の節句 栗《くり》の節句 重九

セックス 交配 交尾 生殖 受精卵 人工授精 ▽交接 交合 性交 肉交 交悦 交媾《こうこう》 房事 陰事 閨事《けいじ》 交淫事《いんじ》 秘戯 濡れ事 秘め事 交わり 情を通じる ▽自慰 自瀆《じとく》 マス マスターベーション

せっけい【設計】⇩くわだてる

ぜっけい【絶景】⇩けしき(景色)

せっけん【石鹸】ソープ シャボン玉 粉石鹸 化粧石鹸 洗濯石鹸 薬用石鹸 洗剤 中性洗剤

せつげん【節減】⇩はぶく

せっこう【拙稿】⇩げんこう

ぜっこう【絶交】⇩なかたがい

ぜっこう【絶好】⇩けっこう(結構)

せつじつ【切実】⇩つくづく

せっしょう【折衝】⇩かけあい

せっしょう【殺生】⇩むごい

せっしょく【接触】⇩ふれる

せつじょく【雪辱】⇩すすぐ(雪ぐ)

ぜっしょく【絶食】⇩けっしょく

せっする【接する】①二円が接する↓ふれる ②人に接する 会う 交わる 相対する 応対 接待 交際

せっする【節する】⇩せつやく

せっせい【節制】⇩じせい(自制)

ぜっせい【絶世】⇩さいこう(最高)

せっせと こつこつ遣る 齷齪《あくせく》働く 営

営として　孜々《しし》　汲々《きゅうきゅう》とする
せっそう【節操】⇩みさお
せつぞく【接続】⇩つなぐ
せったい【接待】⇩もてなす
ぜったい　①【絶対】 対相対　絶対的　至上命令　至上的　否応《いやおう》なし　条件なし
②【絶体】 きわまる　絶体絶命
ぜったいに【絶対に】⇩けっして
せったく【拙宅】⇩じたく
せっち【設置】⇩もうける(設ける)
ぜっちょう【絶頂】 ①山の絶頂 ↓いただき　②絶頂に達する　最高潮　最高　頂点　全盛　最盛　隆盛　盛況　クライマックス
せっちん【雪隠】⇩べんじょ
せっつく【責っ付く】⇩せかす
せっとう【窃盗】⇩どろぼう
せっとく【説得】⇩いいきかせる
せつな【刹那】⇩しゅんかん
せつない【切ない】⇩つらい
せつに【切に】⇩こころから

せっぱく【切迫】⇩せまる
せっぱつまる【切羽詰まる】⇩せまる
せつび【設備】 施設　装備　換気装置　造作　整備　設営　用意　設ける　備える　備え・取り-付ける
ぜっぴん【絶品】⇩しなもの
せっぷく【切腹】⇩じさつ
せっぷん【接吻】⇩キス
せつぶん【節分】 二月四日ごろ　立春　送歳　年越し　▽豆撒《ま》き　鬼打ち　鬼遣《や》らい　追儺《ついな》　逐鬼
ぜっぺき【絶壁】⇩がけ
せっぽう【説法】⇩いましめる
せつぼう【切望】⇩のぞむ(望む)
ぜつぼう【絶望】⇩がっかり
ぜつむ【絶無】⇩ない(無い)
せつめい【説明】 解説　詳説　詳解　精解　解義　解明　解釈　解題　注釈　注解　釈義　評釈　講釈　図解　図説　補説　敷衍《ふえん》　弁　弁明　説き明かし　種明かし　理由・意味-を説く　明らかにする

せつもん【設問】⇩とい
せつやく【節約】 対乱費　倹約　節倹　節用　倹用　始末　勤倹　節する　経費を詰める　無駄を省く　切り詰める　財政を引き締める
せつりつ【設立】 新設　開設　創立　創設　創建　創業　興業　起業　オープン　▽国立　公立　公設　道立　都立　県立　市立　町立　村立　▽私立　私設
せつれつ【拙劣】⇩へた
せと【瀬戸】⇩うみ(海)
せど【背戸】⇩もん(門)
せとぎわ【瀬戸際】⇩まぎわ
せともの【瀬戸物】⇩やきもの
せなか【背中】⇩せ(背)
ぜに【銭】⇩かね(金)
ぜにん【是認】⇩みとめる
せのび【背伸び】⇩のびあがる
せばめる【狭める】 対広げる　狭くする　細くする　細める　狭窄《きょうさく》　窄小
ぜひ【是非】 ①是非来てください　是非

とも　須《すべから》く　何としても　どうしても　断《た》ってのお願い　何を措《お》いても　万障繰り合わせて　万障お繰り合わせのうえ　②是非を明らかにする　理非　善悪　正邪　正悪　曲直　順逆　黒白《こくびゃく》を明らかにする　清濁　良否　当否　正否　可否　正不正　可不可　善し悪《あ》し　白黒《しろくろ》

ぜひとも【是非とも】⇩ぜひ

せひょう【世評】⇩うわさ

せびる ⇩たのむ(頼む)

せびろ【背広】⇩ようふく

せぶみ【瀬踏み】⇩こころみる

せまい【狭い】対広い　中が小さい　狭苦しい　狭細《せせこま》しい　手狭《てぜま》　裕《ゆと》りがない　狭小　狭隘《きょうあい》　窮屈

せまくるしい【狭苦しい】⇩せまい

せまる【迫る】差し・押し‐迫る　押し・切羽《せっぱ》‐詰まる　近づく　詰め寄る　近寄る　追い詰められる　切迫　逼迫《ひっぱく》　急迫　喫緊　緊迫　肉薄　火急　焦眉《しょうび》の急　▽【逼る】山が逼る　近くにある　すぐ前

せみ【蟬】吟蜩《ぎんちょう》　吟蟬《ぎんせん》　鳴蜩　鳴蟬　仙士　吸露　送秋　▽唖蟬《あぜん》(鳴かない蟬)　暗蟬　▽油蟬《あぶらぜみ》　みんみん蟬　つくつく法師　蜩《ひぐらし》

せめ【責め】⇩せきにん

せめく【責め苦】⇩くるしみ

せめて【切て】⇩すくなくとも

せめる ①【攻める】対守る　敵を攻める　襲う　襲い掛かる　攻め‐入る・寄せる・掛ける・立てる・込む　攻撃　攻略　進撃　突撃　電撃　反撃　砲撃　爆撃　雷撃　特攻　▽挟撃　挟み撃ち　追撃　追い撃ち　②【責める】苦しめる　失言を責める　責め‐付ける・立てる・苛む　心を苛《さいな》む　詰《なじ》る　捽る　難じる　難詰　論詰　論難　問責　詰問　面責　面詰　面折

せよ 命令　しろ　なさい　してください　敬語《相手方に》していただければ幸いと存じます　してくだされば本懐に存じます　煩わせたくお願い申し上げます　してくださるようお願い申し上げます

せられる(受身) ⇩られる

せりあう【競り合う】⇩あらそう

せりふ【台詞】⇩ことば(辞)

せる【競る】互いに力を競る　↓あらそう　▽【糶る】上の値を付ける　値を糶る　糶り‐上げる・落とす　糶り売り　競売に付する　公売

せろん【世論】⇩よろん

せわ【世話】世話焼き　肝煎《い》り　口利き　お節介　手出し　厄介を掛ける　孫の付き添い　選挙の運動　後見《こうけん》　後ろ見　敬語《相手方から》お世話になる　お世話様になる　ご配慮を賜る　ご高配にあずかる　ご尽力を仰ぐ　ご奔走くださる　ご周旋・ご斡旋《あっせん》・お執り持ち・お骨折り・お心添え・お口添え‐いただく　ご厄介に相成る　ご厄介をお掛けする

せわしい【忙しい】⇩いそがしい

せん【線】筋《すじ》を引く ライン 罫《けい》 罫線 ▽直線 曲線 実線 棒線 点線 破線 波線 ぶる罫 赤線 白線 ▽傍線 下線 アンダーライン
せん【栓】口金 詰め 詰め木 コルク ▽蛇口 コック 弁 消火栓
ぜん【善】図悪 至善 十善 最高善 正義 美徳 仁徳 道義 品行・行跡 ↓方正 ▽偽善 偽君子
ぜん【膳】御膳 食膳 箱膳 ▽本膳 二の膳 三の膳 珍膳 献立《こんだて》膳立て 料理
ぜんあく【善悪】⇩ぜひ
せんいつ【専一】⇩もっぱら
せんいん【船員】⇩ふなのり
ぜんいん【全員】⇩みな
せんえい【先鋭】⇩するどい
ぜんえい【前衛】⇩さきがけ
せんえつ【僭越】僭上 踰越《ゆえつ》 越軌 越権 越職 非分 過分 不相応 分を越える 出過ぎ 出しゃばり 思い上がり ▽非公認 非公式 無免許 無届け
せんかい【仙界】⇩べってんち
せんかい【旋回】⇩まわる
ぜんかい【全快】⇩なおる(治る)
ぜんかい【全壊】⇩こわれる
せんかくしゃ【先覚者】⇩あんないにん
せんかん【戦艦】⇩ぐんかん
せんぎ【詮議】⇩ぎんみ
ぜんき【前記】図後記 上記 前述 上述 前掲 上掲 前陳 上陳 前言 上言 前文 上文 如上 以上 右の通り ▽右記 右掲 右言
せんきょ【占拠】⇩せんりょう
せんきょ【選挙】⇩えらぶ
せんきょう【宣教】⇩ひろめる
せんきょう【戦況】⇩なりゆき
せんぎょう【専業】⇩せんもん
せんく【先駆】⇩さきがけ
せんくしゃ【先駆者】⇩さきがけ
せんげつ【先月】図来月 前月 去月 客月 昨月 先○月 前○月 前の月 ▽先々月 前の前の月
せんけん【先見】⇩みとおし
せんげん【宣言】公言 明言 声明 宣告 論告 公表 提唱 唱導 申し渡し 言い渡し 宣する 言い-切る・放つ ▽宣戦 戦いを宣する
せんこ【千古】⇩ふるい
せんご【戦後】図戦前 終戦後 大戦後 ▽戦後派 アプレ アプレゲール
ぜんご【前後】①前後を見る ↓まわり ②一万円前後 ↓およそ
せんこう【専攻】⇩せんもん
せんこう【選考・詮衡】⇩えらぶ
せんこく【先刻】⇩さっき
せんこく【宣告】⇩せんげん
ぜんこく【全国】全土 挙国 挙邦 満天下 国中《くにじゅう》 津々浦々 率土《そっと》の浜《ひん》に至るまで 隈《くま》なく
ぜんごさく【善後策】⇩たいさく(対策)
せんさい【繊細】⇩こまかい
せんさく【穿鑿・詮索】⇩しらべる
せんし【戦死】⇩しぬ
せんじつ【先日】⇩このあいだ

せんじつめる【煎じ詰める】①薬を煎じ詰める↓にる　②煎じ詰めると↓つまり
せんしゅ【選手】運動選手　代表選手　選士　競技者　チャンピオン　アスリート　スポーツマン
せんしゅう【先週】対来週　前週　昨週　前の週▽先々週　前の前の週
せんしゅつ【選出】⇩えらぶ
せんじゅつ【戦術】⇩はかりごと
せんじゅつ【前述】⇩ぜんき
ぜんしょ【善処】⇩しょり
せんじょう【戦場】戦地　戦陣　戦線　前線　第一線　修羅場《しゅらば》　修羅の巷《ちまた》
せんじる【煎じる】⇩にる(煮る)
せんしん【専心】⇩ねっしん
せんじん【先陣】⇩さきがけ
ぜんしん【全身】⇩からだ
ぜんしん【前進】⇩すすむ
せんす【扇子】⇩うちわ(団扇)
センス　感覚　知覚　感じ方　勘《かん》のいい　人　思慮　判断力
せんする【宣する】⇩せんげん
ぜんせ【前世】⇩まえのよ
せんせい【先生】教師　教員　教官　大学の教授　師と仰ぐ　師匠　指南番　師父　師範　ティーチャー　インストラクター　プロフェッサー　敬語(相手方の)〔姓〕先生　〔姓〕師　ご尊師様　ご恩師様　ご旧師様／(自分側の)〔姓〕先生　〔姓〕師　尊師　恩師　旧師
●亡き師　敬語　(相手方の)ご先師様／(自分側の)先師
ぜんせい【全盛】⇩ぜっちょう
せんぜん【戦前】対戦後　大戦前　▽戦前派　アバン　アバンゲール
ぜんぜん【全然】⇩なんにも
せんぞ【先祖】対子孫　五代の祖　父祖の国　祖先　祖宗　遠祖　初代　先代　前代　▽元祖　始祖　初祖　開祖　鼻祖▽教祖　開山
せんそう【戦争】対平和　⇩たたかい
せんぞく【専属】⇩しょぞく
ぜんそくりょく【全速力】⇩はやい(速い)
ぜんたい【全体】⇩ぜんぱん
せんたく【洗濯】⇩あらう
せんたく【選択】⇩えらぶ
せんだつ【先達】⇩あんないにん
せんだって【先達て】⇩このあいだ
ぜんだて【膳立て】⇩ようい(用意)
せんだん【専断・擅断】⇩ひとりぎめ
せんち【戦地】⇩せんじょう
ぜんちょう【前兆・前徴】⇩きざし
せんて【先手】対後手　機先を制する　優先　先に行う　イニシアチブを取る
ぜんてい【前提】⇩じょうけん
せんでん【宣伝】⇩こうこく(広告)
ぜんと【前途】⇩みらい
せんとう【先頭】⇩まっさき
せんとう【戦闘】⇩たたかい
せんどう【先導】⇩さきがけ
せんどう【船頭】⇩ふなのり
せんどう【扇動・煽動】⇩あおる(煽る)

せんにん【仙人】 神仙 神人 仙客 羽仙 羽人 仙子 仙夫 ▽仙女 女仙 仙娥《せんが》 ▽仙郷 仙界 仙宮 仙居 仙窟《せんくつ》

ぜんにん【善人】 対悪人 善士 良士 有徳 吉人 吉士 淑人 淑士 紳士 善男《ぜんなん》 好人物 真《ま》人間 人格者 積善家 お人好し 生仏《いきぼとけ》のような人 ▽淑女 善女《ぜんにょ》 貞女

せんねん【専念】 ⇩ねっしん

せんぱい【先輩】 対後輩 上輩 上司 長上 年長者 先任 先任者 前任者 古参 年上《としうえ》の人 目上 古顔 古手 古株 ▽先人 先進 先覚 先哲 先達 尊長 上老 長老

せんぱく【浅薄】 ⇩あさはか

せんばつ【選抜】 ⇩えらぶ

せんぱん【先般】 ⇩いつか

ぜんぱん【全般】 全体 総体 全面 全貌《ぜんぼう》 全容 一般 百般 万般 万事 用意万端 一式 全部にわたって 一部始終 全幅の信頼

ぜんびん【前便】 ⇩てがみ

ぜんぶ【全部】 対一部 ①全部にわたって↓ぜんぱん ②全部書き上げた↓すべて

ぜんぶん【前文】 ⇩まえがき

せんべい【煎餅】 欠餅《かきもち》 お煎 お欠き 塩煎餅 手焼き あられ ▽ビスケット クッキー

せんべつ【餞別】 ⇩おくりもの

せんべん【先鞭】 ⇩さきがけ

ぜんぼう【全貌】 ⇩ぜんぱん

ぜんめつ【全滅】 ⇩ほろびる

せんめんじょ【洗面所】 ⇩べんじょ

せんもん【専門】 専修 専攻 専業 ▽専門家 玄人《くろうと》 プロ スペシャリスト エキスパート

せんやく【先約】 ⇩やくする

せんゆう【専有】 ⇩ひとりじめ

せんりつ【戦慄】 ⇩ふるえ

せんりゃく【戦略】 ⇩さくせん

せんりょう【占領】 占拠 占取 占有 占める 独り占め

ぜんりょく【全力】 総力 全身力 死力 奮力 極力 全身全霊 最善 ベスト 底力《そこぢから》 馬鹿力《ばかぢから》 糞力《くそぢから》

せんれい【先例】 ⇩しきたり

ぜんれい【前例】 ⇩しきたり

せんれん【洗練】 ⇩じょうひん

そ

そあく【粗悪】 ⇩そまつ

そあん【素案】 ⇩したがき

そいん【素因】 ⇩げんいん

そう【僧】 対俗人 僧侶《そうりょ》 僧徒 仏家 出家 法師 坊主 寺僧 和尚《おしょう》 桑門 沙門《しゃもん》 入道 比丘《びく》 お坊さん お寺さん 寺の世捨て人 ▽住職 住持 院主 役僧 庵主 門跡 ▽名僧 学僧 高僧 聖僧 大師 大徳 禅師 上人《しょうにん》 聖人《しょうにん》 知識 ▽雲水 客僧 遊僧 遊歴僧 行者《ぎょうじゃ》 山伏《やまぶし》 ▽尼《あま》 尼法師 尼僧《にそう》 女僧 禅尼 比丘尼《びくに》 敬語〔相

手方〕貴僧　上人　秀士　大徳　貴所／〔自分側〕愚僧　拙僧　下僧　野僧　愚禿《ぐとく》

そう【然う】①そのように　そんなふうに　そういう‐ように・ふうに　そういった‐ように・ふうに　さにあらず　左様になる　②そう多くない　↓それほど

そう ①【沿う】離れない　道路・海岸‐に沿う　辿《たど》る　臨む　沿線　沿道　沿岸　沿海　臨海

②【添う】そばに　光が添う　加わる　寄り・付き‐添う　付き纏《まと》う　▽【副う】かなう　期待に副う　叶《かな》う　適合　適応

ぞう【像】⇩ほりもの（彫物）

そうあん【草案】⇩したがき

そうい【総意】総意見　民意　民心　人心　▽神意　天意

そうい【相違】⇩ちがい

ぞうお【憎悪】⇩にくむ

そうおう【相応】⇩てきとう

そうおん【騒音】⇩ざわめき

ぞうか【造化】⇩しぜん

ぞうか【増加】⇩ふえる（増える）

そうかい【爽快】⇩こころよい

そうがかり【総掛かり】⇩みな

そうがく【総額】⇩ごうけい

そうかつ ①【総括】全体を総括すると　↓まとめる

②【総括・総轄】支店を総轄する　↓とりしまる

そうかん【壮観】⇩ながめ

そうぎ【葬儀】⇩そうしき

そうきゅう【蒼穹】⇩そら

そうきゅうに【早急に】⇩いそいで

そうきょ【壮挙】⇩くわだて

そうぎょう【創業】⇩せつりつ

そうぎょう【操業】稼動　実動　活動　開店　開業　巡業

ぞうきょう【増強】⇩ぞうしん

そうぎょうしゃ【創業者】⇩そうししゃ

そうけい【総計】⇩ごうけい

ぞうけい【造詣】⇩ちしき

そうけん【壮健】⇩げんき

そうけん【創建】⇩せつりつ

そうこ【倉庫】⇩くら（倉）

そうご【相互】⇩たがいに

そうこう【草稿】⇩したがき

そうこう【操行】⇩おこない

そうごう【相好】⇩かおつき

そうごう【総合・綜合】⇩とういつ

そうごん【荘厳】⇩おごそか

ぞうごん【雑言】悪口雑言↓わるくち

そうさ【捜査】⇩さがす（捜す）

そうさ【操作】⇩うごかす

そうさい【相殺】精算　収支決済　差し引き　貸し借り　帳消しにする

そうさく【捜索】⇩さがす（捜す）

そうさく【創作】⇩つくる（作る）

ぞうさない【造作ない】⇩たやすい

そうじ【掃除】車内の清掃　掃拭《そうしょく》　掃塵《そうじん》　箒で掃く　埃を掃《はら》う　拭《ふ》き掃除　大掃除　煤《すす》払い　煤掃き

そうしき【葬式】葬儀　葬礼　葬送　葬事　会葬　弔事　凶儀　密葬　野辺

の送り　弔《とむら》い　▽通夜　告別式　納棺　出棺　納骨　埋葬　仮葬　本葬　▽火葬　土葬　水葬　茶毘《だび》に付する

そうししゃ【創始者】　創業者　創設者　創立者　開拓者　元祖　始祖　開祖　パイオニア　草分け　事始め

そうしつ【喪失】⇩うしなう

そうして　そして　しこうして　しかして　以《も》って

そうじて【総じて】⇩いっぱんに

そうじゅう【操縦】⇩うごかす

そうじゅうし【操縦士】⇩うんてんしゅ

そうじゅく【早熟】⇩ませる

そうじょう【奏上】⇩いう（言う）

そうしょく【装飾】⇩かざり

ぞうしん【増進】　対減退　増大　増加　高進　増長　増強　強化　強大化　補強　躍進

そうしんぐ【装身具】⇩アクセサリー

そうする【奏する】⇩ひく（弾く）

ぞうする【蔵する】⇩たくわえる

そうせい【早世】⇩わかじに

そうせつ【創設】⇩せつりつ

そうぜん【騒然】⇩ふおん

そうそう【早々】⇩すぐ

そうそう【草々】⇩けいぐ

そうぞう【創造】⇩つくる（作る）

そうぞう【想像】　空想　夢想　幻想　仮想　想定　仮定　妄想　連想　イマジネーション　▽想察　推察　推定　推量　推測　推理　推論　類推　憶測　心中を忖度《そんたく》する

そうぞうしい【騒々しい】⇩うるさい

そうぞく【相続】⇩うけつぐ

そうぞくにん【相続人】⇩あとつぎ

そうたい【相対】　対絶対　相互　交互　対等　対比　対置　対照

そうたい【総体】⇩ぜんぱん

そうだい【壮大】⇩おおきい

ぞうだい【増大】⇩ふえる（増える）

そうだん【相談】　会談　協議　審議　商議　評議　合議　談議　談合　評定《ひょうじょう》　凝議　熟議　示談　談判　議する　悪事を謀る　話し合う　打ち合わせる　申し合わせる　▽下相談　内談　懇談　密談　▽相談係　カウンセラー　コンサルタント

そうち【装置】⇩しくみ

そうちょう【荘重】⇩おごそか

ぞうちょう【増長】⇩いばる

そうてい【想定】⇩そうぞう（想像）

そうてい【装丁】⇩せいほん

ぞうてい【贈呈】⇩あたえる

そうとう【相当】①一日千円に相当する↓あたる　②相当大きい↓かなり

そうどう【騒動】⇩おおさわぎ

そうなん【遭難】⇩こうむる

そうば【相場】　世間・通り－相場　市価・市場・標準－価格

そうばん【早晩】⇩そのうちに

そうび【装備】　防音装置　防火施設　外装　内装　装飾　▽被服　衣服　用具　道具　兵器　装甲　電装

そうふ【送付】⇩とどける

そうへき【双壁】⇩そろい

そうべつ【送別】⇩わかれる(別れる)
ぞうほ【増補】⇩おぎなう
そうほう【双方】⇩りょうほう
そうぼう【蒼氓】⇩こくみん
そうめい【聡明】⇩かしこい(賢い)
ぞうもつ【臓物】⇩はらわた
そうもん【桑門】⇩そう(僧)
ぞうよ【贈与】⇩あたえる
そうらん【騒乱】⇩おおさわぎ
ぞうり【草履】⇩げた
そうりつ【創立】⇩せつりつ
そうりょ【僧侶】⇩そう(僧)
そうりょく【総力】⇩ぜんりょく
そうれい【壮麗】⇩りっぱ
そうれつ【壮烈】⇩いさましい
そうろん【総論】⇩がいろん
そえがき【添え書き】⇩あとがき
そえもの【添え物】①おまけ　付録　景品　景物　②付き物　付属品　従属品　部分品　アクセサリー
そえる【添える】⇩くわえる(加える)
そえん【疎遠】⇩うとい

そがい【阻害・阻碍】⇩さまたげる
そがい【疎外】⇩しりぞける
そきゅう【遡及】⇩さかのぼる
そぐ【殺ぐ】⇩けずる
ぞく【俗】対雅　通俗　低俗　卑俗　俗悪　野卑　陋劣《ろうれつ》　愚劣　低劣　下らない　安っぽい　詰まらない
ぞく【賊】①賊徒　盗賊　土賊　馬賊　匪賊《ひぞく》　土匪　山賊　海賊　ギャング　②国賊　逆賊　反賊　逆徒　反徒　賊党　謀反人　反逆者　賊臣　逆臣　反臣
ぞくあく【俗悪】⇩げひん
ぞくご【俗語】対雅語　俗言　通俗語　流行語　卑語　隠語　スラング
そくざ【即座】⇩すぐ
そくさい【息災】⇩ぶじ
そくし【即死】⇩しぬ
そくじ【即時】⇩すぐ
ぞくじ【俗事】⇩ようじ(用事)
そくじつ【即日】⇩すぐ
ぞくしゅつ【続出】⇩つぎつぎに

そくじょ【息女】⇩むすめ
ぞくしょう【俗称】⇩なまえ
ぞくじん【俗人】①対賢人　常人　凡人　平凡人　凡夫　世俗に迎えられる　有象無象　②対僧　俗輩　俗衆　在家
そくする【即する】⇩じゅんじる(準じる)
ぞくする【属する】関する　関係する　与《あずか》る　対する　基づく　拠《よ》る　従う　帰する　拘《かか》わる　▽基づいて　就《つ》いて　於《お》いて　以《も》って
そくせい【速成】⇩はやく
ぞくせい【属性】⇩せいしつ
そくせき【即席】⇩すぐ
ぞくせけん【俗世間】⇩よのなか
ぞくぞく【続々】⇩つぎつぎに
そくたつ【速達】⇩てがみ
そくど【速度】⇩はやさ
そくばく【束縛】⇩せいげん
ぞくばなれ【俗離れ】⇩うきよばなれ
ぞくみょう【俗名】⇩なまえ
そくりょう【測量】⇩はかる(測る)

そくりょく【速力】⇩はやさ
そげる【削げる】⇩すりへる
そこ【其処】そこら その辺 そちら そっち そちら側 そちら様 ▽問題のところ 問題点
そこ【底】奥底 底部 底面 下底 基底 下面 ▽川底 谷底 船底 海底《かいてい》 水底 河底 地底 地下
そご【齟齬】⇩むじゅん
そこい【底意】⇩ほんしん
そこう【遡行】⇩さかのぼる
そこく【祖国】⇩ぼこく
そここ【其処此処】⇩あちこち
そこぢから【底力】⇩ぜんりょく
そこつ【粗忽】⇩かるはずみ
そこで【其処で】それで それ故 それ故に 故に 従って 仍《よっ》て 就《いっ》ては ▽ので から
そこなう【損なう】機械を損なう ↓こわす ▽【害なう】悪くする 美観・威厳-を害なう 害ねる 傷つける 傷める 荒らす 害する 損じる 青年を毒する 駄目にする
そこねる【損ねる】機械を損ねる ↓こわす ▽【害ねる】美観・威厳-を害ねる ↓そこなう
そさい【蔬菜】⇩やさい
そざい【素材】⇩ざいりょう
そざつ【粗雑・疎雑】⇩いいかげん
そし【阻止・沮止】⇩とめる(止める)
そし【素志】⇩こころざし
そじ【素地】⇩うまれつき
そしき【組織】⇩しくみ
そしつ【素質】⇩うまれつき
そして⇩そうして
そしな【粗品】⇩おくりもの
そしょう【訴訟】⇩うったえる
そじょう【遡上】⇩さかのぼる
そしょく【粗食】⇩つましい
そしる【謗る・譏る・誹る】貶《けな》す 腐す 難じる 棚《たな》下ろしする 中傷 非難 非議 悪口 雑言 誹謗《ひぼう》 誹毀《ひき》 讒言《ざんげん》 讒謗 毀謗
そせい【組成】⇩せいぶん
そせい【粗製】⇩せいさん(生産)
そせい【蘇生】⇩いきかえる
そぜい【租税】⇩ぜいきん
そせき【礎石】⇩もとい
そせん【祖先】⇩せんぞ
そそ【楚々】⇩じょうひん
そそう【粗相】⇩あやまち
そそぐ【注ぐ】瓶に水を注ぐ ↓さす 海に注ぐ川 ↓はいる ▽【灌ぐ】田に水を灌ぐ 灌漑《かんがい》用水 灌水 灌注 灌沃《かんよく》
そそくさと⇩いそいで
そそっかしい⇩かるはずみ
そそのかす【唆す】嗾《けしか》ける 煽《あお》る 焚《た》き付ける アジテート 教唆《きょうさ》 扇動 使嗾《しそう》
そそりたつ【聳り立つ】⇩そびえる
そぞろ【漫ろ】⇩なんとなく
そぞろあるき【漫ろ歩き】⇩さんぽ
そだち【育ち】⇩おいたち
そだつ【育つ】人と・男に-為《な》る 生い立つ 大きくなる 長じる 大人《おとな》び

る　動物・経済‐の成長　発育　植物の生長　生育　成熟　成人

そだてる【育てる】⇩やしなう

そち【措置】⇩しょり

そちら【其方】⇩そこ(其処)

ぞっかい【俗界】⇩このよ

そつがない⇩じょさいない

そつぎょう【卒業】対入学　修業　得業　単位を修得する　全課程を修了する　卒了　▽卒業生　出身者　校友　ＯＢ

そっくり　①そっくりの人　↓にている　②そっくり貰《もら》う↓すべて

そっけない【素っ気ない】⇩ふしんせつ

そっこう【側溝】⇩みぞ

そっこく【即刻】⇩すぐ

そつじゅ【卒寿】⇩おい(老い)

そっせん【率先】⇩さきがけ

そっちのけ⇩うっちゃらかす

そっちょく【率直】端的　単刀直入　虚心坦《たん》懐《かい》　腹蔵なく　腹を割って　ざっくばらん　フランク

そっと　①そっと部屋を出る↓ひそかに　②そっとしておく↓そのまま

そっとう【卒倒】⇩きぜつ

そで【袖】筒袖　長袖　半袖　振り袖　留め袖　スリーブ　袖口　袖刳《ぐ》り　▽袂《たもと》　衣袂《いべい》　袖袋《しゅうたい》

そと【外】対内　表《おもて》　外側　外回り　村の外《はず》れ　外部　外面　外辺　外輪　外郭　外界　戸外　屋外　野外　域外　圏外　管外　▽校外　社外　署外　郊外　市外　県外　都外　国外

そとがわ【外側】⇩まわり(回り)

そとば【卒塔婆】⇩はか

そとまわり【外回り】⇩まわり(回り)

そなえ【備え】⇩ようい(用意)

そなえつける【備え付ける】⇩せつび

そなえもの【供え物】盛り物　お供え　お盛り　供物《くもつ》　初穂《はつほ》　御供《ごくう》　供饌《きょうせん》　祭物　祭粢《さいし》　祭奠《さいてん》　神饌《しんせん》　神供　仏供　仏餉《ぶっしょう》

そなえる　①【備える】用意　台風に・調度品を‐備える　備え付ける　構える　支度《したく》　手配　手当て　手回し　根回し　用意　準備　設備　配備　完備　▽【具える】持つ　徳・気品‐を具える　具有　具備　具全　②【供える】捧げる　神に・お神酒《みき》を‐供える　上げる　進ぜる　手向《たむ》ける　奉る　捧げる　奉納　献納　上納　寄進

そねむ【嫉む】⇩にくむ

その【園】⇩にわ

その【其】そのような　左様《さよう》な　然様《しかよう》な　然《さ》の如《ごと》き　件《くだん》の　該当《がいとう》　当該

そのうえ【その上】この上　それに　しかも　更に本屋へ寄った　お負けに　剰《あまつさ》え　それどころか　且つ　且つ又　将《はた》　将又　尚《なお》　尚且つ　尚又　加えて　かてて加えて

そのうちに【その中に】近い中《ちゅう》に　近々《ちかぢか》　遠からず　後程　孰《いず》れ行く　追って　追っ付け　追々　行く行く　近々《きんきん》　近日　近日中に　▽他日　後日　不日　早晩　遅かれ早かれ

日ならずして 今に いつか来る

そのかわり【その代わり】⇩しかし

そのくせ【その癖】⇩それでも

そのご【その後】その後《のち》 その後《あと》 以後 以降 以来 爾来《じらい》 爾後 後日 他日

そのすじ【其筋】⇩せきにんしゃ

そのつど【その都度】⇩まいかい

そのとおり【その通り】⇩そのまま

そのばかぎり【その場限り】⇩ばあたり

そのまま【その儘】その通り そっくり さながら 有りのまま そっとしておく 依然として ▽着のみ着のまま 言いなりになる

そのように ⇩そう(然う)

そば【側・傍】傍《かたわ》ら 机の横 傍《わき》に遣る 傍《はた》で見る 際《きわ》 川・池－の畔《ほとり》 近く 手近 道端 付近 近辺 近所 近傍 卑近 ▽座右 座下 座側 硯北《けんぽく》 膝下《しっか》 側近 傍側

そばかす【雀斑】⇩できもの

そばだつ【峙つ】⇩そびえる

そばだてる【欹てる】⇩たてる(立てる)

そばづえ【側杖】⇩まきぞえ

そびえる【聳える】峙《そばだ》つ 聳《そそ》り立つ 聳《そび》やかす 聳立《しょうりつ》 屹立《きつりつ》 峙立《じりつ》 悄立《しょうりつ》 亭立《ていりつ》 ▽亭々と聳える 亭然 卓然 巍然《ぎぜん》

そびれる【逸れる】⇩しっぱい

そふ【祖父】対祖母 太父 王父 太公 お祖父《じい》さん 祖父《じじ》 うちの祖父《じい》さん 敬語〔相手方の〕ご祖父様 ご祖父上様 ご老父様 ご隠居様／〔自分側の〕祖父 老父 隠居 年寄り

●亡き祖父 敬語〔相手方の〕故ご祖父様 亡きご祖父様 ご祖考様／〔自分側の〕亡祖父 亡き祖父 祖考

そふぼ【祖父母】対孫 太父母 王父母 敬語〔相手方の〕ご祖父母様 ご隠居様方 ご老人方／〔自分側の〕祖父母 老父母 隠居ども 老人ども

●亡き祖父母 敬語〔相手方の〕故ご祖父母様 亡きご祖父母様／〔自分側の〕亡祖父母 亡き祖父母

そぶり【素振り】身振り 気振《けぶ》り 気配 様子 態度 動作 挙動不審 挙措 挙止

そぼ【祖母】対祖父 太母 王母 お祖母《ばあ》さん 祖母《ばば》 うちの祖母《ばあ》さん 敬語〔相手方の〕ご祖母様 ご祖母上様 ご老母様 ご隠居様／〔自分側の〕祖母 老母 隠居 年寄り

●亡き祖母 敬語〔相手方の〕故ご祖母様 亡きご祖母様 ご祖妣《そひ》様／〔自分側の〕亡祖母 亡き祖母 祖妣

そぼう【粗暴】⇩らんぼう

そぼく【素朴・素樸】純朴 質朴 朴直 朴訥《ぼくとつ》 純心 純情 純一 実直 素直《すなお》 初々《ういうい》しい 初《うぶ》

そまつ【粗末】粗悪 粗略 粗雑 粗笨《そほん》 貧弱 杜撰《ずさん》な仕事 雑な作り 安っぽい

そまる【染まる】色が染まる 染《し》み－付く・込む・通る ▽赤らむ 黄ばむ 青ざめる 紫だつ 緑がかる 黒ずむ 白む

そむく【背く】法律・教え-に背く　反する　違《たが》う　悖《もと》る　違反　背反　違戻《れい》　背馳《はいち》　▽違約　背約　食言　▽違命　背命　違法　非法　非違　【叛く】むほん　幕府・朝廷-に叛《そむ》く　逆らう　歯向かう　裏切る　謀反《むほん》　反逆　大逆

そめる【初める】⇩はじまる

そめる【染める】彩る　染め-抜く・付ける・上げる　染色　着色　彩色　▽押し染め　絞り染め　捺染《なっせん》　染織　▽脱色　染み抜き　染め直し

そもそも【抑々】そも　元々　苟《いやしく》も　第一　元来　本来　一体　全体　一体全体

そや【粗野】⇩やばん

そよう【素養】⇩たしなみ

そよぐ【戦ぐ】⇩ゆれる

そら【空】み空　大空　青空　スカイ　天《てん》　宙《ちゅう》　空中　天空　虚空　太空　上空　高空　低空　中空　中天　半天　半空　青天　碧空《へきくう》　碧天　蒼空《そうくう》　蒼天　蒼穹《そうきゅう》　翠天《すいてん》　▽春天　春空　夏天　夏空　熱天　炎天　秋天　秋空　澄天　冬天　冬空　寒天　寒空　▽星空　夜空　夕空

そらごと【空言】⇩うそ

そらす ①【反らす】竹・身-を反らす　↓まげる　②【外らす・逸らす】目・狙《ねら》い-を外らす　↓はずす

そらぞらしい【空々しい】⇩とぼける

そらもよう【空模様】⇩てんき(天気)

そらんじる【諳じる】⇩あんき

そり【反り】反り返り　仰《の》け反り　曲がり　丸み　膨らみ　輪成り　曲反　反張　膨起

そりゃく【粗略・疎略】⇩いいかげん

そる【反る】⇩まがる

そる【剃る】⇩とりのける

それから　そうして　及び　並びに　且つ　又　且つ又

それぞれ【夫々】各《おのおの》・各《かく》　一人一人　てんでに　思い思い　向き向き　銘々　別　別々　一々　個々　面々　個別　各個　各自　各人

それで【其れで】⇩そこで

それでは　⇩それなら

それでも　でも　それとて　左様にても　その癖　拘《かかわ》らず　関係なく　▽やはり　三枚着ても仍《なお》寒い

それどころか【それ処か】⇩そのうえ

それとなく【それと無く】それとなしに　さりげなく　こっそり　遠回しに　体《てい》よく　婉曲《えんきょく》　間接　暗々裏に　暗に　内々

それとも　⇩あるいは

それなら　そんなら　それでは　そしたら　では　とすれば　然《しか》らば

それに　⇩そのうえ

それにしても　⇩しかし

それはさておき　⇩さて

それほど【それ程】左程《さほど》　然《さ》まで　然のみ　そんなに　そう多くない　余り多くない　あんまり　大して　満更

それゆえ【それ故】⇩そこで

それる【外れる・逸れる】⇩はずれる

そろい【揃い】組み 組み合わせ 一式 セット ▽対《つい》 番《つが》い コンビ ペア アベック ▽好一対 双璧《そうへき》 三羽烏《がらす》 三幅対 四天王

そろう【揃う】出揃う 整う 備わる 集まる 具備 整備 整斉 完備 全備 充備 ▽勢揃い 供揃い

そろえる【揃える】⇩ととのえる（調える）

そろそろ ①そろそろ歩く↓ゆるやか ②そろそろ正午だ↓まもなく

そん【損】①対益 一万円の損になる 損する 損失 損害 欠損 減損 赤字《あかじ》 損金 大損《おおぞん》 大穴 ロス マイナス ②対得 損な仕事 不利 不利益 不得策

そんえき【損益】損得 得失 得喪 利害 プラスマイナス 差し引き ▽一利一害 一得一失

そんかい【損壊】⇩こわす

そんがい【損害】対利益 ①損害を受ける 被害 災害 損傷 損失 ロス 破損 痛手 打撃 ②百万円の損害↓そん

そんけい【尊敬】⇩うやまう

そんしつ【損失】①損失を受ける ↓そんがい ②百万円の損失↓そん

そんしょう【損傷】⇩きずつく

そんしょく【遜色】⇩おとる

そんじる【損じる】⇩そこなう

ぞんじる【存じる】⇩しっている

そんする【存する】⇩ある（存る）

そんする【損する】⇩そん

そんぞく【存続】⇩つづける

そんだい【尊大】⇩いばる

そんたく【忖度】⇩おしはかる

そんちょう【尊重】⇩おもんじる

そんとく【損得】⇩りがい

そんな ⇩そう（然う）

そんなに ⇩それほど

ぞんぶん【存分】⇩じゅうぶん

ぞんめいちゅう【存命中】⇩せいぜん（生前）

た

た【他】⇩いがい（以外）

た【田】対畑 田圃《たんぼ》 稲田 水田《みずた》 山田 青田 水田《すいでん》 田地 耕田 良田 上田 肥田 沃田《よくでん》 美田 新田 墾田 ▽苗代《なわしろ》 苗床

たい【隊】⇩くみ

たい【他意】⇩できごころ

だい【代】①本の代を払う ↓だいきん ②代が替わる 世代 ジェネレーション ▽初代 次代 三代目

だい【台】台座 土台 基礎 根基 礎 石 柱礎 礎《いしずえ》 踏み台

だい【題】題目 題号 題名 著書・演劇の表題 書類・講演の標題 題字を書く 見出しを付ける タイトル ▽書名 演題 歌舞伎の外題《げだい》

タイアップ ⇩きょうどう（共同）

たいい【大意】大要 大略 概要 概略 要旨 略意 大筋《おおすじ》

だいいち【第一】①第一になる↓いちばん ②第一そんなことは 先《ま》ず 先ず第一に 何と言っても

たいいんれき【太陰暦】⇩こよみ

たいおう【対応】照応 呼応 相応 対照 対置 対比 ▽対処 適応

たいおん【体温】体熱 熱 ▽平熱 微熱 高熱 ▽解熱《げねつ》剤 熱冷まし

たいか【大家】文壇の大御所 権威 泰斗 碩学《せきがく》 政界の重鎮 巨匠 耆宿《きしゅく》 第一人者 オーソリティ ベテラン ▽文豪 文傑 文壇の雄

だいか【代価】⇩ねだん

たいかい【大会】⇩あつまり

たいがい【大概】⇩ほとんど

たいかく【体格】骨格 骨法 骨幹 筋骨 格好 図体《ずうたい》 体付き 肉付き 骨っ節

だいがく【大学】総合・単科・教養・短期–大学 国立・公立・私立–大学 地方大学 夏期・緑陰–大学

たいかなく【大過なく】⇩ぶじ

たいかん【退官】⇩やめる(辞める)

たいき【大気】⇩くうき

たいぎ【大儀】⇩めんどくさい

だいぎし【代議士】⇩せいじか

たいきゃく【退却】⇩しりぞく

たいきょ【大挙】⇩こぞる

たいきょ【退去】⇩さる(去る)

たいきょく【大局】⇩なりゆき

たいきょく【対局】⇩しあい

たいきん【大金】⇩かね(金)

だいきん【代金】代を払う 代価 料金 代料 代償 損料 勘定 ▽本代 茶代 地代 家賃 宿代《やどだい》

だいく【大工】⇩しょくにん

たいぐう【待遇】処遇 接遇 接待 持て成し 取り扱い 遇《あしら》い 酷い仕打ち ▽優遇 優待 好遇 礼遇 恩遇 殊遇 歓待 ▽冷遇 薄遇 酷遇 虐待 迫害

たいくつ【退屈】徒然《とぜん・つれづれ》 徒爾《とじ》 無為 無聊《ぶりょう》 有閑夫人 所在ない 手持ち無沙汰《ぶさた》

たいけい【体系】組織 構成 組成 機構 構造 体制 系統 組み立て システム

たいけつ【対決】⇩あらそう

たいけん【体験】⇩けいけん(経験)

たいげん【大言】⇩ほら

たいこ【太鼓】大太鼓 小太鼓 櫓《やぐら》太鼓 火炎太鼓 宮太鼓 羯鼓《かっこ》 ドラム タンバリン 鼓《つづみ》 小鼓 大鼓《おおつづみ・おおかわ》

たいこう【大綱】⇩だいたい

たいこう【対抗】対立 対峙《たいじ》 競争 競う 争う 張り・競い–合う

だいこう【代行】⇩かわる(代わる)

たいこばん【太鼓判】⇩うけあう

だいごみ【醍醐味】⇩みょうみ

たいざい【滞在】滞留 逗留《とうりゅう》 在留 寄留 駐在 駐箚《ちゅうさつ》 駐留 駐屯《ちゅうとん》 進駐 米国に留《とど》まる 居残り 長居《ながい》 ▽滞京 滞日 駐日

だいざい【題材】⇩わだい

たいさく【大作】⇩りきさく

たいさく【対策】 策《さく》 対応策 方策 施策 政策 手筈《てはず》 ▽善後策を講じる 適策 得策 万策尽きる 苦肉の策に出る 窮策 奸策《かんさく》 失策

だいさんしゃ【第三者】 ⇩たにん

たいし【大志】 ⇩こころざし

たいじ【対峙】 ⇩たいりつ

たいじ【退治】 ⇩うつ(討つ)

だいじ【大事】 ①大事なこと↓たいせつ ②大事が起こる↓できごと

ダイジェスト ⇩あらすじ

たいした【大した】 一方ならぬ とてつもない 桁《けた》違い・外れ 段違い 目覚ましい べらぼう 存外 法外 大層 大変 非常 相当 空前

たいして【大して】 ⇩それほど

たいしゅう【大衆】 民衆 公衆 衆人 人民 庶民 一般人 世人 世俗 衆生《しゅじょう》 凡民 愚民 衆愚

たいしょ【対処】 ⇩しょり

たいしょう【大将】 ⇩ぐんじん

たいしょう【対象】 事物 事象 オブジェクト 物事《ものごと》 物《もの》 事《こと》

たいしょう【対照】 ⇩くらべる(比べる)

だいじょうぶ【大丈夫】 ⇩あんしん

たいしょく【退職】 ⇩やめる(辞める)

たいじん【退陣】 ⇩しりぞく

だいじん【大臣】 国務大臣 閣僚 国相 相 ▽総理大臣 首相 宰相 国宰 相公

だいすき【大好き】 ⇩すき(好き)

たいする【体する】 ⇩まもる

たいせい【大勢】 ⇩なりゆき

たいせい [1]**【体制】** システム 研究の体制↓しくみ [2]**【態勢】** ポーズ 受け入れの態勢 構え 身構え 陣立て 布陣 準備 用意

たいせい【泰西】 ⇩せいよう(西洋)

たいせき【体積】 ⇩かさ(嵩)

たいせき【退席】 退座 退出 退場 退室 ▽中座 中途退出

たいせつ【大切】 大事なこと 重要 肝要 切要 緊要 枢要 主要 必要 肝心 貴重 秘蔵

たいぜん【泰然】 ⇩おちつき

たいそう【大層】 ⇩とても

たいそう【体操】 ⇩スポーツ

だいそれた【大逸れた】 ⇩たいへん

たいだ【怠惰】 ⇩なまける

だいたい【大体】 ①大体三千円 ↓およそ ②内容の大体 大略 大要 大綱 大概 大抵 概要 概略 概《おおむ》ね 大方 大筋《おおすじ》 粗方《あらかた》 粗まし およそ ③大体良好 一概に良好とは言えない 一体に えてして失敗するものだ 概ね 大方 略々《ほぼ》 殆《ほとん》ど 概して 総じて

だいだい【代々】 歴代 歴世 累代 累世 重代 列代 世々《よよ》

たいだん【対談】 ⇩はなしあい

だいたん【大胆】 対小心 豪胆 豪放 壮胆 放胆 剛腹 気鋭 気丈な女 不敵 大胆不敵 太っ腹 図太い 負けず嫌い 負けん気

だいだんえん【大団円】 ⇩おわり

だいちょう【台帳】 ⇩ちょうぼ
たいてい【大抵】 ⇩ほとんど
たいと【泰斗】 ⇩たいか
たいど【態度】 ⇩こころがけ
たいとう【対等】 平等　五分五分　互角　勢力が伯仲する　均衡を保つ
だいどころ【台所】 勝手《かって》　勝手元　釜元《かまもと》　厨《くりや》　炊事場　料理場　厨房《ちゅうぼう》　炊房　庖厨《ほうちゅう》　キッチン
タイトル ⇩だい(題)
だいなし【台無し】 ⇩だめ
たいにん【大任】 ⇩たいやく
たいにん【退任】 ⇩やめる(辞める)
だいにん【代人】 ⇩かわり
たいのう【滞納】 未納　不納　未済　不済　納め遅れ
たいは【大破】 ⇩こわれる
たいばつ【体罰】 ⇩けいばつ
たいはん【大半】 ⇩だいぶぶん
たいひ【対比】 ⇩くらべる(比べる)
たいひ【堆肥】 ⇩こやし
だいひつ【代筆】 対自筆　代　代書　代作　代理執筆　口述筆記　ディクテーション　仰せ書き
たいびょう【大病】 ⇩びょうき
だいひょう【代表】 ①卒業生の代表　総代　▽代人　代理　名代《みょうだい》　身代わり　②孝子の代表　典型　模範　亀鑑《きかん》　鑑《かがみ》　手本
だいぶ【大分】 ⇩かなり
だいぶぶん【大部分】 対一部分　大半　過半　大抵　大体　大多数　多く　殆《ほと》んど　大方　粗まし　十中八九
だいぶん【大分】 ⇩かなり
たいへい【太平・泰平】 ⇩へいわ
たいへいらく【太平楽】 ⇩のんき
たいへん【大変】 ①大変大きい　↓とても　②大変なこと　重大　重要　深刻　突飛《とっぴ》　飛んだ　飛んでもない　以《もっ》ての外　大逸《だいそ》れた　由々《ゆゆ》しい　▽如何《いかが》わしい　際どい
だいべん【大便】 対小便　糞便《ふんべん》　大用　糞《ふん》・《そく》　うんこ　▽便　排泄《はいせつ》物　糞　尿《ふんにょう》　屎尿《しにょう》　大小便　汚穢《おわい》　下肥《しもごえ》　▽人糞　馬糞　牛糞　鶏糞
たいほ【退歩】 対進歩　退化　後退　衰退　後進　逆行　後戻り　後退《あとじさ》り
たいほ【逮捕】 ⇩とらえる(捕らえる)
たいほう【大砲】 砲　火砲　大砲《おおづつ》　火筒《ほづつ》　▽軽砲　重砲　野砲　山砲　臼砲《きゅうほう》　迫撃砲　高射砲　速射砲　艦砲　艇砲　主砲　副砲
たいぼう【待望】 ⇩きたい(期待)
たいほん【大本】 ⇩もとい
だいほん【台本】 ①テキストの台本　原書　出典　種本《たねほん》　②演劇の台本　脚本　正本《しょうほん》　戯曲　シナリオ
たいまつ【松明】 ⇩あかり
たいまん【怠慢】 ⇩なまける
だいみょう【大名】 藩主　領主　城主　大守　国守　藩侯　藩屏《はんぺい》　王侯　封侯　侯伯　殿様《とのさま》　殿《との》　▽諸大名　諸侯　列侯
タイミング ⇩チャンス
だいめい【題名】 ⇩だい(題)
たいめん【対面】 ⇩あう(会う)

た

たいめん【体面】 ⇩けんい
たいもう【大望】 ⇩のぞみ
だいもく【題目】 ⇩だい(題)
たいやく【大役】 大任を果たす 重任 重役 使命 役目 役柄
たいよう【大要】 ⇩たいい
たいよう【太陽】 日輪 火輪 金輪 烏輪《うりん》 天日 白日 日光 天陽 霊陽 天道《てんとう》 太明 陽《ひ》が-照る・強い お日様 お天道様 ▽朝日 初日 日出《にっしゅつ》 朝陽 旭陽《きょくよう》 旭日 日の出 ▽夕日 入り日 西日 日没 傾日 落日 夕陽 斜陽 落陽 晩陽 暮照 残照 反照
たいようれき【太陽暦】 ⇩こよみ
たいら【平】 平らかな土地 平たい 平べったい 平坦《へいたん》 平板 平面 坦坦 偏平足 ▽水平 平準 平衡
たいらげる【平らげる】 ⇩うつ(討つ)
だいり【代理】 ⇩かわり
だいり【内裏】 ⇩こうきょ
たいりく【大陸】 ⇩りく

たいりつ【対立】 対峙《たいじ》 対抗 対敵 抗争 拮抗《きっこう》 睨《にら》み合う ▽両立 併立 鼎立《ていりつ》 乱立
たいりゃく【大略】 ⇩だいたい
たいりょく【体力】 身力 活力 ▽健康力 抵抗力
だいろっかん【第六感】 ⇩かん(勘)
たいわ【対話】 ⇩はなしあい
たうえ【田植え】 ⇩うえる(植える)
たえず【絶えず】 ⇩いつも
たえて【絶えて】 ⇩けっして
たえまなく【絶え間なく】 ⇩ひっきりなし
たえる ①【絶える】 [対]続く 続かない 息・子孫・望み-が絶える 無くなる 消える 絶命 気絶 廃絶した家 絶滅寸前 尽滅 消滅 断絶 妊娠中絶 絶望 失望
②【断える】 切れる 補給路・水-が断える 中断 断絶
たえる ①【耐える】 困苦・重圧-に耐える↓がまん
②【堪える】 任・使用-に堪える↓はたらき ▽遺憾に堪えない↓とても
だえん【楕円】 ⇩まる(円)
たおす【倒す・仆す】 横にする 棒・政府-を倒す 押し・引き・突き・蹴《け》り・寄り・打ち-倒す 伸《の》す 打ちのめす 負かす 転ばす 覆す 打倒 転覆 ▽横倒し 将棋倒し ▽【斃す】 一刀の下に斃す↓ころす
たおやか【嫋やか】 ⇩しなやか
タオル ⇩てぬぐい
たおれる【倒れる・仆れる】 ひっくりかえる 棒・内閣-が倒れる 転ぶ 転げる 共倒れ 転倒 横転 転覆 転跌《てんてつ》 ▽病気で倒れる↓わずらう ▽【斃れる】 凶弾に斃れる↓しぬ
たか【高】 ⇩ごうけい
だが ⇩しかし
たかい【他界】 ⇩しぬ
たかい【高い】 ① [対]低い 山が高い 小高い 峭高《しょうこう》 高峻《こうしゅん》 崇峻 峻絶 高大 壮大な城 亭々と聳える

た

屹々《きつきつ》　屹然　摩天楼　沖天　沖雲　凌雲《りょううん》　▽最高　至高　②対安い　値が高い　高値《たかね》　高価《こうか》　不廉

だかい【打開】⇩とっぱ

たがいちがい【互い違い】　打ち違い　次々　ちゃんぽん　代わる代わる　交互　相互　交差

たがいに【互いに】お互いに　相互いに　相共に　交々《こもごも》語る　共々《ともども》に　諸共　相共《もろとも》　代わる代わる　代わり合って　交互に　相互に

たがう【違う】⇩ちがう

たがく【多額】⇩おおい(多い)

たかさ【高さ】高低　高下　高度　標高　海抜　▽身長　座高　▽深浅　水位　水深　喫水

たかどの【高殿】⇩いえ

たかびしゃ【高飛車】⇩いばる

たかぶる【高ぶる】　態度が高ぶる　↓いばる▽【昂る】神経・感情｜が昂る↓こうふん

たかまる【高まる】　対低まる　高くなる　盛り上がる　高じる　隆起　突起　上昇　高揚

たかみ【高み】高所　高地　▽高嶺《たかね》の花　高峰　高嶺《こうれい》　秀峰　喬峰《きょうほう》

たがやす【耕す】　培う　鋤《す》く　鋤き｜返す・込む　耕作　耕運機　農耕　農作　深耕　春耕　秋耕　耕田

たから【宝】⇩たからもの

だから　ですから　故《ゆえ》に　従って　それ故　それで　▽ので　から

たからか【高らか】⇩ほこらしい

たからもの【宝物】　宝　宝物《ほうもつ》　宝貨　宝器　財宝　財貨　至宝　奇宝　異宝　珍宝　秘宝　三宝　七宝　宝玉　家宝　国宝　文化財　▽貴重品　お宝　▽骨董《こっとう》　古董　古美術

たかる【集る】　①虫が集る　↓あつまる　②不良が集る

たき【滝】　瀑布《ばくふ》　瀑泉　飛泉　飛流　飛瀑　水簾《すいれん》　懸泉　懸水　懸瀬《けんらい》　フォール　▽滝壺《たきつぼ》

だきあう【抱き合う】⇩だく

だきあわせる【抱き合わせる】⇩くみあわせる

たきぎ【薪】⇩ねんりょう

だきこむ【抱き込む】⇩とりいれる(取り入れる)

たきだし【炊き出し】⇩まかない

だきつく【抱き付く】⇩すがりつく

たきつける【焚き付ける】⇩あおる(煽る)

たきび【焚き火】⇩ひ(火)

たきもの【薫き物】⇩こう(香)

だきょう【妥協】⇩ゆずりあう

たぎる【滾る】⇩わく(沸く)

たく【宅】⇩じたく

たく ①【炊く】料理　飯を炊く　炊《かし》ぐ　炊飯器　炊米　炊事　炊爨《すいさん》の煙　②【焚く】燃やす　落ち葉を焚く　焚き火　燃やす　焼《く》べる　燻《くす》べる　焚き付ける　焚焼《ふんしょう》　③【炷く】けむり　香を炷く　炷き染める　焚香　薫香　焼香

だく【抱く】　抱《いだ》く　抱《かか》える　擁《よう》する

抱き-締める・合う・抱える　抱え込む　抱擁《ほうよう》　抱持　懐抱
たぐい【類】⇩しゅるい
たくえつ【卓越】⇩すぐれる
たくさん【沢山】対少し　仰山　一杯　多量　大量　無数　無量　無限　無尽蔵　多大　甚大　莫大《ばくだい》　過大　多端　数多《すうた・あまた》　許多《きょた・あまた》　衆多　幾多　幾重　夥《おび》ただしい　しこたま　たっぷり　たんまり　どっさり　たんと　うんと　わんさと　ふんだん　うようよ　うじゃうじゃ
たくする【託する】⇩まかせる
たくばつ【卓抜】⇩すぐれる
だくひ【諾否】賛否を問う　イエスノー　承知不承知　承諾不承諾　有無《うむ》を言わさず　否応《いやおう》なしに
たくましい【逞しい】タフ　壮健　強壮　強健　頑健　頑強　頑丈　屈強　精悍《せいかん》　勁逞《けいてい》　雄勁　魁傑《かいけつ》
たくみ【巧み】⇩じょうず
たくらみ【企み】⇩はかりごと
たくらむ【企む】⇩くわだてる
たぐる【手繰る】⇩くる(繰る)
たくわえ【蓄え】余力　力・知識-の蓄え　蓄積　▽【貯え】保存　燃料・金-の貯え　貯炭　貯米　貯蔵　貯蓄　蓄財の才　郵便貯金　銀行預金　積立金　月掛け　日掛け
たくわえる【蓄える】養う　力・知識-を蓄える　積む　蓄積　蓄蔵　備蓄　集積　収蔵　▽【貯える】別に置く　燃料・金-を貯える　貯《た》める　蔵する　取っておく　積み立てる　貯蔵　貯蓄　貯金　預金
たけ【丈】①⇩ながさ　②背丈⇩せい（背）
だけ【丈】ばかり　のみ　それ一つ　二つとない　オンリー
だげき【打撃】⇩ショック
だけど⇩しかし
たけなわ【酣】⇩さいちゅう
たける ①【猛る】あばれる　波・心-が猛る　猛り・熱《いき》り-立つ　興奮する　荒々しく息巻く　暴れる　家族に当たり散らす　②【哮る】ほえる　吠《ほ》える　虎《とら》・雷-が哮る　吠え立てる　唸《うな》る
たげん【多言】⇩おしゃべり
たこう【多幸】⇩しあわせ(幸せ)
たごん【他言】⇩もらす
たさい【多才】⇩ゆうのう
ださく【駄作】⇩へた
たさつ【他殺】対自殺　殺害　殺戮《さつりく》　虐殺　殺傷　絞殺　撲殺　斬殺《ざんさつ》　銃殺　射殺　暗殺　謀殺　毒殺　薬殺　▽屠殺《とさつ》場　畜殺
たし【足し】⇩おぎなう
たじ【多事】⇩いそがしい
たじ【他事】⇩よそごと
だし【山車】⇩まつり
だしいれ【出し入れ】出入り　出入　収支　金銭出納《すいとう》簿　搬出入
だしおしみ【出し惜しみ】⇩けち
たしか ①【確か】対不確か　はっきり　確かな-証拠・商売　確実　明確　的確

正確　確固　間違いない　②【慥か】　慥か-去年の夏のことだ・見たことがある　何でも田中さんとかはっきりしないが　自信・確信-はないが

たしかに【確かに】正に　正《まさ》しく　しかと　必ず　きっと　間違いなく　相違なく　てっきり

たしかめる【確かめる】⇩しらべる

たじたじ ⇩おそれる(恐れる)

たじつ【他日】⇩そのうちに

たしなみ【嗜み】茶道の心得がある　下地《したじ》　素養　教養　素地　基礎

たしなむ【嗜む】⇩このむ

だしぬけ【出し抜け】⇩とつぜん

だしもの【出し物】曲目　演題　歌舞伎の外題《げだい》　上演作品

だじゃく【惰弱・懦弱】⇩よわい(弱い)

だじゃれ【駄洒落】⇩しゃれ

たしょう【多少】⇩すこし

たじろぐ ⇩ためらう

だしん【打診】⇩さぐる

たす【足す】⇩くわえる(加える)

だす【出す】①対入れる　差し・持ち・突き-出す　提出　提供　提議　出品　②手紙を出す↓おくる

たすう【多数】⇩おおい(多い)

たすき【襷】⇩おび

たすける【助ける】命を助ける　↓すくう　▽【援ける】引き上げる　事業を援ける　手伝う　力添え　助太刀　力を貸す　一肌脱ぐ　援助　賛助　協力　合力　助力　支援　後援　助勢　加勢　左袒《さたん》　サポート　▽【扶ける】やしなう　生計を扶ける　扶助　扶養　▽【輔ける】そばで　課長を輔ける　助《す》ける　手助け　補助　補佐　補翼　扶翼　補弼《ほひつ》　アシスト　敬語〔自分側を〕ご援助を賜る　ご助力を頂く　ご後援を仰ぐ　ご協力・お力添え-にあずかる／〔相手方を〕お力添え・ご協力-いたします　微力を尽くす　お役に立てば幸いと存じます

たずさえる【携える】持って行く　持ち運ぶ　持参　携帯　携行　携持　帯行　手持ちの道具　手提げ鞄

たずさわる【携わる】⇩おこなう

たずねる ①【尋ねる】きく　道を尋ねる　安否を問う　先生に伺う　真偽を質《ただ》す　聞く　問い-合わせる・質す　質問　質疑応答　照会　▽【訊ねる】職権で　証人に訊ねる　取り調べる　問い・聞き-糺《ただ》す　問い詰める　喚問　詰問　糾問　審問　査問　諮問　下問　敬語〔自分側に〕お尋ねのお問い合わせ　お申し越し　ご照会／〔相手方に〕お伺い申し上げる　ご教示にあずかる　ご指示いただく　お漏らしになる　②【訪ねる】知人・史跡-を訪ねる　↓おとずれる

だする【堕する】⇩おちる

だせい【惰性】①惰性で止まらない　慣性　勢い　②惰性を打破する　習慣　習性　因習　慣習

たそがれ【黄昏】⇩ゆうがた

ただ ①【只】 無料 只で-見る・貰《もら》う ロハ フリー 無料 無代 無銭旅行 無賃乗車 無償 無報酬 無給 ②【唯】 唯-一つ・見るだけ ↓わずか

ただいま【只今】⇩いま

たたえる【称える】⇩ほめる

たたえる【湛える】⇩ためる(溜める)

たたかい【戦い】 戦《いくさ》 乱《らん》 役《えき》 戦争 戦役 内乱 大戦 干戈《かんか》を交える 兵戈 剣戟《けんげき》 兵馬 兵乱 戦乱 攻防 戦闘 合戦 交戦 対戦 実戦 会戦 野戦 海戦 激戦 乱戦 混戦 決戦 争覇戦 死闘 ▽勝ち戦 戦勝 負け戦 敗軍

たたかう ①【戦う】 勝つため 敵と・野球で-戦う 渡り・切り-合う 格闘 交戦 対戦 転戦 奮戦 善戦 悪戦苦闘 苦戦 勇戦 力戦 死闘 ②【闘う】 負けないため 病気・資本家-と闘う 闘争 奮闘 力闘 敢闘 健闘 激闘 苦闘

たたく ①【叩く】 頭を・金槌《かなづち》で-叩く ↓うつ ②【敲く】 戸を敲く ↓ノック ③【拍く】 手を拍く ↓うつ

ただごと【只事】⇩できごと

ただし【但し】 ただ 尤《もっと》も日曜は休みだ 例外は 条件は

ただしい【正しい】 正当防衛 方正 公正 中正 清直 正義 正道 正論を吐く 清白 ▽正規軍 正統政府 本式 本格的にやる オーソドックス ▽正確 的確な表現

ただす ①【正す】 よくする 誤り・姿勢-を正す 直す 家・心-を斉《ととの》える 訂正 是正 修正 規正 矯正《きょうせい》 ▽印刷の校正 校訂 照校 校合《きょうごう》 ②【糾す・糺す】 問い詰める 罪・犯行-を糾す 調べる 責める 糾問 糾明 審糾 審問 尋問 問責 吟味 詮議《せんぎ》 ③【質す】 尋ねる 真偽・問題点-を質す ↓たずねる

たたずまい【佇まい】⇩けしき(景色)

たたずむ【佇む】⇩たつ(立つ)

ただちに【直ちに】⇩すぐ

たたむ【畳む】 折り-畳む・重ねる 重畳 層畳 和服の襲褶《しゅうしゅう》 転褶

ただよう【漂う】 流れる 漂流 漂揺 漂動 浮漂 浮遊 漂泊 漂浪 浮浪 放浪

たたり【祟り】 災い 邪気 禍気 禍祟 災祟《かすう》 神祟 物の怪《け》

ただれる【爛れる】⇩うむ(膿む)

たち【質】⇩せいしつ

たち【達】 子供等《ら》 あなた方 私ども 猛者連 等《とう》 等々 その他

たちあい【立ち合い】⇩しあい

たちい【立ち居】⇩みぶり

たちいる【立ち入る】⇩くちだし

たちき【立ち木】⇩き(木)

たちぎえ【立ち消え】⇩なくなる(無くなる)

たちぎき【立ち聴き】⇩ぬすみぎき

たちきる【断ち切る】⇩きる(切る)

たちさる【立ち去る】⇩しりぞく

たちどころに【立ちどころに】⇩すぐ
たちなおる【立ち直る】起き直る　再起　再建　再興　回復　復旧　復興
たちのく【立ち退く】⇩さる(去る)
たちば【立場】場《ば》　足場　立つ瀬がない　立地　地歩を固める　地位　境遇　境地　境涯《きょうがい》　▽見方　考え方　立脚地　立脚点　見地　観点
たちふさがる【立ち塞がる】⇩はだかる
たちまち【忽ち】⇩すぐ
たちまわり【立ち回り】⇩おおさわぎ
だちん【駄賃】⇩こころづけ
たつ ①【竜】動物　竜《りゅう》　ドラゴン　土獣　震鱗《しんりん》　蒼竜《そうりゅう》　▽蛟《みずち》　水竜　蛟竜《こうりゅう》　天竜
②【辰】十二支の第五　辰年　辰の-刻・方角
たつ ①【断つ】切る　補給路・思い-を断つ　切る　断ち切る　遮断　切断　▽塩・茶-を断つ　断ち物　禁断　禁制　禁止
②【絶つ】続けない　縁・消息-を絶つ　切る　続けない　無くなる　中絶　消滅　滅亡
③【裁つ】生地を裁つ　鋏《はさ》む　裁断
たつ ①【経つ】一時間・月日が-経つ　↓すぎる
②【発つ】東京を・八時に-発つ　↓しゅっぱつ
たつ ①【立つ】まっすぐ　演壇に・柱が-立つ　突っ立つ　佇《たたず》む　棒立ち　直立　屹立《きつりつ》　▽【起つ】立ち上がる　正義のために起つ　起きる　立ち・起き-上がる　決起　奮起　勃起《ぼっき》
②【建つ】家・碑-が建つ　建てられる　新築　建設　造築　普請《ふしん》
たっかん【達観】⇩さとる(悟る)
だっきゅう【脱臼】⇩けが
たっし【達し】⇩しらせ
たっしゃ【達者】①体が達者だ　↓げんき　②芸が達者だ↓じょうず
たつじん【達人】⇩めいじん
たっする【達する】⇩およぶ
だっする【脱する】⇩ぬけだす
たつせ【立つ瀬】⇩たちば
たっせい【達成】⇩せいこう(成功)
だっせん【脱線】⇩はずれる
だっそう【脱走】⇩にげる
たった【唯】⇩わずか
だったい【脱退】⇩ぬける
たって【断って】⇩ぜひ
たっとい【尊い・貴い】⇩とうとい
たっとぶ ①【尊ぶ】神・平和-を尊ぶ　↓うやまう
②【貴ぶ】人命・名誉-を貴ぶ　↓おもんじる
たっぴつ【達筆】対悪筆　能筆　良筆　才筆　健筆　名筆　能書　▽達文　能文
たっぷり ⇩たくさん
たつまき【竜巻】⇩あらし
だつらく【脱落】⇩らくご
たて ①【縦】対横　長さ　前後　縦軸
②【立て・竪】上下　立て穴　立て坑
だて【伊達】⇩みえ
たてかえる【立て替える】⇩はらう(払

う)

たてぐ【建具】造作 ▽唐紙 襖《ふすま》 障子 格子《こうし》 簀戸《すど》 葦戸《よしど》 網戸

たてこもる【立て籠る】引き・閉じ‐籠る 籠る 隠れる 潜む 閉居 籠居《ろうきょ》 閉息 蟄居《ちっきょ》 ▽参籠 寺籠り 宮籠り ▽籠城

衝立《ついたて》

たてつく【盾突く】⇩てむかう

たてつづけ【立て続け】⇩つぎつぎに

たてなおし【建て直し】再建 再築 改築 ▽建て増し 増築

たてふだ【立て札】⇩けいじ

たてまえ ①【建前】審議の建前↓ほうしん ②【建て前】新築の建て前 棟《むね》上げ 上棟《じょうとう》式

たてまつる【奉る】⇩あたえる

たてもの【建物】⇩いえ

たてやくしゃ【立役者】⇩しゅやく

たてる ①【建てる】こしらえる 家・碑‐を建てる 新築 建築 建設 建造 構築 造築 造営 寺社の建立《こんりゅう》 普請《ふしん》 ②【立てる】まっすぐに 柱・計画‐を立てる 打ち立てる 耳・枕‐を欹《そばだ》てる 逆立てる 樹立 立案

たてる【閉てる】⇩しめる(閉める)

だとう【打倒】⇩たおす

だとう【妥当】⇩てきとう

たとえ【例え】例え‐を引く・挙げる↓れい ▽【譬え・喩え】譬えにも言うとおり 比喩《ひゆ》 寓意《ぐうい》 寓喩《ぐうゆ》 寓言 寓話 譬え話

たとえ【仮令】万一 万が一 仮にも 縦《よ》し 縦しや 縦しんば 幾ら

たとえば【例えば】例えて‐言えば・見れば 例えるに 例せば 例すれば 例するに

たとえる【例える・譬える】水に擬《なぞ》らえる 擬する 寄《よ》そえる 比べる

たどたどしい【辿々しい】⇩へた

たどりつく【辿り着く】⇩つく(着く)

たどる【辿る】⇩そう(沿う)

たな【棚】戸棚 ▽本棚 書棚 本箱 書架 ▽網棚 神棚 藤棚《ふじだな》

たなあげ【棚上げ】⇩ほりゅう

たなごころ【掌】⇩てのひら

たなばた【七夕】⇩せっく

たなびく【棚引く】⇩よこたわる

たに【谷】谷間《たにま・たにあい》 渓谷 峡谷 山渓 山谷 深渓 深谷 幽渓 幽谷 窮谷 空谷 虚谷 ▽雪渓

たにがわ【谷川】⇩かわ(川)

たにん【他人】余人 余子 別人 第三者 他人《ひと》

たにんぎょうぎ【他人行儀】⇩よそよそしい

たね ①【種】実 種を播《ま》く 種物《たねもの》 種子《しゅし》 種実 ②【胤】胤を付ける↓ちすじ

たねぎれ【種切れ】⇩なくなる(無くなる)

たねほん【種本】⇩だいほん

たねまき【種播き】種下ろし 播き付け 播種《はしゅ》 下種 ▽直播き 荒播

き　早播き　遅播き　▽麦播き　田植え　挿秧《そうおう》　分秧

たねん【他念】⇩ざつねん

たねん【多年】⇩ながねん

たのしい【楽しい】対苦しい　面白い　うきうき　喜ばしい　快い　気持ち良い　うきうき　ほくほく　愉快　痛快　壮快　快楽　悦楽　逸楽　愉楽

たのしみ【楽しみ】対苦しみ　慰み　遊び　娯楽　歓楽　快楽　悦楽　逸楽　享楽　道楽　逸興　遊興　遊楽　豪遊　清遊　座興　余興　風流　団欒《だんらん》　慰安　レクリエーション

たのしむ【楽しむ】対苦しむ　面白がる　遊びに興じる　珍味を味わう　歓を尽くす　歓楽街　菊花を観賞する　歓談　遊楽　遊興　清遊　悠々自適　独楽　交歓会　偕楽《かいらく》園　エンジョイ

たのみ【頼み】託《ことづ》け　頼り　依頼　要求　▽人頼み　神頼み

たのむ　①【頼む】願う　買い物を・宜《よろ》しく｜頼む　求める　託《ことづ》ける　案内・教え｜を乞《こ》う　願う　せがむ　金をせびる　依頼　寄託契約　敬語〔自分側に〕ご依頼　ご要望　お申し越し　お申し出／〔相手方に〕ご配慮を賜る　ご高配を煩わせる　ご同情にお縋《すが》りする　伏してご懇願申し上げます　何卒《なにとぞ》宜《よろ》しくお願い申し上げます　②【恃む】力・才知｜を恃む↓たよる

たのもしい【頼もしい】⇩りっぱ

たば【束】束《つか》見本　締めで買う　括《くく》り　毛糸・カーテン｜の房《ふさ》　固まり　把束《はそく》　▽花束　薪《まき》束

たばかる【謀る】⇩くわだてる

たばねる【束ねる】⇩くくる(括る)

たび【度】⇩つど

たび【旅】⇩りょこう

だび【荼毘】⇩ほうむる

たびごころ【旅心】旅愁　旅情

たびだつ【旅立つ】⇩しゅっぱつ

たびたび【度々】対たまに　屢々《しばしば》行く　頻《しき》りに　折々　重ね重ねのご親切　幾《いく》度《たび》も　ちょいちょい見る　ちょくちょく　しげしげ通う　足繁く　よく雨が降る　頻繁《ひんぱん》　頻々　再々　再三　再三再四　何度も　毎々　毎度　毎次　累次　数次　屡次《るじ》の災害

たびにっき【旅日記】⇩きこう(紀行)

たびびと【旅人】旅行者　旅客　行客　旅人《りょじん》　行人　行子　過客　遊子　羇子《きし》　羇旅の人　ツーリスト　トラベラー　▽客　乗客　船客　▽お上りさん　赤ゲット　旅烏《たびがらす》

タフ　丈夫　頑強　頑丈　不死身《ふじみ》の体　強い　挫《くじ》けない

タブー　禁制の品　禁断の木の実　禁忌　口外禁止　忌み言葉

たぶらかす【誑かす】⇩だます

たぶん【多分】大抵　大体　恐らく　定めし　定めて　まあ　先《ま》ず先ず　まあまあ　さぞかし　さこそ　案ずるに　察するに　若《も》しかすると　ひょっとすると　どうやら　かも・やも｜しれない　かも・やも｜知れず

たべもの【食べ物】対飲み物　食い物

その日の糧《かて》 飲食物 食物 食品 食料品 食糧 米塩に事欠く 酒食を共にする 糧食 主食 穀物 副食 常食 ▽兵糧《ひょうろう》 糧秣《りょうまつ》

たべる【食べる】 食う 食らう ぱくつく 嚙《かじ》る 頰張《ほおば》る 啄《ついば》む 食する 飲食 喫食 食事 ▽美食 悪食《あくじき》 粗食 暴食 馬食 飽食 満腹 敬語 〘相手方が〙 上がる 召す 召し上がる ご笑味くださる お口に適《かな》う／〘自分側が〙 頂く 口にする 頂戴《ちょうだい》する 賞味させていただく

だべる【駄弁る】 ⇩いう(言う)

たべん【多弁】 ⇩おしゃべり

だべん【駄弁】 ⇩むだぐち

だほ【拿捕】 ⇩とらえる(捕らえる)

たぼう【多忙】 ⇩いそがしい

だぼくしょう【打撲傷】 ⇩けが

たま ①【玉】 飾り 宝物の玉 宝石 貴石 宝玉 珠玉 美玉 名玉 瓊玉《けいぎょく》 真珠貝の珠《また》 瓊石 璧石《へきせき》 ▽【珠】 水産 真珠 明珠 貴珠 宝珠

②【球】 立体 野球・電灯の球 球《きゅう》形 球状 毬《まり》 ボール

③【弾】 銃砲 ピストルの弾 石の礫《つぶて》 鉄砲弾 誘導弾《だん》 弾丸 銃弾 銃丸 砲弾 砲丸 実弾 ▽敵弾 飛弾 砲煙弾雨 流弾 流れ弾

たま ①【霊】 神 先代のみ霊 ↓れい

②【魂】 魂迎え ↓たましい

たまう ①【賜う】 賞を賜う ↓あたえる

②【給う】 書き給う 取り給え

たまげる【魂消る】 ⇩おどろく

たまご ①【卵】 卵を産む 卵子 ▽鶏卵 卵白 白身 卵黄 黄身 ▽魚卵 筋子 数の子 真子《まこ》

②【玉子】 料理 玉子焼き・豆腐 玉《ぎょく》の握り

たまさか【偶か】 ⇩たまに

たましい【魂】 スピリット 魂《たま》迎え 精《せい》霊魂 精魂を傾ける 心霊 魂魄《こんぱく》 霊魄 精魄 ▽英霊 英魂 毅魂《きこん》 ▽亡魂 幽魂 亡霊 幽霊

だます【騙す】 騙かす 欺く 人を騙《かた》る 偽る まやかす 担ぐ 化かす 誑《たぶ》らかす 誑《たら》す 丸め込む 言い包《くる》める 引っ掛ける 陥れる 罠《わな》に掛ける 誤魔化す あるように見せ掛ける 詐欺 欺瞞《ぎまん》 瞞着 ペテン カンニング 籠《かご》抜け詐欺

たまたま【偶々】 折良く 運良く 都合良く 幸い 図らずも 思い掛けなくも 珍しくも 折しも 酷暑の折柄《おりから》にも ゆくりなくも 端なくも 偶然にも 丁度 ばったり

たまつき【玉突き】 撞球《どうきゅう》 突球 球戯 打波戯 ビリヤード

たまに【偶に】 対度々 偶《たま》さか 希《まれ》に 希々《まれまれ》 時偶《ときたま》 時折 時として 珍しく雨になる 希有《けう》の出来事 ▽滅多にない 殆《ほとん》どない

たまもの【賜物】 ⇩おかげ

たまや【霊屋】 ⇩はか

たまらない【堪らない】 堪えない 堪えられない 堪え兼ねる 我慢できない 遣《や》り切れない 遣る瀬ない 居

たたまれない

たまる【溜まる】⇩あつまる

だまる【黙る】黙《もだ》す 黙《もく》す 口を噤《つぐ》む 沈黙 無言 不言不語 緘口《かんこう》して語らず 噤口《きんこう》 終始黙口 黙然 黙々 ▽黙否権 黙視 黙過 黙殺 聞き捨てならぬ

たまわる【賜る】⇩もらう

たみ【民】⇩こくみん

たむける【手向ける】⇩そなえる(供える)

たむろする【屯する】⇩あつまる

ため【為】⇩りえき

ため【溜め】溜め所 溜め場所 ▽芥《ごみ》溜《た》め 掃き溜め 肥《こえ》溜《だ》め

だめ【駄目】無駄 無益 無効 徒労 台無し おじゃん ふい ▽不出来 最低 劣等 いかん なってない

ためいき【溜め息】吐《と》息《いき》をつく 嘆息を漏らす 大息 長息 長嘆 長大息 ▽感嘆の言葉も出ない 詠嘆 慨嘆に堪えない ▽ぐうの音も出ない 青息吐息の生活

ためし【例】⇩しきたり

ためしに【試しに】物の試しに 試みに 試験的に 実験的に

ためす【試す】⇩こころみる

ためらう【躊躇う】出し渋る 憚《はばか》る 怯《ひる》む たじろぐ 尻《しり》込みする 二の足を踏む 躊躇《ちゅうちょ》 逡巡《しゅんじゅん》 辟易《へきえき》 遅疑逡巡

ためる ①【溜める】外へ出さない 芥《ごみ》・仕事‐を溜める 経験を積む 水を湛《たた》える ②【貯める】金・食糧‐を貯める ↓たくわえる

ためる【矯める】⇩なおす(直す)

ためん【他面】⇩いっぽう

たもつ【保つ】持ち堪《こた》える 守る 据え置く 長持ちさせる 長く保《も》つ品 支える 保存 保有 保持 保全 確保 温存 維持 堅持 持続 持久

たやす【絶やす】絶滅 根絶 全滅 殲滅《せんめつ》 撲滅 掃滅 根絶やし

たやすい【容易い】易《やさ》しい 造作《ぞうさ》ない 訳《わけ》がない 朝飯前 手軽い 言うは易《やす》い 生易しいことではない 難なく出来る 楽々 易々《いい》 容易 平易 安易 軽易 便利 簡便 簡易 簡単

たゆむ【弛む】⇩あきる

たより ①【便り】手紙 便りを書く 訪れ 音沙汰《おとさた》がない 次の便《びん》 音信 文通 通信 消息 幸便を得る 吉報 ②【頼り】利用 地図を頼りに行く 頼み 導《しる》べ 昔を偲ぶ縁《よすが》

たよりない【頼りない】心許《こころもと》ない 覚束《おぼつか》ない 心細い 気掛かり 不安 心配

たよる【頼る】同情に縋《すが》る 寄り・凭《もた》れ‐掛かる 負《おぶ》さる 頼みにする 暴力・世論‐に訴える 力・才知‐を恃《たの》む 資料・城‐に拠《よ》る 依存 依頼

だらく【堕落】⇩おちる

だらける ⇩あきる

だらしない 腑甲斐《ふがい》ない 締まりがない ふしだら ずぼら のらくら 野放図 ルーズ 不規律 不検束 無秩序 無節度 自堕落 不品行 不行状 放蕩《ほうとう》息子 放埒《ほうらつ》な生活 放縦 逸蕩 極道《ごくどう》者

たらす ①【垂らす】紐《ひも》を垂らす ↓さげる ②【滴らす】汗・血-を滴らす ↓こぼす

たりない【足りない】⇩ふそく

たりょう【多量】⇩おおい(多い)

たりる【足りる】足る 物足りる 満ち足りる 充足感 十分 十二分にある 完全 満足

たる【樽】角樽《かくだる・つのだる》 円樽《まるだる》 四斗樽 小樽《しょうそん》 巨樽 ▽酒樽《さかだる》 薦被《こもかぶり》 薦包み 柳樽 孟樽《もうそん》 芳樽

だるい【懈い】気懈い 饑《ひだる》い 懶《ものう》い 気が進まない 倦怠《けんたい》 大儀 退屈 無聊《ぶりょう》を慰める

たるむ【弛む】⇩ゆるむ

だれ【誰】誰々 何者 何人 誰人 何奴《なにやつ》 どいつ ▽どなたですか どなた様 どちら様

たれさがる【垂れ下がる】⇩さがる

たれる ①【垂れる】紐《ひも》が垂れる ↓さがる ②【滴れる】汗・血-が滴れる ↓こぼれる ③【放れる】屁《へ》を放れる 出す 放つ

だれる【怠れる】⇩あきる

たわいない【他愛ない】⇩つまらない

たわけ【白痴】⇩ばか

たわごと【譫言】⇩でたらめ

たわむ【撓む】⇩まがる

たわむれる【戯れる】⇩さわぐ

たわら【俵】叺《かます》 畚《もっこ》 俵《ひょう》 ▽米俵《こめだわら》 米袋 米俵《べいひょう》 米苞《べいほう》 炭俵 ▽土俵 土嚢《どのう》

たん【痰】⇩つば

だん ①【段】ステップ 階段 段々 石段 階次 学習の階梯《かいてい》 段階を踏む 階《きざはし》 ②【壇】ステージ 壇場 舞台 演壇 講壇 教壇に立つ

だんあつ【弾圧】⇩おさえる(押さえる)

だんあん【断案】⇩けつろん

たんい【単位】長さの単位 単元 ユニット コンマ 位《くらい》 ▽卒業に必要な単位 修得単位 クレジット

だんかい【段階】⇩じゅんじょ

だんがい【断崖】⇩がけ

たんがん【嘆願・歎願】⇩ねがう

だんがん【弾丸】⇩たま(弾)

たんき【短気】⇩きみじか

だんぎ ①【談義】⇩いましめる ②【談議】⇩そうだん

たんきゅう【探究】⇩けんきゅう

だんけつ【団結】結合 糾合 結集 結束 結託 一致 大同団結

たんけん【探検・探険】探索 探査 踏査 調査 実地-踏査・調査 冒険 探る 探り調べる

だんげん【断言】⇩いいきる

だんこ【断固・断乎】⇩あくまで

だんご【団子】⇩もち

だんこう【断行】雨天決行　登頂敢行　実行　社長の果断で救われる　断じて・敢《あ》えて-行う　押し-切る・通す

だんこう【断交】⇩なかたがい

だんごう【談合】⇩そうだん

たんさ【探査】⇩たんけん

たんさく【探索】⇩さがす(探す)

だんし【男子】⇩おとこ

だんじき【断食】⇩けっしょく

だんじて【断じて】断然　断固　絶対　金輪際　きっぱり　決して　どうしても　どんなことがあっても

たんしゅく【短縮】圧縮　縮小　縮める　短くする　切り詰める

たんじゅん【単純】単一　簡単　簡易　純粋　純　シンプル

たんしょ【短所】対長所　⇩けってん

たんしょ【端緒】⇩きっかけ

たんじょう【誕生】⇩うまれる(生まれる)

たんじょうび【誕生日】出生《しゅっしょう》日　生年月日　出産日　分娩《ぶんべん》日　降誕日　生誕日　生日　誕日　生まれた日　バースデー　▽お七夜の祝い　復活祭　生誕百年祭

だんじる【断じる】⇩はんだん

だんじる【弾じる】⇩ひく(弾く)

だんじる【談じる】⇩はなす(話す)

たんしん【単身】⇩ひとり(独り)

たんす【箪笥】和箪笥　洋箪笥　用箪笥　茶箪笥　洋服箪笥　▽長持　長櫃《ながびつ》　半櫃

たんせい【端正】⇩じょうひん

だんせい【男性】⇩おとこ

だんぜつ【断絶】中断　中絶　途絶　絶える　途絶える　続かない

だんぜん【断然】⇩だんじて

たんそく【嘆息・歎息】⇩なげく

だんたい【団体】組《くみ》　仲間　団　社　伊勢講《こう》　集団　結社　法人　財団　社団　協会　学会　校友会　同窓会　父兄会　ＰＴＡ　組合　労働組合　労組　協同組合　農協　漁協　職業団体　座《ざ》　ギルド

だんだん【段々】①段々を上る↓だん　②段々暑くなる　次第に　徐々に　漸次　順次　遂次　刻々　時々刻々　刻一刻と　見る見るうちに　着々　順に　順を追って　順繰りに　漸《よう》やく春めく　日に日に　日増しに　次々　追々　日一日と

だんちがい【段違い】桁《けた》違い　桁外れ　並外れ　度外れ　大違い　格段・格別　-の差　雲泥・天地霄壌《しょうじょう》・雲壌-の差　天と地　月と鼈《すっぽん》

たんちょ【端緒】⇩きっかけ

たんちょう【単調】単一　単純　平板　一様　一律　千編一律　一本調子

たんてい【探偵】①探偵の活躍　↓スパイ　②敵状の探偵↓さぐる

だんてい【断定】⇩いいきる

たんてき【端的】⇩そっちょく

たんでき【耽溺】⇩ふける(耽る)

たんとう【担当】⇩うけもち

たんとう【短刀】⇩かたな
たんとうちょくにゅう【単刀直入】⇩そっちょく
たんどく【単独】⇩ひとり（独り）
だんどり【段取り】⇩てじゅん
だんな【旦那】主人　主《あるじ》　↓おとこ
たんなる【単なる】単一　単純　純一　単調　一律　生《き》一本
たんに【単に】だけ　のみ　ばかり　きり　▽ただ　たった　単《たん》
たんねん【丹念】⇩ねんいり
だんねん【断念】⇩あきらめる
たんのう【堪能】①堪能するほど食べる↓まんぞく　②絵画に堪能な人↓じょうず
たんぱく【淡泊・淡白】⇩あっさり
だんぱん【談判】⇩かけあい
たんぺいきゅう【短兵急】⇩とつぜん
だんぺん【断片】⇩かけら
たんぽ【担保】抵当　保証　質《しち》　質草　質物　引き当て　見返り
たんぼう【探訪】⇩さぐる
だんぼう【暖房・煖房】対冷房　ヒート　ヒーティング　▽炉　囲炉裏《いろり》　手焙《てあぶり》　火鉢《ひばち》　炭櫃《すびつ》　火桶《ひおけ》　ストーブ　暖炉　行火《あんか》　炬燵《こたつ》
だんまつま【断末魔】⇩しにぎわ
たんめい【短命】⇩わかじに
だんらく【段落】⇩くぎり（句切り）
だんらん【団欒】⇩たのしみ
たんりょく【胆力】⇩きも
たんれい【端麗】⇩じょうひん
たんれん【鍛練・鍛錬】⇩きたえる
だんろ【暖炉】⇩だんぼう
だんわ【談話】⇩はなし（話）

ち

ち【地】⇩じめん
ち【知・智】⇩ちえ
ち【血】対肉　血潮　血汁《ちしる》　生き血　生血《なまち》　血液　鮮血が迸る　熱血漢　温血　冷血　▽血球　赤血球　白血球　血漿《けっしょう》　▽出血　流血　内出血　充血　肺からの喀血《かっけつ》　胃からの吐血　鼻血《はなぢ》　打撲による鬱血《うっけつ》　貧血を起こす　▽月経　月の物　メンス
ちあん【治安】保安　公安　防犯　警備　警防　警護　安寧　平和
ちい【地位】身分　学生の分際で　階級　席次　地歩を固める　部署に就く　課長の椅子《いす》　位《くらい》　ポスト　▽帝位　王位　王座　官位　▽栄位　高位　上位　優位　頭位　上席　上層階級　▽低位　下位　下階　下層
ちいき【地域】区域　区画　地区　地方　方面　区処　局地　領域　領分　分野　ゾーン　帯　圏　域　界
ちいさい【小さい】対大きい　小さな　ちっぽけ　ちび　ちんまり　小ぢんまり　細かい　見窄《みすぼ》らしい　細《ささ》やか　ミニ　ハンディ　ポケット　ポータブル　小《しょう》　小型自動車　小形の箱　貧弱　短小　細小　微小　微細　零細企業　卑小　矮小《わいしょう》　甚小《じんしょう》　極小　極微

チーム ⇩くみ

ちえ【知恵・智慧】 知　知力　知能　知性　理性　悟性　直観による認識　理知　知的　英知　才知　才力　知慮　分別　全知全能　人知　衆知　故知　世知に長ける　世故　▽悪知恵を働かす　奸知《かんち》　奸才　邪知　邪才

ちえん【遅延】 ⇩おくれる(遅れる)

ちか【地下】 対地上　地中　土中　地層　地殻変動　地軸

ちかい【誓い】 誓いの言葉　契り　誓文　誓約　盟約　誓盟　宣誓

ちかい【近い】 対遠い、最寄《もよ》りの駅　鼻先　ついそこまで　近接　至近　直近　目前　目睫《もくしょう》の間　眉睫《びしょう》　最短距離

ちがい【違い】 開き　歪《ゆが》み　ズレ　差がある　異《い》を立てる　相違　差異　差等　差別　異同　不同　甲乙　懸隔　▽大差　逕庭《けいてい》　▽小差　五十歩百歩　似たりよったり

ちかいうちに【近い中に】 ⇩そのうちに

ちがいない【違いない】 間違いない　相違ない　なければならない　ねばならぬ　確かに　文字通り　その通り　型通り

ちかう【誓う】 忠誠を誓う　再会を約する　契る　誓約　信約　誓言　信誓　▽【盟う】協力を盟う　同盟　盟約　契盟　血盟

ちがう【違う】 違える　異なる　懸け離れる　結果が合わない　違《たが》う　別《べつ》　他《た》　相違

ちがえる【違える】 ⇩ちがう

ちかく【知覚】 感覚　感触　感受性が強い　感じ　センス

ちかく【近く】 ⇩あたり

ちかごろ【近頃】 この頃　今頃　この所　この程　この節　この度　この日頃　今や　只今《ただいま》　昨日今日《きのうきょう》　現今《げんこん》　今日《こんにち》　昨今　目下　時下　近来　近時　近日　近年　当今　当節　当世　頃来《けいらい》　頃者　頃日　最近　輓近《ばんきん》　敬語〘相手方の〙ご近況　ご近状／〘自分側の〙近況　近状

ちかしい【親しい】 ⇩したしい

ちかぢか【近々】 ⇩そのうちに

ちかづき【近づき】 ⇩つきあい

ちかづく【近づく】 近寄る　迫る　差し迫る　接近　近接　敵陣に肉薄する　情勢が逼迫《ひっぱく》する

ちかづける【近づける】 ⇩よせる

ちかてつ【地下鉄】 ⇩てつどう

ちかまわり【近回り】 ⇩ちかみち

ちかみち【近道】 対回り道　早道《はやみち》　近回り　近路《きんろ》　直路　短路　捷径《しょうけい》　捷路　▽脇道《わきみち》　抜け道　間道　間路　側道　バイパス

ちかめ【近目・近眼】 ⇩きんがん

ちかよる【近寄る】 ⇩ちかづく

ちから【力】 力《りき》　力《りょく》　エネルギー　力量　馬力　出力　▽大力《たいりき》無双　強力《ごうりき》　雄力　金剛力《こんごうりき》　▽体力　活力　腕力　▽自力《じりき》　他力本願

ちからいっぱい【力一杯】 ⇩できるだけ

ちからおとし【力落とし】 ⇩がっかり

ちからずく【力尽く】⇩らんぼう
ちからぞえ【力添え】⇩すけだち
ちからだめし【力試し】⇩こころみる
ちからづく【力づく】勢い-づく・込む
　気負う　奮い立つ　意気軒昂《けんこう》
ちからづける【力づける】⇩はげます
ちからづよい【力強い】⇩あんしん
ちき【知己】⇩しりあい
ちき【稚気】⇩むじゃき
ちきゅう【地球】世界　四海　輿地《よち》
　坤輿《こんよ》　坤儀
ちぎる ①【千切る】きざむ　小さく千切
　る　刻む　切り-刻む・細裂《こまさ》く　寸
　切　細刻　寸断　千断
　②【捥る】とる　実を捥る　捻《ひね》る　捥《も》
　ぐ　捩《もじ》る　捻《ね》じ切る　捥ぎ・捻《ねじ》り
　-取る
ちぎる【契る】約する　示し・言い・申し
　-合わせる　言い交わす　契りを結ぶ
　約束
ちぎれる【千切れる】⇩きれる
ちくいち【逐一】⇩ひとつひとつ

ちくじ【逐次】⇩つぎつぎに
ちくしょう【畜生】⇩けもの
ちくせき【蓄積】⇩たくわえる
ちぐはぐ⇩ふぞろい
ちけい【地形】地勢　地相　地貌《ちぼう》　山
　河　山水　山川　山野　野山《のやま》
チケット⇩きっぷ
ちご【稚児】⇩こども
ちこく【遅刻】⇩おくれる(遅れる)
ちさい【地裁】⇩さいばんしょ
ちしお【血潮】⇩ち(血)
ちしき【知識】学識　知見　識見　知嚢《ちのう》
　を搾る　造詣《ぞうけい》が深い　蘊蓄《うんちく》を傾け
　る　博識　博学
ちしつ【知悉】⇩しっている
ちしつ【地質】地味　土質　地盤　土盤
　地層
ちしゃ【知者・智者】⇩ものしり
ちじょう【地上】対地下　⇩じめん
ちじょう【痴情】⇩せいよく
ちじん【知人】⇩しりあい
ちず【地図】地理　地形図　日本全図
　分県図　絵図　鳥瞰図《ちょうかんず》　展望図
　見取図　図帳　地籍　海図　道路図
　マップ　アトラス
ちすじ【血筋】氏《うじ》　筋　血続き　家柄
　毛並み　生まれ　お里が知れる　胤《たね》を
　付ける　家系　血縁　血脈　血統　素
　性《すじょう》　子孫　門閥　▽嫡流　正系
　正統　正脈　直系　傍系　父系　母
　系　人脈　▽系統　系譜　系図　系
　列　脈絡　学統　▽混血　ハーフ
ちせい【地勢】⇩ちけい
ちせい【知性】理知　理性　英知　分別
　のある人　▽知識人　インテリ
ちそう【馳走】⇩ごちそう
ちたいなく【遅滞なく】⇩すぐ
ちだらけ【血だらけ】血塗《まみ》れ　血塗《みど》
　ろ　▽血走る　充血　出血　流血
ちち【父】対母　父《とう》さん　お父さん　父
　親　親爺《おやじ》　パパ　敬語〔相手方の〕お
　父上様　お父君様　ご尊父様　ご賢
　父様　ご厳父様　ご親父様／〔自分側
　の〕父　家厳　家父　老父　愚父　実

父　養父　継父
●夫の父　敬語　〔相手方の〕お舅御《しゅうとご》様／〔自分側の〕義父　舅
●妻の父　敬語　〔相手方の〕ご外父様　ご岳父様　ご令岳様／〔自分側の〕外父　外舅《がいきゅう》　岳父　岳翁　岳丈
●亡き父　敬語　〔相手方の〕故お父上様　ご亡父様　ご先代様　ご先考様　ご先父様／〔自分側の〕亡父　亡き父　先父　先考　先君　先代

ちち【乳】　乳汁《にゅうじゅう》　乳液　▽母乳　おっぱい　▽牛乳　ミルク　粉乳　粉ミルク

ちぢかむ【縮かむ】　⇩すくむ

ちぢこまる【縮こまる】　⇩ちぢむ

ちちはは【父母】　⇩おや

ちぢまる【縮まる】　⇩ちぢむ

ちぢみあがる【縮み上がる】　⇩すくむ

ちぢむ【縮む】　対伸びる　縮まる　縮こまる　約《つづ》まる　詰まる　収縮　縮小　短縮　臓器が萎縮《いしゅく》する　屈縮　血管を収斂《しゅうれん》させる

ちぢめる【縮める】　⇩つづめる

ちぢれる【縮れる】　皺《しわ》が寄る　皺くちゃになる　縮緬《ちりめん》　▽縮れ髪　曲髪《くせがみ・きょくはつ》　縮髪《しゅくはつ》　巻髪《けんぱつ》

ちつじょ【秩序】　秩次　節度を守る　公序良俗　順序　次第　筋道　決まり　ルール　規則　法制

ちっとも　⇩すこしも

チップ　⇩こころづけ

ちなまぐさい【血腥い】　⇩なまぐさい(腥い)

ちなみに【因みに】　時に　序《つい》でに　序でながら　関連して　そう言えば　それはそうと　念のため

ちなむ【因む】　⇩かんけい

ちばしる【血走る】　⇩のぼせる

ちび　⇩ちいさい

ちぶさ【乳房】　乳　お乳　奶房《じょうぼう》　嬭房《じぼう》　大奶　▽乳首《ちくび・にゅうしゅ》　乳頭　乳嘴《にゅうし》　奶頭

ちほ【地歩】　⇩たちば

ちほう【地方】　①寒い地方↓ちいき　②地方の祭り↓いなか

ちまた【巷】　⇩まち(街)

ちまよう【血迷う】　逆上《のぼ》せる　高ぶる　激する　エキサイト　上気　逆上　激情　興奮

ちみ【地味】　⇩ちしつ(地質)

ちみつ【緻密】　対散漫　密　精密　詳密　綿密　細密　稠密《ちゅうみつ》　周密　周緻《しゅうち》　周到　精緻　細緻　精巧　肌理《きめ》細かく

ちみどろ【血塗ろ】　⇩ちだらけ

ちめい【知名】　⇩ゆうめい

ちめいじん【知名人】　⇩めいし(名士)

ちゃ【茶】　番茶　煎茶《せんちゃ》　緑茶　玉露　抹茶《まっちゃ》　碾茶《てんちゃ》　銘茶　上茶　良茶　紅茶　麦茶　麦湯　昆布茶《こぶちゃ》　桜湯　▽茶の湯　茶道　茶事　茶儀　お点前《てまえ》　▽薄茶　濃い茶

チャーミング　⇩かわいい

ちゃいろ【茶色】　褐色　茶褐色　赤褐色　代赭《たいしゃ》　樺茶《かばちゃ》　鳶色《とびいろ》　セピア　カーキ色　白茶　焦げ茶

ちゃうけ【茶請け】⇩かし(菓子)
ちゃかす【茶化す】⇩ひやかす
ちゃき【茶器】⇩ちゃわん
ちゃくがん【着眼】⇩おもいつき
ちゃくし【嫡子】⇩あとつぎ
ちゃくじつ【着実】堅実 確実 手堅い 危なげがない 落ち着いた 軽弾《はず》みでない しっかりした
ちゃくしゅ【着手】⇩はじめる
ちゃくせき【着席】⇩こしかける
ちゃくそう【着想】⇩おもいつき
ちゃくちゃく【着々】⇩どんどん
ちゃくふく【着服】⇩ぬすむ
ちゃしつ【茶室】⇩ちゃのま
ちゃだい【茶代】⇩こころづけ
ちゃのま【茶の間】我が家の食堂 ダイニングルーム 居間 リビングルーム ▽茶室 茶席 茶庵《さあん》 茶寮
ちゃのみばなし【茶飲み話】⇩ざつだん
ちゃばたけ【茶畑】⇩はたけ
ちゃばなし【茶話】茶飲み話 世間話 四方山《よもやま》話 浮世話 無駄話 無駄口 お喋《しゃべ》り 雑談 雑話 茶話《ちゃわ》・俗談 俗話 世談 駄弁 夜話
ちゃみせ【茶店】⇩ちゃや
ちゃや【茶屋】①葉茶屋 茶処《ちゃどころ》 茶舗 茶肆《ちゃし》 茗肆《めいし》 ②掛け茶屋 腰掛け茶屋 出茶屋 茶店 茶亭 喫茶店 コーヒーショップ ミルクショップ カフェー 酒場 村の居酒屋 バー ビアホール ナイトクラブ キャバレー
ちゃわん【茶碗】茶器 茶道具 茶杯 茶盞《ちゃさん》 茶飲み 湯飲み コップ ▽飯茶碗 丼《どんぶり》
チャンス タイミング 潮時《しおどき》 潮合い 頃合《ころあ》い 時機を窺う 機会 機運 好運 好機 機宜 ▽勝機を逸する 見頃《みごろ》 食べ頃 買い時
ちゃんと きちんと きちっと きりりと きりっと 整然と
ちゅう【宙】⇩そら
ちゅう【注・註】注記 注釈 注解 評注 注疏《ちゅうそ》 ▽頭注 冠注 脚注 傍注 割り注 二行割り
ちゅうい【注意】①注意して見る 留意 配意 配慮 注目 入念 用心 警戒 ②友人に注意される 忠告 注進 忠言 助言 訓示 警告 警報 心添え アドバイス ▽告げ口 密告
ちゅういぶかい【注意深い】⇩きをつける
ちゅうおう【中央】⇩まんなか
ちゅうかい【仲介】⇩なかだち
ちゅうがえり【宙返り】⇩さかだち
ちゅうかく【中核】⇩まんなか
ちゅうがた ①【中型】タイプ 中型のテレビ 普通型 中判の本 中柄の模様 ②【中形】大きさ 中形の箱 丁度良い 手頃《てごろ》
ちゅうかん【中間】①⇩あいだ ②⇩なかほど
ちゅうかん【昼間】⇩ひる(昼)
ちゅうき【中気】中風《ちゅうぶ》 卒中 中症

▽脳出血　脳溢血《のういっけつ》　▽卒倒　昏倒《こんとう》
人事不省
ちゅうぎ【忠義】⇩ちゅうこう
ちゅうげん【中元】⇩おくりもの
ちゅうこう【忠孝】君思い　忠　忠義
忠誠　忠節　忠心　誠忠　純忠　忠
烈無比　尊王　▽親思い　孝　孝行
孝養　孝道　孝心　孝順　至孝　篤
孝　大孝　純孝
ちゅうこく【忠告】⇩ちゅうい
ちゅうざ【中座】⇩たいせき(退席)
ちゅうさい【仲裁】⇩とりなし
ちゅうざい【駐在】⇩たいざい
ちゅうし【中止】一時中断　間断なく　妊
娠中絶　休止　未完　中休み　立ち
消え　沙汰止《さたや》み　お流れ　▽停電
断水　休会　休刊　停戦
ちゅうじく【中軸】⇩しん(芯)
ちゅうじつ【忠実】⇩まじめ
ちゅうしゃく【注釈・註釈】⇩せつめい
ちゅうしゅう【仲秋】⇩じゅうがつ
ちゅうしゅん【仲春】⇩しがつ

ちゅうじゅん【中旬】⇩なかごろ
ちゅうしょう【中傷】⇩わるぐち
ちゅうじょう【衷情】⇩まごころ
ちゅうしょうてき【抽象的】㊜具体的
概念的　観念的　理論的　思弁的
思索的
ちゅうしょく【昼食】⇩ひるめし
ちゅうしん【中心】⇩まんなか
ちゅうしん【注進】⇩ちゅうい
ちゅうしん【衷心】⇩まごころ
ちゅうすう【中枢】⇩まんなか
ちゅうせい【中正】⇩こうへい
ちゅうぜつ【中絶】⇩たえる(絶える)
ちゅうせん【抽選・抽籤】⇩くじ
ちゅうだん【中断】⇩とぎれる
ちゅうちょ【躊躇】⇩ためらう
ちゅうと【中途】⇩とちゅう
ちゅうどく【中毒】⇩あたる(中る)
ちゅうにゅう【注入】⇩いれる(入れる)
ちゅうねん【中年】壮年　盛年　初老の
紳士　盛り　働き盛り
ちゅうぶ【中風】⇩ちゅうき

ちゅうふく【中腹】⇩なかほど
ちゅうぶる【中古】㊜新品　古《ふ》る　お古
古物《ふるもの》　古手　使い古し　中古品
中古　セコハン
ちゅうぼう【厨房】⇩だいどころ
ちゅうもく【注目】⇩ちゅうい
ちゅうもん【注文・註文】用命　発注
調達　誂《あつら》える　言い・申し付け
る　頼む　仰せ　オーダー　▽受注
受命　敬語〔相手方の〕貴注　貴命　貴
需
ちゅうよう【中庸】⇩なかほど
ちゅうりつ【中立】不偏　不党　局外
局外中立　厳正中立　どっち付かず
ちょう【長】⇩ちょうかん(長官)
ちょう【腸】⇩いちょう
ちょうい【弔慰】⇩なぐさめる
ちょうえつ【超越】①限界を超越する
↓こえる　②世間を超越する↓ぞく
ばなれ
ちょうかい【懲戒】⇩こらしめる
ちょうかん【長官】長　総統　総督　総

ち

裁 総帥 総監 首長 ▽知事 市長 区長 町長 村長 ▽会長 会頭 社長 頭取《とうどり》 局長 部長 課長 係長 ▽所長 署長 館長 院長 総長 学長 校長 園長 駅長 船長 艦長 艇長 機長 ▽議長 座長 団長 隊長 組長

ちょうかん【鳥瞰】⇩みおろす

ちょうきゃく【弔客】⇩きゃく

ちょうけし【帳消し】⇩そうさい

ちょうこう【兆候・徴候】⇩きざし

ちょうごう【調合】⇩ととのえる（調える）

ちょうこく【彫刻】⇩ほりもの（彫物）

ちょうさ【調査】⇩しらべる

ちょうし【調子】①調子のいい音楽 音調 音律 楽調 楽律 拍子を取る ②万事調子がいい↓ぐあい 節《ふし》を付ける メロディー

ちょうし【弔詞】⇩ちょうじ（弔辞）

ちょうじ【弔事】⇩そうしき

ちょうじ【弔辞】弔詞（書面） 悼辞 追悼文 お悔やみ

ちょうじ【寵児】①我が家の寵児 ↓こども ②時代の寵児↓にんき

ちょうじゃ【長者】⇩かねもち

ちょうじゅ【長寿】⇩ながいき

ちょうしゅう【徴収】⇩とりたてる

ちょうしょ【長所】対短所 特長 特点 美点 利点 取り柄 メリット

ちょうしょ【調書】⇩しょるい

ちょうじょ【長女】⇩むすめ

ちょうじょう【長上】⇩めうえ

ちょうじょう【頂上】⇩いただき

ちょうしょく【朝食】⇩あさめし

ちょうじる【長じる】①長じて学者となる↓そだつ ②絵画に長じる↓すぐれる

ちょうする【徴する】⇩つのる

ちょうせい【調整】⇩ととのえる（調える）

ちょうせき【朝夕】⇩いつも

ちょうせき【潮汐】⇩しお（潮）

ちょうせつ【調節】⇩ととのえる（調える）

ちょうだい【頂戴】⇩もらう

ちょうたつ【調達】⇩ととのえる（調える）

ちょうたん【長短】⇩くらべる（競べる）

ちょうちん【提灯・提燈】⇩あかり

ちょうてい【調停】⇩なかだち

ちょうてん【頂点】⇩さいこう（最高）

ちょうど【調度】⇩かぐ（家具）

ちょうど【丁度】丁度五時 きっちり きっかり かっきり ぴったり千円 おっつかっつ 正《しょう》 正《まさ》しく 芳紀方《まさ》に十八歳 恰《あたか》も十周年を迎え 間違いなく 正確 ▽丁度来た 折よく 折も折 折柄 折しも 偶然 適然 都合よく 程よく 偶々《たまたま》 ▽丁度昼のようだ↓まるで

ちょうなん【長男】⇩むすこ

ちょうば【帳場】⇩うけつけ

ちょうはつ【調髪】⇩びよう

ちょうばつ【懲罰】⇩ばつ（罰）

ちょうふく【重複】⇩かさなる

ちょうぼ【帳簿】帳面　帳冊　台帳　元帳　原簿　▽通帳　通い帳　▽家計簿　出納《すいとう》簿
ちょうほう【重宝・調法】⇩べんり
ちょうぼう【眺望】⇩ながめ
ちょうほんにん【張本人】主謀者　首犯　首領　首魁《しゅかい》　巨魁　元凶
ちょうめい【長命】⇩ながいき
ちょうめい【澄明】⇩さえる
ちょうめん【帳面】⇩ノート
ちょうり【調理】⇩りょうり
ちょうりゅう【潮流】⇩しお（潮）
ちょうわ【調和】⇩ととのえる（調える）
ちょきん【貯金】⇩たくわえ
ちょくせつ【直接】対間接　⇩じかに
ちょくぜん【直前】寸前　丁度　すぐ前　その時　矢先
ちょくぞく【直属】⇩しょぞく
ちょくりつ【直立】⇩すいちょく
ちょしゃ【著者】⇩かきて
ちょしょ【著書】⇩ほん
ちょちく【貯蓄】⇩たくわえ

ちょっかん　①【直感】直感を働かせる　↓かん　②【直観】直観による認識　↓ちえ
ちょっきん【直近】⇩ちかい（近い）
ちょっけい【直径】⇩さしわたし
ちょっと【一寸】⇩すこし
ちょめい【著名】⇩ゆうめい
ちらかす【散らかす】⇩みだす
ちらかる【散らかる】⇩ちる
ちらす【散らす】財を散じる　撒《ま》き散らす　分散　散乱　放散
ちらっと　ちらりと　ちょっと　少し　一瞬　肩越しに　木の間隠れに
ちらばる【散らばる】⇩ちる
ちり【地理】⇩ちず
ちり【塵】⇩ほこり（埃）
ちりがみ【塵紙】塵紙《ちりし》　鼻紙　落とし紙　京紙　ティッシュペーパー　トイレットペーパー
ちりぢり【散り散り】⇩ばらばら
ちりばめる【鏤める】⇩はめる
ちりょう【治療】医療　療治　施療　診療　診察　療養　薬石効なく　傷の手当て

ちりょく【知力】⇩ちえ
ちる【散る】対集まる　散らばる　散らかる　飛び散る　散り乱れる　散乱　四散　飛散　分散　四分五裂　▽散逸　離散　分裂
ちんあつ【鎮圧】⇩おさえる（押さえる）
ちんか【沈下】⇩しずむ
ちんか【鎮火】⇩けす
ちんぎん【賃金】⇩きゅうりょう（給料）
ちんじ【珍事・椿事】⇩できごと
ちんしゃ【陳謝】⇩あやまる（謝る）
ちんじゅ【鎮守】⇩じんじゃ
ちんじゅつ【陳述】⇩はつげん
ちんせん【沈潜】⇩しずむ
ちんつう【鎮痛】⇩しずめる（鎮める）
ちんでん【沈澱】⇩しずむ
ちんぴん【珍品】⇩しなもの
ちんぷ【陳腐】⇩ありきたり
ちんぼつ【沈没】⇩しずむ
ちんみ【珍味】⇩ごちそう

ちんもく【沈黙】⇩だまる
ちんれつ【陳列】展示 展覧会 展観 供覧 公開 配置 配列 布置の妙 ディスプレー ▽出品 出陳 出展

つ

つい【対】⇩くみ
つい ①つい忘れた↓うっかり ②ついそこまで↓ちかい
ついおく【追憶】⇩なつかしむ
ついか【追加】⇩おぎなう
ついきゅう [1]【追求】欲しいものを 利潤を追求する↓もとめる [2]【追究】分からないことを 真理を追究する↓けんきゅう [3]【追及】追い詰める 責任を追及する 糾明 糾問 尋問 問責 調査 吟味 ▽犯人を追及する↓おう
ついじゅう【追従】⇩つかえる(仕える)
ついしょう【追従】⇩へつらう
ついしん【追伸・追申】⇩あとがき
ついせき【追跡】⇩おう(追う)
ついぜん【追善】⇩とむらう
ついぞ ⇩かつて(曾て)
ついそう【追想】⇩なつかしむ
ついたち【一日・朔日】⇩つきはじめ
ついたて【衝立】⇩たてぐ
ついで【序】折 良い折 チャンス 機会 好機到来 途中 途次
ついで【次いで】⇩あいつぐ
ついでに【序に】かたがた 散歩がてら ▽行き-掛け・ずり 帰り-掛け・しな 通り-掛け・掛かり・すがり
ついては【就ては】⇩そこで
ついとう【追悼】⇩とむらう
ついに【遂に・終に】とうとう いよいよ夏休みだ 終《しま》いには 果ては 果てには 果てに 挙げ句の果て 挙げ句 とどの詰まり 結局失敗した 結句 所詮《しょせん》 畢竟《ひっきょう》
ついばむ【啄む】⇩たべる
ついほう【追放】⇩おいはらう
ついやす【費やす】使い減らす 消費 体力を消耗する 消却 ▽使い込む 財産を費消する 財産を摩する 費耗 穴を開ける 乱費 浪費
ついらく【墜落】⇩おちる
つう【通】⇩ものしり
つうか【通過】⇩とおりすぎる
つうかい【痛快】⇩たのしい
つうぎょう【通暁】⇩くわしい
つうこう【通行】⇩ゆきき
つうこく【通告】⇩しらせる
つうじょう【通常】⇩ふつう
つうじる【通じる】①道が通じる↓とおる ②話が通じる↓わかる
つうしん【通信】通信 音信 発信 送信 ▽着信 来信 受信
つうじん【通人】⇩あそびにん
つうせつ【通説】[対]異説 ⇩がくせつ
つうせつ【痛切】⇩つくづく
つうそく【通則】総則 原則 概則 規則 傾向 方向 ルール プリンシプル 傾き
つうぞく【通俗】⇩ぞく(俗)

つ

つうたつ【通達】⇩しらせる
つうち【通知】⇩しらせ
つうほう【通報】⇩しらせる
つうやく【通訳】通辞　通弁　インタープリター　▽同時通訳
つうゆう【通有】⇩きょうつう
つうよう【痛痒】⇩くるしみ
つうらん【通覧】⇩みる(見る)
つうれつ【痛烈】⇩はげしい
つうろ【通路】⇩みち
つえ【杖】ステッキ　洋杖　竹杖　杖策　杖棒　扶老　短杖　巨杖　▽金剛杖《こんごうづえ》　戒杖　柱杖　禅杖　▽仕込み杖　松葉杖
つか【塚】⇩はか
つかい【使い】⇩つかいのもの
つがい【番い】⇩そろい
つかいかた【使い方】用い方　用法　使用法　▽仮名遣い　筆遣い　筆法　言葉遣い　語法　文法
つかいこなす【使い熟す】⇩つかう(遣う)
つかいこむ【使い込む】⇩ついやす
つかいなれる【使い慣れる】⇩なれる(慣れる)
つかいのもの【使いの者】使い　小走り　小間使　メッセンジャー　ボーイ　使者　使人　使介　急使　▽使節　使臣　国使　特使　ミッション　敬語〔相手方の〕お使い　お使いの方　ご使者　貴使　貴《き》役《えき》　尊紀／〔自分側の〕使い　使いの者
つかいみち【使い道】金の使途　用途　費途　支途　▽実用　日用　当用　常用　▽食用　飲用　薬用　▽社用　商用　軍用
つかう ①【使う】用いる　人・機械ーを使う　用いる　使用　権力を行使する　牛馬を使役する　駆使　酷使　扱《こ》き使う　使い古す
②【遣う】役立てる　金・気ーを遣う　特長を生かす　使いー熟《こな》す・分ける　財を散じる　使用　利用　善用　活用
つかえる ①【支える】結婚・事務ーに支える↓さしつかえ
②【閊える】道路・仕事・演説ーが閊える↓つまる
③【痞える】胸・喉《のど》ーが痞える↓くるしい
つかえる【仕える・事える】従う　服する　奉じる　服従　追従　奉仕　奉公　奉職　勤務　服務　服事
つかさどる ①【掌る】役目として　会計・消化ーを掌る　扱う　取り扱う　業務に携わる　管轄　監理　主管官庁
②【司る】長として　農政・宗派ーを司る　学会を牛耳る　司管　事業を掌理する　支配　雑誌を主宰する
つかねる【束ねる】⇩くくる(括る)
つかのま【束の間】⇩しばらく(暫く)
つかまえる ①【捕まえる】虫・犯人ーを捕まえる↓とらえる
②【捉まえる】機会・大臣ーを捉まえる↓とらえる
③【摑まえる】棒・首ーを摑まえる↓つかむ

つかみあい【摑み合い】⇩くみうち

つかむ ①【摑む】しっかり　棒・幸運・大意ーを摑む　棒・首ーを摑まえる　握る　全体を把握する　把持　部下を掌握する　②【攫む】入手　お金を攫む　攫み取り　手・鷲《わし》ー攫み　戦車を分捕る　鹵獲《ろかく》　捕獲　拿捕《だほ》

つかる ①【浸かる】家が水に浸かる↓ひたる　②【漬かる】大根が漬かる　漬く　熟《な》れる　潤う

つかれる【疲れる】くたびれる　くたばる　へたばる　へばる　へこたれる　のびる　ばてる　へとへと　ふらふら　寠《やつ》れる　肩が凝る　疲労　心労　過労　疲弊　疲労困憊《こんぱい》　疲憊　グロッキー　▽気疲れ　旅疲れ　敬語 〔相手方が〕お疲れになる　ご疲労　ご大儀なこと／〔自分側が〕疲れ果てる　弱り果てる

つかわす【遣わす】⇩はけん(派遣)

つき【月】太陰　月輪　名鏡　▽新月　初月　初弦　三日月　弓張り月　上弦　弦月　半月　満月の夜　円月　望月　中秋の明月　十六夜《いざよい》　立ち待ちの月　居待ち　寝待ち　下弦　▽名月　清月　朗月　朧月《おぼろづき・ろうげつ》　淡月　残月　斜月　有明《ありあけ》　残んの月　名残《なごり》の月

つぎ【次】①次の日　この次　明くる　翌《よく》　明《みょう》　次回　今度　②次の位　副　準　助　亜　次位　第二　二位　富士山に次ぐ山

つぎ【継ぎ】⇩つくろう

つきあい【付き合い】人付き合いのいい人　交わり　近づきになる　折り合い　交際　交遊関係　交誼《こうぎ》　交歓　懇親　親睦《しんぼく》　社交　渉外　外交　融和　和合　協和　親和会　親善　友誼《ゆうぎ》団体　▽親交　至交　深交　旧交　水魚・金蘭《きんらん》・管鮑《かんぽう》・断金・刎頸《ふんけい》・膠漆《こうしつ》ーの交わり　敬語 〔相手方と〕お近付き　ご交際　ご深交　ご恩遇　ご恩顧　ご厚遇　ご懇情

つきあう【付き合う】人と交わる　近づく　仲間に与《くみ》する　打ち解ける　折り合う　馴《な》れ合う　馴れ染める

つきあたり【突き当たり】⇩ゆきどまり

つきあたる【突き当たる】物に当たる　打ち当たる　ぶつかる　搗《か》ち合う　衝突　衝撃を受ける　激突　触激

つきあわせる【突き合わせる】引き合わせる　見比べる　校正　照合　対照　対比　照校　照査　比較　▽校閲　添削

つきがけ【月掛け】⇩たくわえ

つぎき【接ぎ木】⇩さいばい

つぎこむ【注ぎ込む】⇩いれる

つきずえ【月末】対月初め　⇩げつまつ

つきそい【付き添い】⇩せわ

つきそう【付き添う】⇩たすける

つぎたす【継ぎ足す】⇩くわえる(加える)

つきづき【月々】⇩まいつき

つぎつぎに【次々に】次から次　続いて　引き続き　順に　順々に　順繰

り　順送り　順を追って　順次　逐
次　▽続け様　立て続け　矢継ぎ早
続々　続出　連続・継続・連鎖-的
つきつける【突き付ける】⇩みせる
つきでる【突き出る】突き出す　出っ張
る　差し出る　突出　▽盛り上がる
中高　隆起
つきとばす【突き飛ばす】⇩ける
つきなみ【月並・月次】⇩ふつう
つきはじめ【月初め】対月末　月初　月
頭　初旬　上旬　▽一日《ついたち・いちじつ・いっぴ》
朔日《さくじつ・ついたち》　月朔
つきひ【月日】⇩としつき
つきまとう【付き纏う】⇩そう(添う)
つきみ【月見】⇩ふうりゅう
つぎめ【継ぎ目】⇩さかい
つきもの　①【憑き物】病気　物の怪《け》
鬼　魔　祟《たた》り　邪祟《じゃすい》　鬼憑《きひょう》
②【付き物・附き物】付属品　添え物
付属品　部品　アクセサリー
つきよ【月夜】⇩よる(夜)
つきる【尽きる】無くなる　切れる　果
てる　終わる　尽き果てる　食い尽く
す　取り切る　使い果たす　出払う　体
力が消耗する　消尽　消滅　尽滅　資
金を蕩尽《とうじん》する　財源が枯渇《こかつ》する
つく　①【着く】とどく　東京・席-に着く
目的地に至る　立ち至る　乗り着ける
行き・辿《たど》り-着く　届く　達する　到
着　到達　到来　来着　参着　帰着
安着　着陸　着水　着席　着座　敬語
〖相手方が〗お着きになる　ご到着／〖自
分側が〗着きました　行き着く　至る
達する
②【就く】あたる　職・任務-に就く　就
職　勤務　当直
③【即く】地位　位に即く　即位　戴
冠《たいかん》式
つく【付く】はなれない　色が・味方に-付
く　食っ付く　引っ付く　吸い付く
付着　固着　接着　密着　粘着　膠
着《こうちゃく》　傷口の癒着　癒合　▽【附く】
そばに　条件が・病人に-附く　付き添
う　附属　従属　隷属　服従
つく　①【突く】さす　短刀で・毬《まり》を-突
く　突っ突く　頭を小突く　▽【撞く】
うつ　鐘・玉-を撞く　打つ　突撞《とつどう》
衝撞　撞球　▽【衝く】むかう　急所・
不意-を衝く　打つ　衝撃を受ける
②【搗く・舂く】つぶす　臼・米-を搗く
舂米《しょうべい》　舂撞《しょうどう》　餅《もち》搗き　杵《きね》搗
きの餅
つく　①【蹤く】子供が・方針に-蹤く↓
したがう
②【点く】対消える　火・明かり-が点
く　点《とも》る　点火　点灯
③【憑く】病気　狐《きつね》・物の怪《け》-が憑
く　取り憑く　乗り移る
つく【吐く】⇩いう(言う)
つぐ【次ぐ】①つづく　次いで起こる↓
あいつぐ　②富士山に次ぐ山↓つぎ
つぐ【注ぐ】⇩くむ(酌む)
つぐ　①【継ぐ】つづける　布を継ぐ　小
切れを接《は》ぐ　継ぎ・接ぎ・縫い・綴《つづ》り-
合わせる　縫合作業　▽遺志を継ぐ
↓うけつぐ　▽【嗣ぐ】あとを　家・芸-

を嗣ぐ 跡を襲う 跡継ぎ 世継ぎ ②【接ぐ】あわせる 骨・木ーを接ぐ 紐を繋《つな》ぐ 接着剤 接骨医

つくえ【机】⇩テーブル

つくす【尽くす】尽力 職務に尽瘁《じんすい》する 献身 貢献 丹誠 粉骨砕身

つくだに【佃煮】⇩にもの

つくづく【熟々】よくよく しみじみ つらつら ほとほと弱る とっくり ぞっこん 篤と 切に 痛切 痛烈 切実 無性《むしょう》に恋しい

つぐなう【償う】埋め合わせる 罪を贖《あがな》う 代償 損害を補償する 賠償 弁償 弁済 返済 償却

つぐむ【噤む】⇩むくち

つくり【作り】⇩かたち

つくりごと【作り事】⇩うそ

つくりばなし【作り話】絵空言 物語 小説 架空の話 仮構の話 フィクション ロマン

つくる ①【作る】手づくり 米・着物・料理・子供・文・規則・計画ーを作る 作り出す・上げる 拵《こしら》える 山・色ーを作《な》す 製する 組み立てる 工作 作成 製作 加工業 ▽【創る】小説・学校・天地ーを創る 創作 創製 創案 創建 創設 創業 天地創造 ②【造る】近代工業的 船・薬品・酒・庭園・校舎・記念碑・新語ーを造る 製する 製造 製作 造作 宮殿を造営する ▽新造 造船 製薬 造酒 醸造 造園 造語 人造

つくろう【繕う】故障を直す 手入れ 継ぎを当てる 修理 修繕 修造 修復作業 補修 営繕ー課・費

つげ【告げ】⇩おつげ

つけあがる【付け上がる】⇩のぼせる

つげぐち【告げ口】⇩ちゅうい

つけくわえる【付け加える】⇩くわえる（加える）

つけたす【付け足す】⇩くわえる（加える）

つけとどけ【付け届け】⇩おくりもの

つけもの【漬物】香の物 新香 ピクルス 一夜漬け 新漬け 浅漬け 古漬け 塩漬け 糠《ぬか》漬け 奈良《なら》漬け 糟《かす》漬け 糠味噌《ぬかみそ》漬け 味噌《みそ》漬け 沢庵《たくあん》漬け 福神漬け 朝鮮漬け 辛子《からし》漬け 漬け菜

つける【付ける】離れない 色・名・力ーを付ける 食っ付ける 引っ付ける 擦《な》する 擦り付ける 吸い付ける 釘付《くぎづ》け 糊付《のりづ》け 付着 固着 接着剤 密着 装備 部品を装着する ▽【附ける】そばに 条件・保険ーを附ける 附する 附帯事項 附則 附属

つける ①【跟ける】あとを 後を跟ける 尾行刑事 追行 追尾 ②【点ける】対消す 火・明かりーを点ける 点《と》もす 点火 点灯 点燭《てんしょく》

つける ①【浸ける】水に浸ける ↓ひたす ②【漬ける】料理 大根を漬ける 漬物

つげる【告げる】⇩しらせる

つごう【都合】成り行き 具合 手順

手筈《てはず》 段取り 勝手 便宜 首尾よく 機宜 ▽好都合 便利 便宜 便益 都合がよい いい・旨《うま》い－具合 旨くいく

つごもり【晦】 ⇩げつまつ

つじ【辻】 ⇩こうさてん

つじつま【辻褄】 ⇩りくつ

つたえる【伝える】 告げる 知らせる 伝達 伝言 告知板 報知 通知 ▽伝授 伝承 一子相伝 口授《くじゅ》 口承 口伝《くでん》 口伝え 口伝って

つたない【拙い】 ⇩へた

つたわる【伝わる】 仏教が伝来する 南蛮渡来の珍品 舶来の品 ▽伝播《でんぱ》 流行 普及 ▽家伝の宝刀 一子相伝 世伝 伝承芸能

つち【土】 土塊《つちくれ・どかい》 泥 泥んこ 土壌《どじょう》 土砂《どしゃ》 泥土 ▽赤土《あかつち》 赭土 黒土《くろつち》 沃土《よくど》 焦土 耕土 腐植土 陶土 粘土

つち【槌】 ハンマー 金槌 木槌 石槌 玄翁《げんのう》 鉄槌《てっつい》 槌杵《ついしょ》 ▽打出の小槌 宝尽くし 金椎子《きんついし》

つちかう【培う】 ⇩さいばい

つつ【筒】 管《くだ・かん》 パイプ チューブ ホース 土管 鉄管 鋼管 コンクリ管 ヒューム管

つづいて【続いて】 ⇩つぎつぎに

つつがなく【恙無く】 ⇩ぶじ

つづく【続く】 対絶える 引き続く 田が連なる 繋《つな》がる 連続 持続 存続 永続 継続 接続 連接 続演 続開 勤続 ▽長続き ぶっ続け 昼夜ぶっ通し ▽続々 陸続 連綿 連々 綿々 延々 脈々

つづけざま【続け様】 ⇩つぎつぎに

つづける【続ける】 軒を連ねる 並べる 連結 連合 ▽会議を引き延ばす 仕事を継続する 続行 存続

つっこむ【突っ込む】 ⇩いれる

つつしむ【慎む】 畏《かしこ》まる 謙《へりくだ》る 遠慮する 控え目にする 慎み・遠慮－深い 慎ましい態度 謹慎 謹厳 恭慎 恭謙 戒慎 行動を自重する

つつしんで【謹んで】 恭しく 心から 謹厳 謹厚 恭謙 恭敬 敬虔《けいけん》 慎重 自重

つつぬけ【筒抜け】 ⇩あけっぱなし

つっぱしる【突っ走る】 ⇩ぼうそう

つっぱねる【突っ撥ねる】 ⇩ことわる

つつましい ①【慎ましい・虔しい】 慎ましい態度↓つつしむ ②【倹しい】 ⇩つましい

つつみ【包み】 ⇩にもつ

つつみ【堤】 土手《どて》 ダム 堰《せき》 堤防 水堤 堤塘《ていとう》 長堤 ▽防波堤 突堤 水堤 ▽水門 水閘《すいこう》 閘門 ゲート

つづみ【鼓】 ⇩たいこ

つつむ【包む】 包《くる》む 顔を覆う 上に被《か》ぶせる 隠す 包み隠す 他人を包容する 包含 包括 収容 包装用紙 内蔵 腹蔵なく話す 包蔵

つづめる【約める】 縮める 詰める 窄《すぼ》める 切り詰める 端折る 簡易化 簡略化 簡素化

つづらおり【九十九折】 ⇩さか

つづりかた【綴り方】⇩さくぶん

つづる【綴る】①書類を綴る ↓とじる ②思い出を綴る ↓かく

つて【伝手】手蔓《てづる》 引き 手掛かり 続き合い コネ 縁故 関係 関連

つど【都度】度《たび》 毎《ごと》 折《おり》 時《とき》 毎度 毎回 毎次 累次《るいじ》の被災

つどう【集う】⇩あつまる

つとに【夙に】⇩とうに

つとめ ①【務め】役目 議長の務め 役目 任《にん》 任務 服務 職務 責務 義務 大任 重任 本分 職分 職掌 使命 ②【勤め】仕事 会社の勤め 勤務に励む 本務 本分を弁える 繁務 激務 公務 公用 公職に就く ▽お寺の勤め 勤行《ごんぎょう》 看経《かんきん》

つとめさき【勤め先】勤め口 口を探す 勤務先 会社 官庁 職場 持ち場 任地に赴く

つとめて【努めて】⇩できるだけ

つとめにん【勤め人】勤労者 月給取り サラリーマン ビジネスマン ▽オフィスレディー OL

つとめる ①【勤める】仕事 会社に勤める 勤務 勤労 奉公 出仕 出勤 内勤 外勤 出張 精勤 敬語 〔相手方が〕お勤めになる ご奉務 ご精励 ご高励／〔自分側が〕勤めております 勤務 社務に励む 専心勉励 ②【努める・勉める・力める】解決・サービスに努める 励む 勤《いそ》しむ 精出す 努力 精励 勉励 尽力 勉強 刻苦 砕心 ▽営々と働く 汲々《きゅうきゅう》 孜々《しし》 ③【務める】役目 議長・投手を務める 拝命 役割 任務

つな【綱】縄 ロープ 細引き 縄索 太綱 太縄 大縄 大索《たいさく》

つながり【繋がり】⇩かんけい

つながる【繋がる】結び付く 関《かか》わる 結合 連結 連係 関連 接続 接触 脈絡を保つ 連続

つなぐ【繋ぐ】結び付ける 繋ぎ合わせる 結合 接続 連絡 連係 係絡 係留 緊縛 連結

つなみ【津波】⇩なみ(波)

つね【常】⇩ふつう

つねに【常に】⇩いつも

つねる【抓る】⇩つまむ(抓む)

つの【角】長角 曲角 利角 勁角《けいかく》 牛角 鹿角《ろっかく》 犀角《さいかく》

つのぐむ【角ぐむ】⇩めぐむ(芽ぐむ)

つのる【募る】①希望者を募る 集める 徴する 募集 徴発 徴募 徴集 公募 徴兵 募兵 募金 ②風が募る 高まる 高じる 増長 増大 インフレが亢進《こうしん》する

つば【唾】唾《つばき》 生唾 固唾《かたず》をのむ 涎《よだ》れ 唾液《だえき》 唾汁《だじゅう》 津液《しんえき》 津唾 口液 ▽痰《たん》 喀痰《かくたん》

つばさ【翼】鳥の羽《は》ね 飛行機の翼《よく》 羽翼 翅翼《しよく》 鵬翼《ほうよく》 ▽双翼 両翼 双翅 ▽一翼 片翼 隻翼

つぶ【粒】顆粒《かりゅう》 小粒 粒子 微粒子

▽米粒　舎利《しゃり》　粟粒《あわつぶ》　ご飯粒
▽賽《さい》の目に切る

つぶさに【具に】⇩くわしく

つぶす【潰す】壊す　押し・踏み・捻《ひね》り・握り－潰す　踏み躙《にじ》る　粉を碾《ひ》く　粉々にする

つぶぞろい【粒揃い】⇩すぐれる

つぶやき【呟き】⇩ひとりごと

つぶより【粒選り】⇩すぐれる

つぶら【円ら】⇩まるい(円い)

つぶる【瞑る】⇩ねむる

つぶれる【潰れる】①建物が潰れる　壊れる　倒壊　全壊　半壊　壊敗　都市が壊滅する　②会社が潰れる　倒産　破産　破滅に導く

つぼ【壺】①壺に入れる↓いれもの　②壺を押さえる　話の要《かなめ》　決め所　ポイント　急所　重点　中心点

つぼみ【蕾・莟】⇩はな(花)

つぼむ【窄む】窄まる　窄《すぼ》む　窄《すぼ》まる　緊窄《きんさく》　▽後窄《つぼ》まり　尻《しり》窄み

つま【妻】対夫　男の連れ合い　社長夫人　婦君　細君　主婦　女房　嬶《かかあ》　内儀《おかみ》　ワイフ　▽先妻　前妻　▽後添い　後妻　今の妻　現妻　▽後家《ごけ》　未亡人　敬語〔相手方の〕奥様　奥方様　御奥方様　ご令夫人様　ご令室様　ご内室様　ご家内様　ご新造様　ご寮人様／〔自分側の〕妻《つま・さい》　家内　愚妻　老妻　小妻　拙妻〔名〕

•亡き妻　敬語〔相手方の〕故奥様　故ご令室様　亡き御奥様／〔自分側の〕亡妻　亡き家内　亡き妻　亡き〔名〕

つまさき【爪先】⇩あし(足)

つまされる⇩ほだされる

つましい【倹しい】倹しい生活を送る　質素を旨とする　質朴　質実剛健　節倹を旨とする　節用　始末屋　▽粗衣を纏う　粗食に甘んじる

つまずく【躓く・蹉く】転ぶ　蹴《け》躓く　蹉跌《さてつ》　蹶転《しってん》　▽勇気が挫《くじ》ける　途中で挫折《ざせつ》する　意気阻喪　失敗　頓挫《とんざ》を来す　停頓

つまだち【爪立ち】⇩のびあがる

つまはじき【爪弾き】⇩なかまはずれ

つまびらか【詳らか】⇩くわしい

つまむ 1【摘む・撮む】取る　大豆・鮨《すし》－を摘む　箸で挟む　摘撮　括撮
2【抓む】ひっぱる　皮膚・端－を抓む　引っ張る　抓《つね》る

つまらない【詰まらない】対面白い　下らない　味気ない　興醒《きょうざ》め　座が白ける　馬鹿《ばか》馬鹿しい　馬鹿－らしい・くさい　他愛《たわい》ない　無味乾燥　殺風景　無意味　無価値　無趣味　低俗　敬語〔相手方が〕興も少ない　何の興趣もない　お気に召さない　ほんのお標《しるし》ばかりの

つまり【詰まり】即《すなわ》ち　言い換えれば　別の言葉で言えば　換言すれば　別言すれば　▽要するに　詰まるところ　詮《せん》ずるところ　煎《せん》じ詰めると　端的に言えば　畢竟《ひっきょう》　結局こうなる　所詮《しょせん》駄目だ

つまる【詰まる】先が塞《ふさ》がる　行き詰まる　道・仕事・演説－が閊《つか》える　閉塞《へいそく》

窒塞 ▽息詰まる 窒息 糞《ふん》詰まり 便秘

つみ【罪】 科《とが》 罪悪 罪障 罪科 罪状 罪跡 業《ごう》が深い 罪業 有罪 余罪 ▽重罪 大罪 重科 大辟《たいへき》 ▽微罪 軽罪 軽犯罪

つみあげる【積み上げる】⇩つむ(積む)

つみたてきん【積立金】⇩たくわえ

つむ【積む】 ①土を積む 盛る 積み上げる・重ねる 盛り上げる・重ねる 集積 重積 蓄積 堆積《たいせき》 山積 累積 累加 ②車に積む↓のせる

つむ【摘む】 ①茶を摘む ↓とりいれる ②腋芽《わきめ》を摘む↓とりのける

つむぐ【紡ぐ】⇩よる(縒る)

つむじまがり【旋毛曲がり】⇩かわりもの

つめ【爪】 生爪 爪甲《そうこう》 指甲 指爪 ▽鶏の距《けづめ》 馬の蹄《ひづめ》

つめ【詰め】⇩しあげ

つめしょ【詰所】⇩しごとば

つめたい【冷たい】 対熱い 冷やっこい 冷や冷やした風 冷え冷えする日 冷ややか 冷冽《れいれつ》 清冷 冷気 冷水

つめる【詰める】 詰め・押し込む 中に入れる ▽箱詰め 缶詰 瓶詰め 樽《たる》詰め 豚の腸詰め

つもり【積もり】 心積もり 心組み 所存 心算 覚悟 意向 志向 意図 ▽下心 魂胆 敬語(自分側の)心積もり所存でございます 微衷をお酌《く》み取りください

つもる【積もる】 重なる 赤字が累積する 重積 堆積《たいせき》 ▽降り積もる 降り積む 積雪

つや【通夜】⇩そうしき

つや【艶】 照り 輝き 色艶《いろつや》 光沢 色沢が豊かだ 光彩を放つ ▽黒光り 底光り

つやっぽい【艶っぽい】⇩いろっぽい

つややか【艶やか】⇩ぴかぴか

つゆ【露】 白露 甘露《かんろ》 雨露 露水 露滴 白露 玉露 ▽朝露《あさつゆ・ちょうろ》 暁露 ▽夜露

つゆ【梅雨】⇩うき

つゆはらい【露払い】⇩さきがけ

つよい【強い】 対弱い 逞《たく》ましい 強力 強壮 勇壮 強剛 屈強 強大 強固 無敵艦隊 ▽きつい どぎつい

つよき【強気】 対弱気 強腰 高飛車に出る 居丈高《いたけだか》 高圧的 高姿勢 ▽勝ち気な性格 負けん気 聞かん気 気丈な女 気強い 鼻息が荒い

つよごし【強腰】⇩つよき

つよめる【強める】 対弱める 強くする 深める 深くする 体制強化 補強 増強 強力化 強大化

つら【面】⇩かお

つらあて【面当て】⇩ひにく

つらい【辛い】 切ない 苦しい 苦《にが》い 経験 遣《や》り切れない 大儀 辛苦 艱苦《かんく》 辛労 辛酸 苦難 苦労

つらがまえ【面構え】⇩かおつき

つらつら【熟々】⇩つくづく

つらなる【連なる】 田・軒が連なる ↓

つづく　▽【列なる】末席に列なる↓ならぶ

つらぬく【貫く】糸で·玉を-貫《ぬ》く　貫《つらぬ》き通す　突き-通す·抜く　徹する　貫徹　貫通　完遂　徹底

つらねる【連ねる】軒を連ねる　↓つづける　▽【列ねる】名を列ねる↓ならべる

つらら【氷柱】氷柱《ひょうちゅう》　氷条　垂氷《たるひ》　懸氷　▽樹氷　霧氷

つり【釣り】魚《さかな》-釣り·取り　魚《うお》-釣り·取り　釣魚《ちょうぎょ》　沈鉤《ちんこう》　垂綸《すいりん》　▽竿《さお》釣り　掛け釣り　流し釣り　手釣り　一本釣り　友釣り

つりあい【釣り合い】バランスを取る　持ち·兼ね-合い　程合い　均衡　均斉が取れる　平均　平衡を保つ　権衡　調和　諧調《かいちょう》

つりあう【釣り合う】⇩にあう

つりがね【釣り鐘】⇩かね(鐘)

つりばし【吊り橋】⇩はし(橋)

つりばり【釣り針】⇩はり(針)

つる ①【弦】弓の弦↓ひも　▽【絃】楽器の絃↓いと　▽【鉉】鍋《なべ》の鉉↓とって

②【蔓】朝顔の蔓↓くき

つる ①【釣る】漁　魚を-釣る·取る　釣り上げる　漁《いさ》る舟　沖に漁《すなど》る

②【吊る】紐《ひも》で吊る↓さげる

つる ①【攣る】ゆがむ　編み目が攣る　引かれる　糸が引き攣る　顔が歪《ゆが》む

②【痙る】病気　足が痙る　痙攣《けいれん》

つるぎ【剣】⇩かたな

つるす【吊す】⇩さげる(下げる)

つれ【連れ】道連れ　顔触れ　仲間　同行者　同伴者　同道者　一行十名　▽子供連れ　親子連れ　夫婦連れ

つれあい【連れ合い】①男の連れ合い↓つま　②女の連れ合い↓おっと

つれさる【連れ去る】⇩つれだす

つれそう【連れ添う】⇩つれる

つれだす【連れ出す】連れ去る　拐《かどわか》す　子供を攫《さら》う　引き·誘《おび》き-出す　誘拐《ゆうかい》　拐引　勾引《こういん》　▽人攫い　子供攫い　拐児《かいじ》　誘拐者

つれだつ【連れ立つ】⇩つれる

つれづれ【徒然】⇩たいくつ

つれない⇩むじひ

つれる【連れる】妻を伴う　従える　率いる　連れ-立つ·添う　引き-連れる·具す　引率　随伴者　帯同　同道　同行　統率　犯人を連行する

つわもの【兵】⇩ぶし

て

て【手】対足　上肢　前肢　▽右手　馬手《めて》　左手　弓手《ゆんで》　両手　双手《もろて》を挙げて賛成する　片手　隻手の勇士

であい【出会い·出合い】⇩めぐりあい

であう【出会う·出合う】出会《でくわ》す　巡り·行き-会う　落ち·搗《か》ち-合う　乗り合わせる　鉢合わせ　際会

てあし【手足】手足《しゅそく》　四肢　▽肢体　肢幹

てあしまとい【手足纏い】⇩じゃま

てあつい【手厚い】⇩ていねい
てあて [1]【手当て】①傷の手当て↓ちりょう ②資金の手当て↓ようい [2]【手当】 年末・労働ーの手当 ↓きゅうりょう
てあら【手荒】⇩らんぼう
てあらい【手洗い】⇩べんじょ
である だ です 敬語 〔相手方が〕でおいでになります でいらっしゃいます／〔自分側が〕でございます
てあわせ【手合わせ】⇩しあい
ていあん【提案】発案 発議 提議 委員会に付議する 会議に上程する ▽提言 建議 建策
ていおう【帝王】⇩げんしゅ(元首)
ていか【定価】⇩ねだん
ていきゅう【低級】⇩げひん
ていけい【提携】協力 共同 連合 連携 タイアップ 相携える
ていげん【提言】⇩ていあん
ていこう【抵抗】⇩てむかう
ていこく【定刻】定時に帰る 約束の刻限 予定・規定ー時刻 時間
ていさい【体裁】⇩かたち
ていさつ【偵察】⇩うかがう(窺う)
ていし【停止】⇩とまる(止まる)
ていじ【定時】⇩ていこく
ていじ【提示】⇩しめす(示す)
ていしゃじょう【停車場】⇩えき(駅)
ていしゅ【亭主】⇩おっと
ていしゅく【貞淑】⇩みさお
ていしゅつ【提出】提示 見せる 差し・持ちー出す 突き付ける
ていじょ【貞女】⇩みさお
ていしょう【提唱】⇩となえる
ていしょく【抵触・牴触】⇩はんする
ていする【呈する】①一書を呈する↓あたえる ②活気を呈する↓みせる
ていせい【訂正】直す 正す 正誤 是正 修正 矯正《きょうせい》 改訂 改正 補正 批正を乞う ▽推敲《すいこう》を重ねる 添削 指導 加除修正 手直し
ていせつ【貞節】⇩みさお
ていそ【提訴】⇩うったえる
ていそう【貞操】⇩みさお
ていぞく【低俗】⇩げひん
ていたい【停滞】⇩とどこおる
ていたく【邸宅】⇩いえ
ていちょう【丁重・鄭重】⇩ていねい
ていでん【停電】⇩こしょう
ていど【程度】限度 加減 具合 度合い 程合い 頃《ころ》合い 程《ほど》 位《くらい》 ▽格 規格 格式 等級
ていとう【抵当】⇩たんぽ
ていとん【停頓】⇩とどこおる
ていねい【丁寧・叮嚀】丁重 懇切 敬虔《けいけん》 慇懃《いんぎん》 謙譲 謙遜《けんそん》 謙虚 懇ろ 念入り 親《しん》身《み》になって世話する 手厚い看護
ていねん【定年・停年】⇩やめる(辞める)
ていはく【停泊・碇泊】⇩とまる(泊まる)
ていぼう【堤防】⇩つつみ(堤)
ていよく【体良く】⇩それとなく
でいり【出入り】出《で》入《はい》り 出入 出没 ▽収支 金銭の出納《すいとう》
でいりぐち【出入り口】口《くち》 戸口 と

ば口　入り口　出口　表口　玄関　裏口　勝手口　非常口

ていりゅうじょ【停留所】⇩えき(駅)

ていれ【手入れ】繕い直し　修理　修繕　補修　施設の保守　営繕

ていれい【定例】恒例によって　常例　定式が出来上がる　決まり　定期的　規則的　▽例祭　例会　常会

ていれつ【低劣】⇩げひん

データ⇩しりょう(資料)

デートランデブー　待ち合わせ　出会い　逢《あ》い引き　逢瀬《おうせ》を楽しむ　▽忍び逢い　密会　野合

テーブル　食卓　飯台　食膳《しょくぜん》　卓袱《ちゃぶ》台　▽デスク　机　円い卓《たく》　卓子《たくす》　書机　円卓　教卓　演台

テーマ　主題　中心‐思想・課題　着意　意図　眼目　本題

ておくれ【手後れ】⇩おそい

ておち【手落ち】⇩あやまち

てがかり【手掛かり】足掛かり　足場　きっかけ　取っ付き　鍵《かぎ》　キー　糸口《いとぐち》　端緒

てがける【手掛ける】⇩はじめる

でかける【出掛ける】自宅を出る　行く　出向く　向かう　赴く　外出　出動　発向　出張　子会社へ出向する　進出

てかげん【手加減】⇩しんしゃく

てかず【手数】⇩てま

てがたい【手堅い】⇩しっかり

てがみ【手紙】郵便　書簡　書状　書信　書札　書面　消息　音信《いんしん》　沙汰《さた》　手簡　手書　訪れ　便り　レター　▽前便　後便　▽封書　はがき　親書　私信　公文　速達　急信　飛書　飛簡　飛文　急報　▽返信　返書　返事　返簡　返状　復書　回書　敬語〔相手方の〕お便り　貴状　貴書　貴簡　貴札　貴封　御状　御書　尊書　尊簡　尊札　台簡　台札　芳書　芳簡　芳札　芳墨　玉簡　玉札　玉章　華簡　華墨　華箋《かせん》／〔自分側の〕愚書　愚簡　愚札　卑書　卑簡　卑札　寸書　寸簡　寸札　寸楮《すんちょ》

てがら【手柄】功《いさお》　功《こう》　功名　功績　功労　勲功　事績　大業　偉業　功業　▽大勲　殊勲　偉勲　盛勲　著勲　大功　殊功　偉功　▽武勲　功名　戦功　武功　勲功　汗馬の労

てがる【手軽】⇩かんたん(簡単)

てき【敵】対味方　敵《かたき》　仇《あだ》を討つ　敵方に付く　敵手　敵軍　敵勢　外敵　怨敵《おんてき》　仇敵《きゅうてき》　讐敵《しゅうてき》　仇讐　不倶戴天《ふぐたいてん》の敵　寄せ手　▽大敵　強敵　堅敵　勁敵《けいてき》　猛敵

できあい【出来合い】対あつらえ　有り合わせ　手持ち　既製品　レディーメード　▽常備　常置　常設

できあがる【出来上がる】作品が出来る　仕上がる　契約が成り立つ　完成　完了　実現　成就《じょうじゅ》　成立　生成　出来《しゅったい》　落成　竣工《しゅんこう》　竣成

てきおう【適応】⇩あてはまる

てきかく【的確】⇩たしか(確か)

てきぎ【適宜】⇩にんい

てきごう【適合】⇩あてはまる

できごころ【出来心】 魔が差す　悪心　悪意　他意はない　悪気《わるぎ》　故意

できごと【出来事】 大事《おおごと》　取り込み　ごたごた　事故　事件　事変　異変　変事　珍事　奇禍　大事《だいじ》が起こる　すわ一大事　只事《ただごと》ではない　▽現象　事態　諸行《しょぎょう》無常

テキスト ⇩きょうかしょ

てきする【適する】 当て嵌《は》まる　女性に向く職業　適合　適切　剴切《がいせつ》な処置　適当　条件に該当する　適応　適中

てきする【敵する】 ⇩てむかう

てきせつ【適切】 ⇩てきとう

できそこない【出来損ない】 ⇩きずもの

てきたい【敵対】 ⇩あらそう

できたて【出来立て】 出来てすぐ　出来たばかり　ほやほや　ホット

てきちゅう【的中・適中】 ⇩あたる(中る)

てきど【適度】 ⇩ほどよい

てきとう【適当】 ①適当な仕事　適切　妥当な意見　穏当　順当　身分相応　応分の手当を出す　適正　適度　好適な場所　好個　格好　至当な処置　順当　最適　手頃《てごろ》　頃合い　似つかわしい　相応《ふさわ》しい　打って付け　誂《あつら》え向き　②適当に行う↓にんい

できない【出来ない】 致し兼ねる　致し難《がた》い　読み難《にく》い　準備相叶《なかな》わず　調べも叶わず　困難　至難　不能　不可能

できばえ【出来栄え】 出来上がり・具合　実り　成果　結果　結末　結実　首尾も上々　成績　▽見栄え　代わり映えがしない

てきぱき ⇩はきはき

てきはつ【摘発】 ⇩あばく(暴く)

てきびしい【手厳しい】 対手緩《てぬる》い　⇩きびしい

できもの【出来物】 おでき　腫《は》れ物　吹出物　膿《うみ・のう》　腫物《しゅもつ》　腫瘍《しゅよう》　悪瘡《あくそう》　面疔《めんちょう》　▽汗疹《あせも・かんしん》　腋臭《わきが》　霜焼け　皹《ひび》が切れる　皹《あかぎれ》　凍傷　手に肉刺《まめ》が出来る　疣《いぼ》　胼胝《たこ》　痣《あざ》　疱瘡《ほうそう》　痘痕《あばた》　面皰《にきび》　雀斑《そばかす》　黒子《ほくろ》　瘤《こぶ》　肉瘤《にくりゅう》　結肉

てきや【的屋】 ⇩やし

てきよう【適用】 ⇩あてはめる

てきよう【摘要】 ⇩ぬきがき

できる【出来る】 ①作品が出来る　↓できあがる　②読むことが出来る　読み得る　準備相叶《かな》う　相成る　書を能《よ》くする　行ける　完成に至る　可能　企及するところではない　万能

できるだけ【出来るだけ】 出来る・能《あた》う限り　全力を尽くして　▽努めて　思う存分　思い切り　力一杯　精一杯　精々努力する　万々　極力　▽なるべく　なるたけ

てぎわ【手際】 手口が似ている　遣《や》り口が汚い　取り口　お手並み拝見　手の内　手練手管《てれんてくだ》で丸め込む　▽腕前　手腕　技量を示す　技能　技巧　技術　▽仕方　手続き　手順　方法

てきん【手金】 ⇩てつけ

てくだ【手管】 ⇩てぎわ

てぐち【手口】 ⇩てぎわ

でぐち【出口】⇩でいりぐち

テクニック ⇩ぎじゅつ

てくばり【手配り】⇩ようい(用意)

でくわす【出会す】⇩であう

てこ【梃子】 槓杆《こうかん》 梃子《ていし》 梃桿《ていかん》 ▽鉄梃《かなてこ・てってい》

てごころ【手心】⇩しんしゃく

てこずる【手古摺る】⇩こまる

てごたえ【手応え】⇩かんしょく(感触)

でこぼこ【凸凹】 表面のぼつぼつ 襞《ひだ》 折り山 襞山《ひだやま》 起伏が多い 凹凸《おうとつ》 高低 突起 波状 波紋

てごろ【手頃】⇩てきとう

デザイン ⇩もよう

てさき【手先】①手先が器用↓ゆび ②手先になる↓てした

でさき【出先】⇩しごとば

てさぐり【手探り】 弄《まさぐ》り 暗中模索 資料を探索する

てさげ【手提げ】⇩かばん

てざわり【手触り】⇩かんしょく(感触)

でし【弟子】 教え子 見習い 内弟子 愛《まな》弟子 門人 門弟 門生 門下 子弟 ▽高弟 高足 逸足 上足 俊足 敬語〔相手方の〕ご門弟 ご高弟 お弟子様 〔姓〕様／〔自分側の〕門弟 門下 弟子 〔姓〕

てした【手下】 悪の手先 手の者 下回り 子分 部下 配下 麾下《かき》 傘下 家来 腹心 当局の走狗《そうく》

てじな【手品】⇩まほう

てじゃく【手酌】⇩くむ(酌む)

でしゃばる【出しゃばる】 出過ぎる しゃしゃり出る 差し出る 差し出がましい おこがましい 口幅ったい お節介を焼く 越権行為 僭越《せんえつ》ですが 身分不相応

てじゅん【手順】 段取り 手続き 筋道 運び 次第 順序

てすう【手数】⇩てま

てすうりょう【手数料】 手間-代・賃 歩《ぶ》を取る 歩合 コミッション

てずから【手ずから】⇩みずから

てすき【手透き】⇩ひま

ですぎる【出過ぎる】⇩でしゃばる

テスト ⇩しけん(試験)

てすり【手摺り】 橋の欄干 勾欄《こうらん》に寄る ▽石欄 木欄 欄《らん》飾りのおばしま 拝殿の朱欄

でそろう【出揃う】⇩そろう

てだし【手出し】⇩せわ

てだすけ【手助け】⇩たすける

てだて【手立て】⇩しゅだん

でたらめ【出鱈目】 出放題 出任せを言う 気紛《きまぐ》れ 出たとこ勝負で行く 行き当たりばったり いい加減 不規則 イレギュラー ▽譫言《たわごと》 囈言《うわごと》 寝言 妄言を吐く 妄語 虚妄 空言 空語 事実無根 荒唐無稽《むけい》の説 ▽架空 虚構

てぢか【手近】 手元に置く 身近 間近 ▽側《そば》 傍《かたわ》ら 膝《ひざ》元《もと》 枕《まくら》元《もと》 最寄《もよ》りの駅 卑近 至近

てちがい【手違い】⇩あやまち

てちょう【手帳・手帖】⇩ノート

てつ【鉄】 黒鉄《くろがね》の船 真鉄《まがね》 金鉄

鉄鋼 銑鉄 鋳鉄 ずく鉄 錬鉄 鍛鉄 鋼《こう》・鋼《はがね》 鋼鉄 鋼材 鉄湯 熱鉄 ▽金物 鋳物の釜 ブリキ ▽粗鉄《あらがね》 鉄鉱石 砂鉄

てっかく【的確】 ⇩たしか(確か)

てっきょう【鉄橋】 ⇩はし(橋)

てっきり ⇩たしかに

てっきん【鉄筋】 筋金《すじがね》入り ビーム ▽鉄骨 鉄傘 鉄枠《てつわく》

てつけ【手付け】 手金 手付金 内金 差し金 約定金 契約金 証拠金 ▽敷金《しききん》 前金《まえきん》 前払い金

てっけん【鉄拳】 ⇩げんこつ

てっする【徹する】 ⇩つらぬく

てったい【撤退】 ⇩しりぞく

てつだい【手伝い】 ⇩きょうどう(共同)

てつだう【手伝う】 ⇩たすける

でっち【丁稚】 ⇩てんいん

でっちあげ【捏ち上げ】 ⇩うそ

てつづき【手続き】 手順を踏む 段取り に従う 筋道 道 経次 順次 経路 方法 処方を誤る

てってい【徹底】 ⇩つらぬく

てっていてき【徹底的】 ⇩かんぜん

てつどう【鉄道】 鉄路 電鉄 国鉄 JR 私鉄 地下鉄 高架 ▽列車 汽車 夜行列車 夜汽車

でっぱる【出っ張る】 ⇩つきでる

てっぽう【鉄砲】 ⇩じゅう

てつめんぴ【鉄面皮】 ⇩あつかましい

てつや【徹夜】 ⇩よどおし

てづる【手蔓】 ⇩つて

でてくる【出て来る】 ⇩あらわれる(現れる)

でどころ【出所】 出場所 ソース 出自 出所《しゅっしょ》不明 出典 典拠 を調べる 原拠 根拠 産地

てなおし【手直し】 ⇩ていせい

でなおし【出直し】 ⇩やりなおし

てなずける【手懐ける】 懐ける 犬を懐かせる 馴《な》れさせる 従わせる 抱き込む 丸める 丸め込む 懐柔策 籠絡《ろうらく》手段 野獣の馴致《じゅんち》

てなみ【手並み】 ⇩うでまえ

てならい【手習い】 ⇩かきかた

てなれる【手慣れる】 ⇩なれる(慣れる)

てにいれる【手に入れる】 受け取る 得る 入手 落手 落掌 取得 獲得 ▽回収 没収 接収

てにもつ【手荷物】 ⇩にもつ

てぬかり【手抜かり】 ⇩あやまち

てぬぐい【手拭い】 タオル ハンカチ 手布《しゅふ》 手巾《しゅきん》 ▽汗拭い 汗拭き 汗取り 汗巾

てぬるい【手緩い】 対手厳しい 生緩い 甘い 緩やか お手柔らかに願う 寛大 寛容 鷹揚《おうよう》

てのひら【掌】 対手の甲 掌《たなごころ》 手の腹 手の内 手の窪《くぼ》 平手《ひらて》で受ける 掌《しょう》 手掌 掌上

デパート ⇩みせ

てはい【手配】 手配り 手筈《てはず》を整える 手当て 手回し 根回しをしておく 取り計らい・運び 下拵《ごしら》えをする 下組み 膳《ぜん》立て 支度《したく》

てはじめ【手始め】 ⇩しょほ

てはず【手筈】⇩てはい
てばなす【手放す】⇩うる(売る)
てばやい【手早い】⇩すばやい
てびかえ【手控え】⇩うつし
てびかえる【手控える】⇩しょうきょくてき
てびき【手引き】　手解《ほど》き　栞《しお》り　道標《みちしるべ》　ガイドブック　マニュアル　案内書　指針　指南を受ける
てひどい【手酷い】⇩ひどい
デビュー⇩とうじょう
てぶくろ【手袋】グローブ　ミット　手套《しゅとう》　▽足袋《たび》　靴下　ソックス　ストッキング
てぶそく【手不足】⇩ふそく
てぶら【手ぶら】⇩すで
てほどき【手解き】⇩しょほ
てほん【手本】モデル　タイプ　武士・孝子の鑑《かがみ》　範《はん》とする　模範　規範　亀鑑《きかん》　殷鑑《いんかん》遠からず　典則　典型　師範　師表と仰ぐ
てま【手間】　手数《てかず・てすう》　手間暇掛けて　工数を増やす　労力　時間
デマ⇩うわさ
てまえ【手前】　前　こちら側　自分側　▽こちら岸　此岸《しがん》
でまえ【出前】⇩まかない
でまかせ【出任せ】⇩でたらめ
てまね【手真似】⇩みぶり
てまねき【手招き】⇩まねく
てまめ【手忠実】⇩まじめ
てまわし【手回し・手廻し】⇩てはい
てまわりひん【手回り品】⇩にもつ
てみじか【手短】⇩かんたん(簡単)
てむかう【手向かう】　権力に刃向かう　逆らう　盾突く　太刀打ちできない　抗する　彼に敵する者はいない　抵抗　互いに拮抗《きっこう》する　反抗　対抗者　抗争　抗戦　敵対行為　レジスタンス
でむかえ【出迎え】⇩むかえる
でむく【出向く】⇩でかける
デモたい【デモ隊】⇩ぎょうれつ
てもち【手持ち】⇩できあい
てもちぶさた【手持ち無沙汰】⇩たいくつ
てもと【手元】⇩てぢか
てら【寺】　山寺《やまでら》　寺院　仏寺　仏閣　仏刹《ぶっさつ》　寺刹　梵閣《ぼんかく》　僧院　僧房　霊場　仏堂　伽藍《がらん》　本山　末寺　塔頭《たっちゅう》　▽本堂　鐘撞《かねつ》き堂　鐘楼　▽開山　開帳
てらう【衒う】ひけらかす　見せびらかす　ぶる　気取る　にやける
てらしあわせる【照らし合わせる】⇩みくらべる
てらす【照らす】照り付ける　明るくする　照明　照射　照破
テラス⇩ベランダ
デラックス⇩りっぱ
てらまいり【寺参り】⇩おまいり
デリケート⇩びみょう
てりつける【照り付ける】⇩てらす
てる【照る】光る　輝く　夕日に映える　射す　閃《ひら》めく　煌《きら》めく
でる【出る】　[対]入る　①自宅を出る↓でかける　②日が出る↓あらわれる

てれくさい【照れ臭い】⇩はにかむ
てれる【照れる】⇩はにかむ
てわけ【手分け】⇩うけもち
てわたす【手渡す】⇩わたす
てん【天】⇩そら
てん【点】ポイント　黒点　黒の点々　斑点《はんてん》　傍点　座標　▽頂点　交点　中点　分岐点　起点　終点
てんいん【店員】売り子　小僧　小店員　丁稚《でっち》　番頭
でんえん【田園】⇩いなか
てんか【天下】⇩せかい
てんか【添加】⇩くわえる(加える)
てんか【転嫁】責任を人に負わせる　擦《なす》り・押し-付ける　人の所為《せい》にする
てんが【典雅】⇩しとやか
てんかい【転回】⇩まわる
てんき【天気】①今日《きょう》の天気　天候　気象　晴雨　空模様　空合い　雲行きが怪しい　良い日和《ひより》　②天気になる↓はれ
てんき【転機】⇩きっかけ

でんき【電気】電流　▽陽電気　陰電気　静電気　直流　交流　▽電極　陽極　陰極
でんき【伝記】⇩りれき
てんきょ【転居】⇩ひっこす
てんきん【転勤】転任　転職　地方へ任地替え　▽栄転　本社へ呼び戻し　▽左遷　都落ち　地方行き
てんぐ【天狗】天狗になる↓うぬぼれる
てんけい【点景】⇩けしき(景色)
てんけい【典型】⇩てほん
てんけん【点検】⇩しらべる
てんこう【天候】⇩てんき(天気)
てんごく【天国】[対]地獄　極楽　浄土　西方浄土　十万億土　彼岸に達する　楽土　楽園　楽天地　パラダイス　▽理想郷　この世の桃源郷　桃源　仙境　別世界　別天地　常世《とこよ》かと疑う　ユートピア
でんごん【伝言】⇩ことづて
てんさい【天才】秀才　鬼才　偉才　俊才　英才　高才　逸才　俊秀　英秀　神童　天才児　麒麟《きりん》児　▽才女　才媛《さいえん》

てんさい【天災】[対]人災　天患　天変　天殃《てんおう》　天変地異　地変　災害　災厄が降り掛かる　厄難　災禍
てんざい【点在】⇩あちこち
てんさく【添削】⇩なおす(直す)
てんし【天子】⇩おう(王)
てんし【天使】天人　天女　エンゼル　キューピッド
てんじ【展示】⇩ちんれつ
てんじかい【展示会】⇩もよおしもの
てんしゃ【転写】⇩うつす(写す)
でんしゃ【電車】電気鉄道　▽国電　ＪＲ　都電　市電　地下鉄　ケーブルカー　ロープウエー
てんじょう【天井】[対]床《ゆか》　⇩やね
でんしょう【伝承】⇩つたえる
てんじる【転じる】⇩かえる(変える)
てんせい【天性】⇩うまれつき
てんせき【典籍】⇩ほん

でんせつ【伝説】⇩いいつたえ
てんせん【点線】⇩せん(線)
でんせん【伝染】⇩うつる(感染る)
でんせんびょう【伝染病】⇩びょうき
でんたつ【伝達】⇩つたえる
てんち【天地】⇩せかい
てんちゅう【天誅】⇩ばつ(罰)
てんで ⇩すこしも
てんてき【点滴】⇩しずく
てんてこまい【てんてこ舞い】⇩いそがしい
てんでに ⇩ひとりひとり
てんてん【点々】⇩あちこち
てんてん【転々】⇩うつる(移る)
テント ⇩まく(幕)
てんとう【転倒・顛倒】⇩くつがえる
でんとう【電灯】⇩あかり
でんどう【伝道】⇩ひろめる
てんにん【天人】⇩てんし(天使)
てんねん【天然】⇩しぜん
てんばつ【天罰】⇩ばつ(罰)
てんぴん【天稟】⇩うまれつき

てんぷ【添付】⇩くわえる(加える)
てんぷく【転覆・顛覆】⇩くつがえる
てんぶん【天分】⇩さいのう
てんぺん【転変】⇩うつりかわり
テンポ ⇩リズム
てんぼう【展望】⇩ながめ
でんぽう【電報】電信　テレックス　打電　受電　入電　来電　返電　答電　▽急電　飛電　▽親電　祝電　慶電　弔電　特電　外電　公電　訓電　召電　招電
てんまつ【顛末】⇩いきさつ
てんめい【天命】⇩うん
てんゆう【天佑】⇩しあわせ(幸せ)
てんらく【転落】⇩おちる
てんらんかい【展覧会】⇩もよおしもの
でんわ【電話】通話　送話　受話　▽交換手　▽電話機　親子電話　携帯電話　携帯　送話器　受話器　テレホン　▽呼び出し式　ダイヤル式　プッシュホン式　▽電話番号　Tel.　Phone

と

と【戸】扉　ドア　開き戸　引き戸　▽板戸　ガラス戸　格子《こうし》戸　網戸　枝折《しお》り戸　雨戸　▽戸袋　戸室
どあい【度合い】⇩ていど
とい【問い】対答え　問《もん》　質問　質疑　設問　試問　発問　問答　出題　課題　題目　命題　難題　難問　愚問　クイズ　クエスチョン
といあわせる【問い合わせる】聞き・尋ね-合わせる　質《ただ》す　問い・聞き-質す　引き合いがある　照会　質問　質疑　審議会に諮問する　陛下のご諮詢《しじゅん》　大使からの請訓　下問　お尋ね　アンケート　敬語（自分側に）お尋ね　お問い合わせ　お申し越し　ご照会にあずかる／（相手方に）お伺い申し上げます　ご教示にあずかりたく　ご指示お漏らしいただきたく
というのは ⇩なぜなら

といかえす【問い返す】⇩ききかえす
といき【吐息】⇩ためいき
といただす【問い質す】⇩たずねる
といつめる【問い詰める】 事情を問う 尋問 喚問 詰問 糾問 審問 査問委員会 検問所 拷問 糾明 糾弾 難詰 面詰 面責 問責
トイレ ⇩べんじょ
とう【塔】 タワー 鉄塔 層楼 重楼 層台 ▽仏塔 宝塔 層輪塔 五重塔 三重塔
とう ①【問う】 安否を問う ↓たずねる ▽【訊う】 事情を訊う ↓といつめる ②【訪う】 友・史跡ーを訪う ↓おとずれる
どう【胴】⇩からだ
どう【銅】 銅金 銅鉱 紅銅 黄鉄 銅《あかがね》 ▽赤銅《しゃくどう》 青銅
どう どのように どんなふうに どういうーように・ふうに どういったーように・ふうに 如何《いか》になろうとも 如何ように 如何《いか》が

どうい【同意】 全く同感 合意 賛成 共鳴 共感 同調 ▽承服 承引 協調 妥協 条件を甘受する 大勢に迎合する 上司に追従《ついしょう》する
どういご【同意語】 同義語 類義語 類語 類句 シノニム 言い換え語
とういつ【統一】 統合 総合 併合 統括 総括 全部一括 包括 概括 一統 纏《まと》める 一つにする
どういつ【同一】⇩どうよう(同様)
とうえい【投映】⇩うつす(映す)
とうえい【投影】⇩うつす(映す)
とうか【灯火】⇩あかり
どうか【何うか】 どうぞ 何卒《なにとぞ》 何分宜しく 呉々《くれぐれ》も 折角 切に祈る 只管《ひたすら》 伏して 平《ひら》に 願わくは 希《こいねが》わくは 望むらくは
とうかい【倒壊】⇩こわれる
とうがい【当該】⇩とうの
とうかつ【統括・統轄】⇩とりまとめる
とうから【疾うから】⇩とうに
とうかん【等閑】⇩なおざり

どうかん【同感】⇩どうい
とうき【陶器】⇩やきもの
とうき【騰貴】⇩あがる(上がる)
とうぎ【討議】⇩とうろん
どうき【動悸】⇩みゃく
どうき【動機】 戦争を契機として 動因 要因 因由 直接原因 転機 きっかけ モチベーション
どうぎ【道義】⇩どうとく
どうぎご【同義語】⇩どういご
とうきゅう【等級】 等 級 格 層 品等 差等 級差 格差 位付け グレード ▽特上 上 中 並《なみ》 下 ▽階級 階層 官等
とうぎょ【統御】⇩とりしまる
どうきょ【同居】 対別居 同棲《どうせい》 同宿 同室 親類に寄寓《きぐう》する 寄食 食客となる 居候《いそうろう》 親の脛嚙《すねかじ》り 住み込み ▽雑居 群居
とうきょく【当局】⇩せきにんしゃ
どうぐ【道具】 具 器具 用具 要具 器物 器財 什器《じゅうき》 什具 什物

物具

どうくつ【洞窟】 ⇩あな

とうげ【峠】 ⇩さか

どうけ【道化】 ⇩げいにん

どうけい【憧憬】 ⇩あこがれる

どうけし【道化師】 ⇩ピエロ

とうげんきょう【桃源郷】 ⇩べってんち

とうこう【投降】 ⇩くだる

とうこう【投稿】 ⇩きこう(寄稿)

とうこう【登校】 ⇩かよう(通う)

とうごう【統合】 ⇩あわせる(併せる)

どうこう【同行】 ⇩いっしょ

どうこう【動向】 ⇩なりゆき

とうこん【当今】 ⇩ちかごろ

とうさ【踏査】 ⇩しらべる

とうざ【当座】 ⇩さしあたり

どうさ【動作】 挙動が怪しい　挙止　挙措　所作《しょさ》　所為　進退　起居　行動　一挙一動　一挙手一投足　一言一行　立ち居振る舞い　素振りをする　身振り　仕草　物腰が柔らかい

とうさん【倒産】 ⇩はさん

とうさん【父さん】 ⇩ちち(父)

とうし【投資】 出資　拠出　投入　合資　融資　▽投機　思惑《おもわく》

とうし【闘士】 騎士　戦士　勇士　活動家　行動家　実践家

とうし【闘志】 闘魂　戦意　勇気　気力　覇気　闘争心　闘争-精神・意欲　ファイト

とうじ【当時】 その時　その頃《ころ》　その折《おり》　その節　その時分　▽同年　当日　同日

とうじ【湯治】 ⇩せいよう(静養)

どうし【同志】 ⇩なかま

どうして ①どうして休んだか　なぜ　何で　何故《なにゆえ》　如何《いか》なる-訳で・理由で　どういう-訳で・理由で　何の為《ため》に　②どうして暮らしたか　どのようにして　どういう-ようにして・ふうにして・方法で・手段で

どうしても ①どうしても出来ない　どうも分からない　幾ら遣《や》っても駄目　迚《とて》も　中々《なかなか》　到底　全然　②どうしても行く　何が何でも　どんなことがあっても　断じて　絶対に

どうじない【動じない】 ⇩おちつき

どうじに【同時に】 ①同時に起こった　↓いちどに　②それと同時に　共に　一緒に　一方では

とうしゅう【踏襲】 ⇩うけつぐ

とうしょ【当初】 ⇩はじめ(初め)

とうしょ【投書】 ⇩きこう(寄稿)

とうしょう【凍傷】 ⇩けが

とうじょう【登場】 🈚退場　出現　登壇　新勢力の擡頭《たいとう》　興起　デビュー　頭角を現す　注目を浴びる

どうじょう【同乗】 ⇩いっしょ

どうじょう【同情】 ⇩おもいやり

とうじる【投じる】 ⇩なげる

とうしん【投身】 ⇩じさつ

どうしん【道心】 ⇩しんこう(信仰)

どうじん【同人】 ⇩なかま

とうすい【統帥】 ⇩しき(指揮)

とうすい【陶酔】 ⇩うっとり

どうせ 遣《や》っても　遣ったところで　や

はり 結果的には
とうせい【当世】⇩ちかごろ
とうせい【統制】⇩とりしまる
どうせい【同棲】⇩どうきょ
どうせい【動静】①時代の動静↓なり
ゆき ②敵の動静↓ようす
とうせつ【当節】⇩ちかごろ
とうせん【当選】⇩ごうかく
とうぜん【当然】⇩あたりまえ
とうぜん【陶然】⇩うっとり
どうぞ ⇩どうか
とうそう【闘争】⇩あらそい
どうそう【同窓】⇩なかま
とうぞく【盗賊】⇩どろぼう
とうそつ【統率】⇩つれる
とうだい【当代】⇩げんだい
とうたつ【到達】⇩つく(着く)
とうち【当地】⇩ここ(此処)
とうち【倒置】⇩さかさ
とうち【統治】⇩おさめる(治める)
とうちゃく【到着】⇩つく(着く)
どうちゅうき【道中記】⇩きこう(紀行)

どうちょう【同調】⇩どうい
とうてい【到底】⇩どうしても
とうとい ①【尊い】 うやまう 尊い‐神・
犠牲 尊《たっと》い 尊厳を傷つける 至尊
②【貴い】 おもんじる ①貴い‐体験・資
料 貴《たっと》い 貴重な命 大切な箇所 値
打ち・価値‐がある ②貴いお方 貴《たっと》
い 高貴 尊貴 やんごとない れっ
きとした家柄
とうとう【到頭】⇩ついに
どうどう【同道】⇩いっしょ
どうどう【堂々】⇩りっぱ
どうとく【道徳】道義 徳義 人道 大
倫 倫理 倫紀 倫常 常道 綱常
五倫 五常 義《ぎ》 道《みち》 モラル ▽
徳《とく》 高徳 淑徳 美徳 人徳 徳性
徳望
とうとつ【唐突】 突然の話 突如として
意外 不意を突かれる 不慮の事故に遭
う 意表を突く 意表外 出し抜けに言
う 付かぬことを聴く 思い掛けない
とうとぶ ①【尊ぶ】 神・平和‐を尊ぶ↓
うやまう
②【貴ぶ】 人命・名誉‐を貴ぶ ↓おも
んじる ▽【尚ぶ】武・礼儀‐を尚ぶ↓
こころがけ
とうに【疾うに】 とっくに とうから
夙《とっ》に 前々から 早くから 初めか
ら 以前から
どうにか ⇩やっと
とうにゅう【投入】 ①⇩さす(差す) ②
⇩とうし(投資)
どうにゅう【導入】 ①⇩とりいれる(取
り入れる) ②⇩まえがき
とうにん【当人】⇩ほんにん
とうの【当の】 当該事件 本件 該 件《くだ
ん》の あの
とうは【党派】党 派 派閥 徒党 政
党 ▽与党 野党 右派 右翼 極
右 左派 左翼 極左 ▽別派 分
派行動 新派 旧派 宗派 学派 学
閥 スクール
どうはい【同輩】⇩なかま
とうばん【当番】⇩うけもち

どうはん【同伴】⇩いっしょ
とうひ【逃避】⇩にげる
とうひょう【投票】選挙　選出　互選　▽立候補　当選　再選　落選
どうひょう【道標】⇩みちしるべ
どうぶつ【動物】対植物　動物類　獣類　生類《しょうるい》を憐れむ　畜生にも劣る　鳥獣　禽獣《きんじゅう》　獣《けもの・けだもの》　アニマル
とうぶん【当分】⇩さしあたり
とうべん【答弁】⇩こたえる(答える)
とうぼう【逃亡】⇩にげる
どうほう【同胞】⇩なかま
とうみょう【灯明】⇩あかり
とうめい【透明】⇩すきとおる
どうめい【同盟】⇩れんめい(連盟)
とうめん【当面】⇩さしあたり
どうも　①どうも分からない　↓どうしても　②どうも変だ　↓なんとなく　③どうも有り難う　↓ほんとに
どうもう【獰猛】⇩らんぼう
どうもく【瞠目】⇩みはる(瞠る)
とうや【陶冶】⇩きたえる

どうやら　⇩やっと
とうよう【東洋】対西洋　東海　大東　泰東の文化　イースト　▽極東の島国　ファーイースト
とうよう【登用・登庸】⇩とりたてる
どうよう【同様】同然　同一　同断　同類　同種　同等　一様　一律　大同小異　五十歩百歩の問題　右に同じ　等しい　似寄り　似たり寄ったり　代わり映えがしない
どうよう【動揺】⇩ショック
どうらく【道楽】⇩しゅみ
どうらん【動乱】⇩おおさわぎ
どうり【道理】⇩りろん
とうりゅう【逗留】⇩たいざい
とうりょう【棟梁】⇩おやかた
どうりょう【同僚】⇩なかま
どうりょく【動力】原動力　馬力《ばりき》　▽人力　畜力　水力　風力　火力　電力　原子力
どうるい【同類】同種　同属　類をもって集まる　仲間

どうろ【道路】⇩みち
とうろく【登録】登記　登簿　記帳　採録　収録　記録　帳付け　▽入籍　移籍　除籍
とうろん【討論】議論　討議　論議　論争　論戦　論弁　争論　激論　問答　論じる　▽反論　反駁《はんばく》　論駁　論難　論破　駁論　水掛け論
とうわく【当惑】⇩まよう
とおい【遠い】対近い　離れた　遥《はる》か　遥々　遠方　遠隔の地　前途遼遠《りょうえん》　悠遠の彼方
とおからず【遠からず】⇩そのうちに
とおざかる【遠ざかる】⇩はなれる(離れる)
とおざける【遠ざける】⇩はなす(離す)
とおす【通す】糸を通す　ぶっ・突き通す　潜《くぐ》らせる　▽座敷へ通す　導く　案内　誘導　▽【透す】光を透す　透《す》き通す　透明
とおのく【遠のく】⇩はなれる(離れる)
とおまわし【遠回し】⇩それとなく

とおまわり【遠回り】⇩まわりみち

とおり【通り】⇩みち

とおりかかる【通り掛かる】⇩とおりすぎる

とおりこす【通り越す】⇩とおりすぎる

とおりすぎる【通り過ぎる】 過《よ》ぎる 通過 素通り 通り一越す・抜ける 乗り越す 通過 素通り ▽通り・行き・差し一掛かる 通り掛け 通り道 道すがら 途次 途中 途上 路次

とおりみち【通り道・通り途】⇩とちゅう

とおる【通る】 紐《ひも》・鉄道一が通る 道が通じる 潜《くぐ》る 開通 ▽道を通る 場所を過ぎる 通行 通過 往来 交通 ▽【透る】光が透る 透《す》く 透き通る 透明 透徹 澄明

とかい【都会】 対田舎 都市 都邑《とゆう》 都府 城市 町《まち》 市《し》 ▽大都会 大都市 大都 花の都《みやこ》

とかく【兎角】 とも一すれば・すると どうか・どうやら・とこう一すると ややも一すれば・すると ややとも一すれば・すると 何かと ▽傾き・傾向一がある し易《やす》い しがち

とかす【梳かす】⇩すく(梳く)

とがめる【咎める】⇩いましめる

とがる【尖る】 尖《と》んがる 殺《そ》げる 角張る 角立つ 角が立つ 先鋭 長鋭 細鋭

とき【時】 ①この時に当たり 折《お》り 砌《みぎり》 頃《ころ》 程《ほど》 際《さい》 お越しの節《せつ》は 時期 時節 時分 ▽寝しなに飲む 寝入りばなを襲われる 起き抜け 湯上がり ▽【秋】危急存亡の秋 重大時 ②時は金なり 時間 光陰 年月 歳月 月日《つきひ》 タイム

どき【土器】⇩やきもの

どぎつい⇩はで

ときどき【時々】 時折 時たま 折々 間々《まま》見掛ける 時に 時として 往々 ▽折に触れて 折節《おりふし》

ときならぬ【時ならぬ】⇩おもいがけない

ときに【時に】⇩ちなみに

ときふせる【説き伏せる】⇩やりこめる

どぎまぎ⇩あわてる

ときめく【時めく】⇩めぐまれる

どきょう【度胸】⇩きも

とぎれる【途切れる】 途絶える 会議を中断する 妊娠中絶の手術 交通が途絶する ▽途切れ途切れ 切れ切れ

とく【得】⇩りえき

とく【徳】⇩どうとく

とく ①【解く】 対結ぶ 結び目・束縛一を解く 解《ほ》どく 縺れを解《ほ》ぐす 解放 解除 ▽【梳く】髪を梳く↓すく ②【溶く】液体 水に溶く 溶解 ▽溶媒 溶質 溶液

とく ①【解く】解答 問題を解く 解答 解明 原因を究明する 分析 毒物を析出する 検出 ②【説く】理由・意味一を説く ↓せつめい

とぐ【研ぐ】⇩みがく

どく【毒】 対薬 毒素 毒物 毒薬 毒

質　毒分　毒性　毒液　毒汁《どくじゅう》　▽
有毒　激毒　猛毒　大毒

どく【退く】⇩しりぞく

とくい【得意】①対失意　得意になる　得々　有頂天　意気揚々・軒昂《けんこう》　鼻高々　したり顔　時を得顔　占めた　②得意の芸　特技　長技　十八番《おはこ》　得手《えて》　得物　お株《かぶ》を奪《うば》う　お手の物　③店の得意　お得意様　客　顧客　華客　贔屓《ひいき》

どくがく【独学】⇩まなぶ

とくぎ【徳義】⇩どうとく

とくぎょう【得業】⇩そつぎょう

どくさい【独裁】⇩ひとりぎめ

どくじ【独自】⇩どくとく

とくしつ【特質】⇩せいしつ

とくしつ【得失】⇩りがい

とくしゅ【特殊】⇩とくべつ

どくしょう【独唱】⇩うたう(歌う)

とくしょく【特色】⇩とくちょう(特徴)

とくしん【得心】⇩りかい

どくしん【独身】⇩ひとりもの

とくする【得する】⇩もうける(儲ける)

どくする【毒する】⇩そこなう

とくせい【特性】⇩せいしつ

どくぜつ【毒舌】⇩わるくち

どくせん【独占】⇩ひとりじめ

どくぜん【独善】⇩ひとりぎめ

どくせんじょう【独擅場】⇩ひとりぎめ

どくそう【独創】⇩どくとく

とくそく【督促】⇩さいそく

どくだん【独断】⇩ひとりぎめ

どくだんじょう【独壇場】⇩ひとりぎめ

とぐち【戸口】⇩でいりぐち

とくちょう ①【特徴】めだつ　富士山の特徴　特色　特質　属性　個性　特殊性　特有性　特異性　②【特長】　この辞書の特長　↓ちょうしょ

どくづく【毒突く】⇩ののしる

とくてん【得点】対失点　勝ち点　スコア　▽得票　評点　レコード

とくと【篤と】⇩つくづく

とくとく【得々】⇩とくい

どくとく【独特・独得】独自の解釈　特有　特別　固有の性質　特殊　独創的な考え　▽無二の親友　痛快無比　天下無双　無類の好物

どくどくしい【毒々しい】⇩みにくい(醜い)

とくに【特に】殊に　別に　別して　取り分け　殊更　殊の外　分けても　枉《ま》げてご承引を　折り入って　特別　特段　格別　折角　別途

とくばい【特売】⇩やすうり

どくはく【独白】⇩ひとりごと

とくべつ【特別】対普通　格別　特殊　特異　別段　格段　破格　別格　非常　無二　無類　無比

どくみ【毒見】⇩しらべる

とくゆう【特有】⇩どくとく

どくりつ【独立】対従属　自立　特立　卓立　自主外交　独歩　独行　自活　一本立ち　独り立ち　自前《じまえ》　インデペンデンス　▽自営　独立・自立・自家営業

どくりょく【独力】 自力《じりき》で更生する　自分‐で・だけで　自分の力で　自身で　独りで　助けを借りずに　援助を受けずに

とくれい【特例】 ⇩れいがい

とくれい【督励】 ⇩はげます

とげ【刺】 針　逆刺　棘刺《きょくし》　▽茨《いばら》　栗の毬《いが》　薔薇《ばら》　有刺鉄線

とけい【時計】 掛け・柱・置き‐時計　クロック　懐中・袂《たもと》・腕‐時計　ウオッチ　目覚まし時計　アラーム　▽日時計　水時計　砂時計　▽時辰《じしん》器　時辰儀

とけこむ【溶け込む】 ⇩まざる（混ざる）

とげとげしい【刺々しい】 ⇩いじわる

とける【溶ける】 液体に　砂糖が・水に‐溶ける　溶け合う　溶解した溶液　▽【熔ける】金属が　鉄が・火で‐熔ける　蕩《とろ》ける　溶解温度　溶融した鉄　融釈　融化

とける【解ける】 分かれる　帯・糸‐が解ける　解《ほど》ける　纏れが解《ほ》ぐれる　端が解《ほつ》れる　縫い目が綻《ほころ》びる　ばらされる　▽疑いが解ける　晴れる　氷解　氷釈　▽【融ける】対固まる　雪・飴《あめ》‐が融ける　融解　融釈

とげる【遂げる】 任務を果たす　仕事を仕上げる　遣《や》り切る　しこなす　大へまを仕出かす　仕・成し・遣り‐遂げる　遂行　貫徹　達成　願いが成就《じょうじゅ》する　成功　成業の見込み

どける 1【除ける】取り除く　石を除ける↓のける　2【退ける】追い払う　見物人を退ける↓のける

とこ【床】 ①床を敷く↓ふとん　②床に飾る　床の間　飾り床　吊《つ》り床

どこ【何処】 何処《いずこ》　何方《いずかた》より　どこら　どちらにお住まいですか　どっち　那辺《なへん》に有りや　這辺《しゃへん》

どごう【怒号】 ⇩さけぶ

とこしえに【永えに】 ⇩いつまでも

とことん ⇩あくまで

どこまでも【何処迄も】 ⇩あくまで

どこもかしこも【何処も彼処も】 ⇩あちこち

ところ【所】 時と所　場　地　場所　箇所　地点　地区　区域　▽【処】お休み・お食事‐処

ところが ⇩しかし

ところかまわず【所構わず】 所嫌《きら》わず　何処《どこ》・何処《いずこ》・何方《いずかた》‐にでも　行く先々　方々　随所　各所　所々《しょしょ》

ところで ⇩さて

ところどころ【所々】 ⇩あちこち

とさか【鶏冠】 肉冠　毛冠　朱冠　花冠　▽鶏冠《けいかん》　鶏頭

どさくさ ⇩こんらん

とざす【閉ざす・鎖す】 ⇩しめる（閉める）

とし【都市】 ⇩とかい

とし【年】 ①年の‐初め・瀬　年歳　年次　年度　年間　▽平年　閏年《うるうどし》　歳《とし》の‐市・神　②年を取る　齢《よわい》　寄る年波　年《とし》端《は》も行かない子供　年齢　年寿　年算　年紀　年甲　年歯　年所　芳紀　天寿を全うする　享年　行年　▽

数え年　満年齢　[敬語]〔相手方の〕貴齢　尊齢　貴庚《きこう》　尊庚　鶴齢《かくれい》　亀齢《きれい》／〔自分側の〕馬齢　駄齢《だれい》　馬歯

■年齢を表す言葉■　志学・立志｜の年(十五歳)／丁年・成年・成人・弱冠(二十歳)／而立《じりつ》の年・三旬(三十歳)／不惑・四旬・初老(四十歳)／知命の年・五旬・艾年《がいねん》・艾老(五十歳)／耳順の年・六旬・下寿・耆指《きし》(六十歳)／古希・七旬・七秩・不踰《ふゆ》の年(七十歳)／八旬・八秩・中寿(八十歳)／九旬・卒寿(九十歳)／上寿・大斉《たいせい》(百歳)

とじ【途次】⇩とちゅう

どじ⇩しっぱい

としうえ【年上】[対]年下　目上の人　年嵩《としかさ》　年高　年長《ねんちょう》　長上　先輩　長者　学界の長老

としこし【年越し】年送り　年迎え　無事越年　送歳　超歳　▽除夜の鐘　除夕　歳除

とじこめる【閉じ込める】押し・封じ｜込める　封鎖　幽閉　監禁　禁錮《きんこ》の刑　幽囚の身

とじこもる【閉じ籠る】⇩たてこもる

としごろ【年頃】①年頃は三十歳前後　年配　年格好で見ると　▽幼年　少年　弱年　未成年　成年　丁年　青年　壮年　盛年　中年　初老　老年　晩年　▽年増《としま》の女　大年増　②年頃考えていたこと　予《かね》て　予々《かねがね》　前々から　年来　各年　積年

としした【年下】[対]年上　目下の人　年劣り　年少　後輩　幼属

としつき【年月】月日　年月《ねんげつ》を経る　歳月　日月　時日　歳時　歳日　年光　年華　歳華　流年　光陰矢の如し　寒暑　春秋　幾星霜　風霜に耐える　風雪二十年　▽毎年　年々歳々

どしどし⇩どんどん

としとる【年取る】年寄る　長《た》ける　長じる　口が老成《ませ》る　大人《おとな》びる　年が老《ふ》ける　老いる　老い耄《ぼ》れる　加年　加歳　加齢　重年《ちょうねん》　重歳　重齢　老衰　退齢　[敬語]〔相手方が〕お年を召す　ご加歳　ご加年／〔自分側が〕年を重ねる　馬齢　春秋　星霜

としのくれ【年の暮れ】⇩ねんまつ

としのせ【年の瀬】⇩ねんまつ

としま【年増】⇩としごろ

とじまり【戸締まり】戸差し　締まり　鍵掛《かぎか》け　門鍵《もんけん》　▽警備　警防　警護　防犯

としょ【図書】⇩ほん

とじょう【途上】⇩とちゅう

としょかん【図書館】図書室　読書室　書庫　宮内庁図書寮《ずしょりょう》　▽書斎　書室　書院　書堂　書閣

としより【年寄り】[対]若者　老い耄《ぼ》れ　老いらくの恋　老人　老者　隣のご隠居　古老　旧老　老年　老身　老体　老軀《ろうく》　老叟《ろうそう》　▽隣の爺《じい》さん　お爺さん　爺々《じじ》　爺々い　爺《じ》い　翁《おきな》　老翁《ろうおう》　▽隣の婆《ばあ》さん　お婆さん　婆々《ばば》　婆々あ　婆《ば》あ　媼《おうな》　老女　老婦　老婆　老嫗《ろうおう》　[敬語]〔相手方〕老台　老大人　ご老体　宿老／

〔自分側〕愚老　老生
とじる【綴じる】 書類を綴《つづ》る　綴じ-込む・合わせる　綴り-込む・合わせる　連綴《れんてつ》　補綴　点綴　縫綴
とじる【閉じる】 ⇩しめる(閉める)
とせい【渡世】 ⇩よわたり
とぜつ【途絶・杜絶】 ⇩とぎれる
とそ【屠蘇】 ⇩さけ
どそく【土足】 下足　履き物　泥足　泥靴　下履き　土履き
どだい【土台】 ⇩もとい
とだえる【途絶える】 ⇩とぎれる
とだな【戸棚】 ⇩たな
とたん【塗炭】 ⇩くるしみ
とたんに【途端に】 ⇩すぐ
どたんば【土壇場】 ⇩はて(果て)
とち【土地】 地　大地　壌土　▽高地　低地　湿地　▽沃土《よくど》　沃地　沃壌　沃野　▽瘠《や》せ地　瘠土《せきど》　薄田　不毛の地　▽寸土　尺土　尺寸・弾丸黒子-の地
とちゅう【途中】 途次　中途　半途　途上　過程　学校へ行く道で　道々《みちみち》　道筋　道すがら　通り道
どちら【何方】 ①どちらにお住まいですか↓どこ　②どちらがお好きですか↓どれ
とつぐ【嫁ぐ】 縁づく　嫁入りする　片付く　嫁する　結婚　出嫁　帰嫁　婚嫁　▽娶《めと》る　妻合《めあ》わせる　夫婦になる　偕老《かいろう》同穴の契りを結ぶ
とっくに ⇩とうに
とっくみあい【取っ組み合い】 ⇩くみうち
とつげき【突撃】 ⇩せめる(攻める)
とっさ【咄嗟】 ⇩しゅんかん
とつじょ【突如】 ⇩とつぜん
とっしん【突進】 ⇩すすむ
とつぜん【突然】 突如　唐突　咄嗟《とっさ》の出来事　短兵急な要求　俄然《がぜん》　卒然　勃然《ぼつぜん》　忽然《こつぜん》　翻然　卒爾《そつじ》ながら　一躍　急に　不意に　俄《にわ》かに降り出す　頓《とみ》に活気づく　矢庭に　いきなり　出し抜け　忽《たちま》ち　はたと困った
とったん【突端】 ⇩はし(端)
どっちみち【何方道】 ⇩とにかく
とって【把手】 ハンドル　手　撮《つま》み　耳　引き手　鍋の鉉《つる》　把手《はしゅ》　把子
とっぱ【突破】 打破　打開　突き・打ち-破る　▽突貫　強行　通過　時計の竜頭《りゅうず》
とっぴ【突飛】 奇抜　奇矯　例外　異常　極端　突拍子もない　飛んだ騒ぎになる　飛んでもない話だ　風変わりな人　珍しい　並外れ　度外れ　桁《けた》外れ
トップ ⇩いちばん
どて【土手】 ⇩つつみ(堤)
とても【迚も】 ①迚も大きい　誠に　頗《すこぶ》る　甚《はなは》だ　極めて　至って　いかにも　余りに忙しいので　あんまり大きいので　殊の外　飛び切り　飛び抜けて　底抜けに　途轍《とてつ》もなく　恐ろしく　素晴らしく　一方ならず　近頃《ちかごろ》になく　この上もなく　よくよく馬鹿だ　並々ならず　返す返すも残念だ　悲惨を極める　不都合極まる

遺憾に堪えない　感謝のほかない　深謝の極み　感激の至り　実に　極《ご》く　馬鹿《ばか》に　本当に　非常に　法外に　極端に　極度に　大変　大層　随分　滅法　感謝至極　②迚もできない↓どうしても

どてら【縕袍】⇩きもの

ととう【徒党】⇩とうは

とどく【届く】⇩つく（着く）

とどけでる【届け出る】⇩もうしでる

とどける【届ける】持って行く　送り届ける　送付　送達　送致　送遣　配達　伝送　伝達　敬語（自分側に）お届けいただく　お送りくださる　お運びにあずかる／（相手方に）お届けに上がる　お送りいたします　お運び申し上げます

とどこおる【滞る】対はかどる　閊《つか》える　詰まる　溜《た》まる　暇取る　手間取る　ぐずつく　行き・伸び-悩む　仕事が停滞する　停頓《ていとん》　車が渋滞する　凝滞　遅滞なく　延滞利息　沈滞　滞塞《たいそく》　滞伏

ととのう ①【整う】対乱れる　室内・準備・隊列-が整う　片付く　整然　秩然　整々　秩々　きちんと　きっちり　②【調う】しあがる　道具・髪-が調う　揃《そろ》う　取り揃う　整備　具備　具足　完備　充備　周備　▽交渉・縁談-が調う↓まとまる

ととのえる ①【整える】対乱す　室内・準備・隊列-を整える　整理　整頓《せいとん》　斉整《せいせい》　恪整《かくせい》　②【調える】しあげる　費用・味・洋服-を調える　揃《そろ》える　取り揃える　調達　調進　調和　調整　調節　調合　③【斉える】家・心-を斉える　↓ただす

とどまる ①【止まる】足が止まる　立ち止《ど》まる　停止　休止　停留　▽一部に止まる　過ぎない　だけ　のみ　②【停まる】一時的　度々《たびたび》停まる　停立　停脚　停足　③【留まる】米国に留まる↓たいざい　▽現職に留まる　残る　続ける　動かない　現状維持

とどめる ①【止める】足を止める　停止　休止　停留　▽言うだけに止める　止《や》める　抑える　制する　封じる　②【停める】一時的　車を停める　停車　一時停止　駐車　③【留める】ひとところに　子を家に留める　出さない　▽心に留める　留意　注意

とどろく【轟く】⇩ひびく

となえる【唱える】大声で言う　万歳・反対-を唱える　提唱　唱道　呼称　主唱　先唱　高唱　鼓吹　主張　時評　論評　遊説　言論の自由　▽【称える】声に出す　念仏・覇-を称える　唱《しょう》する　誦《ず》んじる　唱読　▽田中と称える男↓なづける

どなた【何方】⇩だれ

となり【隣】家続き　家並み　門並み　隣家　隣屋　隣舎　隣保　▽隣り合

わせ　両隣　隣席　隣室　隣村　隣
郷　隣邑《りんゆう》　隣接地
となりあわせ【隣り合わせ】⇩となり
どなる【怒鳴る】⇩さけぶ
とにかく【兎に角】兎も角　兎にも角
にも　兎まれ角まれ　どっち道　何
しろ　何に-せよ・しても　何《いず》れに-
せよ・しても　如何《いか》様にもせよ　一
先《ま》ず帰る
どの【殿】⇩さま
どの【何の】どんな　どのような　どん
な-ような・ふうな　如何《いかが》な　如何
《いか》様な　如何ばかりの
とばく【賭博】⇩かけ
どはずれ【度外れ】⇩とっぴ
とばっちり⇩まきぞえ
とばり【帳・帷】⇩まく(幕)
とびあがる ①【飛び上がる】空中へ　空
へ飛び上がる　飛び立つ　舞い上が
る　昇る　離陸　飛上　飛行　飛揚
浮揚
②【跳び上がる】足で　跳び上がって
喜ぶ　欣喜雀躍《じゃく》　跳躍
とびあるく【飛び歩く】⇩いそがしい
とびいし【飛び石】踏み石　捨て石　敷
き石　庭石　石畳
とびおりる【飛び降りる】⇩おりる(降
りる)
とびかかる【飛び掛かる】⇩おそう
とびきり【飛び切り】⇩とても
とびこす【飛び越す】⇩こす(越す)
とびこむ【飛び込む】⇩はいる
とびだす【飛び出す】⇩ぬけだす
とびたつ【飛び立つ】⇩とびあがる(飛
び上がる)
とびちる【飛び散る】⇩ちる
とびつく【飛び付く】⇩おそう
とびとび【飛び飛び】⇩あちこち
とびのる【飛び乗る】⇩のる(乗る)
とびまわる【飛び回る】⇩いそがしい
とびら【扉】⇩と
とぶ ①【飛ぶ】空中を　空を・すいすい-
飛ぶ　大空を翔《か》ける　飛行　飛空　大
空を飛翔《ひしょう》する　翔空　翔天　高翔
②【跳ぶ】足で・ぴょんぴょん-跳ぶ↓
はねる
どぶ【溝】⇩みぞ
どぶろく【濁酒】⇩さけ
とほ【徒歩】⇩あるく
とぼける【呆ける】空-呆ける・嘯《うそぶ》く
白ばくれる　白《しら》を切る　空々しい
知らぬ-顔・振り　素知らぬ・何食わ
ぬ・さらぬ-顔　ポーカーフェース
とぼしい【乏しい】対豊か　⇩すくない
とまどう【戸惑う】⇩まよう
とまる ①【止まる】対動く　交通・息-
が止まる　立ち止まる　停止　休止
静止　ストップ　▽【停まる】一時的
急行が停まる駅　停車　バスの停留所
②【留まる】小鳥が木の枝に留まる
▽【駐まる】しばらく　軍隊が駐まる
駐軍　駐兵　駐屯《ちゅうとん》　駐留　駐車
③【泊まる】休む　船が港に泊まる
舫《もや》う　停泊　繋泊《けいはく》　入港　入泊
投錨《とうびょう》　錨《いかり》を下ろす　▽ホテルに
泊まる　宿る　宿泊　投宿　止宿

寄宿 止泊 休泊 外泊 温泉地に逗留《とうりゅう》する 敬語〔相手方が〕お泊まり・ご宿泊-になる／〔自分側が〕宿を取る 泊まる 宿泊 投宿

とみ【富】⇩ざいさん

とみに【頓に】⇩とつぜん

とむ【富む】⇩ゆたか

とむらい【弔い】⇩そうしき

とむらう【弔う】手向《たむ》ける 死・友-を悼む 悔やむ 冥福《めいふく》を祈る 回向《えこう》 供養 追善 追福 追悼文 追弔 弔慰金 弔問 弔悼 弔臨 弔祭 弔省 ▽年忌 周忌 回忌

とめる ①【止める】対動かす 交通・息-を止める 停止 抑止 阻止 防止 制止 阻害 ▽【停める】一時的に 車を停めて乗る 一時停止 停車 停留所 ②【留める】ひとところに ボタンを・心に-留める 留意 注意 ▽【駐める】しばらく 軍隊・車-を駐める 駐屯《ちゅうとん》 駐留 駐在 駐車 ③【泊める】休める 船を港に泊める 停泊 係留 係船 繋岸《けいがん》 繋纜《けいらん》 ▽友達を家に泊める 宿す

とも ①【友】同窓・心-の友 ↓ともだち ②【供】手下 供に従える お供 お付き 取り巻き連中 従者 随行 側近の学者 腹心の部下 股肱《ここう》と頼む ③【共】夫婦共に働く ↓いっしょ ▽【与】与に謀る ↓なかま

ともかく【兎も角】⇩とにかく

ともがら【輩】⇩なかま

ともしび【灯・燈】⇩あかり

ともす【点す】⇩つける(点ける)

ともすると【兎もすると】⇩とかく

ともだおれ【共倒れ】⇩たおれる

ともだち【友達】友 馴染《なじ》み 仲良し フレンド 友人 朋友《ほうゆう》 交友 知友 同友 親友 親朋 好友 知音《ちいん》 知己 畏友《いゆう》 高友 徳友 莫逆《ばくぎゃく》・心腹・蘭交《らんこう》・断金・膠漆《こうしつ》・管鮑《かんぽう》-の友 ▽幼馴染《おさななじ》み 昔馴染み 竹馬・騎竹-の友 学校友達 学友 級友 校友 同窓 同学 寮友 旧友 故旧 旧知 旧識 旧朋 敬語〔相手方の〕ご令友 ご親友 ご学友 〔姓名〕様／〔自分側の〕友人 親友 学友 〔姓名〕氏

ともなう【伴う】①妻を伴う ↓つれる ②義務が伴う 付く 結びつく 成功に繋《つな》がる 一体になる

ともに【共に】⇩いっしょ

ともね【共寝】相寝 添い寝 交臥《こうが》 合歓の相手 同衾《どうきん》 夫婦になる 枕《まくら》を共にする

どもる【吃る】口籠《ごも》る 吃り吃り言う 吃音《きつおん》 吃言 渋語 訥言《とつげん》 訥舌 訥口 訥渋

とやかく【兎や角】あれこれ あれやこれや かれこれ とやこう 何かと 何やかや 何くれと 何の-かの・かんの どうのこうの くだくだ くどくど

どよめく【響めく】⇩さわぐ

とら ①【虎】動物 黄斑《こうはん》 猛虎《もうこ》 暴

虎
②【寅】十二支の第三 寅年 寅の-刻・方角

とらい【渡来】⇩つたわる

とらえる ①【捕らえる】おいかけて 犯人・鼠《ねずみ》-を捕らえる 捕《つか》まえる 召し捕る 捕り抑える 引っ-捕らえる・捕《つか》まえる 鼠を捕る 生け捕り 手捕り 逮捕 捕縛 検挙 検束 拘引 拘留 拘置 ▽捕獲 拿捕《だほ》 鹵獲《ろかく》
②【捉える】つかむ 手・機会・要点-を捉える 捉《つか》まえる 摑《つか》む 把握 把捉《はそく》 キャッチ

トラブル ⇩あらそい

ドラマ ⇩しばい

とらわれる ①【捕らわれる】敵軍に捕らわれる 捕らえられる 鬼に捕《つか》まる
②【囚れる】つながれる 獄窓に囚れる 監禁 軟禁 留置 拘置 拘禁 抑留 禁足 幽囚 幽閉 投獄 禁錮《きんこ》 ▽形式に囚れる 引っ掛かる 拘泥《こだわ》る 執着 執心 執念 頓着《とんちゃく》 固執 固守 固持 拘泥

とり ①【鳥】動物 鳥が飛ぶ 鳥類 禽類《きんるい》 禽鳥 小鳥 猛禽 家禽 野鳥 野禽 水鳥 水禽 渡り鳥 候鳥 ▽雛《ひな》 雛鳥 親鳥
②【鶏】鶏の卵 ↓にわとり
③【酉】十二支の第十 酉年 酉の-刻・方角

とりあえず【取り敢えず】取り・差し-急ぎ 差し-詰め・向き・当たり 取るものも取り敢えず 一先《ま》ず 先ず 一応

とりあげる【取り上げる】①持ち物を取り上げる ↓うばう ②意見を取り上げる ↓とりいれる

とりあつかい【取り扱い】⇩しょり

とりあつかう【取り扱う】⇩おこなう

とりあわせ【取り合わせ】⇩はいち（配置）

とりあわせる【取り合わせる】⇩くみあわせる

とりいる【取り入る】⇩へつらう

とりいれ【取り入れ】米を取る 刈り-込み・入れ・取り 収穫 収納 収得 ▽稲・麦-刈り 茶・桑-摘み 芋掘り 柴《しば》刈り

とりいれる ①【取り入れる】対取り出す 水を取り入れる 料金・連絡-を取る 取り込む 吸い取る 取水 茶を摘む 摘み取る ▽意見を取り入れる 取り上げる 導入する ▽仲間に取り入れる 抱き込む
②【採り入れる】光を採り入れる 採光

とりえ【取り柄】⇩ちょうしょ（長所）

とりかえす【取り返す】⇩うばう

とりかえる【取り替える】入れ・擦り-替える 引き・置き-換える 取り交わす 部品を交換する 代替品 代換 ▽換金 兌換《だかん》券

とりかかる【取り掛かる】⇩はじめる

とりかこむ【取り囲む】⇩かこむ

とりかわす【取り交わす】⇩とりかえる

とりきめる【取り決める・取り極める】⇩やくする

とりくみ【取り組み】⇩しあい

とりくむ【取り組む】⇩どりょく

とりけし【取り消し】⇩かいやく

とりけす【取り消す】取り止《や》める　打ち・言い・塗り‐消す　抹殺《まっさつ》　消去　削除　解除　契約を解消する

とりこ【虜】生け捕り　人質として置かれる　捕虜　俘虜《ふりょ》　虜囚の辱めを受ける　俘囚　軍虜　降虜

とりこしぐろう【取り越し苦労】気苦労　余計な心配　杞人《きじん》の憂　杞憂

とりこみ【取り込み】入院騒ぎ　不意の出来事　ごたごた　ごちゃごちゃ　事件　不幸　混雑

とりごや【鳥小屋】⇩こや

とりさげる【取り下げる】願い・引き‐下げる　▽解訴　解訟

とりざた【取り沙汰】⇩うわさ

とりしまる【取り締まる】取り仕切る　統べ括《くく》る　統制　統御　規制強化　抑制　管制　▽監督　監視　管理　監察　統監　統督　統括　総括　主宰　▽弾圧　威圧　制圧　制御

とりしらべる【取り調べる】⇩たずねる（尋ねる）

とりすがる【取り縋る】⇩すがりつく

とりそろえる【取り揃える】⇩ととのえる（調える）

とりだす【取り出す】〔対〕取り入れる　抜き・繰り・押し・持ち・突き‐出す　籤・カード‐を引く　中から出す

とりたてる【取り立てる】①金を取り立てる　掛け取り　集金　会費を徴収する　徴発　追徴　募金　カンパ　②課長に取り立てる　登用　任用　任命　選抜　抜擢《ばってき》人事

とりつかれる【取り憑かれる】⇩ねっしん

とりつぐ【取り次ぐ】⇩なかだち

とりつくろう【取り繕う】⇩ごまかす

とりつける【取り付ける】⇩すえる（据える）

とりで【砦・塁】⇩じんち

とりとめなく【取り止めなく】⇩まんぜん

とりどり【取り取り】⇩いろいろ

とりなし【執り成し】取り持ち　口添え　仲立ち　仲裁に入る　調停　勧和　勧解　居中調停

とりのける【取り除ける】汚れ・雑草‐を取る　腋芽を摘む　取り‐除く・外す・去る・払う　押し除《の》ける　除く　石を除《の》ける　雪を除《よ》ける　払う　戸を外す　排する　皮を剝《は》ぐ　剝がす　剝《む》く　草を毟《むし》る　ひげを剃《そ》る　剃り落とす　除去　除外　削除　排除　排払　駆除　一掃　払拭《ふっしょく》　撤回　撤廃　撤収　撤去　抹消　抹殺

とりはからい【取り計らい】⇩てはい

とりはずす【取り外す】⇩とりのける

とりはらう【取り払う】⇩とりのける

とりひき【取引】商い　売買　商売　商行為　交易　物々交換

とりぶん【取り分】⇩わけまえ
とりまく【取り巻く】⇩かこむ
とりまとめる【取り纏める】 締め括《くく》る 統括 総括 一括 概括 包括 統合 統一 統制 総合
とりみだす【取り乱す】⇩あわてる
とりもつ【取り持つ】⇩なかだち
とりもどす【取り戻す】⇩うばう
どりょう【度量】 雅量 大量 広量 器量がある 寛裕 寛容 襟度を示す 襟懐 気宇広大 太っ腹 ▽胆力 胆勇 度胸 肝っ玉が太い
どりょく【努力】 尽力 奮闘 奮励 尽瘁《じんすい》 刻苦 辛労 砕心 粉骨砕身 勉強 勉励 精励 精進《しょうじん》 出精 精勤 労に報いる 取り組む 励む 勇気を奮う 頑張る 踏ん張る 精出す 骨折る 力を尽くす 死に物狂いの勉強 敬語 〔相手方が〕ご努力 ご尽力 ご奔走 ご辛労 お骨折り／〔自分側が〕努力 尽力 力を尽くす
とりわけ【取り分け】⇩とくに

とる ①**【取る】** 汚れ・雑草‐を取る↓とりのける ▽料金・連絡‐を取る↓とりいれる ▽**【獲る】** 海で魚を獲る↓りょう 山で猪《いのしし》を獲る ↓りょう ▽**【穫る】** 米を穫る ↓とりいれ ▽**【摂る】** 栄養を摂る 養分摂取 ▽**【盗る】** 人の財布を盗る↓ぬすむ ②**【捕る】** 鼠《ねずみ》を捕る↓とらえる ▽ボールを捕る 捕手 ③**【採る】** あつめる 血を採る 採取 採血 ▽卒業生を採る 採用 ④**【執る】** おこなう 筆を執る 握る 執筆者 ▽事務・手続き‐を執る 執り行う ⑤**【撮る】** 写真・映画‐を撮る 写す 撮影
どれ【何れ】 いずれが白か どちらがお好きですか 何《なに》
どれい【奴隷】 奴僕《ぬぼく》 奴婢《ぬひ》 中世の農奴《のうど》 非自由人
トレーニング ⇩れんしゅう
ドレス ⇩ようふく

どれほど【何れ程】 どんなに どのように 何程 如何《いか》程 如何に 如何ばかり 幾ら言っても
どれも【何れも】 何《いず》れも どちらも 何も 何もかも
とれる【取れる】 産する 産み出す 産出
とろ【瀞】⇩かわ(川)
どろ【泥】⇩つち(土)
とろう【徒労】⇩むだ
とろける【蕩ける】⇩とける(溶ける)
どろだらけ【泥だらけ】 泥んこだらけ 泥・泥んこ‐塗《まみ》れ
どろぼう【泥棒】 盗み 盗人《ぬすびと・ぬすっと》 物取り 賊が押し入る 盗賊 群盗 盗人《とうじん》 偸盗《ちゅうとう》 ▽こそ泥 万引《まんび》き 猫ばば 置き引き 持ち逃げ 空き巣 空き巣狙い 窃盗 強盗 辻《つじ》強盗 追い剝《は》ぎ 引っ奪《たく》り 掻《か》っ払い 護摩の灰 白波《しらなみ》 ギャング ▽巾着《きんちゃく》切り 掏摸《すり》 ピックポケット

どろみず【泥水】⇩おすい
とろり どろり　とろとろ　どろどろ
乳状　液状　粘液状
どろんこ【泥んこ】⇩ぬかるみ
どわすれ【度忘れ】⇩わすれる
どんかん【鈍感】 対敏感　愚鈍　魯鈍《ろどん》
愚図《ぐず》　不敏にして　無神経　散漫
無関心　無頓着《むとんちゃく》　頭が鈍い　▽鈍
物　野呂間《のろま》野郎
とんご【頓悟】⇩さとる(悟る)
とんざ【頓挫】⇩つまずく
とんし【頓死】⇩しぬ
とんそう【遁走】⇩しりぞく
とんだ【飛んだ】⇩たいへん
とんち【頓知】⇩きてん
とんでもない【飛んでもない】⇩とっぴ
とんと【頓と】⇩すこしも
どんどん どしどし　ずんずん　じゃんじゃん　ぐんぐん進む　ぐいぐい　めきめき　着々進行する　益々《ますます》
どんな⇩どう
どんなに⇩どれほど
とんや【問屋】⇩あきんど
どんよく【貪欲】⇩よくふか

な

な【名】⇩なまえ
なあて【名宛て】⇩あてな
ない ①【無い】 対有る　有るか無いか
無し　絶無　残金皆無　寸無　欠如
ゼロ　ナッシング
②【亡い】 死ぬ　今は亡い人　亡き母
故《こ》田中博士
ナイーブ⇩むじゃき
ないかく【内閣】⇩せいふ
ないがしろ【蔑ろ】⇩なおざり
ないこうてき【内向的】⇩しょうきょくてき
ないし【乃至】⇩まで
ないじつ【内実】⇩りめん
ないしょ【内緒・内証】⇩ないない
ないじょう【内情】⇩りめん
ないしょく【内職】⇩アルバイト
ないしん【内心】⇩ほんしん
ないぞう【内臓】⇩はらわた
ないつう【内通】⇩うらぎる
ないてい【内偵】⇩うかがう(窺う)
ないない【内々】 内緒　内証　内分　内密　秘密　極秘　厳密　隠密《おんみつ》に事を運ぶ　非公式　非公開
ナイフ⇩はもの
ないふん【内紛】⇩あらそい
ないぶん【内分】⇩ないない
ないみつ【内密】⇩ないない
ないめん【内面】⇩うち(内)
ないよう【内容】⇩なかみ
ないらん【内乱】⇩たたかい
ないらん【内覧】⇩したみ
なえ【苗】 苗木　早苗《さなえ》　種苗《しゅびょう》　禾苗《かびょう》　秧苗《おうびょう》　秧針　▽良苗　健苗　美苗
なえる【萎える】⇩かれる(枯れる)
なお ①【尚】 尚続ける　もっと　いよいよ　どんどん　更に　尚更　一層
▽尚、次回は明日　追って　加えて

②【仍】三枚着ても仍寒い↓それでも
③【猶】猶昼の如《ごと》し↓まるで

なおざり【等閑】疎《おろそ》かにする　蔑《ないがし》ろ　忽《ゆるが》せ　大雑把《おおざっぱ》　がさつ　ぞんざい　いい加減　適当にやる　等閑《とうかん》に付する　粗略　粗雑　粗漏　忽諸《こっしょ》　忽略　無造作《むぞうさ》

なおす①【直す】正しく　故障を直す↓つくろう　▽文章を直す　正す　改める　書き換える　手を入れる　添削　推敲《すいこう》を重ねる　加筆　修正　是正　訂正　▽書き変える　改悪　改竄《かいざん》の跡がある　改変　変造　▽悪癖を直す　正す　矯《た》める　矯正
②【治す】病気を　風邪《かぜ》・傷－を治す　癒《い》やす　手当て　治療　治病　療養　療病　療治

なおる①【直る】正しく　故障・歪《ゆが》み－が直る　遺跡を復元する　復旧　復調
②【治る】病気が　風邪《かぜ》・傷－が治る　癒《い》える　全快　快復を祈る　治癒《ちゆ》　快癒　全癒　平癒　全治　根治　本復　快気祝い　▽快方に向かう　小康を保つ　中日和《なかびより》　敬語〔相手方が〕ご快復　ご本復

なおれ【名折れ】⇩はじ

なか①【中】箱・心－の中　中《ちゅう》　内側　空中　火中　土中　地中　水中　体内　掌中　脳裏　▽上中下　中を取る　中位　中庸を守る　折衷案
②【仲】まじわり　仲がいい　間柄　交際　交遊　交誼《こうぎ》　交情

ながい【長居】長尻《ながじり》　長っ尻《ちり》の客　腰が重い　腰重　長座　長座敷

ながい①【長い】対短い　長い－毛・橋・年月　長々と続く　長たらしい祝辞　長大
②【永い】永い－一日・眠りに就く↓ひさしい

ながいき【長生き】対若死に　長らえる　生き永らえる　寿《ことぶき》　長寿　長命　長生　延寿　延命策　延齢　年寿　保寿　高寿　寿齢　嘉齢《かれい》　鶴寿《かくじゅ》　鶴齢　亀寿《きじゅ》　亀齢

なかがい【仲買い】仲買人　仲買商　仲立ち　仲立業　取引所の才取《さいとり》　接買　牙商《がしょう》　牙保　牙行　牙人　牙郎　ブローカー

なかがよい【仲が良い】仲良く　親しい　心安い　睦《むつ》まじい　親密　親睦《しんぼく》を深める　親善　親和　親交を結ぶ　融和　昵懇《じっこん》の間柄　親昵《しんじつ》

なかごろ【中頃】半ば　半《なか》ら　月の中旬　時代の中葉

ながさ【長さ】長短　尺度　寸《すん》が詰まる　寸法　丈尺　用尺　▽丈《たけ》　身の丈　着丈《きたけ》　裄丈《ゆきたけ》　袖丈《そでたけ》

ながしめ【流し目】⇩め(目)

なかす【中州】⇩す(州)

ながす【流す】流下　流出　ダム放流　▽落涙　流涕《りゅうてい》　流汗　発汗　流血の惨事　垂涎《すいぜん》の的(よだれを垂らす)

なかたがい【仲違い】対仲直り　不仲《ふなか》　不和　不合　離反　物・喧嘩《けんか》－別れ　離隔　離背　反目　確執　絶交　断交　犬猿《けんえん》・呉越－の仲　氷炭相容れ

ず　水火の争い

なかだち【仲立ち】 橋渡し　縁結び　紹介の中継ぎをする　取り-持つ・成す・次ぐ　人を介する　紹介　仲介　媒介　結婚の媒酌　媒助　就職の斡旋《あっせん》　周旋　仲裁　調停

なかつぎ【中継ぎ】 ①放送の中継ぎをする　中継　②紹介の中継ぎをする　↓なかだち

ながつき【長月】 ⇩くがつ

ながつづき【長続き】 長持ち　ぶっ-続け・通し　引き続き　永続　持続　存続　連続　続行　持久戦

なかでも【中でも】 中に就っいて　就中《なかんずく》　分けて　取り分け

なかなおり【仲直り】 対仲違い　折り合い　話し合い　和解　和睦《わぼく》　和親　和議　和平協定　講和条約　融和　妥協　▽停戦　休戦　終戦

なかなか【中々】 ①中々良い　↓かなり　②中々出来ない↓どうしても

ながなが【長々】 延々三時間にわたる会議　縷々《るる》説明する　時間を構わず

ながねん【長年・永年】 ①長年の懸案　多年　積年の努力　累年　歴年　在来　従来　年来　本来　②長年にわたって　長歳　長年月　幾星霜を重ねる　永年《えいねん》　永歳　永世　永代供養

なかば【半ば】 ⇩はんぶん

ながびく【長引く】 長らえる　明日に持ち越す　延引　会議が遅延する　遅引　荏苒《じんぜん》日を送る

なかほど【中程】 中部　中間　中途　半途　中庸　山の中腹　▽中心部　都心　湖心　爆心地　震央

なかま【仲間】 輩《ともがら・やから》　手合い　与《とも》に謀る　メート　グループ　類《るい》　同類　同輩　朋輩　同僚　同門　同列　同志　同人《どうじん》雑誌　同好の士　常連　連中　一味　結社　団体　▽同窓生　同学の友　同級生　学友　校友　クラスメート　ルームメート　フレンド　▽同郷の友　同県人　海外の同胞　同国人

なかまいり【仲間入り】 加わる　加入　加盟　参加　立案に参画する　参与　入会　入党　弱者に加担する　参戦

なかまはずれ【仲間外れ】 除《の》け者　爪弾《つまはじ》き　村八分　締め出す　排斥　除名　▽脱退　退会　脱党

なかみ【中身・中味】 内容　内実　実質　実体　正体　正味　成分　要素

ながめ【眺め】 見晴らし　シーン　展望　眺望　観望　遠望　光景　情景　景観　景色《けしき》　▽壮観　偉観

ながめる【眺める】 見渡す　眺めやる　展示品に見入る　見詰める　見据える　美人に見蕩《と》れる

ながもち【長持ち】 ⇩たもつ

なかよく【仲良く】 ⇩なかがよい

なかよし【仲良し・仲好し】 ⇩ともだち

ながら ①見ながら食べる　つつ　がら　かたがた　②知りながら教えない　とは存じますが　ではございますが　をも顧みず

ながらえる【長らえる・永らえる】 ⇩な

がいき

ながらく【長らく・永らく】⇩ひさしい

ながれ【流れ】⇩かわ(川)

ながれる【流れる】迸《ほとばし》る　下水・品物ーが捌《は》ける　流出　流下　▽滔々《とうとう》　洋々　混々　▽流れが淀《よど》む

なかんずく【就中】⇩なかでも

なき【亡き】⇩なきひと

なぎ【凪】対しけ　波静か　波穏やか　無風　静海　和波　▽朝凪　夕凪

なきがお【泣き顔】⇩かおつき

なきがら【亡骸】⇩したい

なきごえ ①【泣き声】子供の泣き声↓こえ

②【鳴き声】小鳥の鳴き声　囀《さえず》り　歌　ピーチクパーチク

なきごと【泣き言】⇩ふまん

なぎさ【渚】⇩きし

なきつく【泣き付く】泣きを入れる　拝み倒す　哀願　懇願　嘆願　訴願　請願　哀訴　愁訴

なきひと【亡き人】故人　死人《しにん》　死者　亡者《もうじゃ》　逝者　枯骨　不帰・黄泉ーの客となる　▽亡き父　今は亡き　亡《ぼう》父　亡母　亡夫　亡婦

なく ①【泣く】対笑う　人が　子供が泣く　咽《むせ》ぶ　泣き噦《じゃく》る　咽《むせ》び・啜《すす》り泣く　噦り・啜り上げる　涙ぐむ　涙を漏らす　落涙　零涙　涕泣《ていきゅう》　号泣　哀泣　悲泣　絶泣　泣嘆　号哭《ごうこく》　泣哭　涕哭　痛哭　慟哭《どうこく》　慟泣　絶哭　哀咽《あいえつ》　哀号　哀哭　悲哭　哄哭《こうこく》　嗚咽《おえつ》　感泣

②【鳴く】動物が　犬・虫ーが鳴く　犬が吠《ほ》える　虎が唸《うな》る　馬が嘶《いな》く　虫が集《すだ》く　▽【啼く】鳩《はと》・雲雀《ひばり》・小鳥ーが啼く　囀《さえず》る　清囀《せいてん》　嬌囀《きょうてん》　急囀

なぐ【凪ぐ】⇩やわらぐ

なぐさみ【慰み】気晴らし　気晴らしの散歩　憂さ晴らし　気散じをする　快《かい》を求める　興《きょう》に乗る　慰安　娯楽　消閑法　消憂　遺悶《いもん》　気分転換　即興の句　▽自慰　自瀆《じとく》　手淫《しゅいん》

なぐさめる【慰める】犒《ねぎら》う　労《いたわ》る　慰労　慰安　慰謝　慰撫《いぶ》　犒労《こうろう》　慰問　訪慰　▽慰霊　弔慰

なくす ①【無くす】物を　財布を無くす　失う　落とす　逸する　失する　紛失　喪失　亡失　消失　失言で失脚する

②【亡くす】死ぬ　子を亡くす　死なせる　喪子　喪妻

なくなる ①【無くなる】物が　財布が無くなる　失《う》せる　見えなくなる　消え去る・失せる　立ち消えになる　種切れ　紛失　喪失　▽欠乏　欠如

②【亡くなる】父が亡くなる↓しぬ

なぐる【殴る・撲る】⇩うつ(打つ)

なげうつ【擲つ・抛つ】⇩なげだす

なげうり【投げ売り】⇩やすうり

なげかわしい【嘆かわしい】⇩なさけない

なげく【嘆く・歎く】涙ぐむ　死を嘆く　憂え悲しむ　嘆じる　嘆息　愁嘆　悲嘆　嘆傷　悲傷　痛嘆　嗟嘆《さたん》

長嘆 ▽【慨く】けしからん 世を慨く 憤る 憤慨 慷慨《こうがい》 悲憤 慨嘆

なげこむ【投げ込む】⇩いれる

なげすてる【投げ捨てる】⇩なげだす

なげだす【投げ出す】 命を投げ捨てる 放り出す 私財を擲《なげう》つ 打っちゃる 権利を放棄する 放擲《ほうてき》 放下 擲去

なげつける【投げ付ける】⇩なげる

なげやり【投げ遣り】⇩いいかげん

なげる【投げる】①ボールを投げる 抛《ほう》る 一石を投じる 投げ付ける 投擲《とうてき》競技 投石 ②仕事を投げる↓なげだす

なければならない なければいけない ねばならぬ 当《まさ》に行うべき件

なこうど【仲人】仲立ち 結びの神 仲人《ちゅうにん》 媒酌人 媒介人 仲媒人 世話人 氷人 月老 月下‐氷人・老人 月下翁

なごむ【和む】⇩やわらぐ

なごやか【和やか】穏やか 長閑《のどか》 和気‐洋々・横溢《おういつ》・藹々《あいあい》

なごり【名残】余波 余韻 余風 余情 ▽心残り 惜別の情 離愁

なさい⇩せよ

なさけ【情け】恵みを掛ける 慈しみ 思い遣《や》り 情け心 恵み心 人情 温情 同情 厚意に感謝する 厚情 慈愛 慈悲 仁愛 仁慈 敬語【相手方の】ご高情 ご高志 ご芳志 ご芳情 ご高恩 ご恩情

なさけない【情けない】嘆かわしい 浅ましい 惨《みじ》め 惜しい 口惜しい 無念 遺憾 残念

なさけぶかい【情け深い】⇩おもいやり

なざす【名指す】指名 指定 指摘 ▽列挙 枚挙 例示

なさる⇩する(為る)

なし【無し】⇩なにもない

なしとげる【成し遂げる】 遣《や》り遂げる 仕果《おお》せる 初志を貫く 目的を達する 完遂 完成 達成 大願成就 成功

なじむ【馴染む】⇩なれる(慣れる)

なじる【詰る】⇩せめる(責める)

なす 1【成す】 形・産・原因‐を成す↓しあげる 2【作す】山・色‐を作す↓つくる 3【生す】子を生す↓うむ 4【為す】する 妨害を為す 遣《や》る 行う 演じる 致す なさる 5【倣す】過ちと倣す↓みなす 6【済す】借金を済す↓かえす

なずむ【泥む】⇩こだわる

なすりつける【擦り付ける】⇩てんか(転嫁)

なする【擦る】⇩つける(付ける)

なぜ【何故】⇩どうして

なぜか【何故か】⇩なんとなく

なぜなら【何故なら】何となれば というのは だって ▽その理由は その訳は

なぞ【謎】①謎を掛ける 謎々 当て物 当てくら 謎語《めいご》 謎辞 ②原因は謎だ 疑問 不可解 不可思議

なぞらえる 1【準える】 前例に準える

↓じゅんじる
[2]【擬える】 外国品に擬えた品 ↓まねる ▽水に擬えて説明する ↓たとえる

なぞる【擦る】⇩うつす(写す)

なた【鉈】⇩はもの

なだかい【名高い】⇩ゆうめい

なだたる【名立たる】⇩ゆうめい

なだめる【宥める】 賺《すか》す 宥め賺す 赤ん坊をあやす 機嫌《きげん》を取る 慰謝 慰撫《いぶ》 鎮撫

なだらか 対険しい 緩《ゆる》い だらだら坂 緩傾 緩傾斜

なだれ【雪崩】 雪雪崩 頽雪《たいせつ》に埋まる ▽地滑り 山崩れ 山津波 落盤

なつ【夏】 六月・七月・八月 夏季水泳大会 夏期講習会 ▽真夏《まなつ》 盛夏 炎夏 炎陽 酷暑 猛暑 炎暑 三伏の候 [暦] 立夏(五月六日ごろ)／夏至(六月二十二日ごろ)／小暑(七月七日ごろ)／大暑(七月二十三日ごろ)

なつかしい【懐かしい】 慕わしい人 恋しい 心引かれる 愛着を覚える 愛執 思慕の情

なつかしむ【懐かしむ】 懐かしがる 懐かしく思う 恋い焦がれる 思慕の情 懐慕 追慕 追憶に耽る 追想 追思 追懐 懐旧 懐古趣味 望郷の念

なつく【懐く】 馴染《なじ》む 犬が馴《な》れる 親しむ 馴れ親しむ 親近 親狎《しんこう》

なつける【懐ける】⇩てなずける

なづける【名付ける】 名乗る 称える 称する 号する 題する 銘打つ 自由を標榜《ひょうぼう》する

なっとく【納得】⇩りかい

なつやすみ【夏休み】⇩やすみ

なでる【撫でる】 摩《さ》する 撫で回す・付ける 摩撫《まぶ》 按撫《あんぶ》 按摩《あんま》

ななくさ【七草】 七種《ななくさ》の菜 ▽春の七草 芹《せり》 薺《なずな》 御形《ごぎょう》 繁蔞《はこべら》 仏の座《ほとけのざ》 菘《すずな》 蘿蔔《すずしろ》 ▽秋の七草 萩《はぎ》 尾花 葛《くず》 撫子《なでしこ》 女郎花《おみなえし》 藤袴《ふじばかま》 朝顔(または桔梗《ききょう》)

ななめ【斜め】 斜《はす》 斜交《はすか》いに打つ 筋交《すじか》い 筋違い 袈裟《けさ》掛けに切る ▽バイアス 傾斜 横斜 勾配《こうばい》 斜面 傾斜面

なにがし【某】 某《それがし》 誰《だれ》それ 誰彼 何の誰 誰やら 某《ぼう》 某氏 某君 某嬢 無名氏

なにかと【何かと】 何かにつけ あれこれ あれやこれや いろいろ

なにげない【何気ない】⇩さりげない

なにしろ【何しろ】⇩なにぶん

なにせ【何せ】⇩なにぶん

なにとぞ【何卒】⇩どうか

なにぶん【何分】 ①何分老人ですから 何せ 何しろ 何としても ②何分宜《よろ》しくお願いいたします ↓どうか

なにも【何も】⇩すこしも

なにもかも【何もかも】⇩すべて

なにもない【何もない】 無し 無《む》 曠《むな》しい毎日 空《くう》 虚無 皆無 絶無 ▽ブランク ▽空白 空虚 欠如 無色 無臭 無味

なにやかや【何やかや】⇩いろいろ

なにより【何より】⇩けっこう(結構)

なのる【名乗る】⇩なづける

なびく【靡く】①⇩ゆれる ②⇩したがう

なふだ【名札】 手札《てふだ》型の写真 名刺 ネームカード ▽門札《かどふだ・もんさつ》 門標 表札《ひょうさつ》 ネームプレート

なぶる【嬲る】 弄《もてあそ》ぶ 虐《いじ》める からかう 苛《さいな》む 馬鹿《ばか》・笑いもの‐にする ▽嬲り殺し 虐殺 惨殺

なま【生】 瑞々《みずみず》しい 新しい 新鮮 生鮮 ▽未加工 未熟な技術 不熟

なまいき【生意気】 小生意気な奴 小憎らしい 差し出がましい 出過ぎ 猪口才《ちょこざい》なことを言う 小癪《こしゃく》な奴

なまえ【名前】 名《な》 呼び名 通り名 ペンネーム ネーム 姓《せい》 名《めい》 姓 名 氏名 姓氏 人名 名字 名号 名目 本名 別名 別号 異名 別称 異称 一名 雅号 芸名 仮名 通称 ▽旧姓 旧名 前名 俗称 俗名 変名 偽名 諱《いみな》 綽名《あだな》 諡《おくりな》 戒名 法名 法号 鬼号 仏名 ▽署名 連名で出す 三名連記 敬語〘相手方の〙 お名前 貴名 ご尊名 ご高名 ご芳名 ご旧姓

なまかじり【生嚙り】 生半可 生半尺 知ったか振り 聞いた風 半可通 一知半解

なまきず【生傷】⇩けが

なまぐさい ①【生臭い】 生臭い魚 ↓くさい ②【腥い】 腥い風 血腥い 不気味 気味が悪い

なまくら【鈍ら】⇩なまけもの

なまけもの【怠け者】 対働き者 ずぼら 物臭《ものぐさ》 鈍《なま》くら ぐうたら 不精《ぶしょう》者 無能者 穀潰《ごくつぶ》し 浮浪‐人・者

なまける【怠ける・惰ける】 任務を怠《おこた》る 狡《ず》るける 弛《たゆ》む サボる ぐうたら 骨惜しみ 怠慢 怠惰 放惰 懶惰《らんだ》 過怠 横着 不精《ぶしょう》 不熱心 不勉強

なまじ【憖じ】⇩むりに

なまなましい【生々しい】⇩いきいき

なまぬるい ①【生温い】 風が生温い ↓あたたかい ②【生緩い】 取り締まりが生緩い ↓ゆるい

なまはんか【生半可】⇩なまかじり

なまめかしい【艶しい】⇩いろっぽい

なまやさしい【生易しい】⇩たやすい

なまり【訛り】⇩はつおん

なまる ①【鈍る】 刃が鈍る ↓にぶる ②【訛る】 音が変わる 言葉が訛る 歪《ゆが》む 発音が崩れる 田舎びる

なみ【波・浪】 ①畝《うね》り 波浪 波濤《はとう》 大波 巨波 巨浪 巨濤 怒濤の海 激浪 波瀾《はらん》 狂瀾 狂濤 ▽横波 白波 荒波 土用波 津波 ▽漣《さざなみ》 小波 細波 微漣《びれん》 ▽飛沫《しぶき・ひまつ》 水煙《みずけむり・すいえん》 砕け波 ②老いの波 ↓しわ

なみ【並み】 十人並み 中位《ちゅうぐらい・ちゅうい》 普通 一般 平凡 標準 ▽通常 通例 定例

なみき【並木】⇩き(木)
なみだ【涙・泪】落涙　涕涙《ているい》　悲涙　感涙に咽ぶ　紅涙　熱涙　暗涙を含む　血涙　▽悔し涙　嬉《うれ》し涙　涙雨
なみだぐましい【涙ぐましい】⇩けなげ
なみだつ【波立つ】波-打つ・寄る　飛沫《しぶ》く　起波　起浪　起濤《きとう》　風波　風浪　風濤
なみだもろい【涙脆い】涙弱い　涙っぽい　涙がち　感じやすい　感傷的　ウエット　センチ
なみはずれ【並外れ】⇩とっぴ
なみまくら【波枕】⇩ふなたび
なめす【鞣す】練る　皮を撓める　淹熟《えんじゅく》　熟皮
なめらか【滑らか】すべすべ　つるつる　滑《すべ》っこい　のっぺら　平滑　円滑　潤滑　▽すらすら進む　淀《よど》みなく　順調　スムーズ
なめる ①【舐める】口で　飴《あめ》を舐める　しゃぶる　ねぶる　▽相手を舐めてかかる↓あなどる
②【嘗める】苦労を嘗める↓けいけん
なや【納屋】⇩こや
なやましい【悩ましい】⇩いろっぽい
なやみ【悩み】悶《もだ》え　煩い　苦悩　苦慮　苦悶《くもん》の表情　懊悩《おうのう》を抱く　憂悩　憂悶　煩慮　煩悶　煩悩《ぼんのう》を絶つ　心痛の余り　心配
なやむ【悩む】悶《もだ》える　煩う　思い-悩む・煩う　苦悩　苦慮　良心に責められて苦悶《くもん》する　煩悶
なよやか⇩しなやか
ならう ①【習う】対教える　英語・ピアノ-を習う↓まなぶ
②【倣う】例・欧米-に倣う↓まねる
ならく【奈落】⇩じごく
ならし【均し】⇩へいきん
ならす【鳴らす】打ち・弾き・掻《か》き・吹き-鳴らす　響かせる　轟《とどろ》かせる　鳴笛　鳴管　振鈴　振鐸《しんたく》
ならす ①【馴らす】親しませる　犬を馴らす　飼い馴らす　手懐《てなず》ける　馬を調教する　馴養《じゅんよう》　教馴　調馴　馴致　馴服
②【慣らす】合わせる　気候に慣らす　慣れさせる　馴染《なじ》ませる　順応
ならずもの【不破者】⇩ふりょう(不良)
ならび【並び】⇩れつ
ならびに【並びに】⇩および
ならぶ【並ぶ】末席に連なる　居・立ち-並ぶ　列する　大人に伍《ご》する　並列　整列　▽隣《とな》り-合う・合わせる　隣接　隣比　櫛比《しっぴ》する人家
ならべる【並べる】軒・名-を連ねる　並べ立てる　羅列　配列　並列
ならわし【習わし・慣し】⇩しきたり
なりさがる【成り下がる】⇩おちぶれる
なりたち【成り立ち】⇩いきさつ
なりたつ【成り立つ】①契約が成り立つ↓できあがる　②教職員から成り立つ↓なる
なりひびく【鳴り響く】①音が　ベルが鳴り響く　鳴り渡る　響く　轟《とどろ》く　②有名　令名が鳴り響く　広まる　知

れる　知れ渡る　名が売れる　有名・著名・評判になる

なりふり【形振り】⇩みなり

なりゆき【成り行き】動き　不穏な雲行き　旗色　局面　傾向　動向　経過　時代の動静　大勢　大局　形勢　情勢　不利　事態　趨勢《すうせい》　趨向　時勢に後れる　世運　世向　風潮　潮流　時流に乗る　時局　▽戦況　戦局

なりわい【生業】⇩しょくぎょう

なる　①【成る】各県の代表から成る　教職員から成り立つ　成立　組成　組織　▽夏に成る　相成る　相催す　最終に至る　に相当たる　…化する　②【為る】人と・男に為る↓そだつ　③【生る】実が生る↓みのる

なる【鳴る】轟《とど》ろく　高鳴る　鳴り渡る・響く　共鳴

なるべく【成る可く】成るたけ　成る可くんば　能《あと》う限り　可能な限り　善意をもって

なるほど【成程】⇩あたりまえ

なれあい【馴れ合い】⇩やおちょう

なれなれしい【狎れ狎れしい】㊊よそよそしい　恩寵に狎れる　心安い人々　人懐こい　狎近《こうきん》の間柄　馴狎《じゅんこう》　慣狎　狎昵《こうじつ》

なれのはて【成れの果て】⇩おわり

なれる　①【慣れる】楽に行える　仕事に慣れる　手慣れる　馴染《なじ》む　使い慣れる　熟練　熟達　練熟　練達　②【馴れる】親しむ　犬・子供が馴れる　馴染《なじ》む　飼い主に馴致《じゅんち》する　馴服　③【狎れる】恩寵《おんちょう》に狎れる↓なれなれしい　④【熟れる】できあがる　塩辛が熟れる　熟成

なわ【縄】⇩つな

なわばり【縄張り】勢力圏・範囲　支配圏　選挙の地盤

なんかん【難関】⇩あいろ

なんぎ【難儀】⇩くろう

なんきつ【難詰】⇩せめる(責める)

なんきょく【難局】急場　窮地に陥る　重大局面を迎える　非常時　非常事態

なんくせ【難癖】⇩いいがかり

なんじゅう【難渋】⇩こまる

なんじる【難じる】⇩けなす

ナンセンス⇩むいぎ

なんだい【難題】⇩むり

なんだか【何だか】⇩なんとなく

なんで【何で】⇩どうして

なんでも【何でも】①何でも読む↓すべて　②何でも森さんとか↓たしか

なんてん【難点】⇩けってん

なんと【何と】何とまあ　何という　何て美しいのだろう　よくも　よくもまあ　▽何たる　如何《いか》なる

なんど【何度】何回　何遍　幾回　幾度《いくど》・《いくたび》

なんとか【何とか】どうやら　どうやらこうやら　何とかかんとか　十分ではないが　不十分ながら

なんとなく【何となく】どうも変だ　どうやら　何故《なぜ》か　何だか　何かどこやら　どことなく　何とはなしに

訳もなく　転《うた》た感慨に堪えない　漫《そぞ》ろ　昔が懐かしい　漠然　漫然

なんとなれば【何となれば】⇩なぜなら

なんども【何度も】⇩たびたび

なんなく【難なく】⇩たやすい

なんなら【何なら】良ければ参りましょうか　宜《よろ》しければ　事情によっては駄目かもしれない　事と次第では

なんにも【何にも】一つもない　何ら　全く　全然　一切　一向

なんぱ【難破】⇩しずむ

なんら【何ら】⇩なんにも

■に■

に【荷】⇩にもつ

にあう【似合う】釣り合う　似合わしい　家柄に似つかわしい　相応《ふさわ》しい　和服が映える　打って付けの仕事　似合いの夫婦　格好の　相応《そうおう》　適当　適応　適合　調和

にいさん【兄さん】①私の兄さん↓あに　②隣の兄さん↓わかもの

にえたつ【煮え立つ】⇩わく(沸く)

にえゆ【煮え湯】⇩ゆ

にえる【煮える】煮-立つ・詰まる　煮え-立つ・くり返る・返る　茹《ゆ》だる　茹で上がる

におい ①【香い】よい方　酒の香い　花の香《かおり》　匂《にお》い　香《か》　芳香　芳気　香気　異香　奇香　清香　▽残り香　移り香　余香　遺香　余薫　遺薫　微香　微薫　②【匂い】花の匂い　③【臭い】わるい方　便所・魚-の臭い　臭《さく》み　臭気　汚臭　悪臭　異臭を放つ　▽体臭　口臭

におう ①【香う】よい方　酒が香う　花が香《かお》る　四方に薫じる　馥郁《ふくいく》と香る　馥々　芬々《ふんぷん》　薫々　②【匂う】花が匂う　③【臭う】わるい方　便所が臭う　鼻を突く

におわす【匂わす】⇩あんじ

にがい【苦い】①苦い味　ほろ苦い　苦味《にがみ》　②苦い顔　不機嫌　不愉快　不満　③苦い経験↓つらい

にがす【逃がす】逃《のが》す　機会を逸する　取り逃がす　▽放す　放免　釈放

にがつ【二月】如月《きさらぎ》　晩冬　季冬　▽余寒の候　残寒の砌《みぎり》　春寒の折柄　[文章] 梅の蕾《つぼみ》もそろそろ膨らみ始めました／余寒なお骨身に応《こた》えるこの頃《ごろ》　[暦] 節分(立春の前の日)／立春(四日ごろ)／初午《はつうま》(最初の午の日)／建国記念の日(十一日)／聖バレンタインデー(十四日)／雨水(十九日ごろ)

にがて【苦手】⇩ふとくい

にがにがしい【苦々しい】⇩はらだたしい

にかよう【似通う】⇩にている

にきび【面皰】⇩できもの

にぎやか【賑やか】[対]静か　賑々しい　賑わしい　込み合う　繁華　殷賑《いんしん》を極める　雑踏　混雑

にぎりこぶし【握り拳】⇩げんこつ

にぎりしめる【握り締める】 ⇩にぎる

にぎる【握る】 握り締める 攫《つか》む 腕を扼《やく》する 放さない 部下を掌握する 内容を把握する 把持

にぎわう【賑わう】 栄える 賑やかになる 繁盛 繁栄

にく【肉】 身《み》 筋肉 肥肉 肉塊 ▽肉類 食肉 食用肉 枝肉《えだにく》 精肉 ▽牛肉 豚肉 馬肉 桜肉 鶏肉 鳥肉 かしわ 鯨肉 魚肉

にくい【憎い】 ⇩にくらしい

にくい【難い】 ⇩むずかしい

にくかんてき【肉感的】 ⇩いろっぽい

にくしみ【憎しみ】 憎悪《ぞうお》 反感 敵意 敵対 敵視 村人に白眼視される 敵愾《てきがい》心を煽る

にくしん【肉親】 親子 兄弟 骨肉相食む 血族の一人 血縁 肉縁 血脈 近親 同族 一家眷族《けんぞく》

にくたい【肉体】 ⇩からだ

にくたらしい【憎たらしい】 ⇩にくらしい

にくにくしい【憎々しい】 ⇩にくらしい

にくはく【肉薄】 ⇩せまる

にくひつ【肉筆】 ⇩じひつ

にくまれぐち【憎まれ口】 ⇩わるくち

にくむ【憎む】 対愛する 成功を憎む 嫉《そね》む 嫉《ねた》む 忌む 仲・成功-を妬《や》く 岡焼《おかや》き 焼き餅《もち》 憎しみを持つ 嫉妬《しっと》 嫉視 憎悪《ぞうお》 嫌悪 仇視《きゅうし》 仇意 敵意 怨恨《えんこん》 怨念《おんねん》を晴らす ▽【悪む】 けしからん 不正を悪む 以《も》っての外 弁解無用

にくよく【肉欲】 ⇩せいよく

にくらしい【憎らしい】 対可愛らしい 憎らしい天気(客観的) 憎い女(主観的) 憎たらしい 面《つら》憎い 憎々しい態度 嫌《いや》らしい 全く好《い》い気味だ 憎態《にくてい》な言い方 小癪《こしゃく》にも

にぐるま【荷車】 手車 腰車 手押車 大八車 輜重《しちょう》車 ▽人力車 人力 乳母車 ベビーカー

にげこうじょう【逃げ口上】 ⇩いいわけ

にげこむ【逃げ込む】 ⇩かくれる

にげだす【逃げ出す】 ⇩にげる

にげまわる【逃げ回る】 ⇩にげる

にげみち【逃げ道】 逃《のが》れ道 抜け道 退路 遁路《とんろ》 脱路 走路 活路を見出す 血路を開く

にげる【逃げる】 逃げ-出す・回る・延びる・失《う》せる 落ち延びる 逃《のが》れる 免れる 抜け出す 抜け出る ずらかる すっぽかす 逃走 逃亡 逃奔 逃避 逃散 脱出 脱走 遁走《とんそう》 逸走 散走 逐電《ちくでん》 出奔 亡命 高飛び ▽潰走《かいそう》 敗走 敗亡 敗遁

にごす【濁す】 ⇩よごす

にこにこ にっこり にこやか 喜々 莞爾《かんじ》として 莞然 婉然《えんぜん》 ▽にやにや にたにた 脂下《やにさ》がる

にこやか ⇩にこにこ

にごる【濁る】 対清む ①汚《よご》れる 汚濁 混濁 懸濁 穢濁《わいだく》 汚染 ②濁って読む 濁音化

にし【西】 対東 真西 西側 西部 西

方　酉《とり》の方角

にじ【虹】 虹の橋　虹橋《こうきょう》　天虹　雲虹　彩虹　錦虹《きんこう》　雰虹《ふんこう》　天弓　帝弓　▽七色の虹　赤　橙《だいだい》　黄　緑　青　藍《あい》　紫

にしき【錦】 ⇩おりもの

にじむ【滲む】 墨が散る　紙に染《し》みる　染み込む　滲み出る

にじゅうしき【二十四気】 立春　雨水　啓蟄《けいちつ》　春分　清明　穀雨　立夏　小満《しょうまん》　芒種《ぼうしゅ》　夏至《げし》　小暑　大暑　立秋　処暑　白露　秋分　寒露　霜降　立冬　小雪　大雪　冬至　小寒　大寒

にしん【二伸・二申】 ⇩あとがき

にせ【偽・贋】 ⇩にせもの

にせもの ①**【偽物】** 対本物　偽物の判　偽《にせ》　模造　偽造　偽作　偽物《ぎぶつ》　偽造物　変造物
②**【贋物】** 本物のとおり　贋物《にせもの》の絵　紛《まが》い物　如何《いかが》物　食わせ物　まやかし　いんちき　擬製品　贋作《がんさく》　贋物《がんぶつ》　贋造物

にせる【似せる】 外国品に擬《なぞら》える　神童に擬する　先生に肖《あやか》る　作風を模倣する　模擬-試験・裁判

にたりよったり【似たり寄ったり】 ⇩どうよう(同様)

にちげん【日限】 ⇩きじつ

にちじょう【日常】 ⇩ふだん(普段)

にちにち【日々】 ⇩まいにち

にちぼつ【日没】 ⇩ひのいり

にちや【日夜】 ⇩いつも

にちりん【日輪】 ⇩たいよう(太陽)

につかわしい【似つかわしい】 ⇩ふさわしい

にっき【日記】 学級日誌　日録　日暦　当用日記　▽旅日記　旅行記　紀行　道中記　漫遊記

にっこう【日光】 ⇩たいよう(太陽)

にっちゅう【日中】 ⇩ひる(昼)

にってい【日程】 ⇩スケジュール

にっとう【日当】 ⇩きゅうりょう(給料)

にっぽん【日本】 ⇩にほん

にている【似ている】 似る　似通う　…の如《ごと》き　類する　似寄り　似たり寄ったり　そっくりの人　紛らわしい　類似　相似　近似　酷似　酷肖《こくしょう》　▽瓜《うり》二つ　父親を彷彿《ほうふつ》とさせる子　生き写し　▽他人の空似《そらに》

になう【担う】 ⇩かつぐ

にびいろ【鈍色】 ⇩はいいろ

にぶい【鈍い】 対鋭い　鈍《のろ》い　とろい　間懶《まだる》い　鈍感　愚鈍　魯鈍《ろどん》　愚図《ぐず》　不敏

にぶる【鈍る】 鈍くなる　刃が鈍《なま》る　腕が落ちる　力が弱る

にほん【日本】 日本《にっぽん》　日《にち》　ジャパン　日本国　大日本　大日本帝国　日東　皇国　倭国《わこく》　扶桑　▽大八洲《おおやしま》　秋津島　瑞穂《みずほ》の国　豊葦原《とよあしはら》　皇御国《すめらみくに》　▽我が国　母国　祖国　国内　内地

にまいじた【二枚舌】 ⇩むじゅん

にまいめ【二枚目】 ⇩びなん

にもつ【荷物】 荷《に》　手荷物　小荷物

包み　小包　風呂敷《ふろしき》　手回り品　行李《こうり》　積み荷　重荷　貨物　載貨　▽滞貨　ストック

にもの【煮物】 煮付け　煮染《にし》め　水煮　甘煮《うまに》　佃煮《つくだに》

にやける ⇩てらう

ニュアンス 語感が鋭い　意味合い　色合い　感じ　音色《ねいろ》

ニュー ⇩あたらしい

にゅうかい【入会】 ⇩くわわる

にゅうがく【入学】 対卒業　就学児童　入校の準備　入園　入塾　入門　弟子《でし》入り　▽進学　進級

にゅうしゅ【入手】 取得　落手　落掌　手に入れる　受け取る　仕入れる　買う　貰《もら》う

ニュース 勝利の報　報道の内容　通報　報知　情報収集　諜報《ちょうほう》活動　株価の速報　雑報欄

にゅうせん【入選】 ⇩ごうかく

にゅうどう【入道】 ⇩そう(僧)

にゅうねん【入念】 ⇩ねんいり

にゅうばい【入梅】 ⇩うき

にゅうよう【入用】 ⇩ひつよう

にゅうよく【入浴】 入湯　浴湯　洗浴　沐浴《もくよく》　湯浴《ゆあ》み　腰湯　足湯　▽水浴び　水浴　行水《ぎょうずい》　▽湯上がり　風呂《ふろ》上がり　浴後

にょう【尿】 ⇩しょうべん

にょうぼう【女房】 ⇩つま

にょじつ【如実】 ⇩ありのまま

にらまれる【睨まれる】 よく思われない　意地悪される　仇《あだ》にされる　目の敵にされる

にらみあい【睨み合い】 睨めっこする　両軍の対峙《たいじ》　対立　対抗

にらみあう【睨み合う】 ⇩たいりつ

にらむ【睨む】 一点を見詰める　睨み・睨《ね》め付ける　目を瞠《みは》る　瞠目《どうもく》　天下を睥睨《へいげい》する　▽思う　見当を付ける　予想　予測　推測　推量

にる【似る】 ⇩にている

にる【煮る】 煮付ける・込む・返す・詰める・染《し》める　薬を煎《せん》じる　煎じ詰める　茹《ゆ》でる　炊煮　炊事　料理

にわ【庭】 園《その》　花園　花壇《かだん》　植え込み　中庭　壺庭《つぼにわ》　内庭　裏庭　前庭　前栽《せんざい》　庭園《ていえん》　林泉

にわかあめ【俄か雨】 ⇩あめ(雨)

にわかに ①【俄かに】 俄かに降り出す　↓とつぜん　②【遽かに】 遽かに予断を許さない　↓すぐ

にわとり【鶏】 鶏《とり》の卵　鶏《かけ》の鳴く声　長鳴き鳥　木綿《ゆう》付け鳥　家鶏《かけい》　牡鶏《おんどり》　牝鶏《めんどり》　親鶏《おやどり》　ひよこ　雛《ひな》が孵《かえ》る

にんい【任意】 入場随意　恣意《しい》的な選択　適当に行う　適宜解散する　格好な相手　自由自在に行動する　自分勝手な振る舞い　思い通り　心任せに暮らす

にんか【認可】 ⇩ゆるす

にんき【人気】 人望　声望　名望　衆望　興望《よぼう》　評判　受け　人受け　気受け　俗受け　羽振りがいい　持てる　◆人気者　売れっ子　花形　スター

時代の寵児《ちょうじ》

にんぎょう【人形】 雛《ひな》人形 土《つち》人形 泥人形 木偶《でく》-を操る・の坊 前会長の傀儡《かいらい》に過ぎない ドール

にんげん【人間】 ⇩ひと(人)

にんじょう【人情】 ⇩なさけ

にんじる【任じる】 庶務課長に補する 正社員を命じる 補佐役を嘱する 大名に封じる 引き-取り-立てる 役に付ける 任用 任命 叙任 補任 採用 挙用 登用

にんしん【妊娠】 受精 受胎 懐胎 妃殿下のご懐妊 身重《おもみ》になる 子を孕《はら》む 身籠《みごも》る 種を宿す

にんず【人数】 人数《にんずう》 員数 人員 現在員 定員 頭数《あたまかず》 ▽人口 人別 人頭 口数 民口

にんそう【人相】 ⇩かおつき

にんたい【忍耐】 ⇩がまん

にんぴにん【人非人】 ⇩わるもの

にんぷ【人夫】 ⇩ろうどうしゃ

にんむ【任務】 ⇩つとめ(務め)

にんよう【任用】 ⇩にんじる

ぬ

ぬいとり【縫い取り】 ⇩しゅげい

ぬいばり【縫い針】 ⇩はり(針)

ぬいめ【縫い目】 ⇩さかい

ぬいもの【縫い物】 針仕事 お針子 仕立て 仕立物 裁縫 裁断 縫製 ▽和裁 洋裁

ぬう【縫う】 縫い-付ける・合わせる 仕立てる 運針の練習 裁縫 縫口 縫紩《ほうちつ》 ▽縢《かが》る 絎《く》ける まつる いせる 千鳥掛け ステッチ

ヌード ⇩はだか

ぬかずく【額ずく】 ⇩おがむ

ぬかるみ【泥濘】 泥 泥んこ 泥濘《でいねい》の海と化する 泥土 泥地 泥路 深泥 ▽新泥 春泥

ぬきがき【抜き書き】 書き抜き 抜粋 抄記 摘記 摘録 摘要 要約 要略 要録 ダイジェスト

ぬきずり【抜き刷り】 ⇩いんさつ

ぬきみ【抜き身】 ⇩かたな

ぬきんでる【抜きんでる】 ⇩すぐれる

ぬく ①【抜く】 とりだす 毛・要点-を抜く 抜き-取る・出す 抜出 抜去 要点を抜粋する ▽刀を抜く 抜刀 抜剣 ▽前の車を抜く 横の車を追い抜く 追い越す ②【抽く】 ひきだす カード・籤《くじ》-を抽く 引き・引っこ-抜く 抜き取る 抽籤《ちゅうせん》に当たる ③【貫く】 糸で・玉を-貫く↓つらぬく

ぬぐ【脱ぐ】 対着る 脱ぎ捨てる 剝《は》ぐ ▽脱開《はだ》ける 脱衣 脱服 肌脱ぎ 靴 脱沓《だっとう》

ぬぐう【拭う】 ⇩ふく(拭く)

ぬくもり【温もり】 ⇩あたたかい(温かい)

ぬけがら【抜け殻】 ⇩から(殻)

ぬけだす【抜け出す】 出る 抜け出る 逃げ・飛び-出す 危機を脱する 脱出 脱却 脱離 脱走 エスケープ

ぬけぬけ【抜け抜け】⇩まんまと
ぬけみち【抜け道】①抜け道を通る　裏道　近道　間道　バイパス　②抜け道を捜す　逃げ道　言い逃れ　言い訳　口実を設ける
ぬけめがない【抜け目がない】　小賢しい　小利口　小生意気　狡《ずる》い
ぬける【抜ける】底・空気-が抜ける　無くなる　▽穴・道-が抜ける　通じる　トンネルが貫通する　▽【脱ける】毛が脱ける　脱毛　▽会を脱ける　脱退　脱会　脱党
ぬし【主】主《あるじ》　主人　戸主　家主　家長　亭主　旦那《だんな》　世帯主《せたいぬし》　筆頭者　当主
ぬすびと【盗人】⇩どろぼう
ぬすみ【盗み】⇩どろぼう
ぬすみぎき【盗み聴き】　立ち聴き無用　盗聴装置　窃聴　潜聴　隠聴　側聴　窃聞　仄聞《そくぶん》するところによると
ぬすむ【盗む】　金を盗む　財布を取る　盗み取る　掻《か》っ払う　財布を掏《す》る　掠《かす》める　くすねる　ちょろまかす　失敬する　猫ばば　横取り　万引き　置き引き　窃取　盗取　略取　横領　横奪　着服　▽【偸む】寸暇を偸む↓りよう
ぬの【布】⇩きじ(生地)
ぬま【沼】⇩いけ
ぬらす【濡らす】湿す　土・草木-を潤す　目を潤《うる》ませる　泣き-濡らす・濡れる　濡染《じゅせん》　濡湿
ぬりけす【塗り消す】⇩とりけす
ぬる【塗る】塗り-付ける・たくる・立てる・上げる　擦《なす》る　擦《なす》り・擦《す》り・擦《こす》り-付ける　紅を刷《は》く　粉を塗《まぶ》す　塗布　塗抹《とまつ》　糊塗《こと》　▽下塗り　粗塗り　上塗り　化粧・仕上げ-塗り
ぬるい①【温い】風呂《ふろ》が温い↓あたたかい
②【緩い】取り締まりが緩い↓ゆるい
ぬれえん【濡れ縁】⇩ベランダ
ぬれぎぬ【濡れ衣】無実の罪　冤罪《えんざい》　枉罪《おうざい》　冤枉　無辜《むこ》　不辜《ふこ》
ぬれる【濡れる】湿る　喉・土-が潤う　潤《うる》む　濡れそぼつ　濡染《じゅせん》　濡湿　濡損

ね

ね①【鼠】動物　⇩ねずみ
②【子】十二支の第一　子年　子の-刻・方角
ね【音】⇩おと
ね【根】根っこ　根株《ねかぶ》　株　根茎　球根　塊根　地下茎　▽樹根　草根　主根《しゅこん・おもね》　細根　鬚根《ひげね》
ね【値】⇩ねだん
ねあがり【値上がり】対値下がり　高騰　上騰　上昇　奔騰　暴騰
ねあせ【寝汗】⇩あせ
ねいろ【音色】⇩おと
ねうち【値打ち】そのものの持つ値《あたい》　価値　真価　品位　品格　意味のある本　意義　バリュー
ねえさん【姉さん】私の姉さん↓あね

▽【姐さん】隣の姐さん↓わかもの

ねがい【願い】 願い事　願《がん》を掛ける　望み　願望　所願　心願　念願　大願　大望　悲願　哀願　切願　至願　宿願　素願　年願　素懐　本懐　宿志　素志　素望　本望《ほんもう》　▽願《がん》-立て・掛け　祈願　誓願　[敬語]〔自分側の〕微願　卑願　愚願

ねがいでる【願い出る】 ⇩うったえる

ねがう【願う】 希《こいねが》う　庶幾《しょき》　願望　念願　希求　希念　切願　懇願　哀願　嘆願　熱願　哀請　▽願《がん》を-立てる・掛ける　誓願　立願　発願《ほつがん》　祈願　神仏へ起請《きしょう》する　[敬語]〔相手方に〕お願い申し上げます　願い上げます　…していただければ幸いと存じます　…してくださるようお願い申し上げます

ねがえり【寝返り】 ①床の中で寝返りをする　寝返る　向きを変える　輾転《てんてん》反側　②敵側に寝返りを打つ↓うらぎる

ねかせる【寝かせる】 ⇩よこたえる

ねがわくは【願わくは】 ⇩どうか

ねぎらう【犒う】 ⇩なぐさめる

ネクタイ タイ　クラバット　▽幅タイ　蝶《ちょう》タイ　ボータイ　蝶結び　アスコットタイ　ウインザータイ　ループタイ　コードタイ

ねぐら【塒】 ⇩す(巣)

ねこそぎ【根刮ぎ】 ⇩すべて

ねごと【寝言】 囈言《うわごと》　譫言《たわごと》　睡語　囈語《げいご》　寐語《びご》　夢語　▽寝惚《ねぼ》ける　寝呆《ねとぼ》ける　夢顛《むてん》　夢驚

ねこむ【寝込む】 ①⇩ねる(寝る)　②⇩わずらう(患う)

ねころぶ【寝転ぶ】 ⇩よこたわる

ねさがり【値下がり】 対値上がり　低落　下落　下降　崩落　暴落　ガラ

ねさげ【値下げ】 ⇩ねびき

ねざす【根差す】 根づく　基づく　基とする　基礎　土台　根本

ねじ【螺子】 ⇩くぎ

ねじける【拗ける】 ⇩ゆがむ

ねじる【捩る】 ⇩ひねる(捻る)

ねじれる ①【捩れる】紐《ひも》が捩れる↓まがる　②【捻れる】けが　足が捻れる　足を挫《くじ》く　捻挫《ねんざ》

ねじろ【根城】 隠れ処《が》　巣　アジト　悪の巣窟《そうくつ》　魔窟　本拠

ねずみ【鼠】 鼠《ね》　家兎《かと》　家鹿《かろく》　社君　梁上《りょうじょう》の君子　ラット　ハムスター　モルモット　▽土龍《もぐら》　土龍もち　田鼠《でんそ》　地鼠《ちそ》

ねずみいろ【鼠色】 ⇩はいいろ

ねそべる【寝そべる】 ⇩よこたわる

ねたむ【嫉む・妬む・猜む】 ⇩にくむ

ねだやし【根絶やし】 ⇩ほろびる

ねだる【強請る】 せがむ　せびる　金を強請《ゆす》る　強請《きょうせい》　強要　強求《ごうきゅう》　金を無心する　親に甘える　泣き落とす

ねだん【値段】 商品に価《あたい》を付ける　値《ね》　合計の額《がく》　金額　代価　物価　価格　課税価額　定価　正価　本価　実価

ね

正札《しょうふだ》 プライス コスト ▽相場 通り相場 現価 市価 時価 建値《たてね》 闇《やみ》相場 闇値 ▽原価 元値《もとね》 売価 売値 買値 ▽米価審議会 標準地価

ねつ【熱】①熱を加える 暖炉の熱《ほとぼ》り 熱気 熱度 熱量 カロリー 加熱 放熱 余熱 電熱 体温 発熱 高熱 ②熱を入れる 熱意 熱情 意気込み

ねつい【熱意】⇩ねつ

ねっから【根っから】①根っからの江戸っ子↓もともと ②根っから存在しない↓すこしも

ねっきょう【熱狂】⇩げきする

ねっけつかん【熱血漢】⇩おとこ

ねつさまし【熱冷まし】⇩くすり

ねつじょう【熱情】⇩ねつ

ねっしん【熱心】熱烈 夢中 懸命 必死 一心 一途《いちず》 鋭意努力する 懸命 一生・一所-懸命 無我夢中 一心不乱 直向《ひたむ》き 読書・研究-に耽《ふけ》る ▽没頭 傾倒 専心 専念 熱中 心酔 心血を注ぐ 心魂・精魂-を傾ける 噛《かじ》り付く むきになる 競馬に取り憑っかれる 脇目《わきめ》・面《おもて》-も振らず

ねっする【熱する】熱くする 温める 温度を上げる 湯を沸かす

ねつぞう【捏造】⇩いつわる

ねっちゅう【熱中】⇩ねっしん

ねづよい【根強い】⇩しっかり

ねつれつ【熱烈】⇩ねっしん

ねどこ【寝床】⇩しんしつ

ねばつく【粘つく】⇩ねばる

ねばねば【粘々】粘っこい ねっとり べっとり ねちゃねちゃ にちゃにちゃ ねとねと ねちねち ▽ぬるぬる ぬらぬら ぬらり

ねばり【粘り】粘り気《け》がある 粘度 粘着力 足がある しんねり

ねばりづよい【粘り強い】⇩しつこい

ねばる【粘る】①餅《もち》が粘る 粘つく 粘りつく 手にべたつく べとつく にちゃつく 粘着 粘住 粘稠《ねんちゅう》 ②最後まで粘る↓がんばる

ねびき【値引き】値下げ 割引 三割引き 捨て値 安値 見切り 減価 特価品 廉価 安価 ▽半値《はんね》 半価 半額 半金

ねぶみ【値踏み】⇩しなさだめ

ねぼける【寝惚ける】⇩ねごと

ねま【寝間】⇩しんしつ

ねまき【寝巻き】寝間着 浴衣《ゆかた・よくい》 寝衣 パジャマ ネグリジェ ナイトガウン バスローブ

ねむい【眠い】眠たい 眠けを催す 催眠術 催睡 惑睡 睡魔が襲う 睡気 睡味 ▽うつらうつら 居眠り 座睡 白河夜船《しらかわよふね》の最中

ねむりぐすり【眠り薬】⇩くすり

ねむる【眠る・睡る】目を瞑《つぶ》る 微睡《まどろ》む 就眠 睡眠 一睡もしない 熟睡 熟眠 安眠 快眠 ぐっすり眠る 昏々《こんこん》と

ねもと【根元】⇩もとい

ねや【閨】 ⇩しんしつ
ねらい【狙い】 ⇩めあて
ねらう【狙う】 狙いを付ける　目指す　目掛ける　指向　凝視　注視　狙候《そこう》　照準を合わせる　狙撃　虎視《こし》眈々《たんたん》
ねる【寝る】 対起きる　床に休む　病に伏せる　横になる　寝‐付く・入る・込む・入り込む　枕《まくら》に就く　うとうと　うつらうつら　ぐっすり　就寝　就床　寝臥《しんが》　横臥　伏臥　▽早寝　朝寝　朝寝坊　寝過ぎ　敬語〔相手方が〕お休みになる　ご安眠　ご熟睡／〔自分側が〕床に‐入る・就く　寝入る
ねる【練る】 絹・文章‐を練る　練り上げる　▽【煉る】白粉《おしろい》・薬‐を煉る　捏ねる　捏ねくる　捏ね回す　煉り合わせる　▽【錬る】金属・体‐を錬る↓きたえる
ねんいり【念入り】 地道《じみち》な方法　入念に作る　丹念　細心　周到　着実　克明　丁寧　慎重　精密
ねんが【年賀】 ⇩いわい
ねんがん【念願】 ⇩ほんもう
ねんき【年忌】 ⇩とむらう
ねんきん【年金】 恩給　扶助料　慰謝料　▽一時年金　終身年金　退職年金　厚生年金　国民年金
ねんげつ【年月】 ⇩としつき
ねんげん【年限】 ⇩きじつ
ねんごろ【懇ろ】 手厚い　濃《こま》やかな愛情　情け深い　篤《あつ》い　親しい　懇切　懇篤　懇至　別懇　昵懇《じっこん》　敬語〔相手方が〕ご丁寧　ご丁重　ご懇篤　ご懇切　ご親切　お手厚い　お心の籠《こも》った
ねんざ【捻挫】 ⇩けが
ねんし【年始】 対年末　⇩しんねん
ねんじゅう【年中】 ⇩いつも
ねんしょう【年少】 ⇩めした
ねんしょう【燃焼】 ⇩もえる（燃える）
ねんじる【念じる】 ⇩いのる
ねんだい【年代】 ①昭和の年代↓よ　②年代の違い　世代を異にする　時代　ジェネレーション
ねんちょう【年長】 ⇩としうえ
ねんど【年度】 ⇩とし（年）
ねんとう【念頭】 ⇩きにかける
ねんのため【念のため】 ⇩ちなみに
ねんぱい【年配・年輩】 ⇩としごろ
ねんぶつ【念仏】 ⇩いのり
ねんまつ【年末】 対年始　暮れ　年の‐暮れ・瀬　歳暮《さいぼ》　歳末　年尾　年終　▽歳末の候　歳晩の砌《みぎり》　歳尾の折柄　文章 今年もいよいよ残り僅《わず》かとなりました／年の瀬もいよいよ押し詰まるこのごろ　暦 仕事納め（二十八日）／大晦日《おおみそか》・大晦《おおつごもり》（三十一日）／除夜の鐘・年越し（三十一日の夜）
ねんらい【年来】 ⇩ながねん
ねんりょう【燃料】 可燃物　薪炭費　▽薪《まき・たきぎ》　焚《た》き付け　炭　木炭　練炭　豆炭　炭団《たどん》　石炭　石油　重油　灯油　ガソリン
ねんれい【年齢・年令】 ⇩とし（年）

の

の【野】⇩はら(原)
のう【能】①⇩さいのう ②能楽↓しばい
のう【脳】頭脳 脳味噌《のうみそ》 脳漿《のうしょう》 脳裏 頭《あたま》 ▽大脳 小脳 延髄 脊髄《せきずい》 髄《ずい》
のうえん【農園】⇩はたけ
のうえん【濃艶】⇩いろっぽい
のうか【農家】⇩ひゃくしょう
のうかん【納棺】⇩そうしき
のうき【農期】⇩のうぎょう
のうぎょう【農業】農 農事 農作 農芸 農耕 耕作 農作業 野良《のら》仕事 農園芸 酪農 ▽農期 農繁期 農時 農閑期 農間
のうぐ【農具】耕具 農機具 ▽鍬《くわ》 鋤《すき》で耕す 犂《すき》・唐鋤《からすき》(牛馬用) 鎌《かま》 鶴嘴《つるはし》 馬鍬《まぐわ》 熊手《くまで》 シャベル スコップ フォーク

のうこう【濃厚】⇩しつこい
のうこつ【納骨】⇩そうしき
のうさく【農作】⇩のうぎょう
のうさんぶつ【農産物】⇩さくもつ
のうしゅっけつ【脳出血】⇩ちゅうき
のうしょ【能書】⇩たっぴつ
のうじょう【農場】⇩はたけ
のうどうてき【能動的】⇩せっきょくてき
のうにゅう【納入】⇩おさめる(納める)
のうひつ【能筆】⇩しょか
のうべん【能弁】⇩ゆうべん
のうみん【農民】⇩ひゃくしょう
のうりつ【能率】効率が悪い 高能率 能率化 能率的 効率化
のうりょう【納涼】⇩すずみ
のうりょく【能力】⇩はたらき
ノート 日記帳《にっきちょう》 帳面 帳簿 冊子 メモ帳 手帳
ノーマル ⇩ふつう
のがす【逃す】⇩にがす
のがれる【逃れる】難・責任ーを逃れる ↓にげる ▽【遁れる】世を遁れる↓はなれる

のき【軒】⇩やね
のく【退く】⇩しりぞく
のけもの【除け者】⇩なかまはずれ
のける ①【除ける】取り除く 石を除ける 除《ど》ける 取りー除《の》ける・除《の》く・外す・払う 刎《は》ね・払いー除《の》ける 除去 ②【退ける】追い払う 見物人を退ける 退《ど》ける 退《しりぞ》ける 蹴落《けお》とす 除外 排除
のこす【残す】食べ物・予算ーを残す 余す 仕残す ▽【遺す】財産・妻子ーを遺す 遺留 遺品 遺作
のこらず【残らず】⇩すべて
のこり【残り】余り 残余 残存 残剰 余剰物資 過剰 残部僅少 残品 残金ゼロ 残額
のこる【残る】食べ物・予算ーが残る 余る 有り余る 残存 余剰 残余 ▽【遺る】財産・妻子ーが遺る 現地に

の

残留する　遺留品　慰留に努める

のさばる　蔓延《はびこ》る　蟠《わだかま》る　横行　跋扈《ばっこ》　跳梁《ちょうりょう》　猖獗《しょうけつ》を極める　病気が蔓延《まんえん》する

のじゅく【野宿】　露宿　野営　露営　宿営　キャンプ

のす【伸す】⇩たおす

のせる　①【載せる】物を　荷物を自動車に載せる　積む　積載　搭載《とうさい》　▽広告を新聞に載せる　掲載　掲録　原簿に登載する　記載　連載小説　転載　②【乗せる】人を　子供を電車に乗せる　▽番組を電波に乗せる

のぞく【覗く】⇩うかがう(窺う)

のぞく【除く】⇩とりのける

のぞましい【望ましい】⇩このましい

のぞみ【望み】　希望　志望事項　願望　抱負　大望　本望《ほんもう》　宿望　野望　非望　男子の本懐　本意　本志を遂げる　本願　素懐　素意　素志　素願

のぞむ　①【望む】①ほしい　成功を望む　求める　欲する　希望　志望　要望　所望《しょもう》　所期　志願　念願　切望　熱望　敬語（相手方の）ご希望　ご要望　ご所望／（相手方に）…してくださるよう一切望いたします・お祈りいたします　②遠くを　対岸を望む　眺める　展望　形勢を観望する　眺望　遠望　望見　②【臨む】その場に　①式・試合ーに臨む　臨席　臨場　参加　参列　来臨　②道路・湖ーに臨む　面する　位する　隣り合う　③時に臨む　際する　当たる　差しー当たる・迫る　危殆に瀕《ひん》する　五時間に垂《なん》なんとする

のち【後】⇩あと(後)

のちのよ【後の世】　次の世　死後　来世　後生《ごしょう》　当来

のちほど【後程】⇩そのうちに

ノック　戸を敲《たた》く　打つ　合図する　とんとん　どんどん

のっとり【乗っ取り】⇩ひとりじめ

のっとる【乗っ取る】　奪う　城を抜く　奪取　攻略　占領　占拠　陥落

のっとる【則る】⇩まねる

のっぽ⇩ほそい

ので　理由　から　故《ゆえ》　為《ため》　工事中に付き　検討中を以《もっ》て

のど【喉】　喉元　喉首　咽喉《いんこう》　喉頭　咽頭　▽喉仏《のどぼとけ》　喉彦　懸壅垂《けんようすい》

のどか【長閑】⇩のんびり

ののしる【罵る】　面前で毒突く　悪口・罵詈《ばり》ー雑言《ぞうごん》　罵倒　悪罵　面罵　痛罵　極罵　怒罵

のばす　①【伸ばす】全体を　針金を伸ばす　手を伸べる　引き伸ばす　差し伸べる　勢力を伸長する　②【延ばす】つけ加えて　地下鉄を延ばす　延べる　会期を延長する　▽期日を延ばす　支払いを延べる　繰り延べる　日延べ　先送り　延期　延引　遷延　雨天順延

のはら【野原】⇩はら(原)

のびあがる【伸び上がる】　伸び立つ　背伸びする　爪立《つまだ》ちになる

のびちぢみ【伸び縮み】　伸び屈《かが》み　張

り弛《ゆる》み　伸縮　屈伸　張弛《ちょうし》

のびる ①【伸びる】 対縮む　全体が　背・学力ーが伸びる　植物の生長　伸長　事態が進展する　発展　②【延びる】 つけ加えて　地下鉄が延びる　行き届く　延長戦に入る　▽期日が延びる　延期　延引

のべ【延べ】⇩ごうけい

のべつ⇩いつも

のべのおくり【野辺の送り】⇩そうしき

のべる ①【伸べる】 手を伸べる↓のばす　②【延べる】 床を延べる　敷く　取る　▽支払いを延べる↓のばす

のべる【述べる】⇩はなす(話す)

のほうず【野放図】⇩だらしない

のぼせる【逆上せる】 血走る　血迷う　逆上　上気　夢中　陶酔　熱狂　興奮　▽付け上がる　増長

のぼりざか【上り坂】⇩さか

のぼる ①【登る】 山・壇ーに登る　攀《よ》じる　攀じ登る　登り詰める　這《は》い上がる　登山　登攀《とうはん》　登頂　登壇　登場　②【上る】 坂を上る↓あがる　③【昇る】 勢いよく　日・煙ーが昇る　立ち昇る　上昇　昇天　▽地位が昇る　昇進　栄進　昇任　昇等　昇叙

のます【飲ます】⇩ごちそう

のみ【耳・已】⇩だけ

のみこむ ①【飲み込む】 牛乳を飲み込む↓のむ　②【呑み込む】 丸薬を呑み込む　↓のむ　▽仕事のコツを呑み込む↓わかる

のみしろ【飲み代】⇩さかて

のみだい【飲み代】⇩さかて

のみて【飲み手】⇩さけのみ

のみならず しかのみならず　そればかりでなく　それーばかりか・どころか　搗《か》てて加えて

のみもの【飲み物】 対食べ物　飲料の水　▽飲み水　飲料水　飲用水　浄水　上水道　▽果汁　牛乳　シロップ　ジュース　ラムネ　サイダー　コーヒー　ココア　ミルク

のむ ①【飲む】 液体を　水・酒ーを飲む　牛乳を飲み込む　喫する　服する　酒を呷《あお》る　毒を仰ぐ　吸飲　飲下　飲酒　服薬　服用　喫茶　暴飲　痛飲　乱飲　牛飲馬食　鯨飲　ラッパ飲み　敬語〔相手方が〕召す　召し上がる　ご笑味くださる　お口に適《かな》う／〔自分側が〕頂く　頂戴《ちょうだい》する　賞味させていただく　口にする　②【呑む】 固体を　丸薬を呑む　呑み込む　丸呑み　一呑み　鵜《う》呑み　咽下《いんか》　嚥下《えんか》　③【喫む】 煙草《たばこ》を喫む　喫煙

のめる【倒る】⇩かたむく

のら【野良】⇩はたけ

のらしごと【野良仕事】⇩のうぎょう

のり【糊】 姫糊　続飯《そくい》　ゴム糊　アラビア糊　接着剤　▽膠《にかわ》　鳥黐《とりもち》

のりあわせる【乗り合わせる】⇩であう

のりうつる【乗り移る】⇩うつる(移る)

のりおくれる【乗り遅れる】⇩おくれる（遅れる）

のりおり【乗り降り】 乗降　乗車下車　乗船下船

のりかえる ①【乗り換える】降りて　電車を乗り換える　②【乗り替える】やめて　牛を馬・別の店｜に乗り替える　取り・入れ｜替える

のりき【乗り気】⇩せっきょくてき

のりきる【乗り切る】⇩のりこえる

のりくみいん【乗組員】①⇩じょういん　②⇩ふなのり

のりこえる【乗り越える】 乗り切る　押し切る　克《か》ち抜く　克服　征服

のりこす【乗り越す】⇩とおりすぎる

のりこむ【乗り込む】⇩はいる

のりだす【乗り出す】⇩はじめる

のりつける【乗り着ける】⇩つく（着く）

のりもの【乗り物】 車馬　交通機関　▽馬車　電車　汽車　自動車　バス　船　飛行機

のる ①【乗る】人が　子供が電車に乗る　車に乗り込む　飛び乗る　相乗り　乗車　乗船　乗馬　分乗　便乗　▽番組が電波に乗る　②【載る】物が　荷物が自動車に載る　積載　搭載《とうさい》　▽広告が新聞に載る

のれん【暖簾】⇩まく（幕）

のろい【鈍い】⇩おそい

のろう【呪う・詛う】⇩いのる

のろける ⇩うちあける

のろし【烽火・狼煙】⇩あいず

のわき【野分】⇩かぜ（風）

のんき【呑気・暢気】 気安い　気楽　安楽　安閑と暮らす　安気　太平楽を並べる　世俗に無頓着《むとんちゃく》

のんびり ゆったり　緩り　おちおち寝られない　伸び伸び　呑気《のんき》　気長　気楽　長閑《のどか》　悠然　悠々　悠々閑々　悠長　綽然《しゃくぜん》　鷹揚《おうよう》　大様《おおよう》　スローモー

のんべえ【飲ん兵衛・呑兵衛】⇩さけのみ

は

は【派】⇩とうは

は【覇】 覇権を争う　王座を占める　優勝　主導権を握る　支配権

は【刃】 刃《やいば》　切先《きっさき》　刃先《はさき》　白刃　刀刃　剣身　凶刃　寸鉄も帯びず　鋭刃　霜刃　霜刀

は【葉】 葉っぱ　木の葉　草葉　樹葉　▽若葉　双葉　青葉　緑葉　翠葉《すいよう》　新緑　新葉　紅葉　黄葉　▽枯れ葉　朽ち葉　落ち葉　落葉

は【歯】 明眸皓歯《こうし》　玉歯　▽乳歯　永久歯　門歯　前歯《まえば》　犬歯　糸切り歯　臼歯《きゅうし》　奥歯　知歯　知恵歯　親知らず　▽反っ歯　出っ歯　八重歯　虫歯　齲歯《うし》　入れ歯　義歯　▽牙《きば》　歯牙《しが》に掛ける　象牙《ぞうげ》

ば【場】⇩ところ

ばあい【場合】 時《とき》　折《おり》　破目《はめ》になる　行き掛かり　段階　局面一変　大局

時局 ▽急場 難局 破局

はあく【把握】 ①部下を把握する 掌握 保持 確保 堅持 証拠を握る ②状況・内容ーを把握する 理解 判断 知る 摑《つか》む 捉《とら》える

ばあさん ①【婆さん】 対爺《じい》さん 隣の婆さん→としより ②【祖母さん】 対祖父《じい》さん うちの祖母さん→そぼ

バージン ⇩きむすめ

パーセント ⇩わりあい

ばあたり【場当たり】 その場限りの処理法 おざなりの挨拶 一時的 即席料理 応急手当て 当座しのぎ 姑息《こそく》的な療法 弥縫《びほう》策

パーティー ⇩あつまり

パートナー ⇩あいて

はい【杯】 ⇩さかずき

はい【肺】 肺臓 肺腑《はいふ》をえぐる 呼吸器 ▽肺尖《はいせん》を患う 気管 気管支炎 ▽魚の鰓《えら》 気嚢《きのう》

はい【灰】 木灰 白灰 死灰 灰燼《かいじん》に帰す ▽燃え差し 燃え殻 余燼

はいあがる【這い上がる】 ⇩のぼる(登る)

はいいろ【灰色】 鼠色《ねずみいろ》 灰鼠 薄墨色 鈍色《にびいろ》 青黒色 グレー

ばいう【梅雨】 ⇩うき

パイオニア 業界の草分け 先駆け 先達《せんだつ》 先覚者 先駆者 開拓者

バイオリン ⇩こと(琴)

はいか【配下】 ⇩てした

ばいか【倍加】 倍増 倍旧のご愛顧を 二倍 倍になる 急増 急増加

はいかい【徘徊】 ⇩さまよう

ばいかい【媒介】 ⇩なかだち

ハイカラ ⇩モダン

はいかん【拝観】 ⇩けんぶつ

はいき【廃棄】 ⇩すてる

ばいきゃく【売却】 ⇩うる(売る)

はいきゅう【配給】 ⇩くばる

はいきょ【廃墟】 ⇩あと(跡)

はいぎょう【廃業】 ⇩やめる(廃める)

ばいきん【黴菌】 ⇩きん(菌)

ハイキング ⇩えんそく

はいく【俳句】 ⇩うた(歌)

はいぐう【配偶】 ⇩ふうふ

はいけい【拝啓】 手紙の最初に書くことば 拝啓(一般的) 謹啓・粛啓(丁重) 急啓・急白(急ぎ) 前略・冠省(略式) 拝復・復啓(返信) 再啓・追啓(同じ目的で) ▽一筆申し上げます 謹んで申し上げます 取り急ぎ申し上げます 前文お許しください お手紙承りました 重ねて申し上げます

はいけい【背景】 後景 遠景 点景 バック

はいけん【拝見】 ⇩みる(見る)

はいご【背後】 ⇩うしろ

はいごう【配合】 ⇩まぜる(混ぜる)

はいし【廃止】 ⇩やめる(廃める)

ばいしゃく【媒酌】 ⇩なかだち

ばいしゅん【売春】 売笑婦 売淫《ばいいん》 ▽遊女 遊君 女郎 娼妓《しょうぎ》 娼女 花魁《おいらん》 傾城《けいせい》 傾国 ▽街の女 街娼 パンパン ▽姦通《かんつう》罪 私通

密通 姦淫《かんいん》 強姦 和姦
はいじょ【排除】⇩とりのける
ばいしょう【賠償】⇩つぐなう
ばいしょう【売笑】⇩ばいしゅん
はいしん【背信】⇩うらぎる
はいすい ①【配水】 くばる 給水施設 給湯
②【排水】だす 放水 駆水
はいする【拝する】⇩おがむ
はいする【排する】⇩とりのける
はいする【配する】⇩くみあわせる
はいする【廃する】⇩やめる(廃める)
はいせき【排斥】⇩なかまはずれ
はいせつぶつ【排泄物】⇩だいべん
はいぞく【配属】⇩しょぞく
はいたつ【配達】⇩くばる
はいち【背馳】⇩そむく
はいち【配置】 配列 按配《あんばい》 手配《てはい》 手配り 組み合わせ 取り合わせ
はいちょう【拝聴】⇩きく(聴く)
はいでん【配電】 配線 配盤 給電 電力供給

はいとう【配当】⇩わけまえ
はいとく【背徳・悖徳】⇩ふどうとく
ばいどく【梅毒・黴毒】 性病 花柳病 淋病《りんびょう》 淋疾 陰毒 瘡毒《そうどく》 瘡病 唐瘡
バイパス ⇩ちかみち
はいはん【背反】⇩そむく
はいびょう【肺病】 胸の患い 呼吸器病 肺炎 肺疾 肺患 肺咳《はいがい》 肺労 労症 労咳 ▽硅肺《けいはい》
はいひん【廃品】 廃物 廃棄物 不用品 不用物 屑《くず》 屑物《くずもの》 襤褸《ぼろ》
はいふ ①【配布】一般に ビラを配布する↓くばる
②【配付】 資料を配付する↓わたす
③【配賦】 予算を配賦する ↓わりあてる
はいふく【拝復】⇩はいけい(拝啓)
はいぶつ【廃物】⇩はいひん
はいぶん【配分】⇩わりあてる
はいゆう【俳優】⇩げいにん
ばいよう【培養】⇩さいばい

はいりょ【配慮】⇩かんがえる
はいる【入る・這入る】 入《い》る 立ち・押し-入る 入り・乗り・割り・飛び-込む 海に注ぐ川 侵入 転入 突入 潜入 ▽入場 入会 入学 入所 入隊 入団 入営 入院 入獄 入港 入京 入国
はいれつ【配列・排列】⇩ならべる
はう【這う】 這いずる 腹這う 躄《いざ》る 腹行 匍匐《ほふく》前進
はえ【栄え】⇩ほまれ
はえぬき【生え抜き】 生粋《きっすい》の江戸っ子 灘の生一本 純一 純粋 純真 至純 ▽原産 原生林
はえる【生える】 根ざす 松が根づく 伸びる 竹が群がる 発生 発育良好 稲の生育
はえる【映える】 ①夕日に映える ↓ひかる ②和服が映える↓にあう
はおり【羽織】 羽織り着 上っ張り 法被《はっぴ》 どてら 甚兵衛《じんべえ》 ジャンパー ジャケツ ジャケット

はか【墓】 墓場 塚 奥津城《おくつき》 青山《せいざん》 奥墓 霊屋《たまや》 墓所 墳墓 墓地 霊園 墓石 ▽位牌《いはい》 卒塔婆《そとば》 ▽天皇の陵《みささぎ》 御陵 山陵 陵墓 皇陵 帝陵

ばか【馬鹿】 愚 愚鈍 魯鈍《ろどん》 白痴 痴呆《ちほう》 無能 阿呆《あほう》 頓馬《とんま》 唐変木 痴人 大痴 愚か者 間抜け 凡暗《ぼんくら》 たわけ者 木偶《でく》の坊 いかれぽんち

はかい【破壊】 ⇩こわす

はかがいく【捗が行く】 ⇩はかどる

はがき【葉書】 絵はがき 往復はがき ポストカード

はかく【破格】 ⇩とくべつ

ばかくさい【馬鹿臭い】 ⇩ばからしい

ばかげる【馬鹿げる】 ⇩ばからしい

はがす【剝がす】 ⇩とりのける

ばかす【化かす】 ⇩だます

はかどる【捗る】 対滞る 捗《はか》が行く 埒《らち》が明く 捗々しい 進捗《しんちょく》状況 進展 進行

はかない【儚い】 ⇩むなしい(空しい)

はかなむ【儚む】 ⇩あきらめる

ばかに【馬鹿に】 ⇩やたらに

ばかにする【馬鹿にする】 ⇩あなどる

はかば【墓場】 ⇩はか

ばかばかしい【馬鹿馬鹿しい】 ⇩ばからしい

はかま【袴】 股衣《こい》 長袴《ちょうこ・ながばかま》 素襖《すおう》 狩衣に指貫《さしぬき》 ▽スカート パンタロン スラックス ズボン ジーンズ ▽もんぺ 股引《ももひき》

はかまいり【墓参り】 ⇩おまいり

はがみ【歯噛み】 ⇩はぎしり

はがゆい【歯痒い】 ⇩もどかしい

はからい【計らい】 ⇩くわだて

はからう【計らう】 ⇩くわだてる

ばからしい【馬鹿らしい】 阿呆《あほ》らしい 馬鹿臭い 馬鹿馬鹿しい 馬鹿げる 下らない 詰まらない 片腹痛い 笑止の至り 笑止千万 愚劣 下劣 俗悪 陋劣《ろうれつ》

はからずも【図らずも】 思い掛けず 思い掛けなくも 突然来る 不意に 予想外 意想外 意外にも

はかり【秤】 ⇩けいき(計器)

ばかり【許り】 ①パンばかり食べている ↓いつも ②五つばかりある ↓およそ

はかりごと【謀】 企《たくら》み 策 策略 計略 方策 方略 一計 謀計 謀略 策謀 妙計 妙策 奇計 奇策 ▽陰謀 密謀 密計 密略 密策 秘謀 秘計 秘策 奸策《かんさく》 奸計 詭計《きけい》 ▽作戦 戦略 軍略 兵略 戦法 軍法 兵法 戦術 兵術 軍学 兵学 軍謀 六韜三略《りくとうさんりゃく》

はかる ①【計る】 時間・数量‐を計る ↓かぞえる ▽将来を計る ↓かんがえる

②【測る】 長さ・距離・面積・速度・能力‐を測る 測量 測定 実測 測地 目測

③【量る】 重さ・目方・分量‐を量る 計量 打量 ▽心中を量る ↓おしは

かる

はかる ①【図る】合理化を図る↓くわだてる

②【謀る】悪事を謀る↓そうだん

③【諮る】審議会に諮る↓かいぎ

はき【破棄・破毀】廃棄処分　権利を放棄する　放擲《ほうてき》　上訴を棄却する　捨てる　破る　無にする

はき【覇気】⇩ゆうき

はぎしり【歯軋り】歯噛《がは》み　切歯扼腕　打歯　咬歯《こうし》　列歯

はきはき ①はきはき動く　てきぱき　ちゃきちゃき　さっさと　②はきはきした子↓しっかり

ばきゃく【馬脚】⇩じったい(実体)

はきゅう【波及】⇩およぶ

はきょく【破局】財政が破綻《たんは》する　破滅　失敗　計画が挫折《せつざ》する　不成功　悲劇　破滅的・悲劇的−結末　カタストロフィ

はぎれ【歯切れ】⇩くぎり(区切り)

はく ①【履く】足に　下駄《たげ》・靴−を履く　引っ掛ける

②【佩く】太刀を佩く↓おびる

③【穿く】体の下半身に　ズボン・靴下−を穿く　着ける

はく【吐く】口から　唾《ばつ》・息−を吐く　出す　▽【嘔く】血・げろ−を嘔く　戻す　上げる　嘔吐《とおう》　反吐《どへ》　吐出　胃から吐血　肺から喀血《けつかっ》　▽【噴く】火山が煙を噴く↓ふく

はく ①【掃く】箒《きほう》で掃く↓そうじ

②【刷く】紅・金箔《ぱくきん》−を刷く↓ぬる

はぐ ①【剝ぐ】皮を剝ぐ↓とりのける

②【接ぐ】小切れを接ぐ↓つぐ

はくがく【博学】⇩かしこい(賢い)

はぐくむ ①【育む】子供を育む↓やしなう

②【哺む】雛《なひ》を哺む　養う　育てる　育て上げる　大きくする　手塩に掛ける　保育　養育

はくしき【博識】⇩かしこい(賢い)

はくしゃ【薄謝】⇩おれい

はくしゅ【拍手】拍掌　喝采《さいかっ》を受ける　打手　手拍子《うしてびょ》を打つ　柏手《わでかし》を打つ

はくじゅ【白寿】⇩おい(老い)

はくじょう【白状】自白　自供　告白　真情を吐露する　首伏　自首

はくじょう【薄情】⇩むじひ

ばくしん【驀進】⇩もうしん

ばくぜん【漠然】⇩ふたしか

ばくだい【莫大】⇩おおい(多い)

はくち【白痴】⇩ばか

ばくち【博奕】博奕《えきばく》　賭博《ばくと》場　博戯《ぎばく》　▽一六　丁半　賭《か》け　賭け事　花合わせ　花札

ばくちうち【博奕打ち】博奕師　賭事師《ごとしかけ》　博徒《とばく》　賭博《ばくと》者　賭博人　賭子　賭客　遊賭子　遊び人

ばくつく ⇩たべる

ばくは【爆破】⇩こわす

ばくはつ【爆発】炸裂《れつさく》　炸発　爆裂　破裂　爆破　決裂　暴発　爆《は》ぜる　▽噴火　噴煙

はくぶん【博聞】⇩ものしり

はくらい【舶来】⇩つたわる

はぐらかす【逸らかす】 ⇩まどわす

はくらんきょうき【博覧強記】 ⇩ものしり

はぐるま【歯車】 平歯車　笠《かさ》歯車　ウオーム歯車　ギヤ

はぐれる【逸れる】 離れる　離れ離れになる　見失う　迷う　迷子になる

ばくろ【暴露・曝露】 摘発　摘出　悪事が露顕する　暴く　裏面を掘り出す　素っ破抜く

はけ【刷毛】 ブラシ　ブラッシュ　刷子　▽塵《ちり》・粉-落とし　白粉《おしろい》刷毛　牡丹《ぼたん》刷毛　眉掃《まゆはき》き　▽束子《たわし》　亀《かめ》の子

はげ【禿げ】 禿げ頭　禿頭《とくとう》　光頭　禿髪　薬缶《やかん》　逆蛍《さかさぼたる》　てか　▽禿《かむろ》　つるつる　てかてか　禿痕《とくこん》　赭痕《しゃこん》　赭跡

はけぐち【捌け口】 ①不満の捌け口　出口　抜け口　抜け穴　仕事の息抜き　②商品の捌け口　売れ口　客先　販売先　顧客　需要　販路

はげしい【激しい】 はなはだしい　競争・戦い-が激しい　酷《ひど》い寒さ　凄《すご》い　物凄い　凄《すさ》まじい　甚だしい　散々《さんざん》な目に遭う　被害激甚《げきじん》　過激　強激　激烈　激越　▽【劇しい】くるしい　暑さ・痛み・職務-が劇しい　強い圧力　▽【烈しい】あらあらしい　風・勢い-が烈しい　厳《きび》しい暑さ　猛烈　強烈　激烈　痛烈　熾烈《しれつ》　苛烈《かれつ》　峻烈《しゅんれつ》　凜烈《りんれつ》　霜烈　酷烈　烈々

ばけのかわ【化けの皮】 ⇩みかけ

はげます【励ます】 力づける　元気づける　鞭《むち》打つ　激励　督励　奨励　鞭撻《べんたつ》　鼓吹　鼓舞　声援　応援　勧奨　報奨金　敬語〔自分側を〕ご激励を賜る　ご督励を被る　ご教導にあずかる　ご鞭撻いただく

はげむ【励む】 対怠ける　精出す　精励　勉励　奮励　奮発　出精　精進《しょうじん》　敬語〔相手方が〕ご精励　ご奮励　ご勉励／〔自分側が〕勉励　専心　刻苦　精励　奮励　微力を尽くす　最善を尽くす　努めて　専ら

ばけもの【化け物】 お化け　ゴースト　魔物《まもの》　怪物《かいぶつ》　妖怪《ようかい》　妖鬼　妖異　妖魔　魔鬼　変化《へんげ》　化生《けしょう》　魑魅魍魎《ちみもうりょう》　百鬼　衆魔　▽幽霊　亡霊　死霊《しりょう》　生き霊　人魂《ひとだま》　鬼火　▽一つ目・三つ目-小僧　轆轤《ろくろ》首　▽山姥《やまうば》　天狗《てんぐ》

はける【捌ける】 ⇩ながれる

はげる ①【禿げる】頭が禿げる　髪禿　老禿《はっとく》　斑禿《はんとく》　病禿　②【剝げる】漆・色-が剝げる　剝脱　剝落　剽剝《ひょうはく》　脱落

ばける【化ける】 変じる　変化《へんげ》　幻化　形《かたち》・体《たい》-を変える　異形《いぎょう》となる　成り果てる

はけん【派遣】 対召還　差遣　発遣　派出　特派員　急派　派する　出す　使者を遣わす　差し-向ける・遣わす　▽派兵　出兵　進駐

はけん【覇権】 指導権　主導権　支配権　指揮権　王座　リーダーシップ

はこ【箱】 ボックス　ケース　函箱《かんそう》　匣子《こうし》　筐箱《きょうそう》　小笥《しょうし》　▽木箱　紙箱　ボール箱　折箱　コンテナ　▽空箱《からばこ》　空き箱

はごたえ【歯応え】 ⇩かんしょく（感触）

はこにわ【箱庭】 ⇩もけい

はこび【運び】 ⇩てじゅん

はこぶ【運ぶ】 持ち運ぶ　運び去る　運搬　運送　運輸　輸送　搬送　電送　逓送　発送　送達　通運　▽陸運　陸送　海運　水運　回漕《かいそう》　回船　空運　空輸　▽転送　回送　転輸

はさまる【挟まる】 ⇩はまる

はさみ【鋏】 剪刀《せんとう》　夾剪《きょうせん》　▽紙鋏　裁ち鋏　花鋏　握り鋏　刈り込み鋏　金《かな》鋏　金切り鋏　爪《つめ》切り　パンチ　バリカン

はさみうち【挟み撃ち】 ⇩せめる（攻める）

はさむ ①【挟む】 箸《はし》で挟む↓つまむ　②【挿む】 いれる　本の間に挿む　差し入れる・込む　挿《さしはさ》む　挿入　③【剪む】 きる　枝・髪を剪む　剪み切る　剪断《せんだん》　▽整髪　調髪　断髪

はさん【破産】 倒産　傾産　蕩尽《とうじん》　没落　潰《つぶ》れる　倒れる

はし【橋】 橋梁《きょうりょう》　河橋　水橋　河梁　陸橋　鉄橋　ブリッジ　ガード　▽鉄《かね》の橋　石橋　土橋　丸木橋　一本橋　吊《つ》り橋　懸け橋　懸橋　太鼓橋　反り橋　虹橋《こうきょう》

はし【箸】 お手元　挟提《きょうてい》　筴子《きょうし》　▽塗り箸　竹箸　杉箸　割り箸　お菜箸　火箸　▽ピンセット　フォーク

はし【端】 端《はじ・はた・はな》　縁《へり》　縁《ふち》　端《たん》を発する　末端　辺端　▽片端《かたはし》　一端《いったん》　右端　左端　先端　突端　▽両端《りょうはし・りょうたん》

はじ【恥】 [対]誉れ　名折れ　恥曝《はじさら》し　赤恥　不名誉　不面目《ふめんぼく》　恥辱　汚辱　屈辱　羞辱《しゅうじょく》　明辱

はじいる【恥じ入る】 ⇩はじる

はしがき【端書き】 ⇩まえがき

はしから【端から】 ⇩ひとつひとつ

はしきれ【端切れ】 ⇩いちぶぶん

はじく【弾く】 撥《は》ねる　撥ね上げる　弾き・撥ね散らす　散らす

はしくれ【端くれ】 ⇩かけら

はじける【弾ける】 爆《は》ぜる　飛ぶ　飛び散る　散る

はしご【梯子】 梯子《ていし》　階子　梯階　懸梯　雲梯　▽縄梯子

はしこい【敏い】 ⇩すばやい

はじさらし【恥曝し】 ⇩はじ

はじしらず【恥知らず】 ⇩あつかましい

はした【端】 ⇩はんぱ

はしたない【端ない】 ⇩いやしい（卑しい）

はしなくも【端なくも】 ⇩たまたま

はじまり【始まり】 起こり　鉄道の草分け　余興の皮切り　出始め　起源　発端　草創時代　創始　嚆矢《こうし》とする　速記術の濫觴《らんしょう》

はじまる【始まる】 [対]終わる　事件が起こる・起きる　生じる　兆《きざ》す　降り出

は

す 咲き初める 発生 出来《しゅったい・しゅつらい》 度々生起する 惹起《じゃっき》 突発 勃発《ぼっぱつ》 激発

はじめ ①【始め】対終わり 始めと終わり 仕事始め 事の起こり 開始 ②【初め】いとぐち 年の初め 初めの日 序の口 初手《しょて》 初期微動 最初 当初 初頭 冒頭 劈頭《へきとう》 振り出し ▽【創め】あたらしく 世界の創め 創生 草創期 開闢《かいびゃく》以来 太初から 太祖 ▽【首め】社長を首めとして 社長以下五人(計五人) 社長外五人(計六人)

はじめて【初めて】 初《はつ》の舞台 初陣《ういじん》 最初 新規の件 初度 初回 第一 一番 ▽未曾有《みぞう》 空前 破天荒 ▽初物 初穂 走り 新味 新品

はじめる【始める】 勉強を・九時に‐始める 事件を起こす 仕出す 切り出す 手掛ける 取り掛かる 開始 着手 始業時刻 起工 起草 起稿 ▽【創める】事業を創める 会社を起こす 乗り出す 踏み切る 創始 創設 創立 創業 起業計画 興業 開設 肇始《ちょうし》 発足 進出

はしゃ【覇者】 ⇩しょうしゃ(勝者)

ばしゃ【馬車】 辻《つじ》馬車 乗合馬車 鉄道馬車 荷馬車 駅馬車 幌《ほろ》馬車 箱馬車 ▽一頭立て 二頭立て 四頭立て

はしゃぐ【燥ぐ】 ①⇩さわぐ ②⇩かわく

はしゅつ【派出】 ⇩はけん(派遣)

ばしょ【場所】 ⇩ところ

はしょる【端折る】 ①裾《すそ》を端折る 持ち上げる 捲《まく》り上げる 裾を絡《から》げる ②話を端折る↓はぶく

はしら【柱】 支柱 石の円柱 支え柱 控え柱 大黒柱 突支《つっか》え棒 ▽門柱 電柱 電信柱

はじらう【恥じらう】 ⇩はにかむ

はしりまわる【走り回る】 ⇩いそがしい

はしる【走る】 コースを走る 子供・馬‐が駆ける 車を飛ばす 馬を馳《は》せる 疾走 走行 疾行 駆走 馳走《ちそう》 疾馳 快走 独走 暴走族 ▽駆け足 早足 急ぎ足 ▽【趨る】かたよる 感情・極端・名利‐に趨る 傾く 赴く

はじる【恥じる・慙じる・愧じる】 対誇る 人前で恥をかく 恥じ入る 慙愧《ざんき》に堪えない 羞愧《しゅうき》 深愧 痛愧 背汗 敬語《自分側が》赤面の至り・汗顔の至り・汗顔至極‐に存じます 誠にお恥ずかしい次第 深く恥じ入っております 面目《めんぼく》も・面目次第も‐申し上げる言葉も‐ございません

はしわたし【橋渡し】 ⇩なかだち

はす【斜】 ⇩ななめ

はず【筈】 訳《わけ》 道理 理屈 理由 予定 積もり 見込み

バス ⇩じどうしゃ

ばすえ【場末】 ⇩まち(街)

はすかい【斜交い】 ⇩ななめ

はずかしい【恥ずかしい】 決まりが悪い あられもない姿 面目《めんぼく》ない次第 面《おも》映《はゆ》い 大人も顔負け 冷や汗 冷

汗三斗　背汗　汗顔の至り　赤面
はずかしがり【恥ずかしがり】内気　気弱　小心翼々　内向的　遠慮深い
はずかしがる【恥ずかしがる】⇩はにかむ
はずかしめ【辱め】恥辱　汚辱　屈辱　冒瀆《ぼうとく》　凌辱《りょうじょく》　▽国辱
はずかしめる【辱める】⇩あざける
はずす【外す】①戸を外す ↓とりのける　②狙《ねら》いを外す　目を外《そ》らす　目的を逸脱する
はすっぱ【蓮っ葉】⇩ふりょう(不良)
はずみ　①【弾み】はねかえり　弾みが付く　煽《あお》り　勢い　跳ね返り　弾力　反撥《はんぱつ》力　反動　余勢
②【機み】きっかけ　転んだ機みに　勢い　拍子　瞬間　途端
はずむ【弾む】跳ね―返る・返す　勢いに乗る　弾力・調子―が付く　反撥《はんぱつ》
はずれ【外れ】⇩そと
はずれる【外れる】外《そ》れる　背く　違《たが》う　理に悖《もと》る　食《は》み出す　逸脱　逸出　脱線　不法越軌
はぜる【爆ぜる】⇩はじける
はそん【破損】⇩こわれる
はた　①【端】池・道―の端　川端　川辺　河畔　堀端　池畔　道端　路傍　炉端　炉辺
はた　②【傍】傍で見る ↓そば
はた【旗】幟《のぼり》　手旗　国旗　校旗　軍旗　星条旗　万国旗　▽旗標《はたじるし》　旗幟《しき》鮮明
はた【畑】⇩はたけ
はだ【肌】人間の　女の肌　肌え　素肌　柔肌　餅《もち》肌　雪・玉―の肌　皮膚　肌《き》膚《ふ》　皮肌　▽【膚】表側　木・山―の膚　地膚　表面
はたあげ【旗挙げ】⇩うつ(討つ)
パターン　型《かた》　形式　様式　方式　▽スタイル　外形　外観　外容
はたいろ【旗色】⇩なりゆき
はだか【裸】ヌード　真っ・素っ―裸　赤裸　丸出し　剝《む》き出し　裸一貫　全裸　裸体　裸身　赤身　赤裸々
はたがしら【旗頭】⇩かしら
はだかる【開かる】立ち―塞《ふさ》がる・開かる　妨げる　通さない　行かさない　邪魔をする
はだぎ【肌着・肌衣】⇩したぎ
はたく　⇩うつ(打つ)
はたけ【畑・畠】[対]田　畑《はた》仕事　畑地　野良《のら》　陸田　耕地　耕園　農園　農場　圃場《ほじょう》　▽麦畑　茶畑　桑畑　野菜畑　菜園　茶圃　蔬園《そえん》
はだける【開ける】⇩ぬぐ
はだざわり【肌触り】⇩かんしょく(感触)
はだし【跣・裸足】素跣《すはだし》で歩く　徒跣《かちはだし》　素足《すあし》　裸足《らそく》　跣足《せんそく》　徒足《とそく》　徒跣《とせん》
はたしあい【果たし合い】⇩くみうち
はたして【果たして】やはり　やっぱり　間違いなく　雨になった　思った・言った―とおり　案・意―に違《たが》わず　案の―定《じょう》・如《ごと》く　予想・予期・期待―どおり

はたす【果たす】⇩とげる
はたと【礚と】⇩とつぜん
はため【傍目】人目 余所《よそ》目 岡《おか》目《め》 八目 傍《はた》の見る目 観察眼 鑑識眼
はためく⇩ゆれる
はたらき【働き】才能 才幹 才覚 力量 器量 能力 活動 ▽機能 性能 効能 効力 作用 任・使用｜に堪える
はたらく【働く】 立ち働く 勤《いそ》しむ 労する 労働 奔命 活動 作業 服務規程 従事 敬語〔相手方が〕ご精励 ご精勤 お骨折り／〔自分側が〕精励 勉励 勤《いそ》しんでおります
はたん【破綻】⇩はきよく
はち【鉢】応器 皿鉢 丼《どんぶり》鉢 菓子鉢 擂《す》り鉢 ▽小鉢 植木鉢 植栽盆 花盆 木鉢 石鉢 鉄鉢 金魚鉢 ガラス鉢
ばち【罰】⇩ばつ（罰）
はちあわせ【鉢合わせ】⇩であう
ばちがい【場違い】⇩すじちがい

はちがつ【八月】 葉月《はづき》 晩夏 暮夏 ▽残暑の候 秋暑の砌《みぎり》 処暑の折柄 文章 日中の暑さなどなお耐え難い昨今でございます／残暑一際《ひときわ》身に堪《こた》えるこの頃《ごろ》 暦 終戦記念日（十五日）／立秋（八日ごろ）／処暑（二十三日ごろ）
はつ【初】⇩はじめて
ばつ【罰】 図賞 罰《ばち》 祟《たた》り 仕置き 見せしめ 懲らしめ 処罰 処刑 懲罰 懲戒 制裁を加える 鉄槌《てっつい》を下す 折檻《せっかん》 呵責《かしゃく》 ▽天罰を受ける 神罰 天刑 天誅《てんちゅう》を加える
ばつ【閥】派閥 門閥 閥族 閨閥《けいばつ》 学閥 藩閥 郷党 軍閥
ばつ【跋】⇩あとがき
はつあん【発案】起案 立案 案出 思い付く 考え出す ▽発意 発議 提議 提案
はついく【発育】⇩そだつ
はつおん【発音】発声 調音 口調 呂律《ろれつ》が回らない 音声 音韻 ▽アクセント 音調 イントネーション 抑揚 プロミネンス 強調 ▽訛《なま》り 国訛り 転訛《てんか》 音便《おんびん》

はっか【発火】⇩かじ（火事）
はつが【発芽】⇩めぐむ（芽ぐむ）
はっかく【発覚】⇩あらわれる（現れる）
はっかん【発刊】⇩はっこう（発行）
はづき【葉月】⇩はちがつ
はっきり⇩あきらか
ばっきん【罰金】 科料（刑の名）に処する 過料（行政処分）を取り立てる 過怠金 課徴金
ばつぐん【抜群】⇩すぐれる
はっけん【発見】⇩みつける
はつげん【発言】一言 陳述 陳弁 開陳 具陳 公聴会で公述する 弁じる 陳じる 言い出す
ばっこ【跋扈】⇩ひろまる
はっこう【発行】発刊 刊行 印行 版行 出版 開版 上梓《じょうし》 上桜 上木 ▽初版 第一版 再版 重版 創刊 新刊 近刊 既刊 ▽日刊

朝刊 夕刊 週刊誌 旬刊 月刊 季刊 年刊
はっこう【薄幸・薄倖】⇩ふしあわせ
はっしゃ【発射】⇩うつ(撃つ)
はっしゃ【発車】⇩しゅっぱつ
はつじょう【発条】⇩ばね
ばっすい【抜粋・抜萃】 抄録 戸籍抄本 摘録 摘要 抜き書き
はっする【発する】⇩しゅっぱつ
ばっする【罰する】⇩こらしめる
はっせい【発生】⇩はじまる
はっせい【発声】⇩はつおん
ばつぞく【閥族】⇩ばつ(閥)
はったつ【発達】 発展 進展 進歩 進捗《しんちょく》 前進 展開 向上 興隆 飛躍 躍進 日進月歩 歩み
ばってき【抜擢】⇩とりたてる
はってん【発展】⇩はったつ
はっと【法度】⇩きんし
はつばい【発売】⇩うりだす
はつはる【初春】⇩しんねん
はっぴょう【発表】 公表 披露《ひろう》宴 公開 吹聴《ふいちょう》 触れ込み 公言 公示 内閣告示 表明 言明 表白 披瀝《ひれき》 表示 公告 公布 憲法発布 宣戦布告 大詔渙発《かんぱつ》
はつびょう【発病】 罹病《りびょう》率 罹患 罹疾 感染 伝染 ▽発熱 発疹《はっしん・ほっしん》 発作《ほっさ》 ▽再発 ぶり返す
はっぷん【発奮・発憤】⇩ふるいたつ
はつめい【発明】 発案 考案 創案 創意 工夫《くふう》 案出 新案
はつもの【初物】⇩はじめて
はつゆき【初雪】⇩ゆき(雪)
はつらつ【溌剌】 活発 快活 明朗 颯爽《さっそう》 堂々 生彩を放つ きびきび 生き生き 伸び伸び
はつる【斫る・削る】⇩けずる
はて ①【果て】おわり 人生・この世ーの果て 成れの果て 極 終極 終末 土壇場 とことんまで
②【涯】はし 世界・海ーの涯 極み 最果て 際限 極限 極際 極涯《きょくがい》 辺涯 辺際 ▽天涯 天際 天辺
はで【派手】 対地味 派手やか 艶《あで》やか 煌《きら》びやか 華やか けばけばしい どぎつい 華麗を競う 艶麗《えんれい》な女性 華美な服装 綺羅《きら》を飾る
はでやか【派手やか】⇩はで
はてる【果てる】⇩おわる
ばてる ⇩つかれる
ばとう【罵倒】⇩ののしる
はとこ【再従兄弟・再従姉妹】⇩またいとこ
はとば【波止場】⇩みなと
はどめ【歯止め】⇩ブレーキ
パトロール ⇩みまわる
パトロン ⇩ひいき
はな ①【花】 植物 桜の花 草花《くさばな》 美花 芳花 香花 佳花 好花 艶花《えんか》 花唇《かしん》 花弁 花片 花びら ▽蕾《つぼみ》 花蕾《からい》 花蕚《かがん》 花芽 花袋
②【華】 りっぱ 華と散る 華々しい 華やか 散華《さんげ》
はな【鼻】 鼻柱 鼻筋 鼻道 鼻梁《びりょう》

嗅器《きゅうき》 嗅管 隆鼻 高鼻 天台
面山 ▽小鼻《こばな》 鼻腔《びこう》 鼻口

はなあわせ【花合わせ】⇩ばくち

はないき【鼻息】①鼻息が荒い ↓つよき ②鼻息を窺《うかが》う↓きげん

はないけ【花生け・花活け】⇩いけばな

はながた【花形】⇩スター

はながたかい【鼻が高い】⇩ほこらしい

はながみ【鼻紙】⇩ちりがみ

はなぐもり【花曇り】⇩くもり

はなし ①【話】ことば 先生の話 談話 雑話 座談 雑談 放談 世間話 浮世話 実話 実談 実説 下手の長談義 ▽【噺】ものがたり お婆《ばあ》さんの噺 お伽噺《とぎばなし》 一口話 物語 説話 文学 民話 昔話 童話 小説 ▽怪談 怪奇談 幽霊談 怪異小説 神秘小説 お化け物語 ミステリー ②【咄】落語 寄席《よせ》の咄《はなし》 落語 落とし話

はなしあい【話し合い】語らい 面談 対話 会話 座談 対談 鼎談《ていだん》 用談 商談 内談 懇談 雑談 閑談 歓談 談笑 談論 談義

はなしあう【話し合う】⇩そうだん

はなしかける【話し掛ける】⇩さそう

はなしかた【話し方】言い方 話し振り 口振り 語調 口調 語気 言葉遣い 口吻《こうふん》を漏らす 弁論 弁舌 スピーチ ▽早口 早口言葉

はなす ①【離す】間を離す 前後に・昼夜を-分かつ 引き離す 遠ざける 分離 隔離 離間 疎隔 ②【放す】自由 鳥を放す 野に放つ 自由にする 解放 野放し

はなす【話す】体験を語る 述べる 談じる 弁じる 喋《しゃべ》る 口述して書かせる 述懐 敬語《相手方が》お話し・お述べ・仰せ・お漏らし-になる お聞かせくださる／《相手方に》申す 申し上げる お耳に入れる お耳を汚す お聴きいただく

はなせる【話せる】話が分かる 理解して・受け入れて-くれる 相手にできる

はなぞの【花園】⇩にわ

はなぢ【鼻血】⇩ち(血)

はなつ【放つ】⇩はなす(放す)

はなにかける【鼻に掛ける】⇩ほこる

はなはだ【甚だ】⇩とても

はなはだしい【甚だしい】⇩はげしい

はなばなしい【華々しい】⇩りっぱ

はなび【花火】煙花 浪花 陽火 火花 火枝 ▽打ち上げ・線香-花火

はなびら【花弁】⇩はな(花)

はなまち【花街】⇩いろまち

はなみ【花見】⇩ふうりゅう

はなみず【鼻水】洟《はな》を垂らす 鼻汁《はなじる》 水洟《みずばな》 青洟 鼻液 鼻洟《びい》

はなむけ【餞】⇩おくりもの

はなやか【華やか】派手やか きらびやか 雅《みや》びやか 華美 華麗 美麗 艶麗《えんれい》 華奢《かしゃ》 絢爛《けんらん》豪華 ゴージャス

はなよめ【花嫁】⇩よめ

はなれ【離れ】⇩いえ

はなればなれ【離れ離れ】⇩ばらばら

はなれる ①【離れる】職・世-を離れる 遠のく 隔たる 懸け・飛び-離れる 遠ざかる 離脱 離散 離陸 離水 離郷 離日 ▽世を逃れる 脱俗 脱塵《だつじん》 脱離 離俗 超俗 超脱 高脱 ②【放れる】自由 束縛を放れる 放免される 自由になる

はなれわざ【離れ業・放れ業】⇩わざ(業)

はにかむ【含羞む】恥ずかしがる 恥じらう 照れる 照れくさい 決まりが悪い 面映《おもは》ゆい 含羞《がんしゅう》の笑み 帯羞 可羞

はね ①【羽】羽で空を飛ぶ ↓つばさ ②【羽根】毛 赤い羽根 羽毛

ばね【発条】弾き金《がね》 発条《ぜんまい・はつじょう》 スプリング 弾機

はねかえす【跳ね返す】⇩しりぞける

はねかえる【跳ね返る】照り返す 反射 反映 反照 反応

はねつき【羽根突き】正月の羽根遊び 羽子板遊び 追い羽根 遣《や》り羽根 バドミントン

はねとばす【跳ね飛ばす】⇩ひく(轢く)

はねのける【刎ね除ける】⇩のける(除ける)

はねる ①【跳ねる】足で 馬が跳ねる 足で・ぴょんぴょん-跳ぶ 弾《はず》む 躍り・跳ね・跳び-上がる 跳躍運動 飛躍 高跳 跳舞 ▽【撥ねる】勢いよく 泥が撥ねる 撥ね-上がる・返る・散る ②【刎ねる】首を刎ねる ↓きる

はは【母】対父 母《かあ》さん お母さん 母親 お袋 ママ 敬語〔相手方の〕お母上様 お母君様 ご尊母様 ご賢母様 ご慈母様 ご母堂様 ご親母様／〔自分側の〕母 家慈 家母 老母 愚母 実母 生母 養母 継母 継慈

●夫の母 敬語〔相手方の〕お姑《しゅうとめ》御様／〔自分側の〕義母 姑

●妻の母 敬語〔相手方の〕ご外母様 ご外姑《がいこ》様／〔自分側の〕外母 外姑

●亡き母 敬語〔相手方の〕故お母上様 ご亡母様 ご先母様／〔自分側の〕亡母 亡き母 先母 先慈

はば【幅】広狭 広幅 幅員 ▽道幅 ▽シングル幅 ダブル幅 ヤール幅

はばかり【憚り】⇩べんじょ

はばかる【憚る】⇩えんりょ

はばつ【派閥】⇩とうは

はばむ【阻む・沮む】⇩さまたげる

はびこる【蔓延る】⇩ひろまる

はふ【破風】⇩やね

はぶく【省く】略す 抜かす 落とす 削る 外す 減らす 間引く 話を端折《はしょ》る 雑費を詰める 切り詰める 省略 削除 削減 節減 簡省 簡略 簡約

はぶり【羽振り】⇩にんき

はへん【破片】⇩かけら

はま【浜】⇩きし

はまべ【浜辺】⇩きし

はまる【嵌まる】挟《はさ》まる 嵌まり込む ▽当て嵌まる 合う 適する

はみだす【食み出す】⇩はずれる
はむかう【刃向かう】⇩てむかう
はめつ【破滅】⇩ほろびる
はめる【嵌める】中に挟《はさ》む　差し‐込む・挟む　嵌め込む　鏤《ちりば》める　象嵌《ぞうがん》細工　充填《じゅうてん》　装填
ばめん【場面】情景　光景　様相を呈する状態　▽舞台面　場《ば》　見せ場　シーン
はもの【刃物】切れ物　刀刃　凶器　利器　▽ナイフ　メス　小刀　切り出し　剃刀《かみそり》　包丁　匕首《あいくち》　短刀　▽斧《おの》　手斧《ちょうな》　薪割り　鉈《なた》　鉞《まさかり》　鎌《かま》　利鎌《とがま》
はやい 対遅い　①【早い】タイム　時期が早い　早々に帰る　尚早　早期　②【速い】スピード　流れ・テンポ‐が速い　速やか　大急ぎ　手早い　素早い　足早　高速　快速　迅速　敏速　敏捷《びんしょう》　神速　急速　急遽《きゅうきょ》　全速力で　脱兎《だっと》の如《ごと》く　電光石火の早技

はやおき【早起き】⇩おきる
はやがてん【早合点】⇩りかい
はやく【早く】対遅く　早くも夏休みになる　早々《はやばや》　早々《そうそう》に　早速《さっそく》　早急《さっきゅう》　速成　速達　▽急いで　速やかに　さっさと
はやくち【早口】⇩はなしかた
はやくも【早くも】⇩はやく
はやさ【速さ】スピード競争　ピッチ　ペース　速力　速度　緩急　▽高速度　ハイスピード　高速　快速電車　▽時速　分速　秒速　風速　音速
はやし【林】⇩もり(森)
はやしたてる【囃し立てる】⇩ほめる
はやじに【早死に】⇩しぬ
はやす【囃す】⇩リズム
はやせ【早瀬】⇩かわ(川)
はやね【早寝】⇩ねる(寝る)
はやばや【早々】⇩はやく
はやみち【早道】⇩ちかみち
はやめる ①【早める】タイム　期日を早める　会を早くする　②【速める】スピード　速度を速める　速くする　高速化　スピードアップ

はやり【流行】⇩りゅうこう
はやる【流行る】広まる　広がる　行き渡る　出回る　蔓延《はびこ》る　感染症が蔓延《まんえん》する　流行
はやわかり【早分かり】⇩わかる
はら【原】野《の》に遊ぶ　野原　原っぱ　草原《くさはら・そうげん》　緑野　平野　平原　広野　原野　▽砂原　枯れ野　荒れ野　焼け野　▽河原《かわら》　河川敷《かせんしき》
はら【腹】対背　腹に巻く　お腹《なか》　腹部　下腹　丹田　下腹部　▽布袋《ほてい》腹　肥腹　▽【肚】肚が太い　度胸　胆力　勇気　胆っ魂《たま》　▽太っ肚　度量・雅量‐がある　剛腹《ごうふく》な男
はらい【払い】⇩しはらい
はらいせ【腹癒せ】⇩しかえし
はらいた【腹痛】⇩げり
はらう ①【払う】金銭を　金を払う　支払う　払い‐出す・込む　支出　支弁　出費　勘定　立て替える　▽【掃う】

とりのける　埃《ほこ》り・雪−を掃う↓そうじ
②【祓う】汚れを祓う↓きよめる

はらきり【腹切り】⇩じさつ

はらくだり【腹下り】⇩げり

はらぐろい【腹黒い】⇩ずるい

はらごしらえ【腹拵え】⇩しょくじ

はらす【晴らす】⇩すすぐ(雪ぐ)

ばらす　①会の秘密をばらす↓あばく
②機械をばらす↓ぶんかい

はらだたしい【腹立たしい】　忌々《いまいま》しい　苦々しい　忌まわしい　呪《のろ》わしい　むかむか　癪《しゃく》に障る　中腹　小癪　不快　不愉快

はらちがい【腹違い】⇩きょうだい

はらばい【腹這い】⇩したをむく

ばらばら　散り散り　離れ離れ　分かれ分かれ　それぞれ　まちまち

はらまき【腹巻き】⇩したぎ

ばらまく【ばら撒く】⇩くばる

はらむ【孕む・妊む】⇩にんしん

はらわた【腸】　臓《わた》　鰻の肝《きも》　臓物　臓腑《ぞうふ》　内臓　五臓六腑《ごぞうろっぷ》

バランス⇩つりあい

はり【針】ぬいばり　針で縫う　ピン　縫い針　裁縫針　尖針《せんしん》　▽計器の　時計・磁石−の針　長針　短針　秒針　磁針　▽【鍼】さしばり　鍼を打つ　刺し針　鍼灸《しんきゅう》　▽【鉤】まがりばり　鉤に掛ける　釣り鉤　曲鉤《きょっこう》　魚鉤　フック

はり【張り】締まり　心の張り詰め　引き締め　緊張　緊迫

はりあい【張り合い】意気込み　気構え　気乗り　気勢

はりあう【張り合う】⇩あらそう

はりあげる【張り上げる】⇩さけぶ

はりがね【針金】鉄線　鉄条　銅線　導火線　電線　コード　ケーブル　コイル線　ヒューズ

はりがみ【張り紙】⇩けいじ

ばりき【馬力】⇩どうりょく

はりきる【張り切る】⇩がんばる

はりこみ【張り込み】⇩みはり

はりしごと【針仕事】⇩ぬいもの

はりとばす【撲り飛ばす】⇩うつ(打つ)

はりばん【張り番】⇩みはり

はりふだ【張り札】⇩けいじ

はる【春】三月・四月・五月　春季(対校試合)　春期講習会　陽春　芳春　麗春　春和　[暦]立春(二月四日ごろ)／春分(三月二十一日ごろ)

はる【張る】綱・幕−を張る　引き渡す　布幕　▽賭《か》ける　▽【貼る】つける　切手を貼る　貼り付ける　貼付《ちょうふ》　粘貼　目張り　裏打ち

はる【撲る】⇩うつ(打つ)

はるか【遥か】⇩とおい

はるばる【遥々】⇩わざわざ

はれ【晴れ】①晴れの日　日和《ひより》　天気になる　晴れ間　晴天　快晴　好晴　晴空　澄晴　青天の霹靂《へきれき》　▽日本晴れ　五月晴《さつきば》れ　秋晴れ　②晴れの場所　檜《ひの》舞台

はれがましい【晴れがましい】⇩ほこらしい

はれぎ【晴れ着】[対]普段着　夏の外出着

余所《よそ》行き　晴れ姿　ドレスアップ　礼服　黒の式服　盛服　盛衣　盛装　一張羅《いっちょうら》　綺羅《きら》を飾る

はれつ【破裂】⇩きれる

はればれ【晴れ晴れ】⇩ほがらか

はれもの【腫れ物】⇩できもの

はれやか【晴れやか】⇩ほがらか

はれる【晴れる・霽れる】①対曇る　空が晴れる　晴れ渡る　②疑いが晴れる↓とける

はれる【腫れる】腫れ上がる　脹《ふ》くれる　浮腫《む》くむ　肌が剝《む》くれる　凝《しこ》る　腫脹《しゅちょう》　腫起　浮腫　▽水脹《ぶく》れ

ばれる⇩あらわれる（現れる）

はれんち【破廉恥】⇩あつかましい

はん【判】判こ　印《いん》　印判　印鑑　印章　印形　判形　刻印　実印　認め印　三文判　▽焼き印　烙印《らくいん》　火印　▽国璽　印璽　御璽　玉璽　宝璽

ばん【晩】⇩よる（夜）

ばん【番】①番が回る↓じゅんじょ　②店の番↓ばんにん

ばん【盤】台《だい》　台板　▽盤局　棋局　将棋盤　▽配電盤　文字盤　碁盤

パン【麵麭】ブレッド　麵麭《めんぽう》　▽食パン　菓子パン　黒パン　フランスパン　乾パン

はんい【範囲】域　区域　境域　界域　境界　限界　区間　区画　▽分野　部門　部類　範疇《はんちゅう》　カテゴリー

はんえい【繁栄】⇩さかえる

ばんかい【挽回】⇩かいふく（回復）

はんがく【半額】⇩ねびき

ハンカチ⇩てぬぐい

はんかつう【半可通】⇩なまかじり

はんぎゃく【反逆・叛逆】⇩そむく

はんきょう【反響】⇩はんのう

ばんぐみ【番組】プログラム　相撲の番付　取り組み　進行表

ばんくるわせ【番狂わせ】⇩あんがい

はんけつ【判決】⇩はんだん

はんこ【判こ】⇩はん

はんこう【反抗】⇩てむかう

ばんごう【番号】番　順　ナンバー　▽地番　番地

ばんこく【万国】⇩せかい

はんさ【煩瑣】⇩めんどくさい

はんざい【犯罪】犯行　罪科　罪状　▽単独犯　共犯　初犯　再犯　重犯

はんざつ【繁雑・煩雑】⇩めんどくさい

ばんじ【万事】⇩すべて

はんしゃ【反射】⇩はねかえる

はんじょう【繁盛・繁昌】⇩さかえる

ばんしょう【万障】⇩さしつかえ

はんしょく【繁殖・蕃殖】⇩ふえる（殖える）

はんじる【判じる】⇩はんだん

はんする【反する】理に悖《もと》る　違《たが》う　背く　法に触れる　食い違う　違背　違反　違戻《れい》　反戻　理念に背馳《はいち》する　背反　法律に抵触する

はんせい【反省】⇩かえりみる（省みる）

ばんせい【晩成】⇩せいこう（成功）

はんそう【搬送】⇩はこぶ

はんたい【反対】①対賛成　原案に反対

は

する　否　否とする　異論　異存　異議　敬語〔相手方が〕ご賛同いただけない　ご賛成叶《かな》わぬ　ご異存お有りの節は／〔自分側が〕ご賛同いたしかねるかと存じます　ご賛成いたすのもどうかと存じます　②形が反対になる　逆《ぎゃく》　正反対　対蹠《たいしょ》的位置　あべこべ　逆さ　真逆《まぎゃく》

はんだん【判断】 判じる　断じる　決め込む　見做《な》す　黒白を別《わか》つ・分ける・付ける　分かる　断を下す　判定　断定　断案　判決を下す　裁決　裁断　裁定　分別　推断　決断　臆断《おくだん》に過ぎない　▽即断を下す　速断を避ける

ばんたん【万端】 ⇩すべて

パンツ ズボン　▽ブリーフ　トランクス　猿又《さるまた》　▽ショーツ　パンティー　ズロース　腰巻き

ばんづけ【番付】 ⇩ばんぐみ

はんてい【判定】 ⇩はんだん

はんてん【斑点】 ⇩まだら

バンド ⇩おび

ばんとう【番頭】 ⇩てんいん

はんどく【判読】 ⇩よむ(読む)

はんにん【犯人】 当の下手人　容疑者　被疑者　被告　お尋ね者　引かれ者　▽主犯　正犯　従犯

ばんにん【番人】 店の番　守衛　監守　監視人　衛士　警備係　門番　門衛　張り番　見張り　エスコート　ガードマン　▽夜回り　寝ずの番　夜番　不寝番　▽番小屋　番所　関所　関門　関塞《かんさい》

はんにんまえ【半人前】 未成人　半玉　子供扱い　味噌《みそ》っ粕《かす》　雑魚《ざこ》

はんのう【反応】 反響　影響　波及　反作用　▽手応《ごた》え　歯応え

ばんのう【万能】 ⇩ゆうのう

はんぱ【半端】 端《はした》を切り上げる　中途　中途半端　不揃《ふぞろ》い

はんばい【販売】 ⇩うりだす

はんばく【反駁】 ⇩とうろん

はんはん【半々】 半分半分　五分五分　半分ずつ　五〇%ずつ　功罪相半ばする　フィフティーフィフティー

ばんばん【万々】 ⇩けっして

はんぷく【反復・反覆】 ⇩くりかえす

ばんぶつ【万物】 ⇩しぜん

はんぶん【半分】 半　二分の一　ハーフ　半数　一半　半面の真理　半ば　真っ二つ　▽前半　後半　半生の事業　半道　半年　半期　半日分　半夜　▽四半　四半分　四半期

はんべつ【判別】 ⇩くべつ

ばんめし【晩飯】 ⇩ゆうはん

はんめん ①【半面】 半面の真理　↓はんぶん　②【反面】 盾の反面　↓うら　▽反面こうもなる　↓いっぽう

はんも【繁茂】 ⇩しげる

はんもく【反目】 ⇩なかたがい

はんもん【煩悶】 ⇩なやむ

はんらん【氾濫】 ⇩あふれる

はんらん【反乱・叛乱】 謀反　反逆　騒乱　騒擾《そうじょう》　暴動　事変　百姓一揆《いっき》　兵乱

ひ

ひ【否】 ⇩はんたい

ひ【碑】 ⇩せきひ

ひ【緋】 ⇩あか(赤)

ひ ①**【日】** デー　日-で数える・を経る　日《にち》に一日　一昼夜　▽日が暮れる↓ひる
②**【陽】** 陽《ひ》が-照る・強い↓たいよう

ひ ①**【火】** ファイア　火を燃やす　火の気がある　火の手が揚がる　火の玉　炎《ほのお》　火気　火炎　熱火　猛火　烈火　狂炎　▽強火《つよび》　中火《ちゅうび》　とろ火　弱火　埋《うず》み火　熾《おき》　▽焚《た》き火　迎え火　送り火
②**【灯】** 入り口・街-の灯↓あかり

び【美】 対醜　自然美　人工美　芸術美　純美　至美　極美　清美　優美　壮美　華美　醇美《じゅんび》　▽美術　美学　アート

ひあい【悲哀】 ⇩かなしい

ひあたり【日当たり・陽当たり】 日が当たる　日向《ひなた》で遊ぶ　日溜《だ》まり　日の目を見る　日影《ひかげ》が差す　照り　日照りが強い　日差しが強い　日照《にっしょう》　日光　陽光　天日　天光

ピアノ ⇩こと(琴)

ひいき【贔屓】 愛顧　師の恩顧　看顧　下顧　重顧　眷顧《けんこ》　高庇《こうひ》　殊遇　好遇　殊眷　支援　後援　有力者の引き　後ろ盾　肩入れ　引き・取り-立てる　陰ながら　▽後援者　贔屓筋　パトロン　スポンサー　▽依怙《えこ》贔屓　身贔屓　分け隔てをする　末子を偏愛する　偏重　偏頗《へんぱ》な扱い

ひいて【延いて】 次いで　又《また》　更に　更に又　進んでは　続いては　引き続いて　更に進んで

ひいでる【秀でる】 ⇩すぐれる

ひうん【悲運・非運】 ⇩ふしあわせ

ひえびえ【冷え冷え】 ⇩つめたい

ひえる【冷える】 冷たくなる　冷《さ》める　冷え-込む・切る　冴《さ》える　▽湯冷め　寝冷え

ピエロ 道化-師・役　三枚目　おどけ者　笑われ役　剽軽《ひょうきん》者

ひがい【被害】 ⇩そんがい

ひかえ【控え】 ①書類の控え　↓うつし　②控えの間↓まちあいしつ

ひかえめ【控え目】 ⇩しょうきょくてき

ひかえる【控える】 ①飲酒を控える　差し控える　控え目にする　節制　抑制　▽節酒　戒酒　戒飲　節煙　戒煙　戒喫　②次の間に控える　控室で待つ　お側に侍する　陛下の側近に伺候する　随侍　侍座

ひかく【比較】 ⇩くらべる(比べる)

ひかくてき【比較的】 ⇩わりに

ひかげ ①**【日陰】** 日陰で休む↓かげ
②**【日影】** 日影が差す↓ひあたり

ひがさ【日傘】 ⇩かさ(傘)

ひかされる【引かされる】 ⇩ほだされる

ひがし【東】 対西　真東　東側　東部　東方　卯《う》の方角　▽山東　朝陽

ひかず【日数】 ⇩きかん(期間)

ひがた【干潟】 ⇩す(州)

ぴかぴか ①ぴかぴか光る　きらきら　ぎらぎら　ちらちら　ちかちかする　きらり　ぎらり　ちらり　炯々《けいけい》と光る　爛々《らんらん》　煌々《こうこう》と輝く　燦々《さんさん》　燦爛　②ぴかぴかに光る　てかてか　艶々《つやつや》　艶やか　光彩陸離

ひがむ【僻む】 拗《ひね》くれる　拗《じ》ける　拗《す》ねる　いじける　旋毛《つむじ》曲がり　邪僻《じゃへき》な心　偏僻　拗戻《ようれい》

ひがら【日柄】 吉日　良日　吉辰《きっしん》　嘉辰《かしん》　▽凶日　悪日

ひからびる【干涸びる】 ⇩かれる(枯れる)

ひかり【光】 対闇　輝き　稲妻の閃《ひら》めき　シャンデリアの煌《きら》めき　明かりが差す　ライト　光線　光明　光輝　光彩　光芒《こうぼう》　光華　彩華　美光　明光　照光　明輝　鮮輝　閃光《せんこう》　蛍光　▽微光　幽光　微明　薄明　▽色線　紫外線　赤外線

ひかる【光る】 輝く　照る　星が瞬《またた》く　夕日に映える　発光　直射　反射　投影　照明　光照　照輝　明輝　光輝ある伝統　▽明滅　点滅

ひかん【悲観】 ⇩がっかり

ひかん【避寒】 ⇩せいよう(静養)

ひがん【彼岸】 ①彼岸に達する　向こう岸　向こう側　②彼岸の境地　来世　涅槃《ねはん》　極楽　あの世　◆春分　秋分

ひき ①【匹】動物　犬・虫｜一匹　牛馬一頭　騎馬一騎《き》　鳥一羽　▽【尾】さかな　魚一尾《び》　②【疋】おりもの　絹・反物｜一疋　二反

ひき【引き】 ⇩ひいき

ひぎ【秘儀】 ⇩ひでん

ひきあい【引き合い】 ①引き合いに出す↓れい　②引き合いがある↓といあわせる

ひきあげる ①【引き上げる】対引き下げる　給与・地位｜を引き上げる↓あげる　②【引き揚げる】会場・外地｜から引き揚げる　引き｜払う・取る　退く　帰る

ひきあわせ【引き合わせ】 取り持ち　橋渡し　仲立ち　仲介　紹介

ひきいる【率いる】 ⇩つれる

ひきうける【引き受ける】 ⇩うけいれる

ひきうつる【引き移る】 ⇩ひっこす

ひきおこす【引き起こす】 起こす　発生　提起　惹起《じゃっき》　戦争が勃発《ぼっぱつ》する

ひきかえす【引き返す】 ⇩もどる

ひきかえる【引き換える・引き替える】 ⇩とりかえる

ひきこもる【引き籠る】 ⇩たてこもる

ひきさげる【引き下げる】 対引き上げる　給与・値段｜を引き下げる↓さげる

ひきしお【引き潮】 ⇩しお(潮)

ひきしめる【引き締める】 ①財政を引き締める↓せつやく　②心を引き締める↓がんばる

ひきずる【引き摺る】 ⇩ひっぱる

ひきだす【引き出す】 ⇩つれだす

ひきたてる【引き立てる】 ⇩ひいき

ひきつぐ【引き継ぐ】⇩うけつぐ

ひきつける【引き付ける】　寄せ付ける　近づける　近寄せる　引き・掻《か》き・手繰り-寄せる　誘い・誘《おび》き-寄せる　注意を引く　魅する

ひきつづき【引き続き】⇩ずっと

ひきつづく【引き続く】⇩つづく

ひきでもの【引出物】⇩おくりもの

ひきとめる【引き留める】　止《や》めさせる　させない　帰らせない　居させる

ひきとる【引き取る】⇩かう(買う)

ひきぬく【引き抜く】　選ぶ　選び抜く　課長に取り立てる　選手を選抜する　主役に抜擢《ばってき》する　人材を登用する　選手をスカウトする

ひきのばす　①【引き延ばす】　会を引き延ばす　↓つづける　②【引き伸ばす】　写真を引き伸ばす　↓ひろげる

ひきょう【卑怯】　卑劣　陋劣《ろうれつ》　卑屈　臆病《おくびょう》　惰弱　柔弱　腰抜け　腑《ふ》抜け　意気地《いくじ》無し

ひきょう【悲境・悲況】⇩ふしあわせ

ひぎょう【罷業】⇩スト

ひきわけ【引き分け】⇩あいこ(相子)

ひきわたす【引き渡す】⇩ゆずる

ひきん【卑近】　通俗化する　手近な所　身近な問題　近く

ひく　①【引く】　戸を引く　↓よせる　▽もちだす　例を引く　引例　引用　引証　引拠　援用　▽五から二を引く　↓へらす　▽【抽く】　籤《くじ》・カード-を抽く　↓とりだす　▽【惹く】　注意を惹く　↓ひきつける　▽【曳く】　舟・網-を曳く　↓ひっぱる　▽【牽く】　すすめる　車を牽く　牽引《けんいん》-力・車　▽【退く】　身・役所-を退く　↓しりぞく　②【弾く】　音楽　ピアノ・琴-を弾く　奏《かな》でる　奏する　弾じる　遣《や》る　演奏　奏楽　奏曲　弾奏

ひく　①【挽く】　鋸《のこぎり》で木を挽く　↓きる　②【碾く】　粉・茶-を碾く　↓つぶす　③【轢く】　車で　自動車で・人を-轢く　轢き殺す　跳ね飛ばす　轢殺《れきさつ》

ひくい【低い】　対高い　①程度が低い　低位　低級　低調　最低　②背が低い　短い　短小　短身　短軀《たんく》　矮小《わいしょう》　矮軀

ひくつ【卑屈】⇩いやしい(卑しい)

ピクニック⇩えんそく

ひぐれ【日暮れ】⇩ゆうがた

ひげ【卑下】⇩けんそん

ひげ　①【髭】　口の上　口髭《くちひげ》　鼻髭　上髭　八字髭　鯰《なまず》髭　泥鰌《どじょう》髭　猫髭　ナポレオン髭　白髭《はくし》　素髭　霜髭　②【鬚】　あごの下　頤鬚《あごひげ》　垂れ鬚　美鬚《びしゅ》　白鬚　霜鬚　③【髯】　両ほお　頬髯《ほおひげ》　美髯《びぜん》　白髯　銀髯　素髯　霜髯　赤髯《あかひげ・せきぜん》　紅髯　紫髯

ひげき【悲劇】⇩かなしい

ひけつ【秘訣】⇩こつ

ひけめ【引け目】⇩れっとうかん

ひけらかす⇩てらう

ひけをとる【引けを取る】⇩まける

ひけん【比肩】⇩ひとしい
ひけん【卑見】⇩しけん(私見)
ひこ【曾孫】曾孫《ひまご》　子の孫　孫の子
曾孫《そうそん》　▽孫の孫　玄孫《やしゃご・げんそん》
ひご【庇護】⇩ほご(保護)
ひご【飛語・蜚語】⇩うわさ
ひこう【非行】⇩あくじ
ひこう【飛行】⇩とぶ(飛ぶ)
びこう【尾行】⇩つける(跟ける)
ひこうき【飛行機】航空機　▽旅客機
貨物機　プロペラ機　ジェット機
ターボ機　単発　双発　オートジャ
イロ　ヘリコプター　▽グライダー
飛行船　気球　軽気球　アドバルー
ン　▽ロケット
ひこうしき【非公式】⇩ないない
ひごろ【日頃】⇩ふだん(普段)
ひざ【膝】膝頭《ひざがしら》　膝株　膝小僧　膝《つし》
関節　膝蓋《しつがい》　▽双膝《もろひざ》　両膝
びさい【微細】①微細な生物　微小　細
小　極小　極微　ミクロ　②微細に
わたって↓くわしい

ひざかり【日盛り】⇩ひる(昼)
ひさご【瓠】⇩ひょうたん
ひさし【庇・廂】⇩やね
ひざし【日差し】⇩ひあたり
ひさしい【久しい】永い　長らくの間
長久　永久　悠久　恒久　弥久《びきゅう》
永劫《えいごう》　億劫《おくごう》
ひさしぶり【久し振り】久方振りの雨
久々《ひさびさ》に会う　久闊《きゅうかつ》を叙する　疎闊
疎遠を詫びる
ひさびさ【久々】⇩ひさしぶり
ひざまずく【跪く】⇩かがむ
ひさめ【氷雨】⇩あめ(雨)
ひざもと【膝元・膝許】⇩じもと
ひさん【悲惨】⇩みじめ
ひじ ①【肘】関節　肘を突く　肘臂《ちゅうひ》
②【肱】関節の上下　肱を折る↓うで
③【臂】関節より上　臂に巻く　二の腕
上膊《じょうはく》　手臂《しゅひ》
ひしげる【拉げる】⇩ゆがむ
ひしめく【犇めく】⇩こむ
ひしゃく【柄杓】⇩さじ

ひしゃげる【拉げる】⇩ゆがむ
ひじゅつ【秘術】⇩おくぎ
びじゅつ【美術】⇩げいじゅつ
ひしょ【秘書】セクレタリー　アシスタ
ント　書記　助手　祐筆《ゆうひつ》　▽秘書
係・役・官
ひしょ【避暑】⇩せいよう(静養)
びじょ【美女】⇩びじん
ひじょう【非情】⇩むじひ
ひじょう【非常】⇩とくべつ
びしょう【微小】⇩びさい
ひじょうに【非常に】⇩とても
びしょく【美食】⇩ごちそう
ビジョン⇩りそう
ひじり【聖】⇩せいじん
びじん【美人】美女　美姫《びき》　美婦　麗
人　麗女　佳人　嬌女《きょうじょ》　別嬪《べっぴん》
色女《いろおんな》　▽美貌《びぼう》の持ち主　美顔術
佳顔　麗顔　花顔　玉顔　殊色　▽
美容　美色　玉容　玉姿
ひずみ【歪み】歪み《ゆがみ》　捩れ《ねじれ》　曲がり
皺寄せ《しわよせ》　歪曲《わいきょく》　変化

ひ

ひずむ【歪む】⇩ゆがむ
ひする【比する】⇩くらべる(比べる)
ひする【秘する】⇩かくす
ひそう【悲壮】 勇壮 壮烈無比 壮絶
雄烈 義烈 烈々
ひぞう【秘蔵】⇩たいせつ
ひそかに 1【密かに】 人知れず 密か
に作る こっそり そっと部屋を出る
こそこそ 内秘 内証 内々でする
2【私かに】 私かに考える↓ひとり
ひぞく【卑俗】⇩げひん
ひそむ【潜む】⇩かくれる
ひそめる【顰める】⇩ゆがめる
ひだ【襞】⇩でこぼこ
ひたい【額】⇩かお
ひたす【浸す】 水に浸《つ》ける 浸液 浸染
浸沈 浸漬《しんし》
ひたすら【只管】⇩もっぱら
ひだまり【日溜まり・陽溜まり】⇩ひあ
たり
ひたむき【直向き】⇩ねっしん
ひだり【左】 図右 左手 左側 左翼
レフト 左《さ》の通り 左方
ひだりまえになる【左前になる】⇩おち
ぶれる
ひたる【浸る】 水が浸《つ》く 水に浸かる
没する 水浸りになる 浸水家屋 冠
水田地 水没地帯
ひだるい【饑い】⇩だるい
ひたん【悲嘆・悲歎】⇩かなしい
びだん【美男】⇩びなん
びだん【美談】 善行 篤行の士 美話
佳話 良話
ひつ【櫃】⇩いれもの
ひつう【悲痛】⇩かなしい
ひっかかる【引っ掛かる】⇩とらわれる
(囚れる)
ひっかける【引っ掛ける】⇩だます
ひっき【筆記】 筆写 書記道具 載録 書
き取り ノート ▽速記 速写 疾
書
ひつぎ【柩・棺】 棺桶《かんおけ》 棺《かん》 霊柩《れいきゅう》
車 棺柩 ▽木棺 石棺 玉棺
ひっきょう【畢竟】⇩つまり
ひっきりなし【引っ切り無し】 引きも
切らず 雪が絶え間なく降る 切れ目
なく 絶えず努力する
びっくり【吃驚】⇩おどろく
ひっくりかえす【引っ繰り返す】⇩くつ
がえす
ひっくりかえる【引っ繰り返る】⇩くつ
がえる
ひづけ【日付】 日取り 月日《つきひ》 デート
日時 月日《がっぴ》 年月日
ひっこす【引っ越す】 東京へ越す 引き
移る 宿替え 所替え 転居 転宅
転住 移転 移住 敬語 〘相手方が〙お
引き移り ご転居になる／〘自分側が〙
引き移りました 居を移す 転居 移
転いたしました
ひっこみじあん【引っ込み思案】⇩しょ
うきょくてき
ひっこむ【引っ込む】 ①家に引っ込む↓
しりぞく ②真ん中が引っ込む↓へ
こむ
ひっし【必死】⇩いのちがけ

ひつじ ①【羊】動物 白羊 羊毛用の綿羊 ▽山羊《やぎ》 野羊 ②【未】十二支の第八 未年 未の刻・方角
ひっしゃ【筆者】⇩かきて
ひつじゅ【必需】⇩ひつよう
ひっす【必須】⇩ひつよう
ひっせい【畢生】⇩いっしょう
ひっせき【筆跡・筆蹟】⇩もじ
ひつぜん【必然】⇩かならず
ひっそり ⇩しずか
ぴったり ①ぴったり五時 ↓ちょうど ②ぴったりつく ぺったり べったり ぴたり ぺたり べたり ③⇩ふさわしい
ひってき【匹敵】⇩ひとしい
ひっとう【筆頭】⇩まっさき
ひっぱく【逼迫】⇩せまる
ひっぱる【引っ張る】引き摺《ず》る 舟・網・車を引く 牽引《けんいん》 牽曳《けんえい》 曳航 引航 ▽曳船 引船
ひつよう【必要】対不要 必須《ひっす》 必需 所用 入用 要用 不可欠 入り用 要《い》る 要する
ひてい【否定】⇩うちけす
ひでり ①【日照り】日照りが強い ↓ひあたり ②【旱】雨無し 旱の害 水涸《が》れ 旱魃《かんばつ》 干天 干乾 炎干 炎天 大干 ▽干害 干荒
ひでん【秘伝】秘儀 口伝《くでん》 口授 極意 奥義 口伝え 口移し
びてん【美点】対欠点 ⇩ちょうしょ(長所)
ひと ①【人】人間 人がいる 人間 人士 ▽方《かた》 方々 この方 その方 あの方 どの方 どなた ▽人類 衆生《しゅじょう》を済度する 衆諸 万物の霊長 ②【他人】他人の物を取る 他人《たにん》 余人 余子
ひどい【酷い】手酷い 酷《むご》い 激しい 苛酷《かこく》 残酷 残忍 残虐
ひとえに【偏に】⇩もっぱら
ひとおもいに【一思いに】⇩いちどに
ひとかたならず【一方ならず】⇩とても
ひとかど【一廉】⇩すぐれる
ひとがら【人柄】人と為《な》り 人品 気品 品格 風格 品性下劣 品位 人物 人格 性格 人間味 キャラクター ▽骨柄《こつがら》 人体《にんてい》 ▽品《ひん》がある 上品 下品
ひとぎき【人聞き】余所《よそ》聞き 外聞 他聞 風説 風評 評判 世評を気にする 人事の下馬評 取り沙汰《ざた》
ひときわ【一際】⇩いっそう(一層)
ひどく【酷く】嫌《いや》に 恐ろしく 脛を強《したた》か打つ 馬鹿《ばか》に 無性《むしょう》に恋しくなる べらぼうに
ひとこと【一言】⇩すこし
ひとごと【人事・他人事】⇩よそごと
ひとごみ【人込み・人混み】込み合い 人出 ラッシュ 混雑 雑踏
ひところ【一頃】⇩むかし
ひとごろし【人殺し】⇩ころす
ひとさしゆび【人差し指】⇩ゆび
ひとしい【等しい】相等しい 同じ 同

一　同等　同質　同然　同断　斉一《せいいつ》　均一　均等　▽匹敵　比肩するものがない　同程度　対等　同列には論じられない　肩を並べる

ひとしお【一入】⇩いっそう(一層)

ひとしきり【一頻り】⇩しばらく(暫く)

ひとしく ①【等しく】 等しく分ける↓いちよう ②【斉しく】 斉しく望む↓みな

ひとすじに【一筋に】⇩まっすぐ

ひとずれ【人擦れ】⇩あつかましい

ひとだかり【人集り】⇩ぐんしゅう(群衆)

ひとたび【一度】 若《も》しも　何か起こったら一度《いちど》悪くなると　一遍　一回　一朝事ある時は　一旦《いったん》

ひとちがい【人違い】 人違《たが》い　人間違《ひとまちがい》い　思い違い　見間違い　お見逸《それ》れいたしました

ひとつ【一つ】 ①菓子を一つ食べる　一個 ②一つ話してみよう↓すこし

ひとづかい【人使い】 使用人　使役　採用　行使　駆使　▽酷使　虐使　虐待　扱《こ》き使う

ひとづて【人伝て】⇩ことづて

ひとつひとつ【一つ一つ】 一つずつ　端《はし》から　虱《しらみ》潰《つぶ》しに　一亙《ひとわたり》　隈《くま》なく　万遍なく　遍《あまね》く調べる　軒並み　一々　逐一　個々　個別

ひとで【人出】⇩ひとごみ

ひとでなし【人で無し】⇩わるもの

ひととおり【一通り】⇩いちおう

ひとどおり【人通り】⇩ゆきき

ひととき【一時】⇩しばらく(暫く)

ひとところ【一所】 一つ所　一点を見詰める　一箇所　一所《いっしょ》に集める

ひととなり【人と為り】⇩ひとがら

ひとなみ【人並】⇩ふつう

ひとばしら【人柱】⇩ぎせい

ひとびと【人々】 人達《たち》　人等《ら》　人共　方々《かたがた》　いつもの連中　同類　連《れん》　近所の衆《しゅう》　手合い　仲間　グループ

ひとまかせ【人任せ】 一任　委任状　委託　委嘱　寄託

ひとまず【一先ず】⇩とりあえず

ひとまとめ【一纏め】 一括《くく》り　引っ包《くる》める　取り纏める　十把《じっぱ》一絡《から》げ　一括　一束　一緒

ひとみ【瞳・眸】⇩め(目)

ひとめ【人目】 傍目《はため》には良く見える　余所《よそ》目《め》　遠目　岡《おか》目《め》八目　他見《たけん》を憚る　側見　衆目の見るところ　十目

ひとやすみ【一休み】⇩やすみ

ひとり ①【一人】 人数　一人の学生　一人《いちにん》　一名　一員 ②【独り】 相手なし　独りで決める　私《ひそ》かに考える　単独　単身　▽独りぼっち　独りきり　孤独　孤影　孤居　寡居

ひどり【日取り】⇩スケジュール

ひとりぎめ【独り決め】 独り善がり　ずる休みを決め込む　自分勝手　独善　専決　専断　独断　私の一存では決められない　▽独裁政治　専制　▽独り舞台　独擅《どくせん》場　独壇場

ひとりごと【独り言】 独白の言　独語

独言 ▽呟《つぶや》き 私語 捨て台詞《ぜりふ》

ひとりじめ【独り占め】 独占 専有 専占 占拠 割拠 壟断《ろうだん》 ▽乗っ取り 買い占め 秘蔵 死蔵

ひとりだち【独り立ち】 ⇩どくりつ

ひとりでに【独りでに】 自《おの》ずから 自《おの》ずと 勢いこうなる 自然に 自動的に 自動販売機 ▽何となく分かる 漫《そぞ》ろに恋しくなる

ひとりひとり【一人一人】 一人ずつ 各々《おのおの》 手に手に てんでに 口々に 思い思いに ばらばらに 各自 各人 各個で考える 個々 別々 個別 銘々に分ける 個人個人

ひとりぶたい【独り舞台】 ⇩ひとりぎめ

ひとりぼっち【独りぼっち】 ⇩ひとり(独り)

ひとりもの【独り者】 独り身の男 独り暮らし 独身寮 未婚 ▽オールドミス ハイミス ▽夫を亡くした女 未亡人 寡婦《かふ・やもめ》 後家《ごけ》 ウイドー ▽妻を亡くした男 寡夫《かふ》 鰥夫《やもお》

ひとりよがり【独り善がり】 ⇩ひとりぎめ

ひとわたり【一亙り】 ⇩ひとつひとつ

ひな【雛】 ⇩とり(鳥)

ひながた ①【雛型】塔の雛型↓もけい ②【雛形】書類の雛形↓しきたり

ひなた【日向】 ⇩ひあたり

ひなまつり【雛祭り】 ⇩せっく

ひなん【非難】 誹謗《ひぼう》を受ける 譏謗《きぼう》 非議 難詰 論難 攻撃 物言いが付く 申し分ない

びなん【美男】 美男《びだん》 美男子 好男子 美少年 美青年 貴公子 好漢 色男《いろおとこ》 優男《やさおとこ》 男前が上がる 男振り 二枚目 ハンサム ダンディー イケメン

ひにく【皮肉】 風刺 毒舌 当て擦《こす》り 当て付け 面当て 嫌《いや》がらせ 減らず口を叩く 嫌味 諷《ふう》する

ひにひに【日に日に】 ⇩だんだん

ひにん【否認】 ⇩うちけす

ひねくる【捻くる・拈くる】 ⇩いじる

ひねくれる【拗れる】 ⇩ひがむ

ひねる ①【捻る・拈る】まわす 栓を捻る 捩《ねじ》る 回す ②【撚る】紙を撚る↓よる

ひねる【陳ねる】 ⇩ませる

ひのいり【日の入り】 対日の出 日没 夕日《ゆうひ》 夕陽《せきよう》 残陽 斜陽 落陽 落日 斜日 サンセット ▽夕焼け 夕映え 夕照 反照

ひのきぶたい【檜舞台】 ⇩はれ

ひのこ【火の粉】 ⇩ひばな

ひのて【火の手】 ⇩かじ(火事)

ひので【日の出】 対日の入り 日出《にっしゅつ》 朝日《あさひ》 初日《はつひ》 旭日《きょくじつ》 朝陽 旭陽 曙陽《しょよう》 サンライズ ▽朝焼け 紅雲 紅霞《こうか》 雲彩 霞彩

ひのべ【日延べ】 延期 延引 遷延 延び延び 持ち越し 雨天順延

ひばち【火鉢】 ⇩だんぼう

ひばな【火花】 火の粉 火片 火粉 飛火 炎塵《えんじん》

ひはん【批判】 ⇩ひひょう

ひび ①【罅】きず 罅が入る 裂け目 割れ目 亀裂《きれつ》 ギャップ ②【皹】皹が切れる↓できもの

ひび【日々】⇩まいにち

ひびき【響き】⇩こだま

ひびく【響く】轟《とどろ》く 鳴り・響き・轟き-渡る レールが軋《きし》る 床が軋む 鳴動 鳴轟《めいごう》

ひひょう【批評】評《ひょう》 評する 論《あげつら》う 評論 批判 品評 講評 論評 総評 概評 評価 論定 判定 品定め ▽好評を博する 酷評を受ける ▽劇評 書評 敬語〘相手方から〙ご高評・ご批評-を賜る／〘自分側から〙妄評お許しください

ひふ【皮膚】⇩はだ

ひほう【悲報】⇩しらせ

ひほう【秘法】⇩こつ

ひぼう【誹謗】⇩けなす

びぼう【美貌】⇩びじん

ひぼん【非凡】⇩すぐれる

ひま【暇】①自由時間 暇を見て書く 暇《いとま》 手明き 手透き 用無し 手が-明く・空く 敬語〘相手方の〙ご清閑 ご閑暇 お暇の折／〘自分側の〙寸暇 寸閑 閑暇 暇《いとま》 ②暇を潰《つぶ》す 余暇 レジャー ▽【閑】対忙しい 仕事が閑だ 忙しくない 閑散

ひまご【曾孫】⇩ひこ

ひましに【日増しに】⇩だんだん

ひまどる【暇取る】⇩とどこおる

ひまん【肥満】⇩ふとる

ひみつ【秘密】対公開 機密 内密 内緒 内証 内分 内々《ないない》にする 秘事 密事 枢密 枢機 極秘 隠秘 隠密《おんみつ》 内々《うちうち》で執り行う 内輪 隠し事がない 隠し立て

びみょう【微妙】玄妙 深遠 幽玄 神秘 妙《たえ》なる笛の音 ▽繊細 微細 細かい デリケート

ひめ【姫】⇩むすめ

ひめい【悲鳴】⇩さけぶ

ひめくり【日捲り】⇩こよみ

ひめる【秘める】⇩かくす

ひめん【罷免】⇩くびきる

ひも【紐】羽織の緒《お》 弓の弦《つる》 紙撚《こより》 テープ リボン ▽袋の口紐 飾りの組み紐 打ち紐

ひもじい【饑じい】⇩うえる(飢える)

ひもとく【繙く】⇩よむ(読む)

ひもの【干物】乾物 ▽干魚《ひざかな》 干し魚《ほしざかな・ほしうお》 乾魚《かんぎょ》 ▽大根の切り干し 鰯の煮干し

ひやあせ【冷や汗】⇩はずかしい

ひやかす【冷やかす】揶揄《からか》う 茶化す 揶揄《やゆ》 戯弄《ぎろう》 揶弄《やろう》

ひやく【飛躍】⇩はったつ

ひゃくしょう【百姓】農夫 農民 農家 田夫 野人 ファーマー ▽農奴 作男《さくおとこ》 小作農 水呑《の》み百姓 貧農 ▽自作農 篤農 豪農

ひやす【冷やす】冷やかす 冷ます 冷却 冷凍

ひやとい【日雇い】⇩ろうどうしゃ

ひやひや【冷や冷や】①冷や冷やした風↓つめたい ②見ていて冷や冷や

する↓あぶない
ひややか【冷ややか】⇩つめたい
ひゆ【比喩】⇩たとえ(例え)
ひょう【表】一覧表　早見表　付表▽グラフ　折れ線グラフ　棒グラフ　円グラフ　帯グラフ
ひょう【票】投票用紙　白票(無記入)▽白票(賛成票)　青票(反対票)▽固定票　浮動票
ひょう【評】⇩ひひょう
ひょう【雹】⇩ゆき(雪)
ひよう【費用】一般経費　入費　出費　支出　負担　原価　生産費　コスト　掛かりが大きい▽経常費　臨時費　食費　光熱費　被服費　住居費　教育費　学費　交際費　交通費　旅費
びよう【美容】理容　整髪　調髪　理髪　散髪　断髪　剃髪《ていはつ》▽美粧　髪結い　結髪　パーマ
びょういん【病院】医院　医局　診療所　避病院　療養所　サナトリウム▽診察室　手術室　薬局　病室　産室

病棟▽入院　退院
ひょうか【評価】⇩ひひょう
ひょうぎ【評議】⇩そうだん
びょうき【病気】病《やま》い　患い　障《さわ》り　病《びょう》症　炎　疾病《しっぺい》　疾患　病患　病疾　病魔　病状　病勢悪化　病態　症状　容体《ようだい》▽大病　重病　大患　重患　重症　重疾　重体　危篤状態▽急病　急疾　急患　難病　難症　奇病　流行病　時病　疫病　時疾　時疫　悪病　悪疾　悪疫　伝染病　感染症▽持病　宿病　宿疾　宿患　宿痾《しゅくあ》　敬語(相手方の)ご不快・ご不例・ご異例・ご所労-の趣／(自分側の)床に伏す　寝込む　医者の世話になる
ひょうきん【剽軽】⇩おかしい(可笑しい)
ひょうげん【表現】対理解　描写　描出　表白　言い・書き-表す
ひょうさつ【表札】⇩なふだ
ひょうし【拍子】⇩リズム

ひょうじ【表示】⇩しめす(示す)
びょうし【病死】⇩しぬ
びょうしゃ【描写】⇩えがく
ひょうじゅん【標準】⇩めやす
ひょうじゅんてき【標準的】⇩ふつう
ひょうしょう【表彰】⇩ほめる
ひょうじょう【表情】⇩かおつき
ひょうじょう【評定】⇩そうだん
びょうじょう【病状】⇩びょうき
びょうしん【病身】病体を横たえる　病の身　病骨　病軀《びょうく》を押して出席する
ひょうする【表する】⇩あらわす(表す)
ひょうする【評する】⇩ひひょう
ひょうだい①【表題】著書・演劇-の表題↓だい　②【標題】文書・講演-の標題↓だい
ひょうたん【瓢簞】夕顔　瓠《ひさご・ふくべ》　瓠瓢《こひょう》▽干瓢《かんぴょう》
ひょうてき【標的】⇩まと
びょうてき【病的】⇩いじょう(異常)
びょうどう【平等】⇩こうへい
びょうにん【病人】患者　病者　病体

病身 病軀《びょうく》 病骨 ▽怪我《けが》人 負傷者 保菌者 急患 軽患 重患
ひょうはく【漂白】 ⇩さらす(晒す)
ひょうはく【漂泊】 ⇩さまよう
ひょうばん【評判】 ⇩うわさ
ひょうめい【表明】 ⇩はっぴょう
ひょうめん【表面】 対裏面 ⇩おもて(表)
ひょうりゅう【漂流】 ⇩さまよう
ひょうろん【評論】 ⇩ひひょう
ひよく【肥沃】 ⇩こえる(肥える)
ひよこ【雛】 ⇩にわとり
ひより【日和】 ⇩てんき(天気)
ビラ ⇩こうこく(広告)
ひらき【開き】 ⇩ちがい
ひらく【開く】 戸・店｜を開く 戸を開《あ》ける 戸が開《あ》く 開扉《かいひ》 開店 開業 花が咲く ▽【啓く】 きづかせる 知識・蒙《もう》｜を啓く 啓蒙 啓発 ▽【拓く】 開拓 ととのえる 不毛の地を拓く 開発 開墾 開荒
ひらける【開ける】 開化 開明 発展 向上 ▽文化 文明
ひらたい【平たい】 ⇩たいら
ひらに【平に】 ⇩もっぱら
ひらめく【閃く】 ⇩きらめく(煌く)
ひりつ【比率】 ⇩わりあい
ひりょう【肥料】 ⇩こやし
ひる【昼】 対夜 昼は働く 昼間《ひるま》 昼中 日盛り 日の中 昼の日中 日が暮れる 日中《にっちゅう》 昼間《ちゅうかん》 白昼 ▽【午】 午になる 正午 昼時《ひるどき》 真昼《まひる》 真っ昼間
ひる ① **【干る】** 潮が干る↓しりぞく ② **【乾る】** 池が乾る↓かわく
ひるがえす【翻す】 ①自説を翻す 改める 変える 変心 変身 ②風が旗を翻す↓ひるがえる
ひるがえって【翻って】 ⇩いっぽう
ひるがえる【翻る】 はためく 靡《なび》く 風が旗を翻す ▽はたはた 裏返る ひらひら 翩翻《へんぽん》 反翻 翩々
ひるすぎ【昼過ぎ・午過ぎ】 ⇩ごご
ひるね【昼寝】 ⇩かりね
ひるま【昼間】 ⇩ひる(昼)
ひるむ【怯む】 ⇩すくむ
ひるめし【昼飯】 昼御飯の時 昼飯《ひるはん》 お昼 昼餉《ひるげ》 ランチ 昼食《ちゅうしょく》 中食《ちゅうじき》 午餐《ごさん》会 昼餐
ひるやすみ【昼休み】 ⇩やすみ
ひれい【非礼】 ⇩しつれい
ひれつ【卑劣】 ⇩ひきょう(卑怯)
ひれふす【平伏す】 ⇩おじぎ
ひろい【広い】 対狭い 広々 だだっ広い 広大 広漠 広壮 広範 ▽茫漠《ぼうばく》 茫々 洋々
ひろう【披露】 施設公開 公表 発表 周知 挨拶《あいさつ》 吹聴《ふいちょう》
ひろう【疲労】 ⇩つかれる
ひろう【拾う】 対落とす 拾い上げる 拾得 拾収 拾取 回収
ひろがる【広がる・拡がる】 対狭まる 拡大 拡張 拡充 伸長 伸展 膨張 発展 展開
ひろげる【広げる・拡げる】 対狭める 写真を引き伸ばす 繰り広げる 拡大 拡張 拡充 伸張

ひろさ【広さ】面積　地積　反別《たんべつ》　建坪　広狭　大小　境域　広がり
ひろば【広場】空地《あきち》　広っぱ　原　運動場　競技場　集合場
ひろびろ【広々】⇩ひろい
ひろまる【広まる・弘まる】文化が行き渡る　蔓延《はびこ》る　流布《るふ》　流通　伝播《でんぱ》　普及　蔓延《まんえん》　▽のさばる　暴力団が跋扈《ばっこ》する　スパイが跳梁《ちょうりょう》する　悪の横行に任せる
ひろめる【広める・弘める】触れる　触れ込む・回る　言い触らす　広報活動　広告　宣伝　ＰＲ　▽布教　伝道　宣教　弘法《こうぼう》
ひわり【日割り】①工事の日割り↓スケジュール　②賃金の日割り↓へいきん
ひわれ【干割れ】⇩さけめ
ひん【品】⇩ひとがら
びん【瓶】かめ型　花瓶　土瓶　鉄瓶　角瓶　壺《つぼ》　甕《かめ》　▽【壜】とっくり型　徳利《とっくり》　ビールの壜　薬壜　一升壜　銚子《ちょうし》　フラスコ
びん【便】序《つい》で　機会　便利がある　▽列車便　自動車便　船便　航空便
ピン ⇩はり(針)
ひんい【品位】⇩ひとがら
ひんかく【品格】⇩ひとがら
びんかん【敏感】対鈍感　鋭敏な神経　敏捷《びんしょう》な行動　過敏　鋭利　犀利《さいり》な判断　鋭い　シャープ
ひんけつ【貧血】⇩ち(血)
ひんこう【品行】⇩おこない
ひんし【瀕死】⇩あつい(篤い)
ひんじゃく【貧弱】⇩ちいさい
びんしょう【敏捷】⇩すばやい
ひんする【瀕する】⇩のぞむ(臨む)
ひんせい【品性】⇩ひとがら
びんせん【便箋】⇩ようし(用紙)
びんそく【敏速】⇩すばやい
ピンチ　危機を脱する　危局　危地　危殆《きたい》に瀕する　虎口《ここう》を逃れる　危急存亡の時　瀬戸際に立つ
ヒント ⇩あんじ
ひんど【頻度】出度　使用度　出現度　▽頻度数　出度数
ひんぱん【頻繁】⇩たびたび
ひんぴょう【品評】⇩しなさだめ
びんぼう【貧乏】⇩まずしい
ひんみん【貧民】対富民　貧者の一灯　細民　窮民　貧乏人　無産階級　プロレタリア
びんわん【敏腕】才腕・辣腕《らつわん》を振るう　凄腕《すごうで》　手利き　腕利きの料理人　腕っこき

ふ

ふ【譜】楽譜　音譜　曲譜　曲の譜面　五線　おたまじゃくし
ぶあい【歩合】①歩合を計算する↓わりあい　②歩合を取る　歩合料　手数料　報酬　コミッション
ぶあいそう【無愛想】⇩ふしんせつ
ファイト ⇩ゆうき
ふあん【不安】⇩しんぱい

ふあんない【不案内】⇩うとい

フィアンセ ⇩いいなずけ

ふいうち【不意打ち】⇩おそう

ふいちょう【吹聴】⇩いいふらす

ふいに【不意に】⇩とつぜん

ぶいん【無音】⇩ごぶさた

ふう【風】昔風　今風　和風　和様　日本風　洋風　西洋風　家風　校風　社風　芸風　画風　学風　気風

ふう【封】封をしたときに書く文字　〆《しめ》　締《しめ》　緘《かん》　綴《と》じ　固《かた》め　糊《のり》　禁《きん》　鎖《さ》　括《かつ》　封緘　緘封　厳封　厳緘　▽祝賀用　賀《が》　寿《ことぶき》　▽女性用　つぼみ　蕾《つぼみ》　莟《つぼみ》

ふうあい【風合い】⇩かんしょく(感触)

ふうが【風雅】⇩ふうりゅう

ふうかく【風格】⇩ひとがら

ふうがわり【風変わり】⇩めずらしい

ふうけい【風景】⇩けしき(景色)

ふうこう【風光】⇩けしき(景色)

ふうさ【封鎖】完封　封じる　戸を締める　口を閉じる　出口を塞《ふさ》ぐ

ふうさい【風采】⇩みなり

ふうし【風刺・諷刺】⇩ひにく

ふうしゅう【風習】⇩しきたり

ふうじる【封じる】閉じる　締める　塞《ふさ》ぐ　完封　密封　厳封　秘封　封緘《ふうかん》　封印　▽開き封　開封

ふうする【諷する】⇩ひにく

ふうぞく【風俗】習俗　民俗の調査　土俗　慣習　慣行　風習　因習　慣例　伝統　仕来り　習わし　▽美風　美俗　美習　良風　良俗　良習　純風　▽悪風　悪習　悪弊　通弊　余弊　弊風　弊習　旧来の陋習《ろうしゅう》　蛮風　▽旧風　旧俗　旧習　旧慣　旧例　宿風　遺風　遺習　余風　余習

ふうちょう【風潮】傾向　社会の動向　趨勢《すうせい》　時勢　時流　成り行き

ふうてい【風体】⇩みなり

ふうとう【封筒】⇩ふくろ

ふうひょう【風評】⇩うわさ

ふうふ【夫婦】夫妻　配偶　配匹《はいひつ》　匹偶　連れ合い　夫婦《めおと・みょうと》　カップル　▽好偶　好配　佳偶　佳配

ふうぶつ【風物】⇩けしき(景色)

ふうみ【風味】⇩あじ

ふうりゅう【風流】風雅　風趣　高雅　閑雅　数奇《すき》を凝らす　雅《みやび》　▽花鳥風月　梅見　観梅　摘み草　花摘み　花見　桜狩り　観桜　蛍狩り　菊見　観菊　月見　観月　弄月《ろうげつ》　紅葉《もみじ》狩り　観楓《かんぷう》　茸《きのこ》狩り　雪見

ふうん【不運】⇩ふしあわせ

ふえ【笛】鳴竹　鳴管　笛竹　▽横笛　尺八　簫《しょう》　フルート　ラッパ　トランペット　管楽器　▽呼び子　角笛《つのぶえ》　汽笛　警笛　霧笛　サイレン

ふえて【不得手】⇩ふとくい

ふえる ①【増える】[対]減る　くわわる　水嵩《みずかさ》が増える　増す　増加　増大　増益　倍加　倍増　②【殖える】それ自体が　鼠《ねずみ》・細胞－が　殖える　増殖　繁殖

ふえん【敷衍】⇩せつめい

ふえん【不縁】⇩えんきり

フォーマル ⇩ほんしき

ふおん【不穏】 険悪な情勢　危険　物騒な世の中　物情騒然とした社会　騒がしい　物騒がしい　危ない

ふか【付加】 ⇩くわえる(加える)

ぶか【部下】 ⇩てした

ふかい【不快】 ①不快な事件　不愉快　不満　不満足　面白くない　嫌《いや》　②ご不快の趣↓びょうき

ふかい【深い】 対浅い　奥深い　根深い　深々《ふかぶか》と　深奥　深遠　深玄　幽玄　意味深長　▽深淵《しんえん》に臨む　深潭《しんたん》　深意　深旨

ふがいない【腑甲斐無い】 ⇩だらしない

ふかいり【深入り】 ⇩かんけい

ふかかい【不可解】 ⇩ふしぎ

ふかく【不覚】 ⇩ゆだん

ふがく【富岳】 ⇩ふじさん

ふかけつ【不可欠】 ⇩ひつよう

ふかさ【深さ】 深み　深間《ふかま》　深所《しんしょ》　深浅　▽水深

ふかしぎ【不可思議】 ⇩ふしぎ

ふかす【蒸かす】 ⇩むす

ふかす【更かす】 ⇩すごす

ぶかっこう【不格好・不恰好】 不細工　不体裁　不器量　不調法　格好が悪い　醜態　醜顔　醜貌《しゅうぼう》　醜い　見苦しい　見っともない　不様《ぶざま》　ごつい　厳《いか》つい　▽頭でっかち　尻《しり》窄《すぼ》まり　ずんぐり　寸胴《ずんどう》　歪《ゆが》み　いびつ

ふかで【深手】 ⇩けが

ふかのう【不可能】 ⇩できない

ふかみ【深み】 ⇩ふかさ

ふかめる【深める】 ⇩つよめる

ふかん【俯瞰】 ⇩みおろす

ふかんぜん【不完全】 対完全　不完　不備　不完備　未完　未成　半成　生半尺《なまはんじゃく》　生半可　不行き届き

ふぎ【不義】 ⇩みっつう

ぶき【武器】 兵器　戦器　武具　兵具　戦具　戎器《じゅうき》　戎具　干戈《かんか》を交える　剣戟《けんげき》　銃剣　弓矢《ゆみや》　飛び道具　得物《えもの》を振り上げる

ふきげん【不機嫌】 課長の不興《ふきょう》を買う　立腹　社長の勘気に触れる　忌諱《きい》に触れる　機嫌・天気ーが悪い

ふきそく【不規則】 ⇩でたらめ

ふきだす【噴き出す】 ①煙を噴き出す↓ふく　②思わず噴き出す↓わらう

ふきつ【不吉】 不祥事　不瑞《ふずい》　凶　凶事　不祝儀《ぶしゅうぎ》　縁起《えんぎ》が悪い

ふきでもの【吹出物】 ⇩できもの

ふきとばす【吹き飛ばす】 ⇩おいはらう

ぶきみ【不気味】 ⇩こわい(怖い)

ふきゅう【不朽】 ⇩いつまでも

ふきゅう【普及】 流布《るふ》　流通　波及　伝播《でんぱ》　浸透　浸潤　一世を風靡《ふうび》する　席巻《せっけん》　一般化　普遍化　広まる　行き渡る　▽伝染　蔓延《まんえん》　跳梁《ちょうりょう》　猖獗《しょうけつ》　跋扈《ばっこ》

ふきょう【不況】 対好況　衰況　悲況　不景気　不活発　不振　窮迫　窮乏　恐慌　パニック　金詰まり　じり貧　左前　落ち目

ふきょう【不興】 ⇩おこる(怒る)

ふきょう【布教】⇩ひろめる

ぶきりょう【不器量】⇩みにくい(醜い)

ふきん【付近・附近】⇩あたり

ふきんこう【不均衡】⇩ふつりあい

ふきんしん【不謹慎】⇩しつれい

ふく【服】⇩ようふく

ふく①【吹く】うごく　南風が吹く　吹き-捲《ま》くる・荒《すさ》ぶ・荒れる・付ける・込む　▽空気　笛を吹く　吹笛　吹管　▽柳が芽を吹く↓めぐむ

②【噴く】だす　霧・煙・火の粉-を噴く　火山が煙を噴《は》く　噴《ふ》き出す　噴出　噴火

ふく①【拭く】汚れ取り　食卓・顔-を拭く　手を拭《ぬぐ》う　拭き-取る・清める　拭い取る　払拭《ふっしょく》　拭清　拭浄

②【葺く】やね　屋根を葺く　覆う　藁《わら》・茅《かや》・草・檜皮《ひわだ》・板・瓦《かわら》-葺き　トタン・スレート-葺き

ふくいく【馥郁】⇩こうばしい

ふぐう【不遇】⇩ふしあわせ

ふくぎょう【副業】⇩アルバイト

ふくざつ【複雑】対簡単　繁雑　錯雑　煩瑣《はんさ》　煩多　多角　多様　面倒　七面倒　厄介《やっかい》　入り組む　込み入る　ややこしい

ふくじ【服地】⇩きじ(生地)

ふくしゃ【複写】⇩うつす(写す)

ふくしゅう【復習】⇩べんきょう

ふくしゅう【復讐】⇩しかえし

ふくじゅう【服従】⇩したがう

ふくしょく【復職】⇩もどる

ふくしん【腹心】⇩てした

ふくする【復する】⇩もどる

ふくする【服する】①⇩つかえる(仕える)　②⇩のむ(飲む)

ふくそう【服装】⇩みなり

ふくつ【不屈】不撓《ふとう》不屈　不撓不屈　不抜　堅忍不抜　不退転の決意　強固　確固たる信念　固い　しっかりした

ふくぶん【副文】⇩あとがき

ふくべ【瓢】⇩ひょうたん

ふくみ【含み】⇩いみ

ふくむ【服務】⇩つとめ(務め)

ふくむ【含む】包む　帯びる　含有　包含　包括　包容力　含蓄のある言葉

ふくめる【含める】入れる　加える　包み込む　送料-込み・共　包含

ふくも【服喪】⇩も

ふくよう【服用】⇩のむ(飲む)

ふくよか　ふっくら　ふくらか　でっぷり　豊かな胸　満ち足りた　豊満

ふくらむ【膨らむ】それ自体が　熱せられて・蕾《つぼみ》が-膨らむ　膨れる　膨張　膨大　▽【脹らむ】物が入って　風船・腹-が脹らむ　脹れる　張る　盛り上がる　隆起　▽満腹　腸満(病気)

ふくれる【膨れる】熱せられて膨れる↓ふくらむ　▽【脹れる】風船が脹れる↓ふくらむ　▽理由を聞いて脹れる↓ふまん

ふくろ【袋】紙袋　布袋　ジャケット　サック　▽状袋《じょうぶくろ》　封筒

ふくろこうじ【袋小路】⇩ゆきどまり

ぶけ【武家】⇩ぶし

ふけい【不敬】⇩しつれい

ぶげい【武芸】⇩ぶどう
ふけいき【不景気】⇩ふきょう(不況)
ふけいざい【不経済】⇩むだ
ふけつ【不潔】⇩きたない
ふける ①【更ける】夜が更ける↓おそ
い ▽【深ける】秋が深ける↓おそい
②【老ける】年が老ける↓としとる
ふける【耽る】溺《おぼ》れる 現《うつつ》を抜かす
熱中 夢中 三昧《ざんまい》 心酔 沈酔
耽溺《たんでき》 沈溺 惑溺 ▽逸遊 逸楽
耽楽 遊蕩《ゆうとう》 放蕩 淫遊《いんゆう》 淫逸
淫奔 溺淫
ふこう【不孝】⇩ふどうとく
ふこう【不幸】⇩ふしあわせ
ふごう【符号】⇩しるし(印)
ふごう【富豪】⇩かねもち
ふごうかく【不合格】⇩らくだい
ふこうへい【不公平】不平等 片手落
ち ▽偏頗《へんぱ》 偏私 偏愛 依怙贔
屓《えこひいき》 片贔屓
ふごうり【不合理】非合理 背理 理不
尽 理屈に合わない 横車を押す

ふこく【布告】⇩しく(布く)
ふこころえ【不心得】⇩ふどうとく
ぶこつ【武骨・無骨】⇩やぼ
ふさ【房】葡萄《ぶどう》・藤《ふじ》‐の房 ↓かたまり
▽【総】毛糸・カーテン‐の総 ↓たば
ふさい【夫妻】⇩ふうふ
ふさい【負債】⇩かしかり
ふざい【不在】⇩るす
ぶさいく【不細工】⇩ぶかっこう
ふさがる【塞がる】⇩つまる
ふさぎこむ【鬱ぎ込む】⇩ふさぐ(鬱ぐ)
ふさく【不作】対豊作 凶作 違作 凶
荒 飢饉《ききん》 ▽凶年 凶歳 飢歳
餓歳 荒歳 悪歳 ▽不漁 不猟
ふさぐ ①【塞ぐ】通さない 道・流れ‐を
塞ぐ 閉ざす 堰《せ》く 遮《さえぎ》る 立ち
塞がる 塞《せ》き止める 目・耳‐を掩《おお》う
閉塞《へいそく》 梗塞《こうそく》 閉鎖 掩蔽《えんぺい》
②【鬱ぐ】気持ちが 心・気‐が鬱ぐ 鬱
ぎ・考え‐込む 沈む 滅入《めい》る 物憂
い 気が‐詰まる・晴れない 鬱陶《うっとう》
しい 憂鬱 陰鬱 沈鬱 憂愁

ふざける【巫山戯る】⇩さわぐ
ぶさた【無沙汰】⇩ごぶさた
ふさふさ【総々】総やか ふっさり
撓々《たわたわ》 撓わ 実も撓わに
ぶさほう【不作法】⇩しつれい
ぶざま【不様】⇩ぶかっこう
ふさわしい【相応しい】似合わしい 似
つかわしい ぴったり 似合い 釣
り合い 打って付け 相応 応分
好適 適当 適応 適合
ふし【節】節回し メロディー 調子
旋律 韻律 音律 音調 曲調 曲
節 ▽和音 和声 ハーモニー
ぶし【武士】武士《もののふ》 武人 武家 武者
猛者《もさ》 侍《さむらい》 兵《つわもの》 ▽幕臣 旗
本 直参《じきさん》 旗下《きか》
ぶじ【無事】息災 平安 安穏《あんのん》 安泰
別条のない毎日 安らか 恙《つつが》なく過
ごす 大過なく 敬語(相手方が)お変
わり・お障り・お恙《つつが》・ご別条・ご支
障・ご異状‐もなく ご安泰・ご安康・
ご清栄・ご清全・ご清泰・ご清適・ご芳

情-の趣（由）／〘自分側が〙変わり・障り・大過・別条・事・滞り・恙-もなく 無事息災にて 安穏に 元気

ふしあわせ【不幸せ】 対幸せ 憂き目 悪い運 運悪く 運がない 恵まれない 不遇の身 不幸 不運 悪運 悲運 微運 薄幸 薄命 ▽逆境 窮境 悲境 苦境 失意

ふしぎ【不思議】 不可思議 摩訶《まか》不思議 不可解 不審 怪訝《けげん》 奇怪 奇異 奇妙 霊妙 玄妙 神奇 怪奇小説 怪異 神異 神秘に包まれる 奇々怪々 奇々妙々 奇《あや》しい-光・鳥 解《げ》せない 腑《ふ》に落ちない

ふじさん【富士山】 富岳の姿 蓮岳《れんがく》 蓮峰 芙蓉《ふよう》 芙蓉峰 富士の高嶺

ふしぜん【不自然】 ⇩へん

ふしだら 自堕落《じだらく》 不身持ち 不品行 不行跡 不行儀 不行状 不貞 放逸 放埒《ほうらつ》 放縦 放蕩《ほうとう》 遊蕩 逸蕩 乱行 極道《ごくどう》 無頼

ふじつ【不日】 ⇩そのうちに

ぶしつけ【不躾け】 ⇩しつれい

ふしまわし【節回し】 ⇩ふし

ふじみ【不死身】 タフ 不屈 不抜 頑丈 強健

ふじゆう【不自由】 ⇩ふべん

ふじゅうぶん【不十分・不充分】 対十分 不完全 不足 不備 不行き届き 思うに任せず

ぶじゅつ【武術】 ⇩ぶどう

ふしゅび【不首尾】 ⇩しっぱい

ふじゅん【不順】 ⇩ふちょう（不調）

ふじょ【婦女】 ⇩おんな

ぶしょ【部署】 ⇩もちば

ふしょう【負傷】 ⇩けが

ふしょう【不肖】 ⇩わたし

ふじょう【不浄】 ⇩きたない

ぶしょう【不精・無精】 ⇩なまける

ふしょうじき【不正直】 対正直 ⇩うそつき

ふしょうしゃ【負傷者】 ⇩びょうにん

ふしょうち【不承知】 ⇩ことわる

ふしょうぶしょう【不承不承】 ⇩いやいや

ふしょく【腐食・腐蝕】 ⇩くさる

ぶじょく【侮辱】 ⇩あなどる

ふしん【不信】 不信任 信じない 信頼しない 信用しない 信任しない

ふしん【不振】 不活発 沈滞 停頓《ていとん》 衰微 萎靡《いび》 衰える 寂れる

ふしん【不審】 ⇩ふしぎ

ふしん【普請】 ⇩こうじ（工事）

ふじん ①【婦人】 妙齢の婦人↓おんな ②【夫人】 社長夫人↓つま

ぶじん【武人】 ⇩ぐんじん

ふしんせつ【不親切】 不人情 非人情 薄情 無情 非情 冷淡 冷酷 酷薄 無愛想 邪険 つれない 素気《すげ》ない 素っ気ない 愛想がない 白々《しらじら》しい 冷たい

ふしんばん【不寝番】 ⇩みはり

ふす【伏す】 ⇩よこたわる

ぶすい【不粋】 ⇩やぼ

ふすま【襖】 ⇩たてぐ

ふする【付する】 議・公判・競売-に付す

る↓まわす ▽【附する】意見・条件ー
を附する↓つける
ふせ【布施】⇩ほどこし
ふせい【不正】⇩あく(悪)
ふぜい【風情】⇩おもむき
ぶぜい【無勢】⇩すくない
ふせぐ【防ぐ】未然に 災害を防ぐ 抑
える 災害防止 阻止 制止 抑止
防遏《ぼうあつ》 予防 防火 防腐剤 防毒
防疫 防犯 防寒 防音 水防 消
防 ▽【禦ぐ】まもる 敵を禦ぐ 食
い止める 迎える 迎え撃つ 防御
防戦 防衛 国防 海防 防空
ふせる【伏せる】体を下にー伏せる↓
よこたわる ▽【臥せる】床《とこ》・病ーに
臥せる↓ねる
ふそ【父祖】⇩せんぞ
ふそうおう【不相応】⇩ふつりあい
ふそく【不足】対過剰 欠亡 欠如 欠
漏 欠員 払底 足りない 欠く
欠ける 品切れ 手不足
ふぞく【附属】従属 隷属国家 付随
随伴 附帯事項 附則
ふぞろい【不揃い】区々《まちまち・くく》 混ぜこぜ
ちぐはぐ 不規則 不統一 不整頓《ふせいとん》
不整 不同
ふそん【不遜】対謙遜 ⇩いばる
ふた ①【二】一の倍 二つ 二に
ダブル 二桁《けた》 二重《え》 複《ふく》
になる セット ▽双生児 双胎
②【双】ひとくみ 双子《ふたご》 双葉 対《つい》
ふた【蓋】覆いを掛ける 笠《かさ》 鏡板 蓋《がい》
被蓋 円蓋 方蓋 ▽鍋《なべ》蓋 落とし
蓋 綴《と》じ蓋 入れ子蓋 替え蓋
ふだ【札】紙札 名札 カード レッテ
ル ラベル 券《けん》 票《ひょう》 牒《ちょう》 紙票
簡札
ぶた【豚】猪《いのこ》 白豚 赤豚 野豚 家
猪《かちょ》 玄猪 ▽猪《い・いのしし》 山豚《やまぶた》 山
鯨 玄猪《げんちょ》 豪猪
ぶたい【舞台】⇩だん(壇)
ふたおや【二親】⇩おや
ふたく【付託】⇩まかせる
ふたご【双子】双生児 ▽三つ子
ふたしか【不確か】対確か ぼんやり
明らかでない いい加減 詳細は不明
不確定 不明瞭《ふめいりょう》 不明確 不分明
不正確 不得要領 漠然とした話 模
糊《こ》 曖昧《あいまい》模糊
ふたたび【再び】また雨が降る またま
た またもや もう一度 改めて
重ねて伺う 繰り返し 更に 再度
二度 両度 再応
ふたつ【二つ】⇩ふた(二)
ふたば【双葉】⇩は(葉)
ふたり【二人】ふたつ 子供が二人にな
る 二人《ににん》 二人連れ アベック 同
伴 ▽【両人】セット 両人は若い 両
人《りょうにん》 カップル
ふたん【負担】責任 責務 義務 責め
を負う 負い目がある 重荷になる
ふだん【不断】不休 不眠不休の作業
無休 休みなく 雨が間断なく降る
絶え間なく 絶えず流れる水
ふだん【普段】平素から 平生 平常
日常 通常 経常 常時 いつも

日頃《ひごろ》　常《つね》日頃

ふだんぎ【普段着】 対晴れ着　⇩みなり

ふち ①【縁】　池の縁　縁《へり》　周り　周囲　周辺　周回　▽額縁　金縁　時計の側　枠《わく》　たがを嵌める　②【淵】　流れの淵　↓かわ

ぶち【斑】 ⇩まだら

ぶちまける ⇩うちあける

ふちゅうい【不注意】 不用意　不用心　上《うわ》の空　手抜かり　手落ち　無調法《ぶちょうほう》　ケアレス　▽脇見《わきみ》　脇目　余所《よそ》見

ふちょう【符丁・符牒】 ⇩しるし(印)

ふちょう【不調】 ①不順　変調　破調　乱調　栄養失調　異常　低調　命に別状はない　②⇩けつれつ

ふちん【浮沈】 ⇩うつりかわり

ぶつ【打つ】 ⇩うつ(打つ)

ふつう【普通】 通常　平常　常時　通例　尋常一様ではない　平凡な人　平々凡々　凡庸　凡常　平均　一般　標準的　普遍的　ノーマル　並《なみ》　人並　十人並　世間並　月並　常《つね》　▽有り触れる　どこにでもある　珍しくない　陳腐な表現　▽中位　中庸　中流　中型

ふっかつ【復活】 ⇩かいふく(回復)

ぶつかる ⇩つきあたる

ぶつぎ【物議】 ⇩おおさわぎ

ふっきゅう【復旧】 ⇩かいふく(回復)

ふつぎょう【払暁】 ⇩あさ(朝)

ぶっきらぼう ⇩よそよそしい

ぶつける 打ち・叩《たた》き−付ける　当てる　突き当てる　衝突　追突　激突　▽浴びせる

ぶっけん【物件】 ⇩しなもの

ぶっこ【物故】 ⇩しぬ

ふっこう【復興】 ⇩かいふく(回復)

ふつごう【不都合】 不埒《ふらち》　不届き　不法　不逞《ふてい》の輩　不所存　無茶　無法　失当　失礼　無軌道　極道者　没義道《もぎどう》な振る舞い　理不尽　言語《ごんご》道断　怪《け》しからん　以《も》っての外《ほか》　大逸《だいそ》れた考え

ぶつじ【仏事】 ⇩ほうじ

ぶっしつ【物質】 物体　固体　液体　気体　元素　化合物　混合物

ふっしょく【払拭】 ⇩とりのける

ぶっそう【物騒】 不穏　剣呑《けんのん》　険悪　危険　物情騒然とした世の中　不用心　騒がしい　物騒がしい

ぶつだ【仏陀】 ⇩ほとけ

ふっとう【沸騰】 ⇩わく(沸く)

ぶっぴん【物品】 ⇩しなもの

ふつりあい【不釣り合い】 アンバランス　不相応　不均衡　不適合　不適当　不相当　不調和　不当　過分

ふで【筆】 毛筆　文毛　墨頭　筆墨　▽絵筆《えふで》　画筆《がひつ》

ふてい【不貞】 ⇩ふどうとく

ふてい【不逞】 ⇩ふつごう

ふてき【不敵】 ⇩だいたん

ふでき【不出来】 ⇩だめ

ふてきとう【不適当】 不向き　不似合いな色　不釣り合い　不調和　不相応　不適任　不当　▽中途半端　どっち付かず

ふてぎわ【不手際】⇩しっぱい

ふてくされ【不貞腐れ】⇩すてばち

ふでづかい【筆遣い】筆運び　運筆　筆力　筆勢　筆致　筆意　筆趣

ふてぶてしい【太々しい】⇩あつかましい

ふと【不図】不意　不測　不慮　偶然　ひょっと　思い掛けず　図らずも

ふとい【太い】対細い　太め　太やか　肉太　筆太　肥大　肥満

ふとう【不当】不適当　身分不相応な生活　不正　失当な処分　当を得ない　分に過ぎた　分を弁《わきま》えない

ふとう【埠頭】⇩みなと

ふどう【不動】数が不変　安定　一定　恒常　動かぬ　変わらぬ　定まった

ぶどう【武道】武術　武芸の道　▽剣道　柔道　柔《やわら》　空手《からて》　弓道　馬術　忍術

ふどうとく【不道徳】不徳義　不徳　非徳　薄徳　背徳の士　不道　無道　悪事　悪行　非行　破戒　無頼の徒　不貞の妻　不倫　乱行　不心得　心得違い　不届き　▽不忠　不孝　▽旧悪が露見する　前非を悔いる　業《ごう》

ふとく【不徳】⇩むち(無知)

ふとくい【不得意】不得手《ふえて》　苦手《にがて》　不慣れ　未熟　幼稚

ふところ【懐】外懐　内懐　下懐　懐中　懐裏　懐嚢《かいのう》　嚢中　▽物入れ　ポケット

ふとっぱら【太っ肚・太っ腹】⇩はら(腹)

ふとどき【不届き】⇩ふつごう

ぶどまり【歩止まり】⇩かくりつ

ふとる【太る】財産・計画-が太る　大きく・多く-なる　増加　増大　▽**【肥る】**対痩せる　体・足-が肥る　肥える　でぶになる　肥大　肥満

ふとん【布団】夜具　寝具　床《とこ》を敷く　▽綿布団　羽布団　掛け・敷き-布団　座布団　クッション　▽毛布　夏掛け　ケット　タオルケット

ふなか【不仲】⇩なかたがい

ふなじ【船路】⇩ふなたび

ふなたび【船旅】船路《ふなじ》　潮路　波路　波枕《なみまくら》　航海　航路　海路　水路　航程　▽外遊　洋行

ふなつきば【船着き場】⇩みなと

ふなで【船出】⇩しゅっぱつ

ふなのり【船乗り】舟子《ふなこ》　舟方　楫取《かじとり》　船頭　▽船舶乗務員　乗組員　船員　海員　水夫　マドロス　セーラー　▽水先案内　パイロット

ふなれ【不慣れ】⇩ふとくい

ぶなん【無難】無事の日　安全　普通　難無し　事無かれ主義

ふにあい【不似合い】⇩ふてきとう

ふにょい【不如意】⇩ふべん

ふにんじょう【不人情】⇩むじひ

ふぬけ【腑抜け】⇩ひきょう(卑怯)

ふね　①**【舟】**小さいもの　舟で釣る　小舟　帆掛け舟　帆前舟　釣り舟　渡し舟　渡船《とせん》　艀《はしけ》　丸木舟　筏《いかだ》　ボート　モーターボート　ヨット　ランチ　ジャンク　屋形舟　楼舟　②**【船】**大きいもの　船で帰国する　汽

船　船舶　船体　船腹　大船《おおぶね》　巨船　巨舶　大船《たいせん》　▽商船　客船　便船《びんせん》　貨物船　貨客船　運送船　輸送船　タンカー

ふねっしん【不熱心】 ⇩なまける

ふはい【腐敗】 ⇩くさる

ふび【不備】 ⇩ふかんぜん

ふひつよう【不必要】 ⇩ふよう(不要)

ふひょう【不評】 対好評　悪評　不評判　不人気　醜聞　汚名　悪名　虚名

ふびん【不憫・不愍】 ⇩かわいそう

ぶふうりゅう【不風流】 ⇩やぼ

ふぶき【吹雪】 ⇩ゆき(雪)

ふふく【不服】 ⇩ふまん

ぶぶん【部分】 局部　局所　細部　各部　▽上部　下部　前部　後部　頭部　脚部　外部　内部　中部

ぶぶんてき【部分的】 ⇩すこし

ふへい【不平】 ⇩ふまん

ふべん【不便】 対便利　不便利な点　不便宜　不自由　都合・勝手-が悪い　▽不思う通りにならない　食事代にも事欠く　手元不如意　半身不随　不足　欠如　欠乏　困窮

ふべんきょう【不勉強】 ⇩なまける

ふへんてき【普遍的】 ⇩ふつう

ふぼ【父母】 ⇩おや

ふほんい【不本意】 ⇩ざんねん

ふほんいながら【不本意ながら】 ⇩しかたがない

ふまじめ【不真面目】 対真面目　ずぼら　不精《ぶしょう》　不誠実　不実直

ふまん【不満】 対満足　不満足　不足　不平　不服　物足りない　飽き足りない　不承知　不同意　異存がある　苦情・文句・愚痴-を言う　愚図愚図言う　ぶつぶつ　ぶつくさ　小言・泣き言-を言う　繰り言を並べる　理由を聞いて剝《む》くれる　脹《ふ》くれる　むっとする　後に凝《しこ》りが残る　敬語〘相手方の〙ご不満　ご不足　ご苦情／〘自分側の〙思うに任せず　意に満たず　愚痴のみ零《こぼ》しております

ふみきる【踏み切る】 ⇩はじめる

ふみだい【踏み台】 ⇩だい(台)

ふみづき【文月】 ⇩しちがつ

ふみつける【踏み付ける】 ⇩いじめる

ふみにじる【踏み躙る】 ⇩つぶす

ふむ【踏む】 足を地に　足で踏む　大地を踏まえる　踏み-付ける・締める　押し付ける　▽【履む】 順に進む　手続き・課程-を履む　履行　▽【践む】 おこなう　人の道を践む　実践　実行

ふむき【不向き】 ⇩ふてきとう

ふめい【不明】 ①詳細は不明　↓ふたしか　②不明を恥じる　↓むち

ふめいよ【不名誉】 ⇩はじ

ふめいりょう【不明瞭】 ⇩ふたしか

ふめつ【不滅】 ⇩いつまでも

ふめんぼく【不面目】 ⇩はじ

ふもう【不毛】 対肥沃　荒土　薄土　瘠土《せきど》　瘠せ地　赤土

ふもと【麓】 対頂　山裾《やますそ》の村　裾野　山麓《さんろく》　岳麓　山腰　山脚

ぶもん【部門】 分類　区分　区分け　部分け　セクション　デビジョン　デ

パートメント

ふやける【潤ける】 潤《ほと》びる 水を含む 和潤 浸潤 湿潤 濡潤《じゅじゅん》

ふやす ①【増やす】 対減らす くわえる 人数を増やす 増す 増加 増大 倍加 倍増

②【殖やす】 それ自体を 細菌・財産‐を 殖やす 増殖 貨殖 利殖

ふゆ【冬】 十二月・一月・二月 冬場 冬季‐渇水・攻勢 冬期‐分校・講習会 暦 立冬（十一月八日ごろ）／冬至（十二月二十二日ごろ）

ふゆう【浮遊】 ⇩ただよう

ふゆう【富裕】 ⇩ゆたか

ふゆかい【不愉快】 ⇩ふかい（不快）

ふゆきとどき【不行き届き】 ⇩ふかんぜん

ふよう ①【不要】 対必要 不要の‐買い物・工事 不必要 不要不急の仕事 要らない

②【不用】 役に立てない 不用の‐施設・金額 未使用 無用 用いない

ふよう【扶養】 ⇩やしなう

ふようい【不用意】 ⇩ふちゅうい

ふようじょう【不養生】 不摂生 不摂養 不注意 不規則 ▽暴飲暴食 牛飲馬食

ぶようじん【不用心】 ⇩ぶっそう

ぶらいかん【無頼漢】 ⇩ふりょう（不良）

プライド 誇りを持つ 母校の誉れ 名誉 面目《めんぼく》もない 自尊心・自負心‐が強い

プライバシー 私事《わたくしごと・しじ》 私生活 個人生活

ぶらさがる【ぶら下がる】 ⇩さがる

ブラシ ⇩はけ

ふらち【不埒】 ⇩ふつごう

ぶらつく ⇩さまよう

プラン ⇩くわだて

ふり【不利】 対有利 不得策 不利益 身の不為《ふため》

ふり【振り】 ①見て見ぬ振り ↓みぶり ②曲に振りをつける ↓おどり

ぶりかえす【ぶり返す】 ⇩はつびょう

ふりかえる【振り返る】 ⇩かえりみる（省みる）

ふりかかる【降り掛かる】 ⇩こうむる

ふりだし【振り出し】 ⇩はじめ（初め）

ふりまわす【振り回す】 ⇩ふる（振る）

ふりむく【振り向く】 ⇩かえりみる（顧みる）

ふりょ【不慮】 ⇩おもいがけない

ふりょ【俘虜】 ⇩とりこ

ふりょう【不漁】 ⇩ふさく

ふりょう【不良】 ①対善良 非行 悪行 ▽愚連隊 無頼漢 痴漢 ちんぴら 与太者《よたもの》 ならず者 曲者《くせもの》 強《したた》か者 暴れ者 ごろつき やくざ 強請《ゆすり》 ▽蓮《はす》っ葉 阿婆擦《あばず》れ 擦れっ枯らし 莫連《ばくれん》 ②対良好 不可 不当 不適 ぺけ

ぶりょう【無聊】 ⇩たいくつ

ぶりょく【武力】 兵力 戦力 戦闘力 軍力 火力 武威

ふりん【不倫】 ⇩みっつう

ふる【降る】 降り‐注ぐ・頻る・積もる 時雨《しぐ》れる 降雨量 降水 下雨 落

雨　降雪

ふる【振る】 力・権力を振るう　打ち振る　振り動かす・立てる・回す

ふるい【古い】 年月　古い寺院　古めかしい　古風　昔風　千古の姿　古色蒼然《そうぜん》　古典的　クラシック　▽陳腐　陳套《ちんとう》　陳旧　旧套墨守　▽【旧い】　対新しい　旧い型・事務所　古臭い方法　旧式　旧《きゅう》　前《まえ》　以前

ふるいたつ【奮い立つ】 勢い込む　気負う　頑張る　踏ん張る　精出す　奮起　奮激　発奮　奮発　奮励努力する　精励恪勤　精進《しょうじん》　努力　意気軒昂

ふるう ①【振るう】刀・権力を振るう　↓ふる　▽【揮う】腕・筆を揮う　↓うごかす　②【震う】体が震う↓ふるえる　③【篩う】わける　土を・試験で篩う　選《え》り分ける　④【奮う】勇気を奮う↓どりょく

ふるえ【震え】 戦慄《せんりつ》　震撼《しんかん》　▽痙攣《けいれん》　引き付け　癪《しゃく》　身震い　武者震い

ふるえあがる【震え上がる】 ⇩おそれる（恐れる）

ふるえる【震える】 体が震う　顫動《せんどう》　震動　▽戦《わなな》く　戦《おの》のく　ぶるぶる　戦慄《せんりつ》を覚える

ふるぎ【古着】 ⇩ふるもの

ふるくさい【古臭い】 ⇩ふるい

ふるさと【故郷】 里に帰る　郷《くに》　国元　田舎《いなか》に帰る　実家　郷里　郷土　故郷　生まれ故郷　家郷　生地　故地　生国　故国　郷国　郷関　故山

ふるなじみ【古馴染み】 昔馴染み　旧友　旧朋　旧知の間柄　旧識　旧誼《きゅうぎ》　故旧　知友　知音《ちいん》

ふるびる【古びる】 古くなる　古惚《ふるぼ》ける　古臭くなる　老朽

ぶるぶる ⇩ふるえる

ふるぼける【古惚ける】 ⇩ふるびる

ふるほん【古本】 ⇩ふるもの

ふるまい【振る舞い】 ⇩おこない

ふるめかしい【古めかしい】 ⇩ふるい

ふるもの【古物】 古道具の店　古物《こぶつ》商　骨董《こっとう》　▽古着　着古し　▽古本　古書　古文書《こもんじょ》

ふれ【触れ】 ⇩しらせ

ぶれい【無礼】 ⇩しつれい

ブレーキ 制動　制輪　制御　制止　抑制　歯止め　車止め

プレゼント ⇩おくりもの

ふれる【触れる】 ①物に触れる　触《さわ》る　二円が接する　接触　摩触　軽触　微触　②法律に触れる↓はんする　③広く知らせる↓しく

ふろ【風呂】 湯舟　風呂桶《おけ》　浴槽　バス　▽湯殿　風呂場　浴室　浴場　バスルーム　▽風呂屋　湯屋　銭湯　公衆浴場

プロ ⇩くろうと

ふろうしゃ【浮浪者】 ⇩なまけもの

ふろく【付録・附録】 ⇩そえもの

プログラム ⇩ばんぐみ

ふろしき【風呂敷】 ⇩にもつ

プロセス ⇩いきさつ

ふろば【風呂場】⇩ふろ
プロポーズ⇩もうしこむ
ふろや【風呂屋】⇩ふろ
ふわ【不和】⇩なかたがい
ふん【糞】⇩だいべん
ぶん【文】⇩ぶんしょう
ぶんあん【文案】⇩したがき
ぶんい【文意】⇩いみ
ふんいき【雰囲気】気《け》 気配《けはい》 空気
気分 状況 様子 四囲 環境 ムード アトモスフィア
ぶんか【文化】文物 文明 開化 人文 カルチャー
ふんがい【憤慨】⇩なげく
ぶんかい【分解】分離 成分・情勢―を分析する 分ける 離す 機械をばらす ばらばらにする 種を取り分ける
ぶんがく【文学】文芸 文筆 詩歌 小説 物語 日記 戯曲 評論 随筆 漫筆
ぶんがくしゃ【文学者】⇩さっか
ぶんかつ【分割】⇩わける

ふんき【奮起】⇩ふるいたつ
ぶんきてん【分岐点】⇩わかれみち(分かれ道)
ふんきゅう【紛糾】⇩あれる
ふんぎり【踏ん切り】⇩けっしん
ぶんげい【文芸】⇩ぶんがく
ふんげき ①【奮激】⇩ふるいたつ ②【憤激】⇩おこる(怒る)
ぶんけん【文献】⇩ほん
ぶんご【文語】⇩ぶんたい
ぶんごう【文豪】⇩さっか
ふんさい【粉砕】⇩くだく
ぶんざい【分際】⇩ちい
ぶんし【文士】⇩さっか
ふんしつ【紛失】⇩なくす(無くす)
ぶんしょ【文書】⇩しょるい
ぶんしょう【文章】文《ぶん》 文《ふみ》 文辞 文藻 詞藻 詞文 詞章 章句 文面 文例 本文《ほんぶん・ほんもん》 ▽名文 名作 名編 美文 佳文 麗文 麗藻
ふんする【扮する】⇩よそおう
ふんそう【紛争】⇩あらそい

ぶんたい【文体】口語体の文 口語文 言文一致体 文語体 文語文 候文 普通文 美文体の文 擬古文 和文 和漢混交文 漢文直訳体
ふんだくる⇩うばう
ぶんたん【分担】⇩うけもち
ぶんだん【文壇】⇩しゃかい
ふんとう【奮闘】⇩どりょく
ぶんどる【分捕る】⇩つかむ(攫む)
ふんにょう【糞尿】⇩だいべん
ぶんばい【分売】⇩うる(売る)
ぶんぱい【分配】⇩くばる
ふんばる【踏ん張る】⇩がんばる
ふんべつ【分別】⇩はんだん
ぶんぼうぐ【文房具】文具 用具 筆紙 筆墨 学用品
ぶんり【分離】⇩はなす(離す)
ぶんりょう【分量】⇩りょう(量)
ぶんるい【分類】類別 分別 大別 項目別索引 部類別 部門別 区分 区分け 仕分け 組分け 部分け 部立て

へ

へ【屁】おなら　放屁《ほうひ》　洩気《えいき》　泄気《せっき》　▽透かしっ屁《べ》　梯子《はしご》っ屁　鼬の最後っ屁
ペア⇩くみ
へい【兵】⇩ぐんじん
へい【塀】⇩かこい
へいい【平易】⇩たやすい
へいおん【平穏】⇩おだやか
へいがい【弊害】⇩がい
へいき【平気】冷静を装う　平静　沈着　鷹揚《おうよう》な人柄　磊落《らいらく》　奔放　おおらか　▽平然　泰然　悠然　冷然　恬然《てんぜん》　悠揚迫らず　従容《しょうよう》　自若
へいき【兵器】⇩ぶき
へいきん【平均】①平均に配る　均等　均一　均分　平等　同等　案分比例　均《なら》し幾ら　賃金の日割り　月割り　頭割り　②平均を保つ↓つりあい
へいこう ①【平行】まじわらない　二辺が平行する　並列に置く　パラレル　②【並行】ならぶ　審議が並行する　並進　同時進行　足並みを揃える　③【平衡】平衡を保つ↓つりあい
へいこう【閉口】⇩こまる
へいごう【併合】⇩あわせる(併せる)
へいさ【閉鎖】⇩しめる(閉める)
へいし【兵士】⇩ぐんじん
へいじつ【平日】週日　ウイークデー　▽平生《へいぜい》　平常　日常　休日外
べいじゅ【米寿】⇩おい(老い)
へいじょう【平常】⇩ふだん(普段)
へいせい【平静】⇩おちつき
へいぜい【平生】⇩ふだん(普段)
へいぜん【平然】⇩へいき(平気)
へいそ【平素】⇩ふだん(普段)
へいたい【兵隊】⇩ぐんじん
へいたん【平坦】⇩たいら
へいち【平地】対山地　平坦地《へいたんち》　平野　平原　広野　▽高原　火口原　盆地
へいば【兵馬】⇩ぐんたい
へいばん【平板】⇩いちよう
へいふう【弊風】⇩あくしゅう
へいほう【兵法】⇩さくせん
へいぼん【平凡】⇩ふつう
へいめい【平明】⇩わかりやすい
へいや【平野】⇩へいち
へいゆ【平癒】⇩なおる(治る)
へいわ【平和】対戦争　太平　平安　平穏　安泰　安寧　和平　昌平《しょうへい》　ピース　世・国内-が治まる
ページ【頁】ページ数　丁付け　▽表裏二ページ　丁《ちょう》　丁数　枚　枚数
ベース⇩もとい
ペース⇩はやさ
へきえん【僻遠】⇩へんぴ
へきち【僻地】⇩おくち
へこたれる⇩つかれる
へこむ【凹む】中が凹《ぼく》む　中央が引っ込む　落ち・減《め》り-込む　陥る　凹下《おうか》　凹陥　陥没
ベスト⇩さいぜん(最善)
へそくり【臍繰り】⇩こづかいせん
へた【下手】対上手　へぼ　拙《つたな》い　字が

拙《ずま》い ぎこちない 辿々《たどたど》しい 不手際 拙劣 拙悪 下拙 不器用 不調法 ▽駄作 下作 凡作 劣作 敬語〔自分側の〕拙作 愚作
へだたり【隔たり】⇩きょり
へたつく ⇩ねばる
へだてがない【隔てがない】⇩したしい
へだてる【隔てる】懸け-隔てる・離れる 隔離 隔絶 懸絶 懸隔 離間 疎隔を生じる
へたばる ⇩つかれる
べつ【別】⇩それぞれ
べっかく【別格】⇩とくべつ
べっこん【別懇】⇩したしい
べっして【別して】⇩とくに
べつじょう ①【別状】命に別状はない ↓ふちょう ②【別条】別条のない毎日↓ぶじ
べっせかい【別世界】⇩べってんち
べっそう【別荘】⇩いえ
べってんち【別天地】別世界 桃源郷 無可有郷《むかうきょう》 仙境 仙界 壺天《こてん》 壺中の天 理想郷 夢想郷 楽天地 この世の楽園 常世《とこよ》 ユートピア
べっと【別途】⇩とくに
べつに【別に】⇩とくに
べっぴん【別嬪】⇩びじん
べつべつ【別々】⇩それぞれ
べつめい【別名】⇩なまえ
へつらう【諂う・諛う】阿《おも》ねる 媚《こ》びる 上役に取り入る へいへいする 色目・媚び-を使う おべっか・お世辞-を言う 機嫌を取る 課長に胡麻《ごま》を擂《す》る 太鼓持ち 追従《ついしょう》 迎合 阿付《あふ》 阿諛《あゆ》 諂諛《てんゆ》 諂媚《てんび》 ▽曲学阿世の徒 御用学者
ベテラン ⇩たいか
ペテン ⇩だます
へど【反吐】嘔吐《おうと》 吐出 吐逆 げろ 吐く 戻す 上げる 反吐つく ▽胃から吐血する 肺から喀血《かっけつ》する
べに【紅】⇩けしょうひん
へばる ⇩つかれる
へび ①【蛇】動物 蛇《み》 長虫 朽縄《くちなわ》 蛇《じゃ》 蝮《まむし》 蝮蛇《ふくだ》 蟒《うわばみ》 蟒蛇《ほうだ》 大蛇《だいじゃ・おろち》 巨蛇 長蛇 王蛇 巨蟒 ▽毒蛇《どくへび・どくじゃ》 青大将 錦蛇《にしきへび》 ②【巳】十二支の第六 ↓み
へや【部屋】茶の間《ま》 室《しつ》 居室 住房 ▽和室 洋室 洋間 板の間 土間 広間 屋根裏 地下室 納戸《なんど》 押し入れ 画室 アトリエ ▽別室 他室 離れ 密室 奥室 幽室
へらす【減らす】対増やす 減《へ》す 削る へずる 少なくする 減じる 割く 五から二を引く 軽減 節減 予算削減 縮減 低減 減少 減却 減削 減省 減殺《げんさい》 消却 ▽半減らし 半減 ▽減給 減俸《げんぽう》
へらずぐち【減らず口】⇩ひにく
ベランダ バルコニー テラス 濡《ぬ》れ縁 張り出し縁 露台
へり【縁】⇩ふち(縁)
へりくだる【謙る】⇩けんそん
へりくつ【屁理屈】⇩りくつ
へる【減る】対増える・増す 少なくなる

減じる 減少 精力減退 減損 減耗 損耗 消耗 ▽漸減 激減 著減
へる【経る】 ①名古屋を経て京都へ行く 通る 過ぎる 通過 仙台経由 ②年月を経る↓すごす
ベル ⇩りん
へん【変】 妙 変てこ 風変わり 型破り 様子が奇怪《おか》しい 異様 異状なし 奇妙 奇異 奇抜 奇矯《ききょう》 奇怪 珍奇 珍妙 特異 突飛 不自然 グロテスク
べん【弁】 ⇩せつめい
べん【便】 ①便の検査 大便 排泄《はいせつ》物 屎尿《しにょう》処理 ②交通の便がよい↓べんり
ペン 洋筆 万年筆 金ペン フェルトペン マジックペン ▽ペン先 ペン軸 インク ▽ペン・インク-書き ペン・硬筆-習字
へんか【変化】 ⇩かわる(変わる)
べんかい【弁解】 ⇩いいわけ
べんぎ【便宜】 ⇩つごう

へんきゃく【返却】 ⇩かえす(返す)
へんきょう【辺境・辺疆】 ⇩おくち
べんきょう【勉強】 ①数学の勉強 勉学 勉励 修学旅行 学習 実習 研学 研修 研究 修業 蛍雪の功 学が修まる 学を修める 学ぶ ▽予習 授業の下調べ 英語の下見 復習 お琴を温習《さら》う 宿題 ②値段を勉強する↓つとめる
へんくつ【偏屈】 ⇩がんこ
へんげ【変化】 ⇩ばけもの
へんけん【偏見】 偏察 謬見《びゅうけん》 僻見《へきけん》 不量見 不見識 ▽先入観 先入主 先入見 既成観念
へんこう【変更】 ⇩かえる(変える)
へんこう【偏向】 ⇩かたよる(偏る)
へんさ【偏差】 ⇩さ
へんさい【返済】 ⇩かえす(返す)
へんさん【編纂】 ⇩へんしゅう(編集)
へんじ【返事】 返答 回答 応答 応酬 受け答え ▽返信 返書 返簡 返報 返章 答信 答書 答酬 回書 復書 敬語《相手方の》ご返事 ご返答 ご返信 貴答 貴酬／《自分側の》ご返事 ご回答 お答え
へんじゃ【編者】 ⇩かきて
へんしゅう ①【編集・編輯】 まとめる 本・雑誌・新聞-を編集する 編纂《へんさん》 割り-付け・振り 纏《まと》める ②【編修】 資料で 辞書・教科書-を編修する 修選 編著 書物を編む
へんしょ【返書】 ⇩へんじ
べんじょ【便所】 ご不浄 洗面所 便室 厠房《しほう》 行厠《こうし》 閑所 隠所 雪隠《せっちん》 後架《こうか》 東司《とうす》 憚《はばか》り お手洗い 手水場《ちょうずば》 厠《かわや》 トイレ WC レストルーム
べんしょう【弁償】 ⇩つぐなう
へんじる【変じる】 ⇩かわる(変わる)
べんじる【弁じる】 ⇩はなす(話す)
へんしん【返信】 ⇩へんじ
へんしん【変身】 ⇩へんよう
へんじん【変人・偏人】 ⇩かわりもの
へんする【偏する】 ⇩かたよる(偏る)

べんぜつ【弁舌】⇩はなしかた
へんせん【変遷】⇩うつりかわり
へんそう【変装】⇩みなり
へんそく【変則】⇩れいがい
へんたいてき【変態的】⇩わいせつ
べんたつ【鞭撻】⇩はげます
へんち【辺地】⇩おくち
へんちょう【変調】⇩ふちょう(不調)
へんてこ【変てこ】⇩へん
へんてつ【変哲】 変哲もない ↓ありきたり
へんとう【返答】⇩へんじ
へんどう【変動】⇩うつりかわり
べんとう【弁当】 昼弁当 腰弁 携帯食 携行食 駅弁 幕の内 折詰め お握り お結び ▽弁当箱 破子《わりご》
へんぱ【偏頗】⇩かたよる(偏る)
へんぴ【辺鄙】 不便な所 辺隅《へんぐう》 辺陬《へんすう》 僻陬《へきすう》 僻遠の地 草深い田舎
べんべつ【弁別】⇩くべつ
へんぼう【変貌】⇩へんよう
へんぽう【返報】⇩しかえし
へんめい【変名】⇩なまえ
べんめい【弁明】⇩いいわけ
へんよう【変容】 変貌《へんぼう》を遂げる 変身 変化 情勢が一変する 心機一転 病状が急変する 変わる 改まる 氷が水に変じる
べんり【便利】 対不便 交通の便がよい 便宜 便益 簡便 軽便 重宝な品 好都合 有用 有効 徳用 実用
へんれい【返礼】⇩おれい
べんれい【勉励】⇩どりょく
へんれき【遍歴】⇩りょこう
べんろん【弁論】⇩はなしかた

ほ

ほ【穂】 穂先 秀穂 禾穂《かすい》 禾末 ▽稲穂《いなほ》 麦穂 垂り穂 瑞穂《みずほ》 初穂 刈り穂 落ち穂
ほ【帆】 沖の白帆《しらほ》 真帆《まほ》 布帆《ふはん》 白帆《はくはん》 風帆 順風満帆 ▽帆柱《ほばしら》 帆竿《はんかん》 檣竿《しょうかん》 船檣 マスト
ほあん【保安】⇩ちあん
ほい【補遺】⇩おぎなう
ポイント⇩おも(主)
ほう【法】⇩ほうりつ
ぼう【棒】 桿《かん》 竿《さお》 軸《じく》 棒切れ 棍棒《こんぼう》 桿棒 ▽竹竿 旗竿 釣り竿 竹棒 丸太 丸太ん棒 鬼に金棒 鉄棒《てつぼう》 心棒 車軸
ほうい【包囲】⇩かこむ
ほうい【方位】 方《ほう》 方角 方向 方面 見当 向き 北西の方《かた》 ▽北 北北東 北東 東北東 東 東南東 南東 南南東 南 南南西 南西 西南西 西 西北西 北西 北北西
ぼうえい【防衛】⇩まもる
ぼうえき【貿易】 外国・国際-貿易 交易 通商 輸出 輸入 逆輸出 逆輸入 密輸
ぼうえんきょう【望遠鏡】⇩めがね
ほうおん【報恩】⇩おんがえし
ほうが【萌芽】⇩きざし
ほうかい【崩壊】⇩こわれる

ほうがい【法外】⇩むぼう
ぼうがい【亡骸】⇩したい
ぼうがい【妨害・妨碍】⇩さまたげる
ほうがく【方角】⇩ほうい(方位)
ほうかつ【包括】⇩ふくむ(含む)
ほうがん【包含】⇩ふくむ(含む)
ぼうかん【傍観】事件を傍見する　傍視　拱手《きょうしゅ》・袖手《しゅうしゅ》傍観　座視出来ない　黙視　黙認　余所目《よそめ》　傍目《はため》には良く見える　脇目《わきめ》　岡目《おかめ》八目
ほうき【法規】⇩ほうりつ
ほうき【放棄・抛棄】⇩すてる
ほうき【箒】掃除機　草箒　棕櫚《しゅろ》箒　毛箒　羽箒　手箒　竹箒　庭箒
ぼうきゃく【忘却】⇩わすれる
ほうきゅう【俸給】⇩きゅうりょう(給料)
ぼうきょ【暴挙】暴行　乱暴　向こう見ず　命知らず
ぼうぎょ【防御・防禦】⇩ふせぐ
ぼうきょう【望郷】⇩ホームシック
ほうけい【方形】⇩しかくけい

ほうげん【方言】対標準語　地方語　俚語《りご》　俚言　お国・田舎《いなか》・里・訛《なま》り　言葉　地方・国訛り
ほうげん【放言】⇩いいすぎ
ぼうけん【冒険】探検　探査　探索　壮挙　快挙　暴挙　軽挙妄動
ぼうげん【暴言】⇩いいすぎ
ぼうご【防護】⇩まもる
ほうこう【方向】⇩ほうい(方位)
ほうこう【彷徨】⇩さまよう
ほうこう【芳香】⇩におい(香い)
ほうこう【奉公】⇩つかえる(仕える)
ほうこう【咆哮】⇩さけぶ
ぼうこう【暴行】①暴行を働く　↓らんぼう　②婦女に暴行する↓おかす
ほうこく【報告】報知　報道　通知　通報　通告義務　通信　連絡　復命　知らせ　レポート　ルポルタージュ　▽確報　速報　詳報　細報
ほうさく【方策】⇩たいさく(対策)
ほうさく【豊作】対不作　上作の見込み　豊年満作　豊熟　豊登　豊穣《ほうじょう》　豊稔《ほうねん》　▽豊漁　豊猟　▽豊年　豊歳　熟歳　富歳

ほうし【芳志】⇩こころざし
ほうし【法師】⇩そう(僧)
ほうし【奉仕】奉公　奉事　サービス　ボランティア　▽慈善　寄与　貢献　陰徳　献身　師事　兄事　孝行　孝養
ほうじ【法事】仏事　法要　法会《ほうえ》　供養　回向《えこう》　追善　追福　追弔　追供　施餓鬼《せがき》　▽忌《き》　年忌　回忌　周忌　遠忌《おんき》
ぼうし【防止】⇩ふせぐ
ぼうし【帽子】冠《かぶ》り物　シャッポ　ハット　キャップ　▽中折れ・山高・鳥打ち・麦藁《むぎわら》・綿《わた》帽子　ソフト　シルクハット　▽正帽　学帽　角帽　官帽　軍帽　▽烏帽子《えぼし》　頭巾《ずきん》　冠《かんむり》　兜《かぶと》　王冠　玉冠　月桂冠　勝利の栄冠
ほうしき【方式】⇩ほうほう
ほうしゅう【報酬】⇩おれい

ほうじょう【豊饒】⇩ゆたか

ほうしょく【奉職】⇩しゅうしょく(就職)

ほうじる【報じる】⇩しらせる

ほうじる【奉じる】⇩つかえる(仕える)

ほうじる【焙じる】⇩あぶる(焙る)

ほうじる【崩じる】⇩しぬ

ほうしん【方針】指針 進路 目途《もくと》 企図 方向 傾向 目当て 目途《めど》 当処《あてど》なく歩く 審議の建前《たてまえ》 ▽教理 教義 教条

ほうしん【放心】⇩ぼんやり

ぼうず【坊主】⇩そう(僧)

ほうすん【方寸】⇩こころ

ほうせい【法制】⇩ほうりつ

ほうせき【宝石】宝玉 宝珠 宝璧《ほうへき》 貴石 貴珠 玉英 【誕生石】ガーネット・柘榴石(一月)／…スト・紫水晶(二月)／コラール・…／ダイヤモンド・金剛石…・翠玉《すいぎょく》(五月)／…ー・赤色鋼玉(七月)／サードニクス・瑪瑙《めのう》(八月)／サファイア・藍青《らんせい》鋼玉(九月)／オパール・蛋白《たんぱく》石(十月)／トパーズ・黄玉石(十一月)／ターコイズ・土耳古《トルコ》石(十二月)

ぼうぜん【茫然・呆然】⇩ぼんやり

ほうそう【包装】外装 製品を梱包《こんぽう》する 荷造り 上包み パッケージ

ほうそう【放送】有線・無線－放送設備 公共・商業－放送 ラジオ テレビ

ほうそう【疱瘡】⇩できもの

ぼうそう【暴走】猛進 突進 盲進 猪突《ちょとつ》 列車が驀進《ばくしん》する 突っ走る

ほうそく【法則】法 規則 定則 定式 鉄則 天の摂理 規範 決まり 定め 掟《おきて》 ルール プリンシプル

ほうたい【包帯・繃帯】包帯巾《きん》 三角巾 眼帯 消毒綿 ガーゼ

ぼうだい【膨大・厖大】⇩おおきい

ほうち【放置】⇩うっちゃらかす

ほうちょう【包丁・庖丁】⇩はもの

ぼうちょう【膨張・膨脹】⇩ふくらむ

ほうっておく【放っておく】⇩うっちゃらかす

ほうてい【法廷】⇩さいばんしょ

ほうてん【法典】⇩ほうりつ

ぼうと【暴徒】⇩わるもの

ほうとう【放蕩】⇩ふしだら

ほうどう【報道】⇩ほうこく

ぼうとう【冒頭】⇩はじめ(初め)

ぼうとう【暴騰】⇩あがる(上がる)

ぼうどう【暴動】⇩はんらん(反乱)

ほうにん【放任】⇩うっちゃらかす

ほうねん【豊年】⇩ほうさく(豊作)

ほうねん【放念】⇩あんしん

ほうのう【奉納】献納 献上 上納 寄進 納める 神前に供える 奉る

ほうはい【澎湃】⇩さかん

ほうび【褒美】⇩しょう(賞)

ぼうび【防備】⇩まもる

ほうふ【抱負】⇩のぞみ

ほうふ【豊富】⇩ゆたか

ぼうふ【亡夫】⇩おっと

ぼうふ【亡父】⇩ちち(父)

ぼうふうう【暴風雨】 ⇩あらし
ほうふく【報復】 ⇩しかえし
ほうべん【方便】 ⇩しゅだん
ぼうぼ【亡母】 ⇩はは
ほうほう【方法】 解決の法《ほう》　賢明な策《さく》　方策　方略　方術　方途　方式　仕法　仕様　手法　解決の道　なす術《すべ》もない　仕方《しかた》　遣《や》り方　手練手管《てれんてくだ》で口説く　メソッド　▽製法　トンネルの工法　薬の処方
ほうぼう【方々】 ⇩いたるところ
ほうみょう【法名】 ⇩なまえ
ほうむる【葬る】 埋める　取り置く　葬送行進曲　埋葬　厚葬　深葬　合葬　改葬　▽火葬　荼毘《だび》に付する　水葬　風葬　鳥葬
ほうめい【芳名】 ⇩なまえ
ぼうめい【亡命】 ⇩にげる
ほうめん【方面】 ⇩ちいき
ほうもん【訪問】 ⇩おとずれる
ぼうや【坊や】 ⇩こども
ほうよう【抱擁】 ⇩だく

ほうよう【法要】 ⇩ほうじ
ぼうらく【暴落】 ⇩さがる
ほうらつ【放埒】 ⇩わがまま
ほうりだす【放り出す】 ⇩あきらめる
ほうりつ【法律】 法《ほう》　法令　法規　法制　法憲　法典　典令　律令　綱領　憲章　戒律　法度《はっと》　法《のり》　掟《おきて》　ロー　コード　▽政令　省令　条例　条約　▽定款　約款　▽六法　憲法　刑法　民法　商法　刑事訴訟法　民事訴訟法　▽軍法　軍令　軍憲　軍律　軍規
ぼうりゃく【謀略】 ⇩はかりごと
ぼうりょく【暴力】 ⇩らんぼう
ほうる ①【放る】 仕事・務め-を放る↓うっちゃらかす
②【抛る】 石を抛る↓なげる
ほうれい【法令】 ⇩ほうりつ
ぼうれい【亡霊】 ⇩ばけもの
ほうろう【放浪】 ⇩さまよう
ほうわ【法話】 ⇩こうぎ(講義)
ほえる ①【吠える】 犬が吠える↓なく
②【吼える】 虎《とら》が・壇上で-吼える↓さけぶ

ほお【頰】 ⇩かお
ほおばる【頰張る】 ⇩たべる
ホームシック 里心がつく　望郷の念　懐郷　郷愁　ノスタルジア　里恋しい
ボール ⇩たま(球)
ほか ①【外】 外に五件ある↓いがい
②【他】 他へ行く↓よそ
ほかけぶね【帆掛け舟】 ⇩ふね(舟)
ぼかす【暈かす】 ①色を暈かす　暈やかす　薄くする　匂《にお》わす　隈取《くまど》る　②意味を暈かす　はっきりさせない　曖昧《あいまい》にする　うやむやのうちに　不明確　不明瞭《ふめいりょう》
ほかならない【他ならない】 他でもない　以外の-ものではない・何物でもない　正にそのものである　そのものずばり
ほがらか【朗らか】 にこやか　晴れやか　晴れ晴れ　晴れ晴れしい　陽気に騒ぐ　明朗　晴朗な天気　爽朗《そうろう》　朗々　快

活 上機嫌 有頂天
ボキャブラリー ⇩ようご(用語)
ほきょう【補強】 ⇩ぞうしん
ぼく【僕】 ⇩わたし
ぼくし【牧師】 ⇩しんぷ
ぼくしゃ【牧舎】 ⇩こや
ぼくじょう【牧場】 ⇩ぼくちく
ほぐす【解す】 ⇩とく(解く)
ぼくする【卜する】 ⇩うらなう
ぼくちく【牧畜】 畜産 牧養 畜養 遊牧の民 放牧 放し飼い 野飼い ▽牧場《ぼくじょう・まきば》
ほくとせい【北斗星】 ⇩ほし
ほぐれる【解れる】 ⇩とける(解ける)
ほくろ【黒子】 ⇩できもの
ほけつ【補欠】 ⇩おぎなう
ぼける ①【惚ける】ばか 頭が惚ける ぼんやりする 薄ぼんやりする 惚け痴《し》れる 恍惚《こうこつ》 惚痴 ▽老い耄《ぼ》れる 耄碌《もうろく》 老惚《ろうこつ》 老衰 老廃 朽老 ②【暈ける】うすい 色が暈ける 暈やける 薄くなる ぼんやり ほんのり

ほ

ほけん【保健】 ⇩えいせい
ほけん【保険】 損害・火災・運送-保険 生命・養老-保険
ほこ ①【矛】矛で戦う↓やり ②【鉾】鉾を引く↓まつり
ほご【保護】 弱者を擁護する 庇護《ひご》を加える 加護 守護 養護教室 愛護 援護 冥加《みょうが》が尽きる 助ける 守る 庇《かば》う 庇い守る
ほご【反古】 ⇩くず
ぼこく【母国】 祖国の土 自国 故国 生国 郷国 本国 出身国 国籍国 父祖・父母の-国
ほこら【祠】 ⇩じんじゃ
ほこらしい【誇らしい】 誇らか 晴れがましい 鼻が高い 鼻高々 肩身が広い 自慢顔 ▽声高々 声高らか
ほこり【埃】 塵《ちり》 塵埃《じんあい》 浮塵 浮埃 風塵 風埃 ▽砂塵 黄塵万丈 土埃《どあい》 砂・土-埃《ぼこり》 砂・土-煙

ほこり【誇り】 ⇩ほまれ
ほこる【誇る】 対恥じる 勝ち誇る 誇り高ぶる 誇称 放言 広言 大言壮語 豪語 自慢 鼻に掛ける
ほころびる【綻びる】 ①⇩とける(解ける) ②⇩さく(咲く)
ほさ【補佐・輔佐】 ⇩たすける
ぼさん【墓参】 ⇩おまいり
ほし【星】 星斗 星辰《せいしん》 星座 星宿 惑星 遊星 恒星 土星の衛星 主星と伴星《ばんせい》 星団 星雲 ▽北斗星 南十字星 明け・宵-の明星《みょうじょう》 彗星《すいせい》 箒星《ほうきぼし》 流星 飛星 奔星 流れ星 ▽銀河 星河 天河 星漢 天漢 天の川
ほじ【保持】 ⇩たもつ
ほしい【欲しい】 欲する 望む 望ましい 思わしい 読み度《た》い
ほしいまま【恣】 ⇩じゆう(自由)
ほしゅう【補修】 ⇩つくろう
ほじゅう【補充】 ⇩おぎなう
ぼしゅう【募集】 ⇩つのる

ほじょ【補助】⇩たすける

ほしょう ①【保証】品質を保証する↓うけあう ②【保障】自由を保障する↓まもる ③【補償】損害を補償する ↓つぐなう

ほじる【穿る】⇩ほる(掘る)

ほす【干す】日に当てる 日に干す 乾かす 乾燥 脱水 日干し 陰干し ▽【乾す】からにする 池を乾す 涸《か》らす 水抜き

ボス⇩おやかた

ポスト ①⇩ちい ②⇩ゆうびんばこ

ほする【補する】⇩にんじる

ぼせき【墓石】⇩せきひ

ほそい【細い】 対太い 細め 細やか か細い 細々 肉細 筆細 繊細 ▽中細 極細《ごくぼそ》 先細 腰細 首細 ▽細長い 長っ細い ひょろ長い のっぽ 細長 長大

ほそく【補足】⇩おぎなう

ほそながい【細長い】⇩ほそい

ほそめる【細める】 細くする 袖口を窄《つぼ》める 窄ませる 肩を窄《すぼ》める 窄ませる

ほそる【細る】⇩やせる(痩せる)

ほぞん【保存】⇩たもつ

ほだされる【絆される】 引かされる 縛られる 繋《つな》がれる つまされる

ボタン【釦】 ①洋服のボタン 止め具 ホック スナップ ジッパー ファスナー 足袋の鞐《こはぜ》 靴の尾錠 バックル ②釦を押す↓スイッチ

ぼち【墓地】⇩はか

ぼつが【没我】⇩むが

ほっき【発起】⇩ほっしん

ぼっくり【木履】⇩げた

ぼつご【没後】⇩しご(死後)

ほっさ【発作】⇩はつびょう

ぼっしゅう【没収】⇩うばう

ぼつしゅみ【没趣味】⇩やぼ

ほっしん【発心】 発意 発願 発起 一念発起して励む 立志 求道 思い立つ 企てる

ほっする【欲する】⇩ほしい

ぼっする ①【没する】水中に没する↓しずむ ②【没する・歿する】 病を得て没する↓しぬ

ほっそく【発足】⇩はじめる

ほったらかす⇩うっちゃらかす

ほったん【発端】⇩きっかけ

ぼっちゃん【坊ちゃん】⇩むすこ

ぼっとう【没頭】⇩ねっしん

ぽつねんと ぽつんと ちょこんと ちょこなんと

ぼっぱつ【勃発】⇩はじまる

ぼつぼつ ぼちぼち始める 少し・僅《わず》かずつ 徐々に

ぼつらく【没落】⇩おとろえる

ほつれる【解れる】⇩みだれる

ほてる【火照る】⇩あたたまる(温まる)

ホテル⇩やどや

ほどあい【程合い】⇩ていど

ほどく【解く】⇩とく(解く)

ほとけ【仏】 仏《ぶつ》 釈迦《しゃか》 釈尊 世尊

仏陀《ぶっだ》 菩薩《ぼさつ》 如来《にょらい》 観音 薬師 阿弥陀《あみだ》 地蔵 権化《ごんげ》 権現 化身《けしん》 本尊

ほどける【解ける】⇩とける(解ける)

ほどこし【施し】 布施《ふせ》 施与 施捨 喜捨 義捐《ぎえん》 拠出 拠金 差し入れ カンパ

ほどこす【施す】⇩あたえる

ほととぎす【時鳥】 郭公《かっこう》 子規 杜鵑《とけん》 杜魂 杜宇 蜀魂《しょっこん》 不如帰《ふじょき》 思帰鳥《しきちょう》

ほどなく【程なく】⇩まもなく

ほとばしる【迸る】⇩ながれる

ほとぼり【熱り】 温かみ 肌の温《ぬく》もり 名残 余熱 熱気を帯びる

ほどよい【程良い】 適度 適宜 適当 適正 中正 中庸 中道 不偏

ほとり ①【辺り】 道・城門‐の辺り↓よこ ②【畔り】 川・池の畔り↓そば

ほとんど【殆ど】 ①殆ど出来た 大方 大体 大部分 粗方《あらかた》 粗まし 大抵 大概 大略 過半 九分九厘 十中八九 ②殆ど見ない ほとほと とんと 余り 滅多に 碌《ろく》に 碌々 碌すっぽ

ほね【骨】 骨組み 骨格 ▽白骨化 枯骨 骸骨《がいこつ》 髑髏《されこうべ・どくろ》 人骨 遺骨 お骨《こつ》 ▽頭蓋《ずがい》骨 脊椎《せきつい》 鎖骨 肩胛《けんこう》骨 肋骨《ろっこつ》 座骨

ほねおしみ【骨惜しみ】⇩なまける

ほねおる【骨折る】⇩どりょく

ほねぐみ【骨組み】⇩しくみ

ほねつぎ【骨接ぎ】⇩しゅじゅつ

ほのお【炎・焔】⇩ひ(火)

ほのか【仄か】⇩かすか(幽か)

ほのぼの【仄々】⇩かすか(幽か)

ほのめかす【仄めかす】⇩あんじ

ぼひ【墓碑】⇩せきひ

ぼひょう【墓標】⇩せきひ

ほふる【屠る】⇩ころす

ほぼ【略々】⇩およそ

ほほえましい【微笑ましい】⇩このましい

ほほえむ【微笑む】⇩わらう

ほまれ【誉れ】 対恥 誇り 栄え 面目《めんぼく》 栄誉 名誉 名利 名声 名聞 名望 栄光 栄冠 栄名 令名 光栄の至り

ほめる【褒める】 称《たた》える 賞する 嘉《よみ》する 愛《め》でる 持て囃《はや》す 囃し立てる 賛辞を呈する 褒め‐立てる・ちぎる・そやす・称える 表彰 顕彰 賞美 賞賛 称賛 称揚 賛嘆 賛美 嘆美 嘆賞 謳歌《おうか》 礼賛《らいさん》 絶賛 激賞 絶賞 喝采《かっさい》 敬語(自分側を)お褒めにあずかる ご賞賀を賜る ご賞揚くださる ご賛美を被る

ぼや【小火】⇩かじ(火事)

ぼやく 友達に零《こぼ》す 不遇を託《かこ》つ 愚痴る ぶつぶつ・ぐずぐず‐言う 不平 不満 不服 苦情

ぼやける【暈やける】⇩ぼける(暈ける)

ほやほや ⇩できたて

ほゆう【保有】⇩もつ(持つ)

ほよう【保養】⇩せいよう(静養)

ほら【法螺】大風呂敷《ぶろしき》 出放題 出鱈目《でたらめ》 大言 広言 誇言 放言 放語 豪語 大言壮語

ほらあな【洞穴】⇩あな

ほらふき【法螺吹き】⇩うそつき

ボランティア⇩ほうし(奉仕)

ほり ①【堀】みずぼり 川を堀で繋《つな》ぐ 掘り-割り・切り 運河 用水路 疏水《そすい》 通池 溝池《こうち》
②【濠】しろぼり 城の周りの濠 濠《ごう》 城池 城溝 城濠
③【壕】からぼり 壕に隠れる 壕《ごう》 塹壕《ざんごう》 防空壕 枯壕

ほり【彫り】刻みが深い 切り込み 彫り方 彫り様 鎌倉《かまくら》彫 一刀彫 鉈《なた》彫り

ほりだしもの【掘り出し物】⇩しょうひん

ほりもの ①【彫物】木の彫物 彫物細工《さいく》 彫刻 彫塑 彫像 木の像
②【彫り物】体の彫り物 入れ墨 文身 刺文 刺青

ほりゅう【保留】未決 未定 留め置き 棚《たな》上げ

ほりょ【捕虜】⇩とりこ

ほりわり【掘り割り】⇩ほり(堀)

ほる ①【掘る】とりだす 穴を掘る 掘り-返す・出す 穿《ほじ》る 穿くる 抉《こじ》る 抉《くじ》る 抉《えぐ》る 穿《うが》つ 凹《くぼ》める 掘削 採掘 発掘
②【彫る】きざみつける 仏像を彫る 刻む 彫《え》る 彫り・刻み-付ける 彫刻

ぼる⇩もうける(儲ける)

ほれる【惚れる】⇩すく(好く)

ほろ【幌】⇩おおい(覆い)

ぼろ【襤褸】ぼろ布 ぼろ着 破れ着 弊衣 破帽

ぼろい⇩あんい

ほろびる【滅びる・亡びる】絶える 滅する 根絶やし 滅亡 衰滅 消滅 壊滅 破滅 絶滅 全滅 尽滅 湮滅《いんめつ》 根絶 没落 ▽潰《つぶ》れる 破産 倒産 家系断絶

ほろぼす【滅ぼす・亡ぼす】絶やす 滅する 攻め滅ぼす 根絶やしにする 皆殺し 撲滅 絶滅 撃滅 討滅 掃滅 殲滅《せんめつ》 尽滅 全滅 湮滅《いんめつ》 討尽 根絶

ぽろぽろ ぱらぱら ぽろり ぱらり ほろほろ はらはら はらり ぼろ ぼろ ばらばら ばらり

ほろよい【微酔い】⇩よう(酔う)

ほん【本】書《しょ》 書《ふみ》 ブック 書物 書籍 図書 典籍 文献 書誌 書巻 書冊 草紙 冊子 簡冊 ▽単行本 雑誌 週刊誌 小冊子 パンフレット 双書 全集 ▽著書 著作 著作物 著冊 原著 蔵書 蔵本 和書 和本 漢籍 漢書 洋書 洋本 洋籍 ▽名著 良書 善書 良本 善本 珍本 珍書 珍籍 珍編 奇書 奇籍 希書 希覯《きこう》書 [敬語]〘相手方の〙ご高著 ご賢著 玉著／〘自分側の〙拙著 拙作 愚著 愚作

ぼん【盆】①盆に載せる 丸盆 角盆

ほ

塗り盆　折へぎ盆　折敷《おしき》　▽灰皿　煙草《たばこ》盆　②盆を迎える　盆会《ぼんえ》　盆祭り　魂祭《たままつ》り　盂蘭盆《うらぼん》　精霊会《しょうりょうえ》　▽盆流し　精霊流し

ほんい【本意】⇩ほんしん

ほんかい【本懐】⇩ほんもう

ほんかくてき【本格的】⇩ほんしき

ほんき【本気】本腰を入れる　真剣になる　真摯《しんし》な態度　正気で言う　本心　真面目《まじめ》に働く

ほんきょ【本拠】⇩きち(基地)

ほんけ【本家】⇩しんるい

ほんごく【本国】⇩ぼこく

ほんごし【本腰】⇩ほんき

ほんし【本旨】⇩ほんしん

ほんしき【本式】対略式　正式に行う　正則に従う　本格的な料理　型通り　真面《まとも》　フォーマル

ほんしつ【本質】⇩せいしつ

ほんじつ【本日】⇩きょう(今日)

ほんしょう【本性】本領を発揮する　本質　特質　特色　正体を現す　本体が分からない　天性の美声　生まれ付き　持ち前の短気を起こす

ほんしん【本心】本意　本旨　本志　本懐　本性　真意　心中　心底　内心　内意　本音《ほんね》を吐く　底意《そこい》

ぼんじん【凡人】常人　凡夫　凡俗　俗人　鈍才　平凡人　平常人　普通人　一般人

ほんすじ【本筋】⇩すじ

ほんせき【本籍】⇩じゅうしょ

ほんぞん【本尊】⇩ほとけ

ほんたい【本体】⇩じったい(実体)

ほんだな【本棚】⇩たな

ほんとう【本当】対嘘　真《しん》　実《じつ》　真実　事実　真理　真如《しんにょ》　真正　正真《しょうしん》　正銘　実際　実在　真《まこと》の話　有りの儘《まま》を話す

ほんとに【本当に】本に　実に　真に　全く駄目　真っ平御免　げに　誠に　どうも有り難う

ほんにん【本人】当人　ご本尊　当事者　当該者

ほんね【本音】⇩ほんしん

ほんねん【本年】⇩ことし

ほんの⇩すこし

ぼんのう【煩悩】⇩なやみ

ほんのり⇩かすか(幽か)

ほんば【本場】⇩さんち

ほんばこ【本箱】⇩たな

ぼんぷ【凡夫】⇩ぞくじん

ほんぶり【本降り】⇩あめ(雨)

ほんぶん【本分】⇩つとめ(務め)

ほんぽう【奔放】⇩じゆう(自由)

ほんまつ【本末】⇩しゅび(首尾)

ほんみょう【本名】⇩なまえ

ほんむ【本務】⇩しごと

ほんもう【本望】本懐を遂げる　本志　年来の宿志　宿望を達する　宿願を果たす　予ての念願通り

ほんもと【本元】⇩もとい

ほんもの【本物】①対偽物　生《き》の酒　灘の生一本　実物　正物《しょうぶつ》　真物　正品　②現物　現品　実物

ほんもん【本文】⇩ぶんしょう

ほんや【本屋】 書店 書房 書舗 書肆《しし ょ》 書林 ブック-マート・ストア
ほんやく【翻訳】 ⇩やくす
ぼんやり 虚《うつ》ろな目 うつらうつら うとうと ぽかん きょとん ぼやぼや 夢心《ごこ》地《ち》 夢現《うつつ》 呆気《あっけ》に取られる 気抜け 放心 自失 茫然《ぼうぜん》 唖然《あぜん》
ほんらい【本来】 ⇩もともと
ほんりょう【本領】 ⇩ほんしょう

■ま■

ま【間】 ①間を置く↓あいだ ②茶の間↓へや
マーク ⇩しるし(印)
マージン ⇩りえき
まあまあ どうやら 先《ま》ず先ず 不十分・不完全-ながら 十分・完全-ではないが
まい【舞】 ⇩おどり
まいかい【毎回】 毎度 毎次 毎々 再々 その都度
まいこ【舞子】 ⇩おどりこ
まいご【迷子】 迷い子がいる 逸《はぐ》れ子 ▽迷子札 子供札 住所札
まいしん【邁進】 ⇩もうしん
まいそう【埋葬】 ⇩ほうむる
まいつき【毎月】 毎月《まいげつ》 月々の掛かり 月毎《つきごと》に払う
まいど【毎度】 ⇩まいかい
まいとし【毎年】 ⇩まいねん
まいにち【毎日】 日々《にちにち》 連日《れんじつ》 日毎《ひごと》 日々《ひび》 来る日も来る日も 次の日も次の日も
まいねん【毎年】 毎年《まいとし》 年々 連年 各年 例年 年毎《としごと》
まいばん【毎晩】 連夜 毎夜《まいよ》 毎夕 夜々《よよ》 夜毎《よごと》
まいぼつ【埋没】 ⇩うまる
まいまい【毎々】 ⇩まいかい
まいる【参る】 ①お宅へ参る↓いく ②お車が参る↓くる ③神社へ参る↓おまいり ④一本参る↓まける

まう【舞う】 ⇩おどる(踊る)
まえ【前】 ①対後《あと》・後ろ 前面 前部 正面 先《さき》 前方 表《おもて》 ②前に見たことがある↓いぜん
まえおき【前置き】 ⇩まえがき
まえがき【前書き】 対後書き 端書き 前置き 前文 前言 序 序文 序言 導入 イントロ プロローグ ▽例言 凡例《はんれい》
まえかけ【前掛け】 前垂れ エプロン ナプキン ▽腹掛け
まえから【前から】 前々-から・より 予《かね》て 予々《かねがね》 以前-から・より
まえがり【前借り】 ⇩かりる
まえのよ【前の世】 前《さき》の世 前世 前生《ぜんしょう》 往世 宿世《すくせ》
まえばらい【前払い】 ⇩しはらい
まえぶれ【前触れ】 ⇩きざし
まえまえから【前々から】 ⇩まえから
まえむき【前向き】 ⇩せっきょくてき
まえわたし【前渡し】 ⇩しはらい
まおとこ【間男】 ⇩みっつう

まがいもの【紛い物】 ⇩にせもの(贋物)

まがう【紛う】 ⇩まぎれる

まがさす【魔が差す】 ⇩できごころ

まがし【間貸し】 ⇩かしや

まかす【負かす】 ⇩やぶる

まかせる【任せる】 委《ゆだ》ねる 託する 嘱する 委任 委託 委嘱 寄託 付託 嘱託 一任 信任 信託

まかない【賄い】 炊き出し 仕出し 出前 料理 配膳《はいぜん》 ▽自炊 自活 ▽居食い 座食 徒食

まかないにん【賄い人】 ⇩りょうりにん

まかなう【賄う】 ⇩しょり

まがりかど【曲がり角】 ⇩みち

まがる【曲がる】 折れる 折れ・引ん-曲がる 丸まる くねる 曲がりくねる 畝《うね》る 撓《たわ》む 撓《しな》う 反《そ》る 捩《じょ》れる 捩《じね》れる カーブ 屈曲 屈折 曲折 湾曲 湾屈 紆曲《うきょく》 紆余曲折

まき【薪】 ⇩ねんりょう

まきあげる【巻き上げる】 ⇩うばう

まきかえし【巻き返し】 ⇩やりなおし

まきこむ【巻き込む】 ⇩まきぞえ

まきぞえ【巻き添え】 掛かり・係り-合い とばっちりを受ける 側杖《そばづえ》を食う 皺寄《しわよ》せ 巻き込む 累を及ぼす 連座 同座 連累 累座 累囚 連引 連及 連保

まきちらす【撒き散らす】 ⇩まく(撒く)

まきつく【巻き付く】 ⇩からむ

まきなおし【蒔き直し】 ⇩やりなおし

まきば【牧場】 ⇩ぼくちく

まぎゃく【真逆】 ⇩はんたい

まぎらわしい【紛らわしい】 ⇩にている

まぎれこむ【紛れ込む】 ⇩うしなう

まぎれもなく【紛れもなく】 ⇩まさに(正に)

まぎれる【紛れる】 紛《まが》う 間違う 紛雑 紛乱 混乱 混同

まぎわ【間際】 瀬戸際 土俵際 鍔《ばっ》際 矢先 関頭に立つ ▽分かれ目 境目 分岐点

まく ①【幕】 幕を-張る・下ろす カーテン 帳《とば》り 窓掛け 垂れ絹 揚げ幕 引き幕 緞帳《どんちょう》 幔幕《まんまく》 帷幄《いあく》 帷幕《いばく》 暗幕 天幕 テント 暖簾《のれん》 簾《すだれ》・簾《す》 御簾《みす》 ②【膜】 肺臓の膜 皮膜 薄皮《うすかわ》 ▽粘膜 骨膜 肋膜《ろくまく》 網膜 鼓膜

まく【巻く】 紐《ひも》・螺子《ねじ》-を巻く 紙を丸める 回す ▽糸巻き 巻き紙 ▽【捲く】 捲いて納める 捲き-取る・上げる 捲埋《けんまい》 捲起

まく ①【撒く】 水・豆-を撒く 撒き散らす 振り・撒き-掛ける ばら撒く 散布 ▽散水 撒水 打ち水 ②【播く】 種を播く 播き付ける ▽種蒔《ま》き 早蒔き 遅蒔き 播種《はしゅ》 下種

まくぎれ【幕切れ】 ⇩おわり

まぐさ【秣】 ⇩えさ

まくしたてる【捲し立てる】 言い立てる 激しく言う 強調 主張

まくつ【魔窟】 ⇩ねじろ

まくら【枕】 ピロー 高枕 箱枕 水枕

氷枕 草枕 ▽枕元《まくらもと》 枕辺 枕頭《ちんとう》 枕上 枕側

まくらもと【枕元・枕許】⇩まくら

まくる【捲る】捲り上げる 掻《か》き上げる 捲《め》くる ▽腕捲り 袖《そで》捲り 前捲り

まぐれあたり【紛れ当たり】⇩うん

まけ【負け】対勝ち 一勝二敗《はい》 敗北 全敗 完敗 大敗 惨敗 零敗 惜敗 連戦連敗

まけいくさ【負け戦】⇩たたかい

まけおしみ【負け惜しみ】⇩くやしい

まけじだましい【負けじ魂】⇩こんじょう（根性）

まけずぎらい【負けず嫌い】⇩こんじょう（根性）

まげて【曲げて・枉げて】⇩むりに

まける【負ける】対勝つ 敵に敗れる 暑さに負《め》げる 参る 屈する やっつけられる 完膚なきまでに 敵《かな》わない 引け・後れ-を取る 劣る 敗退 敗走 敗残 敗亡

まげる【曲げる】折る 腰を-屈する・屈《かが》める 折り・引ん・押し・捩《ね》じ-曲げる 竹・身-を反らす 屈折 曲折 ▽【枉げる】変える 節を枉げる 事実を誣《し》いる 枉曲《おうきょく》 枉節 枉規 枉法 枉道

まけんき【負けん気】⇩こんじょう（根性）

まご【孫】子の子 初孫《ういまご》 内孫 外孫 嫡孫 敬語〘相手方の〙お孫様 お孫様 ご愛孫様 ご令孫様 ご孫男様 ご孫女様 〔名〕様／〘自分側の〙孫 孫ども 孫息子 男孫 孫娘 女孫 〔名〕

まごころ【真心】誠《まこと》を尽くす 衷心より感謝する 衷情 心底 心奥 微衷 誠心 誠意 丹心 赤心 赤誠 至誠 誠実 信義 至情 真情 好意を寄せる ご懇情 良心

まごつく【間誤つく】まごまごする うろうろする 戸惑う 面食らう

まこと【誠】誠を尽くす ↓まごころ ▽【真】真の話 ↓ほんとう ▽【信】信の言葉 ↓しょうじき

まことに【誠に】⇩ほんとに

まごまご【間誤間誤】⇩まごつく

まさか【真逆】よもや よも 幾ら何でも よしやそうあろうとも

まさご【真砂】⇩すな

まさしく【正しく】⇩まさに（正に）

まさつ【摩擦】⇩こする

まさに ①【正に】間違いなし 正にその通り 正しく 確かに はっきりと 紛れもなく 真正 正真正銘のダイヤ ②【当に】当に行うべき件 ↓なければならない ③【将に】これからなる 将に始まらんとする時 今にも 今すぐにも 只今《ただいま》 直ちに もう少しで やがて 追っ付け なりそう 即刻 即時 ④【方に】芳紀方に十八歳 ↓ちょうど

まざまざ ⇩あきらか

まさる【勝る】分量 気の勝った女 抜

きん出る　立ち勝る　上手《うわて》　凌駕《りょうが》　凌《しの》ぐ　傑出　▽【優る】品質　質の優った品　優良　優秀　優越　卓越　卓出　卓抜　卓絶　卓逸

まざる　①【混ざる・雑ざる】いっしょ　酒に水が混ざる　雑音が混《ま》じる　粗悪品が混《こん》じる　溶け込む　混合　融合　混和　混同

②【交ざる】くみあわさる　麻にナイロンが交ざる　交じる　入り交じる　混交

まじえる【交える】⇩まぜる(交ぜる)

マジック　⇩まほう

まして【況て】況てや　況《いわ》んや　言うまでもなく　尚《なお》のこと　尚更

まじない【呪い】⇩いのり

まじめ【真面目】対不真面目　忠実《まめ》　忠実やか　真面《まとも》　堅気　生《き》・糞《くそ》－真面目　せっせと働く　陰日向《かげひなた》なく　実直　謹直　謹厳　勤勉　誠実な人　質実　忠実《ちゅうじつ》　篤実　堅実　真剣　真摯《しんし》　真率　本気　律儀《りちぎ》　几帳面《きちょうめん》　筆忠実に手紙を出す　▽小忠実《こまめ》に働く　手忠実

まじゅつ【魔術】⇩まほう

まじょ【魔女】⇩あくま

まじる　①【混じる・雑じる】雑音が混じる↓まざる

②【交じる】女も交じる↓くわわる

まじわり【交わり】⇩つきあい

まじわる【交わる】①線が交わる　②人と交わる↓合わさる　交差　交錯　つきあう

ます【増す・益す】対減る　水嵩が増える　人数を増やす　増加　増大　鯉の増殖　漸増　累増　増進　激増　著増　急増　▽増益　増額　増員　増産　増設　増水

まず【先ず】⇩とりあえず

まずい　①【拙い】文字が拙い↓へた　▽わるい　出掛けるのは拙い　具合・都合－が悪い　止《や》めたほうがよい

②【不味い】対おいしい　料理が不味い　味が悪い　不味　無味　敬語〔相手方が〕お口に合わない　お口汚し　何の風味もございませんが

まずしい【貧しい】貧に苦しむ　貧する　貧乏　窮乏　貧困　貧窮　貧苦　清貧に甘んじる　赤貧洗うが如し　極貧　素寒貧《すかんぴん》　▽無産　無一物　一文《いちもん》無し　生活苦　生活難

マスター　⇩おやかた

まずは【先ずは】以上　兎《と》に角　兎も角　他はさておき　差し当たって　取り敢《あ》えず

マスプロ　⇩せいさん(生産)

ますます【益々】いよいよ盛んになる　どんどん　尚々《なおなお》　一入《ひとしお》　一際《ひときわ》　更に　更に更に　着々　一層　余計　一段と　倍旧のご援護を　旧に倍して　年と共に盛んになる

まずまず【先ず先ず】⇩まあまあ

まぜこぜ【混ぜこぜ】⇩まぜる(混ぜる)

ませる【老成る】陳《ひ》ねる　こましゃくれる　陳ねこびれる　早熟　早成　老成　夙成《しゅくせい》　夙就　おませ

まぜる ①【混ぜる・雑ぜる】 いっしょ 絵の具を混ぜる 混ぜ‐合わせる・合わす・返す 掻《か》き‐混ぜる・回す 混ぜこぜ 混《こん》じる 和《あ》える 混合 混同 配合 按配《あんばい》 ②【交ぜる】 くみあわせ カードを交ぜる 交える 組み・入れ‐合わせる カードを切る

また ①【又】 それから又↓および ②【亦】 もう一つ これ・今日《きょう》‐も亦 それもこれも やはり 同じく ③【復た】 復た雨が降る↓ふたたび

また ①【又】 二度 又とない機会 もう‐一つ・一度 再び 二度 ②【叉】 分岐 木の叉 二叉《ふたまた》になる 三つ叉 街道の分かれ ③【股】 からだ 股に挟む 内股 股座《またぐら》に挟む 股間《こかん》 股下 脾上《ひじょう》

まだ【未だ】 対もう 未だ未だ 未《いま》だ 未だに なお 今なお 今以《も》って 未だ曾《かつ》てない 一度も 遂に

またいとこ【又いとこ】 お互いにいとこの子 はとこ ▽長幼・性別によって書き分ける 再従兄 再従姉 再従弟 再従妹 ▽又いとこ同士 再従兄弟 再従姉妹 再従兄妹 再従姉弟

またがる【跨がる】 ⇩わたる(亙る)

またぐ【跨ぐ】 越える 渡る 通る 過ぎる ▽一跨ぎ 一足飛び

またぐら【股座】 ⇩また(股)

まだしも【未だしも】 まだいいが まだ何とかなるが 百円は愚か せめて

またたく【瞬く】 ⇩ひかる

またたくま【瞬く間】 ⇩しゅんかん

または【又は】 ⇩あるいは

マダム ⇩おやかた

まだら【斑】 染み 斑《ぶち》 斑点 斑文 斑紋 斑模様

まだるっこい【間懈っこい】 ⇩まちかねる

まち ①【町】 タウン 織物の町 都市 都邑《とゆう》 都会 市《し》 市中 市井の徒 ▽下町《したまち》 城下町 門前町 ②【街】 ストリート 人通りの多い街 街角 雑踏の巷《ちまた》 通り 表通り 大通り 市街 街頭募金 商店街 繁華街 ▽場末の飲み屋 町外れ

まちあいしつ【待合室】 待合所 委員控室 控所 詰め所 溜《た》まり場 休息‐室・所 休憩‐室・所 集合所 ▽楽屋 鏡の間 控えの間 準備室

まちあわせる【待ち合わせる】 待ち‐受ける・設ける・取る・構える・伏せる 落ち合う 集まる 集合する

まちうける【待ち受ける】 ⇩まちあわせる

まぢか【間近・目近】 ⇩てぢか

まちがい【間違い】 ⇩あやまり

まちがいなく【間違いなく】 ⇩たしかに

まちがう【間違う】 誤る しくじる 仕損なう 仕損ねる 過誤 錯誤 失錯 失誤 ▽見・聞き‐違える 書き・読み・数え‐違える 誤記 誤写 誤植 誤算 違算のないよう 誤脱

まちかど【街角】 ⇩まち(街)

まちかねる【待ち兼ねる】 待ち‐侘《わ》び

る・焦がれる・倦《あぐ》む　首を長くして待つ　待ち遠しい　間懈《まだる》っこい　お待ち兼ね　待望　鶴首《かくしゅ》して待つ　鶴望　一日三秋の思い　一日千秋
まちかまえる【待ち構える】⇩まつ（待つ）
まちこがれる【待ち焦がれる】⇩まちかねる
まちどおしい【待ち遠しい】⇩まちかねる
まちなか【町中】巷《ちまた》　市内　市中　市井の人　市街　街頭　巷間《こうかん》の噂　坊間
まちはずれ【町外れ】市外　郊外　近郊　郡部　大阪の在《ざい》　在郷　村外れ　▽東郊　西郊　南郊　北郊　洛東《らくとう》　洛西　洛南　洛北
まちぶせる【待ち伏せる】⇩まちあわせる
まちぼうけ【待ち惚け】⇩きたいはずれ
まちまち【区々】⇩いろいろ
まつ【末】⇩おわり
まつ【待つ】友人を・駅で・手具脛《てぐすね》引いて‐待つ　待ち‐構える・受ける・合わせる・設ける　待機の姿勢　期待　待望　▽【俟つ】力・援助‐に俟つ　助けてもらう　敬語（相手方が）お待ち兼ねの　ご期待の／（自分側が）待望の　待ち受ける　待ち兼ねる
まっか【真っ赤】⇩あかい
まっき【末期】⇩おわり
まっくら【真っ暗】⇩くらい（暗い）
まっくろ【真っ黒】⇩くろい
まつご【末期】⇩しにぎわ
まっこう【真っ向】⇩しょうめん
まっさいちゅう【真っ最中】⇩さいちゅう
まっさお【真っ青】⇩あおい
まっさき【真っ先】第一　最前　最初　筆頭　冒頭　先頭　先端　先鋒《せんぽう》　急先鋒　トップ　▽初め　露払い　劈頭《へきとう》　嚆矢《こうし》　一等　一番になる　一番‐乗り・槍《やり》　先鞭《せんべん》を付ける
まっさつ【抹殺】抹消　消殺　除去　疑惑を払拭《ふっしょく》する　除く　消す　取り‐除く・除《の》ける　塗り‐消す・潰《つぶ》す
まっしぐら【驀ら】⇩まっすぐ
まっしょう【末梢】末節　末端　枝葉　枝葉末節　些事《さじ》に亙る　些細
まっしょう【抹消】⇩まっさつ
まっしろ【真っ白】⇩しろい
まっすぐ【真っ直】驀《まっしぐら》　一筋に　直線　一直線　一文字　真一文字　一目散　一散　脇目《わきめ》も振らず
まっせ【末世】季世　叔世　濁世《じょくせ》　晩節　澆世《ぎょうせ》　澆季　澆末　末の世　濁りの世
まっせきをけがす【末席を汚す】⇩くわわる
まつだい【末代】⇩みらい
まったく【全く】①全く立派だ　↓ほんとに　②全くない　↓なんにも
マッチ【燐寸】安全マッチ　火付け　火打ち石　火打ち金　燧石《ひうちいし・すいせき》　ライター
まっとうする【全うする・完うする】使

命・天寿ーを全うする　終わる　十分にする　保全　完全　完結　完成

まつねん【末年】⇩おわり

まっぱだか【真っ裸】⇩はだか

まっぴら【真っ平】⇩ほんとに

まっぴるま【真っ昼間】⇩ひる(昼)

まっぷたつ【真っ二つ】⇩はんぶん

まつり【祭り】祭礼　祭典　祭祀《さいし》　祭儀　祭式　神事　▽大祭　例祭　夏祭り　秋祭り　夜祭り　宵宮《よいみや》　▽神輿《みこし》　山車《だし》　鉾《ほこ》を引く

まつりごと【政】⇩せいじ

まつる【祭る】儀式　先祖を祭る　招魂　祭祖　▽【祀る】神として　神社に祀る　安置　鎮座　▽合わせ祀る　合祀《ごうし》　合霊　合祭

まつろ【末路】一生の終わり　晩年　末年　最後の年　終局　結末　成れの果て

まつわる【纏る】⇩からむ

まで【迄】①東京から名古屋までの線　②五から十まで　以下　至る　及ぶ　③子供まで知っていること　乃至《ないし》　までも　すら　さえ

まと【的】狙《ねら》い　目当て　標的　射的　準的　金的　目標　ターゲット

まど【窓】ウインドー　窓戸　窓門　房窓　▽出窓　小窓　明かり窓　明かり取り　天窓　明窓　▽車窓　船窓　舷窓《げんそう》　▽ショーウインドー　陳列窓

まとう【纏う】⇩きる(着る)

まどう【惑う】⇩まよう

まどか【円か】⇩まろやか

まどぐち【窓口】⇩うけつけ

まとまる【纏まる】交渉・縁談ーが調う　片付く　整理　整頓《せいとん》　整備　統一　完成　完備

まとめる【纏める】整える　束ねる　括《く》る　引っ・締めー括《くく》る　取り纏める　全体を総括すると　概括　一括　包括　統合　総合　統一　収拾が付かない　収束を図る

まとも【真面】①⇩ほんしき　②⇩じかに

まどろむ【微睡む】⇩ねむる

まどわす【惑わす】迷わす　紛らわす　逸《はぐ》らかす　騙《だま》す　欺く　煙に巻く　惑乱　悩殺　魅惑　魅了

まなこ【眼】⇩め(目)

まなざし【眼差し】⇩かおつき

まなじり【眦】⇩め(目)

まなつ【真夏】⇩なつ

まなぶ【学ぶ】対教える　英語・ピアノーを習う　教わる　見習う　習い覚える　学習　勉強　勉学　習得　就学　苦労　篤学　研磨　研鑽《けんさん》　蛍雪《けいせつ》の功　▽自習　自学　独学

マニア　熱中者　熱狂者　野球狂　自動車気違い　釣りキチ　夢中になる

まにあう【間に合う】①列車に間に合う　会社に滑《すべ》り込む　遅れずに済む　②紙で間に合う　事足る　役立つ　役に立つ　効果・効きめーがある

まにあわせ【間に合わせ】⇩かわり

まにまに【間に間に】⇩まま(儘)

まぬかれる【免れる】難を逃れる　助か

る 逃げる 避ける 旨《うま》くいく 授業料を免除する 免疫になる

まね【真似】 真似事 模倣 模擬試験 ▽物真似 人真似 見真似 口真似 擬音 擬声 擬態語

まねく【招く】 差し招く 客・医者ーを呼ぶ お前に召す 招《しょう》じる 迎える 呼び寄せる 手招きする 案内状 招待 招致 招請 招聘《しょうへい》 招引 招来 誘致 総会を招集する 国会を召集する 敬語《自分側を》お招きにあずかる ご案内を賜る ご招待・ご高招ーいただく ご招致・ご高請ーに接する／《相手方を》お招き・お迎えーいたす ご光来・ご来車・ご来臨・ご光臨ーいただく

まねる【真似る】 人を見習う 似せる 外国品に擬《なぞら》える 擬《ぎ》する 則《のっと》る 象《かたど》る 先生に肖《あやか》る 例・欧米ーに倣う 模倣 模造品 声帯模写

まのあたり【目の当たり】 目の前 目先 鼻先 目前 眼前 面前 直前 現前 ▽目睫《もくしょう》の間 目と鼻の間

まのび【間延び】 ⇩ゆるむ

まばゆい【眩い】 ⇩まぶしい

まばら【疎ら】 ちらほら ばらばら 三々五々 ▽粗い 疎《そ》になる 疎薄 希薄 過疎 希疎 空疎

まひ【麻痺】 ⇩しびれる

まひる【真昼】 ⇩ひる(昼)

まぶしい【眩しい】 日光が眩《まばゆ》い きらきら ぎらぎら 目をぱちぱちする 眩目《げんもく》 眩燿《げんよう》

まぶす【塗す】 ⇩ぬる

まぶた【瞼】 ⇩め(目)

まほう【魔法】 魔術 奇術 妖術《ようじゅつ》 手品 幻術 邪術 呪術《じゅじゅつ》 巫術《ふじゅつ》 手妻《てづま》(日本古来) マジック ▽腹話術 透視術 千里眼

まぼろし【幻】 面影《おもかげ》がある 夢を見る ファンタジー 幻影《げんえい》 幻覚 幻想 幻像 夢幻 妄覚《もうかく》 泡影《ほうえい》 泡景 ▽蜃気楼《しんきろう》 不知火《しらぬい》 鬼火《おにび》 陽炎《かげろう》 逃げ水 ご来迎《らいごう》 後光

まま【儘】 ①座った儘聴く その儘でまんま ②意の儘に行う 通りに ように 言いなりに 波の間に間に

まま【間々】 ⇩ときどき

ままごと【飯事】 飯事遊び 炊事・料理ー遊び 真似事《まねごと》

まみえる【見える】 ⇩あう(会う)

まみず【真水】 ⇩みず

まみれる【塗れる】 ⇩よごれる

まむかい【真向かい】 ⇩むかい

まめ ①【豆】 実 豆を食べる 菽《しゅく》 菽豆農業 ▽大豆《だいず》 大手亡《おおてぼう》 小豆《しょうず・あずき》 赤ダイヤ 豌豆《えんどう》 隠元豆《いんげんまめ》 落花生 南京豆《なんきんまめ》 ピーナツ 蚕豆《さんず・そらまめ》 黒豆 ②【肉刺】 手に肉刺ができる ↓できもの

まめ【忠実】 ⇩まじめ

まめつ【摩滅】 ⇩すりへる

まめまき【豆撒き】 ⇩せつぶん

まもう【磨耗】 ⇩すりへる

まもなく【間もなく】 程なく 直《じき》に もう直き そろそろ正午だ 軈《やが》て夜に

なる　遠からず　孰《いず》れ　その中《ちゅう》に　近い中に　近々　近日中に

まもの【魔物】⇩ばけもの

まもりふだ【守り札】⇩おまもり

まもる【守る】大切にする　規則・伝統ーを守る　法律に従う　身に体する　守り抜く　持ち続ける　順守　順法闘争　厳守　守備　死守　▽【護る】ふせぐ　国・利益ーを護る　庇《かば》う　守護　防護　警護　国体を擁護する　加護　庇護《ひご》　保護　援護　護衛　警衛　警備　防備　防衛　自由を保障する　護身　国防　ディフェンス　エスコート　ガードマン

まやかし ⇩にせもの(贋物)

まやかす ⇩ごまかす

まやく【麻薬】⇩くすり

まゆ【眉】⇩め(目)

まよい【迷い】迷妄　妄執　妄念　妄想　親の執念　邪念　雑念　他念　余念がない　煩悩に悩まされる

まよいみち【迷い道】⇩めいろ

まよう【迷う】惑う　戸惑う　紛れる　思いー迷う・惑う　当惑　困惑　混迷　惑乱　迷妄　敬語《相手方が》お迷いの趣　お持て余し／《自分側が》当惑　困惑　思い煩っております

まよなか【真夜中】⇩よる(夜)

まよわす【迷わす】⇩まどわす

まり【毬】球《たま》　ボール　硬球　軟球　▽ゴム毬　手毬　蹴鞠《けまり》

まる ①【丸】立体　毛糸の丸　真ん丸　球《きゅう》・球《たま》　グローブ　▽完全　丸を付ける　二重丸　丸一年　②【円】平面　四角と円　真ん円　円《えん》形　真円　圏円　楕円《だえん》　長円　弓円　サークル

まるい ①【丸い】立体　丸いー顔・屋根　▽丸髷《まるまげ》　丸太《まるた》　丸薬　ドーム　②【円い】平面　円いー板・窓　円《まど》か　円《まろ》やかな風味　円《つぶ》らな瞳　▽円盤　円蓋《えんがい》　円座　円卓　円陣

まるきり【丸切り】⇩すこしも

まるだし【丸出し】⇩はだか

まるで【丸で】①丸で昼のようだ　さながら　宛《あたか》も昼のようだ　見るからに　猶昼の如し　丁度　②丸で分かっていない↓すこしも

まるのみ【丸呑み】⇩のむ(呑む)

まるまる【丸まる】⇩まがる

まるまる【丸々】⇩すべて

まるみ【丸み】⇩そり

まるめこむ【丸め込む】⇩てなずける

まるめる【丸める】①紙を丸める　丸くする　頭を剃《そ》る　②女を丸める↓てなずける

まるやけ【丸焼け】⇩かじ(火事)

まれに【希に・稀に】⇩たまに

まろやか【円やか】円《まど》かな月　円《まど》らか　円満な人格　穏健　角がない　安らか　福々しい顔

まわしもの【回し者】⇩スパイ

まわす【回す・廻す】①ハンドルを回す　捻《ひね》る　捻《ねじ》る　抉《こじ》る　回転　円転　②書類を・会議にー回す　送る　付する　稟議《りんぎ》　回付承認　③幕を回す

引き回す　巡らす

まわり【周り】①【周り】囲んだ外側　池・家ーの周り　周《めぐ》り　周囲　円周　周辺　四辺　四囲　四隣　四方　四面　前後を見る　環境

②【回り】物の外側　身の回り　縁《ふち》　家の外回り　外側　▽胸回りを測る　バスト　胴回り　ウエスト　腰回り　ヒップ

まわりあわせ【回り合わせ】⇩うん

まわりくどい【回り諄い】大回りする　遠回しに言う　迂遠《うえん》　婉曲《えんきょく》に断る　間接的

まわりみち【回り道】対近道　遠回り　迂路《うろ》　迂途　迂回　迂回路　迂折路　回路　▽蛇行《だこう》　ジグザグ　S字　カーブ

まわる【回る・廻る】ぐるぐる　輪・番ーが回る　歩き・駆け・走り・飛びー回る　周りを・春がー巡る　回転速度　円転　旋転　旋回　転回　循環　▽空回り　空転　▽自転　公転　▽【巡る】見学して巡る↓めぐる

まんいち【万一】⇩もし

まんいん【満員】⇩いっぱい

まんえつ【満悦】⇩まんぞく

まんえん【蔓延】⇩ひろまる

まんが【漫画】戯画　狂画　滑稽《こっけい》画　道化《どうけ》画　漫筆画　劇画　風刺画　ポンチ絵　カリカチュア　▽線画　略画　ペン画　動画

まんがいち【万が一】⇩もし

まんげつ【満月】⇩つき

まんざら【満更】⇩それほど

マンション⇩いえ

まんしん【慢心】⇩うぬぼれる

まんぜん【漫然】漫々　当てもなく　取り止めなく　締まりがない

まんぞく【満足】対不満　満悦　充足　堪能《たんのう》するほど食べる　十分　会心の作　得意　したり顔　満ち足りる　現状に安んじる　敬語〔相手方が〕ご満足・ご充足ーの趣　ご満悦の由《よし》／〔自分側が〕満足して・甘んじてーおります

まんちゃく【瞞着】⇩ごまかす

まんちょう【満潮】⇩しお(潮)

まんてん【満点】⇩かんぜん

まんなか【真ん中】ど真ん中　真っ只中《ただなか》　芯《しん》　核　中心　中央　中核　中軸　中枢　本流　主流　主力　中心勢力　センター　▽核心に触れる　根幹　要点

マンネリズム　型に嵌《は》まる　新しさに欠ける　生気・新鮮味ーがない　惰性的　因習的

まんびき【万引き】⇩ぬすむ

まんぴつ【漫筆】⇩ずいひつ

まんぷく【満腹】対空腹　充腹　飽腹　飽食　腹一杯　食い飽きる　食傷

まんべんなく【万遍なく】⇩ひとつひとつ

まんぽ【漫歩】⇩さんぽ

まんまと　うまうまと　巧《うま》く　抜け抜けしゃあしゃあ　ちゃっかり　のほほん　巧みに　首尾よく

まんゆう【漫遊】⇩りょこう

み

み ①【蛇】 動物 ↓へび ②【巳】 十二支の第六 巳《へび》 巳年《みどし・へびどし》 巳《み》の-刻・方角

み【身】⇩からだ

み【実】 木の実 果物《くだもの・かぶつ》 生《な》り物 水菓子 果実 青果 時果 珍果 奇果

みあげる【見上げる】 対見下ろす 仰ぐ 眺める 仰ぎ見る 見渡す 眺め回す 仰視 仰望 仰天

みあたる【見当たる】⇩みつかる

みあわせる【見合わせる】 計画を見送る 控える 差し-控える・止める 憚《はばか》る 中止 ストップ

みいだす【見出す】⇩みつける

みいり【実入り】⇩しゅうにゅう

みうけ【身請け】 請け出す 引かす 根引く 身代金を払う 落籍 入籍

みうち【身内】⇩かぞく

みうり【身売り】⇩わたす

みえ ①【見え】 見えがいい ↓みかけ ②【見え・見栄】 表面 見栄を張る 体面 面子《メンツ》 沽券《こけん》 体裁 辺幅を飾る 虚飾 虚勢を張る 世間体《せけんてい》 伊達《だて》 ③【見え・見得】 見得を切る 姿 形 態度 表情 演技 誇張

みえる【見える】 見受ける 見掛ける 散見 隠見 出没 見え隠れする 敬語 〔相手方が〕お見受けいたす 見受けられる／〔自分側に〕目に-付く・入る・触れる・留まる

みお【澪】⇩みちしるべ

みおくる【見送る】 ①友人を見送る 卒業生を送る 目送 送別の辞 歓送 餞送《せんそう》 壮行会 敬語〔相手方を〕お見送り・拝送-いたす ②計画を見送る ↓みあわせる

みおとす【見落とす】 落とす 抜かす 抜ける 漏らす 漏れる 見-逃す・過ごす・漏らす・失う 目零《こぼ》し そっちのけ 看過 脱落 誤脱 脱漏 欠漏 遺漏のないよう

みおとり【見劣り】 引け目 立ち後れ 引け・後れ-を取る 遜色《そんしょく》がある 人後に落ちる

みおぼえ【見覚え】⇩きおく

みおも【身重】⇩にんしん

みおろす【見下ろす】 対見上げる 俯《うつむ》く 眺める 俯き見る 見渡す限り 眺め回す 俯瞰《ふかん》した景色 鳥瞰《ちょうかん》図 下観 臨観

みかい【未開】 未開拓 人跡未踏の地 前人未踏 人煙希《まれ》な 草深い田舎 ▽野蛮 無知蒙昧《もうまい》

みかぎる【見限る】⇩あきらめる

みかく【味覚】⇩かんじ

みがく【磨く】 きれいに 床・歯-を磨く 擦《こす》る 磨き-立てる・上げる・込む ▽腕・技術-を磨く 練る 鍛錬 練磨 研磨 切磨 研鑽《けんさん》 ▽【研く】 刀・槍《やり》-を研く 光らせる 研《と》ぐ 摩《す》る 研ぎ・摩り-上げる 研磨 切

磨 ▽【琢く】 輝かせる　玉を琢く　琢磨《たくま》　切磋《せっさ》　磨玉　攻玉

みかけ【見掛け】 見え　見場　見せ掛け　見て呉《く》れ　化けの皮　表向き　上辺《うわべ》　その態《ざま》は何だ　別人の観《かん》がある　外観　外見　外容　外貌《がいぼう》　外形　格好　面目《めんもく》一新　世間体　皮相

みかける【見掛ける】 ⇩あう(会う)

みかた【味方】 対敵　我が方　仲間　同志　同類　党与　加担者　▽与《くみ》する　付く　助ける　加勢　助勢　弱者に左袒《さたん》する

みかた【見方】 ⇩かんてん(観点)

みかづき【三日月】 ⇩つき

みがって【身勝手】 ⇩わがまま

みかど【帝】 ⇩げんしゅ(元首)

みがまえ【身構え】 ⇩ようい(用意)

みがら【身柄】 ⇩からだ

みがる【身軽】 ⇩すばやい

みがわり【身代わり】 ⇩かわり

みかん【未完】 ⇩ちゅうし

みき【幹】 幹《かん》　杉の木　樹幹　木幹　樹身　木茎　幹体　高幹　喬幹《きょうかん》　強幹　▽枯幹

みぎ【右】 対左　▽右翼　保守派　保守党　右方　右手　右側　ライト

みきり【見切り】 ⇩ねびき

みぎり【砌】 ⇩とき

みきる【見切る】 ⇩あきらめる

みぎわ【汀】 ⇩きし

みくだす【見下す】 ⇩あなどる

みくびる【見縊る】 ⇩あなどる

みくらべる【見比べる】 比べ・突き・照らし・睨《にら》み・考え‐合わせる　鑑《かん》がみる　照合　対照　チェック

みぐるしい【見苦しい】 ⇩みにくい(醜い)

みこ【巫子】 ⇩かんぬし

みこし【神輿・御輿】 ⇩まつり

みごしらえ【身拵え】 ⇩ようい(用意)

みごと【見事】 ⇩りっぱ

みこみ【見込み】 当て　当て込み　見計らいの品　見積もり　予想　予定　計画　脈《みゃく》　可能性　先見　憶測　成算　定見　有望　好望　多望

みこみちがい【見込み違い】 勘定・計算・目算‐違い　期待・当て‐外れ　違算のないよう　誤算がある

みごもる【身籠る】 ⇩にんしん

みごろ【見頃】 ⇩チャンス

みごろし【見殺し】 ⇩すてる

みさお【操】 節《せつ》を守る　節操　志操　心操　徳操　清操　節義　忠節の士　高節　大節　清節　廉節　▽貞操が堅い　貞節　貞淑　貞潔　貞実　貞心　▽貞女　貞婦　節婦　烈婦

みさかい【見境】 ⇩くべつ

みさげる【見下げる】 ⇩あなどる

みささぎ【陵】 ⇩はか

みさだめる【見定める】 ⇩きめる

みじかい【短い】 対長い　短め　短《たん》　寸《すん》詰まり　最短距離　短小　短簡　▽つんつるてん　つるはぎ　▽短期　短時間　短編

みじたく【身支度】 ⇩ようい(用意)

みじめ【惨め】 痛ましい　痛々しい　酷《むご》い　酷たらしい　哀れ　見るに忍び

ない　悲惨　陰惨　惨憺《さんたん》たる光景　惨々な目に遭う　暗澹　凄惨《せいさん》　凄絶　凄愴《せいそう》　酸鼻を極める

みじゅく【未熟】 幼稚　初心　初学　不慣れ　▽未熟者　初心者　初学者　弱輩　白面　黄口　青二才　青臭い　小童《こわっぱ》　駆け出し

みじん【微塵】 ⇩こまかい

ミス ⇩あやまり

みず【水】 対湯　真水　淡水　冷水　水《すい》　汁《しる》　▽飲み水　生水《なまみず》　冷や水　お冷や　湯冷まし　飲用水　飲料水　上水　浄水　▽閼伽《あか》(仏前)　閼伽水　▽淦《あか》(舟底)　淦水

みずうみ【湖】 潟《かた》　沢《さわ》　内海《うちうみ》　淡海《あわうみ・たんかい》　湖水　湖沼　湖池　▽淡水湖　塩水湖　汽水湖

みずかけろん【水掛け論】 ⇩とうろん

みすかす【見透かす】 ⇩みとおす

みずから【自ら】 手ずから行う　親しく　進んで　自分で　自身で　本人から　直接　直々《じきじき》に

みずがれ【水涸れ】 ⇩ひでり(旱)

みずぎわ【水際】 ⇩きし

みずくさい【水臭い】 ⇩よそよそしい

みずけ【水気】 ⇩しめり

みすごす【見過ごす】 ⇩みおとす

みずしごと【水仕事】 ⇩かじ(家事)

みずしょうばい【水商売】 料理屋　料飲業　飲食業　接客業

みずたま【水玉】 ⇩しずく

ミステリー 不思議　不可思議　神秘　霊妙　奇怪　怪異

みすてる【見捨てる】 ⇩あきらめる

みずべ【水辺】 ⇩きし

みすぼらしい【見窄らしい】 ⇩ちいさい

みずまき【水撒き】 打ち水　散水車　打水　投水　灌水《かんすい》

みすみす【見す見す】 見・知り-ながら　見て・分かって-いながら　見る見る　見る-間に・中《ちゅう》に　見ている中に

みずみずしい【瑞々しい】 ⇩なま

みする【魅する】 引き付ける　夢中にさせる　聴衆を魅了する　魅惑的な顔　蠱惑《こわく》する

みせ【店】 店屋　売り屋　酒・魚-屋　ストア　ショップ　駅の売店　新聞販売店　店舗　商舗　商店　商家　商会　商社　▽本社　本店　本舗　支社　支店　分店　支舗　出店《でみせ》　老行　老舗《しにせ・ろうほ》　▽百貨店　デパート　スーパー　▽夜店　露店　大道店　敬語〔相手方の〕貴社　貴店　貴舗　貴商会　御社　御商会／〔自分側の〕弊社　弊店　弊舗　弊商会　当社　当店　当舗　当商会　小社　小店　小舗　拙社　拙店　拙舗

みせいねん【未成年】 ⇩こども

みせかけ【見せ掛け】 ⇩みかけ

みせかける【見せ掛ける】 ⇩だます

みせしめ【見せしめ】 ⇩ばつ(罰)

みせつける【見せ付ける】 ⇩みせる

みぜに【身銭】 ⇩こづかいせん

みせびらかす【見せびらかす】 ⇩てらう

みせびらき【店開き】 ⇩かいぎょう

みせもの【見世物】 ショー　慈善興行

興行物　公演　上演　地方巡業

みせや【店屋】⇩みせ

みせる【見せる】①品物を見せる　示す　掲げる　見せ・突き-付ける　展示　展覧会　供覧　敬語〔相手方に〕お目に掛ける　ご覧に入れる　ご高覧・ご笑覧・ご尊覧・ご貴覧-に供する　②様子を見せる　表す　活気を呈する

みぞ【溝】溝《どぶ》　水捌《は》け　側溝《そっこう》　水渠《すいきょ》　溝渠　通渠　暗渠　下水道

みぞう【未曾有】⇩はじめて

みぞおち【鳩尾】⇩むね(胸)

みそか【晦日】⇩げつまつ

みそこなう【見損なう】⇩みまちがえる

みそっかす【味噌っ粕】⇩はんにんまえ

みそめる【見染める】⇩すく(好く)

みぞれ【霙】⇩ゆき(雪)

みたいだ⇩ようだ

みだし【見出し】⇩だい(題)

みだしなみ【身嗜み】⇩みなり

みたす【満たす】水・腹・願い-を満たす　一杯にする　湛《たた》える　充満　横溢《おういつ》　満水　▽【充たす】欠員・欠損-を充たす　充足　補充　補足　充当　充塡《じゅうてん》

みだす【乱す】対整える　列・髪-を乱す　掻《か》き乱す　散らかす　取り散らかす　散乱　攪乱《かくらん》　▽【紊す】きまり　風紀・平和-を紊す　紊乱《びんらん》

みたて【見立て】⇩しなさだめ

みたてる【見立てる】⇩みなす

みだら【猥ら・淫ら】ふしだら　自堕落《じだらく》　猥褻《わいせつ》　醜猥　卑猥　淫猥《いんわい》　淫奔　淫蕩《いんとう》　淫靡《いんび》　淫逸　淫乱　貪淫《どんいん》　エロ　ポルノ

みだりに【濫りに】⇩やたらに

みだれ【乱れ】乱雑　混雑　混交　錯雑　錯綜《さくそう》　混乱　紛乱　乱脈　紊乱《びんらん》　▽騒乱　擾乱《じょうらん》　異変　事変　内乱　内変　内患　兵乱　戦乱

みだれる【乱れる】対整う　列・世-が乱れる　散らかる　散らばる・解《ほつ》れる　掻《か》き乱れる　取り乱す　ごたごたする　混乱　紛乱　紛糾　錯乱　壊乱　▽【紊れる】きまり　風紀・校内-が紊れる　紊乱《びんらん》　乱脈

みち【道】道を歩く　通り　通り道　往来　道路　通路　街路　交通路　ロード　ルート　▽曲がり角　十字路　三差路　丁字路　車道　人道　歩道　舗道　▽大通り　表通りの店　国道　県道　市道　街道　高速道路　専用道路　ハイウエー　▽山の小道　裏道　抜け道　路地　間道　畦《あぜ》・畔《くろ》　畷《なわて》　畦畔《けいはん》　田圃《たんぼ》道　田舎《いなか》道　野道　山道　坂道　坂路《はんろ》　▽【途】学校へ行く途で↓とちゅう　▽解決の途↓ほう

みぢか【身近】⇩てぢか

みちがえる【見違える】⇩まちがう

みちくさ【道草】⇩よりみち

みちしお【満ち潮】⇩しお(潮)

みちじゅん【道順】⇩コース

みちしるべ【道標】道標《みちしるし》　標《しるべ》　枝折《しおり》　山の手引き　導き　案内　道案内　道標《どうひょう》　指標　目印　道路標

識　指導標　ガイド　▽澪《みお》　水路　浮標　航路標識　ブイ　水先案内

みちすがら【道すがら・途すがら】 ⇩とちゅう

みちすじ【道筋】 ①⇩コース　②⇩とちゅう

みちたりる【満ち足りる】 ⇩まんぞく

みちづれ【道連れ】 ⇩つれ

みちのり【道のり】 ⇩きょり

みちばた【道端】 道の畔《ほとり》　道の辺《べ》　路傍　路辺　路頭　路上　道傍　道側　道畔　街頭　街上　沿道　沿路

みちびく【導く】 仕向ける　指導　指南　示教　案内　先導　誘導　教導　善導　教化　感化　薫化　陶化　薫陶　訓育　啓蒙　ガイド　敬語〘自分側を〙お導き　ご指導を賜る　ご教導にあずかる／〘相手方を〙ご協力ーする・させていただく

みちみち【道々】 ⇩とちゅう

みちる【満ちる】 ひろがる　香り・活気ーに満ちる　充満　▽【充ちる】枠　欠員・不足ーが充ちる　充足　充実

みつ【蜜】 蜜汁《みつじゅう》　糖蜜　砂糖蜜　花蜜　蜂蜜《ほうみつ・はちみつ》　生蜜《きみつ》　白蜜

みっかい【密会】 ⇩デート

みつかる【見付かる】 見付けられる　見当たる　見える　見届ける

みつぎもの【貢ぎ物】 ⇩おくりもの

みつぐ【貢ぐ】 ⇩あたえる

みつくろう【見繕う】 ⇩えらぶ

みつける【見付ける】 逃げ道を見出《みいだ》す　見出《みだ》す　探しー当てる・出す　探り当てる　突き止める　嗅《か》ぎ付ける　見届ける　見極める　見定める　発見　ディスカバー

みっこう【密行】 ①陸上　街を密行する　微行　潜行　忍び歩き　お忍び　②【密航】船・航空機　米国へ密航する　不法渡航　潜渡　潜渉

みっしゅう【密集】 ⇩よりあつまる

みっせい【密生】 ⇩しげる

みっせつ【密接】 密着　緊密　緊接　不即不離の関係　密接不可分

みっそう【密葬】 ⇩そうしき

みっちり たっぷり　十分　十分に　十二分に　心行くまで　思う存分

みっつう【密通】 私通　野合　姦淫《かんいん》　姦通　不義　不倫の関係　▽間男《まおとこ》　隠し男　忍び男　情夫　姦夫　密夫　私夫　相姦者

みっともない【見っともない】 ⇩みにくい(醜い)

みつばい【密売】 ⇩あきない

みつまた【三つ叉】 ⇩わかれみち(分かれ道)

みつめる【見詰める】 ⇩にらむ

みつもり【見積もり】 見計らい　心積もり　値積もり　値踏み　概算　概計　目算　心算　予算　胸算用《むなざんよう》　▽見積書　積書　概算書　予算書

みてい【未定】 ⇩ほりゅう

みてくれ【見て呉れ】 ⇩みかけ

みとおし【見通し】 心当たり　当て　狙《ねら》い　見当　予想　予測　予見　先見の明がある　定見　視界　観測　展望

みとおす【見通す・見透す】 見て取る 見抜く 見破る 見透かす 見極める 見定める 見做《みな》す 決め込む 看破 察知 明察 瞭察《りょうさつ》 透察 洞察《どうさつ》 洞見

みどく【味読】 ⇩よむ(読む)

みどころ【見所】 ⇩ようてん

みとどける【見届ける】 ⇩みとめる

みとめいん【認め印】 ⇩はん

みとめる【認める】 見届ける 見極める 承認 容認 是認 公認 確認 黙認 自認 認可事項 認諾 認定 認知 認容 大臣の認証式 肯定 首肯 納得《なっとく》

みどり【緑】 色名 緑に塗る 緑色《みどりいろ・りょくしょく》 草色 グリーン エメラルド 浅緑《あさみどり・せんりょく》 黄緑《きみどり・こうりょく》 薄緑《うすみどり・はくりょく》 淡緑《たんりょく》 濃緑《こみどり・のうりょく》 青緑 深緑《ふかみどり・しんりょく》 暗緑 碧緑《へきりょく》 ▽【翠】 みずみずしい 松・若葉の翠 新緑 翠色《すいしょく》 翠緑 翠青 蒼翠《そうすい》

みとれる【見蕩れる】 ⇩ながめる

みな【皆】 ①皆が言う 皆《みんな》 一同 一統 全員 総員 総勢 満場一致 満座 ②皆で行う 総出 総掛かり 挙《こぞ》って 国を挙げて 斉《ひと》しく望む ③皆終わった↓すべて

みなおす【見直す】 見返す 原稿校閲 再閲 再検討 ▽検算 計算改め

みなかみ【水上】 ⇩みなもと

みなぎる【漲る】 ⇩あふれる

みなげ【身投げ】 ⇩じさつ

みなごろし【皆殺し】 ⇩ほろぼす

みなさま【皆様】 皆さん 貴方《あなた》方 各《おのおの》方 君等《きみら》 卿等《けいら》 諸君 諸子 諸兄 諸賢 諸彦《しょげん》 各位 ご一同 ご一統 [敬語]〔相手方〕皆様 皆々様 大方皆様 ご一統様 ご一同様 ご高堂皆様／〔自分側〕一同

みなしご【孤児】 親無し子 捨て子 孤児《こじ》 ▽忘れ形見 遺児 遺子

みなす【見做す】 見立てる 以て同一と做す 判定する 判断する 仮定する 出席したことにする・とする ▽見做し所得 同一視 同視

みなづき【水無月】 ⇩ろくがつ

みなと【港】 波止場《はとば》 船着き場 船繋《ふながか》り 岸壁 桟橋 埠頭《ふとう》 ハーバー ポート ▽海港 河港 良港 不凍港 商港 漁港 軍港 要港

みなみ【南】 [対]北 真南 南側 南部 南方 南陽 午《うま》の方角 ▽山南 山陽 岳南 岳陽 河南 湖南

みなもと【源】 水上《みなかみ》 水源 水源地 流源 河源 川源 ▽源泉 源流 根源 起源 教育の淵源《えんげん》 本源 発源地 発祥地

みならい【見習い】 ⇩でし

みならう【見習う】 ⇩まなぶ

みなり【身形】 形《なり》 形振り 結婚式の装い 出で立ち 身嗜《みだしな》み 体《てい》 服装 風采《ふうさい》 風体《ふうてい》 風姿 風容 風貌 容儀 ▽普段着 街着 平服 礼服 式服 礼装 盛装の貴婦人 正装に身を固める 仮装 変装 扮装《ふんそう》

みにくい [1]【醜い】 醜い顔 見苦しい

見っともない　醜悪　醜怪　醜貌《しゅうぼう》　不器量　不細工　不格好　▽毒々しい　けばけばしい

②【見難い】 対見易い　前の見難い席　よく見えない

ミニチュア ⇩もけい

みぬく【見抜く】 ⇩みとおす

みね【峰】 ⇩いただき

みのう【未納】 ⇩たいのう

みのうえ【身の上】 身元確実　身空　素性《すじょう》　▽境遇　境涯　回り・巡り-合わせ　▽順境　幸運　逆境　悲運　悲境　窮境　不遇　薄幸　失意

みのがす【見逃す】 ⇩みおとす

みのたけ【身の丈】 ⇩せい(背)

みのほど【身の程】 ⇩みぶん

みのまわり【身の回り】 ⇩くらし

みのる【実る】 実が生《な》る　熟《う》れる　赤く熟する　実を結ぶ　結実　成熟　登熟　稔熟《ねんじゅく》　稔実　豊熟　豊登　豊稔　五穀豊穣《ほうじょう》　▽早生《わせ》の大根　中生《なかて》　晩生《おくて》

みば【見場】 ⇩みかけ

みばえ【見栄え】 ⇩できばえ

みはからい【見計らい】 ⇩みつもり

みはからう【見計らう】 ⇩えらぶ

みはなす【見放す】 ⇩すてる

みはらい【未払い】 未支払い　未納　未済　▽後納　分納　手形払い

みはらし【見晴らし】 ⇩けしき(景色)

みはり【見張り】 番をする　張り込み　張り番　立ち番　物見　監視　看守　守衛　▽夜警　夜回り　夜番　寝ずの番　不寝番　徹夜番　▽見張人　番人　ガードマン

みはる ①【見張る】 注意　外を見張る　番する　見守る　張り込む　監視　警視　注視　警備　用心　②【瞠る】 大きく　目を瞠る　見開く　瞠目《どうもく》　刮目《かつもく》　刮眼　瞠視

みぶり【身振り】 素振り　知らない振りをする　仕草　身の熟《こな》し　物腰　動き　立ち居　振る舞い　ジェスチャー　アクション　動作　所作《しょさ》　演技　挙動不審　挙措を失う　挙止端正　▽手招き　手真似《てまね》　手話《しゅわ》　▽科《しな》を作る　嬌態《きょうたい》　媚態《びたい》

みぶるい【身震い】 ⇩ふるえ

みぶん【身分】 分《ぶん》　分際　分限　地位　階級　資格　身の程　▽高貴　上流　上層　下層　卑賤《ひせん》　微賤

みぼうじん【未亡人】 ⇩ひとりもの

みほん【見本】 品《しな》・型・模様-見本　サンプル　▽葉の標本　標品　模型　雛型《ひながた》　▽カタログ　型録　見本帳

みまう【見舞う】 慰める　慰問に行く　訪慰　敬語〘自分側を〙お見舞いを賜る　お見舞いに接する　ご慰問にあずかる／〘相手方を〙お見舞い申し上げます　ご機嫌お伺い申し上げます

みまちがえる【見間違える】 見損なう　見誤る　見損じる　誤認　錯覚

みまもる【見守る】 ⇩みはる(見張る)

みまわす【見回す】 眺める　眺め回す　見渡す　きょろきょろ　きょときょと　回顧　観望　右顧左《さ》眄《べん》

みまわる【見回る】 巡視　巡見　巡回　巡察　巡検　巡邏《じゅんら》　管内を警邏する　パトロール　▽視察旅行　敵情偵察《ていさつ》　内偵　哨戒《しょうかい》中の艦艇

みみ【耳】 耳朶《じだ・みみたぶ》　耳翼　聴官　聴器　三半規管　▽内耳　中耳炎　外耳　鼓膜　三半規管　▽垂れ耳　福耳

みみあたらしい【耳新しい】⇩めずらしい

みみあたり【耳当たり】⇩みみざわり(耳触り)

みみうち【耳打ち】⇩ささやく

みみざわり ①【耳障り】不快　耳障りな言葉　耳映《はゆ》い　聞き-苦しい・辛い　②【耳触り】きもち　耳触りのいい言葉　耳当たり　聞こえ

みみっちい ⇩けち

みみより【耳寄り】⇩このましい

みめ【見目】⇩かおかたち

みめい【未明】⇩あさ(朝)

みもち【身持ち】⇩おこない

みもと【身元・身許】 出《で》がいい　貴族の生まれ　育ち　家柄　出身　身上　素性　系譜　経歴

みや【宮】⇩じんじゃ

みゃく【脈】 脈拍　鼓動　脈動　脈絡　動悸《どうき》　心悸亢進　どきどき

みゃくらく【脈絡】⇩つながる

みやげ【土産】 土産物　家苞《いえづと》　旅苞　手土産　置き土産　土産《どさん》　土儀　▽スーベニール　記念品

みやこ【都】 ①キャピタル　日本の都　東の京《きょう》　帝京　帝都　皇都　京師　京華　京城　京洛《けいらく》　▽首府　首都　国都　▽旧都　旧京　古都　古京　②花の都↓とかい

みやづかえ【宮仕え】⇩きんむ

みやび【雅び】⇩ふうりゅう

みやびやか【雅びやか】⇩はなやか

みやぶる【見破る】⇩みとおす

みやまいり【宮参り】⇩おまいり

みょう【妙】⇩へん

みょうあん【妙案】⇩おもいつき

みょうが【冥加】⇩ほご(保護)

みょうじ【名字・苗字】⇩なまえ

みょうじょう【明星】⇩ほし

みょうだい【名代】⇩かわり

みょうちょう【明朝】⇩あす

みょうにち【明日】⇩あす

みょうばん【明晩】⇩あす

みょうみ【妙味】 妙趣　雅趣　雅致　釣りの醍醐味《だいごみ》　趣《おもむき》　味わい

みょうり【冥利】⇩しあわせ(幸せ)

みょうれい【妙齢】⇩わかい(若い)

みより【身寄り】⇩しんるい

みらい【未来】 将来　後世　末代まで　後の世　後の時代　▽前途　行く末　行く先　先々　先行き

みりょう【魅了】⇩みする

みる ①【見る】目で　周り・名所・映画・調子-を見る　見回す　見渡す　見物　検査　▽【観る】ながめる　芝居を観る　観劇　観覧　美術を鑑賞する　菊花を観賞する　観察　形勢を観望する　概観　▽【視る】注意して　現地を視る　視察　偵察　巡視　▽【覧る】一通り　目録

を覧る 目を通す 一覧 通覧 縦覧 閲覧室 ▽【看る】つきそう 病人を看る 看病 看護 老後を世話する 敬語〔相手方が〕ご覧になる お目に触れる お目に留められる ご高覧を賜る ご尊覧に接する ご清覧くださる ご笑覧いただく ご一覧を被る ご一見にあずかる／〔自分側が〕拝見する 拝観いたす

②【診る】医者が 患者・脈‐を診る ▽診察 検診 回診 往診 宅診 ▽打診 聴診 触診 視診 問診

みるからに【見るからに】⇩まるで

みるまに【見る間に】⇩すぐ

みるみる【見る見る】⇩すぐ

みれん【未練】⇩おもいのこし

みわけ【見分け】⇩くべつ

みわたす【見渡す】⇩ながめる

みんしゅう【民衆】⇩たいしゅう

みんぞく ①【民族】人間 民族の独立 人種 種族 部族 国民 ▽黒色・黄色・白色‐人種

②【民俗】民俗の調査↓ふうぞく

みんな【皆】⇩みな

みんよう【民謡】⇩うた〈唄〉

みんわ【民話】⇩いいつたえ

む

む【無】⇩なにもない

むいぎ【無意義】対有意義 無意味 没意義 無価値 無駄 無益 役に立たない 下らない 詰まらない 馬鹿《ばか》げた 愚にも付かない 意味・意義‐がない ナンセンス

むいしき【無意識】⇩うっかり

むいみ【無意味】⇩むいぎ

ムード ⇩ふんいき

むえき【無益】⇩むだ

むえん【無縁】⇩むかんけい

むが【無我】没我 無心 無念無想 虚心坦懐《たんかい》 ▽虚脱 放心

むかい【向かい】真向かい 真っ向《こう》 正面 真正面 矢面《やおもて》に立つ ▽筋向かい 筋向こう

むかいあい【向かい合い】 向かい合わせ 差し向かい 膝《ひざ》突き合わせて 対座 偶座 ▽対談 対話 面談

むかいあわせ【向かい合わせ】⇩むかいあい

むかう【向かう】①壁に向かう 向く 対する 面する 向き合う 向かい合う ②東京に向かう 赴く 出掛ける 出向く 発向

むかえうつ【迎え撃つ・邀え撃つ】⇩ふせぐ

むかえる【迎える】客を迎える 出迎えをする 歓迎 歓待 奉迎 迎引 迎賓 敬語〔相手方を〕お迎え・拝迎・歓待・お出迎え‐いたします 迎え入れる お迎えに上がる ▽【邀える】敵を邀える↓ふせぐ

むがく【無学】不学 無教育 無知 文盲 無学・無知‐文盲

むかし【昔】対今 古《いにしえ》 その‐上《かみ》・昔一頃《ひところ》 一昔 以前に返る 過去 往

時　往年　往歳　往昔　往代　既往　古往　旧時　昔時　昔日　昔年▽大昔《おおむかし》　太古の生物　上古　古代　千古　万古　上代　上世
むかしなじみ【昔馴染み】⇩ふるなじみ
むかしばなし【昔話】⇩いいつたえ
むかしむかし【昔々】⇩かつて（嘗て）
むかち【無価値】⇩むいぎ
むかつく⇩おこる（怒る）
むがむちゅう【無我夢中】⇩ねっしん
むかんけい【無関係】無縁　没交渉▽無関心　無頓着《むとんちゃく》　馬耳東風　念頭・眼中－にない　無視　看過出来ない　意に介しない　気に－掛けない・しない　我関せず
むかんしん【無関心】⇩むかんけい
むき【向き】⇩ほうい（方位）
むぎ【麦】小麦　大麦　烏麦《からすむぎ》　裸麦　鳩麦《はとむぎ》　燕麦《えんばく》▽小麦粉　麦粉　饂飩粉《うどんこ》　メリケン粉
むきあう【向き合う】⇩むかう
むきだし【剝き出し】丸出し　露《あらわ》　裸《はだか》　露骨　露出　裸出
むきどう【無軌道】⇩わがまま
むきむき【向き向き】⇩それぞれ
むきゅう【無窮】①無窮に伝わる↓いつまでも　②無窮の時間↓むげん
むきりょく【無気力】柔弱な男　惰弱　文弱に流れる　優柔不断な男　意気地《いくじ》無し　甲斐性《かいしょう》無し　腰抜け　腑抜《ふぬ》け　弱虫
むく【無垢】⇩きよい
むく【向く】①壁・北－に向く↓むかう　②女性に向く職業↓てきする
むく【剝く】⇩とりのける
むくい【報い】因果　応報　果報　業報《ごうほう》　余徳　余殃《よおう》▽返報　報復　仕返し
むくいる【報いる】返す　恩に報いる　期待に応《こた》える　応じる　報恩　報徳▽【酬いる】応じる　労に酬いる　報酬　報償　謝金　謝礼　返礼　御礼
むくち【無口】対お喋り　むっつりする　口を噤《つぐ》む　だんまり　黙る　黙する　口重《くちおも》　言葉少な　無言《むごん》の行　不言《ふげん》▽実行　沈黙　黙々　寡黙　寡言　舌足らず　話下手《べた》　口下手
むくむ【浮腫む】⇩はれる（腫れる）
むくれる【剝れる】①肌《はだ》が剝れる↓はれる　②理由を聞いて剝れる↓ふまん
むくろ【骸】⇩したい
むげに【無下に】⇩やたらに
むける【向ける】向かせる　仕向ける　向かわせる　差し向ける　送る　遣わす▽振り向ける　旅費に充てる
むげん【無限】対有限　無数　無量　無辺　無窮の時間　無際限　無制限　限りない　果てしない　窮まりない　際限がない　方図《ほうず》がない
むこ【婿・壻】対嫁　▽身分関係　婿を迎える　婿養子　入り婿　女婿《じょせい》　子婿▽【聟】一般語　娘一人に聟八人　花聟　お聟さん　新郎　新婿　新君　新婿　新君　敬語〘相手方の〙お婿様　婿君　ご令婿様　ご賢婿様　若旦那《だんな》様／〘自分側

の〕婿 小婿 子壻

むごい【酷い・惨い】酷たらしい 酷《ひど》い 痛ましい 労《いた》わしい 酷《こく》 残酷 残忍 残虐 苛虐 無残 冷酷 苛酷《かこく》 酷薄 暴戻 悲惨 惨憺《さんたん》 非道 無慈悲 殺生《せっしょう》 非人道的

むこう【無効】図有効 ⇩だめ

むこう【向こう】あちら あっち かなた ▽先様 先方 相手側 相手方 向こう側 ▽向こう岸 対岸

むこうがわ【向こう側】⇩むこう（向こう）

むこうみず【向こう見ず】⇩むぼう

むごたらしい【酷たらしい・惨たらしい】⇩むごい

むごん【無言】⇩むくち

むさくるしい【穢苦しい】⇩きたない

むさべつ【無差別】⇩いちよう

むさぼる【貪る】⇩よくばる

むざん【無残・無惨】⇩むごい

むし【無私】⇩こうへい

むし【無視】要求を黙殺する 看過出来ない問題 そのまま見過ごす 過失を見逃す 取り合わない 相手にしない 眼中に置かない

むし【虫】虫螻《むしけら》 虫類 ▽幼虫 毛虫 芋虫 青虫 蚕 蛆虫《うじむし》 ▽成虫 昆虫 蝶《ちょう》 蛾《が》 蜂《はち》 蜻蛉《とんぼ》 蠅《はえ》 蚊 蟻《あり》 紙魚《しみ》 回虫

むしあつい【蒸し暑い】⇩あつい（暑い）

むしかえす【蒸し返す】⇩くりかえす

むじつ【無実】①無実を訴える 事実無根 荒唐無稽《むけい》 虚妄《きょもう》 根無し事 作り事 拵《こしら》え事 ②無実の罪 ↓ぬれぎぬ

むしばむ【蝕む】⇩おかす（侵す）

むじひ【無慈悲】無情 薄情 非情 冷淡 冷酷な人間 不人情 非人情 邪慳《じゃけん》に扱う 思い遣《や》りがない 心ない 素気《すげ》ない 素っ気ない つれない 冷ややか

むしぼし【虫干し】⇩しょうどく

むしゃ【武者】⇩ぶし

むじゃき【無邪気】無心に遊ぶ子 純《じゅん》 純心 純情 清純 稚気 天衣無縫 天真爛漫《らんまん》 頑是ない 邪心がない 邪気《あどけ》ない ナイーブな性質

むしゅう【無臭】⇩なにもない

むしゅみ【無趣味】⇩やぼ

むじゅん【矛盾】齟齬《そご》 自家撞着《どうちゃく》 扞格《かんかく》 ずれ 食い違い 行き違い ジレンマ ▽二枚舌 武士に二言《にごん》はない 違約 大臣の食言

むしょう【無償】⇩ただ（只）

むじょう【無上】⇩さいこう（最高）

むじょう【無情】⇩むじひ

むじょう【無常】⇩むなしい（空しい）

むしょく【無職】無業 非職 無任所 浪人 ルンペン ▽居食い 売り食い 無為徒食 座食

むしる ①【毟る】毛・草を毟る ↓とりのける ②【挘る】とりわける 魚の身・綿を挘る 取る 離す 分ける

むしろ【寧ろ】⇩かえって

むしん【無心】①無心に遊ぶ子供 ↓む

じゃき ②金を無心する↓ねだる

むしんけい【無神経】 ⇩どんかん

むす【蒸す】 蒸らす 蒸《ふ》かす 蒸し上げる 上蒸 ▽茹《ゆ》でる 茹で上げる 煎《せん》じる 前蒸 ▽燻《いぶ》す 害虫を燻蒸《くんじょう》する 鮭の薫製

むすう【無数】 ⇩たくさん

むずかしい【難しい】 対易しい 分かりにくい 煩らわしい 小難しい 説明 事情が込み入る し難《にく》い し難《がた》い し辛《づら》い し兼ねる 困難 至難 難儀 難渋 面倒 厄介

むずかる【憤る】 ⇩ぐずる

むすこ【息子】 対娘 男の子 男子出生 息男 子息 坊《ぼっ》ちゃん ▽長男 次男 三男 末男 養子 貰《もら》い子 敬語〘相手方の〙ご令息様 ご子息様 ご賢息様 ご令嗣様 ご長男様 ご次男様 〔名〕様 若様 お坊《ぼっ》ちゃま／〘自分側の〙倅《せがれ》 息子 長男 次男 三男 末男 愚息 〔名〕

●亡き息子 敬語〘相手方の〙亡きご長男様 亡きご次男様 亡き〔名〕様／〘自分側の〙亡長男 亡次男 亡三男 亡末男 亡児 亡き〔名〕

むすび【結び】 ⇩おわり

むすびつく【結び付く】 ⇩つながる

むすびつける【結び付ける】 ⇩つなぐ

むすぶ【結ぶ】 対解く 結わえる 縛る 縛り上げる 罪人を縛する 連結 結合 結束 条約を締結する

むすぶ【掬ぶ】 ⇩すくう(掬う)

むすめ【娘】 対息子 女の子 女子 息女 子女 お嬢さん 姫 姫君 お姫様 ▽長女 次女 三女 末女 養女 貰い子 敬語〘相手方の〙ご令嬢様 ご息女様 ご長女様 ご次女様 〔名〕様 お娘様／〘自分側の〙娘 息女 長女 次女 三女 末女 愚娘 〔名〕

●亡き娘 敬語〘相手方の〙亡きご長女様 亡きご次女様 亡き〔名〕様／〘自分側の〙亡長女 亡次女 亡三女 亡末女 亡女 亡き〔名〕

むせぶ【咽ぶ・噎ぶ】 咽び‐返る・泣く 啜《すす》る 啜り‐上げる・泣く 噦《しゃく》り‐上げる・泣く 嗚咽《おえつ》 哀咽 暗泣

むせる【咽せる・噎せる】 咽せ返る 咳《せ》く 咳き込む 噦《しゃく》る 噦り上げる 咳《せき》・噦《しゃっく》り‐が出る ▽声が掠《かす》れる 嗄《しわが》れる

むそう【夢想】 ⇩そうぞう(想像)

むだ【無駄】 駄目 無益 無用 不用 無効 徒労 徒為 余計な心配をする 無意味な案 不経済 好意が徒《あだ》になる 徒《いたずら》に 台無し 甲斐《かい》がない 役に立たない 水泡に帰する

むだぐち【無駄口】 無駄言 駄弁を弄する 妄言を吐く 冗語 饒舌《じょうぜつ》な人 おしゃべり

むだづかい【無駄遣い】 浪費 乱費 空費 徒費 乱用 散財

むだばなし【無駄話】 ⇩ちゃばなし

むだん【無断】 無許可 無認可の保育所 無届け 断りなし 断らずに 勝手

むち【無知・無智】 無知識 無識 不学 浅学 不明を恥じる 不徳の致すところ

不才　短才　蒙《もう》　蒙昧《もうまい》　迂愚《うぐ》　愚か

むち ①【笞】 刑具　笞打ちの刑　笞《しもと》　笞刑《ちけい》　笞殺
②【鞭・策】 道具・教具　馬の鞭　馬鞭《ばべん》　▽鞭　教鞭を執る　長鞭　短策　軽策　▽鞭打　鞭撻《べんたつ》

むちうつ【鞭打つ】⇩はげます

むちつじょ【無秩序】⇩こんらん

むちゃ【無茶】⇩むぼう

むちゅう【夢中】⇩ねっしん

むつき【睦月】⇩いちがつ

むつまじい【睦まじい】⇩なかがよい

むてっぽう【無鉄砲】⇩むぼう

むとんちゃく【無頓着】⇩むかんけい

むなさわぎ【胸騒ぎ】⇩しんぱい

むなしい ①【空しい・虚しい】 効果　空しい−夢・名声　儚《はかな》い　定かでない　敢《あ》えない最期を遂げる　不確か　空虚　無常の人生　老少不定《ふじょう》　有為《うい》転変の世
②【曠しい】 曠しい−広野・毎日 ↓なにもない

むにする【無にする】⇩すてる

むにの【無二の】⇩どくとく

むね【旨】 …の由《よし》　廉《かど》　趣《おもむき》　趣旨　趣意　意味　論旨　要旨

むね【胸】 胸元《むな》　胸倉　胸部　胸郭　胸間　▽胸先《むなさき》　鳩尾《みぞおち・きゅうび》

むねあげ【棟上げ】⇩たてまえ(建て前)

むねん【無念】⇩ざんねん

むねんむそう【無念無想】⇩むが

むのう【無能】 対有能　無能力　無才　非才《ひさい》　不才　鈍才　不器量　能無し　腕無し　役立たず

むひ【無比】 無二の親友　無類の好物　怪力無双　天下無敵　比べ物なし　類《たぐい》無い

むふんべつ【無分別】⇩むぼう

むぼう【無謀】 無茶　無思慮　無分別　無鉄砲　不了見　浅慮　軽率　法外　非道　理不尽な論　度外れ　無考え　向こう見ず　後先見ず　命知らず

むほん【謀反・謀叛】⇩はんらん(反乱)

むやみに【無闇に】⇩やたらに

むよう【無用】 ①無用の長物 ↓ようなし ②天地無用 ↓きんし

むよく【無欲・無慾】 無心　無貪《むどん》　恬淡《てんたん》としている　欲無し　気前がいい　▽寡欲　少欲

むら【村】 里《さと》へ出る　村里　山里　人里　村落　村邑《そんゆう》　部落　集落　群落　寒村　寒郷　荒村　荒郷　孤村　僻村《へきそん》　僻邑　▽農村　山村　漁村

むらがる【群がる】 人が群がる ↓あつまる ▽【叢がる】 竹が叢がる ↓はえる

むらさき【紫】 紫色《むらさきいろ・ししょく》　菫《すみれ》色　藤《ふじ》色　赤紫　紫丹《したん》　青紫　紫紺《しこん》　薄紫　若紫　浅紫　淡紫　濃紫　深紫　暗紫

むらざと【村里】⇩むら

むらさめ【村雨】⇩あめ(雨)

むらす【蒸らす】⇩むす

むらはずれ【村外れ】⇩まちはずれ

むらはちぶ【村八分】⇩なかまはずれ

むり【無理】 非理　非道　不当　不法　無法　無体　難問　難題　理不尽　強引《ごういん》　無理強い　横紙破り　横車を押す

むりじい【無理強い】 ⇩しいる(強いる)

むりに【無理に】 強いて　断《た》って　曲げて　慭《なま》じやっても　やたらに　めちゃくちゃに　無下に　否応《いやおう》なく　無理無体に　無理矢理　遮二無二《しゃにむに》　強引に　我武者羅《がむしゃら》に

むりもない【無理もない】 ⇩あたりまえ

むりやり【無理矢理】 ⇩むりに

むりょう【無料】 対有料　⇩ただ(只)

むれ【群れ】 群がり　集まり　人波　人垣《ひとがき》　人山　群《ぐん》　一群　群衆　集団　一団

むれる【群れる】 ⇩あつまる

むろん【無論】 勿論《もちろん》　論無く　論を俟《ま》たない　固《もと》より　言う・申す・申し上げる-までもなく　言う・申す・申し上げる-に及ばない・言わずもがなのこと　言う・申す-も更なり

め

め【目】 見る器官　目-を覚ます・に付く　目の玉　目玉　瞳《ひとみ》　黒目　白目　眼球　瞳孔《どうこう》　眼睛《がんせい》　▽【眼】目全体　眼を光らす　眼《まなこ》　肉眼　両眼　酔眼　▽目付き　横目　流し目　伏し目　▽上目《うわめ》　藪睨《やぶにら》み　▽瞼《まぶた》　睫《まつげ》　眦《まなじり》　眉《まゆ》　眉毛

め【芽】 双葉　もやし　▽木の芽　若芽　新芽《しんめ・しんが》　幼芽

めあたらしい【目新しい】 新しい　珍しい　新奇を好む　新鮮　最新の流行　斬新《ざんしん》なデザイン

めあて【目当て】 狙《ねら》い　的《まと》　目途《めど》　当処《あてど》もなく　照準　目標　目的　目途《もくと》　見当　焦点　対象　▽終点　決勝点　ゴール

めい【銘】 ①作者の銘　署名　刻銘　刀銘　②謂《い》われの銘　銘文　墓碑銘　碑文　座右の銘

めい【姪】 対甥　姪御　敬語〔相手方の〕姪御様　姪御様の〔名〕様／〔自分側の〕姪　姪の〔名〕

めいあん【名案】 ⇩おもいつき

めいあん【明暗】 明幽　明晦《めいかい》　顕晦　明滅　陰陽　対照　陰日向《かげひなた》　アクセント　コントラスト

めいうん【命運】 ⇩うん

めいか【名家】 ⇩めいもん

めいかい【明解】 ⇩わかりやすい

めいかく【明確】 ⇩たしか(確か)

めいきゅう【迷宮】 ⇩めいろ

めいげん【名言】 名句　佳句　名文句　金言　標語　スローガン　▽至言　名論　卓論　卓説　卓見

めいげん【明言】 ⇩いいきる

めいさい【明細】 ⇩うちわけ

めいさく【名作】 名作品　傑作　秀作　力作　名品　逸品

めいし【名士】 有名人　知名人　著名人　高名人　名流・知名-の士　セレブ

めいし【名刺】 刺を通じる　通刺　謁刺

名牒《めいちょう》　名札《なふだ》　手札　カード　ネームカード

めいしゅ【名手】 ⇩めいじん

めいしょ【名所】 名勝　景勝　奇勝　勝地　勝区　勝跡　名跡　名所旧跡　史跡　古跡

めいじる【命じる】 ①課長を命じる↓にんじる　②出張を命じる　言い・申し・仰せ付ける　行かせる　調べさせる　課する　命令　指令　指示　指図《さしず》書　敬語〘自分側に〙お申し付け　お指図《さしず》　お申し越し　仰せ付け　ご指示

めいしん【迷信】 ⇩しんこう(信仰)

めいじん【名人】 名手　名匠　名家　名工　妙手　巧手　巧者　上手《じょうず》　達人　大家　巨匠

めいせい【名声】 ⇩ほまれ

めいそう【瞑想】 ⇩もくそう

めいちゅう【命中】 ⇩あたる(中る)

めいにち【命日】 忌日《きにち》　正忌《しょうき》　祥日　祥月《しょうつき》命日　精進日《しょうじんび》　逮夜(前夜)　▽初七日　一周忌　三回忌

めいはく【明白】 ⇩あきらか

めいひん【名品】 ⇩しなもの

めいふ【冥府】 ⇩じごく

めいふく【冥福】 ⇩とむらう

めいぶつ【名物】 名産　名品　有名品　銘柄品　▽銘店　有名店　老舗《ろうほ》　老行　老舗《しにせ》

めいぼ【名簿】 人名簿　人名表　人名一覧表　名籍　人別《にんべつ》簿　人別表　名寄せ　リスト

めいめい【銘々】 ⇩それぞれ

めいもく【名目】 ⇩なまえ

めいもん【名門】 名家　世家　旧家　名流　名族　門地　門閥　名望家

めいよ【名誉】 ⇩ほまれ

めいりょう【明瞭】 ⇩あきらか

めいる【滅入る】 ⇩ふさぐ(鬱ぐ)

めいれい【命令】 命《めい》　指令　指示　下命　待命　厳命　峻命《しゅんめい》　威令　号令　主命　君命　沙汰《さた》　指図《さしず》　仰せ　達し　言い・申し・仰せ付ける　敬語〘相手方の〙貴命　尊命　賢命　御意《ぎょい》　お沙汰　ご下命　ご用命　ご用命を承る

めいろ【迷路】 迷道　迷途　迷宮に入る　迷い道　迷い路《じ》　ラビリンス

めいろう【明朗】 ⇩ほがらか

めいわく【迷惑】 当惑　困惑　困却　閉口　困苦　困窮　困る　困り果てる　煩わしい

めうえ【目上】 対目下　年上　年上の者　長上　尊属　年長者　年配者　長老　上老　尊長　先輩　上輩　上司　直属上官　▽先任者　古参　古顔　古株　古手

メーター ⇩けいき(計器)

めかた【目方】 ⇩おもさ

めがね【眼鏡】 眼鏡《がんきょう》　コンタクト　▽近眼鏡　老眼鏡　拡大鏡　天眼鏡　虫眼鏡《むしめがね》　ルーペ　顕微鏡　双眼鏡　望遠鏡　遠眼鏡《とおめがね》　▽レンズ　凸レンズ　凹レンズ　プリズム

めくばせ【目配せ】 ⇩あいず

めぐまれる【恵まれる】 与えられる　幸

いする ついている 今を時めく 資源に富む 文化・恩沢-に潤う 幸運 幸福 僥倖《ぎょうこう》

めぐみ【恵み】⇩おかげ

めぐむ【恵む】与える 恵みを施す 生活・民-を潤す 恵与 施与 施捨 恵恤《けいじゅつ》 恩恤 救恤

めぐむ【芽ぐむ】芽が出る 芽を吹く 芽生える 芽ざす 芽だつ 芽張る 萌《も》える 萌え出る 角《つの》ぐむ 発芽 出芽 萌芽《ほうが》 萌生

めぐらす ①【巡らす・繞らす】鉄条網を巡らす↓かこむ ②【巡らす・運らす】考えを巡らす↓かんがえる

めぐりあい【巡り会い・巡り逢い】出会い 際会 奇遇 邂逅《かいこう》に驚く

めぐりあわせ【巡り合わせ】⇩うん

めくる【捲る】⇩まくる

めぐる【巡る】順番に 名所を巡る 見学して回る 歩き回る 巡回 巡行 巡遊 巡歴 巡覧 巡見 巡視 周行 周訪 周遊 回遊 周歴 周覧 歴遊 遍歴 漫歴 ▽【廻る】周りを・春が-廻る↓まわる ▽【繞る】盆地を繞る山々↓かこむ

めさき【目先】①目先のこと 目の前 その場 目前 眼前 当座 当面 ②目先が利く↓きてん

めざす【目指す】⇩ねらう

めざす【芽ざす】⇩めぐむ(芽ぐむ)

めざましい【目覚ましい】⇩たいした

めし【飯】ご飯 飯食 ライス ▽食事 お膳 冷や飯 焼き飯 赤飯 強飯《こわめし》 お強《こわ》 握り飯 お握り お結び 鮨《すし》 握り鮨 押し鮨 箱鮨 ▽粥《かゆ》 重湯 雑炊《ぞうすい》 茶漬け

めしあがる【召し上がる】⇩たべる

めした【目下】対目上 年下 卑属 年少者 後輩 下僚 小者《こもの》 下っぱ ▽後任者 新参 新顔

めじるし【目印】⇩しるし(印)

めす【雌】対雄 鼠《ねずみ》・蚊-の雌 雌《め》 雌性《しせい》 ▽【牝】対牡 鶏・牛-の牝 牝《め》 牝《めん》鳥 牝馬《ひんば》

めす【召す】①お前に召す↓まねく ②食事を召す↓たべる・のむ ③着物を召す↓きる

めずらしい【珍しい】物珍しい 珍らか 目新しい 耳新しい 滅多にない 風変わり 得難い 希《まれ》に見る 結構な 突飛な 珍奇 珍妙 珍異 奇異 奇妙 奇態 奇怪 奇抜 希有《けう》 未曾有《みぞう》 異例 異数 無類 前代未聞 ▽珍味 珍果 珍菓 珍菜 珍酒 珍肴《ちんこう》 珍本 珍書 珍談 珍芸 珍事 珍獣 珍景

めだつ【目立つ】目に-立つ・付く 引き立つ 際《きわ》立つ 著しい 目ぼしい めっきり衰えた 顕著 明著 出色

めだま【目玉】①⇩め(目) ②⇩うりもの

めちゃめちゃ【滅茶滅茶】滅茶苦茶 無茶苦茶 滅茶 無茶 滅多矢鱈《やたら》 無闇《むやみ》 無闇矢鱈 出鱈目 度外れ 支離滅裂

め

めつき【目付き】⇩め(目)
めっきり ⇩めだつ
めったに【滅多に】⇩たまに
めっぽう【滅法】⇩やたらに
めつぼう【滅亡】⇩ほろびる
めでたい【目出たい・芽出たい】 お目出た 喜ばしい 慶賀 慶祝 吉慶 大慶 祝着《しゅうちゃく》至極 吉例の大祭 嘉例 敬語〔相手方が〕お目出とうございます 賀し奉ります 慶賀至極 大賀・大慶・祝賀ーの至りに存じます
めでる【愛でる】⇩このむ
めど【目途】⇩めあて
めのまえ【目の前】⇩まのあたり
めばえ【芽生え】⇩きざし
めばえる【芽生える】⇩めぐむ(芽ぐむ)
めはなだち【目鼻立ち】⇩かおかたち
めぼしい【目ぼしい】⇩おも(主)
めまい【眩暈】⇩くらむ
めまぐるしい【目まぐるしい】⇩あわただしい
めめしい【女々しい】 対雄々しい 弱々しい 意気地《いくじ》無し 卑怯《ひきょう》な態度 怯懦《きょうだ》 柔弱
めもり【目盛り】 秤の目《め》 印《しるし》を付ける 刻み 区切り 目印《めじるし》 スケール メーター
めやす【目安】 見当を付ける 執筆基準 標準 先例に準拠する 規範 水準 スタンダード レベル
めりこむ【減り込む】⇩くぼむ(窪む)
メロディー 節《ふし》 調べ 曲《きょく》 曲節 旋律 音律 音調 楽調 調子
めん【面】 ①机の面→おもて ②こういう面もある 点 側面 一面 片面 半面 ③面を被《かぶ》る 面《おもて》 マスク 仮面 戯面
めんかい【面会】 会見 面接 応接 初対面 対面 対顔 引見 接見 謁見 拝顔 拝謁 お目見え お目通り インタビュー ▽面談 対談 会談
めんきょ【免許】 許可 認可 公認 官許 公許 特許 許し ▽黙認 黙許 ▽運転免許証 教員免許状 華道の免状 営業の鑑札 お許しを受ける ライセンス
めんくらう【面食らう】⇩まごつく
めんじょう【免状】⇩めんきょ
めんしょく【免職】⇩くびきる
めんじる【免じる】 ①課長を免じる↓課長をくびきる ②授業料を免じる 課さない 取り立てない 許す 免除 減免 免税 免役
メンス ⇩げっけい
めんせき【面積】⇩ひろさ
めんせつ【面接】⇩あう(会う)
めんだん【面談】⇩めんかい
メンツ【面子】⇩みえ
めんどくさい【面倒臭い】 煩わしい うるさい ややこしい 面倒がる 手数が掛かる 持て余す 厄介な事 億劫《おっくう》 大儀 面倒 七面倒 繁多 繁雑 煩瑣《はんさ》
メンバー スタッフ 顔触れ 要員 成員 会員 部員 団員 党員 連中 陣容

めんぼく【面目】⇩ほまれ
めんみつ【綿密】⇩ちみつ
めんもく【面目】⇩みかけ
めんるい【麺類】 饂飩《うどん》 蕎麦《そば》 冷や麦 素麺《そうめん》 ラーメン パスタ スパゲティ マカロニ

も

も【喪】 服喪中 喪中につき 忌中の家 忌服 ▽哀悼 追悼
もう 対まだ 早《はや》 最早《もはや》 既に 早くに 夙《つと》に 疾《と》うに とっくに
もういちど【もう一度】⇩あらためて
もうか【猛火】⇩かじ(火事)
もうけ【儲け】⇩りえき
もうける【儲ける】 得する 益する 利する 稼ぐ 金儲け 丸儲け 利食い売り 利益 収益率 収利 収得 ▽ぼる 濡《ぬ》れ手で粟《あわ》 一攫《いっかく》千金を夢みる
もうける【設ける】 設《しつら》える 拵《こしら》える 備える 仕掛ける 構える 備え付ける 整備 設備 設置 施設 付設 開設 建設 設立 ▽準備 用意 支度《したく》
もうしあげる【申し上げる】⇩いう(言う)
もうしあわせる【申し合わせる】⇩そうだん
もうじき【もう直き】⇩まもなく
もうしこむ【申し込む】 対受け付ける 申し入れる 応じる 応募 登録 アプライ ▽求婚 プロポーズ
もうしたて【申し立て】 彼の言い立て 口添え 供述 陳述 公述 証言 上申 陳上 建言 建議
もうしでる【申し出る】 願い・届け-出る 申告 申請 具申 具陳 上申 上告 申奏
もうしひらき【申し開き】⇩いいわけ
もうしぶん【申し分】⇩ひなん
もうじゃ【亡者】⇩しにん
もうしょ【猛暑】⇩なつ
もうしわけ【申し訳】⇩いいわけ
もうしわけない【申し訳無い】 済まない 心苦しい 心痛・心労-の至り
もうしん【猛進】 突進 突貫 邁進《まいしん》 驀進《ばくしん》 猪突《ちょとつ》猛進 盲進
もうす【申す】⇩いう(言う)
もうすこし【もう少し】 もう一寸《ちょっと》 今少し 仍《なお》少し もっと
もうそう【妄想】⇩まよい
もうでる【詣でる】⇩おまいり
もうとう【毛頭】⇩すこしも
もうふ【毛布】⇩ふとん
もうら【網羅】⇩あつめる
もうれつ【猛烈】⇩はげしい
もうろく【耄碌】⇩ぼける(惚ける)
もえる【燃える】 燃え-付く・上がる・盛る・広がる 燻《くす》ぶる 熾《おこ》る 発火 燃焼 炎上 焼失 延焼 類焼 全焼 丸焼け 半焼 半焼け
もえる【萌える】⇩めぐむ(芽ぐむ)
モード ⇩りゅうこう
もがく【踠く】 恋に悶《もだ》える 足掻《あが》く

苦しむ　煩悶《はんもん》　苦悶　苦転　苦闘

もぐ【捥ぐ】⇩ちぎる(捥る)

もくさつ【黙殺】⇩むし(無視)

もくさん【目算】⇩みつもり

もくじ【目次】⇩もくろく

もくず【藻屑】⇩ごみ

もくぜん【目前】⇩まのあたり

もくそう【黙想】黙思　黙考　静思　沈思　瞑想《めいそう》に耽る

もくてき【目的】⇩めあて

もくにん【黙認】黙許　黙諾　看過　見逃す　見て見ぬ振り　目零《めこぼ》し

もくひょう【目標】⇩めあて

もくめ【木目】木目《きめ》　木地《きじ》　目《もく》　木理《もくり》　▽柾《まさ》　柾目　板目

もぐる【潜る】潜《くぐ》る　潜《ひそ》む　隠れる　潜入　潜行　潜没　潜水

もくろく【目録】計画一覧表　品目表　内容表　目次　細目　要覧　品書き　次第書き　要目書き　カタログ　型録　リスト　▽献立《こんだて》　調菜　メニュー

もくろみ【目論見】⇩くわだて

もくろむ【目論む】⇩くわだてる

もけい【模型】塔の雛型　縮尺型　モデル　ミニチュア　▽箱庭　盆景

もさく【模索】⇩さぐる

もし【若し】若しも　若しか　若しかして　仮に　苟且《かりそめ》にも　万が一　万一　苟《いやしく》も　▽ひょっとすると　若しかすると　若しや　或《ある》いは

もじ【文字】字　文字《もんじ》　漢字　本字　正字　略字　俗字　国字　仮名　平仮名　片仮名　変体仮名　万葉仮名　ローマ字　横文字　▽字画　点画　字体　書体　筆跡

もしかすると【若しかすると】⇩もし

もしくは【若しくは】⇩あるいは

もしも【若しも】⇩もし

もしゃ【模写】⇩うつす(写す)

もじる【捩る】⇩よる(撚る)

もす【燃す】⇩もやす

もぞう【模造】⇩にせもの(偽物)

もだえる【悶える】思い悩む　身悶え　煩悶《はんもん》　苦悶　憂悶　懊悶《おうもん》　懊悩　煩慮　焦慮　焦心

もたげる【擡げる】⇩あげる(上げる)

もたらす【齎す】⇩もってくる

もたれる【凭れる・靠れる】椅子・欄干に寄る　撓垂《しなだ》れる　寄り・凭れ・撓垂れ‐掛かる　立て・凭せ‐掛ける

モダン　ハイカラ　今様《いまよう》　現代風　近代風　最新　流行　先端を行く

もち【餅】搗《つ》き‐餅・飯《いい》　かちん　稲餅《とうべい》　▽鏡餅　丸餅　伸《の》し餅　雛祭りの菱《ひし》餅　草餅　餡餅《あんもち》　牡丹餅《ぼたもち》　▽団子《だんご》　黍《きび》団子　糝粉《しんこ》細工　▽欠き餅　煎餅《せんべい》

もちあげる【持ち上げる】⇩あげる(上げる)

もちいる【用いる】①道具を用いる　使う　用立てる　役立てる　使用　行使　活用　運用　適用　充用　善用　応用　流用　融通　乱用　②人を用いる　雇う　取り立てる　雇用　採用　任用　挙用　登用　抜擢《ばってき》

も

もちこたえる【持ち堪える】 ⇩いじ（維持）
もちこむ【持ち込む】 対持ち出す 運び込む 取り・引き・抱き‐込む 携行 持参 搬入 移入 輸入
もちだす【持ち出す】 対持ち込む 運び出す 取り・引き・引っ張り‐出す 持ち・運び‐去る 搬出 移出 輸出
もちぬし【持ち主】 持ち手 飼い主 オーナー 所持者 所有者 所有権者 ▽家主 大家 地主 店主 船主 網元
もちば【持ち場】 受け持ち 分担 担任 任務 部署 配置 セクション
もちぶん【持ち分】 取り分 取り前 分け前 割り前 配分
もちまえ【持ち前】 ⇩うまれつき
もちもの【持ち物】 所持品 携帯品 手回り品 懐中物 所有‐品・物 所蔵品 ▽取って置き 虎《とら》の子
もちゅう【喪中】 ⇩も
もちろん【勿論】 ⇩むろん

もつ ①【持つ】 自分のものとして 手に・妻を‐持つ 有する 領する 占める 手に取る 疑問を懐《いだ》く 妻・財産・教養‐が有る 所持 把持 携帯品 所有 保有 享有 所蔵 ▽国有 公有 共有 私有 ②【保つ】 永く保つ品↓たもつ
もっか【目下】 ⇩いま
もったいない【勿体ない】 ⇩ありがたい
もったいぶる【勿体振る】 ⇩きどる
もっていく【持って行く】 ⇩たずさえる
もってくる【持ってくる】 取り寄せる 齎《もたら》す 招く 来す 招来 到来
もってのほか【以ての外】 ⇩いけない
もっと 尚《なお》 更に悪くなる その上に 尚更 ずっと 一層
モットー ⇩しゅぎ
もっとも【尤も】 ①尤も日曜は休みになる↓ただし ②尤もなこと↓あたりまえ
もっとも【最も】 一番・一等‐大きい 最高に この上なく 何・どれ‐よりも 最ベスト クラス切っての暴れん坊
もっぱら【専ら】 偏《ひと》えに ひたすら 平《ひら》にご容赦を 一に懸かって 一筋に 唯々《ただただ》 一途《いちず》に 専一 一点張り 何はさて措《お》き
もつれる【縺れる】 絡《から》まる こんがらかる 入り‐組む・乱れる 揉《も》める 紛糾 葛藤《かっとう》 悶着《もんちゃく》
もてあそぶ【弄ぶ】 ⇩いじる
もてあます【持て余す】 ⇩めんどくさい
もてなし【持て成し】 執り持ち 扱い 遇《あしら》い 応接 応対 待遇 接待 接遇 供応 ご馳走 相伴《しょうばん》
もてなす【持て成す】 遇する 接待 歓待 優待 優遇 好遇 恩遇 殊遇 ▽冷遇 薄遇 酷遇 虐待
もてはやす【持て囃す】 ⇩ほめる
もてる【持てる】 ⇩にんき
もと ①【元】 みなもと 動力・火‐の元 始め 始まり 根源 本源 ▽順序 元の住所 前《まえ》 先《さき》 旧《きゅう》 往年 往時 先年 ▽【許】 近いところ 両親

の許から通う 手元 膝《ひざ》元 足下《あしもと》 付け根

②【下】木・法‐の下↓した

③【基】資料を基とする↓もとい

④【本】よりどころ 本を‐正す・尋ねる 大本 事件の発端 端緒 淵源《えんげん》 本源 由緒《ゆいしょ》

⑤【因】過労が因で死ぬ↓げんいん

⑥【素】ケーキの素↓ざいりょう

もとい【基】 礎《いしずえ》 根元《ねもと》 本元《ほんもと》 大本 下地 資料を基《もと》とする ベース 素地 礎石 土台 基礎 基底 基盤 基本 基幹 根本 根底 根源 根基 根幹 本源 大本

もどかしい【捂しい】 歯痒《はがゆ》い 焦《じ》れったい 苛立《いらだ》たしい 待ち遠しい 辛気臭い 苛々《いらいら》 やきもき うずうず むずむず 隔靴掻痒《かっかそうよう》

もどす【戻す】 ⇩かえす(返す)

もとちょう【元帳】 ⇩ちょうぼ

もとづく【基づく】 基とする 根ざす 労働に依る所得 基礎 基本 基盤

土台を固める

もとで【元手】 元《もと》 資《し》 元金《もときん・がんきん》 基金 資金 資本 資本金 本金 元本保証 ファンド キャピタル ▽外資 外国資本

もとめる【求める】 ①援助を求める 認可・休暇‐を請う 要求 請求 希求 欲求 利潤を追求する 要請 要望 ②職・人‐を求める↓さがす

もともと【元々】 前から 初めから 以前から 根っからの江戸っ子 元来 本来 古来 旧来 従来 そもそも

もとより【固より】 ⇩むろん

もとる【悖る】 ⇩はんする

もどる【戻る】 ①元へ戻る 引き・取って‐返す 立ち返る 後戻り 逆戻り 後退《あとじさ》り 後退 退行 逆行 逆転 ②旧に戻る 旧に復する 立ち直る 盛り返す 帰する 復旧 復元 復興 復職 挽回《ばんかい》

もの ①【物】しな 存在する物 私の分 大きい方《ほう》 品《しな》 品物 物品 物体

②【者】ひと 違反した者 人《ひと》 方《かた》 人物 人間

ものいい【物言い】 ①⇩ことばづかい ②⇩ひなん

ものいみ【物忌み】 ⇩きよめる

ものうい【懶い】 ⇩だるい

ものおき【物置】 ⇩くら(蔵)

ものおしみ【物惜しみ】 出し惜しみ 惜しげ 心残り 思い残し けち 愛惜 未練が残る

ものおと【物音】 物の音 何かの音 ▽足音 靴音 水音 波音 銃声 砲声 爆音

ものかげ【物陰】 ⇩うら

ものがたり【物語】 ⇩はなし(話)

ものがなしい【物悲しい】 ⇩かなしい

ものぐさ【物臭】 ⇩なまけもの

ものごし【物腰】 ⇩みぶり

ものごと【物事】 ⇩ことがら

ものさし【物指し】 指《さし》 尺《しゃく》 指し金 尺度 度器 メジャー スケール ▽巻き尺 曲尺《かねじゃく》 鯨尺

ものしり【物知り】 博聞 博識の士 博学 多識 該博 博覧強記 ▽通《つう》 生き字引 知者 識者 学者 博士《はかせ》 学識者 学識経験者 知識階級 インテリ

ものずき【物好き】 物見高い 好奇 好事《こうず》 酔狂 道楽 数寄《すき》 ▽好事家 ディレッタント 変人 奇人

ものすごい【物凄い】⇩はげしい

ものたりない【物足りない】⇩ふまん

もののけ【物の怪】⇩つきもの(憑き物)

もののふ【武士】⇩ぐんじん

ものみだかい【物見高い】⇩ものずき

ものものしい【物々しい】⇩おごそか

ものやわらか【物柔らか】⇩しとやか

ものわかれ【物別れ】⇩けつれつ

もはや【最早】⇩もう

もはん【模範】⇩てほん

もふく【喪服】⇩きもの

もほう【模倣】⇩まねる

もみけす【揉み消す】⇩かくす

もみじ【紅葉】 ①⇩は(葉) ②⇩ふうりゅう

もむ【揉む】⇩いじる

もめごと【揉め事】⇩あらそい

もめる【揉める】⇩もつれる

もめん【木綿】⇩おりもの

もも【腿・股】⇩あし(足)

もや【靄】⇩きり

もやす【燃やす】 [対]消す 燃す 焚《た》く 焼《く》べる 焼く 燃焼 焼却

もやもや 不明瞭《ふめいりょう》 不分明 不明 不透明 朦朧《もうろう》 曖昧《あいまい》

もよう【模様】 ①装飾の模様 綾《あや》に織る 文目《あやめ》 型《かた》 柄《がら》 パターン デザイン 文理 彩文 文様 図案 ▽縞《しま》 縦縞 横縞 段だら ストライプ 斑《まだら・ぶち》 鹿《か》の子 霜降り 唐草模様 蛇《じゃ》の目 巴《ともえ》 渦巻き ②天気の模様↓ようす

もよおしもの【催し物】 学校の行事《ぎょうじ》 ▽学芸会 運動会 学園祭 共進会 展示会 陳列会 展覧会 博覧会 コンクール コンテスト ディスプレー エキシビション

もよおす【催す】 行う 開催 挙行 展覧会を主催する 共催 後援 興行

もより【最寄り】 近く 間近 手近 近所 近辺 付近

もらう【貰う】 ①品物を貰う 受ける 授かる 呉《く》れる 貰い・申し・譲り‐受ける [敬語]〔相手方から〕頂く 頂戴《ちょうだい》する 賜る 下さる 拝受・拝承・拝領‐いたします ご恵贈にあずかる ご恵投を賜る ご恵与に接する ②書いて貰う 頂く 下さる ご恵贈に接する ご丁重なご恵与にあずかる 教え・ご来臨‐を仰ぐ 被る

もらす [1]【漏らす・泄らす】 体内から 尿を漏らす 零《こぼ》す 垂れる 垂れ流す 漏泄《ろうせつ》 [2]【漏らす・洩らす】 秘密を 内情を漏らす 打ち明ける 口走る 口外 他言 告白 漏洩《ろうえい》 ▽涙を漏らす↓なく

モラル⇩どうとく

もり ①【森】森の木を切り出す　林《はやし》　木立ち　森林　樹林　茂林　山林　密林の王　▽松林　雑木林　防風林　防雪林　②【杜】神の森　鎮守の杜　境内《けいだい》　ご神木

もりあがる【盛り上がる】①土が盛り上がる　高くなる　堆《うずたか》い　②世論が盛り上がる　高まる　盛んになる　勢い付く

もりかえす【盛り返す】⇩もどる

もる【漏る】⇩もれる

もる【盛る】⇩つむ(積む)

もれる【漏れる】穴から水・電気‐が漏れる　漏る　零《こぼ》れる　水が滴《したた》る　漏出　遺漏　水漏れ　雨漏り　漏水　漏電　▽【洩れる】秘密が　内情が洩れる　漏洩《ろうえい》　▽【泄れる】体内から尿が泄れる　寝小便　遺尿

もろい【脆い】弱い　砕け・壊《こわ》れ‐易《やす》い　脆弱《ぜいじゃく》　薄脆　軽脆

もろて【双手・諸手】⇩て

もろとも【諸共】⇩いっしょ

もろもろ【諸々】⇩いろいろ

もん【門】門《かど》　入り口　出入り口　木戸　背戸　門戸《もんこ》　関門　ゲート　アーチ　▽表門　前門　正門　大門　本門　裏門　後門の狼　山門　寺門　楼門　三門　鳥居《とりい》　神門　華表

もん【紋】家の紋所　紋章　定紋《じょうもん》　家紋　▽衣紋《えもん》　紋付《もんつき》

もんか【門下】⇩でし

もんく【文句】①手紙の文句　↓ことば　②文句を言う↓ふまん

もんじ【文字】⇩もじ

もんじん【門人】⇩でし

もんだい【問題】①試験の問題　問い　クイズ　クエスチョン　題　課題　試問　題目　命題　例題　禅の公案　宿題　②問題を起こす　事件　紛争　論争　トラブル　▽議題　論題　問題点　プロブレム

もんてい【門弟】⇩でし

もんどう【問答】⇩とうろん

もんばつ【門閥】⇩ちすじ

もんばん【門番】⇩ばんにん

もんもう【文盲】⇩むがく

や

や【矢】征矢《そや》　破魔矢　鏑矢《かぶらや》　嚆矢《こうし》　鳴箭《めいせん》　鳴鏑《めいてき》　毒矢《どくや・どくし》　▽流れ矢　逸《そ》れ矢　流矢　逸矢

や ①【家】家‐主・賃　二階家↓いえ　②【屋】酒・魚‐屋↓みせ

やいば【刃】⇩は(刃)

やおちょう【八百長】馴《な》れ合い　ぐるになる　結託　共謀者

やおもて【矢面】⇩むかい

やおや【八百屋】青物屋　青物売り　青果商　菜舗　▽果物《くだもの》屋　水菓子屋　果実商　フルーツパーラー

やおら⇩ゆるやか

やがい【野外】⇩そと

やかた【館】⇩いえ

やがて【軈て】①軈て夜になる　↓まも

なく ②聴て二年になる↓およそ

やかましい【喧しい】 ⇩うるさい

やから【輩】 ⇩なかま

やかん【薬缶】 ⇩ゆわかし

やきいん【焼き印】 ⇩しるし(印)

やきすてる【焼き捨てる】 燃し・燃やし-去る 焼却 焼棄 焼尽

やきもき ⇩もどかしい

やきもち【焼き餅】 ⇩にくむ

やきもの【焼き物】 ①焼き物の茶碗《ちゃわん》 割れ物 瀬戸物 陶器 磁器 陶磁器 土器《どき》・《かわらけ》 素焼き 九谷焼 有田焼 伊万里焼《いまりやき》 ②焼き物の料理 塩焼き 蒸し焼き 炭焼き 白焼き 付け焼き 油焼き 串《くし》焼き 鉄板・陶板-焼き バーベキュー

やく【厄】 ⇩わざわい

やく【約】 ⇩およそ

やく【役】 ⇩やくわり

やく【訳】 ⇩やくす

やく ①【焼く】 火で 炭・魚-を焼く 燃やす 焙《あぶ》る 焦がす 燃焼 焼却 ▽世話を焼く↓する ▽【灼く】 皮膚を灼く 日に当てる 焦がす 黒くする
②【妬く・嫉く】 仲・成功-を妬く ↓にくむ

やぐ【夜具】 ⇩ふとん

やくいん【役員】 ①協会の役員 世話役 世話人 幹事 理事 常任理事 理事長 監事 参与 顧問 嘱託 ②会社の役員↓じゅうやく

やくざ ⇩ふりょう(不良)

やくざい【薬剤】 ⇩くすり

やくしゃ【役者】 俳優 芸人 演技者 プレーヤー ▽女優 女役者 アクトレス 男優 男役者 アクター 名優 名題役者 スター

やくしょ【役所】 官庁 官省 官署 官府 官衙《かんが》 公儀 公庁 公署 公府 公衙 官公庁 官公署 官公衙 当局 役場 ▽省 庁 院 署

やくじょ【躍如】 ⇩いきいき

やくしん【躍進】 ⇩はったつ

やくす【訳す】 言い換える 訳《やく》 翻訳 和訳 国訳 訳出 訳解 全訳 完訳 直訳 意訳 逐語訳 摘訳 内容抄訳 ▽反訳 ▽通訳 通事 通弁

やくする【約する】 決める 取り決める 再会を契る 約束 申し合わせる 約定《やくじょう》 契約 協約 協定 協商 誓約 盟約 確約 締盟 ▽口約束 口約 口頭契約 前約 先約 予約 特約 内約 密約 秘約 陰約 黙約 黙契 コントラクト アグリーメント ▽結納《ゆいのう》 納采《のうさい》の儀

やくそく【約束】 ⇩やくする

やくだつ【役立つ】 用立つ 役・用-に立つ 益する 才能・教訓-が活《い》きる 間に合う 有益 有用 有効 実用的 寄与 貢献

やくだてる【役立てる】 旅に用立てる 役・用-に立てる 廃物・時間-を活《い》かす 船・兵-を雇う 供する 勉学に資する 利する 益する 適用 運用 利用 活用 善用 実用化

やくとく【役得】 余得　余禄　特別・臨時・余分-収入　帆待ち

やくにん【役人】 公務員　公僕　官吏　官員　官僚　官憲　公吏　吏員　官公吏　▽文官　武官　能吏　酷吏　汚吏　▽高官　顕官　大官　属吏　属官　属僚

やくば【役場】 ⇩やくしょ

やくひん【薬品】 ⇩くすり

やくみ【薬味】 辛味《から み》　七味・七色-唐辛子《とうがらし》　香辛料　香料　スパイス　▽葱《ねぎ》　紫蘇《しそ》　生薑《しょうが》　山葵《わさび》　山椒《さんしょう》　胡椒《こしょう》　辛子　大根卸し

やくめ【役目】 ⇩やくわり

やくわり【役割】 役　役目　役柄　持ち場　受け持ち　任務　職務　職分　職掌　▽主役　立て役　脇役《わきやく》　引き立て役　端役《はやく》　悪役　憎まれ役　悪玉　善玉

やけ【自棄】 ⇩すてばち

やけい【夜景】 ⇩けしき(景色)

やけど【火傷】 ⇩けが

やける【焼ける】 火事で・魚が-焼ける　類焼　延焼　半焼　全焼　焦げる　▽【灼ける】 日に灼ける　日灼け　黒くなる

やこう【夜行】 ⇩りょこう

やさい【野菜】 蔬菜《そさい》　野蔬　菜類　青物《あおもの》　葉物　畑物　八百屋《やおや》物　菜っ葉　ベジタブル　サラダ

やさがし ①【家捜し】 家の中を　警察の　家捜しを受ける　臨検　家宅-捜査・捜索　②【家探し】 欲しい家を　家探しに出掛ける　貸家・売家-探し

やさしい ①【易しい】 対難しい　易しい問題↓たやすい　②【優しい】 感じ　情け・思い遣《や》り-がある　情け・思い遣り・恵み・哀れみ-深い　親切　温厚

やし【香具師】 的屋《てきや》　大道・露天・縁日-商人　見世物師

やじうま【野次馬】 ⇩かんしゅう(観衆)

やしき【屋敷・邸】 ⇩いえ

やしなう【養う】 育てる　育て上げる　子供を育《はぐく》む　手塩に掛ける　養育　保育　育成　養護学級　扶育　扶養　愛育　撫育《ぶいく》　撫養　涵養《かんよう》

やしゃご【玄孫】 ⇩ひこ

やしゅ【野趣】 ⇩おもむき

やじる【野次る】 野次を飛ばす　観客が　冷やかす　囃《はや》す　囃し立てる　茶化す　水を差す

やしろ【社】 ⇩じんじゃ

やしん【野心】 野望　非望　大望　覇気　功名心　企《たく》らみ　山気《やまけ》を出す　アンビション

やすあがり【安上がり】 ⇩けいざいてき

やすい ①【安い】 対高い　値段が安い　安価　廉価　低価　低廉　チープ　▽割安　格安　値頃《ねごろ》　安上がり　②【易い】 言うは易い↓たやすい　▽壊れ易い箱　傾向が-ある・強い　雨が降りがち

やすうり【安売り】 投げ・見切り・捨て値-売り　割引・値引き・廉価・特価-販

売　廉売　特売　バーゲン・ディスカウント‐セール　ダンピング　▽半値　半額　半価　半金　五割引き　▽捨て値　二束三文　只《ただ》同然

やすっぽい【安っぽい】⇩そまつ

やすみ【休み】憩い　一休み　中休み　昼休み　一服　小憩　休憩　休息　休止　小休止　休み時間　ブレーク　▽骨休み　休日　休業　安息　休暇　欠席　欠勤　公休　定休　賜暇　代休　連休　週休　ホリデー　▽休暇　夏・冬‐休み

やすむ【休む】会社・学校‐を休む　欠勤　欠席　▽【憩む】十五分憩む　憩う　休憩　▽【寝む】床に寝む↓ねる

やすやすと【易々と】訳なく　難なく　たやすく　容易に　簡単に

やすらか【安らか】穏やか　平穏無事　安穏《あんのん》　安泰　安全　安楽　安康　平安　平和　安寧

やすらぐ【安らぐ】⇩くつろぐ

やすんじる【安んじる】⇩まんぞく

やせち【瘠せ地】⇩とち

やせる①【痩せる】㊒太る　体が痩せる　細る　ほっそり　すらり　窶《やつ》れる　痩せ‐細る・こける・衰える　ひょろひょろの体　痩せっぽち　憔悴《しょうすい》　衰弱　②【瘠せる】力がない　土地が瘠せる　瘠地《せきち》　瘠土　荒土　不毛の地

やたらに【矢鱈に】徒《いたずら》に　無闇《むやみ》に　濫《みだ》りに　滅多矢鱈に　篦棒《べらぼう》に　無茶苦茶に　馬鹿《ばか》に　無性《むしょう》に欲しくなる　無下に断れない　法外に　一概に　滅法強い

やちん【家賃】⇩りょうきん

やつあたり【八つ当たり】⇩おこる（怒る）

やっかい【厄介】⇩めんどくさい

やつぎばや【矢継ぎ早】⇩つぎつぎに

やっつける【遣っ付ける】①賃仕事を遣っ付ける↓おこなう　②敵を遣っ付ける↓やぶる

やっと　ようやっと　やっとのことで　辛うじて　辛くも　漸《やや》く　漸《よう》う　漸くのことで　纔《わず》かに　かつがつ　何とか　どう‐にか・やら　どうにかこうにか　どうやらこうやら

やつれる【窶れる】⇩つかれる

やど【宿】⇩やどや

やといにん【雇い人】⇩しようにん

やとう【雇う】人を雇う↓もちいる　▽【傭う】船を傭う↓やくだてる

やどかり【宿借り】⇩いそうろう

やどなし【宿無し】⇩さまよう

やどや【宿屋】宿　旅籠《はたご》　旅籠屋　旅館　旅宿　旅店　旅亭　選手宿舎　宿泊所　止宿所　ホテル　モーテル　飯店《はんてん》　▽安宿　木賃宿　簡易宿舎

やどる【宿る】⇩とまる（泊まる）

やなぎ【柳】枝垂《しだれ》柳　糸柳　川柳　楊柳《ようりゅう》　垂柳　垂楊　水楊　江楊　蒲楊《ほよう》　▽青柳《あおやなぎ》　新柳　翠楊《すいよう》　▽柳枝　柳条

やにさがる【脂下がる】⇩にこにこ

やにわに【矢庭に】⇩とつぜん

やぬし【家主】 ⇩もちぬし

やね【屋根】 屋蓋《おくがい》 屋背 屋頂の瓦 ルーフ ▽切り妻 入母屋《いりもや》 破風《はふ》造り 陸《ろく》屋根 平屋根 寄せ棟造り 丸屋根 ドーム ▽天井 格天井《ごうてんじょう》の宮殿 舟底形 ▽軒《のき》 庇《ひさし》

やはり【矢張り】 ①矢張り雨になった ↓はたして ②矢張り雨が降っている ↓あいかわらず

やはん【夜半】 ⇩よる(夜)

やばん【野蛮】 [対]文明 未開の地 粗野 野卑な人 不作法 無教養 無教育 ▽粗暴 狂暴 獰猛《どうもう》 精悍《せいかん》

やひ【野卑・野鄙】 ⇩やばん

やぶ【藪】 ⇩しげみ

やぶく【破く】 ⇩やぶる

やぶける【破ける】 ⇩きれる

やぶさか【吝か】 ⇩けち

やぶにらみ【藪睨み】 ⇩きんがん

やぶる【破る】 ①紙・布–を破る 破く 裂く 傷つける 引き・突き–破る 破棄 破壊 傷破 ②約束を破る↓いやく ③相手を破る 負かす 倒す 敵を遣《や》っ付ける 撃破 撃砕 粉砕

やぶれかぶれ【破れかぶれ】 ⇩すてばち

やぶれる [1]【破れる】 紙・布–が破れる ↓きれる [2]【敗れる】 敵に敗れる↓まける

やぶん【夜分】 ⇩よる(夜)

やぼ【野暮】 [対]粋《いき》 野暮天 武骨 不粋 粗野 生硬 不風流 没風流 無趣味 悪趣味 没趣味 バンカラ

やぼう【野望】 ⇩やしん

やま【山】 岳《たけ》 峰《みね》 尾根 山岳 頂上 山峰 山嶺《さんれい》 ▽山並み 山地 連山 群山 連峰 山脈 大雪山系 分水嶺 ▽高山 高峰 高岳 高嶺《こうれい・たかね》 峻山《しゅんざん》 峻岳 奥山《おくやま》 深山《みやま・しんざん》 ▽火山 活火山 休火山 死火山 外輪山 火口丘 ▽丘《おか》 小山 高台 丘陵 台地 段丘

やまい【病】 ⇩びょうき

やましい【疚しい】 後ろめたい 後ろ暗い 気が–咎《とが》める・引ける 内心忸怩《じくじ》たるものがある 自責の念にかられる

やまのぼり【山登り】 山歩き ハイキング ワンダーフォーゲル キャンピング 登山 夏山 冬山 ▽岩登り ロッククライミング

やまびこ【山彦】 ⇩こだま

やまぶし【山伏】 ⇩そう(僧)

やみ【闇】 [対]光 暗闇 暗がり 真っ–暗闇・暗がり 暗黒 昏黒《こんこく》 漆黒 ▽薄暗がり 夕闇 宵闇《よいやみ》 常闇《とこやみ》 夜 暗夜《あんや》 冥夜《めいや》 玄夜

やみうち【闇討ち】 ⇩おそう

やみつき【病み付き】 ⇩しゅうかん

やみとりひき【闇取引】 ⇩あきない

やみよ【闇夜】 ⇩やみ

やむ【止む】 ⇩おわる

やむ【病む】 ⇩わずらう(患う)

やむなく【已むなく】 ⇩しかたがない

やむをえない【已むを得ない】 ⇩しかたがない

やめる [1]【辞める】 自分で 会社を辞め

る　辞ょす　辞する　辞任　辞職　退任　退職　退官　退役　退陣　引退　離任　離職　失職　致仕　挂冠《かいかん》　定年　▽【罷める】くび　会社を罷めさせられる　②【止める】打ち切る　交際を止める　止ょす　絶つ　停止　中止　休止　終止　③【廃める】商売を　発行・商売ーを廃める　廃ょす　廃する　廃止　全廃　解消　廃刊　廃業

やもお【鰥夫】⇩ひとりもの
やもめ【寡婦】⇩ひとりもの
やや【稍々】⇩すこし
ややこしい　⇩ふくざつ
ややもすると【動もすると】⇩とかく
ややもすれば【動もすれば】⇩とかく
やゆ【揶揄】⇩からかう
やよい【弥生】⇩さんがつ
やり【槍】　鉄槍《てっそう》　長槍　大身槍《おおみのやり》　短槍　手槍《てやり》　▽矛《ほこ》で戦う　鋭鋒《えいほう》　利鋒　▽銛《もり》　魚銛《ぎょせん》　魚鎗《ぎょそう》　▽竹槍　投げ槍
やりかた【遣り方】⇩しかた
やりきれない【遣り切れない】⇩たまらない
やりくち【遣り口】⇩てぎわ
やりくり【遣り繰り】　差し繰り　切り盛り　融通　工面《くめん》　工夫《くふう》　算段　無理算段　才覚　操作　運用
やりこめる【遣り込める】　説き・言いー伏せる　言い負かす　極《き》め付ける　相手を遣っ付ける　説伏　説得　説破　論破　弁破
やりっぱなし【遣りっ放し】⇩いいかげん
やりて【遣り手】　腕利き　腕っこき　利け者　切れ者　敵もさる者　大した士《さむらい》だ　敏腕　才腕　▽山師《やまし》　策士　術士　策謀家　権謀家　陰謀家　術数家　画策家　策略家　政治家
やりとげる【遣り遂げる】⇩なしとげる
やりとり【遣り取り】　出し入れ　受け渡し　文書の授受　▽引き・取りー替え　交換　変換　代換　▽収支　代金の決済　精算
やりなおし【遣り直し】　仕直し　出直し　計画の立て直し　財政の建て直し　差し戻し　新規蒔《ま》き直し　巻き返し　再出発　再審　再建
やる【遣る】　①子供に遣る　↓あたえる　②仕事を遣る↓おこなう
やるせない【遣る瀬ない】⇩たまらない
やろう【野郎】⇩おとこ
やわらかい　①【柔らかい】しなやか　柔らかいー毛布・牛肉　柔らか　嫋《しな》やか　柔やんわり　ふんわり　ふわふわ　柔な体　柔脆《じゅうぜい》　②【軟らかい】対硬い　軟らかいーご飯・表情　軟らか　ふっくら　軟弱
やわらぐ【和らぐ】　①暑さ・風・波ーが和らぐ　穏やかになる　和《な》ごむ　静まる　波が凪《な》ぐ　軟化　②人心が和らぐ　相和する　折り合う　和合　融和　協和　同和　和親条約
やわらげる【和らげる】⇩しずめる（鎮

める)
やんごとない【止ん事ない】⇩とうとい(貴い)
やんちゃ ⇩おてんば

ゆ

ゆ【湯】対水 白湯《さゆ》 沸かし湯 ▽煮え湯 熱湯 熱水 沸湯 ▽湯冷まし 温《ぬる》ま湯 温湯 微温湯
ゆあがり【湯上がり】⇩にゅうよく
ゆいごん【遺言】⇩かきおき
ゆいしょ【由緒】⇩いわれ
ゆいのう【結納】⇩やくする
ゆう【夕】対朝 ⇩ゆうがた
ゆう【結う】帯・垣ーを結う 結わえる 紐を結ぶ ▽島田に結う 髪を整える ▽髪結い お髪《ぐし》上げ 結髪 束髪
ゆうい【優位】⇩ちい
ゆういぎ【有意義】対無意義 意味・意義ーがある 役に立つ 有益 有用
ゆういん【誘引】⇩さそう
ゆういん【誘因】⇩げんいん
ゆううつ【憂鬱】⇩ふさぐ(鬱ぐ)
ゆうえき【有益】⇩やくだつ
ゆうえつ【優越】⇩まさる
ゆうえん【悠遠】⇩いつまでも
ゆうえんち【遊園地】⇩こうえん(公園)
ゆうが【優雅】⇩じょうひん
ゆうかい【誘拐】⇩つれだす
ゆうかく【遊郭・遊廓】⇩いろまち
ゆうがた【夕方】対朝方 夕《ゆう》 音楽の夕べ 暮れ 夕暮れ 夕間暮れ 日暮れ 日の暮れ 暮れ時 暮れ方 日暮れ方 黄昏《たそがれ・こうこん》 宵の口 晩方 入相《いりあい》の鐘 日の入り 夕刻 薄暮に及ぶ 暮夜密かに ▽夕焼け 夕映え 夕昏《ゆうこん》 夕景 晩景
ゆうかん【勇敢】⇩いさましい
ゆうき【勇気】勇 武勇 豪勇 沈勇 闘志満々 胆力 意気 元気 気力 覇気 ファイト ▽蛮勇 猪勇《ちょゆう》 暴勇 匹夫の勇 暴虎馮河《ひょうが》の勇
ゆうぎ【友誼】⇩よしみ
ゆうぎ ①【遊戯】音楽的 子供の遊戯 遊び 遊び事 戯れの時 ②【遊技】勝負事 大人《おとな》の遊技 娯楽 遊び 暇潰《つぶ》し
ゆうきゅう【悠久】⇩いつまでも
ゆうぐう【優遇】⇩もてなす
ゆうぐれ【夕暮れ】⇩ゆうがた
ゆうこう【友好】⇩よしみ
ゆうこう【有効】対無効 有効果 有効力 特効 著効 霊験灼《あらた》か
ゆうごう【融合】⇩まざる(混ざる)
ゆうし【雄姿・勇姿】⇩すがた
ゆうし【勇士】勇者 勇夫 強者 猛士 烈士 志士 健児 強豪 覇者《はしゃ》 猛者《もさ》 兵《つわもの》 益荒男《ますらお》 剛《ごう》の者
ゆうし【有志】志士 赤穂義士 義民 国士 ▽好漢 快漢 快傑 快男子 快男児 ▽篤志家 奔走家
ゆうしゅう【優秀】⇩ゆうとう
ゆうじょ【遊女】遊君 女郎 娼妓《しょうぎ》 娼婦 娼女 傾城《けいせい》 傾国 花魁《おいらん》 遊び女《め》 浮かれ女 戯《たわ》れ女

ゆうしょう【優勝】⇩かち(勝ち)
ゆうじょう【友情】 友愛 友好 友誼《ゆうぎ》 友睦《ゆうぼく》 親睦 昔の誼《よし》み フレンドシップ
ゆうじん【友人】⇩ともだち
ゆうすう【有数】⇩ゆびおり
ゆうずう【融通】⇩やりくり
ゆうする【有する】⇩もつ(持つ)
ゆうぜん【悠然】⇩ゆったり
ゆうそう【勇壮】⇩いさましい
ゆうたい【優待】⇩もてなす
ゆうだい【雄大】⇩おおきい
ゆうだち【夕立】⇩あめ(雨)
ゆうち【誘致】⇩まねく
ゆうちょう【悠長】⇩ゆったり
ゆうとう【優等】 優秀 優良 秀逸 秀抜 成績抜群 出群 傑出した作品 ▽上等 特等 特選
ゆうどう【誘導】⇩みちびく
ゆうに【優に】⇩じゅうぶん
ゆうのう【有能】 対無能 多能 多才 多芸 堪能 万能 敏腕 辣腕《らつわん》 腕利き 手八丁口八丁 海千山千

ゆうはん【夕飯】 対朝飯 夜のご飯 夕飯《ゆうめし》 晩飯 夕ご飯 夕餉《ゆうげ》の膳 夕ご膳《ぜん》 夕食 晩餐《ばんさん》 ▽夜食
ゆうひ【夕日】⇩ひのいり
ゆうび【優美】⇩きれい
ゆうびん【郵便】⇩てがみ
ゆうびんばこ【郵便箱】 郵便受け ポスト レターボックス ▽私書箱 私書函《かん》 ▽状差し 郵便入れ
ゆうふく【裕福】⇩ゆたか
ゆうべ 1【夕べ】 音楽の夕べ ↓ゆうがた 2【昨夜】 昨夜の雨 ↓きのう
ゆうへい【幽閉】⇩とらわれる(囚れる)
ゆうべん【雄弁】 対訥弁《とつべん》 能弁 達弁 巧弁 弁舌爽《さわ》やか 懸河の弁 立て板に水 ▽口-達者・器用・上手
ゆうめい【有名】 対無名 著名 知名 高名の士 評判 屈指の勇士 名高い 名の通った 名にし負う 名立たる 名うての 聞こえた 世に知れた 指折りの 十指に入る ポピュラー ▽令名 盛名 雷名 名声を上げる

ユーモア 話の可笑《おか》しみ 面白み 滑稽《こっけい》味 諧謔《かいぎゃく》味 剽軽《ひょうきん》な男
ゆうもう【勇猛】⇩いさましい
ゆうやけ【夕焼け】⇩ひのいり
ゆうゆう【悠々】⇩ゆったり
ゆうよう【有用】⇩やくだつ
ゆうらく【遊楽】⇩こうらく
ゆうらん【遊覧】⇩けんぶつ
ゆうり【遊里】⇩いろまち
ゆうりょ【憂慮】⇩しんぱい
ゆうりょう【有料】 対無料 料金・代償-必要 有償 金が-要る・掛かる
ゆうりょう【優良】⇩ゆうとう
ゆうりょく【有力】 強力 手強《ごわ》い 重立った 力のある 勢力・権力・威力-のある
ゆうりょくしゃ【有力者】 権力-者・家 勢力-者・家 要人 お歴々 ボス
ゆうれい【幽霊】⇩ばけもの
ゆうれつ【優劣】 上下 高下 甲乙付け

難い　雌雄を決する　善し悪《あ》し

ゆうわ【融和】⇩なかがよい

ゆえ【故】⇩いわれ

ゆえに【故に】⇩だから

ゆえん【所以】⇩りゆう

ゆか【床】床板《ゆかいた・とこいた・しょうばん》　対天井　床《とこ》　根太《ねだ》　床張り　地板《じばん》　フロアー　▽板の間　板敷き　板床《いたどこ》

ゆかい【愉快】⇩たのしい

ゆかしい【床しい】①床しいお人柄　奥床しい　心憎い　上品　淑《しと》やか　②古式床しい行事　懐かしい　慕わしい　恋しい

ゆがむ【歪む】歪《ひず》む　凹《くぼ》む　捩《ねじ》れる　拉《ひしゃ》げる　拗《ねじ》ける　捩《ねじ》くれる　拉《ひし》げる　曲がる　歪《いび》つ　歪曲《わいきょく》

ゆがめる【歪める】捩《ねじ》る　曲げる　捩じ曲げる　歪《いび》つ　歪曲《わいきょく》　顔を顰《しか》める　顰蹙《ひんしゅく》を買う　眉を顰《ひそ》める

ゆかり【縁】⇩えん(縁)

ゆき【雪】白雪《しらゆき・はくせつ》　雪華　降雪　積雪　堆雪《たいせつ》　残雪　▽小雪　淡雪　薄雪　粉雪《こなゆき》　細雪《ささめゆき》　斑雪《はだれゆき》　牡丹《ぼたん》雪　花片《はなびら》雪　大雪　深雪　豪雪地帯　吹雪《ふぶき》　雪崩《なだれ》　▽初雪　新雪　早雪　▽霙《みぞれ》　霰《あられ》　雹《ひょう》

ゆき【行き・往き】対帰り　行き道　片道　往路　往航　壮途　▽行き掛け　行きしな　道すがら　途中　途次

ゆきがかり【行き掛かり】⇩かんけい

ゆきかき【雪掻き】雪除《よ》け　雪降ろし　雪踏み　雪消し　除雪　消雪

ゆきがけ【行き掛け】⇩ついでに

ゆきき【行き来】行き帰り　行き通い　行き交《か》い　往復　人の往来　往還　去来　通行　人物交流　交通　運輸　▽人通り　人込み

ゆきすぎ【行き過ぎ】策の遣《や》り過ぎ　度外れ　過度　過分　過当　超過　程度以上

ゆきずり【行き摺り】⇩すれちがい

ゆきちがい【行き違い】①手紙が行き違いになる　行き違《たが》い　入れ違い　擦れ-違い・合い　②意見に行き違いが生じる　食い・掛け-違い　齟齬《そご》を来す　牴牾《ていご》

ゆきづまり【行き詰まり】⇩ゆきどまり

ゆきどけ【雪解け】雪消え　雪消《ゆきげ》　融雪　▽雪解け水　雪消水　雪水　雪汁《ゆきじる》　雪代　雪泥《せつでい》

ゆきとどく【行き届く】注意が行き渡る　気が-付く・利く　周到　周密　及ぶ　手が-届く・伸びる

ゆきどまり【行き止まり】行き詰まり　突き当たり　袋小路　デッドエンド　▽目下行き悩みの状態　動きが取れない　進退窮まる　難行　頓挫《とんざ》　膠着《こうちゃく》状態

ゆきみ【雪見】⇩ふうりゅう

ゆきわたる【行き渡る】①注意が行き渡る↓ゆきとどく　②文化が行き渡る↓ひろまる

ゆく [1]【行く】行く春を惜しむ　去る　過ぎる　過ぎ去る　▽【征く】軍隊　戦地に征く　出征兵士　出陣　出馬　[2]【逝く】父遂《つい》に逝く↓しぬ

ゆくえ【行方】⇩ゆくさき

ゆくさき【行く先】行き先 当てもなく 当処《あてど》 目的地 ▽行く手 行方《ゆくえ》 不明 前途多難 前路

ゆくすえ【行く末】⇩みらい

ゆくて【行く手】⇩ゆくさき

ゆくゆく【行く行く】⇩こんご

ゆくりなくも⇩たまたま

ゆげ【湯気】湯の気 湯煙 蒸気汽缶 汽気 水蒸気 蒸発気 スチーム

ゆさぶる【揺さぶる】⇩ゆらす

ゆさん【遊山】⇩けんぶつ

ゆしゅつ【輸出】⇩ぼうえき

ゆすぐ【濯ぐ】⇩あらう

ゆすぶる【揺すぶる】⇩ゆらす

ゆすり【強請】⇩ふりょう(不良)

ゆずりあう【譲り合う】折り・折れ−合う 歩み寄る 譲歩 互譲 交譲 妥協 争議妥結 和合 和解 協和 協調 協力

ゆする ①【揺する】柱・体−を揺する↓ゆらす ②【強請る】金を強請る↓ねだる

ゆずる【譲る】与える 授ける 取らせる 譲り・引き・明け−渡す 払い下げる 譲渡 譲与 夫から妻に移譲する 授与 割譲 割愛 上から下へ委譲する ▽譲位 禅譲

ゆそう【輸送】⇩おくる(送る)

ゆたか【豊か】対乏しい 豊かな産物 産物に富む ざらにある 豊富な資料 豊饒《ほうじょう》な土地 豊潤 豊満 潤沢 ▽【裕か】裕かな暮らし 十分 裕福 富裕 贅沢《ぜいたく》 たっぷり

ゆだねる【委ねる】⇩まかせる

ゆだん【油断】不覚を取る 前方不注意 不意 虚を突く 閑却 抜かり 手抜かり 抜け目 隙《すき》 緩《ゆる》み 怠り

ゆっくり⇩おそい

ゆったり のんびり おおらか 落ち着いて 慌てない 気長に構える 悠然 悠長 悠揚迫らず 悠々 鷹揚《おうよう》 大様《おおよう》 泰然自若

ゆであがる【茹で上がる】⇩にえる

ゆでる【茹でる】⇩にる(煮る)

ゆどの【湯殿】⇩ふろ

ゆとり【裕り】余裕がある 余力を残す 余地 余分 ▽紙の余白 スペース

ユニバーサル⇩せかいてき

ゆにゅう【輸入】⇩ぼうえき

ゆのみ【湯飲み】⇩ちゃわん

ゆび【指】五指 指先《ゆびさき》 手先が器用 指頭 ▽第一指 親指 大指 母指 巨指 将指 ▽第二指 人差し指 塩《しお》舐《な》め指 食指《しょくし》 示指 頭指 ▽第三指 中指《なかゆび・ちゅうし》 長指 ▽第四指 薬指 紅差し指 名無し指 無名指 ▽第五指 小指《こゆび・しょうし》 季指

ゆびおり【指折り】五指・十指−に入る 一、二を争う 屈指の強打者 上位の 有数の学者

ゆびさす【指さす】⇩さす(指す)

ゆびわ【指輪・指環】⇩アクセサリー

ゆぶね【湯舟】⇩ふろ

ゆめ【夢】対うつつ 夢路 夢見 睡夢 夢幻 夢境 ドリーム ▽正夢《まさゆめ》

逆夢　吉夢　佳夢　瑞夢《ずいむ》　悪夢　凶夢　妖夢《ようむ》
ゆめうつつ【夢現つ】⇩ぼんやり
ゆめにも【夢にも】⇩すこしも
ゆめみる【夢みる】⇩あこがれる
ゆめゆめ ⇩けっして
ゆや【湯屋】⇩ふろ
ゆゆしい【由々しい】⇩たいへん
ゆらい【由来】⇩いわれ
ゆらす【揺らす】柱を揺する　揺さぶる　揺すぶる　揺るがす　揺り-返す・動かす　動揺
ゆらゆら ⇩ゆれる
ゆるい【緩い】①対きつい　運動靴が緩い　緩々《ゆるゆる》　だぶだぶ　ぶくぶく　大き過ぎる　過大　②対厳しい　取り締まりが緩い　緩《ぬる》い　生緩《なまぬる》い　緩やか　寛大　寛容　鷹揚《おうよう》
ゆるがす【揺るがす】⇩ゆらす
ゆるがせ【忽せ】⇩いいかげん
ゆるぎない【揺るぎない】⇩しっかり
ゆるぐ【揺るぐ】⇩よろける

ゆるし【許し】⇩めんきょ
ゆるす【許す】対禁じる　営業を許す　聴く　聴き入れる　許可　許諾　許容　認許　免許　聴許　認可　認容　是認　▽【赦す】無しにする　罪・刑-を赦す　赦免　赦罪　免罪　容赦　無罪放免　釈放　解放　恩赦　大赦　▽【宥す】問題にしない　過ちを宥す　免じる　勘弁　堪忍　宥恕《ゆうじょ》　仮借　黙許　黙認　▽【恕す】一定の限度まで恕す　許容　寛恕《かんじょ》　敬語〔自分側を〕ご容赦いただく　ご寛容くださる　ご海容にあずかる　ご容認を賜る　お許しを仰ぐ／〔相手方を〕承知・承諾-いたしました
ゆるむ【緩む・弛む】対締まる　弛《たる》む　緊張が解ける　土台ががたつく　間延び　弛緩《しかん》　解弛《かいし》
ゆるめる【緩める】対締める　緩くする　弛《たる》める　緊張を解く　緩和　解弛《かいし》　解紐《かいちゅう》
ゆるやか【緩やか】①緩やかに動く　徐《おもむ》ろ　やおら立ち上がる　ゆっくり　ゆるり　ゆるゆる　そろりそろりと行く　そろそろ歩く　のんびり　のんべんだらり　緩慢　遅鈍　徐々　緩徐　悠長　悠々　②取り締まりが緩やかになる↓ゆるい
ゆれる【揺れる】揺らぐ　揺るぐ　揺すれる　揺すぶれる　振《ぶ》れる　揺れ動く　ゆらゆらする　ゆさゆさ　ぐらぐら　動揺　震動　波動　激動　微動　微揺　▽揺らめく　風に戦《そよ》ぐ　はためく　翻《ひるがえ》る　靡《なび》く
ゆわえる【結わえる】⇩むすぶ(結ぶ)
ゆわかし【湯沸かし】薬缶《やかん》　茶瓶　土瓶　鉄瓶　急須《きゅうす》　ビーカー

よ

よ ①【世】世-に出る・を捨てる↓よのなか
②【代】期間　徳川・昭和-の代　御代《みよ》　朝《ちょう》　治世　在位中　世代　年代

よあかし【夜明かし】 ⇩よどおし

よあけ【夜明け】 ⇩あさ(朝)

よい【宵】 ⇩よる(夜)

よい ①【良い】 性質 品質・成績‐が良い 良《い》い 見事《みごと》 結構 立派 良好 良質 優良 佳良 純良 最良 最善 ▽【好い】 好ましい 天気・感じ‐が好い 好《い》い 好個 格好 絶好 好調 快調 何よりの 願ってもない 申し分のない 過分の ②【善い】 道徳的 行儀・性質‐が善い 善《い》い 善良 有徳 ③【宜い】 しても・丁度・用意は‐宜い ↓よろしい ④【佳い】 めでたい 佳い‐日柄・年 佳《い》い 佳良 絶佳 ⑤【吉い】 吉い‐夢・運 吉《い》い 吉日《きちにち・きちじつ》

よいん【余韻】 ①余韻のある鐘 残響 響き 名残 ②余韻のある文章 余情 趣 残り香

よう【用】 ⇩ようじ(用事)

よう【酔う】 酔っ払う 虎《とら》になる 酔い‐痴《し》れる・潰《つぶ》れる 酩酊《めいてい》の極 ▽へべれけ ぐでんぐでん 深酔い 泥酔状態 大酔 沈酔 荒酔 極酔 ▽ほろ酔い 生《なま》酔い 小酔 微酔 ▽うっとり 陶酔

ようい【用意】 準備 下準備 配置 設備 用心 配慮 支度《したく》 お膳《ぜん》立て 段取り 手配《てはい》 手筈《てはず》 手配り 手回し 資金の手当て 身構え 下組み 下拵《したごしら》え 備え 構え ▽身支度 身拵え 身仕舞い 装束《そうぞく》 扮装 ▽旅支度 出《い》で立ち 旅装 行装 客装

ようい【容易】 ⇩たやすい

よういく【養育】 ⇩やしなう

よういん【要因】 ⇩きっかけ

ようかい【妖怪】 ⇩ばけもの

ようがい【要害】 ①要害の地 天険の地 天阻 険害 険要 要塞《ようさい》 難攻の地 不落の地 ②自然の要害 ↓しろ

ようき【妖気】 ⇩こわい(怖い)

ようき【容器】 ⇩いれもの

ようき【陽気】 ①陽気が良くなる ↓きせつ ②対陰気 陽気に騒ぐ ↓ほがらか

ようぎしゃ【容疑者】 ⇩はんにん

ようきゅう【要求】 ⇩もとめる

ようけん【用件】 ⇩ようじ(用事)

ようけん【要件】 ⇩じょうけん

ようご【用語】 使用語 語彙《ごい》 語種 語集 言葉 ボキャブラリー

ようご ①【擁護】 国体を擁護する ↓まもる ②【養護】 虚弱児童を養護する ↓やしなう

ようこう【洋行】 ⇩りょこう

ようこそ これはこれは よくいらっしゃいました お待ちしておりました ウエルカム

ようさい【要塞】 ⇩じんち

ようし【要旨】 ⇩ようてん

ようし【容姿】 ⇩かおかたち

ようし【用紙】 用箋《ようせん》 便箋 書簡箋

レターペーパー ▽罫《けい》紙 用罫紙 原稿用紙 方眼紙 ▽画用紙 台紙 印画紙 原紙 色紙 短冊

ようし【養子】 ⇩むすこ

ようじ【用事】 用 用務 用件 所用 要用 御用 雑用 雑事 雑務 庶務 諸用 細務 俗事 急用 用足し 用向き ▽公用 社用 商用 私用 私事 敬語〔相手方の〕ご用務 ご用事 ご用／〔自分側の〕用務 所用 用事 用向き

ようじ【幼児】 ⇩あかんぼう

ようしき【洋式】 ⇩ようふう

ようしき【様式】 形式を整える 形態 パターン 型 様《さま》

ようしゃ【容赦】 ⇩ゆるす

ようしゅん【陽春】 ⇩しがつ

ようしょ【要所】 ⇩ようてん

ようしょう【幼少】 ⇩おさない

ようじょう【養生】 ⇩せいよう〔静養〕

ようしょく【容色】 ⇩かおかたち

ようじん【用心】 注意 配慮 警戒 戒心 警備 警衛 監視

ようじんぶかい【用心深い】 ⇩きをつける

ようす【様子】 模様 様相 敵の動静を探る 状態 状況 実況放送 事態 事情 実情 使用の実態 情勢 形勢 形況 概況 局面 情景 光景 風致 並ぶ様《さま》 態《ざま》 事件の文《あや》 有様 勝手 気配《けはい》 空の気色《けしき》 面影 気味 ▽世相 世態 世情 近況 近状 安否 現況 現状 内情 内幕 内実 裏面 敬語〔相手方の〕ご様子 御模様 ご事情 ご状況 御趣 御有様／〔自分側の〕模様 勝手

ようすいろ【用水路】 ⇩ほり〔堀〕

ようする【要する】 ⇩ひつよう

ようするに【要するに】 ⇩つまり

ようせい【夭逝】 ⇩わかじに

ようせい【妖精】 森の精 スピリット ニンフ フェアリー

ようせい【要請】 ⇩もとめる

ようせい【養成】 育成 養育 保育 愛育 撫育《ぶいく》 扶育 訓育 愛国心を涵養《かんよう》する 養う 育てる 育て上げる 子供を育《はぐく》む 仕込む

ようせき【容積】 ⇩かさ〔嵩〕

ようせつ【夭折】 ⇩わかじに

ようそ【要素】 ⇩せいぶん

ようだ ①まるで昼のようだ みたいだ 如《ごと》し 似ている ②終わったようだ らしい と思われる ▽そうだ とのことだ ③以上のようだ 趣だ 旨だ 内容だ

ようだい【容体・容態】 ⇩びょうき

ようたし【用足し】 ⇩ようじ〔用事〕

ようだてる【用立てる】 ⇩やくだてる

ようち【幼稚】 ⇩おさない

ようち【夜討ち】 ⇩おそう

ようてん【要点】 要は 要所 要部 要目 要訣《ようけつ》 要諦《ようてい》 要領 要項 要旨 摘要 概要 概略 大要 大意 趣旨 主眼 眼目 骨子 急所 要《かなめ》 旨《むね》 見所 ポイント

ようと【用途】 ⇩つかいみち

ようなし【用無し】 用がない 役に立たない 無用の長物 有害無益 死物
ようにん【容認】 ⇩みとめる
ようねん【幼年】 ⇩こども
ようふ【妖婦】 ⇩おんな
ようふ【養父】 ⇩ちち(父)
ようふう【洋風】 [対]和風 洋式の建物 欧風文化 西洋風 西欧風 欧米風 ヨーロッパ風 ウエスタンスタイル
ようふく【洋服】 [対]和服 服 洋装 背広《せびろ》 スーツ ドレス ワンピース ツーピース ▽制服 ユニホーム ▽冬服 合い服 夏服 着替え
ようぶん【養分】 ⇩えいよう
ようぼ【養母】 ⇩はは
ようぼう【容貌】 ⇩かおかたち
ようむ【用務】 ⇩ようじ(用事)
ようむいん【用務員】 ⇩しようにん
ようむき【用向き】 ⇩ようじ(用事)
ようめい【用命】 ⇩ちゅうもん
ようやく【要約】 ⇩あらすじ
ようやく【漸く】 ①漸く春めく↓だんだん ②漸く完成した↓やっと
ようりょう【要領】 ①⇩ようてん ②⇩こつ
よか【余暇】 ⇩ひま
よかん【余寒】 ⇩さむさ
よき【予期】 ⇩きたい(期待)
よぎない【余儀ない】 ⇩しかたがない
よぎる【過る】 ⇩とおりすぎる
よく【欲・慾】 欲望 欲心 欲情 欲求 欲得 強欲《ごうよく》 貪欲《どんよく》 胴欲 暴欲 多欲 欲張り 欲深 ▽私欲 我欲
よく ①よく煮る↓じゅうぶん ②よく雨が降る↓たびたび
よくあつ【抑圧】 ⇩おさえる(押さえる)
よくじょう【浴場】 ⇩ふろ
よくじょう【欲情・慾情】 ⇩せいよく
よくする【能くする】 ⇩できる
よくせい【抑制】 ⇩おさえる(抑える)
よくち【沃地】 ⇩こえる(肥える)
よくど【沃土】 ⇩こえる(肥える)
よくばる【欲張る・慾張る】 欲しがる 求める 贅沢を貪《むさぼ》る 貪り求める
よくふか【欲深・慾深】 欲深い がめつい 勘定・計算―高い 阿漕《あこぎ》な遣り方 我利我利 多欲 貪欲《どんよく》 強欲《ごうよく》 胴欲 貪婪《どんらん》な人
よくぼう【欲望】 ⇩よく(欲)
よくや【沃野】 ⇩こえる(肥える)
よくよく ①よくよく馬鹿《ばか》だ↓とても ②よくよくのことだ↓しかたがない
よけい【余計】 ①余計働いた↓すぎる ②余計な心配をする↓むだ
よける [1]【避ける】危険を避ける↓さける [2]【除ける】雪を除ける↓とりのける
よげん【予言】 ⇩よそう
よこ【横】 ①[対]縦 横を広げる 横幅 横棒 横画 ②横に立つ 横合い 横手 横腹 真横 隣 脇《わき》に置く 道・城門―の辺《ほとり》 横脇《よこわき》 側方 側面 ▽横様《よこざま》 横向き 右向き 左向き
よこがお【横顔】 ⇩かお
よこがき【横書き】 ⇩かきかた

よこぎる【横切る】 渡る　突っ切る　通り・突き－抜ける　横断歩道　縦断　アルプス縦走　クロス

よこく【予告】 天気予報　予言が的中　前触れ　先触れ　春の兆し　前兆

よこしま【邪】 ⇩わるい

よこす【寄越す】 ⇩うけとる

よごす【汚す】 ①水を汚す　濁す　汚濁　汚染　汚損　②面《つら》を汚す　汚《けが》す　辱める　汚辱　冒瀆《ぼうとく》　毀損《きそん》　▽汚職事件　瀆職《とくしょく》罪

よこたえる【横たえる】 棒を横にする　倒す　横に置く　寝かせる　伏せる　転がす　横転

よこだおし【横倒し】 ⇩くつがえる

よこたわる【横たわる】 横になる　寝る　転伏す　体を・下に－伏せる　倒れる　転げる　寝転ぶ　寝そべる　雲・霞－が棚《たな》引《び》く　▽蟠《わだかま》る　蟠踞《ばんきょ》

よこちょう【横丁】 ⇩よこみち

よこどり【横取り】 無理取り　猫ばばを決め込む　横領　横奪　着服　詐取

よこみち【横道】 横丁　脇道《わきみち》　細道　小路《こうじ》　横路　間路　間道　別路　支路　バイパス

よごれ【汚れ】 染み　汚《けが》れ　汚点　汚物　汚穢《おわい》　尾籠《びろう》　不潔　不浄

よごれる【汚れる】 汚《けが》れる　濁る　表が黒ずむ　泥に塗《まみ》れる　垢《あか》づく　汗染《じ》みる　垢染みる　汚濁　汚染

よさん【予算】 対決算　予定・算定－費用　胸算用《むなざんよう》では　見積もり費用　割り－当て・振り　概算　目算　心算

よし【由】 ⇩むね(旨)

よしあし ①【善し悪し】 道徳的　是非　曲直　正邪の別　正悪　正非　理非　黒白《こくびゃく》　順逆
②【良し悪し】 一般　良否　可否　事の当否　適否　賛否　優劣　高下　長短　甲乙なし　雌雄　可不可　適不適　イエスノー

よじのぼる【攀じ登る】 ⇩のぼる(登る)

よしみ【誼み】 親しみ　交わり　好意　懇意　友好　親善　親睦《しんぼく》　友誼《ゆうぎ》　交誼　情誼　旧誼　旧情　▽縁つながり

よしゅう【予習】 ⇩べんきょう

よじょう【余剰】 ⇩あまり

よじょう【余情】 ⇩よいん

よじる【捩る】 ⇩よる(撚る)

よじれる【捩れる】 ⇩まがる

よじん【余人】 ⇩たにん

よす ①【止す】 煙草《たばこ》・交際－を止す↓やめる
②【辞す】 会社を辞す↓やめる
③【廃す】 発行・商売－を廃す　↓やめる

よすが【縁】 ⇩たより(頼り)

よすてびと【世捨て人】 ①寺の世捨て人↓そう　②山奥の世捨て人　捨て人　隠者　隠士　隠遁《いんとん》者　遁世者　隠世者

よせ【寄席】 ⇩げきじょう(劇場)

よせあつめる【寄せ集める】 ⇩あつめる

よせい【余生】 ⇩いのち

よせて【寄せ手】 ⇩てき

よ

よせる【寄せる】 ①右の方へ寄せる 戸を引く 左へ引っ張る 近づける 近寄せる 集める ②数を寄せる↓くわえる

よそ【余所・他所】 他《ほか》・他《た》の‐所・場所 他所《たしょ》 他《ほか》へ行く 別《べつ》 ▽他《ほか》・他《た》の‐家・人 他家 他人

よそう【予想】 予測 予察 予見 予知 予期 予断 予報 予言 前知 先知 先見の明 洞察《どうさつ》力 推定 推測 見通す 見抜く

よそうがい【予想外】 ⇩あんがい

よそおい ①【装い】 結婚式・金色《こんじき》‐の装い↓みなり ②【粧い】 派手な・白一色の‐粧い↓おしゃれ

よそおう【装う】 飾る 飾り付ける 着飾る 装い飾る 粧《めか》す 洒落《しゃれ》る 身繕う 扮《ふん》する 身拵《みごしら》え 身支度 化粧 扮装

よそぎき【余所聞き】 ⇩ひとぎき

よそく【予測】 ⇩よそう

よそごと【余所事】 他《ほか》・他《た》の事 付かぬ事を伺う 余の儀ではない 人事《ひとごと》 他事《たじ》 余事

よそみ【余所見】 ⇩ふちゅうい

よそめ【余所目】 ⇩はため

よそゆき【余所行き】 ⇩はれぎ

よそよそしい【余所余所しい】 [対]狎《な》れ狎れしい 水臭い 素気《すげ》ない 素っ気ない ぶっきらぼう 隔てがましい 分け隔てをする 他人行儀な扱い 隔意のない態度 薄情 冷淡

よたもの【与太者】 ⇩ふりょう(不良)

よだれ【涎】 ⇩つば

よち【余地】 ⇩ゆとり

よち【予知】 ⇩よそう

よちよち ⇩よろける

よつかど【四つ角】 ⇩こうさてん

よつぎ【世継ぎ】 ⇩あとつぎ

よつつじ【四つ辻】 ⇩こうさてん

よって【仍て】 ⇩そこで

よっぱらい【酔っ払い】 酔いどれ 飲んだくれ 大虎《おおとら》 酔漢 泥酔者 酩酊《めいてい》者

よてい【予定】 スケジュール 計画 胸算用《むなざんよう》 心積もり 出発の見込み 勘定・計算‐に入れる

よてき【余滴】 ⇩しずく

よど【淀】 ⇩かわ(川)

よどおし【夜通し】 夜明かしの麻雀 夜更かし 夜もすがら 夜っぴて 夜中《よるじゅう》 一晩中 宵越《よいご》し 終夜 終宵 徹夜 徹宵 通夜《つうや》 通宵 通晩 オールナイト ▽夜なべ仕事 夜業 残業 ▽通夜《つや》っ 夜伽《よとぎ》

よどむ ①【淀む】 流れが淀む↓ながれる ②【澱む】 泥が澱む↓しずむ

よなか【夜中】 ⇩よる(夜)

よなべ【夜なべ】 ⇩よどおし

よにげ【夜逃げ】 ⇩いえで

よねつ【余熱】 ⇩ほとぼり

よねん【余念】 ⇩ざつねん

よのなか【世の中】 世に出る 浮き世 世間《せけん》 世俗 世上 俗世 俗世間

俗間　巷間《こうかん》　市井　江湖に訴える　娑婆《しゃば》　現世　社会　天下

よは【余波】 ⇩えいきょう

よばん【夜番】 ⇩ばんにん

よび【予備】 用意　準備　備え　控え　タイヤのスペア

よびかける【呼び掛ける】 ⇩さそう

よびだす【呼び出す】 証人を呼ぶ　召し出す　呼び‐付ける・寄せる・戻す　証人を召喚する　大使を召還する　総会を招集する　国会を召集する　人夫を徴集する

よびとめる【呼び止める】 ⇩さそう

よびもどす【呼び戻す】 ⇩よびだす

よびよせる【呼び寄せる】 ⇩まねく

よぶ【呼ぶ】 客・医者‐を呼ぶ　↓まねく　▽「賛成」と呼ぶ者あり↓さけぶ　▽【喚ぶ】証人を喚ぶ↓よびだす

よふかし【夜更かし】 ⇩よどおし

よふけ【夜更け】 ⇩よる（夜）

よぶん【余分】 ⇩あまり

よほう【予報】 ⇩よそう

よぼう【予防】 防止　防遏《ぼうあつ》　抑える　食い止める　▽防疫　避妊　防火　水防　治水　防災

よほど【余程】 ⇩かなり

よまわり【夜回り】 ⇩ばんにん

よみあやまり【読み誤り】 読み‐損ない・損じ・違い・間違い・落とし　誤読　脱読　▽見‐誤まり・損ない・損じ・違い・間違い　取り違え

よみがえる ①【蘇る】枯れた松が蘇る　↓いきかえる　②【甦る】昔の姿が甦る↓かいふく

よみする【嘉する】 ⇩ほめる

よみせ【夜店】 ⇩みせ

よみちがい【読み違い】 ⇩よみあやまり

よむ ①【読む】［対］書く　本・字‐を読む　読み‐取る・上げる　繙《ひもと》く　閲《けみ》する　閲読　通読　判読　解読　精読　熟読玩味　味読　黙読　素読　朗読　音読　▽拾い・走り・流し・斜め‐読み　読書　書見　披見　読経《どきょう》　誦経《ずきょう》　看経《かんきん》　［敬語］『相手方が』お読みになる　ご覧・ご一読・ご笑読‐になる／『自分側が』拝見する　拝読いたします　②【詠む】詩歌　吟じる　作る　作詩　作歌　詠歌　詩を詠む　詠じる

よめ【嫁】 ［対］婿　嫁御　嫁っ子　花嫁　花嫁御寮　若奥様　嫁婦　新婦　新妻　新嫁　新室　新夫人　［敬語］『相手方の』ご新造様　ご寮人様　お嫁様　嫁御様　ご令嫁様　〔名〕様／『自分側の』嫁　嫁婦　〔名〕

よめい【余命】 ⇩いのち

よめいり【嫁入り】 ⇩えんぐみ

よもすがら【夜もすがら】 ⇩よどおし

よもや ⇩まさか

よもやまばなし【四方山話】 ⇩ざつだん

よゆう【余裕】 ⇩ゆとり

よよ【世々】 ⇩だいだい

よりあい【寄り合い】 ⇩あつまり

よりあつまる【寄り集まる】 集まる　人家が密集する　鳥が群がる　蠅が集《たか》る　人口稠密《ちゅうみつ》な都市

よりかかる【寄り掛かる】 ⇩もたれる

よりすぐる【選り択る】 ⇩えらぶ

よりどころ【拠り所】根拠　論拠　準拠　憑拠《ひょうきょ》　憑証　依拠　出自　出典　原拠　前例　先例

よりぬき【選り抜き】⇩すぐれる

よりぬく【選り抜く】⇩えらぶ

よりみち【寄り道】傍道《わきみち》　序《つい》で　道草を食う　▽途次　途上　路次

よりょく【余力】⇩ゆとり

よりわける【選り分ける】仕分ける　取り分ける　部分け　仕訳　選別　類別　分類

よる【夜】対昼　夜《よ》　宵《よい》　夜半《よわ》の月　晩《ばん》　夜分　夜間　暮夜　▽夜更け　夜中　真夜中　夜半　深夜　中夜　深更に及ぶ　三更　▽闇夜《やみよ》　暗夜　冥夜《めいや》　月夜　星月夜　朧《おぼろ》月夜

【夜の区分】初更・甲夜（七時～九時）／二更・乙夜《いつや》（九時～十一時）／三更・丙夜（十一時～一時）／四更・丁夜（一時～三時）／五更・戊夜《ぼや》（三時～五時）

よる ①【寄る】そばに　本屋に寄る　立ち寄る　▽【倚る】椅子《いす》・欄干に倚る　↓もたれる　②【因る】事故は過失に因る　↓げんいん　③【拠る】資料・城に拠る　↓たよる　④【依る】先例・労働に依る　↓もとづく

よる【選る・択る】⇩えらぶ

よる ①【撚る】ねじる　紙を撚る　撚《ひね》る　捩《ね》じる　捩《よ》じる　捩《も》じる　紙撚《こより》　②【縒る】組み合わせる　糸・緒を縒る　縒り合わせる　紡ぐ　縄を綯《な》う

よるひる【夜昼】⇩いつも

よるべ【寄る辺】⇩しんるい

よろい【鎧】甲《こう》　物の具　具足　甲介　甲鎧《こうがい》　鉄甲　堅甲　戎衣《じゅうい》　▽鎧兜《よろいかぶと》　甲冑《かっちゅう》　介冑　鎧冑

よろける　よろめく　ふらつく　よろよろ　ふらふら　よちよち　蹌踉《そうろう》　蹣跚《まんさん》　▽がたつく　揺るぐ

よろこばしい【喜ばしい】⇩うれしい

よろこびごと【喜び事】⇩いわい

よろこぶ【喜ぶ】うれしい　快復を喜ぶ　嬉《うれ》しがる　大喜び　歓喜　随喜　狂喜　▽【悦ぶ】満足　隠退を悦ぶ　悦んで従う　愉悦　恐悦　悦喜　法悦境に入る　満悦　大悦　感悦　喜悦　▽【欣ぶ】成功　合格を欣ぶ　小躍りする　欣喜《きんき》　雀起《じゃっき》　欣喜雀躍　欣然　欣快に堪えない　▽【慶ぶ】祝う　婚約を慶ぶ　大慶至極　同慶　慶賀　慶祝　慶祥　敬語〔相手方が〕お喜び・ご満悦・ご喜悦のことと存じます／〔相手方を〕お喜び申し上げます／〔自分側が〕大喜び・感悦至極・恐悦至極でございます　嬉しく・喜ばしく存じます　心から喜んでおります／〔お互いに〕ご同慶の至りに存じます

よろしい【宜しい】しても・丁度宜《よ》い　▽承知した　差し支え・差し障りない　合点だ　オーケー　オーライ

よろしく【宜しく】何分・何卒《なにとぞ》・どうか・どうぞ宜しく　宜《よ》しなに願う　然《しか》るべく　悪《あ》しからず

よろず【万】⇩すべて

よろめく ⇩よろける

よろん【世論・輿論】 世論《せろん》　民論　衆論　公論に決する　国論　世評を気にする　物議を醸す　民の声

よわい【齢】 ⇩とし(年)

よわい【弱い】 対強い　弱々しい　か弱い　ひ弱い　軟弱　脆弱《ぜいじゃく》　微弱　意志・根拠－薄弱　劣弱　貧弱　弱体　▽惰弱　柔弱　怯懦《きょうだ》　優柔　▽虚弱　繊弱　病弱　蒲柳《ほりゅう》の質　華奢《きゃしゃ》

よわき【弱気】 対強気　弱腰　逃げ腰　尻《しり》込み　引っ込み思案　▽内気　気弱　内弁慶　小心翼々

よわたり【世渡り】 身の振り方　社交　処世　渡世　保身　人生行路

よわみ【弱味】 ⇩けってん

よわむし【弱虫】 弱味噌《みそ》　泣き虫　泣き味噌　腰抜け　腑抜《ふぬ》け　意気地《いくじ》無し　卑怯《ひきょう》者　臆病《おくびょう》者

よわめる【弱める】 対強める　弱くする　弱らせる　財を傾ける　衰えさせる　弱化　弱体化

よわよわしい【弱々しい】 ⇩よわい(弱い)

よわる【弱る】 ①勢力が弱る　弱くなる　弱り－切る・果てる　悄《しお》れる　衰える　衰弱　衰微　衰退　衰弊　衰亡　萎靡《び》　②出来なくて弱る↓こまる

よんどころない【拠無い】 ⇩しかたがない

ら

ら【等】 ⇩たち(達)

らいきゃく【来客】 ⇩きゃく

らいげつ【来月】 対先月　次月　翌月　来○月　翌○月　次の月　明くる月　▽再来月《さらいげつ》　翌々月　翌々○月　次の次の月

らいさん【礼賛・礼讃】 ⇩ほめる

らいせ【来世】 ⇩あのよ

ライセンス ⇩めんきょ

らいどう【雷同】 ⇩さんせい

らいにち【来日】 来朝　訪日　訪朝　日本訪問

らいねん【来年】 対去年　次年　翌年　明年　来歳　来春　明春　来○年　翌○年　次の年　明くる年　来る年　年も改まって　▽再来年　翌々○年　次の次の年

らいはい【礼拝】 ⇩おがむ

ライバル ⇩あいて

らいほう【来訪】 ⇩くる(来る)

らいゆ【来由】 ⇩いわれ

らいれき【来歴】 ⇩りれき

らく【楽】 ⇩くつろぐ

らくえん【楽園】 ⇩べってんち

らくがき【落書き】 ⇩いたずら

らくご【落伍】 脱落者　戦線から離脱する　落ちる　遅れる　後に取り残される

らくさ【落差】 ⇩さ

らくしゅ【落手】 ⇩うけとる

らくせい【落成】 ⇩できあがる

らくだい【落第】 対合格・及第　不合格　失格　失敗　留年　残留組　落ちる　元級に留《とど》まる

らくたん【落胆】 ⇩がっかり

らくちゃく【落着】 ⇩かいけつ
らくてんか【楽天家】 対厭世家　オプチミスト　呑《のん》気《き》者・坊主　▽楽天主義　オプチミズム
らしい ⇩ようだ
ラスト ⇩おわり
らたい【裸体】 ⇩はだか
らっか【落下】 ⇩おちる
らっかせい【落花生】 ⇩まめ（豆）
らつわん【辣腕】 ⇩びんわん
ラブ ⇩こい（恋）
られる（受身）　される　せられる　受ける　ご訪問を賜る　…にあずかる　くださる　いただく　…を仰ぐ　…に接する　…を被る　…に浴する
らん【乱】 ⇩たたかい
らんかん【欄干】 ⇩てすり
らんざつ【乱雑】 ⇩みだれ
らんぞう【乱造・濫造】 ⇩せいさん（生産）
らんだ【乱打】 ⇩うつ（打つ）
ランチ ⇩ひるめし
ランデブー ⇩デート
らんとう【乱闘】 ⇩くみうち
らんぴつ【乱筆】 ⇩あくひつ
らんぼう【乱暴】 粗暴　無法　暴行　暴戻　凶悪　猛悪　獰猛《どうもう》　狼藉《ろうぜき》　荒い　手荒　荒々しい　猛々《たけだけ》しい　がさつな人　▽腕力・暴力を振るう　力ずくで取り返す　腕ずく　力任せに引っ張る　腕任せ
らんまん【爛漫】 ⇩さきみだれる

り

リーダー 案内人　指導者　主導者　統率者　指揮者　主将　大将
りえき【利益】 対損害　利《り》　益《えき》　得《とく》　為《ため》になる　収益　純益　益金　利得　利潤　差益　マージン　利鞘《りざや》　黒字　儲《もう》け　▽大利　巨利　暴利をむさぼる　丸儲け　大儲け　小利　薄利多売　細利　▽一挙両得　一石二鳥
りえん【離縁】 ⇩えんきり
りかい【理解・理会】 対表現　了解　了承　了得　納得《なっとく》　会得《えとく》　得心　合点《がてん》がいく　首肯　分かる　受け止める　飲み込む　物分かり　通りがいい　▽早分かり　早合点　早飲み込み　独り合点　敬語（相手方が）ご理解　ご了解　ご承知　ご納得　ご賢察　お酌《く》み取り　お含みおき
りがい【利害】 損得　損益　得失　得喪　長短　▽一利一害　一得一失
りきさく【力作】 労作　大作　傑作　名作　佳作　▽大著　雄編　豪編
りきし【力士】 関取《せきとり》　相撲《すもう》取り　お相撲さん　▽横綱　大関　関脇《せきわけ》　小結《こむすび》　前頭《まえがしら》　十両　幕内　幕下　▽レスラー　ボクサー
りきせつ【力説】 ⇩しゅちょう
りきせん【力戦】 ⇩たたかう（戦う）
りきむ【力む】 ⇩げきする
りきゅう【離宮】 ⇩こうきょ
りく【陸】 対海　陸《おか》で釣る　陸地　陸上　平陸　大陸　大地　州《しゅう》
りくつ【理屈・理窟】 理《り》　道理　事理

論理　論法　理路整然と説明する　条理　訳の分かった人　筋《すじ》　筋道　筋合い　辻褄《つじつま》を合わせる　▽屁《へ》理屈　こじつけ　付会　牽強《けんきょう》付会　詭弁《きべん》を弄する　曲論

りげん ①【俚言】俚言を懐かしむ↓ほうげん　②【俚諺】俚諺を引く↓ことわざ

りこう【利口・悧巧】⇩かしこい(賢い)

りこう【履行】⇩じっこう

りこしゅぎ【利己主義】⇩わがまま

りこん【離婚】⇩えんきり

りさい【罹災】⇩こうむる

りし【利子】⇩りそく

りじゅん【利潤】⇩りえき

りしょく【離職】⇩しつぎょう

リズム　速いテンポ　拍子　間《ま》拍子　調子　律動　歩調　▽リズムを取る　囃《はや》す　手拍子　足拍子

りする【利する】⇩やくだてる

りせい【理性】[対]感情　理知的　知性　英知　認識　分別のある人　思慮

りそう【理想】[対]現実　理念　努力目標　▽理想的　最高　最上　アイデアル　ビジョン　▽理想郷　桃源郷　別天地　ユートピア

りそく【利息】[対]元金　利　金利　利子　利分　利札《りふだ》　▽日歩《ひぶ》　月利　年利　高利　低利　単利　複利

りちぎ【律儀・律義】⇩まじめ

りつ【率】⇩わりあい

りっしん【立身】⇩しゅっせ

りっする【律する】⇩しいる(強いる)

りったい【立体】[対]平面　三角錐《すい》　四面体　ピラミッド　立方体　直方体　六面体　多面体　球　三角柱　四角柱　多角柱

りっぱ【立派】見事　素敵《すてき》　上出来　素晴らしい　華々しい式典　麗々しい　デラックス　ゴージャス　ワンダフル　壮麗　華麗　豪華版　豪勢　壮大　雄大　雄渾《ゆうこん》　優秀　秀逸　洗練　▽天晴《あっぱれ》　頼もしい　歴《れっき》とした会社　威風堂々

りっぷく【立腹】⇩いかり

りてい【里程】⇩きょり

りてん【利点】⇩ちょうしょ(長所)

リハーサル　⇩れんしゅう

りはつ【理髪】⇩びよう

りひ【理非】⇩ぜひ

りびょう【罹病】⇩はつびょう

りふじん【理不尽】⇩むり

リボン　⇩アクセサリー

りめん【裏面】[対]表面　①封筒の裏面↓うら　②会社の裏面　内情　内実　内部　内面　内幕《うちまく》　楽屋裏

りゃくす【略す】⇩はぶく

りゃくだつ【略奪・掠奪】⇩うばう

りゆう【理由】事由　所由　事理　事情　仔細《しさい》　因縁　由来　来た訳《わけ》を聴く　由《よし》　故《ゆえ》　所以《ゆえん》　訳合い　筋《すじ》　筋道　廉《かど》　謂《い》われ

りゅうい【留意】⇩ちゅうい

りゅうかん【流感】⇩かぜ(風邪)

りゅうき【隆起】⇩ふくらむ

りゅうぎ【流儀】流派　門流　門派　方

り

法　遣《や》り方　仕方　仕来りに従う

りゅうげん【流言】⇩うわさ

▽自己流　我流

りゅうこう【流行】風潮　好尚　当世風　好み　流行《はやり》　ブーム　ファッションモード

りゅうざん【流産】⇩しぬ

りゅうしょう【隆昌】⇩さかん

りゅうせい【隆盛】⇩さかえる

りゅうねん【留年】⇩らくだい

りゅうは【流派】⇩りゅうぎ

りゅうれい【流麗】⇩じょうひん

りょう ①【漁】魚貝　釣り　網　引き網　地引き網　投げ網　投網《とあみ》　魚を取る　漁業　フィッシング

②【猟】鳥獣　狩り　鳥撃ち　猪を仕留める　狩る　取る　猟銃　狩猟　射猟　銃猟　遊猟　ハンティング

りょう【量】嵩《かさ》　升目《ますめ》　量目　分量　数量　容積　容量不足　物量　正味《しょうみ》　ボリューム　▽雨量　水量

りょう【寮】⇩げしゅく

りよう【利用】活用法　運用　適用　善用　流用　充用　代用　薬の乱用　▽機に乗じる　付け入る　寸暇を盗む

りよう【理容】⇩びよう

りょうが【凌駕】⇩しのぐ

りょうかい【了解・諒解】⇩りかい

りょうきん【料金】料　代金　代価　代償　損料　▽工賃　工銭　手間賃　▽家賃　地代　宿賃　▽運賃　足代　船賃　送料

りょうさん【量産】⇩せいさん(生産)

りょうし ①【漁師】魚貝　漁民　漁夫　海女《あま》　フィッシャーマン

②【猟師】鳥獣　狩人《かりゅうど》　ハンター

りょうしき【良識】⇩じょうしき

りょうしゃ【両者】⇩りょうほう

りょうしょう【了承・諒承】⇩うけいれる

りょうしん【両親】⇩おや

りょうしん【良心】⇩まごころ

りょうてい【料亭】⇩しょくどう

りょうど【領土】領《りょう》　領地　領分　所領　領域　領国　版図　▽領空　領海　▽植民地　租界

りょうひん【良品】⇩しなもの

りょうほう【両方】両者　二者　二方　双方　両人　両名　互い

りょうよう【療養】⇩せいよう(静養)

りょうり【料理】調理　割烹《かっぽう》　炊事　煮炊き　クッキング　▽味付けの腕　調味　▽ご馳走《ちそう》　生物《なまもの》　刺身《さしみ》　酢の物　煮物　魚の焼き物　揚げ物　漬物　鍋物《なべもの》

りょうりにん【料理人】料理番　調理人　厨人《ちゅうにん》　庖人《ほうじん》　板前　賄い人　賄い番　賄い方　コック

りょうりや【料理屋】⇩しょくどう

りょかく【旅客】⇩たびびと

りょかん【旅館】⇩やどや

りょくち【緑地】⇩こうえん(公園)

りょこう【旅行】旅《たび》　旅路《たびじ》　道中　行脚《あんぎゃ》　観光　遊山《ゆさん》　行楽　遍歴　巡歴　周遊　回遊　遊覧　漫遊　外遊　洋行　トリップ　トラベル　ツアー　▽日帰り　夜行

り

りょこうき【旅行記】⇩きこう（紀行）
りょこうしゃ【旅行者】観光・遊覧ー客　漫遊者　旅人　ツーリスト　トラベラー
りょしゅう【旅愁】⇩たびごころ
りょじょう【旅情】⇩たびごころ
りょひ【旅費】⇩ひよう
りりしい【凛々しい】⇩いさましい
りれき【履歴】経歴不明　来歴　閲歴　前歴　略歴　▽学歴　職歴　▽逸話　逸事　逸聞　伝記
りろん【理論】理《り・ことわり》　道理　論理　学理　条理　純理　真理　至理　正理　妙理　哲理　真如《しんにょ》　理路整然とした論説文　理屈　訳《わけ》の分からないことを言う　筋を通す　筋道が通る　辻褄《つじつま》を合わせる
りん【鈴】鈴《すず》　ベル　円鈴　鈴鐸《れいたく》　木鐸《ぼくたく》　▽呼び鈴　風鈴
りんかい【臨界】⇩さかい
りんかく【輪郭・輪廓】大要　概要　大体　大略　粗まし　アウトライン
りんじ【臨時】①臨時の会合　随時開く　不時　一時的　不定時　不定期　②臨時の建物→かり
りんじゅう【臨終】⇩しにぎわ
りんしょく【吝嗇】⇩けち
りんじん【隣人】⇩しりあい
りんせき【臨席】⇩しゅっせき
りんり【倫理】⇩どうとく

る

るい【累】⇩わざわい
るい【類】⇩しゅるい
るいぎご【類義語】類語　類句　類意語　▽同義語　同意語　シノニム
るいけい【累計】⇩ごうけい
るいご【類語】⇩るいぎご
るいじ【類似】⇩にている
るいしょう【類焼】⇩やける
るいすい【類推】⇩おしはかる
るいする【類する】⇩にている
ルーズ⇩いいかげん
ルート⇩みち
ルール⇩ほうそく
るざい【流罪】⇩しまながし
るす【留守】不在　外出中　空きの時　▽留守番　留守居　留守居番
るふ【流布】⇩ふきゅう（普及）
るる【縷々】細かく　詳しく説明する　事細かく　詳細に　微に入る
るろう【流浪】⇩さまよう

れ

れい【礼】⇩あいさつ・おじぎ・おれい
れい【例】用例　事例　実例　類例　適例　好例　引例　例証十分　引証　引き合いに出す　ケース　例えを引く
れい【霊】魂《たましい》　先代のみ霊《たま》　霊魂　英霊　神霊　スピリット
れいがい【例外】破格　変格　変則　格外　規則外　規則外れ　除外例　特例扱い　特別　異例　別扱い
れいぎ【礼儀】礼　礼節　礼法　礼式

る

作法　行儀　儀礼　儀法　エチケッ
ト ▽品行　行状　身状《みじょう》　規律
れいぐう【冷遇】⇩もてなす
れいげん【例言】⇩まえがき
れいげんあらたか【霊験灼か】⇩ききめ
れいこう【励行】⇩じっこう
れいこく【冷酷】⇩むごい
れいこん【霊魂】⇩たましい
れいさい【零細】⇩ちいさい
れいしょう【冷笑】⇩あざける
れいじょう【霊場】⇩てら
れいせい【冷静】⇩おちつき
れいそう【礼装】⇩せいそう（正装）
れいぞく【隷属】⇩しょぞく
れいたん【冷淡】⇩ふしんせつ
れいみょう【霊妙】⇩ふしぎ
れいれいしい【麗々しい】⇩りっぱ
れきし【歴史】史伝　青史《せいし》　正史　野
史　外史　由来　来歴　沿革　興亡
▽国史　東洋史　西洋史　戦史
れきだい【歴代】⇩だいだい
レコード ①レコードを破る ↓きろく
②レコードを聴く　音盤　SP（七十八
回転）EP（四十五回転）LP（三十三回
転三分の一）ステレオ ▽録音テープ
ビデオ
レジスタンス ⇩てむかう
れつ【列】並び　最初の行《ぎょう》　隊列　隊
伍《たいご》　縦列　横列 ▽同列　前列
後列 ▽行列　行進　デモ行進
れっきとした【歴とした】⇩りっぱ
れっしゃ【列車】⇩てつどう
れっする【列する】⇩ならぶ
れっせき【列席】⇩しゅっせき
れっとうかん【劣等感】図優越感　劣悪
感　敗北感　下位感　引け目　僻《ひが》み
肩身が狭い　コンプレックス
レベル　スタンダード　水準　標準　基
準　平均
レポート ⇩ほうこく
れんあい【恋愛】⇩こい（恋）
れんげ【蓮華】⇩さじ
れんけい【連携】⇩ていけい
れんごう【連合・聯合】⇩きょうどう（協
同）
れんざ【連座・連坐】⇩まきぞえ
れんしゅう【練習】訓練　調練　習練
教練　演習　鍛練　練磨　稽古《けいこ》
お温習《さらい》　野球のトレーニング　英語
のドリル　ピアノのレッスン ▽前稽
古　舞台稽古　リハーサル
れんぞく【連続】⇩つづく
れんたつ【練達】⇩じょうたつ
れんま【錬磨】⇩しゅぎょう（修業）
れんめい【連名】⇩なまえ
れんめい【連盟・聯盟】同盟　連携業務
提携　連鎖店　チェーンストア　協会
共同体　リーグ
れんらく【連絡・聯絡】①両者が連絡す
る　連携　気脈を通じる　②相手方に
連絡する　通知　沙汰《さた》　知らせる
敬語（相手方から）ご連絡　ご沙汰

ろ

ろ【炉】⇩だんぼう

ろう【牢】 獄《ごく》 牢獄 監獄 刑獄 囚獄 獄舎 鉄窓 鉄格子 拘置所 刑務所 収容所 牢屋《ろうや》 プリズン ラーゲル
ろう【労】⇩どりょく
ろうか【廊下】 縁 縁側 濡《ぬ》れ縁 ▽歩廊 寺院の回廊 殿廊 長廊 渡り廊下 橋懸かり ギャラリー
ろうかい【老獪】⇩ずるい
ろうご【老後】 余生を送る 余命 余年 老い先が短い 行く末
ろうごく【牢獄】⇩ろう(牢)
ろうさく【労作】⇩りきさく
ろうじん【老人】⇩としより
ろうする【労する】⇩はたらく
ろうする【弄する】⇩いじる
ろうぜき【狼藉】⇩らんぼう
ろうそ【労組】⇩だんたい
ろうたい【老体】⇩おい(老い)
ろうどう【労働】⇩はたらく
ろうどう【郎党・郎等】⇩けらい
ろうどうしゃ【労働者】 対資本家 労務者 ▽職工 工員 女工 男工 人夫 人足 線路工夫《こうふ》 土方《どかた》 土工 肉体労働者 ▽日雇い 日傭取《ひようとり》
ろうどく【朗読】⇩よむ(読む)
ろうにん【浪人】⇩むしょく
ろうば【老婆】⇩としより
ろうばい【狼狽】⇩あわてる
ろうひ【浪費】⇩むだづかい
ろうふ【老父】⇩そふ
ろうぼ【老母】⇩そぼ
ろうほう【朗報】⇩しらせ
ろうむ【労務】⇩しごと
ろうや【牢屋】⇩ろう(牢)
ろうりょく【労力】 労苦 辛苦 尽力 努力 出精 骨折り損
ろうれん【老練】⇩じょうず
ろか【濾過】⇩こす(濾す)
ろく【禄】⇩きゅうりょう(給料)
ろくおん【録音】 歌の吹き込み テープ取り 記録 ▽録画 ビデオ取り ダビング
ろくがつ【六月】 水無月《みなづき》 孟夏《もうか》 麦秋 ▽初夏の候 向夏の砌《みぎり》 霖雨《りんう》の折柄 文章 初夏の風も清々《すがすが》しい頃《ころ》となりました／梅雨《つゆ》空の晴れないこの頃 暦 時の記念日(十日)／芒種《ぼうしゅ》(六日ごろ)／入梅(十二日ごろ)／夏至(二十二日ごろ)
ろくしょう【緑青】⇩さび
ろくに【碌に】⇩ほとんど
ろくよう【六曜】 先勝《せんしょう》 友引《ともびき》 先負《せんぶ》 仏滅《ぶつめつ》 大安《たいあん》 赤口《しゃっく》
ろくろく【碌々】⇩ほとんど
ろけん【露見・露顕】⇩あらわれる(現れる)
ろこつ【露骨】⇩あからさま
ろしゅつ【露出】⇩むきだし
ろぼう【路傍】⇩みちばた
ろれつ【呂律】⇩はつおん
ろん【論】⇩がくせつ
ろんぎ【論議】⇩とうろん
ろんきゅう【論及】⇩けんきゅう
ろんきょ【論拠】⇩よりどころ

ろんし【論旨】⇩わけ
ろんじる【論じる】弁じる　述べる　説く　議論　弁論　論戦を展開する
ろんそう【論争】⇩あらそい
ろんり【論理】論法　三段論法　▽帰納法　演繹《えんえき》　敷衍《ふえん》　抽象　捨象　▽仮説　命題

■わ■

わ【和】①二と三の和　総和　総数　総計　合計　通計　通算　合算　累計　全数　全体　総体　締め高　総高《そうだか》　②人の和↓きょうどう
わ【輪】輪-を描く・が回る　車の輪　円《えん》形　サークル　車輪　タイヤ　▽【環】花・飾り-の環　首環　腕環　指環　花環　環状　リング
わいきょく【歪曲】⇩ゆがめる
わいせつ【猥褻】みだら　淫猥《いんわい》　卑猥　猥雑　淫靡《いんび》な本　尾籠《びろう》に亙る　変態的　色欲　エロ　ポルノ　▽猥本　春本　艶本《えんぽん》　淫書　危な絵
わいろ【賄賂】贈り物　贈り・付け-届け　賂《まいない》　袖《そで》の下　コミッション　リベート　▽贈賄　収賄
わか【和歌】⇩うた(歌)
わが【我が】自分のもの　我が-国・校・家　▽【吾が】自分独自の　吾が-志・言・妻
わかい【和解】⇩なかなおり
わかい【若い】若々しい　若気《わかげ》の至り　うら若い　若盛り　少壮　弱冠　弱年　白面　青春　ヤング　ヤングエージ　ティーンエージャー　▽年頃《としごろ》の娘　妙齢の婦人　結婚適齢期
わがくに【我が国】⇩にほん
わかじに【若死に】対長生き　早死にする　短命　早世　夭折《ようせつ》　夭逝　早逝
わかす【沸かす】温める　熱くする　煮沸　沸騰
わかつ ①【分かつ】前後に・昼夜を-分かつ↓はなす　▽【頒つ】実費で頒つ↓くばる　②【別つ】黒白を別つ↓はんだん
わかて【若手】弱輩　後輩　新進気鋭　新参　青二才　若い衆《しゅ》　若造《わかぞう》
わかば【若葉】⇩は(葉)
わがまま【我が儘】気儘　気随　恣《ほしいまま》　勝手《かって》　自分・身・好き-勝手　得手《えて》勝手　我勝ちに　我先に　利己主義　功利的　自己流　我流　我意　恣意《しい》　▽放恣　放縦　放逸　放蕩《ほうとう》　放埒《ほうらつ》　自堕落に暮らす　無軌道　専横　横暴　▽私心　私利　私欲　我利　我欲
わがみ【我が身】自分　自身　一身
わかもの【若者】対年寄り　若人《わこうど》　農村の青年　丁年　成丁　壮丁　未成年　ヤング　▽隣の兄《にい》さん　姐《ねえ》さん
わがや【我が家】⇩じたく
わからずや【分からず屋】暴れん坊　聞かん坊　餓鬼大将　駄々っ子　天《あま》の邪鬼《じゃく》
わからない【分からない】不明　不可解　謎《なぞ》　難解　晦渋《かいじゅう》　不得要領　難しい　敬語〔相手方が〕ご不明　ご不

審／〔自分側が〕不明　不審　不案内

わかりやすい【分かり易い】 対分かり難い　平明　平易　明解　通俗的な本　大衆的　卑近

わかる【分かる】 実際が分かる　訳が知れる　事情・理由ーがはっきりする　仕事のコツを酌《く》み取る　受け止める　呑《の》み込む　噛《か》み分ける　納得　得心　合点《がてん》がいく　▽【解る】 言葉が意味・英語ーが解る　話が通じる　解する　解《げ》せる　理解　▽早分かりをする　早合点してはいけない　▽【判る】 味・善悪ーが判る↓はんだん

わかれみち ①【分かれ道】 みち　枝道　二道《ふたみち》　二叉《ふたまた》　二叉道　二筋道　三つ叉《また》　三つ辻《つじ》　三差路　分かれ目　追分《おいわけ》　岐路《きろ》　支路《しろ》　分岐点　②【別れ道】 とき　別れ路《じ》

わかれめ【分かれ目】 境目　瀬戸際　岐路　分岐点　転機　関頭に立つ

わかれる ①【分かれる】 二つに分かれる　離れる　分離　分化　分解　解体修理　分散会　②【別れる】 友と別れる　集まり散じる　決別　離別　送別　哀別　別離　泣き別れ　暇乞《いとまご》い　生別　生き別れ　死別　告別の辞　永別　死に別れ　敬語〔相手方と〕お別れ　一別以来　退出　辞去　失礼いたします

わかれわかれ【分かれ分かれ】⇩ばらばら

わかわかしい【若々しい】⇩わかい（若い）

わき ①【傍】 傍の方に遣《や》る↓そば　②【脇】 脇に置く↓よこ　③【腋】 からだ　腋の下　小脇　横腹　脇腹

わぎ【和議】⇩なかなおり

わきが【腋臭】⇩できもの

わきだす【湧き出す】⇩わく（湧く）

わきづけ【脇付】⇩じし（侍史）

わきまえ【弁え】 考え　分別　思慮　思慮分別　思案に暮れる　無分別　無思慮　無鉄砲　無謀　◆弁えがない

わきまえる【弁える】⇩こころえる

わきみ【脇見】⇩ふちゅうい

わきみず【湧き水】⇩いずみ

わきみち【脇道】⇩よこみち

わきめもふらず【脇目も振らず】⇩まっすぐ

わきやく【脇役】⇩やくわり

わく【枠】 ①絵の枠　枠取り　絵を額《がく》に入れる　縁《ふち》　額縁　縁《へり》　周《まわ》り　囲み　外郭　外輪　周囲　②予算の枠　範囲　制約　制限

わく ①【沸く】 温度　湯が沸く　沸き立つ・上がる・返る　煮え立つ・返る　滾《たぎ》る　沸騰　②【湧く・涌く】 出る　温泉が湧く　湧き出す・出る　噴出　湧出《ゆうしゅつ》　涌出《ようしゅつ》

わけ【訳】 ①訳を説く　旨《むね》　謂《い》われ　事情　実情　趣旨　論旨　主眼　眼目　要旨　②訳の分かった人↓りくつ　③来た訳を聴く↓りゆう

わけがない【訳がない】⇩たやすい

わけても【分けても】⇩とくに
わけへだて【分け隔て】⇩ひいき
わけまえ【分け前】取り前　取り分　割り前　割り分　配分　配当
わける【分ける】二つに・種類を−分ける　分かつ　区分け　区分　分割　分別　分離　▽【別ける】黒白を別ける↓はんだん　▽【頒ける】実費で頒ける↓くばる
わざ①【技】やりかた　技を磨《みが》く　早技《はやわざ》　技《ぎ》　特技　妙技　技術　技能　技法　技芸　芸　芸能　演芸　演技　手法　テクニック　②【業】おこない　至難の業　神の仕業　仕事　離れ業　軽業　曲芸　曲技　芸当　サーカス　▽人間業　神業
わざと【態と】わざわざするな　殊更《ことさら》　特に　特別に　故意に
わざわい【災い】できごと　不測の災い　難《なん》に遭う　危難　災難　災禍　災害　災厄　惨害　変災　▽【禍】禍いを転じて福と成す　厄《やく》　累《るい》が及ぶ　凶《きょう》　厄難　悲運　悪運が強い　不遇　凶事　不祥事　不仕合わせ　貧乏籤《くじ》　ご難続き　敬語〔相手方の〕ご不幸　ご災厄　ご厄難　ご厄災　ご禍災　ご災難　ご受難
わざわざ【態々】①わざわざ行く　殊更《ことさら》行う　進んで　努めて　折角《せっかく》　遥々《はるばる》　②わざわざするな↓わざと
わさん【和算】⇩すうがく
わずか【僅か】唯《ただ》一つ　たった　少ない　少し　一寸《ちょっと》　些《いさ》か　微《かす》か　僅少《きんしょう》　希少　軽少　些少《さしょう》　鮮少　寡少　微少　些細　瑣末《さまつ》　一抹《いちまつ》の不安　軽微　微細　零細　寸毫《すんごう》の疑いもない　毫末も私しない　毫毛　秋毫
わずかに【纔かに】⇩やっと
わずらい【患い】⇩びょうき
わずらう①【患う】病気　胸を患う　病む　病みつく　流感に罹《かか》る　病気で倒れる　侵される　寝込む　伏せる　休む　発病　罹病《りびょう》　罹患　病臥《びょうが》　②【煩う】思い煩う↓しんぱい
わずらわしい【煩わしい】⇩めんどくさい
わする【和する】⇩したしい
わすれもの【忘れ物】落とし物　失《う》せ物　置き忘れ物　遺失物　紛失物　遺留品　遺品　遺物
わすれる【忘れる】対覚える　忘れ去る　物忘れ　度忘れ　忘失　忘却　失念　遺念　遺忘　健忘症　▽置き忘れる　見忘れる　敬語〔相手方が〕ご失念　ご遺念／〔自分側が〕失念　遺念　遺忘　忘失　忘却
わせい【和製】対舶来　国産　自国産　内国製　日本製
わた【綿】品物　布団の綿　綿入れ　真綿《まわた》　脱脂綿　原綿　▽【棉】植物　棉を栽培する　綿の木　綿花
わだい【話題】話柄豊富　話頭　題材　話の種《たね》　特種《とくだね》　言い草　語り草　トピック　▽議案　議題　議事日程
わだかまり【蟠り】間に隔たりが出来る　争い　凝《しこ》りを残す　不平　不満

わだかまる【蟠る】⇩よこたわる

わたくし【私】①私の兄弟↓わたし ②対おおやけ 私の事 私事《わたくしごと》に過ぎない 私事《しじ》に亙る 私用で休む

わたし【私】対あなた 私《わたくし》の本 私共 自分 此方《こちら》 当方 小生 野生 愚生 不肖 ▽本官 本職 当職 小官 ▽あたし あたい あっし わっし わし こちとらの考えは 俺《おれ》 俺等《おいら》 手前 僕 ▽我《われ》は海の子 我が輩 予《よ》 余《よ》 余輩 乃公《だいこう》 拙者 身共 某《それがし》 この方《ほう》

わたしぶね【渡し舟】⇩ふね(舟)

わたす【渡す】①金・書類ーを渡す 手渡す 引き渡す 受け渡し 資料を配布する 証明書を交付する 授付 下付 ▽身売り ②橋を渡す↓かける

わだち【轍】⇩あと(跡)

わたる ①【渡る】向こう側へ 川・海ーを渡る 越える 渡河 暴虎憑河《ひょうが》 渡渉 渡航 ▽人手に渡る↓うつる ②【亙る・渉る】関係 三時間に亙る 跨《また》がる 及ぶ ▽一身上に亙る 及ぶ 関係する 行き渡る

わな【罠】①兎《うさぎ》を捕る罠 仕掛けに掛かる 落とし穴に嵌まる 陥穽《かんせい》に落ちる ②罠に掛ける↓だます

わななく【戦く】⇩ふるえる

わびしい【侘しい】⇩さびしい

わびる ①【詫びる】過ちを詫びる↓あやまる ②【侘びる】雨を侘びる↓しんぱい

わふう【和風】対洋風 和様 和式 日本風 日本式 御国《みくに》振り

わへい【和平】⇩なかなおり

わめく【喚く】⇩さけぶ

わらい【笑い】笑みを含む 笑窪《えくぼ》 微笑《ほほえ》み 微笑 含笑 スマイル ▽大笑い 高笑い 馬鹿《ばか》笑い 大笑 高笑 爆笑 絶笑 抱腹絶倒 ▽空《から》笑い 空《そら》笑い 作り笑い 無理笑い 苦《にが》笑い 噴き出し笑い 苦笑 微苦笑 失笑を買う ▽くすくす笑い 薄笑い 忍び笑い 盗み笑い 盗笑

わらいがお【笑い顔】⇩えがお

わらいばなし【笑い話】おどけ話をする 一口話 笑話 笑語 笑談 戯言を弄する 諧謔《かいぎゃく》 諧語 滑稽譚《こっけいたん》 ▽落とし咄《ばなし》 落語

わらう【笑う】対泣く 大声で・喜んでー笑う 笑む 微笑《ほほえ》む にこにこする 北叟《ほくそ》笑む 思わず噴き出す 笑いー零《こぼ》れる・崩れる 笑い興じる 相好《そうごう》を崩す 腹を抱える 腹の皮を捩《よじ》る 破顔一笑 一同解顔 破笑 発笑 莞爾《かんじ》 婉然《えんぜん》 ▽【嗤う】馬鹿《ばか》にして嗤う↓あざける

わらじ【草鞋】⇩げた

わらべ【童】⇩こども

わりあい【割合】①割合を出す 割《わ》りが悪い 率《りつ》 歩合を計算する 歩止まり レート 比率 倍率 ▽百分比 百分率 パーセント パーセンテージ ▽比例 正比例 反比例 逆比例 複比例 ②割合多い↓わりに

わりあいに【割合に】⇩わりに

わりあてる【割り当てる】 割り-振る・付ける 宛《あ》てがう 配る 充当 配当 配分 予算を配賦する 分配 分賦 分担 ▽山分け 頭割り 均分 利益を折半する

わりかん【割り勘】 ⇩しはらい

わりこむ【割り込む】 ⇩はいる

わりに【割に】 割合多い 割合にある 比べて 思ったより ずっと良い 比較的 ▽割高 割安

わりびく【割り引く】 値引く 引き・切り-下げる 掛け値売り 値下げ ▽二割引き 八掛け 半値 半額 ディスカウント ダンピング

わる【割る】 裂く 砕く 打ち-割る・砕く 壊す 粉々にする 窓の破壊 破砕 粉砕 ▽割り算 八を二で割る 除する

わるい【悪い】 邪《よこしま》 悪《あ》く 不良 不可 悪質 悪性 邪悪 凶悪 極悪 敬語〔自分側〕粗末な 粗末至極の 形・心-ばかりの 細《ささ》やかな 詰まらぬ 不出来な 不揃《ぞろ》いな お笑い草までに お恥ずかしく存じますが 粗品 粗茶 粗酒 粗菓 粗果 粗飯 粗宴

わるがしこい【悪賢い】 ⇩ずるい

わるぎ【悪気】 別に悪意はない 邪意 悪心 邪心を去る 他意はない 別意 故意

わるくち【悪口】 憎まれ口 悪口《あっこう》 悪罵《あくば》 悪言 悪評 悪態を吐く 悪口雑言《ぞうごん》 毒舌 毒言 暴言 罵詈《ばり》 罵倒 罵詈讒謗《ざんぼう》 ▽陰口《かげぐち》 中傷 讒言

わるだくみ【悪企み】 ⇩くわだて

わるぢえ【悪知恵】 ⇩ずるい

わるびれる【悪びれる】 ⇩おそれる（恐れる）

わるもの【悪者】 曲者《くせもの》 人で無し 悪人 悪漢 悪玉 悪徒 悪党 大悪人 極悪人 極道者 凶徒 凶漢 暴徒 暴漢 不逞《ふてい》の輩 食わせ者 人非人

われ【我・吾】 ⇩わたし

われがちに【我勝ちに】 ⇩わがまま

われしらず【我知らず】 ⇩うっかり

われめ【割れ目】 氷の裂け目 切れ目 干割れ クレバス 亀裂

われる【割れる】 こわれる ガラスが割れる 壊れる 砕ける 砕け散る 裂ける 粉々になる 破壊 破砕 粉砕 ▽【破れる】 ひび 小判が破れる 罅《ひび》が入る 亀裂《きれつ》

われわれ【我々・吾々】 私《わたくし》共 私《わたし》共 私達《わたくしたち》 私《わたし》達 我ら 我が徒 吾人《ごじん》 我輩《わがはい》 我們《わがもん》

わん ①【椀】 木製 吸い物の椀 汁椀 漆椀に盛る 平椀 大椀 ②【碗】 陶磁器 飯の碗 茶碗 飯碗 飯茶碗 陶碗 玉碗

わん【湾】 ⇩うみ（海）

わんきょく【湾曲】 ⇩まがる

わんぱく【腕白】 腕白小僧 悪童連 悪太郎 悪少年 悪戯《いたずら》小僧 聞かん坊

わんりょく【腕力】 ⇩らんぼう

手紙の書き方

普通の手紙には、一定の組み立てがある。「拝啓」などの頭語に始まって、前文、主文、末文と続き、「敬具」などの結語に終わる。その後に後付けが加わり、必要に応じて追伸が付く。以下、この順序で縦書きの場合について解説し、最後に、封筒の書き方、横書きの場合の書き方に及ぶ。

頭語

手紙の最初が、「拝啓」などの頭語になる。女性の場合は「一筆申し上げます」などとも。頭語は、一字下げにせず、行の最初から書く。頭語の後は、一字分明けて次を書くが、主文が短いときは、改行してもよい。頭語の種類については、本書の「拝啓」の項を参照のこと。ただし、年賀状、時候見舞い、死亡通知、弔慰状には頭語を用いない。

前文

頭語の後に、前文が続く。前文では、時候のあいさつのほか、相手方の安否を尋ね、自分側の安否を述べる。感謝のあいさつ、疎遠の陳謝、迷惑の陳謝もある。これらを省略したり簡略にしたりするときには、頭語を「前略」とする。ただし、被災見舞い、病気見舞いは、急ぐ趣旨から「急啓」とし、すぐ主文に入る。年賀状、時候見舞い、死亡通知、弔慰状には、頭語だけでなく前文も書かない。

●時候のあいさつ　頭語の後に、普通はその手紙を書くときの時候について述べる。構成は、「秋冷の候」としてそのまま次に続ける形と、「街路樹の葉も日ごとに黄ばむ昨今となりました。」という短文の形とある。季節に応じての書き方は、本書の「正月　一月　…　十二月　年末」の各項を参照のこと。なお、業務上の手紙では、季節に関係なく「時下」を用い、「時下ますますご清祥のこととお喜び申し上げます。」とし、安否のあいさつへ続けてもよい。

付

●安否のあいさつ（相手方）　尋ねる形は、「その後お変わりもございませんでしょうか、お伺い申し上げます。」となる。推量の形にして「相変わらずお元気でお過ごしのことと存じます。」としてもよい。伝聞の形で「お変わりもなくお過ごしの由、お喜び申し上げます。」もある。印刷書状では、「貴家ますますご清祥の段、慶賀の至りに存じます。」などとも。ただし、無事でないことが分かっていれば、「その後ご容体いかがでございましょうか、ご案じ申し上げます。」など。会社や官庁にあてる場合には、「貴社ますますご隆盛の趣、お喜び申し上げます。」など。

●安否のあいさつ（自分側）　こちらのことは、無事だけを知らせる。「なお、私ども一同無事過ごしておりますから、他事ながらご安心ください。」「下って、当方相変わらず元気でおります故、ご休心くださるようお願い申し上げます。」など。特に親しい間柄では、無事でない事情を書いてもよい。「この冬は家族一同風邪を引き、困り抜いております。」など。ただし、未見の相手方や、会社・官庁にあてる手紙は、安否のあいさつ（自分側）を書かない。

●感謝のあいさつ　日ごろ受けている恩を感謝する場合に書く。一般的には「日ごろは何かとお世話になり、お礼の申し上げようもございません。」など。硬い形は「毎々格別のご高配を賜り、有り難く厚く御礼申し上げます。」など。最近特にお世話になったことがあれば「先日は突然お伺いいたしたにもかかわらず種々ご教示賜りましたこと、重ねて御礼申し上げます。」など。

●疎遠の陳謝　平素ごぶさたしていれば、そのことに触れて陳謝する。前便の後一か月以上経ていれば、疎遠の陳謝を加えてもよい。「その後久しくごぶさたいたしましたこと、心からおわび申し上げます。」「平素は意外のご無音に打ち過ぎ、誠に申し訳ございません。」など。

●迷惑の陳謝　その手紙を書くまでにいろいろ迷惑を掛けていれば、それについて陳謝する。「いつも何かとご迷惑をお掛けし、申し訳ございません。」など。特に返信が遅れたことについては、「ご返事が遅れ、さぞご迷惑をお掛

付

けしたことと存じます。」「再々お手紙を煩わし、誠に恐縮に存じます。」など。

●**返信のあいさつ**　返信の場合は頭語を「拝復」とし、時候のあいさつを省いて、返信のあいさつへ続ける。「このたびはご丁寧なお手紙、有り難く拝見いたしました。」「十月三日付のお手紙、正に拝見いたしました。」など。その後、受け取った手紙の安否のあいさつに応じ、相手方の無事を祝福する。「ますますお元気にてご活躍の趣、お喜び申し上げます。」「貴家ますますご健勝の由、慶賀の至りに存じます。」など。続けて、安否のあいさつ（自分側）を書き、感謝のあいさつ、疎遠の陳謝、迷惑の陳謝などを続ける。

●**未見のあいさつ**　まだ会ったことのない人に初めてあてる場合は、時候のあいさつの後、未見のあいさつへと続ける。「まだお目にも掛かりませんのに突然お手紙を差し上げる失礼をお許しください。」など。他から紹介してもらった場合は「小生、山下先生からご紹介いただきました田中太郎でございます。」など。自己紹介の形で「まだ拝顔の機を得ませんが、当方田中太郎と申す二十歳の青年でございます。」「ご芳名は承知しておりますが、当方ささやかな雑貨商を営む田中太郎と申す者でございます。」など。

主文

前文のあいさつが終わってから、手紙の中心となる主文に入る。その際、「さて」などの起辞を用いる。

●**起辞の用い方**　必ず行を改めて書くが、一字下げにすることもあり、他の行と同じ高さで書き出すこともある。一字下げにしたほうが砕けた書き方で、他の行と同じ高さにしたほうが格式ばった形になる。起辞は、主文の中で別の用件に移る場合にも、行を改めた最初に用いる。

さて……最も一般的。「さて、このたびは」「さて、早速ながら」「さて、他でもございませんが」「さて、お申し越しの件については」「さて、このたびお手紙を差し上げますのは他でもございません。実は、……」

ところで……変化を付ける場合に用いる。「時に」「実は」

付

「ついては」なども。

承れば……被災・病気などについて間接に知った場合、「急啓」の後にすぐ続けて用いる。「このたびは」「聞くところによりますと」「新聞によれば」「田中様から伺いましたが」なども。弔慰状は、頭語、前文を省き、「承れば」などの起辞で始めてすぐ主文に入る。

●主文の書き方　内容を整理し、文脈を整え、手紙の用件が正しく伝わるように書く。それには、伝える内容についてまず前後の順序を定める。一般的な形は、事件の起こった順序、考えを進めていく順序がよい。時間にゆとりがあれば、一度下書きし、それを読み手の立場で読み返してみる。急ぐ手紙でなければ、一晩置いてから清書する。

●文体の統一　手紙は一定の調子に乗せて、文体を統一する。古くは候文を用いたが、今は「ます体」が一般である。目上にあてる場合には特に丁重に書かなければいけない。その際は、「ます体」で統一するとともに「です」を用いないようにする。「問題です→問題かと存じます」「調べたのですが→調査いたしましたところ」というようにすると丁重になる。同輩にあてる場合には、普通の「です・ます体」でよい。目下や特に親しい間柄には「ますね」「ですよ」など親しみのある形を用いてもよい。愛情の手紙には、平素話すとおりの調子で書くのも一法である。

●敬語の用い方　尊敬表現と謙譲表現を正しく使い分ける。「お書きになる」「お書きなさる」「書かれる」など話題の人を敬う言い方が尊敬表現で、手紙では相手方の事柄に用いる。「お書きする」「お書きいたす」「お書き申し上げる」など話題の人にへりくだる言い方が謙譲表現で、自分側に用いる。その他、手紙では相手方に用いる語と自分側に用いる語と異なる場合が多い。詳細は本書のそれぞれの語の項を参照のこと。

●忌み言葉　手紙によって、用いてはいけない言葉がある。

結婚祝い……「去る　帰る　返す　戻る　別れる　離れる」など離婚を連想させる語。「別紙　格別　帰京　帰宅」など「別・帰」の付く語。

弔慰状……「いよいよ　たびたび　またまた　それぞれ」などの畳語。「重ねて　再び　追って　再三」など二回めを連想させる語。

その他の場合も、これに準じて考えればよい。

●**文字の配置**　原稿用紙は字詰めが決まっているが、手紙は字詰めが自由な用紙に書く。その場合、人名・地名・物名・数字・金額などが二行に分かれないようにする。「がのにを　です　ます」や「趣　旨　間」などの語が行の初めに来ないようにする。自分を指す「小生　私」なども行の初めに来ないようにするが、これらは文字も小さく書くほうがよい。逆に、相手方の代名詞や敬称付きの氏名は、行の終わりに来ないようにする。また、用紙は二枚以上にわたるようにする。やむをえず一枚で終わる場合は、白紙を一枚付けて全体で二枚にする。

末　文

主文の終わった後に来るのが、要旨のまとめを中心とする末文である。末文としては、迷惑を掛けたことに陳謝し、今後もよろしくと愛顧を願い、お体をお大事にと自愛を祈り、皆様によろしくと伝言を頼む。必要に応じ、後日の約束、返信の請求などもここに入れる。ただし、年賀状、時候見舞い、死亡通知、弔慰状には末文を書かない。

●**乱筆の陳謝**　手紙の文字がぞんざいだと思えば、そのことについて末文で陳謝する。「以上、取り急ぎ乱筆の段、どうぞ悪しからずお許しください。」「以上、拙筆の上に急ぎましたので、お分かりにくいところが多いかと存じますが、ご判読の程お願い申し上げます。」など。

●**悪文の陳謝**　手紙の文章が下手だと思えば、それについて陳謝する。「以上、長々と勝手なことばかり書き連ねましたこと、幾重にもおわび申し上げます。」「以上、何分にも取り急ぎましたので、お分かりにくいところも多いかと存じますが、事情ご賢察の程お願い申し上げます。」など。

●**迷惑の陳謝**　その手紙を読むために相手方が貴重な時間を費やしたことに対して陳謝する。「以上、失礼をも顧み

付

ず長々と書き連ねましたこと、何とぞお許しくださるようお願い申し上げます。」など。この種の陳謝は、特に長い手紙や未見の相手方に対して初めて出す手紙などに必要である。また、何か依頼する場合には、新たに迷惑を掛けることになる。「以上、ご無理なことばかり申し上げましたこと、幾重にもおわび申し上げます。」など。時には、相手方の希望に添えないために迷惑を掛けることもある。「以上、お心に添えず誠に申し訳ございませんが、事情ご賢察くださるようお願い申し上げます。」など。

●後日の約束　主文の性質によっては、更に後日詳しく伝えることを約束することにもなる。その際に、「委細は、後日ご拝顔の折に申し上げたいと存じます。」「近日中に弟が参上いたしますので、ご面接を賜りたく、お願い申し上げます。」など。

●返信の請求　主文の性質によっては、相手方からの返信を待つことにもなる。その場合は、「恐縮ながら折り返しご返信を賜りたく、伏してお願い申し上げます。」「ご多忙中ご迷惑ながら近日中にご来訪を賜りたく、よろしくお願い申し上げます。」など。

●愛顧のあいさつ　後日の約束、返信の請求など特別の依頼がない場合には、一般的な形で今後もよろしくとする。普通は「なお、今後とも何とぞよろしくお願い申し上げます。」「なお、今後とも、倍旧のご高配を賜りますようお願い申し上げます。」となる。時には、その内容を具体的に書いてもよい。「何とぞ事情ご了承のうえご協力を賜りたく、よろしくお願い申し上げます。」「今後とも精一杯努める所存でございますので、よろしくご指導の程お願い申し上げます。」など。

●自愛・発展を祈る　本文の終わりのほうで相手方の無事を祈るのが自愛のあいさつである。本文のあいさつのうち一つだけ加えるとすれば、自愛のあいさつがよい。一般的な形は「時節柄ご自愛の程お祈り申し上げます。」となる。「時節柄」の代わりに「気候不順の折柄」「寒さ厳しいこのごろ」など、その季節に応じて書けば具体的になる。ただ

付

し、相手方が会社や官庁の場合には、発展を祈る言葉にすることが多い。「末筆ながら、貴社一層のご隆盛をお祈り申し上げます。」など。個人の場合もこれに準じ、「末筆ながら、ますますのご発展をお祈り申し上げます。」などとも。

●伝言のあいさつ　相手方によろしく伝えることを述べるあいさつ。書き手が他の人から頼まれた場合は「母からもくれぐれもよろしくとのことでございます。」など。受け手を通じて特定の人に伝えてもらう場合は「ご母堂様にもくれぐれもよろしくご伝言の程お願い申し上げます。」など。複合の場合は、「母からもご母堂様によろしくとのことでございます。」など。「母・ご母堂様」等の自他の呼び方については、本書のそれぞれの語の項を参照のこと。

●要旨のまとめ　主文の内容について、締めくくりとして念を押す部分。その際は別行にして書き始めるが、一字下げにするかしないかは、主文の起辞と同じにする。一般的には「右、とりあえずご連絡まで。」「まずは、書中略儀ながら御礼申し上げます。」など。簡略にして「右、とりあえず。」だけでもよい。要旨が二つある場合には、「右、とりあえず御礼かたがた近況ご報告まで。」となる。

結語

手紙の本文の最後に来るのが「敬具」「草々」などの結語である。女性の場合は「かしこ」とも。結語は、本文の最後の行の下に書く。本文が下まである場合には、次の行の下に書く。結語の種類については、本書の「敬具」の項を参照のこと。ただし、年賀状、時候見舞い、死亡通知、弔慰状には結語を書かない。

後付け

本文が終わった後には、いつ、だれから、だれに、あてた手紙かを明記する。これが後付けで、日付・署名・あて名の三つから成る。あて名には「様」などの敬称と、「侍史」などの脇付けが付くが、脇付けは省くことが多い。なお、後付けの部分が二枚にわたったり、後付けだけが別の

付

用紙になったりしないように注意する。そのような形になりそうな場合は、末文のあいさつを増やし、次の用紙の最初に一行でも書いてから後付けを書く。

●日付の書き方　「平成二十一年十一月三日」のように書く。書く位置は、本文の後、行を改めて、本文より少し下げ、やや小さい字で書く。はがきの場合は、表の切手の下の余白に書いてもよい。なお、日常のやり取りは月日だけでもよい。趣味や愛情の手紙では「二月三日大雪の朝」なども。ただし、年賀状は暮れに書いても「平成二十二年元旦」のようにする。「元旦」というのは一月一日の意味だから、「一月元旦」と書くのはおかしい。

●署名の書き方　その手紙をだれが書いたかを明らかにするため、書いた当人が署名する。印刷書状でも余白にしておいて、自署するほうがよい。原則として姓と名を書くが、親しい友人や肉親の場合は「太郎より」「父より」、愛情の手紙では「あなたの花子より」なども。代筆の場合は、本人の氏名の後、左に小さく「代」と書く。妻が夫に代わって書いた場合は、「代」の代わりに「内」と添える。署名は、日付の行の下または次の行の下で、書き終わりが本文より一字上ぐらいで止まるように、やや大きい字で書く。はがきの場合は、表書きの発信者名で兼用する。

●あて名の書き方　その手紙をだれにあてたかを明らかにする部分。原則として姓と名を書き、「様」などの敬称を付ける。肉親の場合は、目上に対し「父上様」、目下に対し「太郎様」「花子さま」、愛情の手紙は「愛する花子様」なども。あて名は、署名の次の行の上で、日付より上、本文より下のところから、署名より大きい字で書く。目上に対しては、本文と同じ高さまで上げて敬意を表する。はがきの場合は、表書きの受信者名で兼用する。

●敬称の付け方　後付けのあて名に付けるとともに、封筒やはがきの表に書く受信者名にも付ける。

様……最も一般的。目上・同輩・目下の区別なく用いる。目下には「さま」と仮名書きにすることもある。

殿……公用の手紙や届け書に用いる。目下にあてる場合にも用いてよいが、このほうは「様」が一般的。

君……友人の男子に用いる。目下の男子にも用いてよい。友人の場合には「兄」「雅兄」とも。

大兄……先輩に用いる。「学兄」「賢兄」とも。

先生……恩師をはじめ、医師・弁護士・代議士・僧・画家・書家などに用いる。「先生様」は敬称が重複していておかしい。

御中……会社や官庁にあてる場合は、会社名、部課名の後、左下に「御中」と添える。「御中」は脇付けであるから、「御」の字があて名の最後の一字とやや重なるくらいに書く。

●**脇付けの扱い**　あて名に「様」などの敬称を付けた後、その左下に添える「侍史」などを脇付けという。本来は、相手方に直接手渡すのが失礼だからという気持ちで添えたもの。あて名に脇付けを添える場合は、封筒の表書きにも添える。脇付けの種類については、本書の「侍史」の項を参照のこと。ただし、親展の手紙や弔慰状には添えない。また、最近は脇付けそのものを省くことが多い。

追伸

手紙の本文の後に、本文に準じて書き加える部分。追伸を書くには、「二伸」「追伸」「追って」「なお」などの頭語を用いる。内容は、本文に書き漏らしたこと、本文とは別の用件で本文と一緒にしないほうがよいこと、特に注意を引く必要のあること、など。追伸は、本文よりやや下げて「追伸」などの頭語を書き、その後、一字分明けるか、別行にして、本文よりやや小さい字で書く。ただし、年賀状、時候見舞い、死亡通知の場合は頭語を省き、追伸の本文だけを添え書きの形にし、やや小さい字で書けばよい。弔慰状の場合は、不幸が重なることをきらう意味で、追伸を書いてはいけない。

封筒

書いた手紙は封筒に入れる。封筒の表に、受信者の所番

付

地・氏名を書き、敬称などを添える。裏に発信者の所番地・氏名・日付を書き、封をしたところに封字を書く。

●**表書きの書き方**　赤わく内に郵便番号を書き、右側に受信者の所番地を書く。長くて二行にわたる場合は、市、区、町、村、番地などの区切りで改行し、一行めより少し下げて書く。止宿先などは別行にし、やや小さく「田中様方」「寿荘内」などと書く。受信者名は、ほぼ中央に、所番地より大きく、間をやや離して書き、同じ大きさで「様」などの敬称を付ける。「侍史」などの脇付けを添える場合は、受信者名の左下に、やや小さく書く。「親展」などの外脇付け、「願書在中」などの内容表示語は、左側の余白に書く。はがきの場合もこれに準じてよいが、「侍史」などの脇付けは添えない。外脇付けも「親展」は無意味である。

●**外脇付け**　その手紙の扱い方を指示する言葉。

親展……他見をはばかる重要な手紙の場合。普通の手紙は秘書役が開封することもあるが、親展とあれば、本人が直接開封する。

公用……本人が不在の場合は、その職務を担当する他の人でも用が足りる。

至急……特に急を要する場合。本人不在でも関係者が開封し、本人に連絡する。

拝答……返信状の場合。「奉答」「貴酬」とも。

平信……特に急ぐ用事でもない場合。本人不在ならば、帰宅を待ってからでも差し支えない。一般に、何も書いてなければ「平信」の扱いになる。

使状……封書を郵便でなく使いの者に託する場合。「使信」「幸便」「託田中様」とも。

持参……紹介状などを被紹介者本人が持っていく場合。「田中君持参」のように書く。被紹介者が同輩または目上の場合は、「拝託田中氏」とする。

●**裏書きの書き方**　郵便番号記入用の赤わくが上にあればその下に、下にあればその上に、発信者の所番地と氏名を書く。止宿先の場合は「田中方」「寿荘内」など。日付は上方に、所番地より小さく書く。角封筒を縦に使う場合は、